地产视角

——房地产与建设工程法律实务

LEGAL PRACTICE IN REAL ESTATE AND
CONSTRUCTION ENGINEERING

薛　军◎总主编

上海中联（贵阳）律师事务所◎编　著

中国政法大学出版社

2024·北京

图书在版编目（CIP）数据

地产视角：房地产与建设工程法律实务 / 上海中联(贵阳)律师事务所
编著. -- 北京：中国政法大学出版社，2024. 9. -- ISBN 978-7-5764-1771-5

Ⅰ. D922.384；D922.297.4

中国国家版本馆 CIP 数据核字第 2024DR2214 号

出 版 者　　中国政法大学出版社
地　　址　　北京市海淀区西土城路 25 号
邮寄地址　　北京 100088 信箱 8034 分箱　邮编 100088
网　　址　　http://www.cuplpress.com (网络实名：中国政法大学出版社)
电　　话　　010-58908586(编辑部) 58908334(邮购部)
编辑邮箱　　zhengfadch@126.com
承　　印　　固安华明印业有限公司
开　　本　　787mm×1092mm　1/16
印　　张　　33.75
字　　数　　740 千字
版　　次　　2024 年 9 月第 1 版
印　　次　　2024 年 9 月第 1 次印刷
定　　价　　120.00 元

作者简介

薛军律师，上海中联（贵阳）律师事务所（原贵州君跃律师事务所）创立人，现为事务所执行委员会主任。薛军律师拥有超过20年的法律专业服务经验，长期为政府及政府职能部门、大型国有企业、集团公司、民营企业提供常年法律顾问服务或专项法律服务。除专业法律服务外，薛军律师积极投身法治建设，先后任职党委、人大、政府法治建设领域的立法专家、咨询专家，被贵州省律师协会授予"全省优秀律师"称号，被贵阳市律师协会授予"全市优秀律师"称号，入选了钱伯斯《大中华区法律指南2022》被评选为"公司/商事（贵州）业界贤达"。

孙仕祥律师，民商法学硕士，上海中联（贵阳）律师事务所高级合伙人，现为事务所执行委员会委员。孙仕祥律师参加工作以来，一直从事法律行业相关工作，曾在司法机关工作多年。从事律师职业后，在建设工程、房地产、问题楼盘处置、公立医疗机构运营与管理等领域提供了大量法律顾问、诉讼案件代理、非诉讼专项服务。常年服务城投、城建、房开类企业，致力于为客户提供专业、优质、高效的法律服务。在房地产、建设工程争议解决方面，处理了大量涉及土地使用权、项目合作开发、实际施工人、工程质量、工程结算等方面的纠纷案件，取得了良好效果，积累了丰富的实务经验。

黄木兰律师，上海中联（贵阳）律师事务所高级合伙人，二级律师。黄木兰律师拥有十余年法律专业服务经验，除民商事争议解决法律服务外，长期为政府及政府职能部门、大型国有企业提供常年法律顾问服务和专项法律服务。系贵州省人民政府法律顾问室专家库专家、贵州省人民检察院民事行政诉讼监督案件咨询论证专家、贵州省律师协会立法和行政专业委员会主任，被贵州省律师协会授予"2016—2017年度贵州省优秀律师""贵州省2020年优秀青年律师"称号。

田宪鹏律师，上海中联（贵阳）律师事务所合伙人。田宪鹏律师自 2017 年执业至今，作为主办律师代理了上百件诉讼案件，通过为政府及政府职能部门、大型国有企业、民营企业等提供常年法律服务及诉讼代理服务，在民商事争议解决、房地产与建设工程、行政法律事务等领域积累了丰富的经验，能够处理疑难复杂的民商事争议案件及问题楼盘的处置。目前担任贵州省律师协会房地产与建设工程专业委员会委员、贵州省律师协会涉外服务专业委员会委员、贵阳市律师协会房地产与建设工程专业委员会委员、贵阳市律师协会考核委员会委员。

姚正超律师，系上海中联（贵阳）律师事务所合伙人。姚正超律师从事法律相关工作 12 年，其中专职律师执业超过 6 年，擅长民商事专业领域法律服务，为超过 60 家各级政府、政府部门、事业单位、大中型企业提供常年法律顾问服务，代理各类民商事、行政诉讼案件 300 余件，案件审理机构涉及最高人民法院、各高级/中级/基层人民法院、上海国际经济贸易仲裁委员会、贵阳仲裁委员会。曾荣获中共贵阳市律师行业委员会授予"贵阳市律师行业优秀党员律师"称号，现为贵阳市律师协会房地产与建设工程专业委员会委员、贵阳市律师协会民事专业委员会委员。

王松子律师，上海中联（贵阳）律师事务所合伙人，任贵阳市律师协会宣传委员会副主任、贵阳市律师协会房地产与建设工程专业委员会秘书长、中联全国房地产专业委员会委员。王松子律师毕业于西南政法大学，系法学学士、经济法学硕士。自加入中联所以来，主要从事建设工程与房地产、政府监管与合规、土地开发、矿业能源、政府与社会资本合作、争议解决等业务，为政府、政府职能部门及政府投融资平台公司、大型企业提供法律顾问服务，并参与办理了众多重大、疑难、复杂案件，曾荣获"贵阳市优秀青年律师"称号。

谷砚虹律师，上海中联（贵阳）律师事务所合伙人。谷砚虹律师自 2015 年加入律师行业以来，长期为大型国有企业、上市公司提供常年法律顾问服务、非诉专项及诉讼法律服务，在民商事复杂诉讼（仲裁）、劳动争议等领域积累了丰富的实践经验，曾被授予"贵州省优秀青年律师"称号。

袁贵律师，上海中联（贵阳）律师事务所执业律师。袁贵律师毕业于北京航空航天大学，工学背景，曾就职于某大型国有企业，后进入上海中联（贵阳）律师事务所，执业以来为政府及政府职能部门、国有企业、大型民营企业提供法律服务，在建设工程、房地产开发、医疗卫生领域以及民事争议解决等方面积累了丰富经验，代理诉讼案件上百件，其中标的超过1000 万元的案件 20 余件，擅长将理工科思维与法律思维相结合，解决复杂疑难案件。

王贺栗子律师，上海中联（贵阳）律师事务所执业律师。王律师毕业于西南政法大学，2019 年取得刑事诉讼法硕士研究生学位。入职上海中联（贵阳）律师事务所后长期为政府及政府职能部门、大型国有企业提供常年法律顾问服务或专项法律服务，在建设工程领域民商事争议解决、刑事辩护等案件中均有不俗业绩。

罗文君律师，上海中联（贵阳）律师事务所执业律师，执业领域主要为房地产、建设工程、知识产权、民商事争议解决等。罗文君律师执业以来长期为大型国有企业、民营企业提供常年法律顾问服务、非诉专项或诉讼法律服务，参与办理多件上亿元标的额建设工程施工合同纠纷疑难复杂案件，各类合同纠纷案件上百件，并取得胜诉效果，在争议解决过程中积累了丰富的诉讼实践经验。2022 年被贵阳市律师协会授予"全市优秀党员律师"称号。

安纯律师，上海中联（贵阳）律师事务所执业律师，担任贵阳市律师协会劳动与社会保障专业委员会副秘书长、贵阳市律师协会涉外法律服务专业委员会委员、贵阳市律师协会青年工作委员会委员，已获得英语专业八级证书、基金从业成绩合格证、证券从业成绩合格证等证书。安纯律师从事法律工作 5 年以来，长期为政府及政府职能部门、大型国有企业（含省管大一型、大二型企业）提供常年法律顾问服务（包含英文法律服务）、诉讼法律服务、非诉专项法律服务，在政府监管与合规、解散清算、公司治理、异地迁址、尽职调查、投融资、劳动争议等领域有较为丰富的法律实践经验。曾作为航空公司代理人，为航空公司追回招聘赔偿费用 420 余万元，并提供法律建议协助委托人全部执行回款；曾为多家国有企业提供全流程法律合规专项服务；曾为多个基金及公司提供解散清算服务。

王昵律师，上海中联（贵安新区）律师事务所执业律师，中国政法大学法学学士和经济法学硕士，并取得澳大利亚纽卡斯尔大学的职业律师博士（Juris Doctor）学位。王昵律师持有中国及澳大利亚的律师执业资格，凭借跨境法律视野和深厚的专业背景，在多项法律事务中展现出卓越的执业能力。王昵律师长期为多家企业提供咨询服务，熟悉企业在经营中可能面临的各类法律问题，善于协助企业建立内部合规项目和风险控制制度。此外，王昵律师还为政府及其职能部门提供常年法律服务及诉讼代理服务，曾代表客户参与澳大利亚的争议解决和法院诉讼程序，帮助客户深入了解程序细节，并制定行之有效的诉讼策略。

蒋易宏律师，上海中联（贵阳）律师事务所执业律师。蒋易宏律师毕业于中山大学和香港理工大学，在房地产股权和资产并购重组、房地产投资开发、商业地产租赁运营、房地产企业破产等领域具有丰富经验。代理的典型房地产与建设工程纠纷案件：贵州大置业房地产开发有限公司与赵某吾、黄某清等6人建设工程施工合同纠纷诉讼案件（标的额上亿元），合肥香馨公司诉中民集团公司建设工程合同纠纷（标的额3000万元），安顺市西秀区城镇投资发展有限公司与贵州安顺家喻房地产开发有限公司委托代建合同纠纷（对方撤诉），吴某与盘州市人民医院、五矿二十三冶建设集团有限公司等建设工程施工合同纠纷案件（改判），严某林与盘州市人民医院、五矿二十三冶建设集团有限公司等建设工程施工合同纠纷案件（改判），韦某水与广西三建、湖润投资等建设工程施工合同纠纷案件（改判）等。

王美娟律师，上海中联（贵阳）律师事务所执业律师。自2020年入所以来，主要从事民商事争议解决及政府、企业法律服务，长期为政府及政府职能部门、国有企业、民营企业提供常年法律服务或专项法律服务，在行政法律事务、国资监管与合规审查、公司法律事务与争议解决方面积累了丰富经验。

陈学义律师，上海中联（贵阳）律师事务所执业律师。陈学义律师从事法律服务前拥有10年的建设工程管理及设计工作经验，取得水利水电高级工程师职称、市政工程二级建造师资格证书，了解建设工程程序、工程造价基础原理，熟悉建设工程前期工作及招投标工作。从事法律服务后长期为大型国有企业及民营企业提供常年法律顾问服务、专项法律服务或诉讼代理服务，主要服务客户包括：贵阳市水务环境集团有限公司、开阳投资集团有限责任公司、信通达智能科技有限公司等，诉讼代理服务业绩主要为建设工程施工合同纠纷。

许涛律师，上海中联（贵阳）律师事务所执业律师。许涛律师具有大型国有企业（房地产开发类）多年法务工作经验，工作涉及房建工程、市场营销、项目谈判、合同签订、施工管理、诉讼管理、非诉管理、风控管理、合同审查等各领域及环节，具有相关纠纷解决的丰富经验。长期为政府职能部门、事业单位、大型国有企业、集团公司、民营企业提供常年法律顾问服务或专项、诉讼法律服务。

罗烈相律师，上海中联（贵阳）律师事务所执业律师。罗烈相律师毕业于中国政法大学，加入上海中联（贵阳）律师事务所以来，主要从事民商事诉讼及非诉讼法律服务，长期为大型国有企业、政府机构提供常年法律服务、非诉专项或诉讼法律服务，参与办理多件建设工程、房地产、知识产权纠纷诉讼案件，在争议解决过程中积累了丰富的诉讼实践经验。

石秀达律师，上海中联（贵阳）律师事务所执业律师。石秀达律师为上海财经大学法学本科学士，北方工业大学法律硕士，获得土木工程、水利工程专业的造价工程师资格证书，主要办理建设工程、房地产领域诉讼和非诉法律业务。

申恕丞律师，上海中联（贵阳）律师事务所执业律师。申恕丞律师执业以来，主要专注于公司治理、劳动人力资源以及民商事争议解决领域相关事务。在法律顾问服务方面，长期为政府部门、大型国企、集团公司以及民营企业提供常年或专项法律服务。无论是公司治理难题，还是复杂的争议纠纷案件，申恕丞律师都能以专业、严谨、负责的态度，从法律层面深入剖析，化繁为简，提供高效且有针对性的解决方案，在法律之路上不断书写专业与责任的篇章。

陈柯蕾律师，上海中联（贵阳）律师事务所执业律师。陈柯蕾律师的执业领域为国有企业、行政事业单位合规管理；行政诉讼、民商事诉讼案件代理。服务的客户有贵州乌江能源投资有限公司、贵州天然气管网有限责任公司、贵州乌江能源黔南抽水蓄能有限责任公司、贵州双龙航空港产业发展（集团）有限公司、贵州广电物业服务有限公司、贵州省能源局、贵阳市体育局、贵阳市训练馆、贵阳市市民健身中心、开阳县人民政府、开阳县征收服务中心、马场镇人民政府、贵州省人民医院、贵州医科大学附属医院、贵州医科大学第三附属医院 、盘州市人民医院等。

陈昱骐，上海中联（贵阳）律师事务所律师助理。陈昱骐为西南财经大学法学学士、金融学学士，西南财经大学经济法学硕士。主要研究领域：税法学、破产法学。现执业领域为公司商事、破产重整与破产清算。

熊浩成，上海中联（贵阳）律师事务所律师助理。熊浩成自2023年加入中联以来，主要从事民商事领域非诉讼及诉讼业务。其中，作为律师助理，协助办理过房地产企业破产重整、清算，及法律尽职调查等非诉讼专项业务；为大型国企、集团公司，以及行政机关提供常年法律顾问服务；亦参与代理顾问单位委托的诉讼案件。

前　言

2021年4月30日，贵州省司法厅作出《准予上海中联（贵阳）律师事务所吸收合并贵州君跃律师事务所的行政许可决定书》，准许上海中联（贵阳）律师事务所吸收合并贵州君跃律师事务所。本次吸收合并，是2008年君跃律师事务所创办以来，由区域性综合型律师事务所向全国性一体化律师事务所战略转型迈出的重要一步。

君跃律师事务所自2008年成立以来，立足省内，坚持在房地产与建设工程、公司投资融资、企业改制并购重组、公司清算、政府合规等业务领域持续耕耘，实行运营公司化、业务流程化、管理一体化的运行模式，为广大客户提供优质专业的法律服务，深得客户支持与信赖。凭借良好的业界口碑及出色的执业能力，君跃律师事务所逐步成长为本地区较受认可的区域性综合型律师事务所，先后获评"贵阳市优秀律师事务所""贵州省优秀律师事务所""全国优秀律师事务所""钱伯斯商事第一等律所（贵州）"等多种荣誉称号。

本次吸收合并君跃律师事务所的上海中联律师事务所，系由国际评级机构钱伯斯认可的中国最好跨国律所联盟——中世律所联盟多家国内成员所共同发起设立的全国性一体化律师事务所，目前已在上海、重庆、广州、贵阳、成都、昆明、大连、天津、南昌、郑州、海口、武汉、兰州、合肥、西安、南京等国内多地设立分所。通过与霍金路伟等知名国际律所达成战略合作协议，上海中联律师事务所正在成长为一家集合国内区域强所、立足全国一体化布局、面向全球发展的崭新的大型综合律师事务所。

君跃律师事务所与上海中联（贵阳）律师事务所吸收合并，是君跃律师事务所面临区域法律服务市场深刻变化作出的主动变革，是君跃律师事务所作为中世律所联盟成员参与一体化进程作出的慎重决定，是全体君跃人为实现"成就伙伴事业，让法律予以人尊严"使命初心作出的极富勇气的选择。上海中联（贵阳）律师事务所将承继君跃律师事务所十余年的探索之路，依托中联平台，深度融合中联各地优秀兄弟律所的丰富资源与行业经验，发挥专业能力与管理优势，以一体化的知识管理体系及执业标准，延展法律服务的深度与广度，持续为新老客户和社会各界提供更高质量的全方位专业法律服务。

上海中联（贵阳）律师事务所始终坚持深耕专业是律师的立身之本。如在房地产与建设工程领域，中联贵阳的律师们不仅致力于在实务工作中为客户解决实际问题，也在工作之余不忘将实务中的思考、经验、分析、总结形成文章。2019年起，事务所公众号设立了"地产视角"专栏，集合了在本所深耕房地产与建设工程专业领域的律师们在该专栏中撰写的专业文章，包括了法律法规解读、司法案例解析、办案手记、疑难法律问题分析、实务经验分享等类型，内容涵盖房屋拆迁与征收补偿、诉讼执行、集体土地、国有土地、工程质量及验收、工程分包转包及实际施工人、工程价款、工程管理、房屋买卖与租赁、房地产开发、不动产担保等房地产与建设工程专业中的细分领域。本次将这些专业文章进行分类、整理、修订并集合成书，凝结了我们多年在房建领域专业的经验与思考，是我们通过长期在房建专业领域的坚守及耕耘所形成的知识结晶，希望本书能够就实务中房建领域中的各类法律问题为读者们答疑解惑，也欢迎读者们批评斧正、与我们探讨交流。

目 录

一、房地产开发

实质合并破产中的债权人异议

——以房地产行业为例的实证研究

薛军　陈昱骐　熊浩成

摘　要： 最高人民法院在《全国法院破产审判工作会议纪要》第 32 条至第 39 条，确立了关联企业之间实质合并破产规则。这是我国对实质合并破产进行的早期探索。如果实质合并破产取得了良好的法律实效，那么该规则未来很有可能会被法律所确定。但既有研究未对实质合并破产规则是否与其保护债权人公平受偿的目的发生了偏离这一命题，进行实证研究层面的回应。因房地产企业在实质合并破产程序中具有特殊性与代表性，本文选择对其进行相应的实证考察。通过分析 41 份裁定书，本文发现债权人提出了 17 种不同的异议。从中反映出实质合并破产背后效率与公平、个体公平与集体公平之间的冲突。立足于此，本文也提出了相应的制度建议。

关键词： 实质合并破产；债权人异议；房地产行业；实证研究

一、问题的提出

最高人民法院在《全国法院破产审判工作会议纪要》（以下简称《破产纪要》）第 32 条至第 39 条，确立了关联企业之间实质合并破产规则。[1]其中，第 32 条规定，当关联企业之间存在法人人格高度混同、区分各关联企业成员财产的成本过高、严重损害债权人公平清偿利益时，可以例外适用关联企业实质合并破产程序。第 36 条、第 37 条规定，当企业进入实质合并破产程序以后，关联企业之间的债权债务消灭，作为一个整体进行破产清算或重整。

既有研究主要讨论了实质合并重整的适用标准问题。早在 2011 年，便有学者比较借鉴了美国衡平法中的实质合并规则的要件，并提出了建立我国相应制度的建议。[2]在此之后，有学者研究了实质合并破产在实体法上的要件，尤其是重点分析了实质合

---

〔1〕　参见最高人民法院《关于印发〈全国法院破产审判工作会议纪要〉的通知》（法〔2018〕53号），最高人民法院 2018 年 3 月 4 日发布。

〔2〕　参见王欣新、周薇：《关联企业的合并破产重整启动研究》，载《政法论坛》2011 年第 6 期，第 72～81 页。

并中的法人人格高度混同要件。[1]亦有学者在程序法上进行了分析，提到了实质合并中的听证程序，预重整程序等相关问题。[2]还有学者借鉴了美国经验，并与我国现状进行了比较研究。[3]

有部分学者认识到，实质合并破产规则存在一定缺陷。例如，有学者认为，实质合并破产会导致个别债权人利益受到损害。[4]有学者指出，集团企业内部的有机性离不开企业间的组织行为，也不能离开个别集团内部主体的法人独立性，如果进行实质合并打破这种独立性，集团企业内部的资本与运营能力将难以存续。[5]也有学者意识到了，实质合并有可能导致法人人格否认制度的过度泛化。[6]有学者指出，债权人针对实质合并行使异议权的方式需以判决的方式作出。[7]

但是，这些研究的立足点主要是规范层面的，即《破产纪要》所确立的三个要件如何适用到具体案件当中。虽然在实证研究领域，有学者分析了实质合并破产在司法实践中如何适用。[8]但是，缺少对该规则产生了何种法律实效，是否实现了其规范目的进行实证检验。

本文所提出的问题是实质合并破产规则是否与其保护债权人公平受偿的目的发生了偏离？为解决这个问题，本文欲对破产审判中的债权人异议进行分析。一方面，探讨实质合并破产是否实现了债权人公平受偿，最直接的分析对象是债权人的异议。在既有裁判中，若债权人同意实质合并，通常不需要说明理由，但债权人异议则需要说明理由。另一方面，债权人提出的异议确有理由，但法院未支持其异议。在这种情况下，需要分析法院的说理是否充分，是否实现了债权人公平受偿的规范目的。

最后，本文研究的对象是法律实效层面的，是一种描述法律制度对社会产生了何

---

〔1〕 参见赵惠妙、左常午：《我国关联企业实质合并破产的裁定标准》，载《法律适用》2022年第4期，第92~100页；肖彬：《实质合并破产规则的立法构建》，载《山东社会科学》2021年第4期，第187~192页。

〔2〕 参见王欣新：《实质合并破产中听证与复议的规制研究》，载《法律适用》2022年第8期，第8~16页；龚家慧：《论我国关联企业实质合并预重整制度的构建》，载《当代法学》2020年第5期，第90~99页；王静：《非讼程序视角下实质合并的申请与审查》，载《法律适用》2021年第6期，第90~98页。

〔3〕 参见贺丹：《破产实体合并司法裁判标准反思——一个比较的视角》，载《中国政法大学学报》2017年第3期，第70~87页；徐阳光：《论关联企业实质合并破产》，载《中外法学》2017年第3期，第818~839页；朱黎：《美国破产实质合并规则的实践及其启示》，载《浙江学刊》2017年第1期，第193~199页。

〔4〕 参见高小刚、陈萍：《论关联企业破产程序中实质合并原则的适用》，载《法律适用》2020年第12期，第80~92页。

〔5〕 参见赵天书：《企业集团破产程序的选择方案——从价值分歧到利益结构》，载《中国政法大学学报》2021年第4期，第82~93页。

〔6〕 参见蒋大兴：《"法人格否认裁判"之效力射程——"法人格否认裁判"是否具有跨域效力?》，载《交大法学》2023年第5期，第18~37页。

〔7〕 参见贺丹：《论实质合并破产中债权人异议权的实现》，载《政法论坛》2024年第2期，第73~79页。

〔8〕 参见曹文兵：《供给侧改革背景下实质合并破产制度的构建与完善——以16件关联企业实质合并破产案件为分析样本》，载《理论月刊》2019年第7期，第103~111页；王静、蒋伟：《实质合并破产制度适用实证研究——以企业破产法实施以来76件案例为样本》，载《法律适用》2019年第12期，第3~17页。王纯强：《关联企业合并破产重整实证研究：裁判样态与法理思考——兼评〈公司法〉与〈企业破产法〉的制度协调》，载《法律适用》2022年第10期，第90~99页。

种影响的应用法学。[1]在此基础上，本文还属于定性研究，主要采用的研究方法包括话语分析法、理想类型法等方法。[2]同时，在法社会学领域常见的描述性统计的方法同样被本文所采用，即本文通过对房地产企业的实质合并破产裁定书进行统计学意义上的实证分析。

二、债权人异议的案例搜集

（一）样本案例所处行业

自《破产纪要》颁布以来，实质合并破产在实践中并不罕见。在"北大法宝"，以"实质合并"为关键词进行检索，截至 2024 年 5 月 22 日，有 466 个司法案例，567 个破产信息。在"全国企业破产重整案件信息网"上进行相同检索，得到约有 2500 份裁定书，虽然可能出现同一案件多份裁定的情况。[3]这是因为实质合并破产需要将多个企业合并为一个主体，但法院不能仅出具一份裁定书，而是需要针对不同的企业分别作出裁定。这就出现了案号不一致，但内容完全一致的裁定书的现象。除去这种因素以后，粗略估计亦有超过 500 个实质合并破产案件。

出于样本选择的必要性与规模等因素，以及问题的性质等因素，本文采取非概率抽样的方式，以房地产企业为分析对象。[4]主要理由有以下三个方面：

首先，实质合并破产程序中，房地产行业债权范围的广泛性。一是房地产开发项目成本高。涉及的债权种类多，包括建设用地使用权出让金、工程建设款、基础设施费、税费等。[5]二是房地产企业通常涉及多方主体，尤其关乎民生和社会秩序的稳定。[6]例如恒大集团、绿地集团、富力集团等房地产企业在多个城市开发房地产项目。[7]如果这些房地产企业进入破产程序，波及的债权人人数众多，容易导致社会不稳定问题。[8]三是目前全国房地产需求端萎缩，导致房地产集团企业破产风险增加。[9]而我国房地产企业大多数是民营企业，投入资金主要依靠股东筹措和银行贷款，负债经营

---

[1] 参见〔奥〕欧根·埃利希：《法社会学原理》，舒国滢译，商务印书馆 2023 年版，第 587~581 页。

[2] 参见黄家亮、郭星华主编：《法社会学教程》（第 3 版），中国人民大学出版社 2021 年版，第 108~119 页。

[3] 例如 [2023] 黔 0102 强清 5、6 号，[2021] 桂 01 破 15、16、17、41 号等案件。

[4] 参见贾俊平编著：《统计学》（第 8 版），中国人民大学出版社 2021 年版，第 18 页。

[5] 参见郑小雄主编：《房地产开发企业破产若干法律问题分析》，人民法院出版社 2020 年版，第 3 页。

[6] 参见丁海湖、李欣婷：《房地产企业破产重整若干司法实务问题探讨》，载《法律适用》2016 年第 3 期，第 2 页。

[7] 参见《中国恒大集团 2022 年年报》，载 https://doc. irasia. com/listco/hk/evergrande/annual/2022/car2022. pdf，2024 年 7 月 16 日访问。《绿地控股集团 2023 年年度报告》，载 ldjt. com. cn/home/pdf/view/绿地控股 2023 年年度报告_ 1512. pdf，2024 年 7 月 16 日访问。《广州富力地产股份有限公司 2023 年年报》，载 https://www. rfchina. com/upload/file/2024-04-29/0f395864-e01d-472c-88d9-2db82f74e56a. pdf，2024 年 7 月 16 日访问。

[8] 参见潘桂林、王星：《房地产企业破产清算的困境与路径探索》，载马荣主编：《房地产企业破产审判实务研究》，人民法院出版社 2020 年版，第 251 页。

[9] 参见张利军主编：《房地产企业破产重整实务》，法律出版社 2023 年版，第 5 页。

程度很高，容易因流动性风险导致破产。

其次，实质合并破产程序中，房地产企业清偿情况的特殊性。房地产企业破产中优先清偿的顺位最为复杂。除了《企业破产法》[1]第113条第1款规定了破产财产的清偿顺序以外，还包括商品房消费者优先受偿、建设工程承包人优先受偿等情形。[2]同时，房地产企业破产中优先顺位的规范存在冲突。[3]例如商品房消费者和建设工程承包人之间的权利顺位不明确，建设工程承包人与抵押权人之间的权利顺位同样缺少法律明确规定。如果关联房地产企业进行实质合并破产，那么有可能会导致清偿顺位的问题更为复杂。

最后，实质合并破产程序中，房地产企业人格混同具有典型性。一方面，在业务空间范围上，房地产企业通过设立多家子公司实现规模效应。这种做法既是为了隔绝风险，又是为了方便企业在其他地方开展业务。例如，保利集团在年报中披露其在各个省份设立了子公司，主要子公司接近一百个。[4]在业务种类上，房地产企业可以通过一体化、内部化降低经营成本。[5]即房地产企业通过兼并上下游企业，实现物业服务、土地开发、基础设施建设等经营活动的一体化，将成本控制在集团企业内部。例如某些房地产企业同时设立了物业、房地产开发、物资等子公司，实现一体化经营，进而降低成本。另一方面，在实现规模效应的同时，容易出现法人人格混同的情况。例如，在业务空间上，将A市子公司赚取的资金用于B市子公司的项目开发中；在业务种类上，将物业公司收取的物业费用于其他公司的房地产开发项目中。在这种情况下，容易造成房地产企业被裁定进行实质合并破产，因而具有一定的典型性。

（二）案例选取方式与结果

本文关于样本来源与选择方式进行必要说明。首先，在数据库选择上，本文主要采用"北大法宝"数据库和"全国企业破产重整案件信息网"进行案例检索。其次，本文以《破产纪要》发布时间为节点，选取2018年3月以后的案件作为分析对象。再次，本文不对管辖法院的地域和级别进行限制。最后，本文选择"实质合并""房地产""异议/不同意"等关键词进行检索。主要检索结果如下：

在"北大法宝"数据库能检索到有效案例23个。其中，以"实质合并"为关键词，能得到案例567个。进一步筛查房地产企业相关的案件有225个。再对案例进行限

---

〔1〕 为表述方便，本书中涉及我国的法律直接使用简称，省去"中华人民共和国"字样，全书统一，后不赘述。

〔2〕 参见最高人民法院《关于商品房消费者权利保护问题的批复》（法释〔2023〕1号）第2条，最高人民法院2023年4月20日公布；最高人民法院《关于审理建设工程施工合同纠纷案件适用法律问题的解释（一）》（法释〔2020〕25号）第38条，最高人民法院2020年12月29日公布。

〔3〕 参见池伟宏：《房地产企业破产重整中的权利顺位再思考》，载《法律适用》2016年第3期，第34页。

〔4〕 参见《保利发展控股集团股份有限公司2023年年度报告》，第121～124页，载 https://static.sse.com.cn/disclosure/listedinfo/announcement/c/new/2024-04-23/600048_ 20240423_ GID2. pdf，2024年7月16日访问。

〔5〕 参见章美锦：《兼并与公司边界：交易费用理论的一个解说》，载《学术交流》2011年第7期，第88～90页。

缩，能够得到债权人提出异议的案件为 137 个。然后，本文将同样内容的裁定书合并为一个案件，并且剔除通知书、指定管理人决定书等文书，得到有效案例共 49 个。其中，债权人提出异议的案件共 23 个。

在"全国企业破产重整案件信息网"进行检索，能得到 39 个有效案例。以"实质合并"为关键词，能检索到 2539 份裁定书。其中，房地产企业相关的 227 个。对案例进行限缩，并且合并相同内容的裁定书，剔除听证通知、指定管理人决定书等文书以后，得到有效案例 67 个。其中，债权人提出异议的案件共 39 个。

合并两个数据库得到的样本以后，本文得到 41 个有效案例。裁定书汇总结果将在"附表 1-案件名称、审理法院与裁定书文号"中列示。

附表中存在部分特殊情况，在此需要特别进行说明：

一是虽然张家界旅游文化产业投融资有限公司实质合并破产案，在文号上显示为"〔2017〕"，但该文书作出时间为 2021 年 9 月 24 日，因此被本文纳入。

二是部分案件虽然主体一致，但作出的裁定书不同，本文分为多个案例进行处理。包括以下三种情形：（1）不同异议人提出了不同异议，法院分别进行裁定；（2）同一异议人在实质合并听证程序、复议程序和申诉程序中提出的理由不同；（3）审理案件并作出裁定的法院级别不同。

三是目前没有检索到 2024 年以后的案件。主要理由有三：其一，涉及实质合并破产的案件数量较少，并且具有复杂程度高的特征，截至本文完稿日期，这些案件尚未进入实质合并程序；其二，裁判文书公开需要一定时间，2024 年的少量案件还未完成公开程序；其三，2024 年以后的案件，在"北大法宝"数据库只能找到 1 个与房地产行业相关的案件，且该案件中，债权人未提出异议。[1]如果债权人有异议，那么截至本文完稿日期，可能仍处于听证阶段。基于这些理由，本文缺少 2024 年以后的案件。

四是部分案例由本文作者经办，本文所检索到了相应文书，但将其排除出样本中。主要理由是本文作者对于经办的案件，有着更为全面的信息与印象。由此容易出现法社会学研究中基于前理解而产生的偏见，不利于客观中立地对案件进行分析。

五是本文所引用的案例都在附表中列示。部分企业从名称上来看，与房地产企业似无关联，例如上海华信集团财务有限公司、河北精信化工集团有限公司。但是实质合并破产并非单一企业破产，而是数个企业合并破产，这些企业可能存在跨领域的现象。因此，若被合并的关联企业只要有一个企业从事经营房地产业务，并且营业执照、裁判文书中能够互相印证，那么该案例便被本文所采纳。

三、债权人异议的样本特征

在总体上，债权人提出的异议理由种类较多，但法院大多没有支持债权人的主张。

---

〔1〕 参见江西富华贸易有限公司等实质合并破产案，江西省樟树市人民法院民事裁定书，〔2024〕赣 0982 破 4 号。

本文所纳 41 个有效案例中，法院支持债权人提出的异议的案例仅有 4 个，占比 9.77%。本文研究发现，债权人提出的异议理由很多，主要统计结果如下图所示：

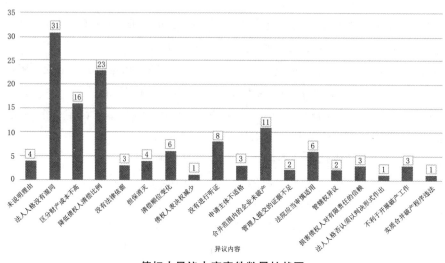

债权人异议内容案件数量柱状图

按照债权人提出的异议内容不同，本文将债权人提出的异议分为实体性异议与程序性异议。其中，实体性异议可以归纳为《破产纪要》第 32 条规定的三个构成要件，即法人人格高度混同、区分各关联企业成员财产的成本过高、严重损害债权人公平清偿利益。程序性异议的依据则源自《破产纪要》第 33 条规定的听证程序和第 35 条规定的管辖权冲突的解决方式。至于其他异议，例如"法院应当审慎适用""实质合并破产没有法律依据"等，在实证研究中难以探知法院的评价与态度，因而不再单独进行分析。下文将对各种异议分别进行描述与讨论。

（一）以不符合构成要件为异议理由

债权人针对《破产纪要》第 32 条规定的构成要件提出异议的，占比最高。其中，债权人认为关联企业间不存在法人人格高度混同的有 31 个，占比 73.81%；区分各关联企业成员财产的成本不高的有 16 个，占比 38.10%；实质合并破产侵害债权人利益的有 31 个，占比 73.81%。

构成要件内的异议不仅占比较高，还呈现出了高度关联性，三个构成要件内的实体性异议常常同时出现。经本文统计，有 10 个案例的债权人，同时提出两项构成要件内的异议；有 12 个案例的债权人同时提出了三项构成要件内的异议。债权人仅提出了一项构成要件内的案例共 6 个，其中 5 个提出的是"关联企业之间不存在法人人格高度混同"，1 个是实质合并破产侵害债权人利益。

下文将针对三个实体性异议单独展开描述。

1. 法人人格高度混同

从债权人认为不存在法人人格高度混同的理据上看，大概可以分为三类。其一，债权人认为被申请实质合并破产的企业间不存在关联关系；其二，债权人认为虽然被申请实质合并破产的关联企业间存在关联关系，但并未到达高度混同的程度；其三，债权人认为申请人提出存在法人人格高度混同的证据不足。

在规范适用上，法人人格是否出现混同，通常是法院审查实质合并破产的重点内容。法院在进行说理的时候，大多以《全国法院民商事审判工作会议纪要》（以下简称《九民纪要》）所列的法人人格混同作为基准。并且会更为充分地围绕人员混同、财务混同和业务混同等构成要件要素展开。[1]例如，不予受理实质合并破产申请的 4 个案例，法院均以申请人和被申请人之间不存在法人人格高度混同作为主要理由。例如，在唐山虹基房地产开发有限公司的实质合并破产申请中，法院的说理部分集中讨论了关联企业之间是否存在业务混同、人员混同、财产混同等要素。在驳回债权人异议时，同样以这些要素展开。[2]

在事实认定上，同样有债权人质疑债务人之间的混同是否存在。例如，在绿能高科集团有限公司实质合并破产案中，三个关联企业仅有一家完成了破产专项审计。法院认为缺少审计报告的前提下，无法充分证明关联企业之间是否存在资产负债高度混同的情况。[3]

总之，关联企业之间是否出现法人人格混同，是目前审判的重点内容，也是债权人异议最为集中的方面。

2. 区分财产成本不高

本文所纳案例中，债权人没有单独提出区分被申请实质合并破产关联企业之间财产成本不高。在规范上，债权人通常将前述异议作为人格混同异议的组成部分，即财务混同，附带提出。在事实认定上，亦有少部分债权人另外提出，应当由申请人就区分财产成本过高承担举证责任。[4]

但就本文所纳案例，法院均未支持债权人提出的区分财产成本不高。有法院认为，在法院认为申请人提出证据充分的前提下，一般结合被申请实质合并破产关联企业间财务资料历史跨度、财产混合复杂程度，以及审计等中介机构的客观意见进行说理，释明时间成本、费用成本、纠错成本等均过于巨大。[5]

不仅如此，甚至在部分情况下，法院对该要件的异议未作单独回应。在论证人格混同这一要件时，法院会论证财务混同要素。此时，法院一般只就财产混同导致"区

〔1〕 本文所采集的数据得出的结论和其他实证研究是一致的。例如，赵惠妙、左常午：《我国关联企业实质合并破产的裁定标准》，载《法律适用》2022 年第 4 期，第 93~94 页。

〔2〕 参见唐山虹基房地产开发有限公司实质合并案，河北省唐山市路南区人民法院民事裁定书，［2020］冀 0202 破 3 号。

〔3〕 参见绿能高科集团有限公司实质合并破产案，北京市第一中级人民法院民事裁定书，［2021］京 01 破申 90 号。

〔4〕 参见中国人民银行广州分行疗养院等与广州市锦恒置业有限公司等申请破产清算申诉案，上海市高级人民法院民事裁定书，［2020］沪破监 2 号。

〔5〕 参见衡水精信房地产开发有限公司等实质合并破产案，河北省衡水市中级人民法院民事裁定书，［2019］冀 11 民破民 3 号。

分财产成本过高"作较为简要的补充说明。例如，有法院认为，既已存在财产高度混同的事实下，区分关联企业间的财产无实质意义。[1]

实证数据表明，区分财产这一构成要件，是人格混同要素的要件化。并且，该要件事实上降低了人格混同中财务混同要素的判断标准。从一定程度上体现了实质合并破产这一制度不仅只有债权人公平清偿的规范目的，还存在效率的考量。

3. 严重损害债权人公平清偿利益

严重损害债权人公平清偿利益的异议有两个维度。一是单独破产没有损害所有债权人公平清偿利益；二是实质合并破产严重损害异议债权人的利益。其中，债权人通常在第二个维度下提出异议。

同时，债权人认为其权益受到损害的种类最多。具体而言，债权人认为实质合并破产导致全体债权人或个别债权人清偿率降低的有 22 个；实质合并破产侵害债权人单独信赖利益的有 1 个；实质合并破产导致债权人清偿顺位落后的有 6 个；导致受担保债权的担保权利消灭或无法实现的有 3 个，导致债权人投票表决权权重降低的有 1 个。

第一，对于清偿率降低异议是最为典型的。这种异议是比较直观的，例如甲乙系关联公司，甲公司可偿债资产 100 万元，负债 500 万元；乙公司可偿债资产 100 万元，负债 1500 万元。现将两公司实质合并破产，甲公司债权人的预计清偿率从 25% 降低至 10%。此时，甲公司的债权人自然会提出异议。对此，法院认为，虽然部分账面资产占优的关联公司债权人清偿率会下降，但出现此种差异的根本原因在于关联公司之间的不当关联关系。此时，实质合并破产系对不当行为的矫正，恰是债权债务清理实质公平之所在。[2]并且，实质合并破产有利于整合资源、降低成本，从而提高破产效率，亦可以提高破产企业对债权人的清偿率。[3]

第二，在房地产企业，存在比较明显的债权人清偿顺位变化特征。不同于其他行业，房地产行业涉及住房、农民工等基本民生问题，存在商品房消费者优先受偿和建设工程价款优先受偿的规定。例如，依照《关于商品房消费者权利保护问题的批复》第 3 条，商品房消费者主张价款返还请求权的，优先于建设工程价款优先受偿权、抵押权以及其他债权。此时有可能会发生顺位变化。例如，甲公司的 A 楼盘现已无法开发，需要退还购房款 1000 万元。此时，甲公司的关联企业乙公司的债权人对乙公司享有 500 万元的普通债权。甲公司名下资产 500 万元，乙公司名下资产 100 万元。最后甲乙进行实质合并破产，会导致乙公司债权人完全无法得到清偿。针对清偿顺位变化现象，现在鲜有法院作出回应。

第三，担保消灭同样常见于债权人提出的异议。按照《破产纪要》第 37 条规定，

〔1〕 参见红河州巨邦房地产开发经营有限公司等实质合并重整案，云南省个旧市人民法院民事裁定书，[2020] 云 2501 破 2 号。

〔2〕 参见裁定受理巴中置信公司破产重整案，四川省巴中市中级人民法院，[2022] 川 19 破 12 号之三。

〔3〕 参见北大资源集团有限公司等实质合并重整案，北京市第一中级人民法院民事裁定书，[2020] 京 01 破申 530 号。

实质合并后的关联企业应当合并为一个企业。这会在事实上导致多种担保消灭。[1] 首先，连带责任保证消灭，导致债权人清偿率下降。例如，甲债权人对乙公司享有 100 万元债权，丙公司对该债权进行担保。现两公司同时破产，甲可以依据《企业破产法》第 52 条分别向乙公司和丙公司申报全部债权。申报后乙公司资产 100 万元，负债 500 万元；丙公司资产 100 万元，负债 1000 万元。在此情况下，能清偿甲公司 30 万元。若乙丙公司实质合并以后，资产 200 万元，负债需要减去重复申报的 100 万元，得到 1400 万元。甲公司能清偿 14.28 万元。此时甲公司的债权人自然会提出异议。其次，实质合并重整会导致一些担保物权消灭，导致债权人利益受损。例如，依据《破产纪要》第 36 条规定的实质合并审理的法律效果，是关联公司之间的债权债务消灭。若债权人依据《民法典》第 440 条，在关联公司之间的债权上设立了权利质权，那么债权债务消灭会导致该权利质权一并消灭。再例如，债权人还可以将总公司持有的子公司的股权作为标的，设立权利质权。现总公司和子公司进行实质合并，那么子公司资产纳入总公司以后，在资产负债上需要消灭总公司对子公司的股权。此时，前述权利质权同样不复存在。法院认为，分别破产虽然有利于保障个别债权人享有债权，但对全体债权人而言却无法公平受偿。因此实质合并破产后，关联企业间互负债务抵销，即使因此导致担保消灭，债权人以合并后的资产按法定程序公平受偿，能保护绝大部分债权人的利益。

第四，债权人在债权人大会中的表决权下降同样非常明显。例如，甲公司是乙公司最大的债权人，乙公司是丙公司的子公司。此时，子公司被合并到母公司以后，甲公司可能从具有决定性地位的债权人，变为一个仅有少数表决权的小债权人。就本文数据而言，未有裁判对该问题作出回应。

（二）以违反法律程序性规定为异议理由

本文所纳有效案例中，债权人提出程序性异议的情况为：债权人认为申请实质合并破产主体不适格的有 3 个，被申请主体不符合破产条件的有 8 个，法院未按法律规定召开听证会的有 8 个，受案法院不具备管辖权有的 2 个，裁定实质合并破产证据不足的有 3 个，裁定实质合并破产缺乏法律依据的有 3 个。

1. 申请实质合并破产主体不适格

对于有权向法院提出实质合并破产申请的主体，现行法律及《破产纪要》均未明确进行规定。在理论上，可以提出实质合并破产申请的主体可以是管理人、债权人以及债务人。此时，债权人对于债务人及管理人是否有权提出申请，存在不同看法。但是法院通常没有针对该异议单独发表意见或者展开说理。

有债权人认为，债务人无权申请实质合并破产。例如，在蔡某辉申请惠州市惠阳区鸿凌房地产开发有限公司等实质合并破产清算复议案中，复议申请人蔡某辉认为被

---

[1] 参见九江银行股份有限公司与上海华信国际集团有限公司等申请破产清算申诉案，上海市高级人民法院民事裁定书，[2020] 沪破监 1 号。

申请人鸿凌房地产开发有限公司等三家关联企业，作为债务人无权向法院申请实质合并破产。对此法院未进行回应，仅实质审查了三家企业是否符合实质合并重整条件，最终裁定驳回债权人复议申请。[1]

还有债权人认为，个别管理人无权向法院申请多个关联企业实质合并破产。本文所纳 2 个有效案例中，债权人持此异议理由。法院认为在说理部分提出，虽然关联企业管理人并不同一，但管理人具备法定独立地位，且具备专业知识，在其认为关联企业间符合实质合并破产的情况下，申请实质合并破产具有正当性。因此，法院认为赋予管理人申请资格，更有利于维护债权人权利。[2]

2. 被申请主体不符合破产条件

本文所纳该种异议理由案例中，债权人认为如关联企业不符合破产条件，便不应纳入实质合并破产程序。换言之，需要讨论的是实质合并破产程序开始节点的问题，即是否实质合并破产程序应以个别破产程序开始作为前置条件。

有个别法院认为，不应要求全部关联企业具备破产原因。[3]实质合并破产程序的目的是实现对全体债权人的公平清偿，纠正关联企业不当利用关联关系对各债权人造成的利益损害事实。同时，还要兼顾实现法律制度的公平和效率价值，因此需要突破关联公司间的独立法人地位，不应要求关联企业均具备破产原因。

3. 未按法律规定召开听证会

提出异议的债权人认为，必须全体债权人参加听证，法院才能作出实质合并破产裁定。而现行法律及《破产纪要》，均未在实质合并破产程序中，对听证方式、人数等事项作出要求，法院裁定亦未说明具体标准。

法院认为既无法律规定需全体债权人均参加听证，部分债权人参加听证即可认为法院已履行听证职责，有权就是否适用实质合并破产作出裁定。[4]但本文认为，如法院未履行通知职责，明确告知全体债权人有权参加听证，并告知时间、方式、地点，则无法认为法院履行了通知职责。

4. 管辖权异议

债权人之所以提出管辖权异议，可能存在以下几种合理情形：其一，债权人因管辖法院距离过远，增大其行权成本；其二，存在多个管辖法院，不同债权人对管辖法院确认存在分歧。

例如，在绿能高科集团有限公司等实质合并破产清算案中，债权人中石化工建设

〔1〕 参见蔡某辉申请惠州市惠阳区鸿凌房地产开发有限公司等实质合并破产清算复议案，广东省高级人民法院，民事裁定书，〔2018〕粤破终 37 号。

〔2〕 参见中国人民银行广州分行疗养院等与广州市锦恒置业有限公司等申请破产清算申诉案，上海市高级人民法院民事裁定书，〔2020〕沪破监 2 号。

〔3〕 参见中国人民银行广州分行疗养院等与广州市锦恒置业有限公司等申请破产清算申诉案，上海市高级人民法院民事裁定书，〔2020〕沪破监 2 号。

〔4〕 参见于某、潍坊北大科技园建设开发有限公司、寿光市诺诚凯龙置业发展有限公司申请破产重整案，山东省潍坊市中级人民法院民事判决书，〔2020〕鲁 07 破监 1 号。

有限公司认为关联公司债务人河南绿能融创燃气有限公司住所地及主要财产所在地均位于河南省濮阳县，应当由河南省濮阳县人民法院管辖。因该案中核心控制企业已经确认，法院遂根据《破产纪要》第 35 条规定，确定由本案关联企业中的核心控制企业，即绿能高科集团有限公司住所地，北京市第一中级人民法院管辖。[1]

四、债权人异议的制度建议

（一）债权人异议与实质合并破产的规范目的

规范目的在法律实践中具有非常重要的地位。例如，在法律解释上，有目的解释的方法；在漏洞填补上，有目的论的限缩和目的论的扩张；在体系构建上，有基于法律价值目的进行的规范内部体系构建。[2] 通常包括以下多种类型：其一，立法目的，即订立特定法律是为了针对特定法律现象提出对策。立法目的包括主观目的和客观目的，是最典型的法律"目的"。[3] 其二，法律实效，即法律如何对社会施加影响。[4] 其三，法律的经济效益。此处非指法律需要促进经济发展（立法目的），而是指，法律适用时需要考虑成本与收益。其四，法律追求的价值。所谓价值，是指人类追求的美好的事物，它是人类进行社会交往的目的。法律之所以具有价值性目的，是因为法律作为社会规范具有一般性，需要体现作为社会共识的价值。[5]

在事实上，实质合并破产这一制度的规范目的包括公平和效率。[6] 一是按照《破产纪要》第六部分规定的"确保债权人公平受偿"是典型的规范目的。在此基础上，《破产纪要》在第 32 条的构成要件上进行了细化，即"严重损害债权人公平清偿利益"。二是降低成本，提高破产审判的效率。[7] 虽然，《破产纪要》第六部分"关联企业破产"未对该目的进行分析，但在具体条款的构成要件中可见一斑。例如，在客观上降低了人格混同这一构成要件上的要求。第 32 条规定的"区分各关联企业成员财产的成本过高"，该构成要件与实质合并破产所采的法人人格否认制度之间不存在并列关系。依照《九民纪要》第 10 条规定，公司人格与股东人格混同最主要的表现是财产无法区分。而《破产纪要》将该表现独立为了一个构成要件，并且不同于《九民纪要》的"无法"区分，转而采用了区分"成本过高"。

本文认为，公平与效率两个规范目的之间，以公平为主要目的较为妥实。理由有三：其一，按照规范来看，债权人公平受偿是破产制度的主要目的。无论是《破产纪

---

〔1〕 参见绿能高科集团有限公司等实质合并破产清算案，北京市第一中级人民法院民事裁定书，〔2021〕京01 破申 90 号。

〔2〕 参见杨仁寿：《法学方法论》，中国政法大学出版社 2013 年版，第 172、200、203、205 页。

〔3〕 参见 [德] 托马斯·M. J. 默勒斯：《法学方法论》，杜志浩译，北京大学出版社 2022 年版，第 253 页。

〔4〕 参见 [德] 尼古拉斯·卢曼：《法社会学》，宾凯、赵春燕译，上海人民出版社 2013 年版，第 356 页。

〔5〕 参见 [美] 富勒：《法律的道德性》，郑戈译，商务印书馆 2005 年版，第 55~58 页。

〔6〕 参见王静、蒋伟：《实质合并破产制度适用实证研究——以企业破产法实施以来 76 件案例为样本》，载《法律适用》2019 年第 12 期，第 7 页。

〔7〕 参见贺丹：《上市公司重整中的公司集团破产问题》，载《政治与法律》2012 年第 2 期，第 13 页。

要》还是《企业破产法》，都将公平清理债权债务作为目的条款进行规定。对于效率而言，主要体现在审理期限、集中管辖等具体制度上，法律未将其作为主要目的进行确认。其二，以效率为主容易导致实质合并破产规则的泛化。《破产纪要》第 32 条规定的"法人人格高度混同""区分各关联企业成员财产的成本过高""严重损害债权人利益"三个构成要件，无一例外地采用了法律的开放性结构。如果以效率为主目的，将会导致"高度混同""成本过高""严重损害"的判断标准下降，进而导致实质合并应当"审慎适用"的规定落空。其三，实质合并破产是我国审理关联企业破产的制度探索，具有纯粹法律续造的特征，宜以公平作为价值依托。纯粹法律续造指的是，不以既有规范为基础进行法律续造。[1] 如果以审理破产案件的方便与效率为主要目的，则容易忽视债权人基于公平提出的异议，导致债权人合法利益受到损害。

在未来构建实质合并的法律规定时，本文立足于以公平为规范目的提出以下建议：其一，以"严重损害债权人公平受偿"为规范目的，建立多项构成要件，并尽可能减少法律开放性结构的使用。现行制度下，规范目的作为构成要件中的一项，容易导致法律适用中的估堆判断现象。并且，构成要件之间的因果关系不明，法人人格高度混同的重要表现之一即是财产高度混同，将二者并列实有构成要件混乱之嫌。同时，人格混同与损害债权人公平受偿并无必然联系，重要的是债务人是否有"滥用"公司独立人格的行为，以及损害债权人利益的故意。因此，建议补足相应构成要件。其二，对实质合并破产进行类型化构建。《九民纪要》已经对法人人格否认制度构建了人格混同、过度支配、资本显著不足三种类型，那么这三种方式是否都必然适用实质合并破产，有待进一步研究。其三，不宜以关联公司作为实质合并破产的范围。因为依据《公司法》第 265 条的规定，董事、监事、高级管理人员与其直接或间接控制的企业之间也构成关联关系，如果将这种情况也作为一个主体进行实质合并，缺少法律、理论与实践的依据。

（二）债权人异议与实质合并破产的价值衡平

本文通过实证研究，已经发现了实质合并破产会产生多种价值冲突。一方面，总体公平和个体公平之间会产生冲突。实质合并不会当然使得所有债权人都能够公平得到受偿。例如，部分债权人清偿比例下降、清偿顺位发生变化或者担保消灭。并且，本文统计部分已经表明，异议债权人通常对纳入实质合并范围的个别公司享有较大份额。此时，个体公平和总体公平之间的冲突会显得比较强烈。另一方面，公平和信赖利益之间会产生冲突。债权人知道关联方存在的前提下，仍进行投资，有可能是基于对个别公司的独立人格和独立财务报表产生的信赖。虽然，按照《企业会计准则第 36 号——关联方披露》要求企业在财务报表附注部分披露关联方的名称以及关联交易的内容。[2] 但是，存在关联交易并不能说明关联方之间存在人格混同的情形。甚至，披

---

〔1〕 参见［德］卡尔·拉伦茨：《法学方法论》，黄家镇译，商务印书馆 2020 年版，第 465、519 页。

〔2〕 参见《企业会计准则第 36 号——关联方披露》（财会［2006］3 号）。

露行为本身更是为了将各个关联企业进行区分。并且，《公司法》第3条明确规定了公司具有独立的法人人格，只在第23条确立了法人人格否认制度。法人人格否认也只能是瞬间否认，而不是类似实质合并破产般终局性的否认。因此，债权人对公司法人人格外观的信赖利益，同样值得保护。

为了解决这些价值冲突，不能进行抽象的价值位阶的排布，而是需要在个案中进行衡量。[1]诚如民法的基本原则，不能抽象认为，诚信大于意思自治，反之亦同。只能在个案和具体规则当中去衡量，双方当事人何者更值得保护。在实质合并破产中，不能因为小债权人的人数多，就牺牲少数大债权人的利益；亦不能因为大债权人的份额多，就牺牲小债权人的利益。只能在个案中寻找解决方案，针对不同情况进行区别对待。

本文建议在未来正式确立实质合并破产规则的时候，针对不同情形构建不同的规则。本文举三个例子进行阐述：

第一，针对信赖利益进行差异化调整。例如，若个别债权人因实质合并破产而清偿比例下降特别大，并且这些债权人能够证明其对公司独立人格的信赖，那么管理人可以适当调高相应的清偿比例。

第二，明确实质合并破产中不同顺位的债权的合并规则。例如，只有当A公司通过关联交易，抽调B公司债权人支付的购房款，用于修建A公司名下的房地产项目时，B公司的商品房消费者才能依据最高人民法院《关于商品房消费者权利保护问题的批复》，主张先于A公司抵押权人优先受偿。其他时候，商品房消费者购房优先权仅能及于该购买人所购买的特定标的物。再例如，部分集团公司的总公司职工债权远远高于其子公司，对于子公司的普通债权人而言同样有失公允。

第三，实质合并破产中对各关联企业的风险特征进行区别对待。通常而言，集团化的公司才会涉及实质合并破产，而集团化的公司有时还会在其他行业开展经营活动。例如恒大集团，在投资房地产的同时，还会投资足球俱乐部、新能源汽车等领域。[2]如果要求房地产行业的债权人，承担其他行业的关联公司的债务，并且平均分摊，可能有欠妥当。本文建议分别进行调整。

五、结论

通过对房地产企业的实质合并破产裁定书进行实证研究，本文发现实质合并破产与其规范目的发生了一定程度的偏离。即实质合并破产以实现债权人公平受偿为目的，却导致个别债权人的利益受到损害。

收集整理了41份裁定书以后，本文将债权人在实质合并破产中所提出的理由进行了描述性统计上的分析。得到了实体性异议、程序性异议以及其他异议三个种类的异议。具体而言有17种，包括：法人人格没有混同、区分财产成本不高、降低债权人清

---

〔1〕 参见〔德〕卡尔·拉伦茨：《正确法——法伦理学基础》，雷磊译，法律出版社2022年版，第14~20页。

〔2〕 参见《中国恒大集团2022年年报》第175页，载 https：//doc. irasia. com/listco/hk/evergrande/annual/2022/car2022. pdf，2024年7月16日访问。

偿比例、实质合并没有法律依据、担保消灭、清偿顺位变化、债权人表决权减少、没有进行听证、申请主体不适格、合并范围内的企业未破产、管理人提交的证据不足、法院应当审慎适用、管辖权异议、损害债权人对有限责任的信赖、法人人格否认须以判决形式作出、不利于开展破产工作和实质合并破产程序违法。其中占主导的地位的是构成要件以内的实体性异议。

通过实证研究，本文发现实质合并破产在实践中产生了规范目的之间、规范价值之间的冲突。包括破产效率与公平受偿、集体公平与个体公平、公平与信赖利益等多维度的冲突。为解决这些冲突，本文提出了一些建议。例如，个案当中进行利益衡平、针对不同债权人进行清偿比例的调整。

当然，实质合并破产规则的建立还有赖于进一步研究，本文的主要研究目的是描述实质合并破产的规范目的，即"债权人公平受偿"，与其产生的法律实效是否匹配。换言之，本文研究的主要方面是对事实进行描述。囿于篇幅限制，对制度建议只能做较为浅显的分析，这也是未来进一步值得研究的领域。

附表　本文选取的案件名称、审理法院与裁定书文号

案件名称	法院	案号
张家界旅游文化产业投融资有限公司实质合并破产案	湖南省张家界市中级人民法院	［2017］湘 08 破 2 号、破 3 号之三
三亚鹿辰实业有限公司实质合并破产案	海南省三亚市中级人民法院	［2018］琼 02 破 2 号之二
重庆市福星门业有限公司实质合并破产案	重庆市九龙坡区人民法院	［2018］渝 0107 破 6 号之一
惠州市惠阳区鸿裕实业发展有限公司申请实质合并破产清算案	广东省高级人民法院	［2018］粤破终 37 号
金融街（深圳）投资有限公司、惠州市惠阳区鸿裕实业发展有限公司申请破产清算破产二审	广东省高级人民法院	［2018］粤破终 38 号
恩施州和润建设投资集团有限公司实质合并破产案	湖北省恩施土家族苗族自治州中级人民法院	［2019］鄂 28 破 9-3 号
上海振兴铝业有限公司管理人等申请破产清算破产	上海市松江区人民法院	［2019］沪 0117 破 13 号之二
石家庄龙城房地产开发有限公司实质合并破产案	河北省石家庄市桥西区人民法院	［2019］冀 0104 民破 1 号之一
衡水精信房地产开发有限公司实质合并破产案	河北省衡水市中级人民法院	［2019］冀 11 民破 3 号之四
兴隆大家庭商业集团有限公司实质合并破产案	辽宁省沈阳市中级人民法院	［2019］辽 01 破 38-3 号

案件名称	法院	案号
江苏五丰置业有限公司实质合并破产案	江苏省苏州市中级人民法院	[2019] 苏 05 破终 7、8、9、10、11 号
成都华茂锦业建设投资有限公司实质合并破产案	四川省彭州市人民法院	[2020] 川 0182 破 1、2 号之三
中国华信能源有限公司等联合管理人申请上海市华信金融控股有限公司等实质合并破产清算案	上海市第三中级人民法院	[2020] 沪 03 破 9 号之六
海华信国际集团有限公司与中国华信能源有限公司等实质合并破产清算案	上海市第三中级人民法院	[2020] 沪 03 破 9 号之一
九江银行股份有限公司与上海华信集团财务有限公司等申请破产清算申诉案	上海市高级人民法院	[2020] 沪破监 1 号
唐山虹基房地产开发有限公司实质合并破产案	河北省唐山市路南区人民法院	[2020] 冀 0202 破 3 号
北大方正集团有限公司管理人等申请实质合并破产重整案	北京市第一中级人民法院	[2020] 京 01 破申 530 号
中国华融资产管理股份有限公司山东省分公司、东营市康森秸秆制品有限公司管理人实质合并破产案	山东省东营市中级人民法院	[2020] 鲁 05 破监 3 号
于某、潍坊北大科技园建设开发有限公司、寿光市诺诚凯龙置业发展有限公司申请实质合并破产重整案	山东省潍坊市中级人民法院	[2020] 鲁 07 破监 1 号
普定县鑫臻房地产开发有限责任公司实质合并破产案	贵州省安顺市中级人民法院	[2020] 黔 04 破 7-4 号
苏州静思园有限公司管理人与苏州静思园有限公司、苏州静思园文化旅游发展有限公司等实质合并破产案	苏州市吴江区人民法院	[2020] 苏 0509 破 2 号之一
共创实业集团有限公司实质合并破产案	湖南省衡阳市中级人民法院	[2020] 湘 04 破 5 号之三
湖南牧羊人集团有限公司实质合并破产案	湖南省娄底市娄星区人民法院	[2020] 湘 1302 破申 7 号
浙江花园建设集团有限公司、缙云县博尔商业经营管理有限公司、缙云县博尔置业有限公司实质合并破产案	浙江省丽水市中级人民法院	[2020] 浙 11 破终 3 号
绿能高科集团有限公司实质合并破产案	北京市第一中级人民法院	[2021] 京 01 破申 90 号

续表

案件名称	法院	案号
南京建工产业集团有限公司实质合并破产案	江苏省南京市中级人民法院	［2021］苏01破20号之一至44号之一
永泰城建集团有限公司实质合并破产案	江苏省南京市中级人民法院	［2021］苏01破45号之一
扬州金阳光控股集团有限公司实质合并破产案	江苏省扬州市邗江区人民法院	［2021］苏1003破5、23号，（2022）苏1003破12-14、16、20、22、25号
娄底市一鑫房地产开发有限公司实质合并破产案	湖南省娄底市娄星区人民法院	［2021］湘1302破申1号
巴中置信投资有限公司实质合并破产案	四川省巴中市中级人民法院	［2022］川19破12号之三
河北众美房地产开发集团有限公司破产重整案	河北省石家庄市裕华区人民法院	［2022］冀0108破1、2、3号
河北宇东地产集团有限公司实质合并破产案	石家庄市鹿泉区人民法院	［2022］冀0110破2号
北京仟禧创新投资管理集团实质合并破产案	北京市第一中级人民法院	［2022］京01破申159号
东营方圆房地产开发有限责任公司实质合并破产案	山东省东营市中级人民法院	［2022］鲁05破申12号
上海昉垚汇置业有限公司实质合并重整案实质合并破产案	山东省东明县人民法院	［2022］鲁1728破1号
金盛置业投资集团有限公司实质合并破产案	江苏省南京市中级人民法院	［2022］苏01破11号
四川省巨洋企业管理集团有限公司实质合并破产案	四川省泸州市龙马潭区人民法院	［2023］川0504破2号
中融新大等128家关联公司实质合并重整案	山东省淄博市中级人民法院	［2023］鲁03破6～15号（2024）鲁03破2-103号
山东银光化工集团有限公司实质合并破产案	山东省费县人民法院	［2023］鲁1325破3号银光实质合并重整裁定书之一
贵州明德实业有限责任公司实质合并破产案	贵州省黔南布依族苗族自治州中级人民法院	［2023］黔27破1号
江苏省建工集团控股有限公司实质合并案	江苏省溧阳市人民法院	［2023］苏0481破24、25号［2023］苏0481破申64号

房地产企业破产背景下：被征收人安置补偿权的类型化研究

薛军　陈昱骐

摘　要： 当修建安置房的房地产企业破产时，被征收人如何向房地产企业主张权利缺少明确的法律规定。同时，安置补偿涉及被征收人、政府、房地产企业三方主体，还存在明显不同种类的安置补偿模式。既有裁判与学说虽都认可被征收人的安置补偿权应享有优先地位，但未从类型化研究的角度展开深入分析。本文区分了实践中被征收人安置补偿权产生的不同方式，并提出了相应的权利行使方式。本文划分了三类安置补偿权及其行使方式：产权调换模式下的被征收人原物返还请求权，保障居住模式下的政府协同优先受偿权，拆迁合同模式下的类推适用商品房消费者优先权、代偿请求权等权利行使方式。

关键词： 房地产企业；征收；安置补偿权；类型化研究

一、问题的提出

《民法典》颁布以后，我国征收制度愈发完善。主要的征收补偿规范包括：《民法典》第 117 条、第 234 条等民事法律和《城市房地产管理法》第 6 条、《土地管理法》第 48 条等行政法律。在法律的基础上，还有《国有土地上房屋征收与补偿条例》（以下简称《征收补偿条例》）等行政法规对法律的征收规定进行细化。[1]

但是，当修建安置房的房地产企业破产时，被征收人如何向房地产企业主张权利缺少明确的规定。一方面，《企业破产法》第 113 条并未明确被征收人的补偿权能否优先受偿。另一方面，2020 年修正的最高人民法院《关于审理商品房买卖合同纠纷案件适用法律若干问题的解释》（以下简称《商品房买卖司法解释》）已经删除了被拆迁人优先受偿的条款。[2]

---

〔1〕　参见《国有土地上房屋征收与补偿条例》（中华人民共和国国务院令第 590 号），2011 年 1 月 21 日国务院发布。

〔2〕　参见最高人民法院《关于审理商品房买卖合同纠纷案件适用法律若干问题的解释》（法释〔2003〕7 号）（该条款已被删除）。该解释 2020 年进行了修正，如无特别提示，本文采用 2020 年修正版。

既有裁判仅达成了被征收人的补偿权在破产程序中需要优先保护的共识，但未明确是否所有类型都应作同等处理。例如，最高人民法院认为，被征收人对于安置房享有的民事权益比一般购房者有更优先的保护效力。[1]亦有其他法院认为，房地产企业破产以后，被征收人的权利需要优先保护。[2]还有法院要求企业在破产程序中，须以现房交付的方式，继续履行与被征收人之间形成的《安置补偿协议》。[3]然而，这些案件中被征收人优先受偿的顺位以及依据并不明确，有赖于进一步分析。

与司法裁判的现状类似，学界同样未对破产程序中被征收人的优先受偿问题展开类型化的研究。早在 2004 年就开始有学者研究拆迁安置中的清偿顺位，并提出了补偿权属于担保物权的学说。[4]随着时间推移以及相关规定发生变化，亦有学者认为，《安置补偿协议》具有强烈的物权性质，是债权物权化的典型。[5]但是，安置法律关系涉及三方法律关系，即被征收人、房地产企业和政府，而前述研究仅分析了被征收人与房地产企业之间的关系。

然而，并非所有情形下，被征收人都能向破产房地产企业主张其债权具有优先顺位。例如，并非所有类型的征收补偿法律关系都以债的方式得以建立，在"债权"都不存在的前提下，主张优先债权存在法律上的障碍。再如，被征收人并不一定会取得安置房的所有权，其依据的是政府需要履行提供安置房的公法义务。此时向破产房地产企业申报债权，同样存在法律上的障碍。

因此，本文欲对以下问题进行更为深入的研究：当房地产企业破产时，被征收人在后述三种类型下，应各自主张何种权利？本文将会采用类型化研究的方法进行深入研究。[6]在"保障破产房地产企业债权人公平受偿"的共性前提下，分析探讨被征收人在不同情形下行使补偿权的法律依据与理论支撑。

二、被征收人安置补偿权的类型划分

进行类型化的前提是明确各种类型之间的划分依据。所谓类型是指事物中相对比较具体的、普遍的东西，只能被描述而不能被定义，其不是封闭的，而是开放的，它能被意识联络，继而使人意识到其意义脉络。[7]这种意义脉络并非独一无二的，即划

---

[1] 参见闫某毛、张某胜申请执行人执行异议之诉案，最高人民法院民事裁定书，[2021]最高法民申 31 号。

[2] 参见常州中亿房地产开发有限公司、沈某敏等破产债权确认纠纷案，江苏省常州市中级人民法院民事判决书，[2022]苏 04 民终 5258 号。

[3] 参见江西省高级人民法院民二庭：《江西省高级人民法院发布 2021 年破产审判十大典型案例之五：新余福燊实业有限公司破产重整案》，载 https://jxgy.jxfy.gov.cn/article/detail/2022/02/id/6532587.shtml，最后访问时间：2024 年 7 月 16 日。

[4] 参见陈业业：《论拆迁补偿安置房屋优先权》，载《亚太经济》2004 年第 6 期，第 91~95 页。

[5] 参见袁野：《"债权物权化"之范畴厘定》，载《法学研究》2022 年第 4 期，第 90 页。

[6] 参见[德]托马斯·M.J.默勒斯：《法学方法论》，杜志浩译，北京大学出版社 2022 年版，第 413 页。

[7] Ku Grelling und Paul Oppenheim, Der Gestdtbegriff im Lichte der neuen Logik, Erkenntnis volume 7, pages211~225 (1937)，转引自[德]卡尔·拉伦茨：《法学方法论》，黄家镇译，商务印书馆 2020 年版，第 180 页。

分类型的标准是多维度的。例如，可以根据履行义务的主体对被征收人的补偿权进行划分，即政府与企业。或者也可以依据客体的特征进行划分，即被征收人对安置房屋享有所有权或使用权。

本文根据对被征收人主张安置补偿权的依据不同，主要划分了产权调换模式、保障居住模式和拆迁合同模式三种类型。一是产权调换模式，即被征收人与政府之间达成产权调换的合议。在这种模式下，被征收人对用于产权调换的房屋享有完全的所有权。二是保障居住模式，即被征收人与政府签订《安置补偿协议》，房屋所有权登记在政府或国有企业名下，被征收人只享有保障居住房的使用权。三是拆迁合同模式，被征收人与房地产企业签订《拆迁合同》，由房地产企业直接向被征收人履行安置义务。

之所以进行这种类型划分，是因为在直观上可以认为在这三种类型下，被征收人虽都可以主张安置补偿权，但这种权利并非法定概念，只是学理上的归纳，其依据、方式和内容等维度有着明显差异。其一，被征收人主张权利的方式不尽相同。虽然，不同权利可能会产生相似的法律效果，且都实现了被征收人所欲达成的目的，但这只是一种类似"请求权竞合"的巧合，而非这些依据的必然常态。例如，在房地产企业破产时，若被征收人可以依据所有权主张安置房的取回权，或主张第一顺位的绝对优先债权，这两种做法实现的实体性效果几乎没有差别。但是在理论、程序等其他问题上，二者却有区别。如果不加区分地优先保护被征收人，则会对既有法律体系产生强烈冲击。其二，被征收人主张权利的依据不同。如果被征收人依据的是政府的征收决定，则该法律关系属于行政法领域；而当法律关系产生的依据是被征收人和企业之间，则产生的是纯粹的民事法律关系。不同类型的法律关系有着不同的分析框架。例如被征收人与政府间的产权调换模式的法律依据是《征收补偿条例》，而被征收人与房地产企业之间的拆迁合同模式则对应的是《民法典》合同编的相应规定。其三，被征收人的客观情形不同。例如，有些被征收人取得安置房的目的在于自己居住，而有的则以出租、经营等为目的。在被征收人的地位并不相同的情形下，不当地扩大房地产企业破产中优先受偿的范围，有可能会对交易安全与市场秩序产生不利影响。

需要特别说明的是，实践中对于安置房的类型并不为本文所穷举。因为严格意义上来说，每个案子都有其独特之处，再进行细分同样可行。出于篇幅考量，下文仅针对本文所划分的三种类型进行分析。

三、被征收人与政府间产权调换模式

（一）产权调换模式的基本法律关系

在现行法制度体系下，最为常见的模式是《征收补偿条例》第21条规定的产权调换。该模式下，政府先行作出征收决定，并补偿被征收人。然后政府依据《民法典》《土地管理法》等规范，向房地产企业出让建设用地使用权。若被征收人依据《征收补偿条例》第21条第3款主张就近产权调换，政府还会要求房地产企业在修建房屋时，将特定房屋留作安置房。在实务中，政府通常会采用公告的方式，将安置补偿方案告知被征收人以及购买建设用地使用权的房地产企业。[1]常见的法律关系结构如图1所示：

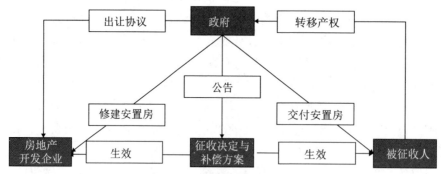

图1　产权调换模式结构图

值得深入分析探讨的是，在产权调换模式下，被征收人能否向破产程序中的房地产企业申报债权？本文倾向于认为，被征收人直接申报债权在理论上存在障碍。

被征收人与房地产企业之间，没有直接的债权债务关系。所谓债权系指特定人间得请求特定行为之法律关系。[2]其产生基础包括法律规定和双方合意。需要预先说明的是，通过涉它合同的理论建立债权债务关系，在无法律规定的情形下，需由当事人达成合意才可。而此情形下，不存在被征收人与房地产企业之间的合意，如有则已经不再属于本类型讨论的范畴，留待后文"拆迁合同"部分展开讨论。

首先，既有法律规范并未直接规定房地产企业与被征收人之间成立法定之债。法定之债的产生基础通常是行为人的事实行为对其他人的利益产生影响，并且，这些事实行为不涉及效力问题。无论是无因管理、不当得利抑或是侵权行为皆是如此。然而，在补偿权的法律关系中，并无法律规定修建房屋这一事实行为会当然地在房地产企业和被征收人之间建立债权债务关系。

其次，房地产企业与被征收人之间亦不成立意定之债。其理由在于，房地产企业修建安置房的义务，源自其与政府之间的《建设用地使用权出让协议》（以下简称《出让协议》）中的相应约款，如"回迁房需由土地受让方负责建设开发""《补偿方案》作为《出让协议》的合同组成部分"等。如果认为《出让协议》的相应条款，构成《民法典》第522条第2款规定的利益第三人合同，亦需要《出让协议》明确约定

---

〔1〕　例如《安徽省土地征收及补偿安置办法》（安徽省人民政府令第317号），2023年11月28日公布。第6条规定："市、县（市、区）人民政府应当严格履行土地征收程序。征收土地预公告、土地现状调查结果、征地补偿安置方案公告、征收土地公告、补偿费用支付情况等需要公告、公示的事项，应当做好公告、公示现场的信息采集、证据留存和归档。"或者在各级政府网站上可以检索到"征地补偿安置公告"，例如，北京市规划和自然资源委员会，https：//ghzrzyw.beijing.gov.cn/ziranziyuanguanli/tdzs/zdbphgg/；成都市征地信息公开系统，https：//mpnr.chengdu.gov.cn/ghhzrzyj/zdxx/zdxxgk_xxgkFirst.shtml.本文不再一一列举。

〔2〕　参见王泽鉴：《债法原理》，北京大学出版社2009年版，第3页。

并告知被征收人，履行安置房给付义务由房地产企业履行。该处涉及《民法典》第142条意思表示的解释规则，在约定不明的情况下，作此解释存在一定障碍。

因此，被征收人直接向破产程序中的房地产企业申报债权的依据似乎并不存在。若被征收人需要主张其安置补偿的相应权利，则需要其他理由与法律规定作为支撑。

（二）产权调换模式的物权变动规则

本文认为，如果是在产权调换模式下，应自征收补偿决定作出的一瞬间即发生物权变动。

首先，产权调换模式下被征收人取得安置房所有权，系非基于民事法律行为而发生的物权变动。依照《民法典》第243条的规定，国家征收房屋或不动产时，应当补偿被征收人。同时，根据《征收补偿条例》第26条的明确规定，房屋征收部门与被征收人在签约期内无法达成补偿协议，房屋征收部门可以作出补偿"决定"。并且，被征收人可以针对补偿申请行政复议和行政诉讼。《征收补偿条例》第28条还规定，"被征收人在法定期限内不申请行政复议或者不提起行政诉讼，在补偿决定规定的期限内又不搬迁的……"在司法实践中，法院同样将行政补偿方案作为行政诉讼的受案范围。[1]前述例证足以表明，安置补偿决定是一种行政行为，并且政府还会对外进行公告，说明该情形不是基于民事法律行为而发生的物权变动。

其次，非基于民事法律行为发生的物权变动，当政府作出将特定房屋用作安置补偿的一瞬间，即发生了物权变动。依据《民法典》第209条、第229条等规定的不动产物权变动规则，基于法律行为而发生的物权变动，通常须以登记为要件。但是，因人民法院、仲裁机构的法律文书或者人民政府的征收决定等发生的物权变动，则在该判决或决定作出时发生。虽然，政府和被征收人之间签订的《征收补偿协议》具有合同的性质，但其主要还是一种行政决定。当政府和被征收人无法达成协议时，政府会采用征收补偿决定的方式进行产权调换或现金补偿。而征收补偿决定会特定化被征收的标的以及用于调换的房屋，可以将其解释为一种非基于民事法律行为而发生的物权变动，自补偿决定作出的一瞬间发生效力。

最后，征收补偿决定在一定程度上具有公示公信的效力，将其解释为物权公示同样有理由。物权人依据《民法典》第208条规定的物权公示原则，将其享有的对特定标的物管理、支配的权利现状告知于其他主体。由此，产生了物权的对世性效力。[2]合同不具有对外公示的作用，因而仅仅发生债权行为的相对效力。但法院的裁判文书、政府的征收决定等，当事人可以通过公开渠道查询到，起到了一定的公示作用。由此，破产程序中的房地产企业的债权人，知道或者应当知道这一部分房屋不属于房地产企

---

〔1〕 例如，李某兰与山西省平遥县人民政府工商强制补偿职责纠纷再审案，最高人民法院行政裁定书，[2019]最高法行申6733号；刘某等与长沙市雨花区人民政府土地征收补偿复议纠纷再审案，最高人民法院行政裁定书，[2018]最高法行再99号；熊某柱等与重庆市渝中区人民政府房屋征收补偿决定再审案，最高人民法院行政裁定书，[2021]最高法行申759号。

〔2〕 参见王利明等：《民法学》（第6版），法律出版社2020年版，第317~318页。

业。因而，可以自征收补偿决定作出之日起发生物权变动的效力。

容易产生争议的是，如果政府依照《征收补偿条例》第 21 条第 3 款采用回迁安置的方式补偿被征收人，在房屋尚未完成移转登记时，房地产企业即进入破产程序，那么该房屋是否属于破产财产？有观点认为，安置补偿房屋不属于最高人民法院《关于适用〈中华人民共和国企业破产法〉若干问题的规定（二）》第 2 条规定的范围，因而属于破产房地产企业的财产。[1]本文则认为，安置房应属于该条第 4 项规定的"其他依照法律、行政法规不属于债务人的财产"。主要理由有三：

第一，法律规定必须先补偿后搬迁，如果仅用债权补偿被征收人，不符合立法目的。依据《征收补偿条例》第 21 条第 3 款，回迁安置房须由政府先取得所有权以后，再调换给被征收人。该条还规定了，被征收人选择在改建地段进行产权调换的，应当由作出征收决定安排的政府提供。依照反面推论，被征收人选择产权调换的，政府必须采用所有权调换的方式进行补偿，而不能仅仅提供房地产企业履行交付安置房义务这一债权进行补偿。因此，政府并非将请求房地产企业交付房屋这一债权转移给被征收人，而是将物权进行转移。

第二，虽然房地产企业依据《民法典》第 231 条规定的事实行为取得房屋所有权，但在观念上的一瞬间即可移转所有权。例如，依据《人民防空法》第 2 条，《国防法》第 40 条第 2 款等相关规定，人防车位修建完成以后，由国家取得所有权，房地产企业只能依据《人民防空法》第 5 条的规定享有收益的权利。为了不突破《民法典》第 231 条的规定，在观念上先由房地产企业获得所有权，然后一瞬间发生物权变动。因此，人防车位不能作为房地产企业的破产财产用以清偿债务。在征收补偿关系中，同样属于《民法典》第 231 条的例外情形。一方面，房地产企业在购买建设用地使用权时，明知特定房屋修建完成以后会用于安置，其不能对外出售该房屋；另一方面，政府取得房屋所有权的依据是征收补偿决定，而非民事法律行为，不以办理登记为要件。

第三，虽然安置补偿决定作出之时，房屋尚未修建完毕，无物权变动的可能性，但安置补偿决定具有面向未来的执行力和拘束力。行政行为作为一种个别规范，其创设目的是对未来发生作用，并非仅对当下瞬间发生效力。[2]因此，在房屋修建完毕的瞬间，安置补偿决定会继续发生效力，进而产生物权变动。

总结而言，当安置房修建完成后的一瞬间，被征收人即取得用以调换产权的安置房的所有权。

（三）产权调换模式的权利行使方式

针对被征收人向破产房地产企业主张权利共有三说，即有担保的债权[3]、债权物

---

〔1〕 参见郑小雄主编：《房地产开发企业破产若干法律问题分析》，人民法院出版社 2020 年版，第 27 页。

〔2〕 参见［奥］汉斯·凯尔森著，［德］马蒂亚斯·耶施泰特编：《纯粹法学说》（第 2 版），雷磊译，法律出版社 2021 年版，第 13、327 页。

〔3〕 参见陈业业：《论拆迁补偿安置房屋优先权》，载《亚太经济》2004 年第 6 期，第 91~95 页。

权化[1]以及物权期待权[2]。而前述观点皆存在一定缺陷，不为本文所采。在梳理完产权调换模式的物权变动以后，被征收人能向破产房地产企业主张何种权利这一问题便迎刃而解，即被征收人可以主张取回权。

首先，主张有担保的债权，需存有两大前提，即主债权成立与担保成立。然而，产权调换模式下，被征收人与房地产企业之间无债权债务关系，设立担保即有障碍。同时，在安置房补偿权法律关系中，似需要存在担保物权。但是，被征收人与房地产企业之间并未基于合同而设立抵押权。且房屋系不动产，无留置权等法定担保物权存在。因此，主债权与担保物权皆不成立，被征收人向房地产企业主张有担保的债权实无依据。

其次，主张债权物权化面临的障碍与有担保的债权相同。除无债权关系成立以外，债的物权化需以法律规定为前提，例如预告登记。虽然《商品房买卖司法解释》（2003年）第 7 条第 1 款对被拆迁人的优先权进行了规定，但该条文在现行规范中已经被删除。最高人民法院虽然未明确说明删除该条的原因，但本文认为，可能是因为拆迁人和被拆迁人这一对法律关系的主体在现在的征收补偿中已经不再适用而将其删除。因此，主张债权物权化既不存在债权，亦不存在法律规定，不为本文所采。

最后，物权期待权同样存在争议。有学者认为，物权期待权在我国体系上被滥用，要么导致"本是债权，却攀附物权"之假象，要么造成"算作物权，却难脱债权"之迷障，最终使得（物权）期待权在债物二分视域下陷入性质难辨的境地。[3]亦有学者认为，期待权在财产性、公示性等层面具有缺陷，不宜作为民事裁判的依据。[4]除前述理由外，本文补充认为，期待权说只能解决房屋已经修建完毕时的优先受偿问题，当房屋尚未修建完毕时，则会陷入"永远的期待"中。当房屋未修建完成，房地产企业即进入破产程序，被征收人基于尚未形成的权利而主张，如何可能？因此，物权期待权同样不为本文所采。

本文认为安置房不属于房地产企业的破产财产范围。当房屋竣工以后的一瞬间，在观念上连续发生前文所述的非基于民事法律行为的物权变动。即房地产企业依据合法建造这一事实行为取得安置房所有权，再由政府依据征收补偿决定取得所有权，最后由被征收人依据征收补偿决定取得所有权。在被征收人已经取得了安置房的所有权的前提下，自然可以依据原物返还请求权，在破产程序中行使取回权，并要求请求变更物权登记。

产权调换模式下，还需要讨论的是，若房屋尚未修建完毕，房地产企业即进入破

---

[1] 参见袁野：《"债权物权化"之范畴厘定》，载《法学研究》2022 年第 4 期，第 90 页。

[2] 该观点主要存在于实务当中，例如云南建投第三建设有限公司、华夏银行股份有限公司玉溪支行案，最高人民法院民事判决书，[2023] 最高法民终 278 号。

[3] 参见袁野：《期待权之检讨》，载《法学研究》2024 年第 3 期，第 87 页。

[4] 参见罗亚文：《不动产物权期待权实体法外溢的反思与厘正——基于 31 份二手房"先卖后抵"判决书之整理》，载《法治研究》2023 年第 3 期，第 160 页。

产程序，则如何处理？对此，缺少明确的法律规定。一方面，若政府采用异地安置的方式，能否以未竣工的在建工程作为产权调换的客体。本文倾向于持否定态度，理由在于政府用以产权调换的不动产需以政府自身享有权利为前提。并且，依据《征收补偿条例》第 27 条第 1 款，房屋征收部门需要先履行补偿义务，才能要求被征收人搬迁。在这种情况下，若政府将被征收人的产权调换到另一个在建工程中，其是否履行了前述规定有待商榷。另一方面，若政府采用回迁安置的方式，才有可能存在房屋未竣工而房地产企业破产的问题。实践中，破产房地产企业的债权人可以引入共益债务完成房屋修建，并交付安置房。[1]如果破产房地产企业对外出售尚未竣工的房屋，那么该修建安置房的义务当然地作为待出让在建工程的消极部分，由未竣工建筑物的购买方概括取得并继续履行。

四、被征收人与政府间保障居住模式

（一）保障居住模式的基本法律关系

保障居住模式是指安置房由国家所有，被征收人只享有安置房的居住权。这种模式在实务中被称为"小产权房"，虽然其法律关系结构相比于产权调换模式更为简单，但其产生的原因较为复杂。在城市，保障居住的主要依据《城市房地产管理法》第 6 条，国家征收个人住宅的还应当保障被征收人的居住条件。这种模式包括房改房、经济适用房、集资房、人才安置房等法律地位模糊的情形。[2]例如，某国有企业设有所有权登记在其名下的自管公房，并将其作为企业职工的安置房。当该企业的所有权被征收以后，实际上会导致职工的居住权一同被征收。此时，这些职工虽然不是所有权主体，但可以参照所有权的产权调换，请求政府提供其他安置房以保障其居住。在农村，保障居住则由《土地管理法》第 48 条第 4 款予以调整，即政府应当"重新安排宅基地建房、提供安置房……"理由在于，有些农村土地归集体所有，征收的法律关系主体是村集体和政府，而集体土地所有权却难以通过产权调换的方式实现。因此，当土地被征收以后，农村宅基地上的建筑物所有权调换以后，仍然不能保障被征收人家庭成员的居住条件，政府才会采用安置房的方式进行补偿。

事实上，保障居住模式在现行法体系下可以视为"居住权"的产权调换。在《民法典》颁布以后，虽有反对性意见，认为居住权系私法权利，而安置保障权系公法权利，不能混同。[3]但本文认为，居住权系用益物权，其产生的原因包括公法上的征收补偿与民法上的合同，按照《民法典》第 217 条分离原则的精神，居住权的设立不宜仅以民事合同为限。再加上《民法典》颁布以前，我国住房体系较为混乱，各种模式

---

[1] 参见《江西省高级人民法院发布 2021 年破产审判十大典型案例之四：江西浙达房地产开发公司破产清算案》，载 http://jxgy.jxfy.gov.cn/article/detail/2022/02/id/6532587.shtml，2024 年 7 月 16 日访问。

[2] 参见鲁晓明：《"居住权"之定位与规则设计》，载《中国法学》2019 年第 3 期，第 235 页。

[3] 参见胡尔西旦·卡哈尔、金俭：《〈民法典〉视域中居住权制度价值功能及其适用限制》，载《法律适用》2021 年第 12 期，第 67~75 页。

的房屋产权形式产生了实践中的理论难题。学界与裁判界对房改房、人才安置房等房屋的产权有个人单独所有、个人与国家或企业共同所有、租赁等各种观点。[1]既然《民法典》第243条第3款明确规定了，征收个人住宅的还应当保障被征收人的居住条件，那么可以认为，保障居住模式在民法领域已经得以确认。为解决理论与实践中的争议，本文认为采居住权产权调换更为妥适。

保障居住模式的法律关系结构如下图所示：

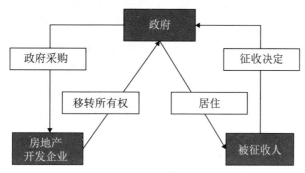

图2　保障居住模式结构图

有鉴于此，与产权调换模式相类似，被征收人与破产中的房地产企业不存在债权债务关系，径行主张权利同样存在法律上的障碍。因而不能简单地将保障居住模式下的被征收人安置补偿权归结为安置债权，并作优先处理。

（二）保障居住模式的连锁给付义务

保障居住模式下，房屋所有权是由政府取得以后再向被征收人设立居住权，那么被征收人能向破产程序中的房地产企业申报何种权利？其一，房地产企业自始至终仅负担向政府交付安置房的义务，被征收人也只能请求政府履行为其设立居住权的义务。被征收人向房地产企业申报债权在规范上缺乏请求权基础；其二，政府取得安置房必定不能满足以自身居住而购房的消费者优先权的条件。在此情形下，被征收人能否取得优先受偿同样存在疑问；其三，如果被征收人既能向政府主张另行安置，又能向破产房地产企业申报债权，同时政府也能向破产企业申报债权，那么会产生权利多重救济或重复行使的问题。

事实上，不同于涉及一系列物权变动的产权调换模式，居住保障模式涉及的是债权行为的连锁给付。在此需要对法律关系进行拆解，分析不同主体之间的法律关系。

首先需要分析的是政府与破产房地产企业之间的法律关系。政府取得安置房的方式有许多，包括政府采购、征收等，其中政府采购又分为采购修建房屋的服务，和采购已经修建好的房屋。

当政府采用征收的方式取得破产房地产企业修建的安置房时，通常不会产生争议。

---

〔1〕　参见曾大鹏：《居住权的司法困境、功能嬗变与立法重构》，载《法学》2019年第12期，第51~65页。

一方面，当政府征收破产程序中的房地产企业的房屋时，同样需要履行补偿义务。此时，政府支付的补偿款同样可以用于清偿破产企业的债务。这种做法实际上是将债务人资产由不动产变为现金，客观上更有利于清偿债务。另一方面，当政府征收决定作出以后，房地产企业才进入破产程序的。此时政府作出的是征收决定，依据《民法典》第229条的规定，政府立即取得房屋所有权。因此，通过征收取得房屋时，政府可以行使取回权。

但是，当政府通过采购的方式取得安置房时，则产生疑问。一方面，从理论上需要由政府向破产的房地产企业申报债权。虽然政府采购的行政性质使得其属于行政诉讼的范畴，进而产生民事和行政之争。[1]但是依据《政府采购法》第43条规定，政府采购合同适用合同法，政府在采购当中处于债权人地位则没有争议。另一方面，政府申报债权并不当然具有优先性。政府采购房屋的目的并非全部用于安置被征收人，还有可能将其作为公租房用于安置人才与职工，或者投资给国有企业，然后国有企业再作为职工福利低价出售给员工。同时，政府为被征收人设立居住权的安置房，通常在房屋修建完成以后才能特定化。即便想要通过类推适用商品房消费者优先权，亦无从谈起。因此，在这些情况下，这些政府只能作为普通债权，按照《企业破产法》第113条的规定进行清偿。

其次需要分析的是被征收人能够主张的权利。被征收人首先可以向政府主张安置补偿方案中的居住权并无疑问。但如果被征收人欲向破产中的房地产企业主张权利则会产生疑问。理由在于，政府有请求房地产企业交付房屋所有权的权利，被征收人有请求政府保障居住的权利。被征收人直接向房地产企业主张债权则突破了合同相对性，同时缺乏合理的理由。

此时，在法律上产生了一个难题，即被征收人此时符合商品房消费者的条件下，虽可以类推适用商品房消费者的优先权，但却囿于不具有债权人身份；政府具有债权人身份，却又不符合商品房消费者的要件。本文下一步将对此问题展开分析。

（三）保障居住模式的协同优先受偿

对于被征收人能否直接向破产房地产企业申报债权，在规范上似有多条路径可供选择。一是债权人代位权；二是代偿请求权；三是协同之债，本文将依次进行分析。

首先，债权人代位权似不足采。其理由有三：其一，依照《民法典》第535条的规定，被征收人若要行使代位权须以政府怠于行使债权为前提。但是，政府在该类情形中已经向房地产企业申报债权，只是其顺位处于劣后状态而已，难谓怠于行使权利。其二，债权人代位权须以债权到期为前提。例如，房地产企业在履行修建房屋的过程中进入破产程序，此时政府便可以向其申报债权。而被征收人对政府的债权并不一定

---

[1] 参见刘飞：《行政协议的识别方式——以"永佳纸业案"为例的考察》，载《中外法学》2023年第3期，第586~604页；胡建淼：《对行政机关在行政协议中优益权的重新解读》，载《法学》2022年第8期，第41~51页。

到期，此时主张代位权同样有问题。其三，依照《民法典》第535条第3款的规定，相对人对债务人的抗辩可以向债权人主张。从该条的立法意旨来看，代位权不能改变债务人和相对人之间的债权债务关系。具体到补偿关系中，被征收人只能"代替"政府向破产房地产企业主张权利，不能将自身对政府享有的特殊身份加之于房地产企业。

其次，代偿请求权亦有缺陷。所谓代偿请求权是指债务人因给付不能的同一原因而获得利益，债权人可以请求债务人将该利益用于清偿债务。[1]例如，债权人向债务人购买一套房屋，而房屋先于移转所有权登记以前而被征收，此时债权人可以向债务人主张征收所获得的补偿款。具体到安置房中，设有居住权的房屋灭失以后，将居住权及于新设的房屋。[2]保障居住模式下，设有居住权的房屋由政府所有，被征收人亦可以基于居住权延伸出的代偿请求权，请求政府设立新的居住权。有问题的是，原居住权延伸出来的代偿请求权仅具有债权性质，不具有对世性。因此，被征收人直接向破产房地产企业主张权利存在理论上的缺陷。

最后，协同之债同样不能解决问题。所谓协同之债，是指只能由所有债权人共同接受履行或由所有债务人共同进行履行的多数人之债。[3]虽然，协同之债的方式，在理论上能够补足政府债权的优先性问题。但是，被征收人不具有债权人地位，因而同样存在理论上的障碍。

为了解决优先受偿的障碍问题，本文建议对前述三种模式进行结合，提出协同优先受偿的观点。政府在向破产房地产企业申报债权时，如果需要设立居住权的被征收人符合商品房消费者的优先受偿条件，并且待用于安置的房屋已经特定化，此时可以将该债权作为优先债权向政府清偿。

协同优先受偿的优势有三：其一，在理论上具有可行性。企业破产程序中，除担保债权外，优先权的来源主要是"普通债权+特殊身份"。此时，被征收人可以获得优先的特殊身份已经由理论和裁判所认可。[4]唯有疑问的是被征收人的特殊身份能否补足政府的债权。本文认为可以，理由在于政府取得所有权的唯一目的是为被征收人设立居住权，被征收人对该债权有重大利害关系，使其协同进入到政府的债权中，并不会严重损害既有法律体系。其二，不会突破合同相对性原则。政府的债权人地位同样不具有争议，并且自始至终是政府向房地产企业主张权利。其三，能够平衡多方当事人的利益。能够保障被征收人基本居住条件的同时，也不至于使政府优先受偿过于

〔1〕 参见张舫、高中义：《论代偿请求权》，载《理论学刊》2007年第1期，第87~89页。

〔2〕 参见肖俊：《"居住"如何成为一种物权——从罗马法传统到当代中国居住权立法》，载《法律科学（西北政法大学学报）》2019年第3期，第106页；马强：《代偿请求权的理论证成》，载《清华法学》2022年第6期，第149页。

〔3〕 参见齐云：《论协同之债》，载《法商研究》2020年第1期，第143页。

〔4〕 参见陈思奇：《我国未来立法中民事优先权顺位的本土化制度设计》，载《学术交流》2012年第10期，第63~66页；曾大鹏：《居住权的司法困境、功能嬗变与立法重构》，载《法学》2019年第12期，第51~65页。"大唐万安"及关联企业合并重整案，安徽省宣城市中级人民法院民事裁定书，〔2015〕宣中民二破字第00004-5号。

泛化。

五、被征收人与企业间拆迁合同模式

(一)拆迁合同模式的基本法律关系

第三种模式是房地产企业与被征收人之间直接达成拆迁合同。此模式下,被征收人的债权人身份不产生争议,但是该模式下的子类型较多。

依据其产生依据可以分为历史遗留的拆迁法律关系和类似债务加入的安置补偿协议。其一,历史遗留问题主要由《城市房屋拆迁管理条例》(以下简称《拆迁管理条例》)的相关规定而产生。[1]依据《拆迁管理条例》第4条的规定,需由拆迁人(房地产企业)补偿被拆迁人,该做法不同于现在《征收补偿条例》的由政府负责补偿。同时,虽然《拆迁管理条例》已经被《征收补偿条例》第35条废止,但在《征收补偿条例》颁布以前产生的问题,继续沿用《拆迁管理条例》。虽然《拆迁管理条例》已被废止多年,但随着我国出清"僵尸企业"的政策出台,许多历史遗留问题再次浮出水面。[2]其二,在履行补偿安置义务过程中,可以直接由房地产企业被征收人直接签订安置补偿协议,以代替征收主体履行安置义务。[3]但是,当房地产企业履行安置补偿协议不能的情况下,仍应采用补偿决定方式对被征收人进行公平补偿。实际上,这种类型类似《民法典》第552条规定的债务加入规则。

依据产权性质同样可以分为所有权调换模式和居住权调换模式。所有权调换模式指房屋修建完成以后,房地产企业向被征收人交付房屋。与之对应的居住权调换模式,则由房地产企业在修建房屋并取得所有权以后,自留一部分房屋作为安置房,然后分配给被征收人居住。[4]如果该部分房屋所有权由房地产企业自留,那么其应纳入破产财产用以清偿债务。此时,被征收人应基于什么请求权基础向房地产企业主张权利同样存在疑问。

(二)拆迁合同模式的代替履职协议

在现行法体系下,可以采用购买建设用地使用权的房地产企业与被征收人签订《拆迁安置合同》的方式,以代替政府履行补偿被征收人的义务。对于异地安置而言,如果被征收人依据《征收补偿条例》第21条第1款,选择产权调换的方式获得补偿,那么房地产企业可以将自有房屋直接移转产权给被征收人。同时,依照《征收补偿条例》第27条的规定,房地产企业必须先移转产权,才能实施拆除。对于回迁安置而

---

[1] 参见《城市房屋拆迁管理条例》(现已废止),中华人民共和国国务院令第305号,2001年6月13日国务院发布。

[2] 参见《关于进一步做好"僵尸企业"及去产能企业债务处置工作的通知》(发改财金〔2018〕1756号)。

[3] 参见辽宁省清原满族自治县人民政府、辽宁省清原满族自治县房屋土地征收中心再审案,最高人民法院行政裁定书,〔2020〕最高法行申6282号。

[4] 例如本文作者经办的贵州康发房地产破产清算案,贵阳市云岩区人民法院民事裁定书,〔2022〕黔0103破1号。

言，不同于前文由政府主导的征收补偿决定发生的物权变动，而是基于《拆迁安置合同》发生的物权变动。因此，当房地产企业进入到破产程序以后，被征收人可以向房地产企业申报债权。法律关系结构如下图所示：

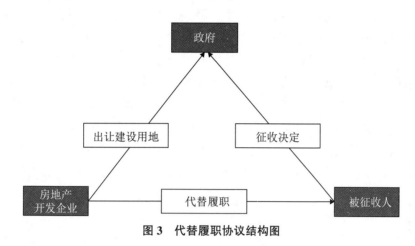

图 3 代替履职协议结构图

有疑问的是，当房地产企业在代替政府履职的过程中进入破产程序，被征收人应如何主张权利？

本文认为，被征收人既可以向房地产企业主张债权，在符合以居住为目的购买的前提下，可以优先受偿。同时，被征收人还可以向政府主张履行补偿义务。

首先，被征收人向房地产企业主张债权并无疑问，有疑问的是能否主张优先受偿。虽然，《商品房买卖司法解释》经修正后，删除了第 7 条第 1 款被拆迁人优先受偿的条款，但实践中该条文仍然产生了广泛的影响。[1]同时本文认为，即便被拆迁人的安置补偿权优先受偿的依据已经被删除，现行规则下仍然存在商品房消费者优先权。[2]被征收人除支付购房款这一要件以外，其他要件符合《全国法院民商事审判工作会议纪要》（以下简称《九民纪要》）第 125 条规定的商品房消费者，则可以类推适用。理由如下：其一，购房人优先受偿的价值理念来自弱者生存权的保护。[3]与之对应，被征收人可能涉及棚户区改造、失地农民等情形。这些情形下的被征收人在既有住房已经灭失的同时，无法优先受偿新房屋，则有悖于我国立法与裁判中的公平原则。其二，部分被征收人与商品房消费者在行为目的上具有相似性。在获得房屋的目的上，判断

---

〔1〕 参见中原银行股份有限公司郑州农业路支行、郑州市金水区未来路街道办事处燕庄村委会燕庄第一村民组等案外人执行异议之诉民事申请再审案，最高人民法院民事裁定书，［2021］最高法民申 5083 号；中国华融资产管理股份有限公司甘肃省分公司、马某朝等第三人撤销之诉二审案，最高人民法院民事判决书，［2021］最高法民终 984 号；张某英、永城市粮食收购储备中心等申请执行人执行异议之诉民事申请再审案，最高人民法院民事裁定书，［2021］最高法民申 3904 号。

〔2〕 参见最高人民法院《关于建设工程价款优先受偿权问题的批复》（法释［2002］16 号）；最高人民法院《关于商品房消费者权利保护问题的批复》（法释［2023］1 号）。

〔3〕 参见阚梓冰：《购房人优先权的价值理念与解释路径》，载《法律适用》2020 年第 11 期，第 103 页；任一民：《期房交易合同在破产法上的效力研究》，载《法律适用》2016 年第 5 期，第 93 页。

标准已由《九民纪要》规定。若被征收人取得房屋以居住为目的，则应对其进行同等保护。其三，在行为模式上具有相似性。如果由房地产企业与政府达成合意，由房地产企业履行安置义务。那么，不过是将一系列以物易物为内容的连锁给付法律关系，缩短为房地产企业直接与被征收人进行产权调换，即被征收人以原先房屋换得房地产企业的安置补偿房。这种以物易物在实践中非常常见，属于一种非典型的买卖关系。换言之，商品房消费者支付购房价款无外乎是履行了给付价款的义务，产生请求移转房屋所有权的权利，而被征收人履行了移转原房屋所有权的义务，产生请求移转新房屋所有权的权利。二者没有本质的不同。所以本文认为被征收人可以视为已经支付相应购房款，进而类推适用商品房消费者优先受偿规则对其进行保护。

其次，被征收人在向房地产企业申报债权的同时，还可以请求政府履行安置补偿义务。最高人民法院有观点认为："政府在履行补偿安置义务过程中，改用房地产企业与被征收人直接签订补偿安置协议方式代替征收主体履行补偿安置义务，可以予以支持。但在相关补偿安置协议履行不能的情况下，其仍应采取补偿决定方式对被征收人进行公平补偿。"[1]考察最高人民法院的裁判意旨，似可认为房地产企业代替政府履职，只能类似于《民法典》第552条债务加入规则，而不是第551条债务转让规则。那么这种情况下，最高人民法院认为被征收人可以向政府和房地产企业主张权利，可以参照《民法典》第552条请求二者承担连带责任。如果政府履行了补偿义务以后，可以基于其他规定向房地产企业主张权利。

最后需要分析的是，如果房地产企业未履行补偿义务，且未拆除被征收人的房屋，被征收人能否主张取回权？《征收补偿条例》第27条规定了需要先补偿、再拆除，产生了物权上的问题。拆除属于一种处分行为，需以有处分的权利为前提，否则构成无权处分。有法院认为，征收决定确认违法，但安置补偿协议仍然有效。[2]在该观点下，被征收人房屋变动的原因从征收决定变为了安置补偿协议，即征收关系变为买卖关系。政府取得所有权后，再将房屋与建设用地使用权交付给房地产企业。此时，房地产企业拆除房屋系有权处分。

但本文认为在房地产企业进入破产程序时，被征收人未获得补偿的前提下，可以对未拆除的房屋行使取回权。理由在于，征收关系与补偿关系虽可拆分为两个单务法律行为，但二者效力应同其命运。如果补偿有效，而征收行为无效，则产生悖论，即政府不能取得房屋所有权，但应补偿被征收人。并且从实践来看，当政府未依据合法的征收决定拆除被征收人房屋，产生的是拆除这一侵权行为导致的"赔偿"而非补偿。[3]在此，本文认为，未进行补偿构成对征收行为合法性的阻却。因此，房地产企业未代

---

[1] 参见辽宁省清原满族自治县人民政府、辽宁省清原满族自治县房屋土地征收中心再审案，最高人民法院行政裁定书，[2020] 最高法行申 6282 号。

[2] 高某、望谟县人民政府城乡建设行政管理：其他（城建）二审案，贵州省高级人民法院行政判决书，[2020] 黔行终 1293 号。

[3] 参见吕某蕾诉沈阳市铁西区人民政府行政赔偿案，辽宁省高级人民法院，[2016] 辽行赔终 17 号。

替政府履行补偿义务，使得政府不能依据征收行为取得被征收人房屋的所有权，其将该房屋处分给房地产企业，系无权处分。同时，房地产企业知道被征收人未获得补偿，不能构成善意取得。所以，此时物权未发生变动，被征收人可以主张取回权。

（三）拆迁合同模式的历史遗留问题

最后还需要分析的是，根据法不溯及既往原则而产生的历史遗留问题。根据《拆迁管理条例》第 4 条的规定，需由拆迁人（房地产企业）补偿被征收人。在该交易模式下，法律关系的主体仅有两方。

如果是依据拆迁合同进行产权调换模式，在当下已经鲜有争议。一方面，根据过去的规定，拆迁人可以依据《商品房买卖司法解释》（2003 年）第 7 条第 1 款的规定获得优先受偿的地位。另一方面，《拆迁管理条例》已被废止十余年，经过十余年尚未修建完成的建筑物，且未清偿被拆迁人债权的情形比较罕见。对此，本文不再单独进行分析。

真正产生历史遗留问题的是设立居住权的模式，即拆迁人在自己名下的房屋上，为被征收人设立居住权。现在，该设立居住权的房地产企业进入破产程序，这些登记在房地产企业名下的房屋能否用于清偿债务？

事实上，能否处置这些房屋产生了进退两难的法律困境。一方面，这些房地产企业采用这种方式补偿被征收人的时候，我国还没有将居住权明文化。这些居住权也没有通过登记的方式产生对外公示的物权效力，如果不将其纳入破产财产进行处置，则缺少法律上的依据。另一方面，这些房屋也承载着被征收人对当时法律与政策的信赖，现在因房地产企业破产导致被征收人丧失相应的权利，有欠公允。

本文认为，这些设立居住权模式的房屋，仍应作为破产财产进行处置。其原因在于：其一，处置房地产企业名下的财产，系《企业破产法》等法律规定的当然之理。依照《民法典》第 214 条至第 217 条规定的不动产登记规则等规定来看，破产企业享有不动产物权，属于《企业破产法》第 30 条规定的破产财产范围。其二，不处置这些房屋，损害债权人利益。债权人之所以进行投资，除了基于对企业经营能力产生的信赖以外，还要基于企业已有资产的状况产生的信赖。这些房屋登记在房地产企业名下，会影响债权人的判断，若不对其进行处置，将损害社会交往中的诚实信用这一价值理念。其三，不对这些房屋进行处置，则会导致所有权悬置状态。房地产企业在宣告破产以后需要到工商机关进行注销登记。此时，房屋所有权的主体已经灭失，若此时未足额清偿债权人，其不能作为剩余财产分配给股东。这就导致权利一直处于不稳定的状态，不利于物尽其用。

同时，被征收人的权利同样需要保护。本文建议采用以下两条路径进行处理：其一，在破产清算期间，管理人先登记其居住权，再对外出售房屋。其二，直接出售房屋，被征收人享有代偿请求权，类推适用最高人民法院《关于适用〈中华人民共和国民法典〉有关担保制度的解释》（法释［2020］28 号）第 46 条第 2 款。[1] 前述两种路径下，房地产企业履行登记居住权或者支付代偿请求权，都可以作为破产期间产生的共益债务进行处理。这种处理的好处在于，更为客观地反映了设有权利负担的所有权以及居住权的价值，在保护了被征收人利益的前提下，使得清偿债务更为公平。

六、结论

纵观全文可以发现，被征收人的安置补偿产生了许多种类型。它们的产生背景来自房地产，属于重资产行业，从项目启动到结束这一过程的时间跨度较长。在这种跨时间的过程中，法律或政策有可能会发生较大变化。亦有可能是不同法律法规对被征收人的安置补偿权进行了多维度的规范。

本文总结出了三种不同类型的安置补偿权，并提出了在房地产企业破产时，被征收人相应的主张方式。即产权调换模式下的被征收人原物返还请求权，保障居住模式下的政府协同优先受偿权，拆迁合同模式下的类推适用商品房消费者优先权、代偿请求权等权利行使方式。

本文没有简单地从安置债权出发，探讨其是否构成优先。而是从房地产企业、政府与被征收人三方主体之间的法律关系出发，并逐个为实践中"被征收人优先受偿"这一共识，寻找法律上不同的理由。这种做法更符合我国当下法律实践的事实，也为以后的研究提供了新的思路。

当然，现实生活中的房地产企业、政府、被征收人之间法律关系的类型数量可能远远超出本文的范畴，本文受篇幅限制不可能穷尽。这是本文研究未尽周全之处，可以留待下一步继续深入研究。

---

〔1〕 马强：《代偿请求权的理论证成》，载《清华法学》2022 年第 6 期，第 136 页。

房地产项目分割转让的合法性问题研究

田宪鹏

　　房地产企业在进行房地产项目开发时，因自身资金链断裂导致无力继续开发的情况时有发生，此时，部分房地产企业选择通过转让房地产项目的方式退出项目的开发建设。但由于房地产项目一般体量较大，每栋楼房的建设进度也不同，部分资产存在因房地产企业自身债权债务纠纷被查封的情况，导致无法做到整体转让。在此情况下，房地产企业寻求通过分割转让房地产项目以达到资产转让的目的。本文拟从合法性角度阐述房地产项目分割转让的问题。

　　所谓房地产项目转让即变更房地产项目的建设主体，房地产项目分割转让则是部分变更项目建设主体。《城镇国有土地使用权出让和转让暂行条例》第 25 条规定："土地使用权和地上建筑物、其他附着物所有权转让，应当依照规定办理过户登记。土地使用权和地上建筑物、其他附着物所有权分割转让的，应当经市、县人民政府土地管理部门和房产管理部门批准，并依照规定办理过户登记。"

　　同时，原国家土地管理局《关于变更土地登记的若干规定》第 3 条第 3 款规定："因国有土地使用权转让或因地上建筑物、附着物所有权转让引起国有土地使用权转让的，土地使用权转让人和受让人在土地使用权转让合同签订后十五日内，持土地使用权转让合同共同向土地管理部门申请土地权属变更登记。土地使用权分割转让或因地上建筑物、附着物所有权分割转让涉及土地使用权分割转让的，须经土地管理部门批准后，再申请土地权属变更登记。"

　　根据上述规定，土地使用权或者地上建筑物、附着物等可以进行分割转让，但须经土地管理部门和房产管理部门批准后，再申请权属变更登记。

　　在房地产项目可以进行分割转让的情况下，分割转让房地产项目时需要变更相关证照的建设主体。以贵阳市为例，《贵阳市城乡规划条例》（已失效）第 29 条规定："以转让方式取得国有土地使用权的建设项目，受让方应当遵守原规划条件进行建设，并且自取得国有土地使用证之日起 30 日内，持国有土地使用证、转让合同、原建设用地规划许可证和建设项目批准、备案文件等材料，向城乡规划主管部门申请办理规划变更手续。转让方、受让方应当在转让合同中明确配套建设基础设施和公共服务设施等的义务，并且不得改变规划确定的使用性质和使用方式。"如因房地产项目转让导致施工单位发生变更的,《建筑工程施工许可管理办法》第 5 条第 2 款规定:"建筑工程在施工过程中,建设单位或者施工单位发生变更的,应当重新申请领取施工许可证。"

因此,房地产项目土地、地上建筑物及其附属设施分割转让有相应的法律基础,但应取得相关主管部门的批准并履行合法的转让程序,房地产项目分割转让后,应办理项目建设主体变更手续,保证项目分割转让程序的合法合规。

在建工程转让法定条件的认定

王松子

根据《城市房地产管理法》第 38 条、第 39 条的规定，除法律禁止转让的情形外，在房地产项目满足足额缴纳土地出让金、开发投资总额达 25% 以上、无权属争议等前提条件下，开发商可通过协议转让在建工程项目的方式，实现项目建设主体变更，并由受让主体继续进行房地产项目建设。本文拟就上述在建工程转让法定条件的具体认定进行分析。

一、开发投资总额的组成

参考住房和城乡建设部发布的《建设项目总投资费用项目组成（征求意见稿）》第 1 条、第 2 条、第 4 条、第 6 条、第 16 条的规定，建设项目总投资是指为完成工程项目建设并达到使用要求或生产条件，在建设期内预计或实际投入的总费用，包括工程造价（如建筑工程费、设备购置费和安装工程费等工程费用、土地使用费和其他补偿费、建设管理费、勘察设计费等工程建设其他费用、预备费）、增值税、资金筹措费（如借款利息、债券利息、贷款评估费、国外借款手续费及承诺费、汇兑损益、债券发行费用及其他债务利息支出或融资费用）和流动资金。

二、"完成开发投资总额的百分之二十五以上"的认定

根据《城市房地产管理法》第 39 条的规定，房屋建设工程转让应达到完成开发投资总额的 25% 以上的条件。对于"完成开发投资总额的百分之二十五以上"的认定，《城市房地产管理法》目前并未作出明确规定。

原国土资源部在对《闲置土地处置办法》（1999 年）第 2 条第 2 款第 2 项如何理解的问题上曾先后对河南、湖北省国土资源厅等作出过复函，并于 2008 年下发相关意见，对《闲置土地处置办法》规定的已投资额与总投资额进行了解释。根据《关于闲置土地处置有关问题的复函》（国土资厅函［2001］30 号，已失效），《闲置土地处置办法》（1999 年）（国土资源部令第 5 号）第 2 条第 2 款第 2 项中"应投资额"是指土地使用者直接投入用于土地开发的资金总额，不包括取得土地使用权的费用，"已投资额"是指土地使用者已经投入用于土地开发建设的资金总额。根据原国土资源部《关

于进一步做好闲置土地处置工作的意见》（国土资发〔2008〕178号，已失效）第2条，"总投资额"是指土地使用者直接投入用于土地开发的资金总额，不包括取得土地使用权的费用和向国家缴纳的相关税费。"已投资额"是指土地使用者已经投入用于土地开发建设的资金总额。

在无其他法律法规作出明确规定的情况下，上述认定标准成了实践中认定房屋建设工程转让应达到完成开发投资总额的25%以上条件的一种参考方式。但一方面，上述规定是对《闲置土地处置办法》相关条款的解释，另一方面，该文件也在原国土资源部《关于公布已废止或者失效的规范性文件目录的公告》（国土资源部公告2016年第10号）中公示已失效，不适宜作为当前实践中的认定参考依据。

在目前通过公开渠道可以查询到的文件中，仅有经原国土资源部已批复同意的《陕西省西安市完善建设用地使用权转让、出租、抵押二级市场试点实施方案》对房屋建设工程的建设已达到开发投资总额的25%以上认定标准作出了明确规定，即应当符合下列条件之一：

（1）以净地方式受让的土地，工程建设已全部开工并已达到正负零；

（2）或已完成的地上建筑面积不小于总建筑面积（不含地下）的1/3以上；

（3）或转让方提供的具有专业资质的审计（评估）机构出具的关于开发投资额度（不含土地出让金）已达到25%以上的审计（评估）报告。

陕西省西安市是原国土资源部《关于完善建设用地使用权转让、出租、抵押二级市场的试点方案》（国土资发〔2017〕12号）中明确的开展国有土地二级市场试点的28个试点地区之一。在法律法规尚无明确规定的情况下，原国土资源部已批复同意的试点地区实施方案中的认定标准可作为实践中的认定参考。

三、未达到法定转让条件对合同效力的影响

如上所述，实践中存在一些完成开发投资总额的未达到25%以上的项目也采用了在建工程转让的方式以推进项目续建。司法实践中认为，该类转让合同属于标的物存在瑕疵的合同，未达法定投资条件25%以上虽影响合同履行，但不影响合同效力。

如在《最高人民法院公报》2005年第7期刊登的"桂馨园公司诉全威公司等土地使用权转让合同纠纷案"中，法院认为，《城市房地产管理法》第39条关于土地转让时投资应达到开发投资总额25%的规定，是对土地使用权转让合同标的物设定的于物权变动时的限制性条件，转让的土地未达到25%以上的投资，属合同标的物的瑕疵，并不直接影响土地使用权转让合同的效力，《城市房地产管理法》第39条中的该项规定，不是认定土地使用权转让合同效力的法律强制性规定。

由此可以得知，法院倾向于认定违反《城市房地产管理法》第38条、第39条规定签署的房地产转让合同依然有效。当事人之间根据转让合同办理土地使用权转让登记的，如果因不符合《城市房地产管理法》关于转让方未达到25%的投资开发条件的，

土管、住建、规划部门不予办理转让变更登记的情况下，应当承担不能履行合同的违约责任，受让方明知的除外；未办理房地产转让相关证照变更登记的，受让人不享有土地的使用权，亦不享有项目的施工权等权利。

房地产项目剥离之作价入股

蒋易宏

中国的房地产并购，主要有三种形式，分别是针对房地产企业的整体并购、针对地产项目公司的主体并购及针对房地产具体项目资产的收购。在并购过程中，一个常见的问题是，项目原开发主体名下可能还同时运营着其他项目，这种情况下，就必须将拟收购资产先进行剥离后再进行并购，而在建工程转让系房地产项目剥离中常用方式。作者在房地产项目剥离之公司分立、房地产项目剥离之在建工程转让中探讨了房地产项目剥离中的两种方式，本文主要探讨房地产项目剥离方式中的作价入股。

一、作价入股

《公司法》第48条第1款规定："股东可以用货币出资，也可以用实物、知识产权、土地使用权、股权、债权等可以用货币估价并可以依法转让的非货币财产作价出资；……"《城市房地产管理法》第28条规定："依法取得的土地使用权，可以依照本法和有关法律、行政法规的规定，作价入股，合资、合作开发经营房地产。"《市场主体登记管理条例》第13条第2款规定："出资方式应当符合法律、行政法规的规定。公司股东、非公司企业法人出资人、农民专业合作社（联合社）成员不得以劳务、信用、自然人姓名、商誉、特许经营权或者设定担保的财产等作价出资。"据此，房地产项目可以用货币估价、可以依法转让，且不属于法律、行政法规规定的不得作为出资的财产，房地产项目作价入股即以房地产资产出资设立新的企业，或者以房地产项目参与企业增资扩股以实现房地产项目的剥离。

二、评估作价和财产权转让

（一）评估作价

根据《公司法》第48条的规定，对作为出资的非货币财产应当评估作价，根据司法裁判案例的观点[1]，股东以非货币出资，依法评估作价不是其履行出资义务的前提条件。根据最高人民法院《关于适用〈中华人民共和国公司法〉若干问题的规定

---

[1] 最高院［2013］民申字第2479号。

（三）》第 9 条的规定，出资人以非货币财产出资，未依法评估作价，公司、其他股东或者公司债权人请求认定出资人未履行出资义务的，人民法院应当委托具有合法资格的评估机构对该财产评估作价。评估确定的价额显著低于公司章程所定价额的，人民法院应当认定出资人未依法全面履行出资义务。笔者认为，股东之间以协商作价的方式确定房地产项目的价值并出资的行为是有效的，但如果债权人发现该出资实际价额低于股东约定价额导致公司债权人利益受损的情形时，债权人有权要求原始股东承担差额填补责任。

需注意的是，国有资产的出资属于例外情况，《企业国有资产评估管理暂行办法》第 6 条规定，以非货币资产对外投资，应当对相关资产进行评估。第 27 条规定，应当进行资产评估而未进行评估，必要时可依法向人民法院提起诉讼，确认其相应的经济行为无效。

（二）财产权转让

根据《公司法》第 49 条第 2 款的规定，以非货币财产出资的，应当依法办理其财产权的转移手续。《不动产登记暂行条例实施细则》第 27 条规定，以不动产作价出资（入股）导致不动产权利转移的，当事人可以向不动产登记机构申请转移登记。房地产项目属于不动产，不动产物权的转让，依照法律规定自记载于不动产登记簿时发生效力。

根据最高人民法院《关于适用〈中华人民共和国公司法〉若干问题的规定（三）》第 10 条第 1 款的规定，出资人以房屋、土地使用权或者需要办理权属登记的知识产权等财产出资，已经交付公司使用但未办理权属变更手续，公司、其他股东或者公司债权人主张认定出资人未履行出资义务的，人民法院应当责令当事人在指定的合理期间内办理权属变更手续；在前述期间内办理了权属变更手续的，人民法院应当认定其已经履行了出资义务；出资人主张自其实际交付财产给公司使用时享有相应股东权利的，人民法院应予支持。所以，除了需办理不动产变更登记以外，还需注意进行交付。

对于属于在建工程或包含土地使用权的房地产项目作价出资导致土地转移与土地或在建工程的转让，在实践中，有观点认为：以土地或在建工程作价出资，不能视为土地使用权转让，土地使用权的出资入股是将土地使用权作为新公司的注册资本金，是提供土地使用权的一方履行出资义务，将土地使用权变更登记到新公司名下，原土地权利人并未取得任何对价，取得的仅是股权及间接对其原土地享有权利。另一种观点认为：以土地使用权或在建工程作价出资入股成立新公司，是土地使用权或在建工程转让的一种形式，具有转让的性质。

如认定土地使用权或在建工程项目作价出资的性质为转让，根据《城市房地产管理法》第 39 条规定，房屋建设工程需完成开发投资总额的 25% 以上，对于该情况下行为的效力及建议详见房地产项目剥离之在建工程转让，在实践中根据项目情况结合当地政策进行具体分析判断，并及时与主管部门沟通。

三、涉税处理

（一）企业所得税

1. 一般性税务处理

根据财政部、国家税务总局《关于非货币性资产投资企业所得税政策问题的通知》（财税〔2014〕116号）的规定，居民企业（以下简称"企业"）以非货币性资产对外投资确认的非货币性资产转让所得，可在不超过5年期限内，分期均匀计入相应年度的应纳税所得额，按规定计算缴纳企业所得税。企业以非货币性资产对外投资，应对非货币性资产进行评估并按评估后的公允价值扣除计税基础后的余额，计算确认非货币性资产转让所得。

企业在对外投资5年内转让上述股权或投资收回的，应停止执行递延纳税政策，并就递延期内尚未确认的房地产项目转让所得，在转让股权时一次性计算缴纳企业所得税。

2. 特殊性税务处理

企业发生的非货币性资产投资符合财政部、国家税务总局《关于企业重组业务企业所得税处理若干问题的通知》（财税〔2009〕59号）等文件规定的特殊性税务处理条件的，也可选择按特殊性税务处理规定执行。

采用特殊性税务处理方式，需满足：（1）具有合理的商业目的，且不以减少、免除或者推迟缴纳税款为主要目的；（2）被收购、股权比例符合规定的比例，即股权收购，收购企业购买的股权不低于被收购企业全部股权的50%；（3）企业重组后的连续12个月内不改变重组资产原来的实质性经营活动；（4）重组交易对价中涉及股权支付金额符合规定比例，即收购企业在该股权收购发生时的股权支付金额不低于其交易支付总额的85%；（5）企业重组中取得股权支付的投资者，在重组后连续12个月内，不得转让所取得的股权。

特殊性税务处理要求在重组后连续12个月内，不得转让所取得的股权。与公司分立可以采取同样的处理方法，若拟收购目标公司的股权，实践中可考虑采取先行签署股权转让协议+委托管理+股权质押的方式，待期满后再进行变更登记。

（二）增值税及附加

国家税务总局《关于纳税人资产重组有关增值税问题的公告》（国家税务总局公告2011年第13号）规定："纳税人在资产重组过程中，通过合并、分立、出售、置换等方式，将全部或者部分实物资产以及与其相关联的债权、负债和劳动力一并转让给其他单位和个人，不属于增值税的征税范围，其中涉及的货物转让，不征收增值税。"

实践中可考虑将实物资产直接入股至目标公司的同时，将部分债务和劳动力等一并转移至目标公司以达到税收筹划的目的。

（三）土地增值税

财政部、国家税务总局《关于继续实施企业改制重组有关土地增值税政策的通知》

（财税〔2018〕57号，已失效）第4条规定："单位、个人在改制重组时以房地产作价入股进行投资，对其将房地产转移、变更到被投资的企业，暂不征土地增值税。"但该条税收优惠政策不适用于房地产开发企业，即资产转让任一方为房地产开发企业时，需要征收土地增值税。

（四）契税

根据财政部、国家税务总局《关于进一步支持企业事业单位改制重组有关契税政策的通知》（财税〔2015〕37号，已失效）规定，在股权（股份）转让中，单位、个人承受公司股权（股份），公司土地、房屋权属不发生转移，不征收契税。同一投资主体内部所属企业之间土地、房屋权属的划转，包括母公司与其全资子公司之间，同一公司所属全资子公司之间，同一自然人与其设立的个人独资企业、一人有限公司之间土地、房屋权属的划转，免征契税。

实践中可考虑将在出资入股过程中出资方作为目标公司的唯一股东，该种情况下无需缴纳契税。

（五）印花税

国家税务总局《关于印花税若干具体问题的解释和规定的通知》（国税发〔1991〕155号，已失效）第10条规定，"财产所有权"转移书据的征税范围是：经政府管理机关登记注册的动产、不动产的所有权转移所立的书据，以及企业股权转让所立的书据。

财政部、国家税务总局《关于印花税若干政策的通知》（财税〔2006〕162号）规定，对财产所有权转移书据、土地使用权出让合同及土地使用权转让合同均按产权转移书据征收印花税。

总结如下表：

交易模式	税种	税收情况
分立	企业所得税	一般性税务处理：征收，五年递延特殊性税务处理：不征收（股权12个月内限制转让）
	增值税	将全部或者部分实物资产以及与其相关联的债权、负债和劳动力一并转让的，不征收增值税
	土地增值税	征收（房地产企业不适用重组特殊规定）
	契税	唯一股东注资不征收
	印花税	征收

房地产项目剥离之在建工程转让

蒋易宏

中国的房地产并购，主要有三种形式，分别是针对房地产企业的整体并购、针对地产项目公司的主体并购及针对房地产具体项目资产的收购。在并购过程中，一个常见的问题是，项目原开发主体名下可能还同时运营着其他项目，这种情况下，就必须将拟收购资产先进行剥离后再进行并购，而在建工程转让系房地产项目剥离中常用方式。笔者在房地产项目剥离之在公司分立中探讨了公司分立的流程、法律风险、税务处理等问题，由于在建工程转让的流程较为简单，涉税又有法律明确规定，本文主要探讨在建工程转让中的几个主要的关注点。

《城市房地产管理法》第39条规定："以出让方式取得土地使用权的，转让房地产时，应当符合下列条件：（一）按照出让合同约定已经支付全部土地使用权出让金，并取得土地使用权证书；（二）按照出让合同约定进行投资开发，属于房屋建设工程的，完成开发投资总额的百分之二十五以上，属于成片开发土地的，形成工业用地或者其他建设用地条件。转让房地产时房屋已经建成的，还应当持有房屋所有权证书。"在建工程转让属于资产收购的范围，即直接转让土地和在建工程实现房地产项目的剥离。

一、土地使用权证书

根据《城市房地产管理法》第39条规定，在建工程转让需要满足两个主要的前提条件之一是支付全部土地使用权出让金，并取得土地使用权证书。由此可以衍生出两个问题：一是取得土地使用权证书是否为转让的必要条件；二是取得土地使用权证书是否影响转让合同的效力。国家采取的是土地使用权和房屋所有权登记制度，土地使用权登记是土地使用权及在建工程进行物权变动的前提。

针对转让合同效力问题，最高人民法院《关于审理涉及国有土地使用权合同纠纷案件适用法律问题的解释》第9条规定，转让方未取得出让土地使用权证书与受让方订立合同转让土地使用权，起诉前转让方已经取得出让土地使用权证书或者有批准权的人民政府同意转让的，应当认定合同有效。该条规定仅对取得出让土地使用权证书或者有批准权的人民政府同意转让时合同效力进行了规定，但并未规定没有取得土地使用权证书或者没有经过政府批准的法律后果。所以，包含最高人民法院的各级、各地法院的司法裁判观点尚不统一，既有最高法人民法院认定在土地转让方在起诉前未取得权属证书，也未经有批准权的政府同意转让时转让合同有效的案例〔1〕，也有认定转让合同无效〔2〕或者效力待定〔3〕的案例。

鉴于目前未取得土地使用权证书，也未经有批准权的政府同意转让是否影响土地使用权转让合同效力的裁判规则不统一，笔者认为在转让方未取得土地权属证书时，为确保土地使用权转让合同有效，受让方可先行签订意向收购协议，提前锁定交易标的，将取得土地权属作为转让方义务并设置相应的违约责任，待土地权属完成后再行签订转让合同，推迟转让价款的支付时间。

二、开发投资总额的 25%

根据《城市房地产管理法》第 39 条规定，在建工程转让需要满足的另一个转让条件是完成开发投资总额的 25% 以上。国家层面尚未出台 25% 投资额具体如何认定的规定，原国土资源部在《关于进一步做好闲置土地处置工作的意见》（国土资发〔2008〕178 号，已失效）中规定，认定标准中的"总投资额"是指土地使用者直接投入用于土地开发的资金总额，不包括取得土地使用权的费用和向国家缴纳的相关税费，"已投资额"是指土地使用者已经投入用于土地开发建设的资金总额。该规定虽已经失效，但从该规定可以推导出在计算开发投资总额的百分比时是需要扣除土地使用权费用的。各地试点出台不同的 25% 开发投资总额的认定细则，有的根据已建建筑的总规模，有的根据已建建筑的占地规模，有的根据场地平整或地基建设情况〔4〕。实践中，主管部门往往采用部门联合会审或委托具有专业资质的中介机构审计评估的方式进行开发投资总额的认定。

从司法裁判〔5〕观点来看，《城市房地产管理法》第 39 条规定对于 25% 开发投资额的规定属于管理性规定，转让的土地未达到 25% 以上的投资，属合同标的物的瑕疵，并不直接影响土地使用权转让合同的效力。但在实践中，主管部门可能因未达到 25% 开发投资总额而不办理不动产的转移登记进而导致在建工程转让受到实质性影响。

实践中在开发投资强度未达标形成障碍时，可考虑将目标房地产项目开发到投资总额的 25% 以后再转让在建工程，针对开发期间的风险，部分地区允许交易双方签订国有建设用地使用权转让合同后，依法办理预告登记，待开发投资达到转让条件时，再办理不动产转移登记手续。

三、查封和抵押

根据《城市房地产管理法》第 38 条的规定："下列房地产，不得转让：（一）以

〔1〕 最高人民法院〔2013〕民申字第 276 号。
〔2〕 最高人民法院〔2016〕最高法民申 77 号。
〔3〕 最高人民法院〔2014〕民申字第 182 号。
〔4〕《重庆市主城区国有建设用地使用权转让出租抵押暂行规定》（渝国土房管规发〔2017〕16 号）。
〔5〕 最高人民法院〔2004〕民一终字第 46 号。

出让方式取得土地使用权的，不符合本法第三十九条规定的条件的；（二）司法机关和行政机关依法裁定、决定查封或者以其他形式限制房地产权利的；（三）依法收回土地使用权的；（四）共有房地产，未经其他共有人书面同意的；（五）权属有争议的；（六）未依法登记领取权属证书的；（七）法律、行政法规规定禁止转让的其他情形。"对于被查封在建工程转让合同的效力认定实践中也存在无效、效力待定以及有效的观点，作者认同第38条第2项属于管理性强制性规定的观点，因为在签订合同后进行解除查封或撤销查封，当事人仍然可以办理不动产变更手续。

《民法典》第406条第1款规定："抵押期间，抵押人可以转让抵押财产。当事人另有约定的，按照其约定。抵押财产转让的，抵押权不受影响。"根据该规定，抵押期间抵押人可以转让抵押财产，转让时应当通知抵押权人，抵押权随着抵押财产的转让而转让，双方当事人如在抵押合同中已约定抵押财产不能转让的除外。

实践中，若抵押权人不同意抵押财产的转让，建议解除相关抵押措施后择期实施，或者考虑直接购买抵押债权成为抵押权人后，将购买的债权用于支付交易标的的对价。

四、建设工程价款优先受偿权

最高人民法院《关于审理建设工程施工合同纠纷案件适用法律问题的解释（一）》第35条的规定："与发包人订立建设工程施工合同的承包人，依据民法典第八百零七条的规定请求其承建工程的价款就工程折价或者拍卖的价款优先受偿的，人民法院应予支持。"

依据该条法律规定，建设工程价款具有法定优先受偿效力，意味着当在建工程存在工程欠款时，承包人可向其主张工程款的给付，当转让方不愿或无力给付时，承包人可直接就该工程进行折价处理或申请法院拍卖，将优先于银行等抵押权人或发包人的其他普通债权人获得相关折价或拍卖价款。当然，未取得优先受偿权人的同意并不直接影响在建工程转让合同的效力以及物权变动，但收购方需注意优先受偿权的问题。笔者认为，建设工程价款优先受偿权基于建设工程而存在，劳动与建筑材料产生的建设工程价款已经物化到建设工程中，意味着其具有物上追及效力，其实现不受工程流转之影响，可参考［2011］执监字第15号吉林中城建中大房地产开发公司申诉的案例。

实践中，除了收购前的尽职调查要重点注意以外，也可考虑采取购买工程款债权后用于支付交易标的的对价，当然，需注意工程价款债权转让后的受让人不再享有建设工程价款优先受偿权的风险。

五、部分预售的在建工程转让

因为商品房预售制度的特殊性，在进行在建工程转让时，往往涉及房地产开发企业在未完成施工建设且预售了部分商品房的情况下进行房地产项目转让的问题。商品房预购人基于该合同取得了怎样的权利存在分歧，有物权期待权、准物权、债权等观点，基于不同的逻辑，商品房预购人的权利对在建工程的转让也有着不同的影响。

《民法典》第 221 条规定："当事人签订买卖房屋的协议或者签订其他不动产物权的协议，为保障将来实现物权，按照约定可以向登记机构申请预告登记。预告登记后，未经预告登记的权利人同意，处分该不动产的，不发生物权效力。预告登记后，债权消灭或者自能够进行不动产登记之日起九十日内未申请登记的，预告登记失效。"作者认为，按照现行法的逻辑，房地产项目的转让应当征得所有预购人（预告登记人）的同意，但在处理困境地产时在实践中可能出现少部分预购人不同意房地产项目转让导致项目无法转让继续烂尾进而影响大部分预购人权益的情况。各地对于已预售商品房项目转让的态度与处理方式存在不同的逻辑向度，总体而言可分为三类模式：

模式	规定
无须征得购房业主同意即可进行项目转让	《天津市商品房管理条例》（2016 年修正）第 18 条、《吉林市城市房地产开发经营管理条例》（2018 年）第 18 条、《兰州市房地产开发经营管理办法》（2003 年）第 27 条、《郑州市商品房销售管理办法》（2002 年）第 15 条、《湖北省城市房地产开发经营管理办法》（1999 年）第 27 条
购房业主有两个选择：第一，解除商品房买卖合同；第二，与新的开发商签订合同	《广西壮族自治区城市房地产开发经营管理条例》（2016 年修正）第 23 条、《云南省城市房地产开发交易管理条例》（2018 年修正）第 18 条、《重庆市城镇房地产交易管理条例》（2019 年修正）第 23 条、《北京市城市房地产转让管理办法》（2008 年修正）第 51 条、《河南省城市房地产开发经营管理条例》（2010 年修正）第 26 条
需征得 2/3 以上业主同意才能进行项目转让	《广东省商品房预售管理条例》（2014 年修正）第 11 条、第 12 条

按照预告登记制度的规定，未取得预告登记人的同意，不发生物权变动效力。按照债务承担的生效条件，未取得债权人的明示同意，债务承担不产生效力，由此，上述模式皆缺乏足够的法理基础。实践中，进行在建工程转让时需尽可能征得全部预告登记权利人同意或者以拍卖或破产重整的方式实现在建工程转让。

房地产项目剥离之公司分立

蒋易宏

2022年，受宏观经济下行、新冠疫情影响以及前期调控政策对市场传导作用的滞后显现等因素影响，不少房地产企业陷入资金链断裂的局面，宣告"暴雷"。随着国内疫情防控逐步松解，作为国民经济不可忽视的重要产业之一的房地产行业，也在疫情后的经济恢复中具有重要作用。对于资金实力和开发能力都占优的大型房企以及开展"保交楼、保民生"的国企和央企而言，通过收购房地产项目，输出自身能力盘活资产，将是当前背景下房地产行业的一大趋势。

中国的房地产并购，主要有三种形式，分别是针对房地产企业的整体并购、针对地产项目公司的主体并购及针对房地产具体项目资产的收购。在并购过程中，一个常见的问题是，项目原开发主体名下可能还同时运营着其他项目，这种情况下，就必须将拟收购资产先进行剥离后再进行并购，本文主要探讨房地产项目剥离的几种方式中的公司分立。

一、公司分立

财政部、国家税务总局颁布的《关于企业重组业务企业所得税处理若干问题的通知》（财税〔2009〕59号）规定："分立，是指一家企业（以下称为被分立企业）将部分或全部资产分离转让给现存或新设的企业（以下称为分立企业），被分立企业股东换取分立企业的股权或非股权支付……"《公司法》第59条第1款规定："股东会行使下列职权：……（七）对公司合并、分立、解散、清算或者变更公司形式作出决议；……"第222条第1款规定："公司分立，其财产作相应的分割。"公司分立是剥离房地产项目的常用方式之一，即将房地产项目注入分立后新成立的公司，将其他资产保留在存续的被分立公司内。

交易结构如下图：

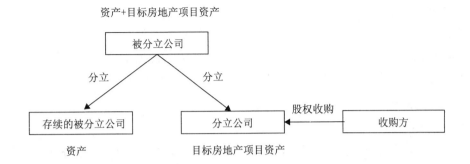

（一）分立流程

第一步，拟定分立方案。分立方案中对资产、关联债权以及劳动力进行一并分立。

第二步，内部审批程序。股东会审议通过分立方案，涉及职工分立的，职工分立方案应当听取职工代表大会或者企业工会意见、职工或职工代表意见或建议。

第三步，财产分割。分割财产，编制资产负债表以及资产清单。

第四步，通知债权人。公司应当自作出分立决议之日起 10 日内通知债权人，并在 30 日内在报纸上至少公告 3 次，与债权人签署债务后续承担的约定，债权人有权要求公司清偿债务或者提供相应的担保。

第五步，税务办理。将分立相关资料报税务局审核确认，并申请税收减免。

第六步，工商登记。修改和制订公司章程，依法向公司登记机关履行办理相应登记义务，办理相应的相关证照的变更手续。新设公司办理营业范围内许可经营项目的审批手续，依法办理设立登记。

第七步，办理不动产变更登记。

（二）法律风险和问题

《公司法》第 66 条、第 116 条规定，公司合并、分立、解散或者变更公司形式的决议，必须经出席股东（大）会的股东所持表决权的 2/3 以上通过。如公司分立未经股东会决议通过，即违反了法律、法规强制性规定，存在该决议被认定为不成立、无效或被撤销的可能。对于国有企业来说，根据《企业国有资产评估管理暂行办法》第 6 条、《企业国有资产法》第 31 条、第 34 条、第 47 条的规定，公司分立还需要履行资产评估程序以及国有资产监督管理机构或同级人民政府的批准程序。

根据《公司法》规定，公司分立前的债务由分立后的公司承担连带责任，但公司在分立前与债权人就债务清偿问题达成书面协议另有约定的除外。除非公司与债权人另有书面约定，否则公司分立前的债务由分立后的公司承担连带责任。所以，无法通过公司分立消除被分立企业历史债务的影响，对于房地产项目收购方，需注意并购标的的连带债务风险。

通知债权人并公告是公司分立的法定程序之一。《公司法》第 222 条第 2 款规定："公司分立，应当编制资产负债表及财产清单。公司应当自作出分立决议之日起十日内通知债权人，并于三十日内在报纸上或者国家企业信用信息公示系统公告。"未履行通知程序，存在被主张损害赔偿以及行政处罚的法律风险。但公司分立时对债务承担的约定未经债权人认可的，并不导致公司分立行为的无效，也不导致分立公司对债务承担的约定无效，只是该约定不能对抗债权人，对债权人无约束力。

（三）涉税处理

1. 企业所得税

《关于企业重组业务企业所得税处理若干问题的通知》（财税〔2009〕59号）规定，公司分立可以按一般性税务处理或特殊性税务处理。一般税务处理，即被分立公司对分立出去的资产以公允价值与账面成本的差额确认为所得缴纳所得税，分立公司则以接受资产的公允价值确认为入账价值。

特殊税务处理，即被分立公司对分立出去的资产不确认为资产转让所得，分立公司以接受资产的原计税基础确认为入账价值，同时如果被分立公司存在未超过法定弥补期限的亏损，可按分立部分资产占总资产的比例由分立公司继续弥补。企业所得税若适用特殊性税务处理，需满足以下条件：（1）具有合理的商业目的，且不以减少、免除或者推迟缴纳税款为主要目的；（2）企业分立后的连续12个月内被分立公司和分立公司均不得改变分立资产原来的实质性经营活动；（3）取得股权支付的原主要股东，在分立后连续12个月内，不得转让所取得的股权；（4）被分立企业股东在该企业分立发生时取得的股权支付金额不低于其交易支付总额的85%（即分立公司账面所有者权益中实收资本金额不得低于所有者权益合计的85%）。

特殊性税务处理要求在重组后连续12个月内，不得转让所取得的股权。若拟收购被分立企业的股权，实践中可考虑采取先行签署股权转让协议+委托管理+股权质押的方式，待期满后再进行变更登记。也可考虑反向分立的形式，即将拟交易的标的资产留在存续的被分立公司中，转让被分立公司股权原则上不受59号规定的限制。

2. 增值税及附加

国家税务总局《关于纳税人资产重组有关增值税问题的公告》（国家税务总局公告2011年第13号）规定："纳税人在资产重组过程中，通过合并、分立、出售、置换等方式，将全部或者部分实物资产以及与其相关联的债权、负债和劳动力一并转让给其他单位和个人，不属于增值税的征税范围，其中涉及的货物转让，不征收增值税。"

实践中需注意避免仅将实物资产分立至分立公司，考虑将部分债务和劳动力等一并转移至分立公司。

3. 土地增值税

财政部、国家税务总局《关于继续实施企业改制重组有关土地增值税政策的通知》（财税〔2018〕57号，已失效）规定："二、按照法律规定或者合同约定，两个或两个以上企业合并为一个企业，且原企业投资主体存续的，对原企业将房地产转移、变更到合并后的企业，暂不征土地增值税。……五、上述改制重组有关土地增值税政策不适用于房地产转移任意一方为房地产开发企业的情形。"

实践中部分企业采取先取消房开资质后进行交易再办理房开资质，现实中操作难度较大且存在瑕疵。

4. 契税

财政部、国家税务总局《关于继续支持企业事业单位改制重组有关契税政策的通知》（财税〔2018〕17号，已失效）第4条规定："公司依照法律规定、合同约定分立为两个或两个以上与原公司投资主体相同的公司，对分立后公司承受原公司土地、房屋权属，免征契税。"

5. 印花税

财政部、国家税务局《关于企业改制过程中有关印花税政策的通知》（财税〔2003〕183号，已失效）的规定："以合并或分立方式成立的新企业，其新启用的资金账簿记载的资金，凡原已贴花的部分可不再贴花，未贴花的部分和以后新增加的资金按规定贴花。"总结如下表：

交易模式	税种	税收情况
分立	企业所得税	一般性税务处理：征收特殊性税务处理：不征收（股权12个月内限制转让）
	增值税	将全部或者部分实物资产以及与其相关联的债权、负债和劳动力一并转让的，不征收增值税
	土地增值税	征收（房地产企业不适用重组特殊规定）
	契税	不征收
	印花税	不征收

（四）优劣势分析

优势：一是省税，分立不属于增值税征税范围，在符合特殊性税务处理的情况下，可以不征收企业所得税；二是以股权转让的方式进行项目转让可以避免关于土地转让时投资应达到开发投资总额25%的限制性规定，虽然在分立阶段依然可能被认定为"转让"需达到25%开发强度，但我国现行法律法规对分立时将不动产项目进行转移并无禁止性规定，在实际操作中可与当地国土管理部门先行沟通。

劣势：流程较为繁琐，周期长，且分立公司需对被分立公司分立前的债务承担连带责任。公司分立涉及制定方案、内部及外部审批→财产分割安排→通知债权人→办理工商变更登记→税务办理→不动产转移登记等一系列流程，所涉部门、所需资料较多，周期较长。

二、房屋拆迁与征收补偿

承租人在国有土地上房屋征收补偿中的
主体地位及权益问题研究

田宪鹏

国有土地上房屋征收与补偿是指为了公共利益的需要，由市、县级人民政府确定的房屋征收部门对国有土地上单位或个人的房屋进行征收并给予补偿的行为。在我国城市化进程快速推进的过程中，涉及旧城改造、城市扩张等问题时，往往需要对相关区域的房屋进行征收与补偿，若被纳入征收范围的房屋已经出租给承租人，在面临征收与补偿时，承租人在其中享有怎样的主体地位、可以主张怎样的权利呢？本文从承租人能否成为被征收人、承租人在征收补偿中享有的权益及权益的保护三个方面对承租人与征收补偿相关的法律问题进行研究。

一、承租人能否成为被征收补偿的主体

《国有土地上房屋征收与补偿条例》第2条规定："为了公共利益的需要，征收国有土地上单位、个人的房屋，应当对被征收房屋所有权人（以下称被征收人）给予公平补偿。"

根据上述规定，被征收人应当为被征收房屋的所有权人，而承租人并非被征收房屋的所有权人，其不应作为被征收补偿的主体。

如贵阳市中级人民法院在［2019］黔01民终5913号案件中明确"依照《国有土地上房屋征收与补偿条例》第二条：'为了公共利益的需要，征收国有土地上单位、个人的房屋，应当对被征收房屋所有权人（以下称被征收人）给予公平补偿'，第17条：'作出房屋征收决定的市、县级人民政府对被征收人给予的补偿包括：（一）被征收房屋价值的补偿；（二）因征收房屋造成的搬迁、临时安置的补偿；（三）因征收房屋造成的停产停业损失的补偿。市、县级人民政府应当制定补助和奖励办法……'"本案中，原告系0005号房屋一楼门面的承租人，非所有权人，不具备房屋征收补偿的主体资格。"遵义市中级人民法院在［2019］黔03民终7183号案件中明确"根据《国有土地上房屋征收与补偿条例》第二条'为了公共利益的需要，征收国有土地上单位、个人的房屋，应当对被征收房屋所有权人（以下称被征收人）给予公平补偿'的规定，接受补偿的主体是房屋所有权人（被征收人）而非承租房屋的人"。

实践中，市、县级人民政府确定的房屋征收部门一般都是与房屋的所有权人签订征收补偿协议，对征收补偿事宜进行约定。但笔者在处理此类案件时发现，房屋征收部门在征得所有权人同意的情况下，也会与房屋所有权人及承租人签订三方的征收补偿协议，分别对所有权人和承租人享有的权益进行约定，以保证征收拆迁工作的顺利进行。

二、承租人能否在房屋征收补偿中主张分配补偿款

《国有土地上房屋征收与补偿条例》第17条第1款规定："作出房屋征收决定的市、县级人民政府对被征收人给予的补偿包括：（一）被征收房屋价值的补偿；（二）因征收房屋造成的搬迁、临时安置的补偿；（三）因征收房屋造成的停产停业损失的补偿。"其中被征收房屋的价值补偿中包括对装饰装修及附属设施等的补偿，若系由承租人出资对被征收房屋进行了装修并安装附属设施，承租人能否主张该部分的权益归其所有？而停产停业损失是基于承租人使用被征收房屋进行生产经营产生的补偿，承租人能否就该部分补偿主张权利？

对于这个问题，司法实践中存在两种截然相反的观点：

一种观点认为，租赁房屋的被征收人为所有权人而非承租人，承租人无权主张分配征收补偿款。

如贵阳市中级人民法院在［2019］黔01民终5913号案件中认为"上诉人对租赁房屋征收补偿款是否有权分配。本案中，被上诉人取得的房屋征收补偿款，系被上诉人基于其所有的房屋被案外人征收而取得的对价，涉案房屋的被征收人是被上诉人而非上诉人，故上诉人无权直接主张分配涉案房屋的征收补偿款，且从征收补偿协议内容来看，征收活动中，也未明确作出补偿承租人的受益性条款，故上诉人也不是征收补偿合同的受益人，亦无权主张征收补偿款的分配。事实上，上诉人仅是涉案房屋的承租人，其权利义务均由房屋租赁合同确定，本案中，上诉人与被上诉人签订的《房屋租赁合同》中并未约定承租人在遇到征收补偿时享有征收补偿款的分配权，也未约定应由出租人对其装修、停业等进行赔偿或奖励，故上诉人无权主张对征收补偿款中的'经营性面积一次性补助费''有证经营性搬家奖励''装修包干补偿费及室内设施补偿费'进行分配。"

另一种观点认为，应当根据实际权利人确定装饰装修、停产停业损失等补偿款的权利主体。

如遵义市中级人民法院在［2017］黔03民终4601号中认为"虽然双方之后形成了不定期租赁合同关系，但就涉案房屋的装饰装修物的权属享有，在其后形成的不定期租赁合同中对此没有变更的情况下，涉案房屋所有的装饰装修物仍应按原租房合同的约定确定，即应由上诉人享有。一审判决涉案房屋装修费属被上诉人享有违反了双方当事人的合同约定，属于认定事实错误，本院予以纠正。

"关于停产停业补助、搬家费的归属问题。停产停业补助、搬家费是对房屋的实际

使用者的补偿，而涉案租赁房屋在拆迁时仍然由被上诉人陈某科租赁使用，一审认定停产停业补助、搬家费属于被上诉人陈某科享有符合本案事实和法律规定，上诉人关于该部分的上诉理由不能成立，本院予以驳回。"

笔者同意第二种观点，最高人民法院《关于审理城镇房屋租赁合同纠纷案件具体应用法律若干问题的解释》第9条第4项的规定："因不可归责于双方的事由导致合同解除的，剩余租赁期内的装饰装修残值损失，由双方按照公平原则分担。……"参照该规定，无论承租人与房屋所有权人是否在房屋租赁合同中约定征收补偿款的归属，只要承租房屋面临征收补偿导致租赁合同解除，就应当根据公平原则确定补偿款的归属。正是因为承租人对房屋进行了装饰装修并生产经营才使房屋面临征收补偿时产生装饰装修及停产停业损失的补偿，否则，征收部门不会给予该部分补偿款，在所有权人已经取得了房屋补偿的前提下，将该部分补偿款分配给承租人才符合公平原则。

三、承租人应如何在征收补偿中维护自身的合法权益

鉴于司法实践中对于承租人是否享有征收补偿款的分配权存在争议，作者建议承租人在与房屋所有权人签订房屋租赁合同时，在合同中对承租房屋面临征收补偿时补偿款中的装饰装修、附属设施、停产停业损失以及搬家费等的归属进行明确约定。同时。在面临征收补偿时，承租人争取与所有权人和房屋征收部门协商一起作为主体之一签订征收补偿协议。

承租人并非征收补偿协议的相对方，若承租人与所有权人就补偿款的分配无法协商一致需通过诉讼方式解决时，承租人应当基于与所有权人签订的租赁合同提起诉讼，因为双方并非因被拆房屋如何补偿、安置问题产生纠纷，而是因租赁房屋被拆迁所获得的补偿金如何分配产生纠纷，其实质是拆迁后房屋租赁合同无法继续履行而需解除合同所产生的赔偿或补偿。因此，应根据《民法典》合同编及《关于审理城镇房屋租赁合同纠纷案件具体应用法律若干问题的解释》等有关房屋租赁的相关规定对此类案件进行处理。

行政机关行使行政优益权单方面变更、解除拆迁补偿协议相关问题探析

王松子

根据《民法典》的相关规定，依法成立的合同，对当事人具有法律约束力，当事人应当按照约定履行自己的义务。当事人协商一致，可以变更合同。如因当事人约定的解除条件成就、双方协商一致或存在法定解除情形的情况下，合同可以解除。除此之外，各方当事人不得擅自变更或者解除合同。

对于拆迁补偿协议而言，虽然其也名为"协议"，但该类协议是行政机关基于征收土地、房屋的目的，与公民、法人或其他组织就所征收土地、房屋的补偿事宜签订的协议，其基础在于政府根据《土地管理法》第45条、《国有土地上房屋征收与补偿条例》第8条等相关规定发布的征收决定，故其并非平等民事主体间签订的民事协议。根据《行政诉讼法》第12条、最高人民法院《关于审理行政协议案件若干问题的规定》第1条、第2条的规定，征收补偿协议属于行政机关为了实现行政管理或者公共服务目标，与公民、法人或者其他组织协商订立的具有行政法上权利义务内容的协议。

从相关司法案例来看，对于行政协议而言，行政机关除可按照民事合同相关规定对合同进行解除外，还可行使行政优益权单方面对合同进行变更、解除。但对于行政机关在拆迁补偿协议的变更、解除相关事宜中如何行使上述权力，相关法律法规并无具体明确的规定。鉴于此，本文拟结合最高人民法院案例中的裁判观点，对行政机关行使行政优益权单方面变更、解除拆迁补偿协议相关问题进行探析，以供实务参考。

一、行政机关行使行政优益权应以为实现公共利益或者行政管理目标为前提

就平等民事主体间签订的民事协议而言，其变更应经双方协商一致，其解除则应符合法定条件、约定条件或经双方协商一致。而行政机关行使行政优益权单方面对协议进行变更、解除并未考虑上述因素，不需要合同相对方的同意，也不需要合同相对方存在如重大违约导致合同目的不能实现等情形，此种变更、解除实际上将有可能使合同相对方原本所享有的合同权益受到损失，故行政优益权的行使应当具备充分的理

由，使在变更、解除合同情形下公私法益权衡具备合理性，以避免行政机关滥用该权力导致合同相对方的合同权益受到过于严重的侵害。具体而言，从相关司法案例来看，行政机关行使行政优益权应以为实现公共利益或者行政管理目标为前提。

如在［2019］最高法行申749号钱某元、济南市历城区人民政府履行房屋拆迁安置补偿协议纠纷再审案中，济南市历城区人民政府曾与钱某元签订拆迁补偿协议，但因钱某元的家庭成员中钱某洁并非农村集体经济组织成员且曾享受过房改房政策，根据《雪山片区四村整合拆迁安置办法》第9条第6项的规定，原户口及现户口在被征地拆迁村的非农村集体经济组织成员在外有房改房和福利分房的，不予安置、不能购买安置房，济南市历城区人民政府单方面对该拆迁补偿协议进行了变更。最高人民法院认为这是行政机关基于维护国家利益、社会公共利益的目的而行使行政优益权，故认定该变更行为合法有效。

此外，虽然最高人民法院拆迁补偿协议相关案例中并未对行政机关还可以实现行政管理目标为由行使行政优益权，但结合同为行政协议性质的招商引资协议相关案例裁判观点（如［2017］最高法行申3564号湖北草本工房饮料有限公司、荆州经济技术开发区管理委员会行政协议纠纷案）来看，实现行政管理目标也属于可行使行政优益权以单方面解除、变更合同的理由之一，此对于拆迁补偿合同而言也应适用。

裁判观点参考：

《钱某元、济南市历城区人民政府城乡建设行政管理：房屋拆迁管理（拆迁）再审审查与审判监督行政裁定书》——［2019］最高法行申749号

本院认为，本案的核心问题是，历城区政府变更案涉拆迁安置补偿协议是否合法。《行政诉讼法》第78条第2款规定："被告变更、解决本法第十二条第十一项规定的协议合法，但未依法给予补偿的，人民法院判决给予补偿。"本案中，由于钱某元的家庭成员中钱某洁并非农村集体经济组织成员且曾享受过房改房政策，根据《雪山片区四村整合拆迁安置办法》第9条第6项的规定，原户口及现户口在被征地拆迁村的非农村集体经济组织成员在外有房改房和福利分房的，不予安置、不能购买安置房。因此，双方签订的案涉拆迁安置补偿协议存在重大问题，历城区政府据此可以对该协议进行单方面变更，这是历城区政府在履行该协议中行使行政优益权的表现，亦是维护国家利益、社会公共利益所必需，否则即可能导致国有资产的流失。故历城区政府有权依法通知钱某元对该协议进行变更。钱某元要求历城区政府继续履行案涉拆迁安置补偿协议的诉讼请求不能成立。一审法院判决确认案涉拆迁安置补偿协议无效虽有不妥，但驳回其要求历城区政府履行该拆迁安置补偿协议并向其交付114平方米安置房3套的主张，并无不当。当然，历城区政府应当采取补救措施，在查清钱某元家庭房产情况的基础上，尽快解决其安置补偿问题。

《湖北草本工房饮料有限公司、荆州经济技术开发区管理委员会经贸行政管理（内贸、外贸）再审审查与审判监督行政裁定书》——［2017］最高法行申3564号

行政协议虽然与行政机关单方作出的行政行为一样，都是为了实现公共利益或者行政管理目标，但与单方行政行为不同的是，它是一种双方行为，是行政机关和行政相对人通过平等协商，以协议方式设立、变更或者消灭某种行政法上的权利义务的行为。行政协议既保留了行政行为的属性，又采用了合同的方式，由这种双重混合特征所决定，一方面，行政机关应当与协议相对方平等协商订立协议；协议一旦订立，双方都要依照协议的约定履行各自的义务；当出现纠纷时，也要首先根据协议的约定在《合同法》的框架内主张权利。另一方面，"协商订立"不代表行政相对人与行政机关是一种完全平等的法律关系。法律虽然允许行政机关与行政相对人缔结协议，但仍应坚持依法行政，不能借由行政协议扩大法定的活动空间。法律也允许行政机关享有一定的行政优益权，当继续履行协议会影响公共利益或者行政管理目标实现时，行政机关可以单方变更、解除行政协议，不必经过双方的意思合致。

二、行政机关行使行政优益权应保障合同相对方陈述、申辩等程序权利

虽然行政机关可为实现公共利益或者行政管理目标为前提行使行政优益权，在未经双方协商一致的情况下单方面变更、解除合同，但由于该行为必然会导致合同相对方原本所享有的合同权益受到损失，故该权力的行使除应具备充分、合理的理由外，还应在行使过程中充分保障合同相对方陈述、申辩等程序权利。此等权利与行政机关行使行政权力时应当给予行政相对人陈述、申辩等程序权利的法律精神是相一致的，也是为了防止行政机关滥用该权力、导致合同相对方原本所享有的合同权益受到过分侵害。从司法实践来看，如行政机关在行使行政优益权单方面解除、变更合同过程中未保障合同相对方的陈述、申辩等程序权利，将可能导致法院认定行政机关该行为违法。

如在太原市杏花岭区人民政府、赵某姐回迁安置方案纠纷再审案中，太原市杏花岭区人民政府与赵某姐签订《成本价购房合同》，约定"双方共同遵守经市有关部门基本确认的成本单价 3500 元/平方米进行售购房。"此后太原市杏花岭区人民政府发布《回迁安置方案》，将上述售房单价变更为 4500 元/平方米。最高人民法院认为，行政机关行使行政优益权就要具备为了公共利益或者存在其他法定事由的前提条件，具备事实根据，履行正当程序，保障相对人的陈述、申辩等程序权利，而太原市杏花岭区人民政府的上述变更行为不符合上述条件，据此最高人民法院否认了其合法性。

裁判观点参考：

《太原市杏花岭区人民政府、赵某姐再审审查与审判监督行政裁定书》——[2018] 最高法行申 3008 号

根据《行政诉讼法》第 12 条第 1 款第 11 项规定，公民、法人或者其他组织认为行政机关不依法履行、未按照约定履行或者违法变更、解除政府特许经营协议、土地房屋征收补偿协议等协议的，可以依法向人民法院提起行政诉讼。虽然行政诉讼法将

违法变更、解除行政协议的行为纳入到行政诉讼的受案范围，但法律对行政机关如何行使行政优益权并未作出明确规定。既然行政优益权是行政机关的单方行为，而且《行政诉讼法》第12条第1款第11项的规定中也使用了"违法变更、解除"的表述，那么人民法院对行政机关行使行政优益权的审查就是合法性审查。行政机关行使行政优益权就要具备为了公共利益或者存在其他法定事由的前提条件，具备事实根据，履行正当程序，保障相对人的陈述、申辩等程序权利。具体到本案，再审申请人通过《回迁安置方案》将成本单价"3500元/平方米"变更为"4500元/平方米"，也需要具备上述条件。当然，对上述前提条件、事实根据、正当程序的证明责任由再审申请人承担。然而，根据再审申请人提供的证据，结合一、二审审理情况，再审申请人作出《回迁安置方案》，规定售房单价为4500元/平方米，不具有合法性。二审法院据此撤销一审判决，撤销《回迁安置方案》第6条中"成本价购房70平方米价格为4500元/平方米"的规定，并无不当。

三、行政机关行使行政优益权应对由此给合同相对方造成的损失进行补偿

行政机关行使行政优益权单方面对合同进行变更、解除，是为了实现公共利益或者行政管理目标，其可能会使合同相对方原本享有的合同权益不能实现，从而造成其相应的损失。从公平合理的角度而言，行政机关行使该权力，还应对由此给合同相对方所造成的损失进行补偿。

对于该问题，虽然在最高人民法院拆迁补偿相关案例中目前并未涉及，但参考最高人民法院《关于审理行政协议案件若干问题的规定》第16条[1]的规定，及同为行政协议性质的招商引资协议相关案例裁判观点（如［2017］最高法行申3564号湖北草本工房饮料有限公司、荆州经济技术开发区管理委员会行政协议纠纷案）来看，行政机关变更、解除行政协议，即使在行为合法的情况下，如对合同相对方造成了损失，应当予以相应补偿。

裁判观点参考：

《湖北草本工房饮料有限公司、荆州经济技术开发区管理委员会经贸行政管理（内贸、外贸）再审审查与审判监督行政裁定书》——［2017］最高法行申3564号

基于行政协议和行政管理的公共利益目的，应当赋予行政机关一定的单方变更权或解除权，但这种行政优益权的行使，通常须受到严格限制。首先，必须是为了防止

---

〔1〕 最高人民法院《关于审理行政协议案件若干问题的规定》第16条规定："在履行行政协议过程中，可能出现严重损害国家利益、社会公共利益的情形，被告作出变更、解除协议的行政行为后，原告请求撤销该行为，人民法院经审理认为该行为合法的，判决驳回原告诉讼请求；给原告造成损失的，判决被告予以补偿。被告变更、解除行政协议的行政行为存在行政诉讼法第七十条规定情形的，人民法院判决撤销或者部分撤销，并可以责令被告重新作出行政行为。被告变更、解除行政协议的行政行为违法，人民法院可以依据行政诉讼法第七十八条的规定判决被告继续履行协议、采取补救措施；给原告造成损失的，判决被告予以赔偿。"

或除去对于公共利益的重大危害；其次，当作出单方调整或者单方解除时，应当对公共利益的具体情形作出释明；再次，单方调整须符合比例原则，将由此带来的副作用降到最低；最后，应当对相对人由此造成的损失依法或者依约给予相应补偿。

四、协议内容体现行政优益权是判断协议性质为行政协议的要素之一，也是行政机关行使行政优益权单方面变更、解除协议的基础

行政机关行使行政优益权单方面变更、解除合同，应以为实现公共利益或者行政管理目标作为前提。这一方面是最高人民法院在具体案件中的裁判观点，另一方面也在最高人民法院相关规定中有所体现。根据最高人民法院《关于审理行政协议案件若干问题的规定》第 1 条的规定，行政协议是行政机关为了实现行政管理或者公共服务目标，与公民、法人或者其他组织协商订立的具有行政法上权利义务内容的协议。

从该定义来看，行政协议一方面须以行政机关与公民、法人或者其他组织作为双方协议主体，另一方面须符合实现行政管理或者公共服务目标的前提，该前提即是行政优益权的体现。从最高人民法院的案例来看，其将协议内容是否体现行政优益权作为了判断协议性质是否为行政协议的要素之一。由此可以推断得出，只有协议内容在体现了行政优益权、能够被认定为行政协议的基础上，行政机关才可行使行政优益权单方面变更、解除协议，否则如相关协议性质仅为民事协议，行政机关也仅可按照民事合同相关规定对合同进行解除。

如在［2019］最高法行申 8358 号纪某明与新疆维吾尔自治区乌鲁木齐市米东区人民政府、新疆维吾尔自治区乌鲁木齐市米东区芦草沟乡人民政府房屋行政强制及行政协议纠纷再审案中，人民庄子村村委会与纪某明于 2017 年 7 月签订案涉搬迁补偿协议，约定人民庄子村村委会对人民庄子村三队进行整体搬迁，双方在平等、自愿、协商一致的基础上就有关搬迁事宜达成协议，纪某明认为人民庄子村村委会与其签订案涉搬迁补偿协议系受米东区政府委托而非村民自治行为，属于行政协议。最高人民法院认为，一方面人民庄子村村委会作为案涉搬迁补偿协议的一方当事人并非行政机关，另一方面协议内容亦未表明其享有行政优益权，故该协议并非行政协议。

裁判观点参考：

《纪某明、新疆维吾尔自治区乌鲁木齐市米东区人民政府、芦草沟乡人民政府再审审查与审判监督行政裁定书》——［2019］最高法行申 8358 号

本院认为，结合一、二审裁定和再审申请人纪某明向本院提交的再审申请书，本案的核心争议为再审申请人的起诉是否符合法定起诉条件。再审申请审查阶段的主要问题为再审申请人与原审第三人人民庄子村村委会签订的案涉搬迁补偿协议是否属于行政协议。当时有效的最高人民法院《关于适用〈中华人民共和国行政诉讼法〉若干问题的解释》第 11 条第 1 款规定："行政机关为实现公共利益或者行政管理目标，在

法定职责范围内，与公民、法人或者其他组织协商订立的具有行政法上权利义务内容的协议，属于行政诉讼法第十二条第一款第十一项规定的行政协议。"据此，识别行政协议可以从协议一方当事人是否系行政主体、行政主体签订协议是否基于行使行政职权、履行行政职责以及是否具有优益权等要素综合加以判断。本案中，根据一、二审法院查明的事实，人民庄子村村委会（甲方）与再审申请人（乙方）于2017年7月签订案涉搬迁补偿协议，约定人民庄子村村委会对人民庄子村三队进行整体搬迁，双方在平等、自愿、协商一致的基础上就有关搬迁事宜达成协议。协议签订后人民庄子村村委会拆除案涉房屋，再审申请人亦认可人民庄子村村委会已向其交付安置房屋及补偿款559 910元。人民庄子村村委会作为案涉搬迁补偿协议的一方当事人并非行政机关，协议内容亦未表明其享有行政优益权。一、二审法院认定该协议并非行政协议。在向本院提出的再审申请中，再审申请人虽对此有所质疑，主张人民庄子村村委会系受再审被申请人米东区政府委托签订上述协议，但并未提供有效证据予以证明，亦无证据证明人民庄子村村委会与再审申请人签订该协议系依据法律、法规、规章的授权履行相应行政管理职责，故难以否定一、二审法院的此种认定。一、二审法院裁定驳回再审申请人的起诉和上诉，均无不当。再审申请人所提再审理由不能成立，本院不予支持。

五、当行政机关不能行使行政优益权，但因正当理由确实需要变更时，行政机关有权非因行政优益权而在极个别情况下对协议予以变更

在民事合同关系中，如当事人就合同变更、解除不能达成一致，则当事人一方可以此向法院提起诉讼，请求法院判决对合同进行变更、解除。而就行政协议而言，虽然行政机关可行使行政优益权自行单方面对合同进行变更、解除，但如上文所述，该权力的行使条件、程序较为严格，如在确不符合以实现公共利益或者行政管理目标作为前提的情形下，相关行政协议对变更没有约定且双方又无法对变更协议协商一致，但因正当理由确实需要变更时，行政机关如何寻求救济呢？

一方面行政机关并不能作为原告提起行政诉讼，请求法院判决对合同进行变更、解除；另一方面如其通过民事诉讼解决，则可能导致同一行政协议争议由不同诉讼程序和方式审理，容易出现同案不同判的情形。鉴于此，最高人民法院认为，可以赋予行政机关非因行政优益权而在极个别情况下对案涉协议的变更权。具体而言，此应仅限于行政相对人存在欺诈、胁迫等主要归责于行政相对人，或者权利义务存在极度无正当理由的显失公平而损害国家利益和社会公共利益等情形。

如在［2018］最高法行申8980号贵州省关岭布依族苗族自治县人民政府与唐某国变更房屋征收补偿协议再审案中，关岭县永宁镇人民政府与唐某国签订征收补偿协议后，发现因测绘报告存在错误导致补偿款多算，经与唐某国协商返还未果，关岭县人民政府作出《关于对被征收人唐某国房屋征收补偿协议变更的行政决定书》责令唐某

国退回多领的补偿款。最高人民法院认为，因测绘报告错误导致补偿款多算是关岭县人民政府内部决策问题，合同相对方对该错误不存在任何主观上的故意或过失，其有值得保护的信赖利益，故关岭县人民政府不能基于行政优益权单方变更协议。同时，最高人民法院认为可以赋予行政机关上述非因行政优益权而在极个别情况下对案涉协议的变更权。但本案也不符合该种情形，故关岭县人民政府不能单方面对协议进行变更。

裁判观点参考：

当关岭县政府在本案中不能行使行政优益权，案涉协议对变更没有约定且双方又无法对变更协议协商一致，而该协议因正当理由需要变更的，关岭县政府通过何种方式寻求救济，是目前行政协议审判中面临的一个重要问题。依我国现行《行政诉讼法》规定，关岭县政府不能以原告身份提起行政诉讼解决此类协议争议，但如果关岭县政府通过民事诉讼解决，则可能导致同一行政协议争议由不同诉讼程序和方式审理，容易出现同案不同判的情形。因此当关岭县政府缺乏行使行政优益权的条件，且不能通过提起行政诉讼或者民事诉讼进行救济，又面临案涉协议因故需要变更时，赋予其一定程度的非基于行政优益权的单方变更权实属必要。本院认为，依据修改后的《行政诉讼法》第12条第1款第11项规定，可以赋予行政机关非因行政优益权而在极个别情况下对案涉协议的变更权。这就类似于民事合同中具备一定情形时，当事人可以申请法院变更合同。考虑到相对人可以通过行政诉讼进行救济，而行政机关不能成为行政诉讼的原告，因此该变更权只赋予行政机关。为防止行政机关滥用上述权力，侵害当事人的合法权益。一般来说，应仅限于行政相对人存在欺诈、胁迫等主要归责于行政相对人，或者权利义务存在极度无正当理由的显失公平而损害国家利益和社会公共利益等情形。此外，《国有土地上房屋征收与补偿条例》第34条规定"房地产价格评估机构或者房地产估价师出具虚假或者有重大差错的评估报告……造成损失的，依法承担赔偿责任；……"本案关岭县政府提交的黔峰源公司出具的《情况说明》载明，因该公司提交的调查附表存在工作失误，导致经营面积确认错误，此《情况说明》如属实，在案涉协议双方协商变更不成的情况下，依据上述规定也应当由黔峰源公司承担责任，而不存在损害国家利益和社会公共利益的情形。进一步说，关岭县政府主张"经营性用房"面积认定错误，尚需更加充分的证据予以证明。本案关岭县政府仅在案涉协议履行完毕后提交与本案有一定利害关系的黔峰源公司出具的《房屋面积测绘报告》与《情况说明》及其他分户报告等，并不足以证明本案"经营性用房"面积认定错误，更不能以此径行作出单方变更协议决定。故关岭县政府关于二审法院对本案涉诉经营性用房的认定错误的申请再审理由不能成立，本院不予支持。

综上所述，拆迁补偿协议是行政机关基于征收土地、房屋的目的，与公民、法人或其他组织就所征收土地、房屋的补偿事宜签订的协议，该类协议是为了实现公共利益或者行政管理目标，内容体现了行政优益性，属于行政协议。行政机关在符合为实现公共利益或者行政管理目标的前提下，在保障合同相对方陈述、申辩等程序权利的基础上，有权行使行政优益权单方面变更、解除拆迁补偿协议。如不符合上述实质要求和程序要求，将可能导致行政机关单方面变更、解除的行为被认定违法。此外，当行政机关不能行使行政优益权，但行政相对人存在欺诈、胁迫等主要归责于行政相对人的情形，或者权利义务极度显失公平而损害国家利益和社会公共利益等情形，确实需要变更时，可以赋予行政机关非因行政优益权而在极个别情况下对协议予以变更的权力。

国有土地上房屋征收及国有土地收回中拆迁补偿款垫付等相关问题初探

王松子

根据相关法律法规的规定，国有土地上房屋征收及国有土地收回的工作应当由政府及相关部门负责进行。但笔者在工作中注意到，目前在实践中存在着较多由市场主体进行房屋征收补偿具体工作并垫付拆迁补偿款的情形。对此，笔者结合相关法律法规及规范性文件的规定，对国有土地上房屋征收及国有土地收回的负责主体、房屋征收补偿及土地前期开发的具体工作实施主体和房屋征收实施单位垫资支付拆迁补偿款可能存在的问题进行梳理和分析。

一、地方政府及其国土资源管理部门是国有土地上房屋征收、国有土地收回的负责主体

根据《国有土地上房屋征收与补偿条例》第 4 条，《土地储备管理办法》（已失效，下同）的规定，市、县级人民政府和县级（含）以上国土资源管理部门分别是国有土地上房屋征收和国有土地收回的负责主体，市、县级人民政府确定的房屋征收部门和土地储备机构则分别是国有土地上房屋征收和国有土地收回的具体实施主体。

鉴于在我国房屋所有权和土地使用权的处分须遵循"房地一体原则"，国有土地使用权收回及国有土地上房屋征收的工作实际上存在一定程度上的交叉，在实践中部分地区由土地储备机构和房屋征收部门共同配合完成相关工作，部分地区则采取将国有土地使用权收回及国有土地上房屋征收的职能授予一个部门统一完成相关工作的方式（如土地储备和土地房屋征收中心）。

此与《国有土地上房屋征收与补偿条例》颁布实施、《城市房屋拆迁管理条例》废止前存在着较大的不同。根据目前已废止的《城市房屋拆迁管理条例》第 4 条、第 10 条的规定，拆迁人是指取得房屋拆迁许可证的单位，拆迁人应当依照对被拆迁人给予补偿、安置，房屋拆迁管理部门不得作为拆迁人，不得接受拆迁委托。即在《国有土地上房屋征收与补偿条例》颁布实施、《城市房屋拆迁管理条例》废止后，由取得房屋拆迁许可证的单位进行拆迁及补偿、安置已经彻底退出历史舞台，应由政府方作为拆

迁及补偿、安置的负责主体。

二、房屋征收补偿及土地前期开发的具体工作可委托房屋征收实施单位承担

对于房屋征收与补偿及土地前期开发的具体工作，根据《国有土地上房屋征收与补偿条例》第5条、《土地储备管理办法》及《关于规范土地储备和资金管理等相关问题的通知》之规定，在房屋征收补偿和土地收回阶段，如相关工作由房屋征收部门负责，则其可委托房屋征收实施单位承担房屋征收与补偿的具体工作；如相关工作由国土资源主管部门负责，则其可通过政府购买服务的方式委托相应供应商进行征收与补偿的具体工作。

而在此后的土地前期开发阶段，涉及道路、供水、供电、供气、排水、通讯、照明、绿化、土地平整等基础设施建设的，具体工程要按照有关规定选择工程勘察、设计、施工和监理等单位进行建设。值得注意的是，实践中存在较多未经招标即委托一个市场主体统一进行房屋征收补偿和土地前期开发涉及的基础设施建设工作的做法，这种做法违反了上述规定，也存在违反《关于坚决制止地方以政府购买服务名义违法违规融资的通知》（财预〔2017〕87号）中"严禁将建设工程与服务打包作为政府购买服务项目"相关规定的可能性。

在政府方将征收补偿的具体工作委托实施单位进行后，通常即由该实施单位与被拆迁人签订补偿协议并向被拆迁人支付补偿款（或进行产权置换）。从最高人民法院的相关司法判决及裁定来看，这符合《国有土地上房屋征收与补偿条例》第5条关于房屋征收部门委托房屋征收实施单位承担房屋征收与补偿的具体工作的规定。但笔者认为，这并不意味着实施单位可替代政府方承担拆迁补偿相关费用，其作为服务供应商（而非拆迁补偿的负责主体或土地使用权受让人）并没有承担拆迁补偿相关费用的法定义务及合理性。从现实层面而言，仅能由政府方先行向实施单位支付拆迁补偿相关费用或由实施单位垫资，再由实施单位代政府方向被拆迁人支付补偿款（或进行产权置换）。

三、房屋征收实施单位垫资支付拆迁补偿款违反地方政府举借债务相关规定

在实践中，存在着较多由实施单位垫资向被拆迁人支付拆迁补偿款（或进行产权置换）的情形〔值得一提的是，国家税务总局《关于政府收回土地使用权及纳税人代垫拆迁补偿费有关营业税问题的通知》（国税函〔2009〕520号，已失效）还对此种情形下如何计算营业税进行了规定〕，其中还存在部分地方政府承诺以相应土地出让收入偿还垫付款项或以实施单位垫付款项抵扣其作为土地使用权受让人应当支付的土地出让金等情况。

笔者认为，由实施单位垫资向被拆迁人支付补偿款（或进行产权置换）违反了

《预算法》、《关于加强地方政府性债务管理的意见》（国发〔2014〕43号）、《关于进一步规范地方政府举债融资行为的通知》（财预〔2017〕50号）等相关法律法规及规范性文件的规定，此种情形被认定为政府违规举债融资的可能性较大。地方政府承诺以相应土地出让收入偿还垫付款项或以实施单位垫付款项抵扣其作为土地使用权受让人应当支付的土地出让金，则违反了国有土地使用权出让收入管理的相关规定。根据《国有土地使用权出让收支管理办法》第4条、第10条的规定，土地出让收支应当全额纳入地方政府基金预算管理，任何地区、部门和单位都不得以"招商引资""旧城改造""国有企业改制"等各种名义减免土地出让收入，实行"零地价"，甚至"负地价"，或者以土地换项目、先征后返、补贴等形式变相减免土地出让收入。

根据《土地储备资金财务管理办法》第3条的规定，征收、收购、优先购买、收回土地以及对其进行前期开发等所需的资金属于土地储备资金。《土地储备资金财务管理办法》第5条规定："土地储备资金来源于下列渠道：（一）财政部门从已供应储备土地产生的土地出让收入中安排给土地储备机构的征地和拆迁补偿费用、土地开发费用等储备土地过程中发生的相关费用；（二）财政部门从国有土地收益基金中安排用于土地储备的资金；（三）发行地方政府债券筹集的土地储备资金；（四）经财政部门批准可用于土地储备的其他财政资金。"上述规定回应了《关于规范土地储备和资金管理等相关问题的通知》中对土地储备资金的来源渠道所进行的调整，即从2016年1月1日起，土地储备机构已不能通过向银行及其他金融机构贷款的方式筹集土地储备资金，如需举债筹集土地储备资金，应通过发行地方政府债券的方式进行。同时，《关于规范土地储备和资金管理等相关问题的通知》规定，项目承接主体或供应商应当严格履行合同义务，按合同约定数额获取报酬，不得与土地使用权出让收入挂钩，也不得以项目所涉及的土地名义融资或者变相融资。

这与当前国家关于地方政府举借债务的改革是相契合的。根据《预算法》、《关于加强地方政府性债务管理的意见》（国发〔2014〕43号）、《关于进一步规范地方政府举债融资行为的通知》（财预〔2017〕50号）等相关法律法规及规范性文件的规定，地方政府举债一律采取在国务院批准的限额内发行地方政府债券方式，除此以外地方政府及其所属部门不得以任何方式举借债务。举债筹集土地储备资金用于拆迁补偿并不作为特殊情形排除在上述规定的范围之外。

当前，国家正在要求各地方政府对其各自违规举债的问题进行整改，多地违规举债的问题被财政部、国家审计署以公告、致函的形式进行了通报（甚至有部分地区的相关负责人因此被问责处罚），其中即包括了上文所述的由实施单位垫付拆迁补偿款后承诺以土地出让收入偿还垫付款项的情形。例如，2015年1月至2017年8月，海南省海口市各级财政及国土等政府部门分别发函，共要求61家企业和单位出资垫付征地拆迁资金，并承诺待相关土地出让金上缴市财政后，由财政安排资金进行偿还。截至2017年8月底，61家企业和单位累计垫付征地拆迁资金55.44亿元，其中53.43亿元尚未归还，形成政府承诺以财政资金偿还的债务。上述情况在审计署于2017年12月8

日发布的 2017 年第 32 号公告：《2017 年第三季度国家重大政策措施贯彻落实情况跟踪审计结果》中被作为地方政府违规举债的问题进行了通报。

综上所述，笔者认为由实施单位垫资向被拆迁人支付补偿款（或进行产权置换）违反了《预算法》、《关于加强地方政府性债务管理的意见》（国发〔2014〕43 号）、《关于进一步规范地方政府举债融资行为的通知》（财预〔2017〕50 号）等相关法律法规及规范性文件的规定，此种情形被认定为政府违规举债融资的可能性较大。地方政府举债筹集土地储备资金，应当通过发行地方政府债券的方式进行。

同时，在国有土地上房屋征收、国有土地收回、储备土地前期开发、国有土地出让的实践中还存在较多违规问题，如未经招标即确定土地前期开发基础设施建设实施单位、以国有土地出让收入偿还实施单位垫付的拆迁补偿款、以实施单位垫付的拆迁补偿款抵扣其作为土地使用权受让人应当支付的土地出让金、PPP 项目主体或社会资本方作为项目主体参与土地收储和前期开发等工作等，上述违规行为均存在被问责处罚的可能性。

以上观点系笔者对国有土地上房屋征收及国有土地收回中拆迁补偿款垫付等相关问题进行的初步探讨，囿于理论知识和实践经验有限，不妥之处敬请读者批评指正。

国有建设用地使用权被查封
是否影响政府收回土地

王松子

根据《国有土地上房屋征收与补偿条例》第 8 条的规定，为了保障国家安全、促进国民经济和社会发展等公共利益的需要，具备法定情形的，确需征收房屋的，市、县级人民政府有权作出决定对房屋进行征收，《国有土地上房屋征收与补偿条例》第 13 条规定，房屋被依法征收的，国有土地使用权同时收回。在政府征收房屋、收回土地的过程中，如国有建设用地使用权被法院查封的，政府是否有权对土地进行收回，并注销土地使用权登记？本文拟结合相关规定、案例进行分析。

一、相关规定条款辨析

根据最高人民法院、原国土资源部、原建设部《关于依法规范人民法院执行和国土资源房地产管理部门协助执行若干问题的通知》第 22 条第 1 款的规定，国土资源、房地产管理部门对被人民法院依法查封、预查封的土地使用权、房屋，在查封、预查封期间不得办理抵押、转让等权属变更、转移登记手续。有观点据此认为土地使用权被法院查封的，政府无权对土地使用权进行收回。但笔者认为，此规定并不能作为国有建设用地使用权被法院查封影响政府收回土地的依据。

从上述规定的表述来看，该规定仅限制了对被查封的土地使用权办理抵押、转让等权属变更、转移登记的手续，但根据《土地管理法实施条例》及《不动产登记操作规范（试行）》的规定，土地行政主管部门对国有建设用地使用权的登记包括首次登记、变更登记、转移登记和注销登记，而土地使用权的收回并非需进行变更、转移登记，而是需进行注销登记，故上述规定并未限制对被查封的土地使用权办理注销登记手续。

另根据《不动产登记操作规范（试行）》第 8.4.1 条，已经登记的国有建设用地使用权，有下列情形之一的，当事人可以申请办理注销登记：（1）土地灭失的；（2）权利人放弃国有建设用地使用权的；（3）依法没收、收回国有建设用地使用权的；（4）因人民法院、仲裁委员会的生效法律文书致使国有建设用地使用权消灭的；（5）法律、行政法规规定的其他情形。其中，对于权利人放弃国有建设用地使用权的，提交权利人放弃国有建设用地使用权的书面文件。被放弃的国有建设用地上设有抵押权、地役权或已经办理预告登记、查封登记的，需提交抵押权人、地役权人、预告登记权利人或查封机关同意注销的书面文件。但对于依法没收、收回国有建设用地使用权的，仅需提交人民政府的生效决定书即可，而无需查封机关同意注销。

二、司法案例观点参考

从司法案例来看，最高人民法院认为对国有建设用地使用权进行查封不影响政府收回土地。

参考案例1：最高人民法院作出的［2018］最高法行申406号《攀枝花市第一私立实验学校、四川省攀枝花市人民政府再审审查与审判监督行政裁定书》明确："四川省高级人民法院二审作出［2016］川行终164号行政判决认为，……虽然该决定是攀枝花市政府在人民法院对10249号土地证及10250号土地证予以查封的情况下作出，但人民法院的查封行为实质是对该土地使用证上载明的土地使用权的查封。……对人民法院在土地使用权采取查封及预查封期间所禁止的三种情形，是为限制土地使用权的转移。而注销登记行为非限制情形，且该行为系攀枝花市政府对其不当行政行为依法进行自我纠错的行为，也是攀枝花市政府依法行政的应尽职责。因此，其作出注销10250号土地证所载土地使用权的登记行为合法。"最高人民法院认为："攀枝花市政府作出的《关于撤销攀国用［2012］第10250号土地使用权证书并注销其土地登记的决定》的行政行为合法，……在注销该土地登记同时撤销10250号土地证，该行为系攀枝花市政府对其不当行政行为依法进行纠错，属于攀枝花市政府依法行政的职责范围，该处理结果并无不当。"

参考案例2：最高人民法院作出的［2015］行提字第27号《蓟县外贸畜产公司与陵水黎族自治县人民政府行政命令、行政确认申诉行政判决书》中，最高人民法院认为："查封土地系司法机关为保证案件的执行而作出的保全措施，收地决定是行政机关依据相应事实和法律作出的行政决定，两者分别是司法权与行政权的运用，两种权力的行使应当互相配合和尊重。司法权不能干预行政权的行使，具体到本案中，司法保全措施不影响《收地决定》本身的合法性。故蓟县外贸畜产公司主张因涉案土地被人民法院查封，就不能予以收回的理由，缺乏相应的法律依据，本院不予支持。"

三、总结

综上所述，国有建设用地使用权被法院查封并不影响政府收回土地。对于已查封土地被收回的，类似于查封、扣押、冻结的财产灭失或者毁损的情形。根据最高人民法院《关于人民法院民事执行中查封、扣押、冻结财产的规定》第22条，查封、扣押、冻结的财产灭失或者毁损的，查封、扣押、冻结的效力及于该财产的替代物、赔偿款。人民法院应当及时作出查封、扣押、冻结该替代物、赔偿款的裁定。故土地被收回后，申请保全人虽然已实际无法将土地使用权拍卖、变卖以执行判决，但仍可以土地使用权收回后的赔偿款作为保全财产，并不会因此对申请保全人的合法利益造成不利影响。

但应当注意的是，上述规定及案例仅明确了在土地收回的过程中无需考虑司法查封问题。而在实践中政府将土地纳入储备除通过收回的方式进行外，还可与土地使用权人进行协商，通过收购的方式进行。对于该种情形下被查封的国有建设用地使用权能否注销，法律法规并无特别规定。故如政府是通过收购的方式将土地纳入储备，则在国有建设用地使用权被法院查封的情况下，不能直接对土地使用权进行注销，而需通过代为偿还债务、替换保全财产等方式先解除对土地使用权的查封，才能将土地进行注销、纳入储备。

棘手的"危房问题"

姚正超　王　昵　安　纯

老旧危房改造事关老百姓的安居生活和城市化进程，一直以来都是党和政府高度重视的民生问题。在南方大部分地区，尤其是在多发泥石流和山体垮塌的区域，如何依法有效地处理老旧危房问题、防范安全事故对地方政府部门而言尤为棘手。本文拟从危房的鉴定、拆除、法律适用等方面，探析危房涉及的相关法律问题，以供实务参考。

一、是不是危房，谁说了算

根据《城市危险房屋管理规定》第 2 条第 2 款规定，危险房屋，系指结构已严重损坏或承重构件已属危险构件，随时有可能丧失结构稳定和承载能力，不能保证居住和使用安全的房屋。而是否属于危房，则以房屋安全鉴定的结果及处理意见为依据。一旦被鉴定为危房，相关责任人必须按照处理意见修缮治理，或整体拆除。房屋安全鉴定是后续修缮治理、拆除的核心基础。在行政诉讼中，审判机构通常重点考察案涉情形是否属于需要进行房屋安全鉴定的情形，以及案涉行政机关是否有权主动申请房屋安全鉴定的情形。

（一）什么情形下，需要进行房屋安全鉴定

目前有较多省市已经对应当进行房屋安全鉴定的前提有了明确规定。除了"房屋超过设计使用年限仍继续使用的""房屋地基基础、墙体或者其他承重构件有明显下沉、裂缝、变形、腐蚀等危险状况的"和"因施工建设造成房屋损坏的"之外，随着经济生活日益发展，各地政府根据当地情况，还规定了在一些特定情形出现时需要做房屋鉴定，比如：《呼和浩特市房屋使用安全管理条例》第 16 条第 5 项规定，加装电梯等设施设备影响房屋使用安全的；《苏州市房屋使用安全管理条例》第 29 条第 4 项规定，在房屋上增设大型广告牌、水箱、水池、铁塔、花园、游泳池等设施设备的；《梅州市房屋使用安全管理办法》第 14 条第 4 项规定，房屋幕墙的面板、连接构件或者局部墙面出现异常变形、脱落、爆裂现象的。

还有一些省市则规定与公共安全相关的房屋，在一定情况下，也需要进行房屋安全鉴定。比如《浙江省房屋使用安全管理条例》第 15 条、《西安市城市房屋使用安管理条例》第25条规定，公共建筑实际使用年限达到设计使用年限三分之二的，应当委托房屋安全鉴定；《苏州市房屋使用安全管理条例》第29条第7项规定在农村宅基地上自建的房屋用于出租、改变用途，并且涉及公共安全的，应当进行安全鉴定；《浙江省房屋使用安全管理条例》第15条第1款第5项还规定，未取得建筑工程施工许可证的农（居）民自建房从事生产经营或公益事业或者出租的，都应提前进行安全鉴定。

（二）谁可以申请房屋鉴定

《城市危险房屋管理规定》第12条规定房屋所有人或使用人可以申请鉴定；第21条规定异产毗连危险房屋的各所有人，共同履行治理责任；第13条规定受理涉及危险房屋纠纷案件的仲裁或审判机关，必要时，亦可直接提出房屋安全鉴定的要求。

然而实践中，房屋所有人或使用人出于费用、鉴定结果等多方面因素考虑，往往不愿意进行房屋安全鉴定，而相邻房屋各所有人更难协商一致进行房屋安全鉴定及治理。

因此，各地方政府也有出台实施细则，增加部分规定，例如《徐州市房屋使用安全管理条例》第28条规定，因施工建设对周边房屋产生影响的，建设单位应申请房屋安全鉴定并及时解危排险；《长春市城市房屋安全管理条例》第14条规定，自然灾害造成房屋受损的，区房屋安全主管部门可以根据公共安全需要组织鉴定有权申请安全鉴定；《贵阳市房屋使用安全管理条例》第19条规定，住房城乡建设主管部门发现有房屋及建筑幕墙达到设计使用年限仍需继续使用的、房屋地基基础、墙体或者其他承重构件有明显下沉、裂缝、变形、腐蚀等危险状况后仍需继续使用的、因自然灾害或者爆炸、火灾等事故造成房屋受损的和其他可能危及房屋结构安全的规定情形的，应当及时告知并督促房屋使用安全责任人按照规定委托鉴定。涉及公共安全，房屋使用安全责任人确因经济困难未委托鉴定的，由所在地县级人民政府根据实际需要，组织有关部门委托鉴定或者适当补助鉴定费。

值得注意的是，部分省市进一步扩大了申请或委托鉴定的主体范围。比如针对区分所有权房屋或毗邻房屋，《徐州市房屋使用安全管理条例》第27条第3项规定区分所有权的房屋，无法共同委托的，可以由房屋所在住宅小区业主委员会或者居（村）民委员会委托鉴定；《广州市房屋使用安全管理规定》第19条第1款第2项规定房屋地基基础、主体结构有明显下沉、裂缝、变形、腐蚀等现象的，利害关系人可以申请鉴定；《梅州市房屋使用安全管理办法》第8条、第15条规定，物业服务企业也是房屋共有部分的房屋使用安全责任人，如果房屋安全隐患危及相邻人，相邻人也可以申请鉴定。

针对一定范围内重大险情，《浙江省房屋使用安全管理条例》第16条规定其他相关部门和乡（镇）人民政府、街道办事处发现房屋存在前款规定以外的重大险情的，可以委托房屋安全鉴定机构进行房屋安全鉴定。

针对房屋安全责任人下落不明或拒不委托房屋安全鉴定机构进行鉴定，且房屋可能危及公共利益安全的，《东莞市房屋使用安全管理规定》第20条第3款规定镇街（园区管委会）、村（居）委员会等应委托房屋安全鉴定机构进行鉴定。

（三）房屋鉴定的危险等级有何区分

根据《危险房屋鉴定标准》（JGJ125-2016）第6.1.4条规定，房屋危险性鉴定，根据房屋的危险程度划分为：A级——无危险构件，房屋结构能满足安全使用要求；B级——个别结构构件评定为危险构件，但不影响主体结构安全，基本能满足安全使用要求；C级——部分承重结构不能满足安全使用要求，房屋局部处于危险状态，构成局部危房；D级——承重结构已不能满足安全使用要求，房屋整体处于危险状态，构成整幢危房。

二、被认定为危房应整体拆除的，由谁来拆

《城市危险房屋管理规定》第9条规定，被鉴定为危房后，一般分为观察使用、处理使用、停止使用、整体拆除等处理方式，但实践中争议最大亦最容易产生纠纷的是整体拆除。

（一）谁可以拆除

根据《城市危险房屋管理规定》第17条规定，房屋所有人对经鉴定的危险房屋，必须按照鉴定机构的处理建议，及时加固或修缮治理；如房屋所有人拒不按照处理建议修缮治理，或使用人有阻碍行为的，房地产行政主管部门有权指定有关部门代修，或采取其他强制措施。发生的费用由责任人承担。

对于应整体拆除的危房，可能会产生重大险情且危及公共安全的情况，形成突发事件，部分省市规定区、县（市）人民政府及其相关部门可以启动房屋安全应急抢险。例如《东莞市房屋使用安全管理规定》第31条第2款规定，房屋所有人应当拆除拒不拆除的，镇街（园区管委会）和市住房和城乡建设局根据实际情况，采取必要措施。对房屋已出现重大险情的，镇街（园区管委会）和市住房和城乡建设局应及时组织有关部门排除险情。显然，此处排除险情即包含了强制拆除危房的含义。

（二）房屋所有人为什么不愿意拆？怎么办

实践中，房屋危险等级即便鉴定结果为D级，应整体拆除，房屋所有人或使用人也不愿意自行拆除，甚至拒绝搬离危房。根源在于危房拆除不等于房屋征收，危房拆除属于房屋所有人的义务而非当然获得补偿的权利。一旦拆除，就可能存在多种不确定性。比如，无法原地原规模重建，自行承担搬迁相关费用，自行承担拆除的损失等。随着我国各地城市化进程的加快，部分危房所有权人期许等待征收拆迁机会，以获得房屋征收补偿收益。

为解决危房拆除中的现实矛盾，部分地方政府将成片鉴定为危房的区域，在进行城乡规划、土地利用总体规划时，统筹危房治理改造。例如：《南京市房屋使用安全管理条例》第34条规定，优先纳入旧城区改造范围，有计划地组织实施危旧房屋改造；已经纳入征收计划的危房，县级人民政府可以对危险房屋进行预先评估并签订协议后拆除；拆除的危险房屋是房屋所有权人唯一住房的，还可以纳入住房保障，优先安排；《浙江省房屋使用安全管理条例》第24条第3款规定，县级以上人民政府可以依照相

关法律、法规的规定对危险房屋予以购买、置换后，采取相应解危拆除措施。

上述措施可一定程度解决房屋所有人的顾虑，也有利于危房问题的有效处理。但实践中，也有相当部分的地方政府仍然采取强制拆除的方式，从而也引发了大量的行政纠纷。

（三）强制拆除危房的法律性质是什么

1. 根据规范性文件效力等级和设定权限，强制拆除危房非行政强制措施。根据《城市危险房屋管理规定》第17条规定可知，在房屋所有人拒不履行修缮治理义务的情况下，房地产行政主管部门除了可以指定部门代修外，还可以采取其他强制措施。结合法条语境和文义，此处的强制措施可能被理解为行政法意义上的强制措施。实际上在危房拆除实践中，也有部分地方政府部门依据《城市危险房屋管理规定》第17条的规定对危房进行强制拆除，其理由在于认为该法条所规定的强制措施包含"危房拆除"。乍看之下，政府部门此举似乎并无不妥。但仔细分析后可以发现，若将《城市危险房屋管理规定》第17条所规定的强制措施解释为包含"危房拆除"，那么部门规章设定行政强制措施则违反了《行政强制法》第10条第3款规定，即法律、法规以外的其他规范性文件不得设定行政强制措施。因此，将《城市危险房屋管理规定》第17条所规定强制措施认定为包含强制拆除的强制措施，可能缺乏法律基础并且违反上位法。

上述观点，可参考湖南省长沙市中级人民法院［2017］湘01行终572号行政判决书，法院认为：《城市危险房屋管理规定》第17条并未规定对危险房屋可予以拆除，开建危拆决字［2015］第024号《危房拆除决定书》属适用法律错误。

2. 根据行政强制措施概念和特征，强制拆除危房无法定义为行政强制措施。《行政强制法》第2条第2款规定，行政强制措施，是指行政机关在行政管理过程中，为制止违法行为、防止证据损毁、避免危害发生、控制危险扩大等情形，依法对公民的人身自由实施暂时性限制，或者对公民、法人或者其他组织的财物实施暂时性控制的行为。第9条规定，行政强制措施的种类包含：限制公民人身自由；查封场所、设施或者财物；扣押财物；冻结存款、汇款；其他行政强制措施。

由以上规定可知，行政强制措施是一种预防性、暂时性措施，仅暂时剥夺公民、法人或者其他组织对财物的使用权，有形物依然存在。而强制拆除危房从物理上消除了房屋，彻底剥夺了房屋所有权人对危房的占有使用权，是一种终局性的、不可逆转的措施，与行政强制措施的特征不符合。

3. 有观点认为强制拆除危房可归入应急处置措施。《突发事件应对法》第2条第1款规定，突发事件是指突然发生，造成或者可能造成严重社会危害，需要采取应急处置措施予以应对的自然灾害、事故灾难、公共卫生事件和社会安全事件。

从实践来看，经鉴定需要拆除的房屋，若不及时采取安全处置措施，遇上暴风、暴雨、暴雪等恶劣天气极容易坍塌并导致人员伤亡，可能酿成自然灾害或事故灾难。部分地方行政机关依据《突发事件应对法》第73条、第74条关于其他必要措施的相关规定，理解为可涵盖"强制拆除"。如成都市中级人民法院调研组在《灾后重建相关行政法律问题专家咨询意见综述》中提到，部分专家观点认可《突发事件应对法》部分条文中的必要措施确可涵盖"强制拆除"。

上述观点，可参考浙江省衢州市中级人民法院［2017］浙 08 行初 40 号《行政判决书》，法院认为：关于被告组织实施解危措施是否具有职权依据的问题，《城市危险房屋管理规定》第 17 条规定……《浙江省房屋使用安全管理条例》第 3 条规定，……县级以上人民政府负责组织实施房屋使用安全应急处置……第 21 条规定，……督促解危通知书提出立即停止使用意见的，住房城乡建设主管部门应当立即提请本级人民政府按照本条例规定采取应急处置措施……本案中，在开化住建局已向原告发出督促解危通知书提出立即停止使用意见，但原告未及时采取解危措施的情况下，被告开化县政府拆除涉案危险房屋，具有职权依据。

4. 有观点认为强制拆除危房相当于行政强制执行。参考成都市中级人民法院调研组在《灾后重建相关行政法律问题专家咨询意见综述》，其中有法官认为《城市危险房屋管理规定》第 17 条规定在所有权人或使用权人不采取相关措施的情况下，行政机关可采取类似于行政强制执行、行政强制执法中的措施。

《行政强制法》第 2 条第 2 款规定行政强制执行，是指行政机关或者行政机关申请人民法院，对不履行行政决定的公民、法人或者其他组织，依法强制履行义务的行为。第 44 条规定，对违法的建筑物、构筑物、设施等需要强制拆除的，应当由行政机关予以公告，限期当事人自行拆除。当事人在法定期限内不申请行政复议或者提起行政诉讼，又不拆除的，行政机关可以依法强制拆除。

从概念上看，危房并非"违法的建筑物、构筑物、设施"，但是强制拆除危房和强制拆除违法的建筑物、构筑物、设施这两种行为在性质上是一致的，都具有从物理上消灭有形物的特征，并且永久地剥夺了房屋所有权人或者房屋使用人的使用权，具有不可逆转性。而强制拆除违法的建筑物、构筑物、设施的行为已设置在《行政强制法》"行政机关强制执行程序"这一章节中，有观点即据此认为，从立法体例和逻辑自洽来看，强制拆除违法的建筑物、构筑物、设施的行为应当属于行政强制执行，可以归于"其他强制执行方式"这一类。实践中，部分法院也倾向于将强制拆除危房认定为行政强制执行。如河南省漯河市中级人民法院［2017］豫 11 行终 72 号《行政判决书》中法院认为："本案中，上诉人召陵区后谢镇政府适用上述法律规定对涉案房屋实施强制拆除，但上诉人召陵区后谢镇政府并没有证据证明该建筑是违法建筑，故被告强制执行的法律依据不足"。

三、关于行政机关在危房拆除中的几点建议（以贵阳市为例）

笔者认为，对于危房问题最根本的解决方式是属地政府统筹规划，采取积极推动旧城改造或棚户区改造，启动征收补偿工作，或者进行扶贫搬迁等方式。当然该等方式周期长、难度大可能无法满足短时间内因进入汛期所产生的紧急危险，因此我们建议：

1. 按程序由适格主体依法委托危房鉴定。《贵阳市房屋使用安全管理条例》第19条规定，住房城乡建设主管部门发现相应可能危及房屋结构安全的规定情形的，应当及时告知并督促房屋使用安全责任人按照规定委托鉴定。涉及公共安全，房屋使用安全责任人确因经济困难未委托鉴定的，由所在地县级人民政府根据实际需要，组织有关部门委托鉴定或者适当补助鉴定费。若非由适格主体进行委托或未按规定履行程序，则可能无法成为合法履职的前提。

2. 及时告知鉴定结论，催告危房住户排险解危。根据《城市危险房屋管理规定》第9条、第15条、《贵阳市房屋使用安全管理条例》第22条规定，行政机关应及时将鉴定结论告知住户并告知其有权申请复核，向房屋责任人发出危险房屋通知或告知，督促、指导其对危险房屋进行治理。并要求危房产权人按照鉴定机构的处理建议，对D级危房应立即停止使用并迁出危房，采取立即拆除处理。

3. 制定应急排险救援机制或预案和实时监测预警机制。根据《贵阳市房屋使用安全管理条例》第29条规定，县级人民政府应当建立房屋使用安全应急抢险救援工作机制，制定房屋使用安全应急抢险预案，定期组织培训和演练，并储备抢险救援物资和装备器材，建议属地政府可协调统筹公安、消防、应急管理、自然资源、综合执法、住建等相关部门，对老旧危房成立专班工作组，及时制定应急排险预案和实时监测预警机制。《贵阳市房屋使用安全管理条例》第27条规定，经鉴定应当停止使用、整体拆除的危险房屋，使用人拒不迁出的，所在地县级人民政府应当及时采取应急处置措施，停止房屋使用。必要时根据《突发事件应对法》第73条、第74条相关规定可采取应急措施予以处理。

4. 书面催告危房安全责任人停止住用、限期搬离、限期拆除危房等。根据《行政强制法》第35条规定，行政机关作出强制执行决定前，应当事先书面催告当事人履行义务并告知当事人享有陈述、申辩权。在催告过程中，可视情况下达通知书、危险房屋停止使用通知书等文书，责令、催告房屋安全责任人限期拆除危房，明确告知若房屋发生安全事故房屋产权人应承担相应法律责任等。

5. 提前安排保障性住房、应急资金或人员临时安置地。《贵阳市房屋使用安全管理条例》第26条第2款规定，使用人迁出的危险房屋为其唯一居住用房，且符合保障性住房其他申请条件的，可以向房屋所在地县级人民政府住房城乡建设主管部门申请保障性住房；第27条第2款规定，发现成片或者整栋危险房屋，影响公共安全或者需要群体性迁出的，所在地县级人民政府应当组织乡（镇）人民政府、街道办事处和有关主管部门会同房屋使用安全责任人共同处置。由于危房住户（使用人）拒不拆除搬离的可能性非常大，为了避免发生严重的安全事故和自然灾害，建议属地政府提前先行统筹安排保障性住房、应急资金和人员临时安置地，确保危房住用人不因危房拆除而失去居住保障。

6. 采取应急处置措施停止危房使用，或者作出强制执行决定，申请人民法院强制执行。根据《突发事件应对法》第73条以及《贵阳市房屋使用安全管理条例》第27

条规定，若房屋使用人拒不迁出，属地县级人民政府可采取应急处置措施，停止房屋使用。若基于公共安全的考虑需强制拆除危房的，则根据《行政强制法》第 13 条规定，行政强制执行由法律设定，法律没有规定行政机关强制执行的，作出行政决定的行政机关应当申请人民法院强制执行。虽然有观点认为强制拆除危房相当于行政强制执行，但由于危房并非"违法的建筑物、构筑物、设施"，因此笔者认为政府机关不能直接依据《行政强制法》第 44 条进行强制拆除，建议作出强制拆除决定后可向人民法院申请强制执行。

需提示注意：行政机关实施名为紧急避险拆除危房，实为房屋征收拆迁的行政行为，被确认违法的法律风险较大。

在最高人民法院公布的典型案例——王某超等 3 人诉吉林省长春市九台区住房和城乡建设局紧急避险决定案中，一审法院认为本案紧急避险决定所涉的房屋建筑位于农用地专用项目的房屋征收范围内，应按照征收补偿程序进行征收。九台区住建局作出紧急避险决定，对涉案房屋予以拆除的行为违反法定程序，属于程序违法。二审法院认为，涉案房屋应当由征收部门进行补偿后，按照征收程序予以拆除。该局在征收部门未予补偿的情况下，对涉案房屋作出被诉的紧急避险决定，不符合正当程序，应予撤销。

因此行政机关在房屋征收补偿过程中，还应严格依法依规行使行政职权。

关于违章建筑拆迁的法律实务问题

罗文君

近年来，城市拆迁工作中常面临诸多违章建筑是否应予以补偿的问题，甚至个别地区还因此引发一些社会群体性事件。我国法律规定[1]，拆除违法建筑和超过批准期限的临时建筑，不予补偿。但违章建筑的认定以及违章建筑不予补偿的例外情形，目前尚未有具体的法律予以规定。为此，笔者通过对相关法律规定及实务案例的解读分析，探索拆迁过程中拆除"违章建筑"的注意事项。

一、违章建筑的认定

关于违章建筑的界定，目前在国家法律层面并没有统一的定义，学术界与司法实践中的观点通常认为，违章建筑是指违反《土地管理法》《城乡规划法》《村庄和集镇规划建设管理条例》等相关法律法规的强制性规定所建设的建筑物及设施。从对该类相关法律条文的解读来看，违章建筑的认定大致可分为以下几种情形：

1. 未取得用地规划许可证、建设工程规划许可证的建筑物；
2. 超出用地规划、工程规划的许可范围建造的建筑物及设施；
3. 擅自改变土地使用性质建成的建筑或将临时建筑建设成为永久性的建筑物；
4. 采取欺骗手段骗取批准而占地新建、扩建或改建的建筑物。

一般情况下，各地政府在拆迁过程中亦从用地许可、规划许可的角度去认定违章建筑，决定是否予以补偿。

二、违章建筑拆迁注意事项

《国有土地上房屋征收与补偿条例》第 24 条第 2 款规定："市、县级人民政府作出房屋征收决定前，应当组织有关部门依法对征收范围内未经登记的建筑进行调查、认定和处理。对认定为合法建筑和未超过批准期限的临时建筑的，应当给予补偿；对认

---

[1] 《国有土地上房屋征收与补偿条例》第 24 条规定："市、县级人民政府及其有关部门应当依法加强对建设活动的监督管理，对违反城乡规划进行建设的，依法予以处理。市、县级人民政府作出房屋征收决定前，应当组织有关部门依法对征收范围内未经登记的建筑进行调查、认定和处理。对认定为合法建筑和未超过批准期限的临时建筑的，应当给予补偿；对认定为违法建筑和超过批准期限的临时建筑的，不予补偿。"

定为违法建筑和超过批准期限的临时建筑的，不予补偿。"

由此可知，目前的法律规定对于违章建筑的拆迁补偿，一定程度上赋予了行政机关根据实际情况认定的空间。与此同时，也赋予了当事人对行政机关处理此类建筑物的行政行为不服时可以依法申请行政复议和提起行政诉讼的权利。

那么，在实践中对于违章建筑的拆迁补偿问题应当如何认定或处理呢？结合相关法律规定及司法裁判观点，笔者对部分观点进行如下梳理。

（一）因历史遗留问题导致无证的建筑物应予以补偿

首先，从法律适用的历史渊源来看，我国《城乡规划法》实施于 2008 年 1 月 1 日，对城市、农村的建筑物建设的前置审批条件进行了规定。但此前的《城市规划法》仅对城市房屋才需要规划审批进行了规定，农村房屋建设基本不需要经政府规划部门的审批，取得村委会的允许即可。故，根据法不溯及既往的原则，在《城乡规划法》实施之前建设的房屋，应以当时的法律规定来判断建筑物是否属于违章建筑。

其次，国务院办公厅《关于认真做好城镇房屋拆迁工作维护社会稳定的紧急通知》（国办发明电〔2003〕42 号）规定：对拆迁范围内由于历史原因造成的手续不全房屋，应依据现行有关法律法规补办手续。对政策不明确但确属合理要求的，要抓紧制订相应的政策，限期处理解决；一时难以解决的，要耐心细致地做好解释工作，并积极创造条件，争取早日解决。在此规定下，因历史原因导致手续不全的建筑物，不能完全归属于违章建筑。

因此，实际上并不是所有的无证建筑物都是违章建筑，由于历史遗留问题或地区管理方法造成有效证件缺失或办理手续不齐全，应当从具体情况来看，综合考虑房子修建的时间和当时的立法情况。对于位于征收范围内的这类房屋，征收部门应当依法进行调查、处理，因该类历史遗留问题无证的建筑物在征收拆迁时应予以补偿。

（二）因合法买卖购得的无产权证建筑应予以补偿

实践中常出现因房屋买卖而未能及时办理过户登记或房屋本身无产权证，而面临拆迁补偿费用的问题。在此情况下亦不能绝对地认定该类房屋不得予以征收补偿。

首先，《国有土地上房屋征收与补偿条例》第 24 条第 2 款规定，市、县级人民政府作出房屋征收决定前，应当组织有关部门依法对征收范围内未经登记的建筑进行调查、认定和处理。对此，在拆迁前拆迁人应当对拆迁范围内房屋情况进行摸底，了解清楚房屋的产权情况，区分有产权证与无产权证房屋。

其次，结合司法实践中的相关判例认定，如果房屋是通过合法途径购买的，即使没有取得房屋产权证，也不能以此为由否认购买者依法享有的房屋所有权，而不予以补偿。

参考案例：最高人民法院〔2017〕最高法民再 407 号判决书

案例要旨： 关于本案当事人之间诉争的无证房屋征收补偿费用应如何分配问题。孙某国、秦某孝均认可双方签订的《房屋买卖合同》，双方对依据该合同交付的有产权证的房屋及土地部分并无争议，争议焦点是涉案无产权证明的房产因政府征收行为而支付的补偿款归属问题……结合孙某国自 2009 年向秦某孝交付后，再未对涉案南川市（今重庆市南川区）食品公司肉联厂任何房屋及土地进行占有、使用或者管理维护的事实，应当认定孙某国与秦某孝之间具有流转该无证房产的意思表示，并且已实际交付，秦某孝自 2009 年起已经与第三人张某勤实际占有和使用该无证房产。综上，秦某孝再审所提出的判令无证房产的征收补偿费用归其与第三人张宗勤共同享有，秦某孝享有该款项的 50% 的请求具有事实和法律依据，本院予以支持。

综上可以得知，在拆迁过程中，对于在房屋买卖时未能办理产权证以及购买无产权证的房屋，若购买人能够证明已实际使用案涉房屋，该类房屋不能绝对地被认定为违章建筑，在征收拆迁时，实际使用人有权获得一定补偿。

（三）违章建筑的可回收、利用建筑材料应予以补偿

法律规定违章建筑拆除不能得到补偿，但针对违章建筑内的财产而言，其独立存在于违章建筑本身，系违章建筑人的合法财产，在拆迁时应受合法保护。即在拆除违章建筑时虽然不给予补偿，但对违章建筑使用的材料应给予补偿。在此前提下，若征拆部门未对违章建筑使用人的可回收、利用建筑物材料进行补偿或造成其损失的，政府部门或将承担一定法律责任。

参考案例：最高人民法院〔2016〕最高法行申 605 号判决书

案例要旨： 违法建筑物、构筑物，不属于合法权益范畴。但是，通过适当、合法方式拆除可得的废旧建筑材料，属于当事人的合法权益。行政机关违法强制拆除造成可回收、利用的废旧建筑材料损失的，依法应当予以赔偿。

对此，作为拆除违章建筑的主体，在强制拆除违章建筑过程中，若当事人明确表示仍需使用被拆除的建筑材料，拆违实施部门未将该建筑材料返还当事人的，则可能构成违法，因此给当事人造成的直接损失或承担一定赔偿责任。

（四）违章建筑的征收拆除应予以支付拆迁补助费

《国有土地上房屋征收与补偿条例》第 17 条规定："作出房屋征收决定的市、县级人民政府对被征收人给予的补偿包括：（一）被征收房屋价值的补偿；（二）因征收房屋造成的搬迁、临时安置的补偿；（三）因征收房屋造成的停产停业损失的补偿。市、县级人民政府应当制定补助和奖励办法，对被征收人给予补助和奖励。"

笔者认为，根据对该条文的理解，违章建筑拆迁中不能得到补偿的费用应当是违章建筑本身的价值补偿，但除了建筑物本身的价值补偿外，其他的包括搬迁补助费和临时安置补助费应当予以支付。

因此，对于违章建筑的拆除，在一定程度上有必要对违章建筑人的基本生活保障给予一定补助，支付搬迁补助费和临时安置补助费等。如果由于拆迁程序和手段违法，侵害了被拆迁人的合法权益，或将承担一定赔偿责任。

（五）拥有土地使用权的违章建筑拆迁应适当予以补偿土地使用收益损失

实践中，违章建筑依其"违章"的程度不同，可分为没有土地使用权的违章建筑

和有土地使用权的违章建筑。对于前者而言，因未取得土地使用权，故也无法取得规划许可等手续，因此，直接以违章建筑认定后，在上述四种情形之外将得不到补偿。

对于在具有土地使用权的土地上建造的违章建筑物而言，根据《城市房地产管理法》第 20 条之规定，基于社会公共利益的需要，国家可以依照法律程序提前收回土地使用者依法取得的土地使用权，并根据土地使用者使用土地的实际年限和开发土地的实际情况给予相应的补偿。即在拆除违章建筑过程中，若要一并收回该建筑物的土地使用权，则在拆迁时不仅须就拆除违章建筑本身的价值补偿违章建筑人，也须考虑土地使用权对违章建筑人的财产利益，对就拆除违章建筑给违章建筑人造成的土地使用收益的损失予以适当补偿。

（六）违章建筑拆除程序不合法导致的财产损失应予以赔偿

根据《行政强制法》第 35、36、37、38、44 条之规定，行政机关在实施行政强制执行行为之前，应当以书面形式催告当事人履行义务，并给予当事人陈述和申辩的权利；经催告当事人无正当理由逾期仍不履行的，行政机关应当作出书面强制执行决定送达当事人。对违法建筑物、构筑物、设施等强制拆除的，应当予以公告，并应当在当事人于法定期限内不申请行政复议，或者提起行政诉讼，又不拆除的情形下，才可以实施强制拆除。

对此，违章建筑的拆除必须遵循一定的法定程序，若行政机关违反以上法定程序拆除违法建筑造成行政相对人损失的，应承担相应的行政赔偿责任。

参考案例：上海市第一中级人民法院［2013］沪一中行终字第 311 号判决书

案例要旨：对违法建筑实施强制拆除，应当以已经生效的行政决定为前提，并遵守《行政强制法》关于行政机关强制执行程序的规定。行政机关违反该法规定程序拆除建筑物构成程序违法，造成行政相对人损失的，应承担相应的行政赔偿责任。

三、总结

关于违章建筑的拆迁，在实务中并非一概都不予以补偿，仍需对违章建筑的具体类型、历史原因加以具体判断分析。对于被拆迁人而言，需对自己的房屋及权利属性有清晰的认识判断，在拆迁过程中密切关注征收拆迁人的主体资格、征收拆迁程序是否合法，及时通过合法途径救济权利。对于征收拆迁人而言，需结合有关法律规定充分调查、认定违章建筑的法律性质，并严格遵守法定程序，以免发生纠纷而承担不必要的行政赔偿责任。

三、诉讼执行

首封债权的优先受偿

——以普通债权为视角

罗烈相

　　"执行难"已经是司法实践中"老生常谈"的问题，若不能通过执行方式实现诉求，债权人取得的胜诉判决只能成为"纸上权利"。在现今的经济背景下，一些债务人债台高筑，债权人为保障将来生效法律文书的执行，通常会对债务人名下的房产进行保全，同一债务人的房产上同时负担多个债权已成普遍现象。在有多个生效法律文书的情况下，被执行人的房产不足以清偿全部债权时，受偿顺序的先后将影响到债权人能否充分实现债权。在同一债务人的房产面临多个债权人追偿从而被轮候查封时，除享有担保物权的债权或享有法定优先权的债权能优先受偿外，司法实践对于并存的多个一般债权中首封债权人能否享有优先受偿权一直存在颇多争议，本文将结合相关法律规定对此问题做简要梳理，以就正于方家。

一、首封债权优先受偿的法理基础

　　经笔者检索，对首封债权是否享有优先受偿权主要存在以下两种观点：第一种观点认为，首封债权人享有的是普通债权，并非担保物权等法定优先权，故首封债权不应与其他普通债权区分对待，首封债权不享有优先受偿权；第二种观点认为，对于普通债权，各债权人对执行标的物均无担保物权的，按照执行法院采取执行措施的先后顺序受偿，故首封债权优先于其他普通债权受偿。

　　笔者赞同第二种观点，揆诸上文第一种观点，其将优先受偿权等同于担保物权，但与对物进行支配的物权不同，优先受偿权在于解决债务人的财产不足以清偿全部债权时，如何对有限的财产进行分配，其核心问题在于以何种顺序进行分配。优先受偿权人具有先于其他主体受偿的权利，故优先受偿权本质是一种顺序权。[1]优先受偿权是法定权利，受偿顺序是法律意志的结果。船舶优先权、建设工程价款优先权并非担保物权，但该等权利均基于法律的直接规定而享有优先受偿的权利。最高人民法院《关于人民法院执行工作若干问题的规定（试行）》（以下简称《执行规定》）第55

---

〔1〕　辜江南：《顺序权与中国民法典》，载《河北法学》2021年第3期，第118~136页。

条第 1 款规定："多份生效法律文书确定金钱给付内容的多个债权人分别对同一被执行人申请执行，各债权人对执行标的物均无担保物权的，按照执行法院采取执行措施的先后顺序受偿。"该条款赋予了在先申请查封的债权优先于其他普通债权受偿的地位，鉴于其适用前提为被执行人财产足以清偿全部债务，故承认之并不影响各债权人在实质上的平等受偿。[1]因而在程序法中赋予特定债权优先受偿的权利并不违反法理。

二、首封债权分配方案的规则适用

根据《执行规定》以及最高人民法院《关于适用〈中华人民共和国民事诉讼法〉的解释》[2]（以下简称《民诉法解释》）的规定，普通债权的分配规则可归纳为以下两种类型。

（一）被执行财产足以清偿全部债务

《执行规定》第 55 条第 1 款规定："多份生效法律文书确定金钱给付内容的多个债权人分别对同一被执行人申请执行，各债权人对执行标的物均无担保物权的，按照执行法院采取执行措施的先后顺序受偿。"

上述规定系为执行程序中的一般规则，而非适用于被执行人资不抵债、申请执行人参与分配或执行转破产的情形，故不需要明确区分被执行人的主体身份。在执行财产足以清偿全部债务时，普通债权按照采取执行措施的先后顺序受偿，故首封债权享有优先受偿权。

（二）被执行财产不足以清偿全部债务

被执行财产不足以清偿全部债务时，应区分被执行人为公民、企业法人或其他组织作分别处理。

1. 被执行人为公民或者其他组织

《民诉法解释》第 506 条第 1 款规定："被执行人为公民或者其他组织，在执行程序开始后，被执行人的其他已经取得执行依据的债权人发现被执行人的财产不能清偿所有债权的，可以向人民法院申请参与分配。"

《民诉法解释》第 508 条规定："参与分配执行中，执行所得价款扣除执行费用，并清偿应当优先受偿的债权后，对于普通债权，原则上按照其占全部申请参与分配债权数额的比例受偿。清偿后的剩余债务，被执行人应当继续清偿。债权人发现被执行人有其他财产的，可以随时请求人民法院执行。"

根据上述规定，被执行人为公民或者其他组织的，在扣除执行费、清偿应当优先受偿的债权后，普通债权适用参与分配制度，按照平等主义原则，普通债权人按照债权数额比例受偿，首封债权在此情形下不享有优先受偿权。

---

[1] 丁亮华：《参与分配：解析与检讨》，载《法学家》2015 年第 5 期。
[2] 指 2022 年 4 月 1 日公布的解释、发文字号为法释〔2022〕11 号。

2. 被执行人是企业法人

（1）未进入破产程序

《民诉法解释》第514条规定："当事人不同意移送破产或者被执行人住所地人民法院不受理破产案件的，执行法院就执行变价所得财产，在扣除执行费用及清偿优先受偿的债权后，对于普通债权，按照财产保全和执行中查封、扣押、冻结财产的先后顺序清偿。"

最高人民法院《关于执行案件移送破产审查若干问题的指导意见》第4条规定："……申请执行人、被执行人均不同意移送且无人申请破产的，执行法院应当按照《最高人民法院关于适用〈中华人民共和国民事诉讼法〉的解释》第五百一十六条的规定处理，企业法人的其他已经取得执行依据的债权人申请参与分配的，人民法院不予支持。"[1]

被执行人为企业法人的，若未进入破产程序，普通债权的受偿顺序不采用参与分配规则，即在扣除执行费用与优先债权后，首封债权优先于其他轮候债权人受偿。当企业法人不能清偿全部债务而又不同意进入破产程序时，法律规定按照执行措施的先后分配财产，给予首封债权优先受偿权的目的在于倒逼不能受偿的轮候债权人同意申请破产，进而解决执行积案、保证移送破产制度得以顺利实现。

（2）进入破产程序

《民诉法解释》第511条规定："在执行中，作为被执行人的企业法人符合企业破产法第二条第一款规定情形的，执行法院经申请执行人之一或者被执行人同意，应当裁定中止对该被执行人的执行，将执行案件相关材料移送被执行人住所地人民法院。"

《企业破产法》第113条第1、2款规定："破产财产在优先清偿破产费用和共益债务后，依照下列顺序清偿：（一）破产人所欠职工的工资和医疗、伤残补助、抚恤费用，所欠的应当划入职工个人账户的基本养老保险、基本医疗保险费用，以及法律、行政法规规定应当支付给职工的补偿金；（二）破产人欠缴的除前项规定以外的社会保险费用和破产人所欠税款；（三）普通破产债权。破产财产不足以清偿同一顺序的清偿要求的，按照比例分配。"

企业法人进入破产程序后，首封债权作为普通债权申报，在执行财产不足以清偿全部债务时，按照破产程序中法律规定的顺序清偿后，普通债权按照债权数额比例受偿，首封债权并不享有优先受偿权。

三、首封债权的优先奖励

根据上文论述，当执行财产不足以清偿全部债务，且被执行人为公民或者其他组织的，在扣除执行费、清偿应当优先受偿的债权后，普通债权人按照债权数额比例受

---

〔1〕　注：最高人民法院《关于适用〈中华人民共和国民事诉讼法〉的解释》于2022年4月10日修正后，原516条现变更为514条。

偿。在司法实践中，部分法院对于首封债权通常会给予一定比例的"优先奖励"。现行法律及司法解释并未对首封债权的优先奖励进行明确规定，这也造成了各地法院裁判的不统一。

（一）首封债权优先奖励的司法实践考察

经检索，明确规定首封债权享有一定比例的优先奖励的文件如下：

（1）浙江省高级人民法院发布的《关于在立案和审判中兼顾案件执行问题座谈会纪要》第 3 条第 4 项规定："申请财产保全的债权人成功保全被执行人财产的，在参与分配时，除扣除其为保全处置该财产所支出'合理'差旅费用、垫付的评估费等处，还可适当多分，但最高不得超过 20%（即 1∶1.2 的系数）。"

（2）《重庆市高级人民法院关于执行工作适用法律若干问题的解答（一）》第 5 条第 7 项规定："参与分配程序中，执行所得价款扣除执行费用，并清偿应当优先受偿的债权后，普通债权原则上按照其占全部申请参与分配债权数额的比例受偿。但有以下情形之一的普通债权，人民法院应根据案件具体情况，在保证参与分配债权都有受偿的前提下，可适当予以多分，多分部分的金额不得超过待分配财产的 20% 且不高于该债权总额，未受偿部分的债权按普通债权比例受偿。1. 依债权人提供的财产线索，首先申请查封、扣押、冻结并有效采取措施的债权，但人民法院依职权查封的除外；2. 依债权人申请采取追加被执行人、行使撤销权、悬赏执行、司法审计等行为而发现被执行人财产的债权。"

（3）《福州市中级人民法院关于参与分配具体适用的指导意见（试行）》第 9 条规定："被执行人的财产无法清偿所有债务时，对首先采取财产诉讼保全措施的债权人，可以适当提高执行款分配比例。其债权额高于保全财产价额的，则在其债权额的范围内，提高比例幅度为保全财产价额的 15% 到 20%；其债权额低于保全财产价额的，则在保全财产范围内，提高比例幅度为其债权额的 15% 到 20%。"

同时，也有部分法院认为不应提高首封债权受偿比例。

（1）《上海市高级人民法院执行局、执行裁判庭联席会议纪要（二）》第 5 条规定："参与分配执行中，执行所得价款扣除执行费用，并清偿应当优先受偿的债权后，对于普通债权，原则上按照其占全部申请参与分配债权数额的比例受偿。据此，在先查封的普通债权人在参与分配中不享有优先受偿权。"

（2）《佛山市中级人民法院关于规范执行程序中权利主体参与分配会议纪要》第 6 条规定："申请首次查封财产的债权人主张其债权在执行分配中享有优先受偿权或主张适当增加分配比例的，主持法院不予支持。但全体债权人同意首次查封财产申请人适当增加分配比例的除外。"

（二）首封债权优先奖励的价值取向：奖勤罚懒

与其他债权人相比，首封债权人主张权利的成本更高，需花费更多的金钱、时间与人力。同时，其他债权人也会因首封债权人采取的保全措施而受益。若未对首封债权人给予适当奖励，势必会打击债权人查找、控制被执行财产的积极性。

参与分配中，普通债权采取平等主义原则，即按照各债权数额比例受偿。但若不考虑单个债权的具体情况，坚持所有债权一视同仁，可能会在"平等"的幌子下忽略对特殊群体的法律保护，从而陷入形式主义公平的尴尬境地。[1]故此，应在平等主义原则上，进一步平衡首封债权人与其他普通债权人之间的利益，从其他普通债权人所获的利益中让渡一部分，适当提高首封债权人的受偿比例。《民诉法解释》第508条规定，"对于普通债权，原则上按照其占全部申请参与分配债权数额的比例受偿"。根据该条款的表述，普通债权按照各债权数额比例受偿系原则性规定，现行法律未明确否认首封债权人可适当提高受偿比例，这为首封债权人可享有优先奖励预留了适用空间。

四、结语

综上，首封债权的优先受偿规则适用主要体现在以下三方面：首先，在被执行财产足以清偿全部债务时，普通债权按照采取执行措施的先后顺序受偿，首封债权享有比其他普通债权优先受偿的权利。其次，在被执行财产不足以清偿全部债务时，需区分被执行人为公民、其他组织或企业法人做分别处理。被执行人为企业法人，且未进入破产程序的，首封债权优先于其他轮候债权人受偿。最后，被执行人为公民或者其他组织的，原则上按照债权数额比例受偿，但可对首封债权给予一定比例的优先奖励。

---

[1] 尚彦卿：《民事执行中参与分配制度研究》，西南政法大学2018年博士学位论文。

"超级优先权"

—— 商品房消费者排除执行之路的发展演变

许　涛

受近年房地产行业走势低迷的影响，各式各样的商品房买卖合同纠纷案件层出不穷，在笔者近期接到的客户咨询中，出现不少关于购买的商品房尚未办理不动产物权登记而被查封的情形，基于对执行程序强制力的认识，购房者一时间惊慌失措。在实务中，执行程序问题一直以来就普遍具有难度，加之繁多的司法解释相互穿插交替，作为执业律师都需要做一定的检索与研究才能找到启动与推进之法，普通购房者更是囿于自身法律知识、操作经验以及权利限制等因素在执行程序中往往束手无策。笔者结合相关法律规定及最高人民法院最新公布的《关于商品房消费者权利保护问题的批复》（俗称"超级优先权"），就商品房消费者如何能取得该"超级优先权"以排除执行的相关问题进行浅析，以供参考。

一、起源

由于我国房地产实行预售、登记制度，购房者完成房屋登记前对购买的房屋并不享有法律意义上的物权，仅对合同一方享有债权，该债权与其他债权彼此平等并无效力上的先后之分。若已有债权人对登记在被执行人名下的不动产申请执行，作为案外人的购房者并不能基于其普通债权排除前述执行。但房产除作为一般财产外，还兼具保障公民基本生存权、居住权的属性。因此，在特定情况下，法律出于对该"物权期待权"利益的特殊保护而允许案外人的债权排除强制执行，赋予案外人优先权。

该情形最早规定于2002年施行的最高人民法院《关于建设工程价款优先受偿权问题的批复》（法释［2002］16号，现已废止）。该批复第1条："人民法院在审理房地产纠纷案件和办理执行案件中，应当依照《中华人民共和国合同法》第二百八十六条的规定，认定建筑工程的承包人的优先受偿权优于抵押权和其他债权。"第2条："消费者交付购买商品房的全部或者大部分款项后，承包人就该商品房享有的工程价款优先受偿权不得对抗买受人。"依据该批复的规定，对条款中出现的四种权利之优先顺序已进行了明确列列：商品房消费者权利>建设工程承包人工程价款优先受偿权>抵押权>其

他债权

二、沿革

上述规定仅为原则性的确立，对于如何认定"商品房消费者"等要件缺乏明确及指导，故最高人民法院又陆续出台了答复和司法解释以进一步细化，如：

2005 年 12 月，发布最高人民法院执行工作办公室《关于〈最高人民法院关于建设工程价款优先受偿权问题的批复〉中有关消费者权利应优先保护的规定应如何理解的答复》，明确："《最高人民法院关于建设工程价款优先受偿权问题的批复》第二条关于已交付购买商品房的全部或者大部分款项的消费者权利应优先保护的规定，是为了保护个人消费者的居住权而设置的，即购房应是直接用于满足其生活居住需要，而不是用于经营，不应做扩大解释。"

2015 年 5 月，最高人民法院发布《关于人民法院办理执行异议和复议案件若干问题的规定》，明确：

第 28 条　金钱债权执行中，买受人对登记在被执行人名下的不动产提出异议，符合下列情形且其权利能够排除执行的，人民法院应予支持：

（一）在人民法院查封之前已签订合法有效的书面买卖合同；

（二）在人民法院查封之前已合法占有该不动产；

（三）已支付全部价款，或者已按照合同约定支付部分价款且将剩余价款按照人民法院的要求交付执行；

（四）非因买受人自身原因未办理过户登记。

第 29 条　金钱债权执行中，买受人对登记在被执行的房地产开发企业名下的商品房提出异议，符合下列情形且其权利能够排除执行的，人民法院应予支持：

（一）在人民法院查封之前已签订合法有效的书面买卖合同；

（二）所购商品房系用于居住且买受人名下无其他用于居住的房屋；

（三）已支付的价款超过合同约定总价款的百分之五十。

上述条款首次将"一般买受人"与"商品房消费者"的物权期待权进行区分，针对不同性质的买受人明确了不同的条件，方可拥有排除法院强制执行的权利，更为具体明细，更具可操作性，如第 28 条可能覆盖的情形有二手房交易、商业地产购置、投资性地产等，其与第 29 条的最显著的区别是并不强调买受人购买目的为用于居住，也不强调买受人名下是否存在其他用于居住的住房，第 29 条为专门保护与房地产开发企业建立买卖合同关系的"商品房消费者"而设置的条款，其针对性更强，系对购房消费者基本居住权的特殊保护规则。

上述条款一直沿用至今，在运用的过程中，不同法院对于第 29 条中不同的要件认定存在一定的差异，对于"书面买卖合同"以及"总价款的百分之五十"两大要件相对容易认定，也不存在理解上的不同，但对于"所购商品房系用于居住且买受人名下无其他用于居住的房屋"这一要件，往往存在很大的争议，譬如：如何认定该商品房为用于居住？买受人名下如存在一套老旧房屋，需要改善居住环境，是否可以适用该条款排除执行？如与房地产开发企业签订商品房买卖合同的买受人为夫妻一方，是否应审查另一方名下的房屋登记情况？这些问题往往都是非常具体且现实存在的，所以针对该条款做进一步解释的呼声也越发高涨。

三、完善

2019 年 11 月 8 日，最高人民法院印发《全国法院民商事审判工作会议纪要》（即《九民纪要》），其中第 125 条至第 127 条分别对若干实践中所产生的各项争议问题进行了进一步完善，如：

第 125 条 ……对于其中"所购商品房系用于居住且买受人名下无其他用于居住的房屋"如何理解，审判实践中掌握标准不一。"买受人名下无其他用于居住的房屋"，可以理解为在案涉房屋同一设区的市或者县级市范围内商品房消费者名下没有用于居住的房屋。商品房消费者名下虽然已有 1 套房屋，但购买的房屋在面积上仍然属于满足基本居住需要的，可以理解为符合该规定的精神。

……如果商品房消费者支付的价款接近于百分之五十，且已按照合同约定将剩余价款支付给申请执行人或者按照人民法院的要求交付执行的，可以理解为符合该规定的精神。

第 126 条 ……交付全部或者大部分款项的商品房消费者的权利优先于抵押权人的抵押权，故抵押权人申请执行登记在房地产开发企业名下但已销售给消费者的商品房，消费者提出执行异议的，人民法院依法予以支持……这里的商品房消费者应当仅限于符合本纪要第 125 条规定的商品房消费者。买受人不是本纪要第 125 条规定的商品房消费者，而是一般的房屋买卖合同的买受人，不适用上述处理规则。

第 127 条 ……实践中，对于该规定的前 3 个条件，理解并无分歧。对于其中的第 4 个条件，理解不一致。一般而言，买受人只要有向房屋登记机构递交过户登记材料，或向出卖人提出了办理过户登记的请求等积极行为的，可以认为符合该条件。买受人无上述积极行为，其未办理过户登记有合理的客观理由的，亦可认定符合该条件。

据此，无论一般买受人还是商品房消费者关于排除执行的各项要件都相对完善，且具有明确的可执行性。尤其对于商品房消费者是否排除执行的条件，应重点从用途、地域、数量和时间等四个方面进行综合考虑：

1. 用途。消费者购买的房屋应是商品住宅，系用于居住，不是出于商业投资目的，此时法官主要针对该不动产性质加以认定，但商住、商业性质的房屋（如公寓）也应结合是否为处于实际居住目的加以综合判断。通常为首套住房，如购买房屋是第二套住房，应出于改善居住需要为目的，且名下现有房屋不能满足家庭居住需要。

2. 地域。案涉房屋同一设区的市或者县级市范围内商品房消费者名下没有用于居住的房屋。比如买受人在 A 市户籍地有一套住房，在工作地 B 市又购置一套，均用于居住，应视为买受人名下无其他用于居住的房屋。

3. 数量。应以家庭为单位核实有无其他居住用房，根据最高人民法院相关裁判案例，买受人无其他居住用房的核实范围，一般应将买受人、买受人配偶、买受人未成年子女进行统一考虑，如买受人、买受人配偶、买受人未成年子女三者名下均无房屋，则视为无其他居住用房。

4. 时间。买受人名下无其他居住用房的确定时间节点，应为法院查封涉案房屋之日，因该时间节点可以用来判断买受人是否为善意。若买受人在查封之后出卖房屋的，可认定为买受人存在恶意。

笔者曾承办过的商品房消费者基于物权期待权提起执行异议之诉的案件中，法院最终综合商品房性质、合同签订时间、合同款项支付凭证、家庭成员情况及名下房产登记证明、房屋交付通知书、交接清单等证据，认定排除该商品房施工总承包单位对于该房屋的执行。

四、强化

时至今日，在房地产行业下行的大环境下，很多商品房刚需消费者可能需要花几十年的时间才能买得起一套房子，如果基于开发商原因致使该套房屋被查封拍卖，开发商明显也无力向购房者承担违约责任，进而引起社会波动。在中央指示精神下，各地纷纷出台"保交楼"政策以期力保稳定。

2023 年 4 月 20 日最高人民法院颁布的《关于商品房消费者权利保护问题的批复》又进一步对保护商品房消费者的力度进行强化：

一、建设工程价款优先受偿权、抵押权以及其他债权之间的权利顺位关系，按照《最高人民法院关于审理建设工程施工合同纠纷案件适用法律问题的解释（一）》第三十六条的规定处理。

二、商品房消费者以居住为目的购买房屋并已支付全部价款，主张其房屋交付请求权优先于建设工程价款优先受偿权、抵押权以及其他债权的，人民法院应当予以支持。

只支付了部分价款的商品房消费者，在一审法庭辩论终结前已实际支付剩余价款的，可以适用前款规定。

三、在房屋不能交付且无实际交付可能的情况下，商品房消费者主张价款返还请求权优先于建设工程价款优先受偿权、抵押权以及其他债权的，人民法院应当予以支持。

至此，关于商品房消费者的"超级优先权"诞生，初衷在于保护其最基础的生存权。该情形仍有比较严格的适用标准，某些具体适用边界等仍有待司法实践的进一步检验。同时，此举是否能在一定程度上起到恢复购房者信心从而稳定房地产市场的积极作用，我们共同拭目以待。

开发商以解除合同的生效判决排除法院对房屋强制执行的例外情况分析

陈柯蕾

买期房，在港澳地区也称为买"楼花"，就是在房子没有完全建成的情况下，房地产开发商与购房人签订房屋购买合同，将未建成的房屋售卖，待房屋完全建成后再行交付的商业模式。在 1994 年 11 月 15 日原建设部颁布的《城市商品房预售管理办法》中，正式确立了我国的商品房买卖的预售制度。对于房地产开发商来说期房买卖有助于其资金回笼，对于购房人来说买期房存在价格相对较低、可供选择的户型和楼层范围大等优势，近年来期房买卖已经成为房地产开发商普遍采用的一种房屋销售方式。

由于购房人常常无法一次性支付购房款，因此在期房买卖中需要引入银行以按揭的模式支付购房款，即房地产开发商、购房人、银行三方分别签订《商品房买卖合同》及《个人抵押贷款合同》后，银行向房地产开发商支付全部购房款，购房人按揭分期向银行偿还该笔贷款，房地产开发商为购房人办理房屋预告登记或备案登记。一般来说，只要购房人按时向银行支付贷款，房地产开发商正常向购房人交付房屋，这种商业模式不会受到影响。但存在购房人因未按约偿还银行贷款，房地产开发商向银行承担连带保证责任的情况，那么此时开发商若通过诉讼途径解除《商品房买卖合同》并获得法院的支持后，其物权返还请求权一般可通过解除合同的生效判决来排除法院对该房屋的强制执行。但在司法实践中也存在例外情况，笔者通过对相关司法案例的检索，总结归纳了司法实践当中存在的例外情形，以供读者参考。

一、法院案例

1. 开发商与买受人签订的商品房买卖合同系双务合同，解除商品房买卖合同后，开发商未履行返还价款的义务，以该解除合同的生效判决提起执行异议之诉的，不能排除执行。

相关案例：新东升置业集团有限公司、黑龙江龙煤瑞隆能源有限责任公司案外人执行异议之诉二审民事判决书［2019］黑民终 506 号

案情简介：2015 年 6 月 5 日，新东升置业公司与陈某（已死亡）等签订房屋买卖合同并办理网签备案，陈某等支付全部房款（其中 191 万元为银行按揭）并实际占有

使用；因陈某等未按期偿还银行贷款本息，新东升置业公司对王某所欠该行购房借款本息等承担连带保证责任。2018 年 6 月 5 日，新东升置业公司向张店区法院请求解除与陈某等签订的买卖合同及补充协议。后，张店区法院判决房屋买卖合同解除。因瑞隆能源公司与陈某等买卖合同纠纷一案，林口法院已作出判决，陈某需支付货款。后，该案执行法院牡丹江中院对先前预查封的案涉房屋拍卖。新东升置业公司提出案外人执行异议，主张对涉案查封房屋的所有权。牡丹江中院驳回新东升置业公司的异议。新东升置业公司遂提起案外人执行异议之诉，请求确认其对案涉房屋的所有权并停止执行。牡丹江中院以被执行人陈某等对案涉房屋享有物权期待权为由，判决驳回了新东升置业公司诉请。新东升置业公司上诉至黑龙江高院，该院以新东升置业公司未返还价款为由，判决驳回上诉，维持原判。

法院认为： 最高人民法院《关于人民法院办理执行异议和复议案件若干问题的规定》第 26 条规定了解决案外人执行异议的规则，在审理执行异议之诉时可以参考适用。依据该条规定……基于以转移所有权为目的的有效合同（如买卖合同），判令向案外人交付标的物的，其性质属于债权请求权，不能排除执行。应予注意的是，在金钱债权执行中，如果案外人提出执行异议之诉依据的生效裁判认定以转移所有权为目的的合同（如买卖合同）无效或应当解除，进而判令向案外人返还执行标的物的，此时案外人享有的是物权性质的返还请求权，本可排除金钱债权的执行，但在双务合同无效的情况下，双方互负返还义务，在案外人未返还价款的情况下，如果允许其排除金钱债权的执行，将会使申请执行人既执行不到被执行人名下的财产，又执行不到本应返还给被执行人的价款，显然有失公允。为平衡各方当事人的利益，只有在案外人已经返还价款的情况下，才能排除普通债权人的执行。反之，案外人未返还价款的，不能排除执行。出卖人新东升置业公司亦具有将购房款的本金及利息返还买受人王某的法定义务。与会议纪要中表明的案外人未返还价款，允许其排除金钱债权的执行有失公允的情形一致，故只有在新东升置业公司返还购房款 1 034 265 元，即将该款交付一审法院执行机构的情况下，才能排除案涉普通债权的执行。至于新东升置业公司根据两份张店区法院的判决需承担逾期利息、罚息、律师费等，及应取得的违约金等费用，均是王某、新东升置业公司、兴业银行淄博分行在履行买卖合同及担保合同过程中所产生的费用，与本案申请执行人瑞隆能源公司无关，不应在本案中扣抵。

2. 执行异议之诉的立法目的在于平衡当事人的物权期待权与登记物权之间的矛盾，因争议房屋首付款及部分按揭贷款系买受人个人支付，且案涉房屋相较于购买时价格存在大幅增值，如停止执行，根据现有物权登记情况，房开公司将全部享有房屋价值，导致其因买受人的违约行为而间接获益，不符合公平原则和诚实信用原则。

相关案例： 贵州银行股份有限公司贵阳花溪支行案外人执行异议之诉一审民事判决书［2018］黔民初 107 号

案情简介： 2009 年 5 月 19 日，苏某与宏立城公司签订《商品房买卖合同》，购买房屋一套。2009年6月24日，农业银行小河支行，苏某、宏立城公司签订《个人购房担保借款合同》，宏立城公司承担连带保证责任。后因苏某未按期偿付银行借款，宏立城公司承担了连带保证责任，向农业银行小河支行偿还了相应借款。2014年12月19日，贵州省高级人民法院就贵州银行花溪支行与贵州东风贸易有限公司、贵州万胜恒通矿业有限责任公司、苏某等借款合同纠纷一案，作出民事调解书：苏某对东风公司偿还贵州银行花溪支行欠款承担连带偿还责任。因东风公司等未能履行相应义务，法院查处了苏某名下案涉房屋。2018年3月6日，宏立城公司向贵阳市南明区人民法院起诉请求解除与苏某签订的《商品房买卖合同》，但该法院以"宏立城公司已向贵州省高院提起执行异议之诉，解除的《商品房买卖合同》系该执行异议之诉的审查范围"驳回了宏立城公司的起诉。2018年3月13日，宏立城公司向贵州省高院提出执行异议，法院受理后驳回了该异议请求。宏立城公司不服该执行裁定，向贵州省高院提出诉讼请求，请求停止对该房屋的执行，或将该房屋的拍卖所得优先支付被执行人苏某所欠的宏立城公司的购房款、代其支付的诉讼费与执行费等费用。

法院认为：从权利保护的范围来看，宏立城公司受偿范围限于其代苏某偿还的款项及支出的必要费用。首先，宏立城公司关于停止执行案涉房屋的请求不成立。因争议房屋首付款及部分按揭贷款系苏某个人支付，且案涉房屋相较于购买时价格存在大幅增值，如停止执行，根据现有物权登记情况，宏立城公司将全部享有房屋价值，导致其因苏某的违约行为而间接获益，不符合公平原则和诚实信用原则。其次，宏立城公司因代偿苏某债务所支出的必要费用应在案涉房屋执行过程中先予清偿。综上，宏立城公司的诉讼请求部分成立。

3. 预查封房产的执行对象应是被执行人因履行商品房买卖合同义务所取得可供执行的财产权益，既包括被执行人因购买该房产而取得的对该房产的物权期待利益，亦应包括购房合同解除后，买受人已经支付的购房款及其他财产利益。虽然买受人与开发商的房屋买卖合同已经解除，买受人就涉案房产已不具备物权期待利益，但买受人因履行该房屋买卖合同所支付的房款等财产利益亦应属于预查封效力之所及，在开发商未将上述财产利益交付预查封法院执行之前，开发商主张排除对该房产的查封和强制执行，法院不予支持。

相关案例：济南荣恩房地产开发有限公司、张某执行异议之诉再审审查与审判监督民事裁定书［2020］鲁民申3575号

案情简介：2016年5月5日，张某在一审法院起诉陈某、郭某民间借贷纠纷一案，2016年5月19日，张某申请法院查封冻结陈某、郭某财产350 000元。2016年5月20日，一审法院查封陈某、郭某在荣恩地产公司处购买的房产一套。2016年10月24日一审法院作出［2016］鲁0983民初1783号民事判决书，判决被告陈某偿还原告张某借款本金350 000元；被告郭某承担连带责任。判决生效后，张某向一审法院申请强制执行。2016年7月25日，荣恩地产公司起诉被告陈某、郭某及第三人廊坊荣盛物业服务有限公司济南分公司解除原被告签订的《商品房买卖合同》及《借款协议》，2017

年4月5日，济南市历城区人民法院作出支持的生效判决，该判决已发生法律效力。现济南市历城区产登记所有人是荣恩地产公司，在一审法院执行张某与陈某、郭某民间借贷纠纷一案中，荣恩地产公司于2017年10月16日对一审法院查封的济南市历城区产提出异议，并请求解除对该房产的查封。一审法院于2017年10月20日作出执行裁定书，中止对陈某、郭某房屋的强制执行。张某对裁定不服，于2017年11月7日，向法院提起执行异议之诉一案。

法院认为：荣恩房地产公司虽然系涉案房屋的登记权利人，但该房屋的不动产登记时间以及荣恩房地产公司因陈某、郭某违反合同约定而形成的担保之债及合同之债的形成时间均晚于人民法院预查封涉案房屋的时间，对涉案房产主张的相关权利不能对抗对人民法院对该房屋预查封的法律效力。二审认为，虽陈某、郭某与荣恩房地产公司就涉案房产的房屋买卖合同已经解除，陈某、郭某就涉案房产已不具备物权期待利益，但陈某、郭某因履行该房屋买卖合同所支付的房款等财产利益亦应属于预查封效力之所及，在荣恩房地产公司未将上述财产利益交付预查封法院执行之前，荣恩房地产公司主张排除对该房产的查封和强制执行，不予支持，二审上述认定，并无不当，本院予以确认，不再进行赘述。综上，裁定如下：驳回济南荣恩房地产开发有限公司的再审申请。

二、笔者总结

执行异议之诉，是指案外人就执行标的物享有足以有效阻止强制执行的权利（如所有权或者足以阻止执行标的转让、交付的实体权利），在执行程序终结前，向执行法院对申请执行人（必要时候被执行人可列为共同被告）提起的旨在阻止对执行标的物的强制执行的诉讼。案外人执行异议之诉目的在于当案外人的合法权益受到侵害时，可以采取有效手段予以救济，保障自身的合法利益，同时维护司法公正。

开发商与买受人签订《商品房买卖合同》后，由于房屋暂时不具备转移登记的条件，为了保护买受人的权利，防止开发商"一物二卖"，确保买受人能够顺利取得物权，双方一般会进行预告登记限制开发商随意处分。《民法典》第221条第1款规定："当事人签订买卖房屋的协议或者签订其他不动产物权的协议，为保障将来实现物权，按照约定可以向登记机构申请预告登记。预告登记后，未经预告登记权利人同意，处分该不动产的，不发生物权效力。"该预告登记的行为虽然与物权变动紧密相关，但预告登记的作出并不引起不动产物权的设立或变动，而是使登记申请人取得一种请求将来发生物权变动的权利，预告登记并不等同于物权登记。尚未办理产权过户登记且出现"断供"的商品房，其物权人仍是开发商，若出现抵押权预告登记，贷款银行还有可能是抵押权预告登记权利人。

根据最高人民法院、原国土资源部、原建设部《关于依法规范人民法院执行和国土资源房地产管理部门协助执行若干问题的通知》第15条："下列房屋虽未进行房屋所有权登记，人民法院也可以进行预查封：……（三）被执行人购买的办理了商品房预售合同登记备案手续或者商品房预告登记的房屋。"以及第 18 条："预查封的效力等同于正式查封。预查封期限届满之日，人民法院未办理预查封续封手续的，预查封的效力消灭。"普通债权人通过预告登记在买受人名下的房产申请预查封，其效力等同于正式查封。根据上述相关案例［2020］鲁民申 3575 号的观点，预查封房产的执行对象应是被执行人因履行商品房买卖合同义务所取得可供执行的财产权益，既包括被执行人因购买该房产而取得的对该房产的物权期待利益，亦应包括购房合同解除后，买受人已经支付的购房款及其他财产利益。买受人与开发商的房屋买卖合同解除，买受人就涉案房产不具备物权期待利益，但买受人因履行该房屋买卖合同所支付的房款等财产利益亦应属于预查封效力之所及。

物权优先于债权系物权法乃至《民法典》的重要原则。物权优先于债权要求一物上若有物权与债权竞合而无法相容（或两立）时，无论物权是否成立于债权之前，其原则上具有优先于债权的效力。我国《民法典》规定，民事主体从事民事活动，应当遵循公平原则，合理确定各方的权利和义务。《民法典》中的公平原则有两个方面：一方面是指民法要求民事主体以社会公认的公平观念实施民事法律行为，合理建立民事法律关系，均衡实现各方的合法民事权益；另一方面是指民法要求法官面对平等民事主体间发生的民事纠纷时，应当秉承公平正义的理念来定分止争，公平合理地保护各方当事人的权益。

在上述案例中，法院都并未否定开发商因解除合同享有的物权返还请求权优先于普通债权人的返还请求权。基于生效法律文书的既判力，若开发商持相关解除合同的生效法律文书主张对抗在后的预查封，本可予以支持，但因目前我国房地产市场价格行情仍处于不稳定的状态，商品房的原购买价格与执行阶段的市场价值之间通常会存在较大的差异。为平衡各方利益，在基于公平原则、诚实信用原则等的基础上法院对开发商的物权返还请求权进行了限制。判定依据在于《全国法院民商事审判工作会议纪要》第 124 条："……在金钱债权执行中，如果案外人提出执行异议之诉依据的生效裁判认定以转移所有权为目的的合同（如买卖合同）无效或应当解除，进而判令向案外人返还执行标的物的，此时案外人享有的是物权性质的返还请求权，本可排除金钱债权的执行，但在双务合同无效的情况下，双方互负返还义务，在案外人未返还价款的情况下，如果允许其排除金钱债权的执行，将会使申请执行人既执行不到被执行人名下的财产，又执行不到本应返还给被执行人的价款，显然有失公允。为平衡各方当事人的利益，只有在案外人已经返还价款的情况下，才能排除普通债权人的执行。反之，案外人未返还价款的，不能排除执行。"

实践中，法院在应对该类案件对商品房进行处置时，为了保障和稳定商品房按揭贷款交易以及活跃市场经济，往往会对各方利益进行衡量，将其变价款先行扣除未清偿完毕的贷款或开发商代偿的贷款本息等费用，再清偿申请执行人（普通金钱债权人）的债权，在清偿完上述主体后，如有余款则退回购房者。通过平衡各方利益，从而最大限度地对各方合法权益作出保护。

案外人执行异议申请被驳回后的救济途径

田宪鹏

在民事诉讼中，如诉讼请求涉及金钱给付义务，原告在提起民事诉讼前后，通常会向人民法院提起财产保全申请，申请法院对被保全财产采取查封、扣押等措施，防止被告恶意转移财产，避免将来胜诉后被告无财产可执行。取得生效判决后被告未按照生效判决履行的，原告可以申请强制执行，拍卖、变卖保全的财产，进入执行阶段后，案外人若认为其对执行标的享有权利，可以向执行法院提出书面异议，请求人民法院中止对执行标的的强制执行。

根据《民事诉讼法》第238条的规定，案外人申请执行异议被驳回后有两个救济途径，案外人对裁定不服，认为原判决、裁定错误的，可以按照审判监督程序就原判决、裁定申请再审；与原判决、裁定无关的，可以自裁定送达之日起15日内向人民法院提起执行异议之诉。

那么，根据上述规定，案外人执行异议被驳回后是否只能选择其中一种救济途径，还是可以同时提起执行异议之诉并就原生效判决、裁定申请再审？

下面，本文将通过一则真实案例就案外人执行异议被驳回后的救济途径选择进行分析。

A房地产开发公司与B公司签订商品房买卖合同后，将某商品房交付B公司，但一直未办理转移登记。后A公司又将该房屋出售给C公司，并为C公司办理了转移登记，C公司将该房屋抵押给D银行并办理了抵押登记。因C公司无力偿还借款，D银行起诉C公司取得胜诉生效判决后进入强制执行程序。在拍卖过程中，B公司才得知A公司将该房屋出售给C公司并抵押给D银行，B公司立即向执行法院申请执行异议被驳回。B公司认为A公司与C公司之间系虚假的交易行为，C公司将该房屋抵押给D银行构成无权处分，且D银行办理抵押登记存在重大过失，不构成善意取得，该抵押权无效。但现阶段B公司并无证据证明A公司与C公司之间系虚假的交易行为，若B公司就原生效判决申请再审，以C公司无权处分及D银行不构成善意取得为由请求确认D银行的抵押权无效，再审法院启动再审程序并改判的可能性极小。但若B公司未在15日内提起执行异议之诉，该房屋又面临已经进入强制执行拍卖程序的紧迫境地，在此情况下，B公司应当如何选择救济途径呢？

根据《民事诉讼法》第 217 条的规定，申请再审可以不停止原判决的执行。而最高人民法院《关于适用〈中华人民共和国民事诉讼法〉的解释》[1]第 313 条第 1 款则规定："案外人执行异议之诉审理期间，人民法院不得对执行标的进行处分。……"在案涉房屋已经进入执行拍卖程序的紧迫情况下，B 公司只能提起执行异议之诉阻止执行。

与此同时，B 公司可以针对 A 公司与 C 公司就该房屋签订的商品房买卖合同提起确认合同无效之诉，若能够取得确认无效的生效判决，则 C 公司将案涉房屋抵押给 D 银行构成无权处分，B 公司可以确认商品房买卖合同无效的生效判决作为证据，就 D 银行实现抵押权的生效判决申请再审，请求确认该抵押权无效。

本案中，B 公司作为案外人申请执行异议被驳回后提起了执行异议之诉，又在取得确认合同无效的生效判决后申请再审，再审法院能否以 B 公司在执行异议被驳回后只能选择一个救济途径为由驳回 B 公司的再审申请？

笔者认为，《民事诉讼法》第 238 条规定的案外人执行异议被驳回后的救济途径并非单选题，案外人执行异议申请被裁定驳回后，可以提起执行异议之诉，也可以作为案外人申请再审，但具体选择何种方式，取决于案外人的诉讼请求以及基于的事实和理由。

本案中，B 公司在得知案涉房屋已经进入强制执行拍卖程序后，立即申请了执行异议，在执行异议被裁定驳回后，提起了执行异议之诉，B 公司执行异议之诉的诉讼请求为：①不得执行案涉房屋；②确认案涉房屋归 B 公司所有。该诉讼请求与原生效判决无关，且 B 公司提起执行异议之诉的主要理由是认为对案涉房屋享有足以排除执行的权利。在执行异议中，人民法院需要审查的内容为案外人是否系权利人、该权利的合法性与真实性以及该权利能否排除执行，无需对原生效判决是否错误进行审查。此外，根据《民事诉讼法》第 217 条的规定，申请再审不停止原判决的执行。而最高人民法院《关于适用〈中华人民共和国民事诉讼法〉的解释》第 313 条第 1 款则规定："案外人执行异议之诉审理期间，人民法院不得对执行标的进行处分。……"在执行异议被裁定驳回后，若 B 公司不提起执行异议之诉而是作为案外人申请再审，则在案涉房屋已经进入执行拍卖程序的紧迫情况下，B 公司无法通过法律途径阻止执行，在此情况下，即使 B 公司最终取得案涉房屋的所有权，但能否最终取得对案涉房屋的占有和使用仍存在极大的不确定性，也将浪费大量的司法资源。

而 B 公司就 D 银行实现抵押权的生效判决申请再审的诉讼请求是确认 D 银行就案涉房屋取得的抵押权无效，该诉讼请求与原生效判决无关且无法在执行异议之诉中提起。B 公司申请执行异议被驳回后提起执行异议之诉，并作为案外人就 D 银行实现抵押权的生效判决申请再审系基于不同的请求权基础和不同的事实及理由。

此外，在执行异议被驳回后，B 公司并不知晓 A 公司将案涉房屋出售给 C 公司的

---

〔1〕 本文引用的是 2022 年 4 月 1 日发布，2022 年 4 月 10 日生效版本，发文字号为法释〔2022〕11 号。

交易是否真实，更无证据证明 C 公司将案涉房屋抵押给 D 银行系无权处分。在 B 公司执行异议申请被裁定驳回的 15 日内，B 公司唯一的救济途径只有提起执行异议之诉。所以，B 公司提起执行异议之诉的同时也提起了确认合同无效之诉，在取得确认合同无效的胜诉判决后，B 公司才能据此就 D 银行实现抵押权的生效判决申请再审。

若再审法院认为 B 公司执行异议被驳回后只能择一提起执行异议之诉或申请再审，则应当根据《民事诉讼法》第 238 条的规定、B 公司的请求及基于的事实和理由确定 B 公司应当申请再审还是提起执行异议之诉，而不是简单地以案外人已经提起了执行异议之诉为由驳回 B 公司的再审申请。

最高人民法院在［2013］民提字第 207 号公报案例指出："执行异议之诉是对案外人权利保护提供的司法救济途径，针对的是执行行为本身，核心在于以案外人是否对执行标的具有足以阻却执行程序的正当权利为前提，就执行程序应当继续还是应该停止作出评价和判断。如案外人权利主张所指向的民事权利义务关系或者其诉讼请求所指向的标的物，与原判决、裁定确定的民事权利义务关系或者该权利义务关系的客体具有同一性，执行标的就是作为执行依据的生效裁判确定的权利义务关系的特定客体，其则属于"认为原判决、裁定错误"的情形，应依照审判监督程序办理。"

同时，《全国法院民商事审判工作会议纪要》第 119 条也明确规定："案外人执行异议之诉以排除对特定标的物的执行为目的，从程序上而言，案外人依据《民事诉讼法》第 227 条提出执行异议被驳回的，即可向执行人民法院提起执行异议之诉。人民法院对执行异议之诉的审理，一般应当就案外人对执行标的物是否享有权利、享有什么样的权利、权利是否足以排除强制执行进行判断。……"执行异议之诉不以否定作为执行依据的生效裁判为目的，案外人如认为裁判确有错误，只能通过申请再审或者提起第三人撤销之诉的方式进行救济。

本案中，B 公司提起执行异议之诉后，受理法院仅应审查 B 公司是否享有足以排除执行的权利，而无权对 D 银行实现抵押权的生效判决中关于其对案涉房屋享有的抵押权是否有效进行审查，针对 B 公司提出的 D 银行抵押权无效的主张只能通过再审进行确认，B 公司在执行异议被驳回后，有权以其享有足以排除强制执行的权利提起执行异议之诉，并在取得确认合同无效之诉的生效判决后以原判决有误为由申请再审。

综上，在无法律法规及司法解释的明确规定的情况下，笔者认为《民事诉讼法》第 238 条规定的案外人执行异议被驳回后的救济途径并非单选题，案外人执行异议申请被裁定驳回后，可以提起执行异议之诉，也可以作为案外人申请再审，但具体选择何种方式，取决于案外人的诉讼请求、基于的事实和理由；即使审理法院认为案外人只能选择一种救济途径，在案外人同时申请再审和提起执行异议之诉的情况下，应当由审理法院根据当事人的诉请确定其应当选择的救济途径，而不能机械地以案外人已经选择了一种救济途径为理由驳回对另一种救济途径的请求。

四、集体土地

法院按照公平原则调整家庭
承包经营权流转合同价款约定相关问题探析

王松子

根据《农村土地承包法》的相关规定，我国实行农村土地承包经营制度，农村集体经济组织成员有权依法承包由本集体经济组织发包的农村土地。承包方承包土地后，享有土地承包经营权，可以自己经营，也可以保留土地承包权，流转其承包地的土地经营权，由他人经营。承包方可以自主决定依法采取出租（转包）、入股或者其他方式向他人流转土地经营权，并向发包方备案。

实践中，存在较多因土地流转合同价款约定过低，甚至无偿流转而发生争议的纠纷。最高人民法院《关于审理涉及农村土地承包纠纷案件适用法律问题的解释》第15条的规定："因承包方不收取流转价款或者向对方支付费用的约定产生纠纷，当事人协商变更无法达成一致，且继续履行又显失公平的，人民法院可以根据发生变更的客观情况，按照公平原则处理。"本文拟结合各地高级人民法院的裁判观点，对该条规定的具体理解及适用进行分析。（说明：该司法解释于2020年进行了修正，上述第15条规定原为第16条，故本文所引用的案例表述均为第16条。）

一、该条款的适用需以存在国家政策发生变化的客观情况作为前提

最高人民法院《关于审理涉及农村土地承包纠纷案件适用法律问题的解释》于2005年7月29日颁布实施，其中关于人民法院可以根据客观情况按照公平原则就流转款项纠纷进行处理的规定，是基于当时废止农业税、国家逐步开始发放农业相关补贴的历史背景所作出的。

对此，可参考吉林省高级人民法院所作出的［2015］吉民申字第1952号《郑某辉与张某华、曲某宏、曲某娟土地承包合同纠纷再审审查民事裁定书》中的裁判说理：在2006年以前，受市场因素及农村基层组织摊派等综合因素的影响，农民种粮的负担一直比较重。农民种粮除法定税费外还需要交纳"三提五统"，即"村提留"和"乡统筹"，如遇市场行情不高的年份，农民种粮不赚钱反而要倒贴钱，全国多地均发生了弃耕撂荒情况，导致出现了许多"零收益"或"负收益"的土地转包现象。从2000年开始，中央逐步进行农村税费改革，取消了"乡统筹"，改"村提留"为农业税附

加。2005 年 12 月 29 日，第十届全国人民代表大会常务委员会第 19 次会议通过《关于废止〈中华人民共和国农业税条例〉的决定》，自 2006 年 1 月 1 日起废止农业税。此外，国家也开始发放种粮直接补贴等。国家政策的调整使农民种粮的负担消失，收入稳定增加，但此类国家政策的调整，属于农民此前在签订土地流转合同时无法预见的重大事实。故此前以"零收益"或"负收益"方式流转的承包地应当对租金进行适当调整，否则将侵害承包人的合法权益。

基于上述背景，该条款的适用，需以存在国家政策发生变化的客观情况为前提。如在江西省高级人民法院〔2019〕苏民申 1063 号周某建与泰兴市滨江镇长沟村孙某组土地承包经营权转让合同纠纷再审案中，法院即以该理由支持了本案当事人关于调整合同金额的主张。而在河北省高级人民法院〔2018〕冀民申 7336 号邱某和、周某海土地承包经营权纠纷再审案和吉林省高级人民法院〔2018〕吉民再 216 号潘某国与徐某林、曹某录土地承包经营权转让合同纠纷再审案中，由于案涉合同于国家政策调整后签订，并无证据显示该协议签订后发生了涉及农业税费政策不可预见的重大变更，故不能适用该条款。

但需要注意的是，即使相应合同是在国家政策调整后签订，如果有证据证明双方对该政策调整的事实确不明知，也有适用该条款的一定空间。如在吉林省高级人民法院〔2015〕吉民申字第 1952 号郑某辉与张某华、曲某宏、曲某娟土地承包合同纠纷再审案中，当事人双方虽然是在 2006 年签订案涉合同，但合同中就税费缴纳事宜进行了明确约定，证明双方在合同签订时对国家政策的调整并不知晓，据此法院以该条款为依据支持了当事人关于调整合同金额的主张。

二、关于流转价款的约定是否公平合理应综合各项因素进行判断

最高人民法院《关于审理涉及农村土地承包纠纷案件适用法律问题的解释》第 15 条适用的前提是合同条款显失公平。而合同条款是否确实属于显失公平的情况，则需要由法院综合合同签订背景、资金投入情况等相关因素进行判断。

如在江苏省高级人民法院〔2016〕苏民再 356 号金湖县陈桥镇新桥村某某组与张某涛农业承包合同纠纷再审案中，再审法院认为，虽然承包人张某涛缴纳的承包金较低，与现在土地承包价格之间存在较大差异，但涉案承包土地原系荒地，承包人也投入了大量人力、物力将其开发为可以种植的田地，故此种情况不构成流转价款约定显失公平。

三、合同价格的调整可以相邻地块价格作为参考，综合考虑当事人意图、流转后的资金投入、国家惠农政策的获益主体等因素，此属合理运用法官自由裁量权范围，但若有评估结果，应以评估结果为依据

在案件能够适用最高人民法院《关于审理涉及农村土地承包纠纷案件适用法律问

题的解释》第 15 条规定的情况下，合同价格的调整可以相邻地块价格为参考，综合考虑当事人意图、流转后的资金投入、国家惠农政策的获益主体等，根据公平原则进行确定，并不一定要有评估作为依据。

如在广东省高级人民法院［2019］粤民申 10263 号四会市贞山街道坑口村民委员会、邵某华农村土地承包合同纠纷再审案中，再审法院认可了二审法院参考相邻地块价格对合同价格的确认。在吉林省高级人民法院［2020］吉民申 664 号图们市方舟药材加工有限公司与姜某信农村土地承包合同纠纷再审案中，再审法院认可了二审法院结合当事人双方确认的近几年的农业补贴标准及领取情况对合同金额的酌定调整，认为此属合理运用法官自由裁量权。在广东省高级人民法院［2014］粤高法民一申字第 612 号周某钟与刘某源等 134 户、珠海市斗门区乾务镇湾口村经济合作联社农业承包合同纠纷再审案中，再审法院认可了一、二审法院根据涉案土地承包合同履行情况，在征求了 134 名农户意见后，为彻底解决纠纷，基于公平原则调整承包价格的处理方式。

但需要注意的是，农村土地承包经营纠纷可能会通过农村土地承包仲裁委员会仲裁的方式解决。在纠纷解决的过程中，可以对相应土地价格进行评估。若案件诉至法院，法院即可能参考该评估价格作出裁判。如在吉林省高级人民法院［2016］吉民申 749 号刘某彬与刘某国农业承包合同纠纷再审案中，再审法院认为：大安市农村土地承包仲裁委员会在仲裁过程中委托吉林鑫天隆资产评估咨询有限公司对 2014 年至 2016 年的土地转包价格进行鉴定，该公司作出吉鑫天隆评报字［2014］第 26-1 号评估报告，结论为鉴定范围 17.1 亩（4 口人地）土地于 2014 年转包价格为 5778.00 元；2014 年至 2026 年转包价格为 37 115.00 元。该鉴定结论应被作为确定变更合同价款具体数额的依据。

四、该条款的适用仅是参考情势变更原则，无需上级法院进行核准

最高人民法院《关于适用〈中华人民共和国合同法〉若干问题的解释（二）》（已失效，下同）第 26 条规定："合同成立以后客观情况发生了当事人在订立合同时无法预见的、非不可抗力造成的不属于商业风险的重大变化，继续履行合同对于一方当事人明显不公平或者不能实现合同目的，当事人请求人民法院变更或者解除合同的，人民法院应当根据公平原则，并结合案件的实际情况确定是否变更或者解除。"该条规定是对民法情势变更原则的具体适用的解释。

而最高人民法院《关于正确适用〈中华人民共和国合同法〉若干问题的解释（二）服务党和国家的工作大局的通知》则规定："对于上述解释条文，各级人民法院务必正确理解、慎重适用。如果根据案件的特殊情况，确需在个案中适用的，应当由高级人民法院审核。必要时应报请最高人民法院审核。"这是基于对情势变更原则具体适用严格把控的综合考虑。但是，从司法实践中的裁判案例来看，对最高人民法院《关于审理涉及农村土地承包纠纷案件适用法律问题的解释》第 15 条的适用仅仅只是参考情势变更原则，无需上级法院进行核准。

如在内蒙古自治区高级人民法院［2014］内民提一字第 29 号朱某久与乌雅嘎查委员会承包合同纠纷再审案中，当事人认为该条款的适用属于对情势变更原则的适用，应当由高级人民法院审核，必要时应报请最高人民法院审核。但二审法院则认为："……而最高人民法院在《关于正确适用〈中华人民共和国合同法〉若干问题的解释（二）服务党和国家的工作大局的通知》第 2 条虽明确对该条款要正确理解、慎重适用，但最高人民法院早在 2005 年的《关于审理涉及农村土地承包纠纷案件适用法律问题的解释》第 16 条中便已明确'因承包方不收取流转价款或者向对方支付费用的约定产生纠纷，当事人协商变更无法达成一致，且继续履行又显失公平的，人民法院可以根据发生变更的客观情况，按照公平原则处理'。该条款明确了人民法院对于一些明显不公平的合同，可以根据发生变更的客观情况，参照情势变更原则，按照公平原则妥善处理，其宗旨在于维持合同当事人之间的利益平衡。"再审法院对此予以了认可。

即最高人民法院对于该种情形已经认可各级法院可根据实际情况参照情势变更原则直接作出处理，无需再报请高级人民法院、最高人民法院进行审核。吉林省高级人民法院［2017］吉民申 1145 号《朱某志与刘某香、刘某、刘某浩土地承包纠纷再审审查民事裁定书》、广西壮族自治区高级人民法院［2019］桂民申 3240 号《黎某、梧州市长洲区倒水镇路垌村民委员会林业承包合同纠纷再审审查与审判监督民事裁定书》也作出了类似认定。

需要注意的是，《民法典》第 533 条对最高人民法院《关于适用〈中华人民共和国合同法〉若干问题的解释（二）》第 26 条作出了调整。规定："合同成立后，合同的基础条件发生了当事人在订立合同时无法预见的、不属于商业风险的重大变化，继续履行合同对于当事人一方明显不公平的，受不利影响的当事人可以与对方重新协商；在合理期限内协商不成的，当事人可以请求人民法院或者仲裁机构变更或者解除合同。人民法院或者仲裁机构应当结合案件的实际情况，根据公平原则变更或者解除合同。"但对于该种情形是否需要报请上级法院批准，最高人民法院未再作出明确规定。

五、在未支付合同款项的情形下才可适用该条款对合同价款进行调整

最高人民法院《关于审理涉及农村土地承包纠纷案件适用法律问题的解释》第 15 条是针对承包方不收取流转价款或者向对方支付费用的约定产生纠纷的情形所作出的规定，从该规定的表述来看，并非只要涉及流转价款的纠纷即可适用该规定，司法解释对此作出了严格的限定，仅在未支付合同款项的情形下才可适用该条款对合同价款进行调整。

如在吉林省高级人民法院［2016］吉民申 1745 号边某江与付某娜土地承包经营权合同纠纷再审案中，当事人主张对合同款项进行调整，但再审法院则认为，双方当事人于合同签订后即收取了流转价款，并非因不收取流转价款或者向对方支付费用的约定产生纠纷，故不适用该司法解释。在吉林省高级人民法院［2016］吉民申 1052 号赵某与潘某喜农村土地承包合同纠纷再审案中，再审法院认为："根据已查明的事实，潘

某礼将房屋和涉案土地承包经营权一并转让给赵某，赵某已经支付了合同价款，且双方合同已经实际履行了十余年。本案情形不符合上述司法解释规定的'因承包方不收取流转价款或者向对方支付费用的约定产生纠纷'的适用情形，原审适用法律错误。"

如上所述，法院根据最高人民法院《关于审理涉及农村土地承包纠纷案件适用法律问题的解释》第15条对案件进行处理，是对情势变更原则的参照适用。但该原则的适用，应当以法律行为成立后、债之关系消灭前发生情势变更事由为前提。上述规则也是与该适用原则相契合的。

如在江苏省高级人民法院［2016］苏民再356号金湖县陈桥镇新桥村某某组与张某涛农业承包合同纠纷再审案中，再审法院认为："情事变更原则的适用期间，应当是法律行为成立后，债之关系消灭前。本案中张某涛在承包的前3年已经全部缴纳了15年的土地承包金，新桥村某某组也将相关款项用于修建道路。因此张某涛的合同给付义务早已履行完毕，故不宜再适用情事变更原则。"该案件并非家庭承包经营权流转纠纷，因此并非该条款的适用范围，法院是以参照适用该规定的视角对情事变更原则的适用期间进行的解释，同时也呼应了该条款必须以未履行为前提的裁判规则。

六、该条款仅适用于对家庭承包经营权流转纠纷的处理，但对于其他类似纠纷可参照适用

最高人民法院《关于审理涉及农村土地承包纠纷案件适用法律问题的解释》包括了受理与诉讼主体、家庭承包纠纷案件的处理、其他方式承包纠纷的处理、土地征收补偿费用分配及土地承包经营权继承纠纷的处理和其他规定五个部分，第15条的规定属于第二部分"家庭承包纠纷案件的处理"，同时该条规定的表述具体指向了流转款相关纠纷，故该条款仅适用于对家庭承包经营权流转纠纷的处理。

如在江苏省高级人民法院［2016］苏民再356号金湖县陈桥镇新桥村某某组与张某涛农业承包合同纠纷再审案中，再审法院认为："二审法院适用了最高人民法院《关于审理涉及农村土地承包纠纷案件适用法律问题的解释》第16条的规定，但本院注意到，第16条属于该司法解释第二部分'家庭承包纠纷案件的处理'。《农村土地承包法》第15条规定，家庭承包的承包方是本集体经济组织的农户，而本案张某涛并非新桥村某某组的成员，故二审法院适用上述司法解释第16条的规定欠妥，即便参照该条规定，本案亦不应适用情事变更原则。"

而在天津市高级人民法院［2015］津高民申字第0320号孙某山与天津市武清区河北屯镇杨家厂村民委员会土地承包合同纠纷再审案中，当事人认为该规定适用于土地流转关系，土地承包合同纠纷不应适用该条规定。再审法院则认为案涉纠纷虽然并非家庭承包经营权流转纠纷，但仍然认可了原审法院考虑农业税收等农业政策的变化、土地增值、当事人对该土地的投入等因素可对合同价款进行调整的观点，实际上即是对该规定的参照适用。

新《土地管理法》做了哪些修改?

孙仕祥

2019 年 8 月 26 日,第十三届全国人民代表大会常务委员会第十二次会议表决通过了《关于修改〈中华人民共和国土地管理法〉〈中华人民共和国城市房地产管理法〉的决定》,修改后的《土地管理法》(以下简称"新《土地管理法》")和《城市房地产管理法》将于 2020 年 1 月 1 日起正式施行。本次新《土地管理法》的修订,是《土地管理法》自 2004 年修正实施,时隔 15 年后的再次大修,其亮点包括集体经营性建设用地入市改革、土地征收制度改革、农村宅基地管理制度改革以及"多规合一"改革等诸多内容,做出了多项重大突破。《城市房地产管理法》则配合《土地管理法》关于"集体经营性建设用地"入市的规定进行了调整衔接。

此次新修改的《土地管理法》具体有哪些变化呢?下文中,我们将结合此次公布的《土地管理法》修改涉及的条款,通过与《土地管理法》(2004 年修正)相应条款加以对比的形式进行解读,以便于学习和理解。

第一章 总则

1.【国家土地督察制度】

新条文(2019 年修订版)	原条文(2004 年版)
第六条 国务院授权的机构对省、自治区、直辖市人民政府以及国务院确定的城市人民政府土地利用和土地管理情况进行督察。(新增)	/

【解读】

将 2006 年国务院办公厅《关于建立国家土地督察制度有关问题的通知》(国办发〔2006〕50 号)决定实施的国家土地督察制度上升至法律层面,使其正式成为土地管理的法律制度。

第二章　土地的所有权和使用权

2.【土地登记制度】

新条文（2019 年修订版）	原条文（2004 年版）
第 12 条　土地的所有权和使用权的登记，依照有关不动产登记的法律、行政法规执行。 依法登记的土地的所有权和使用权受法律保护，任何单位和个人不得侵犯。 （将原第 11 条、第 12 条、第 13 条修改合并）	第 11 条　农民集体所有的土地，由县级人民政府登记造册，核发证书，确认所有权。 农民集体所有的土地依法用于非农业建设的，由县级人民政府登记造册，核发证书，确认建设用地使用权。 单位和个人依法使用的国有土地，由县级以上人民政府登记造册，核发证书，确认使用权；其中，中央国家机关使用的国有土地的具体登记发证机关，由国务院确定。 确认林地、草原的所有权或者使用权，确认水面、滩涂的养殖使用权，分别依照《中华人民共和国森林法》、《中华人民共和国草原法》和《中华人民共和国渔业法》的有关规定办理。 第 12 条　依法改变土地权属和用途的，应当办理土地变更登记手续。 第 13 条　依法登记的土地的所有权和使用权受法律保护，任何单位和个人不得侵犯。

【解读】

2019 年《不动产登记暂行条例》（国务院令 710 号）规定国家实行不动产统一登记制度，有关土地的所有权和使用权的登记统一由不动产登记机构办理。此条与不动产统一登记制度的调整相呼应，鉴于 2019 年《不动产登记暂行条例》和《不动产登记暂行条例实施细则》已经作全面规定，《土地管理法》不再重复规定。

3.【农村集体所有土地承包经营权】

新条文（2019 年修订版）	原条文（2004 年版）
第 13 条　农民集体所有和国家所有依法由农民集体使用的耕地、林地、草地，以及其他依法用于农业的土地，采取农村集体经济组织内部的家庭承包方式承包，不宜采取家庭承包方式的荒山、荒沟、荒丘、荒滩等，可以采取招标、拍卖、公开协商等方式承包，从事种植业、林业、畜牧业、渔业生产。家庭承包的耕地的承包期为三十年，草地的承包期为三十年至五十年，林地的承包期为三十年至七十年；耕地承	第 14 条　农民集体所有的土地由本集体经济组织的成员承包经营，从事种植业、林业、畜牧业、渔业生产。土地承包经营期限为三十年。发包方和承包方应当订立承包合同，约定双方的权利和义务。承包经营土地的农民有保护和按照承包合同约定的用途合理利用土地的义务。农民的土地承包经营权受法律保护。 在土地承包经营期限内，对个别承包经营者之间承包的土地进行适当调整的，必须经村民会议三分之二以上成员或者三分之二以上村民代表的同意，并报乡（镇）人民政府和县级人民政府农业行政主管部门批准。

续表

新条文（2019年修订版）	原条文（2004年版）
包期届满后再延长三十年，草地、林地承包期届满后依法相应延长。 国家所有依法用于农业的土地可以由单位或个人承包经营，从事种植业、林业、畜牧业、渔业生产。 发包方和承包方应当依法订立承包合同，约定双方的权利和义务。承包经营土地的单位和个人，有保护和按照承包合同约定的用途合理利用土地的义务。 （将原第14条、第15条合并）	第15条　国有土地可以由单位或者个人承包经营，从事种植业、林业、畜牧业、渔业生产。农民集体所有的土地，可以由本集体经济组织以外的单位或者个人承包经营，从事种植业、林业、畜牧业、渔业生产。发包方和承包方应当订立承包合同，约定双方的权利和义务。土地承包经营的期限由承包合同约定。承包经营土地的单位和个人，有保护和按照承包合同约定的用途合理利用土地的义务。 农民集体所有的土地由本集体经济组织以外的单位或者个人承包经营的，必须经村民会议三分之二以上成员或者三分之二以上村民代表的同意，并报乡（镇）人民政府批准。

【解读】

（1）与党的十九大报告明确提出的"保持土地承包关系稳定并长久不变，第二轮土地承包到期后再延长三十年"精神保持一致。

（2）2019年1月1日新实施的《农村土地承包法》第21条明确了耕地、草地、林地承包期，本条与《农村土地承包法》的内容相统一。

（3）删除了原法第14条、第15条涉及承包土地调整及本集体经济组织以外主体承包经营的程序性规定；《农村土地承包法》第28条、第52条对承包地调整及外部承包的情形及程序性要求作出了明确规定，《土地管理法》不再规定。

（4）明确了"四荒地"的农用地属性，即须用于从事种植业、林业、畜牧业、渔业生产。

第三章　土地利用总体规划

4. 【编制原则】

新条文（2019年修订版）	原条文（2004年版）
第17条　土地利用总体规划按照下列原则编制： （一）落实国土空间开发保护要求，严格土地用途管制； （二）严格保护永久基本农田，严格控制非农业建设占用农用地； （三）提高土地节约集约利用水平； （四）统筹安排城乡生产、生活、生态用地，满足乡村产业和基础设施用地合理需求，促进城乡融合发展；	第19条　土地利用总体规划按照下列原则编制： （一）严格保护基本农田，控制非农业建设占用农用地； （二）提高土地利用率； （三）统筹安排各类、各区域用地； （四）保护和改善生态环境，保障土地的可持续利用； （五）占用耕地与开发复垦耕地相平衡。

续表

新条文（2019 年修订版）	原条文（2004 年版）
（五）保护和改善生态环境，保障土地的可持续利用； （六）占用耕地与开发复垦耕地数量平衡、质量相当。 （将原第 19 条修改调整为第 17 条）	

【解读】

（1）将落实国土空间开发保护写入法律。2015 年 9 月，中共中央、国务院印发的《生态文明体制改革总体方案》第 4 条明确了"建立空间规划体系"的具体要求，要求"编制统一的空间规划……是各类开发建设活动的基本依据""推进市县'多规合一'……统一编制市县空间规划，逐步形成市县一个规划、一张蓝图"。2019 年 5 月，中共中央、国务院《关于建立国土空间规划体系并监督实施的若干意见》（中发〔2019〕16 号）明确，到 2025 年，我国要健全国土空间规划法规政策和技术标准体系。

（2）将基本农田提升为永久基本农田，实行最严格的耕地保护制度，提升全社会的基本农田永久保护意识。

（3）与国务院《关于促进节约集约用地的通知》和自然资源部《节约集约利用土地规定》相衔接，将"土地节约集约利用"上升至法律层面。

5.【国土空间规划体系】

新条文（2019 年修订版）	原条文（2004 年版）
第 18 条　国家建立国土空间规划体系。编制国土空间规划应当坚持生态优先，绿色、可持续发展，科学有序统筹安排生态、农业、城镇等功能空间，优化国土空间结构和布局，提升国土空间开发、保护的质量和效率。 经依法批准的国土空间规划是各类开发、保护、建设活动的基本依据。已经编制国土空间规划的，不再编制土地利用总体规划和城乡规划。（新增）	/

【解读】

（1）此条为"多规合一"和国土空间规划体系建设等预留了法律空间，明确"国土空间规划"将逐步替代原有的土地利用总体规划和城乡规划。随着国土空间规划体系的建立和实施，土地利用总体规划和城乡规划将不再单独编制和审批，最终将被国土空间规划所取代。

（2）考虑到"多规合一"改革正在推进中，为解决改革过渡期的规划衔接问题，新《土地管理法》明确，已经编制国土空间规划的，不再编制土地利用总体规划和城乡规划。

6. 【土地利用计划管理】

新条文（2019年修订版）	原条文（2004年版）
第23条　各级人民政府应当加强土地利用计划管理，实行建设用地总量控制。 土地利用年度计划，根据国民经济和社会发展计划、国家产业政策、土地利用总体规划以及建设用地和土地利用的实际状况编制。土地利用年度计划应当对本法第六十三条规定的集体经营性建设用地作出合理安排。土地利用年度计划的编制审批程序与土地利用总体规划的编制审批程序相同，一经审批下达，必须严格执行。 （将原第24条修改调整为第23条）	第24条　各级人民政府应当加强土地利用计划管理，实行建设用地总量控制。 土地利用年度计划，根据国民经济和社会发展计划、国家产业政策、土地利用总体规划以及建设用地和土地利用的实际状况编制。土地利用年度计划的编制审批程序与土地利用总体规划的编制审批程序相同，一经审批下达，必须严格执行。

【解读】

强调农村集体经营性建设用地入市应当遵循土地利用年度计划的安排，防止集体经营性建设用地入市引起土地市场土地供应的井喷式增长。

7. 【土地统计】

新条文（2019年修订版）	原条文（2004年版）
第28条　国家建立土地统计制度。 县级以上人民政府统计机构和自然资源主管部门依法进行土地统计调查，定期发布土地统计资料。土地所有者或者使用者应当提供有关资料，不得拒报、迟报，不得提供不真实、不完整的资料。 统计机构和自然资源主管部门共同发布的土地面积统计资料是各级人民政府编制土地利用总体规划的依据。 （将原第29条修改调整为第28条）	第29条　国家建立土地统计制度。 县级以上人民政府土地行政主管部门和同级统计部门共同制定统计调查方案，依法进行土地统计，定期发布土地统计资料。土地所有者或者使用者应当提供有关资料，不得虚报、瞒报、拒报、迟报。 土地行政主管部门和统计部门共同发布的土地面积统计资料是各级人民政府编制土地利用总体规划的依据。

【解读】

将"不得虚报、瞒报"改为"不得提供不真实、不完整的资料"，与2010年1月1日生效的《统计法》（中华人民共和国主席令第15号）"提供不真实、不完整的资料"的表述相统一。

第四章　耕地保护

8.【耕地总量动态平衡】

新条文（2019年修订版）	原条文（2004年版）
第32条　省、自治区、直辖市人民政府应当严格执行土地利用总体规划和土地利用年度计划，采取措施，确保本行政区域内耕地总量不减少、质量不降低。耕地总量减少的，由国务院责令在规定期限内组织开垦与所减少耕地的数量与质量相当的耕地；耕地质量降低的，由国务院责令在规定期限内组织整治。新开垦和整治的耕地由国务院自然资源主管部门会同农业农村主管部门验收。个别省、直辖市确因土地后备资源匮乏，新增建设用地后，新开垦耕地的数量不足以补偿所占用耕地的数量的，必须报经国务院批准减免本行政区域内开垦耕地的数量，易地开垦数量和质量相当的耕地。 （将原第33条修改调整为第32条）	第33条　省、自治区、直辖市人民政府应当严格执行土地利用总体规划和土地利用年度计划，采取措施，确保本行政区域内耕地总量不减少；耕地总量减少的，由国务院责令在规定期限内组织开垦与所减少耕地的数量与质量相当的耕地，并由国务院土地行政主管部门会同农业行政主管部门验收。 个别省、直辖市确因土地后备资源匮乏，新增建设用地后，新开垦耕地的数量不足以补偿所占用耕地的数量的，必须报经国务院批准减免本行政区域内开垦耕地的数量，进行易地开垦。

【解读】

（1）在保证耕地数量的基础上，进一步强调了要保证耕地的质量。

（2）对出现耕地质量降低的情况如何处理作出规定，明确由国务院责令整治耕地质量降低问题、由国务院自然资源主管部门会同农业农村主管部门对新开垦和整治耕地进行验收，体现出了国家对于占补平衡中耕地质量问题的高度重视。

9.【永久基本农田保护制度】

新条文（2019年修订版）	原条文（2004年版）
第33条　国家实行永久基本农田保护制度。下列耕地应当根据土地利用总体规划划为永久基本农田，实行严格保护： （一）经国务院农业农村主管部门或者县级以上地方人民政府批准确定的粮、棉、油、糖等重要农产品生产基地内的耕地； （二）有良好的水利与水土保持设施的耕地，正在实施改造计划以及可以改造的中、低产田和已建成的高标准农田； （三）蔬菜生产基地； （四）农业科研、教学试验田； （五）国务院规定应当划为永久基本农田的其他耕地。 各省、自治区、直辖市划定的永久基本农田一般	第34条（第1、2项）　国家实行基本农田保护制度。下列耕地应当根据土地利用总体规划划入基本农田保护区，严格管理： （一）经国务院有关主管部门或者县级以上地方人民政府批准确定的粮、棉、油生产基地内的耕地； （二）有良好的水利与水土保持设施的耕地，正在实施改造计划以及可以改造的中、低产田； （三）蔬菜生产基地； （四）农业科研、教学试验田； （五）国务院规定应当划入基本农田保护区的其他耕地。

续表

新条文（2019年修订版）	原条文（2004年版）
应当占本行政区域内耕地的百分之八十以上，具体比例由国务院根据各省、自治区、直辖市耕地实际情况规定。 （将原第34条第1款、第2款修改调整为第33条）	各省、自治区、直辖市划定的基本农田应当占本行政区域内耕地的百分之八十以上。

【解读】

（1）保护耕地，保护基本农田，是土地管理法的核心和宗旨之一。将"基本农田"修改为"永久基本农田"，体现出了国家保护永久基本农田的价值理念。

（2）原法要求各省、自治区、直辖市必须把80%以上的耕地划入基本农田，考虑到各省的耕地后备资源有很大的不同，新法作了微调，具体的划定的比例由国务院根据各省、自治区、直辖市的实际情况来确定，更加符合实际，更具有可操作性。

10.【永久基本农田划定】

新条文（2019年修订版）	原条文（2004年版）
第34条　永久基本农田划定以乡（镇）为单位进行，由县级人民政府自然资源主管部门会同同级农业农村主管部门组织实施。永久基本农田应当落实到地块，纳入国家永久基本农田数据库严格管理。 乡（镇）人民政府应当将永久基本农田的位置、范围向社会公告，并设立保护标志。 （将原第34条第3款修改调整为第34条）	第34条（第3款）　基本农田保护区以乡（镇）为单位进行划区定界，由县级人民政府土地行政主管部门会同同级农业行政主管部门组织实施。

【解读】

（1）将永久基本农田数据库管理要求上升至法律制度层面，落实永久基本农田严格保护制度。

（2）明确永久基本农田划定的方法、责任主体、具体要求。

11.【永久基本农田用途限定】

新条文（2019年修订版）	原条文（2004年版）
第35条　永久基本农田经依法划定后，任何单位和个人不得擅自占用或者改变其用途。国家能源、交通、水利、军事设施等重点建设项目选址确实难以避让永久基本农田，涉及农用地转用或者土地征收的，必须经国务院批准。 禁止通过擅自调整县级土地利用总体规划、乡（镇）土地利用总体规划等方式规避永久基本农田农用地转用或者土地征收的审批。（新增）	／

【解读】

（1）国家能源、交通、水利、军事设施等重点建设项目的选址原则上也应该避让永久基本农田。只有在选址确实难以避让的情况下，才可以报请由国务院对永久基本农田的土地征收和农用地转用问题进行审批。

（2）明确永久基本农田划定后的法律效力，禁止规避永久基本农田利用审批的做法。

12.【土壤改良与提高地力】

新条文（2019年修订版）	原条文（2004年版）
第36条　各级人民政府应当采取措施，引导因地制宜轮作休耕，改良土壤，提高地力，维护排灌工程设施，防止土地荒漠化、盐渍化、水土流失和土壤污染。 （将原第35条修改调整为第36条）	第35条　各级人民政府应当采取措施，维护排灌工程设施，改良土壤，提高地力，防止土地荒漠化、盐渍化、水土流失和污染土地。

【解读】

2016年6月，原农业部等十部委办局《关于印发探索实行耕地轮作休耕制度试点方案的通知》（农农发〔2016〕6号），在部分地区探索实行耕地轮作休耕制度试点，提出以轮作为主、休耕为辅，加快构建耕地轮作休耕制度，促进生态环境改善和资源永续利用。此次将"引导因地制宜轮作休耕"写入法律，使轮作休耕制度进一步常态化，有利于加强耕地保护。

13.【闲置、荒芜土地的处理】

新条文（2019年修订版）	原条文（2004年版）
第38条　禁止任何单位和个人闲置、荒芜耕地。已经办理审批手续的非农业建设占用耕地，一年内不用而又可以耕种并收获的，应当由原耕种该幅耕地的集体或者个人恢复耕种，也可以由用地单位组织耕种；一年以上未动工建设的，应当按照省、自治区、直辖市的规定缴纳闲置费；连续二年未使用的，经原批准机关批准，由县级以上人民政府无偿收回用地单位的土地使用权；该幅土地原为农民集体所有的，应当交由原农村集体经济组织恢复耕种。 在城市规划区范围内，以出让方式取得土地使用权进行房地产开发的闲置土地，依照《中华人民共和国城市房地产管理法》的有关规定办理。 （将原第37条修改调整为第38条，删除原第3款）	第37条　禁止任何单位和个人闲置、荒芜耕地。已经办理审批手续的非农业建设占用耕地，一年内不用而又可以耕种并收获的，应当由原耕种该幅耕地的集体或者个人恢复耕种，也可以由用地单位组织耕种；一年以上未动工建设的，应当按照省、自治区、直辖市的规定缴纳闲置费；连续二年未使用的，经原批准机关批准，由县级以上人民政府无偿收回用地单位的土地使用权；该幅土地原为农民集体所有的，应当交由原农村集体经济组织恢复耕种。 在城市规划区范围内，以出让方式取得土地使用权进行房地产开发的闲置土地，依照《中华人民共和国城市房地产管理法》的有关规定办理。 承包经营耕地的单位或者个人连续二年弃耕抛荒的，原发包单位应当终止承包合同，收回发包的耕地。

【解读】

2019 年 1 月 1 日新实施的《农村土地承包法》第 42 条、第 64 条对"弃耕抛荒"的主体、后果作了明确规定，现行《土地管理法》第 37 条第 3 款的规定与上述规定存在冲突，删除后，有关"弃耕抛荒"行为，执行《农村土地承包法》的规定。

14. 【建设用地申请】

新条文（2019 年修订版）	原条文（2004 年版）
/ （删除原第 43 条）	第 43 条　任何单位和个人进行建设，需要使用土地的，必须依法申请使用国有土地；但是，兴办乡镇企业和村民建设住宅经依法批准使用本集体经济组织农民集体所有的土地的，或者乡（镇）村公共设施和公益事业建设经依法批准使用农民集体所有的土地的除外。 前款所称依法申请使用的国有土地包括国家所有的土地和国家征收的原属于农民集体所有的土地。

【解读】

删除原法第 43 条，为新法第 63 条规定的允许集体经营性建设用地入市流转解除了限制，取消了多年来集体建设用地不能直接进入市场流转的二元体制，改变了过去农村的土地必须征为国有才能进入市场的问题，为城乡一体化发展扫除了制度性的障碍，这是新《土地管理法》的最大亮点之一。

2015 年 2 月 27 日，《全国人民代表大会常务委员会关于授权国务院在北京市大兴区等三十三个试点县（市、区）行政区域暂时调整实施有关法律规定的决定》，授权国务院在 33 个试点县行政区域内暂停实施《土地管理法》的 5 个条款、《城市房地产管理法》的 1 个条款，自此开启了集体经营性建设用地使用权进行流转的试点。

本次新《土地管理法》吸纳了试点地区集体经营性建设用地流转的经验，删去了原法第 43 条，破除了集体经营性建设用地进入市场的法律障碍。

第五章　建设用地

15. 【农用地转用审批】

新条文（2019 年修订版）	原条文（2004 年版）
第 44 条　建设占用土地，涉及农用地转为建设用地的，应当办理农用地转用审批手续。 永久基本农田转为建设用地的，由国务院批准。	第 44 条　建设占用土地，涉及农用地转为建设用地的，应当办理农用地转用审批手续。 省、自治区、直辖市人民政府批准的道路、管

续表

新条文（2019年修订版）	原条文（2004年版）
在土地利用总体规划确定的城市和村庄、集镇建设用地规模范围内，为实施该规划而将永久基本农田以外的农用地转为建设用地的，按土地利用年度计划分批次按照国务院规定由原批准土地利用总体规划的机关或者其授权的机关批准。在已批准的农用地转用范围内，具体建设项目用地可以由市、县人民政府批准。 在土地利用总体规划确定的城市和村庄、集镇建设用地规模范围外，将永久基本农田以外的农用地转为建设用地的，由国务院或者国务院授权的省、自治区、直辖市人民政府批准。 （将原第44条第2款、第3款、第4款修改）	线工程和大型基础设施建设项目、国务院批准的建设项目占用土地，涉及农用地转为建设用地的，由国务院批准。 在土地利用总体规划确定的城市和村庄、集镇建设用地规模范围内，为实施该规划而将农用地转为建设用地的，按土地利用年度计划分批次由原批准土地利用总体规划的机关批准。在已批准的农用地转用范围内，具体建设项目用地可以由市、县人民政府批准。 本条第二款、第三款规定以外的建设项目占用土地，涉及农用地转为建设用地的，由省、自治区、直辖市人民政府批准。

【解读】

新法适应"放管服"改革的要求，对中央和地方的土地审批权限进行了调整，在强化永久基本农田严格保护的前提下，下放农用地转用审批权限，按照是否占用永久基本农田来划分国务院和省级政府的审批权限。

16. **【可实施征收公共利益范围】**

新条文（2019年修订版）	原条文（2004年版）
第45条 为了公共利益的需要，有下列情形之一，确需征收农民集体所有的土地的，可以依法实施征收： （一）军事和外交需要用地的； （二）由政府组织实施的能源、交通、水利、通信、邮政等基础设施建设需要用地的； （三）由政府组织实施的科技、教育、文化、卫生、体育、生态环境和资源保护、防灾减灾、文物保护、社区综合服务、社会福利、市政公用、优抚安置、英烈保护等公共事业需要用地的； （四）由政府组织实施的扶贫搬迁、保障性安居工程建设需要用地的； （五）在土地利用总体规划确定的城镇建设用地范围内，经省级以上人民政府批准由县级以上地方人民政府组织实施的成片开发建设需要用地的； （六）法律规定为公共利益需要可以征收农民集体所有的土地的其他情形。 前款规定的建设活动，应当符合国民经济和社会发展规划、土地利用总体规划、城乡规划和专项规划；第（四）项、第（五）项规定的建设活动，还应当纳入国民经济和社会发展年度计划；	/

续表

新条文（2019年修订版）	原条文（2004年版）
第（五）项规定的成片开发并应当符合国务院自然资源主管部门规定的标准。（新增）	

【解读】

（1）首次对土地征收的"公共利益"进行明确界定，是新《土地管理法》的一大亮点。

（2）《宪法》规定，国家基于公共利益的需要可以对土地实行征收或者征用并给予补偿。但是，对于什么是公共利益，长期以来没有明确的法律规定，特别是原《土地管理法》又规定，任何单位和个人使用土地均必须使用国有土地，加之集体建设用地不能直接进入市场，导致征收成为获得各项建设用地的唯一途径，征地规模不断扩大，被征地农民的合法权益和长远生计得不到有效的保障，影响社会稳定。这次修改在总结试点经验的基础上，采用列举的方式，对于哪些是公共利益可以动用国家征收权作出了明确的界定，将有利于缩小征地范围，限制征地权滥用。

（3）将"成片开发建设需要用地"的情形纳入"公共利益"范畴，虽未对何为"成片开发"作定义，但对成片开发的前提进行了限定，即须"经省级以上人民政府批准由县级以上地方人民政府组织实施的"项目。同时，根据该条第2款，成片开发的标准由国务院自然资源主管部门规定，届时，何为"成片开发"将得以进一步明确。

17.【国家建设土地征收】

新条文（2019年修订版）	原条文（2004年版）
第46条　征收下列土地的，由国务院批准： （一）永久基本农田； （二）永久基本农田以外的耕地超过三十五公顷的； （三）其他土地超过七十公顷的。 征收前款规定以外的土地，由省、自治区、直辖市人民政府批准。 征收农用地的，应当依照本法第44条的规定先行办理农用地转用审批。其中，经国务院批准农用地转用的，同时办理征地审批手续，不再另行办理征地审批；经省、自治区、直辖市人民政府在征地批准权限内批准农用地转用的，同时办理征地审批手续，不再另行办理征地审批，超过征地批准权限的，应当依照本条第一款的规定另行办理征地审批。 （将原第45条修改调整为第46条）	第45条　征收下列土地的，由国务院批准： （一）基本农田； （二）基本农田以外的耕地超过三十五公顷的； （三）其他土地超过七十公顷的。 征收前款规定以外的土地，由省、自治区、直辖市人民政府批准，并报国务院备案。 征收农用地的，应当依照本法第44条的规定先行办理农用地转用审批。其中，经国务院批准农用地转用的，同时办理征地审批手续，不再另行办理征地审批；经省、自治区、直辖市人民政府在征地批准权限内批准农用地转用的，同时办理征地审批手续，不再另行办理征地审批，超过征地批准权限的，应当依照本条第一款的规定另行办理征地审批。

【解读】

原《土地管理法》规定，省、自治区、直辖市人民政府批准征地，需报国务院备案。新法删去了"并报国务院备案"的规定，按照"谁审批，谁负责"的原则，取消省级征地批准报国务院备案的规定。与新法第44条规定的审批权限保持一致。

18.【征地方案实施】

新条文（2019 年修订版）	原条文（2004 年版）
第47条　国家征收土地的，依照法定程序批准后，由县级以上地方人民政府予以公告并组织实施。 县级以上地方人民政府拟申请征收土地的，应当开展拟征收土地现状调查和社会稳定风险评估，并将征收范围、土地现状、征收目的、补偿标准、安置方式和社会保障等在拟征收土地所在的乡（镇）和村、村民小组范围内公告至少三十日，听取被征地的农村集体经济组织及其成员、村民委员会和其他利害关系人的意见。 多数被征地的农村集体经济组织成员认为征地补偿安置方案不符合法律、法规规定的，县级以上地方人民政府应当组织召开听证会，并根据法律、法规的规定和听证会情况修改方案。 拟征收土地的所有权人、使用权人应当在公告规定期限内，持不动产权属证明材料办理补偿登记。 县级以上地方人民政府应当组织有关部门测算并落实有关费用，保证足额到位，与拟征收土地的所有权人、使用权人就补偿、安置等签订协议；个别确实难以达成协议的，应当在申请征收土地时如实说明。 相关前期工作完成后，县级以上地方人民政府方可申请征收土地。 （将原第46条、第48条修改合并）	第46条　国家征收土地的，依照法定程序批准后，由县级以上地方人民政府予以公告并组织实施。 被征收土地的所有权人、使用权人应当在公告规定期限内，持土地权属证书到当地人民政府土地行政主管部门办理征地补偿登记。 第48条　征地补偿安置方案确定后，有关地方人民政府应当公告，并听取被征地的农村集体经济组织和农民的意见。

【解读】

（1）改革土地征收程序。一是新设置了土地征收批准前的公告程序；二是设置了征地补偿安置方案听证程序，进一步落实了被征地的农村集体经济组织和农民在整个征地过程的知情权、参与权和监督权，有利于更好地保护农民和集体经济组织利益。

（2）倡导和谐征地，征地报批以前，县级以上地方政府必须与拟征收土地的所有权人、使用权人就补偿安置等签订协议。

19. 【征地补偿】

新条文（2019年修订版）	原条文（2004年版）
第48条　征收土地应当给予公平、合理的补偿，保障被征地农民原有生活水平不降低、长远生计有保障。 征收土地应当依法及时足额支付土地补偿费、安置补助费以及农村村民住宅、其他地上附着物和青苗等的补偿费用，并安排被征地农民的社会保障费用。 征收农用地的土地补偿费、安置补助费标准由省、自治区、直辖市通过制定公布区片综合地价确定。制定区片综合地价应当综合考虑土地原用途、土地资源条件、土地产值、土地区位、土地供求关系、人口以及经济社会发展水平等因素，并至少每三年调整或者重新公布一次。 征收农用地以外的其他土地、地上附着物和青苗等的补偿标准，由省、自治区、直辖市制定。对其中的农村村民住宅，应当按照先补偿后搬迁、居住条件有改善的原则，尊重农村村民意愿，采取重新安排宅基地建房、提供安置房或者货币补偿等方式给予公平、合理的补偿，并对因征收造成的搬迁、临时安置等费用予以补偿，保障农村村民居住的权利和合法的住房财产权益。 县级以上地方人民政府应当将被征地农民纳入相应的养老等社会保障体系。被征地农民的社会保障费用主要用于符合条件的被征地农民的养老保险等社会保险缴费补贴。被征地农民社会保障费用的筹集、管理和使用办法，由省、自治区、直辖市制定。 （将原第47条修改调整为第48条）	第47条　征收土地的，按照被征收土地的原用途给予补偿。 征收耕地的补偿费用包括土地补偿费、安置补助费以及地上附着物和青苗的补偿费。征收耕地的土地补偿费，为该耕地被征收前三年平均年产值的六至十倍。征收耕地的安置补助费，按照需要安置的农业人口数计算。需要安置的农业人口数，按照被征收的耕地数量除以征地前被征收单位平均每人占有耕地的数量计算。每一个需要安置的农业人口的安置补助费标准，为该耕地被征收前三年平均年产值的四至六倍。但是，每公顷被征收耕地的安置补助费，最高不得超过被征收前三年平均年产值的十五倍。 征收其他土地的土地补偿费和安置补助费标准，由省、自治区、直辖市参照征收耕地的土地补偿费和安置补助费的标准规定。 被征收土地上的附着物和青苗的补偿标准，由省、自治区、直辖市规定。 征收城市郊区的菜地，用地单位应当按照国家有关规定缴纳新菜地开发建设基金。 依照本条第2款的规定支付土地补偿费和安置补助费，尚不能使需要安置的农民保持原有生活水平的，经省、自治区、直辖市人民政府批准，可以增加安置补助费。但是，土地补偿费和安置补助费的总和不得超过土地被征收前三年平均年产值的三十倍。 国务院根据社会、经济发展水平，在特殊情况下，可以提高征收耕地的土地补偿费和安置补助费的标准。

【解读】

（1）首次将国务院《关于深化改革严格土地管理的决定》（国发〔2004〕28号）提出的"保障被征地农民原有生活水平不降低、长远生计有保障"的补偿原则上升为法律规定。

（2）原法规定按照被征收土地的原用途给予补偿，按照年产值倍数法确定土地补偿费和安置补助费。新《土地管理法》以区片综合地价取代原来的年产值倍数法，在原来的土地补偿费、安置补助费、地上附着物和青苗补偿费的基础上，增加农村村民住宅补偿费用和被征地农民社会保障费用的规定，从法律上为被征地农民构建更加完善的保障机制。

20. 【土地有偿使用费的缴纳和使用】

新条文（2019年修订版）	原条文（2004年现行版）
第55条　以出让等有偿使用方式取得国有土地使用权的建设单位，按照国务院规定的标准和办法，缴纳土地使用权出让金等土地有偿使用费和其他费用后，方可使用土地。 自本法施行之日起，新增建设用地的土地有偿使用费，百分之三十上缴中央财政，百分之七十留给有关地方人民政府。具体使用管理办法由国务院财政部门会同有关部门制定，并报国务院批准。 （将原第55条第2款修改）	第55条　以出让等有偿使用方式取得国有土地使用权的建设单位，按照国务院规定的标准和办法，缴纳土地使用权出让金等土地有偿使用费和其他费用后，方可使用土地。 自本法施行之日起，新增建设用地的土地有偿使用费，百分之三十上缴中央财政，百分之七十留给有关地方人民政府，都专项用于耕地开发。

【解读】

新法删去了"新增建设用地土地有偿使用费专项用于耕地开发"的规定，转而规定"具体使用管理办法由国务院财政部门会同有关部门制定，并报国务院批准"。此与2006年11月财政部、原国土资源部、中国人民银行《关于调整新增建设用地土地有偿使用费政策等问题的通知》（财综〔2006〕48号）针对新增建设用地土地有偿使用费使用管理的规定保持一致。自此，新增建设用地土地有偿使用费可用于永久基本农田建设和保护、土地整理等开支。

21. 【国有土地使用权的收回】

新条文（2019年修订版）	原条文（2004年版）
第58条　有下列情形之一的，由有关人民政府自然资源主管部门报经原批准用地的人民政府或者有批准权的人民政府批准，可以收回国有土地使用权： （一）为实施城市规划进行旧城区改建以及其他公共利益需要，确需使用土地的； （二）土地出让等有偿使用合同约定的使用期限届满，土地使用者未申请续期或者申请续期未获批准的； （三）因单位撤销、迁移等原因，停止使用原划拨的国有土地的； （四）公路、铁路、机场、矿场等经核准报废的。 依照前款第（一）项的规定收回国有土地使用权的，对土地使用权人应当给予适当补偿。 （将原第58条修改）	第58条　有下列情形之一的，由有关人民政府土地行政主管部门报经原批准用地的人民政府或者有批准权的人民政府批准，可以收回国有土地使用权： （一）为公共利益需要使用土地的； （二）为实施城市规划进行旧城区改建，需要调整使用土地的； （三）土地出让等有偿使用合同约定的使用期限届满，土地使用者未申请续期或者申请续期未获批准的； （四）因单位撤销、迁移等原因，停止使用原划拨的国有土地的； （五）公路、铁路、机场、矿场等经核准报废的。 依照前款第（一）项、第（二）项的规定收回国有土地使用权的，对土地使用权人应当给予适当补偿。

【解读】

对原法第 58 条第 1 款的前两项内容进行了整合，将旧城改建列入了公共利益的范围。

22.【农村村民住宅用地审批】

新条文（2019年修订版）	原条文（2004年版）
第62条　农村村民一户只能拥有一处宅基地，其宅基地的面积不得超过省、自治区、直辖市规定的标准。 人均土地少、不能保障一户拥有一处宅基地的地区，县级人民政府在充分尊重农村村民意愿的基础上，可以采取措施，按照省、自治区、直辖市规定的标准保障农村村民实现户有所居。 农村村民建住宅，应当符合乡（镇）土地利用总体规划、村庄规划，不得占用永久基本农田，并尽量使用原有的宅基地和村内空闲地。编制乡（镇）土地利用总体规划、村庄规划应当统筹并合理安排宅基地用地，改善农村村民居住环境和条件。 农村村民住宅用地，由乡（镇）人民政府审核批准；其中，涉及占用农用地的，依照本法第44条的规定办理审批手续。 农村村民出卖、出租、赠与住宅后，再申请宅基地的，不予批准。 国家允许进城落户的农村村民依法自愿有偿退出宅基地，鼓励农村集体经济组织及其成员盘活利用闲置宅基地和闲置住宅。 国务院农业农村主管部门负责全国农村宅基地改革和管理有关工作。 （将原第62条第2款、第3款、第4款修改）	第62条　农村村民一户只能拥有一处宅基地，其宅基地的面积不得超过省、自治区、直辖市规定的标准。 农村村民建住宅，应当符合乡（镇）土地利用总体规划，并尽量使用原有的宅基地和村内空闲地。 农村村民住宅用地，经乡（镇）人民政府审核，由县级人民政府批准；其中，涉及占用农用地的，依照本法第44条的规定办理审批手续。 农村村民出卖、出租住房后，再申请宅基地的，不予批准。

【解读】

（1）在原来一户一宅的基础上，增加宅基地户有所居的规定，这是对一户一宅制度的重大补充和完善。

（2）农村村民住宅用地的审批权限由原法规定的县级人民政府下放到乡（镇）人民政府。

（3）进城落户的农村村民退出宅基地的原则明确为"自愿有偿"，不得强制。

（4）明确宅基地改革和管理工作的主管部门为农业农村主管部门，而非自然资源主管部门。

23. 【集体经营性建设用地入市】

新条文（2019年修订版）	原条文（2004年版）
第63条　土地利用总体规划、城乡规划确定为工业、商业等经营性用途，并经依法登记的集体经营性建设用地，土地所有权人可以通过出让、出租等方式交由单位或者个人使用，并应当签订书面合同，载明土地界址、面积、动工期限、使用期限、土地用途、规划条件和双方其他权利义务。 前款规定的集体经营性建设用地出让、出租等，应当经本集体经济组织成员的村民会议三分之二以上成员或者三分之二以上村民代表的同意。 通过出让等方式取得的集体经营性建设用地使用权可以转让、互换、出资、赠与或者抵押，但法律、行政法规另有规定或者土地所有权人、土地使用权人签订的书面合同另有约定的除外。 集体经营性建设用地的出租，集体建设用地使用权的出让及其最高年限、转让、互换、出资、赠与、抵押等，参照同类用途的国有建设用地执行。具体办法由国务院制定。 （将原第63条修改）	第63条　农民集体所有的土地的使用权不得出让、转让或者出租用于非农业建设；但是，符合土地利用总体规划并依法取得建设用地的企业，因破产、兼并等情形致使土地使用权依法发生转移的除外。

【解读】

集体经营性建设用地入市是这次《土地管理法》修改最大的亮点。

（1）明确集体经营性建设用地入市：一要符合规划，规划必须是工业或者商业等经营性用途。二要经过依法登记。三是在每年的土地利用年度计划中要作出安排。四是要按原来规划的用途来使用土地。对于集体经营性建设用地（工业、商业等用途）通过流转用于非农业用途，以及使用权的再流转提供了法律依据。

（2）本条规定了农村集体经营性建设用地可以通过出让、出租等方式直接入市，同时赋予了农村集体经营性建设用地出让、租赁、作价出资，或者入股及转让、出租、抵押的权能。这一修改为落实同等入市、同权同价和建立城乡统一的建设用地市场奠定了法律基础。

24. 【集体建设用地使用限制】

新条文（2019年修订版）	原条文（2004年版）
第64条　集体建设用地的使用者应当严格按照土地利用总体规划、城乡规划确定的用途使用土地。 （新增）	/

【解读】

明确了集体建设用地利用的条件，即符合规划、符合规定用途。

25.【收回集体土地使用权的情形】

新条文（2019年修订版）	原条文（2004年版）
第66条　有下列情形之一的，农村集体经济组织报经原批准用地的人民政府批准，可以收回土地使用权： （一）为乡（镇）村公共设施和公益事业建设，需要使用土地的； （二）不按照批准的用途使用土地的； （三）因撤销、迁移等原因而停止使用土地的。 依照前款第（一）项规定收回农民集体所有的土地的，对土地使用权人应当给予适当补偿。 收回集体经营性建设用地使用权，依照双方签订的书面合同办理，法律、行政法规另有规定的除外。（将原第65条修改调整为第66条）	第65条　有下列情形之一的，农村集体经济组织报经原批准用地的人民政府批准，可以收回土地使用权：（一）为乡（镇）村公共设施和公益事业建设，需要使用土地的；（二）不按照批准的用途使用土地的；（三）因撤销、迁移等原因而停止使用土地的。 依照前款第（一）项规定收回农民集体所有的土地的，对土地使用权人应当给予适当补偿。

【解读】

明确了集体建设用地使用权收回审批主体、情形及相关的要求。

第六章　监督检查

26.【土地监督检查机关和人员】

新条文（2019年修订版）	原条文（2004年版）
第67条　县级以上人民政府自然资源主管部门对违反土地管理法律、法规的行为进行监督检查。 县级以上人民政府农业农村主管部门对违反农村宅基地管理法律、法规的行为进行监督检查的，适用本法关于自然资源主管部门监督检查的规定。 土地管理监督检查人员应当熟悉土地管理法律、法规，忠于职守、秉公执法。 （将原第66条修改调整为第67条）	第66条　县级以上人民政府土地行政主管部门对违反土地管理法律、法规的行为进行监督检查。 土地管理监督检查人员应当熟悉土地管理法律、法规，忠于职守、秉公执法。

【解读】

明确了农业农村主管部门在宅基地监督管理方面的主体职责。

27.【行政处分】

新条文（2019 年修订版）	原条文（2004 年版）
第 71 条　县级以上人民政府自然资源主管部门在监督检查工作中发现国家工作人员的违法行为，依法应当给予处分的，应当依法予以处理；自己无权处理的，应当依法移送监察机关或者有关机关处理。 （将原第 70 条修改调整为第 71 条）	第 70 条　县级以上人民政府土地行政主管部门在监督检查工作中发现国家工作人员的违法行为，依法应当给予行政处分的，应当依法予以处理；自己无权处理的，应当向同级或者上级人民政府的行政监察机关提出行政处分建议书，有关行政监察机关应当依法予以处理。

【解读】

与 2018 年《监察法》改革相衔接，保持一致。

第七章　法律责任

28.【破坏耕地的法律责任】

新文（2019 年修订版）	原条文（2004 年版）
第 75 条　违反本法规定，占用耕地建窑、建坟或者擅自在耕地上建房、挖砂、采石、采矿、取土等，破坏种植条件的，或者因开发土地造成土地荒漠化、盐渍化的，由县级以上人民政府自然资源主管部门、农业农村主管部门等按照职责责令限期改正或者治理，可以并处罚款；构成犯罪的，依法追究刑事责任。 （将原第 74 条调整修改为第 75 条）	第 74 条　违反本法规定，占用耕地建窑、建坟或者擅自在耕地上建房、挖砂、采石、采矿、取土等，破坏种植条件的，或者因开发土地造成土地荒漠化、盐渍化的，由县级以上人民政府土地行政主管部门责令限期改正或者治理，可以并处罚款；构成犯罪的，依法追究刑事责任。

【解读】

理顺、明确主管部门，将"土地行政主管部门"修改为"自然资源主管部门、农业农村主管部门等"。

29.【农村村民非法占用土地建住宅的法律责任】

新条文（2019 年修订版）	原条文（2004 年版）
第 78 条　农村村民未经批准或者采取欺骗手段骗取批准，非法占用土地建住宅的，由县级以上人民政府农业农村主管部门责令退还非法占用的土地，限期拆除在非法占用的土地上新建的房屋。 超过省、自治区、直辖市规定的标准，多占的土地以非法占用土地论处。 （将原第 77 条调整修改为第 78 条）	第 77 条　农村村民未经批准或者采取欺骗手段骗取批准，非法占用土地建住宅的，由县级以上人民政府土地行政主管部门责令退还非法占用的土地，限期拆除在非法占用的土地上新建的房屋。 超过省、自治区、直辖市规定的标准，多占的土地以非法占用土地论处。

【解读】

理顺、明确主管部门，将"土地行政主管部门"修改为"农业农村主管部门"。

30. 【擅自将农村集体所有土地使用权出让、转让、出租的法律责任】

新条文（2019年修订版）	原条文（2004年版）
第82条　擅自将农民集体所有的土地通过出让、转让使用权或者出租等方式用于非农业建设，或者违反本法规定，将集体经营性建设用地通过出让、出租等方式交由单位或者个人使用的，由县级以上人民政府自然资源主管部门责令限期改正，没收违法所得，并处罚款。 （将原第81条调整修改为第82条）	第81条　擅自将农民集体所有的土地的使用权出让、转让或者出租用于非农业建设的，由县级以上人民政府土地行政主管部门责令限期改正，没收违法所得，并处罚款。

【解读】

增加违法使用集体经营性建设用地的行政责任。

31. 【不依法办理土地变更登记的法律责任】

新条文（2019年修订版）	原条文（2004年版）
/ （删除原第82条）	第82条　不依照本法规定办理土地变更登记的，由县级以上人民政府土地行政主管部门责令其限期办理。

【解读】

与《不动产登记暂行条例》的规定相衔接，不再单独将未按规定办理土地变更登记作为行政手段规制的对象。

32. 【土地行政主管部门工作人员法律责任】

新条文（2019年修订版）	原条文（2004年版）
第84条　自然资源主管部门、农业农村主管部门的工作人员玩忽职守、滥用职权、徇私舞弊，构成犯罪的，依法追究刑事责任；尚不构成犯罪的，依法给予处分。 （将原第84条修改）	第84条　土地行政主管部门的工作人员玩忽职守、滥用职权、徇私舞弊，构成犯罪的，依法追究刑事责任；尚不构成犯罪的，依法给予行政处分。

【解读】

理顺、明确责任部门，将"土地行政主管部门"修改为"自然资源主管部门、农业农村主管部门"。

第八章　附则

33.【外商投资企业使用土地的法律适用】

新条文（2019年修订版）	原条文（2004年版）
第85条　外商投资企业使用土地的，适用本法；法律另有规定的，从其规定。 （将原85条修改）	第85条　中外合资经营企业、中外合作经营企业、外资企业使用土地的，适用本法；法律另有规定的，从其规定。

【解读】

衔接于2020年1月1日起施行的《外商投资法》，同时，《中外合资经营企业法》《外资企业法》《中外合作经营企业法》废止。

34.【"多规合一"改革过渡期的规划衔接】

新条文（2019年修订版）	原条文（2004年版）
第86条　在根据本法第十八条的规定编制国土空间规划前，经依法批准的土地利用总体规划和城乡规划继续执行。（新增）	/

【解读】

解决"多规合一"改革过渡期的规划衔接问题，明确编制国土空间规划前，经依法批准的土地利用总体规划和城乡规划继续执行。

集体经营性建设用地入市的规则供给和法律障碍

袁　贵

一、引言

我国《土地管理法》第9条规定："城市市区的土地属于国家所有。农村和城市郊区的土地，除由法律规定属于国家所有的以外，属于农民集体所有；宅基地和自留地、自留山，属于农民集体所有。"此即为我国土地的公有制和土地所有权的"二分法"。长久以来，我国实行城乡二元的发展模式，国有土地和集体所有土地"同地不同权，同权不同价"的现实状况是城乡二元化发展的主要体现。根据《土地管理法》第4条的规定，我国实行土地用途管制制度，土地根据用途的不同，可被分为农用地，建设用地和未利用地。根据《土地管理法》第4条的定义，建设用地是指建造建筑物、构筑物的土地，包括城乡住宅和公共设施用地、工矿用地、交通水利设施用地、旅游用地、军事设施用地等。我国《民法典》规定了所有权、用益物权、担保物权三类物权，用益物权又包括土地承包经营权、建设用地使用权、宅基地使用权、居住权、地役权五类。根据土地所有权类型的不同，建设用地使用权又可被分为国有建设用地使用权和集体建设用地使用权（但学界对此有争议，有观点认为建设用地使用权仅指国有建设用地使用权[1]）。本文探讨的集体经营性建设用地使用权属于集体建设用地使用权的下位概念，集体建设用地使用权还包括集体公益性建设用地使用权。

原《土地管理法》（2004年修正）第43条[2]和第63条[3]对集体建设用地使用权的入市流转进行了限制性规定，集体建设用地使用权只有在特殊情况下才能发生"被动"流转，而不能"主动"流转。在当时的法律制度下，集体所有的土地只有通

〔1〕 宋志红：《集体建设用地使用权设立的难点问题探讨——兼析〈民法典〉和〈土地管理法〉有关规则的理解与适用》，载《中外法学》2020年第4期。

〔2〕 《土地管理法》（2004年修正）第43条规定："任何单位和个人进行建设，需要使用土地的，必须依法申请使用国有土地；但是，兴办乡镇企业和村民建设住宅经依法批准使用本集体经济组织农民集体所有的土地的，或者乡（镇）村公共设施和公益事业建设经依法批准使用农民集体所有的土地的除外。前款所称依法申请使用的国有土地包括国家所有的土地和国家征收的原属于农民集体所有的土地。"

〔3〕 《土地管理法》（2004年修正）第63条规定："农民集体所有的土地的使用权不得出让、转让或者出租用于非农业建设；但是，符合土地利用总体规划并依法取得建设用地的企业，因破产、兼并等情形致使土地使用权依法发生转移的除外。"

过征收变为国有土地后，才能进入土地市场。2014 年 12 月《关于农村土地征收、集体经营性建设用地入市、宅基地制度改革试点工作的意见》（简称《三项制度改革试点意见》），明确规定完善农村集体经营性建设用地产权制度，赋予农村集体经营性建设用地出让、租赁、入股权能；明确农村集体经营性建设用地入市范围和途径，建立健全市场交易规则和服务监管制度。2015 年 2 月，全国人民代表大会常务委员会授权国务院在 33 个试点地区暂时调整实施《土地管理法》第 43 条和第 63 条，以及《城市房地产管理法》第 9 条有关集体经营性建设用地入市的相关规定。

2019 年 8 月 26 日全国人民代表大会常务委员会修改通过了《土地管理法》[以下称"新《土地管理法》"或"《土地管理法》（2019 年修正）"]，在删去原《土地管理法》第 43 条的同时，于第 63 条[1]赋予了集体经营性建设用地入市权能，并对入市方式、表决程序、二次流转等问题作了相关规定。至此，集体经营性建设用地入市有了法律依据，成为时下被热烈讨论的热点问题。但需注意的是，我国《宪法》第 10 条第 4 款规定："任何组织或者个人不得侵占、买卖或者以其他形式非法转让土地。土地使用权可以依照法律的规定转让。"因此，所谓集体经营性建设用地入市，入市交易的客体是"土地使用权"，而非土地所有权或土地本身。因此，更为准确的表述应为"集体经营性建设用地使用权入市"。

二、现有法律规则供给下集体经营性建设用地入市的法律途径

在当前的法律规则供给下，集体经营性建设用地入市有哪些可能的法律途径？就此问题，本文将分别从入市主体、入市客体、入市方式等三个方面做简要探讨。

（一）入市主体

集体经营性建设用地使用权入市作为一种物权处分行为，理应由所有权人作为入市主体行使。根据法律规定，农村土地属于农民集体所有，具体包括村农民集体、乡镇农民集体，以及村民小组农民集体三种所有权主体。但"农民集体"只是一个虚位概念，法律并未赋予"农民集体"这一概念相应的民事主体地位。根据《民法典》第 262 条的规定，农民集体所有权由农村集体经济组织或村民委员会代为行使，值得注意的是，《民法典》在"总则编"中赋予了农村集体经济组织和村民委员会特别法人的法律地位。农村集体经济组织和村民委员会作为法人民事主体，可以名正言顺地参与经济活动。因此，实践中，应由农村集体经济组织或村民委员会作为集体经营性建设

---

[1]《土地管理法》（2019 年修正）第 63 条："土地利用总体规划、城乡规划确定为工业、商业等经营性用途，并经依法登记的集体经营性建设用地，土地所有权人可以通过出让、出租等方式交由单位或者个人使用，并应当签订书面合同，载明土地界址、面积、动工期限、使用期限、土地用途、规划条件和双方其他权利义务。前款规定的集体经营性建设用地出让、出租等，应当经本集体经济组织成员的村民会议三分之二以上成员或者三分之二以上村民代表的同意。通过出让等方式取得的集体经营性建设用地使用权可以转让、互换、出资、赠与或者抵押，但法律、行政法规另有规定或者土地所有权人、土地使用权人签订的书面合同另有约定的除外。集体经营性建设用地的出租，集体建设用地使用权的出让及其最高年限、转让、互换、出资、赠与、抵押等，参照同类用途的国有建设用地执行。具体办法由国务院制定。"

用地的入市主体，代表"农民集体"行使所有权，作为合同甲方与土地使用权受让方签订合同。但农村集体经济组织和村民委员会属于不同的概念，应优先由农村集体经济组织还是应优先由村民委员会来作为入市主体？笔者认为，《民法典》第101条规定："居民委员会、村民委员会具有基层群众性自治组织法人资格，可以从事为履行职能所需要的民事活动。未设立村集体经济组织的，村民委员会可以依法代行村集体经济组织的职能。"可见，集体经营性建设用地入市作为一项经济活动，应优先由农村集体经济组织作为入市主体，只有在没有设立农村集体经济组织的地区，才由村民委员会作为入市主体。

现实中，因为法定入市主体自身能力不足等原因，还存在委托第三方具有法人资格的主体代为实施入市的情况，从33个试点地区来看，主要可分为以下几类：①乡镇政府或街道办事处，多见于土地属于乡镇农民集体所有的情形。②乡镇政府下属企业，主要是指镇街资产管理公司。③政府下属的事业单位性质的土地整备中心。④若干个农村集体经济组织形成的联合体。⑤其他具有法人资格的市场主体。

（二）入市客体

实际上，按照当前的法律规定，允许入市的集体经营性建设用地的客体范围尚存在一定争议，主要表现在"存量"和"增量"之争。按照2014年《三项制度改革试点意见》的精神，只有存量集体经营性建设用地才能入市，所谓存量集体经营性建设用地，是指在兴办乡镇企业的过程中形成的可用于非农业经营的建设用地，[1]但在2015年全国人民代表大会常务委员会授权国务院在33个地区开展改革试点后，许多地区入市的集体经营性建设用地并不仅限于存量集体经营性建设用地，还包括大量的增量集体经营性建设用地。

新《土地管理法》第63条规定："土地利用总体规划、城乡规划确定为工业、商业等经营性用途，并经依法登记的集体经营性建设用地，土地所有权人可以通过出让、出租等方式交由单位或者个人使用，……"有观点认为，这里的"经依法登记的集体经营性建设用地"，是指集体经营性建设用地使用权原已出让，后因闲置被集体经济组织收回的建设用地。[2]因此，新《土地管理法》允许入市的集体经营性建设用地仍限于存量集体经营性建设用地。但也有观点认为，从文义解释上看，新《土地管理法》第63条对集体经营性建设用地并无"存量"的限制，因此新《土地管理法》并未将增量集体经营性建设用地排除在可供入市的客体范围之外。

笔者赞同后一种观点：一来，排除增量集体经营性建设用地并不符合实际中广大地区的需求。二来，可供入市的存量集体经营性建设用地并不多，若只允许存量集体经营性建设用地入市，势必无法实现"建立城乡统一的土地市场"的改革目标，也与

---

〔1〕 陈小君：《我国农村土地法律制度变革的思路与框架——十八届三中全会〈决定〉相关内容解读》，载《法学研究》2014年第4期。

〔2〕 高圣平：《论集体建设用地使用权的法律构造》，载《法学杂志》2019年第4期。

乡村振兴的战略目标相违背。三来，随着城镇化的发展，许多农民进城务工，并落户成为城镇居民，导致农村出现了大量闲置的宅基地，若不对闲置的宅基地加以利用，则是对土地资源的极大浪费，也不利于盘活农村资源、实现乡村振兴。2019 年 4 月 15 日，中共中央、国务院发布的《关于建立健全城乡融合发展体制机制和政策体系的意见》第 8 条指出："允许村集体在农民自愿前提下，依法把有偿收回的闲置宅基地、废弃的集体公益性建设用地转变为集体经营性建设用地入市。"按照这一规定的精神，允许入市的集体经营性建设用地不应局限于存量集体经营性建设用地。

（三）入市方式

新《土地管理法》第 63 条规定："土地利用总体规划、城乡规划确定为工业、商业等经营性用途，并经依法登记的集体经营性建设用地，土地所有权人可以通过出让、出租等方式交由单位或者个人使用，……"集体经营性建设用地进入土地一级市场的方式包括出让、出租等。这种规定在立法之初就受到了部分学者的批评，[1] 原因在于，从法理上讲，集体经营性建设用地入市实质上是集体经营性建设用地使用权入市，但采用"出租"的方式入市并不会导致物权上的设权行为效力，而只会产生债权性质的"土地使用权"。根据《民法典》第 347 条的规定，设立建设用地使用权，可以采用出让或者划拨等方式。可见，设立国有建设用地使用权的方式也不包括出租。

另外，根据该条的规定，集体经营性建设用地的入市方式还涉及是否包括"入股""抵押"等方式的讨论。此种方式虽未在新《土地管理法》第 63 条之中被明确列举，但本文认为：一来，《三项制度改革试点意见》等相关政策性文件明确"入股"是集体经营性建设用地的入市方式之一；二来，将集体经营性建设用地使用权"入股"的法律后果其实也是建设用地使用权的出让，可包含在新《土地管理法》第 63 条规定的"等"方式中。而将集体经营性建设用地使用权用于"抵押"，若抵押权人不能实现被担保的债权而选择实现抵押权，其法律后果也是产生集体经营性建设用地使用权的转移。因此，"抵押"的方式也应被包含在"等"中。

新《土地管理法》第 63 条第 3 款规定："通过出让等方式取得的集体经营性建设用地使用权可以转让、互换、出资、赠与或者抵押，但法律、行政法规另有规定或者土地所有权人、土地使用权人签订的书面合同另有约定的除外。"按照该条款的规定，集体经营性建设用地使用权进入一级市场后，还可以通过转让、互换、出资、赠与或者抵押等方式进入二级市场。但需注意的是，采用出租方式进入一级市场的集体经营性建设用地被禁止进入二级市场，这是因为，出租方式并不会产生物权性质的"使用权"。

---

[1] 高圣平：《论集体建设用地使用权的法律构造》，载《法学杂志》2019 年第 4 期。

三、当前集体经营性建设用地入市面临的法律障碍

尽管集体经营性建设用地入市是民心所向、大势所趋，也是国家的发展改革战略方向，新《土地管理法》的出台也进行了立法回应。但不无遗憾的是，《民法典》"物权编"却并没有对这一问题进行更多的立法规制和规则供给。在当前的法律体系下，集体经营性建设用地入市主要还存在以下几个方面的法律障碍。

（一）城市规划区内的集体经营性建设用地能否入市

我国新《土地管理法》第9条规定："城市市区的土地属于国家所有。农村和城市郊区的土地，除由法律规定属于国家所有的以外，属于农民集体所有；宅基地和自留地、自留山，属于农民集体所有。"在上述规定的原则下，城市的土地属于国家所有，但随着城镇化的不断发展，城市的范围在不断扩张，必然会导致原属于集体所有的土地如何变成国家所有的问题。

根据《土地管理法实施条例》第2条第5款的规定，农村集体经济组织全部成员转为城镇居民的，原属于其成员集体所有的土地属于国家所有。因此，在城镇化发展的进程中，通过征收程序或村民成建制地转为城镇居民而将集体土地国有化。但现实中大量存在集体土地国有化不完全的现象，也就是俗称的"城中村"现象。那么，在允许集体经营性建设用地直接入市的法律背景下，城市规划区内符合条件的集体经营性建设用地能否直接入市则又成了值得探讨的问题，这就是所谓的"区内""区外"之争。

笔者认为，城市规划区内的集体经营性建设用地宜通过征收程序收归国有后入市，从而维护城市土地属于国家所有这一基本原则，至于有学者担心的征收程序会在一定程度上损害农民的土地财产权利，不利于实现"同等入市，同权同价"改革目标的问题，笔者认为，虽然国家的改革政策在于缩小征地范围，但这并不代表土地征收应予以禁止，只是要合理控制征收的条件，以协调征地和直接入市之间的边界，至于农民的土地财产权利，则完全可以通过提高征地补偿标准的方式得以补偿。

（二）集体经营性建设用地使用权是否为《民法典》明确规定的用益物权尚存争议

就集体经营性建设用地使用权的法律属性，学界基本已达成共识，即应属于用益物权的一种，但集体经营性建设用地使用权作为一种用益物权却始终未获《民法典》的正名。我国《民法典》第344条规定："建设用地使用权人依法对国家所有的土地享有占有、使用和收益的权利，有权利用该土地建造建筑物、构筑物及其附属设施。"根据该条规定，建设用地使用权的客体特指"国家所有的土地"，而不包括"集体所有的土地"。因此，《民法典》第344条至第360条的规定应只适用于国有土地的建设用地使用权。而关于集体经营性建设用地使用权，《民法典》只在第361条作出了转介性的规定：集体所有的土地作为建设用地的，应当依照土地管理的法律规定办理。

尽管有学者认为，按照《民法典》第344条的规定可推定建设用地使用权包括集

体建设用地使用权。[1]但笔者从文义解释的角度出发，并不认同该观点。《民法典》第361条转介性的规定，实际上是为这一问题留下了空间，只是在当前相关时机尚不成熟的情况下，先暂时以《土地管理法》进行调整。至于《土地管理法》等法律，虽有提及集体经营性建设用地使用权等相关概念，但《土地管理法》作为一部承担行政管理职能的法律，并不具备设定物权的效力。因此，根据物权法定原则，虽然集体建设用地使用权已经成为一种"事实物权"，但仍缺乏法律承认的物权身份。

而在集体经营性建设用地入市流转的过程中，集体经营性建设用地使用权在法律上的缺位必将导致确权登记困难。一项对湖北省72村的调研数据显示：办理集体建设用地使用权证的状况不佳，只有28.4%的土地进行了土地确权颁证。[2]由于确权是入市的基础，确权困难必将导致入市受阻。

（三）当前的配套制度尚不能满足实践需要

党的十八届三中全会提出要构建城乡统一的建设用地使用权市场，要实现集体经营性建设用地与国有建设用地"同等入市、同权同价"。但实现"同地同权同价"的前提是有一整套完备的制度规则，以为实践中的操作者提供足够的操作指引。《民法典》第344条至第360条对国有建设用地使用权的入市流转提供了较为充分的制度规则。但跟国有建设用地使用权的入市制度相比，集体经营性建设用地入市目前在法律层面的规则供给仅来源于新《土地管理法》第63条，虽然第63条对集体经营性建设用地入市的前提条件、入市方式、合同签订的内容、集体表决方式等都作出了一定的规定，但这一原则性的规定显然不能满足实际操作的规则需求。因此，在33个试点地区出现了大量的规范性文件予以弥补，但各地的规定却存在较大差异，对法治体系的统一造成了一定程度的影响。目前，新的《土地管理法实施条例》已公布实施，其中专门规定了集体经营性建设用地，对《土地管理法》第63条起到一定的细化和弥补作用。

正如本文所论述的，集体经营性建设用地入市还面临着"区内"能否入市以及物权属性未获正名的法律障碍。除此之外，集体经营性建设用地入市的收益如何在政府与农民集体，农民集体内部之间进行分配的问题，目前也存在较大争议，亦缺乏相关法律规定。笔者相信，随着城乡融合发展的进一步推进，集体经营性建设用地入市实践经验的逐步积累，国家会作出相应的修法和立法行动，逐步完善集体经营性建设用地入市制度。[3]

---

〔1〕 王利明、尹飞、程啸：《中国物权法教程》，人民法院出版社2007年版。

〔2〕 陆剑：《集体经营性建设用地入市的实证解析与立法回应》，载《法商研究》2015年第3期。

〔3〕 房绍坤、唐冉：《新〈土地管理法〉的进步与不足》，载《东岳论丛》2019年第10期。

浅谈集体经营性建设用地入市如何助力乡村振兴

袁　贵

我国的土地所有权分为国家所有和集体所有，土地用途分为农用地、建设用地和未利用地，建设用地可被进一步细分为经营性建设用地和公益性建设用地，因此集体经营性建设用地是指集体所有的工业、商业等经营性用途的建设用地。

一、什么是集体经营性建设用地入市

关于建设用地，根据原《土地管理法》（2004 年修正）第 43 条的规定，原则上建设用地必须为国有土地，如需使用集体土地，应当先将集体土地征收变为国有，以国有建设用地使用权进入土地市场，由此带来的问题是"同地不同权"（国有建设用地使用权可以入市，集体建设用地使用权不能入市）。

2015 年 1 月，中共中央办公厅、国务院印发了《关于农村土地征收、集体经营性建设用地入市、宅基地制度改革试点工作的意见》，2015 年 2 月 27 日，第十二届全国人民代表大会常务委员会第十三次会议审议通过《关于授权国务院在北京市大兴区等三十三个试点县（市、区）行政区域暂时调整实施有关法律规定的决定》，开始在试点地区进行集体经营性建设用地入市改革试点。

2019 年《土地管理法》修正，删除了原第 43 条，也即取消了建设用地必须使用国有土地的限制，同时在第 63 条明确规定：土地利用总体规划、城乡规划确定为工业、商业等经营性用途，并经依法登记的集体经营性建设用地，土地所有权人可以通过出让、出租等方式交由单位或者个人使用。从而正式赋予了集体经营性建设用地的入市权能。

其重大意义在于赋予了集体建设用地与国有建设用地同等权能，将集体经营性建设用地纳入了国有建设用地市场进行公开交易，充分发挥了市场在土地资源配置中的决定性作用，实现了城乡土地平等入市、公平竞争，推动了城乡统一的建设用地市场建设。

二、集体经营性建设用地如何入市

2021 年修订的《土地管理法实施条例》在 2019 年《土地管理法》的基础上对集体经营性建设用地如何入市作出了更加详尽的规定，根据《土地管理法实施条例》第

38~43 条的规定，集体建设用地入市从程序上讲大致可以分为以下几个步骤：

（1）登记确权。只有被国土空间规划确定为工业、商业等经营性用途，且已依法办理土地所有权登记的集体经营性建设用地才可入市交易。因此，有规划、有登记是入市的前提条件，没有规划或登记就没有入市资格。

（2）提出规划条件、产业准入和生态环境保护要求。土地所有权人拟出让、出租集体经营性建设用地的，市、县人民政府自然资源主管部门应当依据国土空间规划提出拟出让、出租的集体经营性建设用地的规划条件，明确土地界址、面积、用途和开发建设强度等。市、县人民政府自然资源主管部门应当会同有关部门提出产业准入和生态环境保护要求。

（3）编制出让或出租方案。土地所有权人应当依据规划条件、产业准入和生态环境保护要求等，编制集体经营性建设用地出让、出租等方案，并依照《土地管理法》第 63 条的规定，由本集体经济组织形成书面意见，在出让、出租前不少于 10 个工作日报市、县人民政府。市、县人民政府认为该方案不符合规划条件或者产业准入和生态环境保护要求的，应当在收到方案后 5 个工作日内提出修改意见。土地所有权人应当按照市、县人民政府的意见进行修改。集体经营性建设用地出让、出租等方案应当载明宗地的土地界址、面积、用途、规划条件、产业准入和生态环境保护要求、使用期限、交易方式、入市价格、集体收益分配安排等内容。

（4）交易并签订合同。土地所有权人应当依据集体经营性建设用地出让、出租等方案，以招标、拍卖、挂牌或者协议等方式确定土地使用者，双方应当签订书面合同，载明土地界址、面积、用途、规划条件、使用期限、交易价款支付、交地时间和开工竣工期限、产业准入和生态环境保护要求，约定提前收回的条件、补偿方式、土地使用权届满续期和地上建筑物、构筑物等附着物处理方式，以及违约责任和解决争议的方法等，并报市、县人民政府自然资源主管部门备案。未依法将规划条件、产业准入和生态环境保护要求纳入合同的，合同无效；造成损失的，依法承担民事责任。合同示范文本由国务院自然资源主管部门制定。

（5）支付价款、缴纳税费、办理登记。集体经营性建设用地使用者应当按照约定及时支付集体经营性建设用地价款，并依法缴纳相关税费，对集体经营性建设用地使用权以及依法利用集体经营性建设用地建造的建筑物、构筑物及其附属设施的所有权，依法申请办理不动产登记。

三、集体经营性建设用地入市如何助力乡村振兴

乡村振兴战略是习近平总书记于 2017 年 10 月 18 日在党的十九大报告中提出的战略。十九大报告指出，农业、农村、农民问题是关系国计民生的根本性问题，必须始终把解决好"三农"问题作为全党工作的重中之重，实施乡村振兴战略。

2021 年 4 月 29 日，第十三届全国人民代表大会常务委员会第二十八次会议表决通过了《乡村振兴促进法》，该法第 67 条将集体经营性建设用地入市作为促进乡村振兴

的扶持措施写入法律。

集体经营性建设用地的入市对促进乡村振兴具有重大意义和作用，试举两例：

案例一：成都市郫都区战旗村乡村旅游项目

战旗村发展最初的一步，也是最重要的一步，就是创新土地经营，充分发掘土地价值。2015年成都市郫都区被列为全国土地制度改革试点县，战旗村抓住了这次机会，将原属村集体所办复合肥厂、预制厂和村委会老办公楼共13.447亩闲置集体土地，以每亩52.5万元的价格出让给四川迈高旅游公司，收益超过700万元。由此，战旗村实现了资源变资产、资金变股金、农民变股东的转身。这次行动被称为四川省敲响农村集体经营性建设用地入市"第一槌"，它为战旗村后来的改革和发展创造了有利条件。被整理出来的土地除了用于村民集中新居建设，其余土地通过多种方式吸引了榕珍菌业、妈妈农庄等企业和项目落户，战旗村集体经济从此风生水起。

天府战旗酒店选址在乡村振兴学院南侧停车场区域，占地约6.5亩，土地性质为集体建设用地，地块归属战旗村股份经营联合社所有，将该集体建设用地以作价入股的方式进入四川战旗飘飘旅游开发有限公司。集体以土地等资产要素出资，资产管理公司以现金出资，各方按股权比例享有相应的权利，承担相应的义务，按实际出资比例分享收益。

战旗村创新了集体资产管理公司和新型集体经济组织一体化运作的新机制。村庄重大事务由村民代表大会集体决策；入市的方式、途径、底价，由村民代表民主协商；入市后土地收益的内部分配和使用，由村民集体决策，现金收益按会计年度进行分红。根据战旗村的成功经验，郫都区制定了《农村集体经济组织管理办法》和《农村集体经营性建设用地入市主体认定工作办法》。

案例二：江苏雷利建设用地的取得

江苏雷利于2017年在创业板上市，家电智能化组件项目作为募投项目之一，建设地点位于常州市武进区遥观镇人民路南侧钱家塘路东侧，地块编号武集XYG2017JK001，面积13 394平方米。2017年3月27日，公司通过协议方式以1006万元取得该地块。

公司在2016年12月准备股改工作，上市涉及的募投项目建设用地属于集体用地。新《土地管理法》出台前，按以往惯例，政府需先将这块地征收为国有建设用地，再进行招拍挂程序，周期较长，公司可能因此赶不上证监会IPO发审会。为此公司积极向区政府求助，谋求集体经营性建设用地入市政策的支持。根据当时中央农村土地制度改革试点工作精神的指示，经过多方协商，公司取得了集体建设用地使用权证，顺利扫清了上市路上最主要的障碍，最后成功实现上市。

从上述两个案例来看，集体经营性建设用地入市对土地使用权受让人而言，简化了土地使用权取得流程，降低了土地使用权取得成本。

对于土地使用权出让人村集体而言，最直观的是增加了村民收入。但其对于乡村振兴而言其意义远不止于此，笔者试总结如下几点（但能力有限，未能详尽或未必准确）：

（1）盘活、激活农村土地资源；

（2）提供建设用地保障；

（3）让利于民，增加村集体、农民收入；

（4）提升了农村土地利用和治理水平；

（5）吸引资本、人才、技术进入乡村，有利于乡村产业发展；

（6）建立城乡融合发展体系，城乡发展更平衡。

乡村振兴是国家重大发展战略，其愿景是建立产业兴旺、生态宜居、乡风文明、治理有效、生活富裕的社会主义新农村，土地资源作为农村最重要的发展资源，土地制度直接关系到农村能不能发展、如何发展，集体经营性建设用地入市制度的建立，不仅从法律上完善了法律体系，实现了"同地同权"，更从制度保障上为农村的发展、土地资源的利用提供了根本性保障。笔者相信，该项制度的实施能更好地促进乡村振兴、助力乡村振兴。

贵阳市补充耕地指标流转相关问题

陈学义

2022年1月18日，国务院出台《关于支持贵州在新时代西部大开发上闯新路的意见》（国发〔2022〕2号），文件在加快要素市场化配置改革和接续推进贫困地区发展方面提出：完善城乡建设用地增减挂钩节余指标省内调剂机制、开展节余指标跨省域调剂，将城乡建设用地增减挂钩节余指标跨省域调剂所得收益专项用于巩固拓展脱贫攻坚成果和乡村振兴等。笔者将以贵州省贵阳市为例，就国务院、省、市三级政府及其有关职能部门对补充耕地指标相关问题梳理如下：

1. 相关概念

补充耕地指标，是指在自然资源部耕地占补平衡动态监管系统中备案的新增耕地数量、新增水田和新增粮食产能三类指标。

补充耕地指标统筹，是指实施自然资源部《关于做好占用永久基本农田重大建设项目用地预审的通知》（自然资规〔2018〕3号，已失效）明确的重大建设项目，实施重大招商引资项目、工业园区建设落实耕地占补平衡存在补充耕地指标缺口，逐级负责统筹落实补充耕地指标的行为。

土地整治，是指对田、水、路、林、村等实行综合治理，对自然灾害损毁或者生产建设活动破坏的土地进行复垦，对宜农未利用土地进行开发，增加有效耕地面积，提高耕地质量，改善农业生产条件和生态环境的行为。

以上概念均是从不同维度对补充耕地指标活动作出的解释。

2. 补充耕地指标各方责任

贵阳市国土资源局（现自然资源与规划局，下同）负责编报市级土地开发整理规划及年度计划；负责上级财政分配的资金、耕地开垦费及其他资金投资项目的入库（立项）审批、规划设计及预算审查和项目验收，对全市的项目实施进行监督、检查和指导；负责全市土地开发整理项目和新增耕地指标备案材料审核和上报；负责建立市级土地开发整理项目库及新增耕地指标库；负责全市新增耕地指标的流转管理和调剂。

各区（县、市）国土资源分局（局）负责制定本辖区土地开发整理项目实施管理制度；开展耕地后备资源调查、评价，编报本级土地开发整理规划及年度计划；建立本级土地开发整理项目库，对申请立项的项目进行初审，组织材料向上级国土资源部门申报；指导开展项目科研、规划设计及预算编制，审查项目实施方案，监督项目招投标、工程承包等活动，对项目实施进行监督管理，组织项目初验；负责耕地开垦费的收缴入库；建立本级新增耕地指标库，负责本辖区新增耕地指标管理、使用；负责本辖区土地开发整理项目和新增耕地指标备案材料上报。

各乡（镇）人民政府、县级农业、水利、农办等部门及实施自行占补的建设单位为项目申请单位。原则上项目申请单位即为项目承担单位。项目申请单位根据各级土地开发整理项目管理的相关规定、当地土地利用总体规划、土地开发整理规划和年度计划，按照有关技术规程编制土地开发可行性研究报告，向县级国土资源部门申报土地开发整理项目立项，经县级国土资源部门审查后逐级报有批准权的国土资源部门批准。

县级以上人民政府发改、财政、农业、林业、水利、环境保护等部门和乡镇人民政府按照各自职责，做好土地整治的有关工作。

各文件明确各区（县、市）国土资源分局（局）、各乡（镇）人民政府、县级农业、水利、农办等部门及实施自行占补的建设单位可以作为补充耕地指标项目承担单位。

3. 补充耕地指标可采用的建设模式

充分发挥财政资金作用，鼓励采取政府和社会资本合作（PPP）模式、以奖代补等方式，引导农村集体经济组织、农民和新型农业经营主体等，根据土地整治规划投资或参与土地整治项目，多渠道落实补充耕地任务。

4. 补充耕地指标立项

项目申请单位根据各级土地开发整理项目管理的相关规定、当地土地利用总体规划、土地开发整理规划和年度计划，按照有关技术规程编制土地开发可行性研究报告，向县级国土资源部门申报土地开发整理项目立项，由县级以上人民政府国土资源行政主管部门实行分级审批。土地整治项目经批准后，由县级人民政府国土资源行政主管部门逐级报省级人民政府国土资源行政主管部门备案。

5. 补充耕地指标验收

项目竣工后项目承担单位应当向项目所在地县级国土资源部门申请项目初验。县级国土资源部门根据项目设计要求组织县级财政、农业、水利等方面的技术人员进行初验，并出具初验报告。经初验合格的项目，项目承担单位向原审批的国土资源部门申请验收。原审批的国土资源部门在接到项目承担单位的验收申请后应委托有相应资质的中介机构进行工程结算审计，同时委托本级土地整理机构按照有关规定对工程完成情况进行技术评定。通过工程结算审计和技术评定的项目，由有审批权的国土资源部门会同农业、财政等部门按有关规定进行验收。验收不合格的土地开发整理项目，由验收的国土资源部门责令项目承担单位限期整改，直至验收合格。

6. 补充耕地指标入库

已完成验收的土地开发整理复垦项目，经贵州省国土资源厅备案确认新增耕地指标后，应依据资金来源渠道将确认的新增耕地指标分别划入各级新增耕地指标库。具体为：省直接投资项目获取的新增耕地指标进入省级新增耕地指标库；使用省财政分配新增建设用地土地有偿使用费实施的项目形成的新增耕地指标，按省30%、市20%、区（市、县）50%的比例分别划入省、市、区（市、县）新增耕地指标库。使用市财政资金实施的土地开发整理复垦项目形成的新增耕地指标，按市50%、区（市、县）50%的比例分别划入市、区（市、县）新增耕地指标库。建设单位自行补充耕地及使用县级或县级以下财政资金实施的土地开发整理复垦项目形成的新增耕地指标，经省、市级国土资源部门备案后划入县级新增耕地指标库进行管理。

7. 补充耕地指标流转程序

贵阳市辖区内的新增耕地指标流转，由指标使用单位提出申请，经所属县级国土资源部门审核，并经指标来源地县级国土资源部门同意，双方签订流转协议后报贵阳市国土资源局批准，流转的新增耕地指标从市级新增耕地指标库中划转，并报省级新增耕地指标库备案；跨贵阳市的新增耕地指标流转，由需要新增耕地指标的业主提出申请，经所属县级国土资源部门审核，并经指标来源地县级国土资源部门及其上级国土资源部门同意，双方签订新增耕地指标流转协议，由贵阳市国土资源局提出申请报省自然资源厅批准，从省级新增耕地指标库中划转。

8. 补充耕地指标盈余的使用范围

各地补充耕地指标盈余优先安排用于实施补充耕地及后续管护、耕地保护、农业农村发展、巩固拓展脱贫攻坚成果、乡村振兴等方面。高标准农田建设产生的新增耕地指标，所得统筹收益全部用于高标准农田建设。

各级财政部门根据情况从新增耕地指标流转收支盈余中提取3%~5%的资金拨给土地开发整理管理机构用于土地开发整理项目库和新增耕地指标库的运行、维护；提取3%~5%用于奖励完成市级下达土地开发整理复垦及耕地占补平衡工作任务中做出贡献的先进单位和个人。乡（镇）政府在土地开发中超额完成下达新增耕地指标补充任务的对超额部分的指标，给予实施单位500元/亩的奖励；在土地整理复垦中超额完成下达新增耕地指标补充任务的，对超额部分的新增耕地指标，给予实施单位1000元/亩的奖励；对农业、水利、农办等项目实施单位在实施土地开发整理复垦中获得的新增耕地指标，给予实施单位500元/亩的奖励。上述奖励可被用于在土地开发整理复垦工作中成绩突出的个人。

9. 补充耕地指标流转范围

贵阳市人民政府可根据全市重点建设项目占补平衡的需要，对全市新增耕地指标进行调剂使用。市国土资源局对本辖区新增耕地指标的流转进行统一管理，各区（市、县）国土资源部门对本辖区新增耕地指标进行管理和使用。在生态条件允许的前提下，支持耕地后备资源相对丰富的深度贫困地区有序推进土地整治增加耕地，补充耕地指标可向省内经济相对发达地区调剂。

10. 补充耕地指标流转主体

相关文件均明确各区（县、市）国土资源分局（局）、各乡（镇）人民政府、县级农业、水利、农办等部门及实施自行占补的建设单位可以作为补充耕地指标项目承担单位。但笔者查询贵州省新增耕地指标流转平台成交情况后发现，[1] 贵州省近期新增耕地指标转让主体均为各区（县、市）自然资源局。

11. 补充耕地指标流转平台

跨市（州）流转的补充耕地指标在省级新增耕地指标流转平台公开流转；市（州）内跨县域流转的补充耕地指标鼓励在省级新增耕地指标流转平台流转，也可在市级新增耕地指标流转平台流转并在省级新增耕地指标流转平台发布流转信息。

2016 年 8 月 15 日，贵州省国土厅发布公告，贵州省增减挂钩节余指标和新增耕地指标流转平台建成运行，并适时发布指标流转成交情况。

2017 年 1 月 9 日，中共中央、国务院《关于加强耕地保护和改进占补平衡的意见》指出应充分发挥财政资金作用，鼓励采取政府和社会资本合作（PPP）模式、以奖代补等方式多渠道落实补充耕地任务。此后，国务院、贵州省及贵阳市多次发布文件鼓励采取 PPP 等方式多渠道落实补充耕地任务。笔者从公开途径查询的有关文件指出，各地补充耕地指标盈余被优先安排用于实施补充耕地及后续管护、耕地保护、农业农村发展、巩固拓展脱贫攻坚成果、乡村振兴等方面，奖励对补充耕地指标作出贡献的先进单位和个人，但笔者认为，该种盈余使用方式并不适用于 PPP 模式下各方对盈余资金的使用要求。为发挥参建各方积极性，笔者建议以 PPP 模式落实补充耕地任务前，各方应提前与项目地人民政府及自然资源局了解补充耕地政策，合理分析项目政策风险。

---

〔1〕《贵州省新增耕地指标流转平台成交情况（2022 年 1-5 月）》，载 https://www.guizhou.gov.cn/zwgk/zdlygk/jjgzlfz/zrzy/gdbhjdgl/202206/t20220602_74589953.html，2024 年 1 月 2 日访问。

非本村民集体经济组织成员购买
宅基地房屋相关问题探析

王松子

宅基地，是集体所有土地中用于建造住宅及其附属设施的土地，根据《民法典》第 362 条的规定，宅基地使用权人依法对集体所有的土地享有占有和使用的权利，有权依法利用该土地建造住宅及其附属设施。一般而言，只有本村民集体成员才能够取得本村民集体的宅基地使用权。然而，在现实生活中，有很多非本村民集体成员（包括其他村集体的村民及城市居民）通过交易的方式取得宅基地以进行房屋修建及居住的情形。该等情形是否符合法律的规定？其所取得宅基地并进行使用的行为能否得到法律的保护？本文将对此进行探析。

一、相关规定梳理

根据国务院办公厅《关于严格执行有关农村集体建设用地法律和政策的通知》（国办发〔2007〕71 号）的规定，农村住宅用地只能分配给本村村民，城镇居民不得到农村购买宅基地、农民住宅或"小产权房"。

而根据原国土资源部《关于进一步加快宅基地和集体建设用地确权登记发证有关问题的通知》（国土资发〔2016〕191 号）第 7 条的规定，仅在两种情形下非本村民集体成员能够取得本村民集体的宅基地使用权：①非本农民集体成员因扶贫搬迁、地质灾害防治、新农村建设、移民安置等按照政府统一规划和批准使用宅基地的，在退出原宅基地并注销登记后，依法确定新建房屋占用的宅基地使用权；②1982 年《村镇建房用地管理条例》实施起至 1999 年《土地管理法》修订实施时止，非农业户口居民（含华侨）合法取得的宅基地或因合法取得房屋而占用的宅基地，按照批准面积予以确权登记，超过批准的面积在登记簿和权属证书附记栏中注明。

据此，对于非本村民集体成员而言，仅在上述特殊情形下才能够取得本村民集体的宅基地使用权。除上述情形外，无论是通过交易、赠予还是其他方式，非本村民集体成员即使实际上取得了本村民集体的宅基地用于房屋修建及居住，从法律上而言也并不能取得相应的宅基地使用权。

二、司法观点参考

非本村民集体成员除特殊情形外不能取得本村民集体的宅基地使用权，从法院案例来看，该种情形下的土地使用权及房屋买卖合同存在被认定为无效的可能性，不能办理房屋产权登记，依法不属于集体土地征收中应予安置的被征地农民。此外，对于该种情形下的继承、征收补偿、户口迁入等具体问题如何认定及处理，也可参考法院案例的裁判观点。

（一）非本集体经济组织成员对该村集体土地不具有合法使用权，依法不属于集体土地征收中应予安置的被征地农民

在最高人民法院［2020］最高法行申6778号曾某琦等8人与海南省三亚市天涯区人民政府撤销信访答复及征收安置补偿再审案中，曾某琦等8人实际占有并使用海坡村宅基地及房屋，但并非海坡村村民。海坡村土地征收补偿时，海南省三亚市天涯区人民政府未将其作为被征收人进行安置补偿。经法院一审、二审后，曾某琦等8人以其是案涉房屋联建人和实际使用人、符合《海坡村补偿安置补充方案》规定的安置对象认定条件等为由申请再审。最终法院认定曾某琦等8人作为非本集体经济组织成员，对该村集体土地不具有合法使用权，依法不属于集体土地征收中应予安置的被征地农民，据此驳回了其再审申请。

裁判文书摘录：

本院经审查认为，本案的争议焦点是曾某琦等8人是否符合案涉项目安置对象的认定条件。《物权法》第42条第2款规定，征收集体所有的土地，应当依法足额支付土地补偿费、安置补助费、土地、地上附着物和青苗的补偿费等费用及被征地农民的社会保障费用，保障被征地农民的生活，维护被征地农民的合法权益。国务院办公厅《关于严格执行有关农村集体建设用地法律和政策的通知》（国办发［2007］71号）规定，农村住宅用地只能分配给本村村民，城镇居民不得到农村购买宅基地、农民住宅或"小产权房"。本案中，曾某琦等8人的户籍均在辽宁省，并非海坡村村民，对于海坡村农村集体所有的土地不具有合法使用权，依法不属于集体土地征收中应予安置的被征地农民。而根据《海坡村补偿安置补充方案》第1条关于"安置对象认定"的规定及海南省三亚市人民政府第394期《会议纪要》的规定，对于非海坡村户籍人员可以给予合理安置补偿的"有证有房无户"的情形，"有证"是指具有镇级及镇级以上土地来源证明的情形。曾某琦等8人并不具有镇级或者镇级以上土地来源证明，不符合上述安置对象认定的条件。就案涉房屋的征收补偿安置问题，房屋征收机关已经与宅基地使用权人周某清、欧某女夫妇签订了安置补偿协议，并支付了补偿款。因此，一审判决驳回曾某琦等8人的诉讼请求，二审判决维持，同时指出曾某琦等8人通过民事途径解决因合作建房产生的征收补偿利益分配问题，并无不当。曾某琦等8人以其是联建房屋的出资人和实际使用人为由，主张应按照每户120平方米的标准对其予

以安置，没有事实和法律依据，其主张的再审事由不能成立，不应予以支持。

（二）如政府已与实际取得宅基地的非本村集体成员签订《拆迁补偿安置协议》，《房屋及宅基地转让协议》被认定无效不影响《拆迁补偿安置协议》的效力

在最高人民法院［2017］最高法行申 6998 号李某与郑州市中原区人民政府、张某法确认行政行为无效及补偿再审申请案中，李某与张某法签订了《房屋及宅基地转让协议》，约定将涉案宅基地及三层半楼房转让给张某法，此后张某法长期在此居住并对房屋重新进行了改建。2013 年中原区政府对柿园村进行拆迁改造，涉案房屋在拆迁改造范围之内，柿园拆迁指挥部与张某法签订了《拆迁补偿安置协议》。另外，李某在 2001 年购买涉案宅基地时不是柿园村村民，张某法也不是柿园村村民。2014 年，李某向法院提起民事诉讼，请求法院确认《房屋及宅基地转让协议》无效，最终法院支持了李某的上述诉讼请求。李某据此请求确认《拆迁补偿安置协议》无效。最终，法院认定，政府已与实际取得宅基地的非本村集体成员签订《拆迁补偿安置协议》，《房屋及宅基地转让协议》被认定无效不影响《拆迁补偿安置协议》的效力。

裁判文书摘录：

根据原审查明的事实，李某要求确认《房屋及宅基地转让协议》无效的民事诉讼是在柿园村拆迁指挥部与张某法签订《拆迁补偿安置协议》以后提起的。基于张某法在此长期实际使用居住及拆迁改造时的房屋也为其重新改建的事实，中原区政府根据张某法提供的《房屋及宅基地转让协议》《集体土地使用证》原件，《柿园村附属物普查表》《承诺书》《空房验收单》等材料，与房屋的实际使用人张某法签订涉案《拆迁补偿安置协议》，已履行了审慎审查的职责，并无不当。另外，李某与张某法签订的《房屋及宅基地转让协议》专门约定了如遇国家、政府征收，出让方必须无条件协助受让方领取全部补偿款及房屋等内容，该约定意味着双方在签订协议时已经预见到涉案房屋被征收、征用的可能，也是协议双方对拆迁安置中所涉经济利益作出的自由处分。虽然双方签订的转让协议已经司法程序确认无效，但李某在已将房屋及宅基地转让交付多年并已取得对价的情况下，要求确认中原区政府与张某法签订的《拆迁补偿安置协议》无效并对其进行安置补偿，有违诚信和合理原则，亦不符合法律规定，本院不予支持。目前，涉案宅基地及房屋因被拆迁已丧失了居住和使用功能，已转化为拆迁利益，如李某对拆迁安置补偿利益分配有异议，可通过民事诉讼途径另行解决。

（三）非本村村民购买宅基地房屋后将户籍迁入，可享受村民补偿安置待遇

在最高人民法院［2019］最高法行申 1095 号郑州市中原区人民政府与孙某森拆迁补偿安置再审申请案中，2007 年孙某森作为非本村民集体成员购买了白寨村的宅基地房屋，后迁入白寨村并在涉案宅基地上居住生活，2015 年中原区政府对白寨村进行城

中村改造，在没有与孙某森就涉案宅基地及地上房屋签订拆迁安置补偿协议的情况下，将涉案宅基地上房屋予以拆除。孙某森曾提起行政诉讼，要求中原区政府向孙某森履行拆迁安置补偿义务。一、二审及再审法院均认定孙某森作为本村村民，符合安置补偿条件，中原区政府应履行安置补偿义务。

裁判文书摘录：

本院经审查认为，本案的争议焦点为中原区政府是否应当按照安置方案第 4 条第 2 款的规定就涉案宅基地对孙某森进行拆迁补偿安置。根据一、二审法院查明的事实，涉案宅基地证载使用者原为方某军，后由孙某森购得，并支付了该宅基地上建筑物款 17 万元。2007 年 12 月 10 日，孙某森的户籍由柿园村迁入白寨村，并在涉案宅基地上居住生活。中原区须水镇白寨村村委会及白寨村第三村民组于 2017 年 1 月出具的证明载明："此院已由方某军退回村里，现批给村民孙某森使用，暂时用原手续，以后换证时给予调换。"虽然涉案宅基地使用证因故没有换发，但仍合法有效，且孙某森系经村组同意使用涉案宅基地，支付了地上建筑物款项，持有涉案宅基地使用证，是涉案宅基地的使用人。安置方案第 4 条第 2 款规定："村（居）民安置以村（居）民所持合法有效宅基地使用证为依据，可以选择按证或按人口计算回迁安置面积，回迁安置面积为建筑面积（含公摊面积）。"由于孙某森户籍迁入在《中原新区白寨片区改造拆迁补偿安置方案》补充规定（以下简称"补充规定"）规定的户口认定截止日期之内，是白寨村（居）民，因此符合上述安置方案第 4 条第 2 款的规定。中原区政府主张孙某森在白寨村不享受村民待遇，只能参照补充规定第 6 条第 2 款进行安置的主张不能成立。一、二审法院经审查，判决中原区政府按照安置方案第 4 条第 2 款的规定，以《郑中原集用［1999］字第 0564 号》集体土地使用证为依据，就涉案宅基地对孙某森进行拆迁补偿安置，并无不当。

（四）非集体经济组织成员不能办理本集体经济组织宅基地房屋产权登记，也不适
    用善意取得制度

在最高人民法院［2017］最高法行申 4639 号张某涛、姜某云、陕西省大荔县人民政府房屋行政登记再审申请案中，案外人宋某英（已故）申请将案涉房屋集体土地建设使用证变更登记为国有土地使用权证，后与张某涛达成房地产转让协议，将案涉房屋转让给张某涛，张某涛办理了房屋所有权证。案涉房屋的利益相关方姜某云以大荔县政府将集体土地使用权证变更为国有土地使用证的登记行为违法为由，向法院提起行政诉讼。经法院认定，大荔县政府将案涉房屋集体土地使用权证变更登记为国有土地使用权，并向宋某英颁发国有土地使用证的行为无效。据此，本案中法院认定，张某涛作为非集体经济组织成员，不能办理本集体经济组织宅基地房屋产权登记，也不适用善意取得制度。

裁判文书摘录：

大荔县政府在为张某涛颁发房屋所有权证后，客观情况发生了新的重大变化，即渭南市中级人民法院于2013年6月25作出［2013］渭中行终字第00001号生效行政判决，确认大荔县政府将涉案集体土地使用权变更登记为国有土地使用权，并向宋某英颁发国有土地使用证的行为无效。2015年2月大荔县政府根据张某涛的申请注销了其持有的国有土地使用证。《房屋登记办法》第8条规定："办理房屋登记，应当遵循房屋所有权和房屋占用范围内的土地使用权权利主体一致的原则。"第87条规定："申请农村村民住房所有权转移登记，受让人不属于房屋所在地农村集体经济组织成员的，除法律法规另有规定外，房屋登记机构应当不予办理。"据此，涉案土地仍为集体土地，张某涛的国有土地使用证已被依法注销，且张某涛不属于涉案房屋所在地农村集体经济组织成员，属于不予登记的情形。综上，大荔县政府在作出被诉颁证行为时违反法律规定，且颁证后客观情况又发生了重大变化。因此，应撤销大荔县政府为张某涛颁发的房屋所有权证。

关于张某涛主张其系善意取得的问题。涉案房屋所占用土地现为集体土地，因张某涛不是该集体经济组织成员，故无论其取得房屋时是否善意，均不能取得该房屋所有权。但是，张某涛由此所受的损失，可以通过其他合法途径予以解决。

（五）非本集体经济组织成员无权取得宅基地使用权，双方当事人所签订的买卖房屋合同违反了法律法规的强制性规定，买卖房屋合同无效

在北京市高级人民法院［2021］京民申2268号李某英与赵某英、王某东农村房屋买卖合同纠纷再审申请案中，赵某英与李某英签订《买卖房屋草契》，约定赵某英将杨镇一街村瓦房一所8间卖予李某英，李某英及其家人均非杨镇地区一街村集体经济组织成员。赵某英向法院起诉请求确认双方签订的《买卖房屋草契》无效。经法院认定，李某英作为非本集体经济组织成员，无权取得宅基地使用权，双方当事人所签订的买卖房屋合同违反了法律法规的强制性规定，买卖房屋合同无效。

裁判文书摘录：

根据查明的事实，案涉房屋的集体土地建设用地使用证登记在被申请人名下，被申请人为杨镇地区一街村农村集体经济组织成员。房屋购买人即再审申请人及其家人均非杨镇地区一街村农村集体经济组织成员，根据宅基地使用权系农村集体经济组织成员享有的权利，与享有者特定的身份相联系，非本集体经济组织成员无权取得宅基地使用权的相关规定，再审申请人不具备购买案涉房屋的权利。因此，双方当事人所签订的买卖房屋草契违反了法律法规的强制性规定。一、二审法院认定双方当事人所签订的买卖房屋草签无效的处理结果。本院认为，并无不妥，即再审申请人李某英主张的本案应当再审的申请再审理由因依据不足而不成立。

（六）迁入户口不等于集体经济组织成员，户口迁入后签订房屋买卖合同仍可能无效

在北京市高级人民法院［2016］京民申 3130 号侯某国与高某珍、张某利房屋买卖合同纠纷再审申请案中，高某珍与张某利签订买卖协议，约定高某珍将自有房 10 间卖给张某利，张某利又将房屋出卖给了侯某国。后经法院判决，高某珍与张某利签订的买卖协议无效。高某珍诉至法院，请求确认张某利与侯某国签订的《买卖协议书》无效。侯某国辩称其户籍于 2003 年 7 月 7 日迁入宅基地所在村，且为农民户口，有权购买房屋。但经法院向村委会调查，村委会称 1982 年前户口迁入该村的属于村集体经济组织成员，但此后迁入则不属于，亦不享受村集体经济组织成员待遇。最终法院认定，侯某国非本村集体经济组织成员，张某利与侯某国签订的房屋买卖协议无效。

裁判文书摘录：

本案诉争的房屋之前由被申请人高某珍出卖给张某利，而后张某利又出卖给申请人侯某国。高某珍与张某利之间签订的《买卖协议》经房山法院［2010］房民初字第 11189 号判决确认无效。本案原审认定，依据《合同法》及相关法律规定，宅基地使用权是农村集体经济组织成员享有的权利，与享有者特定身份相联系，非集体经济组织成员无权取得或者变相取得。张某利非本集体经济组织成员，因此张某利与侯某国签订的房屋买卖协议无效。侯某国称其户籍于 2003 年 7 月 7 日自房山区，其本人及妻子、子女户籍均登记在争议院落并在争议院落居住，称其属于南街村村民，且为农民户口，有权利购买 10 号院。但是南街村委会出具的证明以及城关街道办事处出具的证明均明确载明，侯某国及家属均不是南街村集体经济组织成员。经原审法院向南街村村委会调查，南街村村委会称 1982 年前户口迁入南街村的属于南街村集体经济组织成员，侯某国及家人的户口均系 1982 年后迁入南街村，故侯某国及家人不属于南街村集体经济组织成员，亦不享受南街村集体经济组织成员过年过节的分红、福利等待遇。在上述调查的基础上原审认定侯某国非南街村集体经济组织成员无不当之处，并据此确认张某利与侯某国签订的房屋买卖协议无效也无不妥。

三、宅基地"三权分置"改革

根据中共中央、国务院于 2018 年 1 月 2 日颁布的《关于实施乡村振兴战略的意见》，我国当前也在探索宅基地所有权、资格权、使用权"三权分置"改革，落实宅基地集体所有权，保障宅基地农户资格权和农民房屋财产权，适度放活宅基地和农民房屋使用权，但同时也明确不得违规违法买卖宅基地，严格实行土地用途管制，严格禁止下乡利用农村宅基地建设别墅大院和私人会馆。

根据农业农村部《关于积极稳妥开展农村闲置宅基地和闲置住宅盘活利用工作的通知》（农经发［2019］4 号）的规定，各地要统筹考虑区位条件、资源禀赋、环境容

量、产业基础和历史文化传承，选择适合本地实际的农村闲置宅基地和闲置住宅盘活利用模式。鼓励利用闲置住宅发展符合乡村特点的休闲农业、乡村旅游、餐饮民宿、文化体验、创意办公、电子商务等新产业、新业态，以及农产品冷链、初加工、仓储等一、二、三产业融合发展项目。

国务院于 2022 年 1 月 18 日印发的《关于支持贵州在新时代西部大开发上闯新路的意见》（国发〔2022〕2 号）也对宅基地制度改革进行了规定，明确深化农村资源变资产、资金变股金、农民变股东"三变"改革，推进息烽、湄潭、金沙等农村宅基地制度改革试点。

通过改革，在厘清农村宅基地所有权、资格权、使用权的前提下，进一步完善宅基地分配、流转、抵押等制度，将为宅基地使用权制度创造更多可能性和利用空间，如当前正在探索实践的，农户以宅基地或农房入股公司以打造精品民宿、"新乡贤"回归工程宅基地供给等，为非本村民集体成员合理、合法地使用农村宅基地创造了更多可能性。

集体农用地承包合同的效力

蒋易宏

一、集体农用地的定义

我国实行土地社会主义公有制，即全民所有制和劳动群众集体所有制。按所有权进行分类我国土地大致可以分为国家所有土地和集体所有土地。集体土地所有权在主体形式上为三级所有，乡（镇）农民土地所有权、村集体土地所有权以及村民小组集体土地所有权。[1]

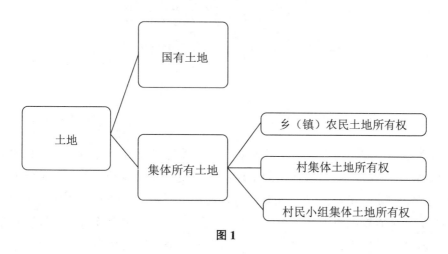

图1

《土地管理法》第4条规定，国家实行土地用途管制制度。国家编制土地利用总体规划，规定土地用途，将土地分为农用地、建设用地和未利用地，农用地是指直接用于农业生产的土地，包括耕地、林地、草地、农田水利用地、养殖水面等。

---

〔1〕《土地管理法》第11条规定："农民集体所有的土地依法属于村农民集体所有的，由村集体经济组织或者村民委员会经营、管理；已经分别属于村内两个以上农村集体经济组织的农民集体所有的，由村内各该农村集体经济组织或者村民小组经营、管理；已经属于乡（镇）农民集体所有的，由乡（镇）农村集体经济组织经营、管理。"

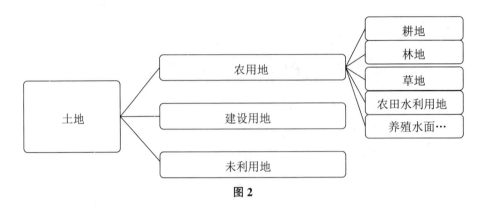

图 2

本文界定的集体农用地是指处在农村和城市郊区，依法属于农民集体所有，用于农业生产的全部土地。

图 3

二、集体土地使用权、集体农用地使用权和土地承包经营权的关系

集体土地使用权是指农村集体经济组织及其成员以及符合法律规定的其他组织和个人在法律规定的范围内对所使用的土地占有、使用和收益的权利。[1]《土地登记办法》（已失效）第 2 条规定："……集体土地使用权，包括集体建设用地使用权、宅基地使用权和集体农用地使用权（不含土地承包经营权）。"根据该规定，集体农用地使用权属于集体土地使用权，土地承包经营权与之并不相同。在物权法领域，传统民法中的地上权和永佃权应分别对应建设用地使用权和农用地使用权。但是，《民法典》"物权编"中确定的物权性的农用地使用权仅为土地承包经营权，根据物权法定原则，《土地登记办法》规定的集体农用地使用权不应属于物权。从 2014 年国务院颁布的《不动产登记暂行条例》第 5 条规定来看，依照该条例的规定办理登记的不动产权利并不包括农用地使用权，导致集体农用地使用权的性质较为模糊，其含义以及与土地承包经营权的区别一直存在争议。

我国现行的农村土地制度基础，是坚持农民集体土地所有权，实行土地承包制则

---

[1] 史敏主编：《中华人民共和国土地管理法释义》，中国法制出版社 1998 年版。

为实现集体土地所有权的具体形式。〔1〕土地承包制是指以承包的方式在集体土地所有权上为承包经营人设定土地经营权，农村土地承包经营权即对依法承包的土地享有占有、使用、收益和处分的权利，有权从事种植业、林业、畜牧业等农业生产。所以，土地承包经营权的权利内容，无论是从内涵上来看还是从外延上来看都符合集体土地使用权的权利范畴。

笔者认为，土地承包经营权既已被列入《民法典》，又有《农村土地承包法》加以调整，目前的土地承包经营权就是集体农用地使用权的法定类型。该观点可以根据《农村土地承包法》制定时采纳的王利明教授的意见加以论证："我国农村土地一直实行承包经营制度和承包土地的合同管理，农村土地承包的提法已经为广大干部和农民群众接受，如采用使用权的概念容易引起农民的误解。"〔2〕因而，本文后续引用的《土地管理法》有关集体土地使用权的规定，同样适用于集体农用地土地承包经营关系中的土地承包经营权。

三、承包集体农用地用于非农建设的合同效力

我国《民法典》第 333 条第 1 款规定："土地承包经营权自土地承包经营权合同生效时设立。"所以，是否取得土地承包经营权直接依赖于土地承包合同的效力。

现阶段，我国存在着大量擅自将农民集体所有的土地使用权出让、转让、承包或出租用于非农业建设的现象。《土地管理法》及《农村土地承包法》对集体土地使用权的用途及转让程序有相当严格的限制规定，但该限制规定是否属于《合同法》第 52 条规定的违反法律、行政法规的效力性强制规定，则决定了集体农用地承包合同的效力。

相关规定例如，《土地管理法》（2004 年修正）第 36 条第 2 款和第 3 款："禁止占用耕地建窑、建坟或者擅自在耕地上建房、挖砂、采石、采矿、取土等。禁止占用永久基本农田发展林果业和挖塘养鱼。"《土地管理法》（2004 年修正）第 63 条："农村集体所有的土地的使用权不得出让、转让或者出租用于非农业建设；但是，符合土地利用总体规划并依法取得建设用地的企业，因破产、兼并等情形致使土地使用权依法发生转移的除外。"《农村土地承包法》第 11 条第 2 款：……"未经依法批准不得将承包地用于非农建设。"《土地管理法》第 43 条："任何单位和个人进行建设，需要使用土地的，必须依法申请使用国有土地；……"

《土地管理法》和《农村土地承包法》从耕地保护角度对土地用途进行了原则性规定，禁止擅自将农村土地用于非农建设。虽然 2019 年修正的《土地管理法》删除了第 43 条的规定，并将原第 63 条修改为"土地利用总体规划、城乡规划确定为工业、

---

〔1〕 韩松：《论民法典物权编对土地承包经营权的规定——基于"三权分置"的政策背景》，载《清华法学》2018 年第 5 期。

〔2〕 王利明：《农村土地承包经营权的若干问题探讨》，载《中国人民大学学报》2001 年第 6 期。

商业等经营性用途，并经依法登记的集体经营性建设用地，土地所有权人可以通过出让、出租等方式交由单位或者个人使用"。也就是近来热议的集体土地入市的概念，但此处的"集体土地"仅限于符合规定的集体经营性建设用地可以不用经过征收为国家所有，直接进入土地市场，集体农用地依然属于禁止用于非农建设的土地。

变更土地用途的土地承包合同效力问题在司法实践中尚存争议，部分法院认为用于非农业建设违反效力性强制规定的合同无效，部分法院认为不能变更土地用途属于管理性规定[1]或属于不当履行[2]，并不当然导致合同无效。最高人民法院认为，判断某项规定属于效力性强制性规定还是管理性规定的根本在于违反该规定的行为是否严重侵害国家、集体和社会公共利益，是否需要国家权力对当事人意思自治行为予以干预。土地制度是我国的根本制度，保护森林关系到国家的根本利益，违反《土地管理法》第63条的规定改变林地用途，将会损害国家、集体和社会公共利益。因此，《土地管理法》第63条属于效力性强制性规定。[3]

有观点认为，合同行为和履行行为应当予以区分，只有合同在双方签订合同时就达成了改变土地农用用途的合意才属于无效合同，履行合同过程中改变用途属于不当履行。[4]但在实践中，若未在合同中约定土地后续的用途则难以判断是否在签订合同时就达成了改变土地用途的合意。

自然资源部会同农业农村部先后印发《关于全面实行永久基本农田特殊保护的通知》（国土资规〔2018〕1号）、《关于加强和改进永久基本农田保护工作的通知》（自然资规〔2019〕1号）来加强对基本农田的保护。国务院办公厅《关于坚决制止耕地"非农化"行为的通知》（国办发明电〔2020〕24号）要求落实好最严格的耕地保护制度，坚决制止各类耕地"非农化"行为，坚决守住耕地红线。笔者认为，耕地、草地、林地系农业生产的基础要素，承载着粮食安全和社会稳定的功能，若不严格禁止农用地的"非农化"，将严重损害耕地及基本农田保护制度，甚至影响14亿人口的吃饭问题，所以承包集体农用地不得用于非农建设应当属于效力性强制规定，承包集体农用地用于非农建设的合同无效。

四、发包给非本集体经济组织成员的合同效力

《土地管理法》第13条规定："农民集体所有和国家所有依法由农民集体使用的耕地、林地、草地，以及其他依法用于农业的土地，采取农村集体经济组织内部的家庭承包方式承包……"

《农村土地承包法》第5条规定："农村集体经济组织成员有权依法承包由本集体

---

〔1〕 湖南省湘西土家族苗族自治州中级人民法院〔2016〕湘31民终803号二审判决书。

〔2〕 参见贵州省黔东南苗族侗族自治州中级人民法院〔2015〕黔东民终字第1361号案件二审判决书。

〔3〕 参见最高人民法院〔2016〕最高法民申1223号民事裁定书。

〔4〕 江苏省高级人民法院课题组等：《农村土地承包经营权纠纷若干问题探讨》，载《人民司法》2015年第21期。

经济组织发包的农村土地。任何组织和个人不得剥夺和非法限制农村集体经济组织成员承包土地的权利。"第 16 条规定："家庭承包的承包方是本集体经济组织的农户。农户内家庭成员依法平等享有承包土地的各项权益。"

《土地管理法》及《农村土地承包法》明确规定了集体农用地只能采用家庭内部承包方式进行承包即农用地的承包主体限制在本集体经济组织成员内部。实务案例中存在将集体农用地发包给非本集体经济组织成员并签订土地承包合同的情形，多数法院[1][2]以土地承包合同违反效力性强制规定或直接损害本村集体内其他集体经济组织成员承包权利、损害了社会公共利益为由认定为合同无效，笔者认可此种观点。

上文已对土地承包制、土地承包经营权以及集体土地所有权之间的关系进行了探讨，"农民集体"对于集体土地的占有实际上是一种观念上的占有，集体土地所有权实际上是通过土地承包制来实现的。这也就意味着，集体成员对于本集体发包的土地的承包权来自集体土地所有权，是集体成员作为本集体成员集体的一分子所享有的权利，属于身份权、资格权。[3][4]土地承包经营权作为资格性权利与集体土地所有权共始终，承担了集体土地所有权对集体成员的社会保障功能，若不对承包主体加以限制，长此以往，农民将失去生产生活的物质保障。

五、民主议定程序对合同效力的影响

民主议定程序，要求对于涉及村民重大利益的事项，必须由村民委员会提请全体村民大会或村民代表大会讨论决定。

《农村土地承包法》第 19 条第 3 项规定："承包方案应当按照本法第十三条的规定，依法经本集体经济组织成员的村民会议三分之二以上成员或者三分之二以上村民代表的同意；……"《村民委员会组织法》第 24 条规定："涉及村民利益的下列事项，经村民会议讨论决定方可办理：……（四）土地承包经营方案；……"民主议定程序作为程序性事项，实际上也是对集体成员利益的保障。但实践中常存在村民会议难以召开、记录不规范、表决存在瑕疵等实际问题。审判实践中，法院在未通过民主议定程序认定合同效力问题上处理方式比较灵活。

关于合同效力的认定，笔者较为认可江西省高级人民法院《农村土地承包纠纷案件审判工作指引》（赣高法〔2019〕1 号文）观点："……在保护村民合法权益的前提下，尽量维护土地承包关系的稳定，不轻易否定合同效力。对于承包合同签订时法律尚无民主议定程序规定；承包合同已经实际履行多年，农村集体经济组织和村民未提出异议；承包人已经长期持续做了大量投入，仍需长期投入才能获得回报，确认合同

---

〔1〕 参见重庆高级人民法院〔2017〕渝民再 155 号再审民事判决书。

〔2〕 参见福建省泉州市中级人民法院〔2017〕闽 05 民终 4216 号二审民事判决书。

〔3〕 陈小君：《我国农村土地法律制度变革的思路与框架——十八届三中全会〈决定〉相关内容解读》，载《法学研究》2014 年第 4 期。

〔4〕 丁文：《论"三权分置"中的土地承包权》，载《法商研究》2017 年第 3 期。

无效或解除将造成重大经济损失等情形，一般不予支持；（2）对于承包合同尚未实际履行、承包合同约定的内容违法、承包人改变农业土地用地性质、发包方与承包方恶意串通损害村民利益等情形，可以确认合同无效或解除合同；……"

若作为集体农用地的承包人，建议尽量完善民主议定程序，可要求村委会提供处分该集体土地经村民会议讨论通过的书面文件。

社会资本参与耕地占补平衡指标建设的
模式与风险防范

罗文君

自 2012 年国家发布政策文件鼓励民间资本参与土地复垦和矿山地质环境恢复治理以来，社会资本参与土地整治的开发项目愈发增多，尤其是耕地占补平衡指标建设项目一度成为社会资本投资的热土。各地方政府就此也陆续发布政策文件支持该类项目的开展，积极带动社会资本的参与。但由于目前尚未有明确的法律法规就耕地占补指标建设、交易收益分成进行规范，对于社会资本方而言，存在一定的不可预见性。本文拟就目前存在的几种模式以及司法实践中出现的纠纷情况，探析社会资本参与耕地占补平衡指标建设的主要模式及风险防范。

一、耕地占补平衡制度的定义

根据《土地管理法》第 30 条[1]之规定，我国实行占用耕地补偿制度，即部分政府政策文件及商业投资活动中广泛使用的"耕地占补平衡"概念。且对于地方政府而言是一种强制性要求，以达到保护耕地、守住耕地红线、实现自然资源环境有效保护的目的。

由于我国地缘辽阔，各省自然环境差异较大、耕地后备资源分布不均匀，部分地方政府在本辖区内难免存在无法进行补充耕地的情况，该强制性制度在部分地区的操作面临实际困难。对此，国家进一步发布政策指导意见，允许具备充足的耕地后备资源且可能产生耕地指标结余的地区通过有偿流转耕地指标的方式（即耕地占补平衡指标交易）将耕地面积指标转让给耕地面积不足但经济较为发达的地区。一方面，以达到耕地面积在全国范围内守住红线的目标；另一方面，又使经济相对发达、用地紧缺地区与经济相对落后地区通过指标交易的形式实现增加地区财政收入，推动经济建设

〔1〕《土地管理法》第30条规定："国家保护耕地，严格控制耕地转为非耕地。国家实行占用耕地补偿制度。非农业建设经批准占用耕地的，按照"占多少，垦多少"的原则，由占用耕地的单位负责开垦与所占用耕地的数量和质量相当的耕地；没有条件开垦或者开垦的耕地不符合要求的，应当按照省、自治区、直辖市的规定缴纳耕地开垦费，专款用于开垦新的耕地。省、自治区、直辖市人民政府应当制定开垦耕地计划，监督占用耕地的单位按照计划开垦耕地或者按照计划组织开垦耕地，并进行验收。"

平衡发展。

由此，大规模高标准农田建设、土地整治等项目在部分耕地面积相对较多、经济欠发达地区应运而生，近年来呈不断上涨趋势，其中便有部分社会资本的参与。

二、现有政策指导意见

目前，从公开渠道可查询到的政策文件来看，历年来，我国政府部门对社会资本参与耕地占补平衡指标建设一直秉持较为积极支持、鼓励投资的态度。如：

原国土资源部、全国工商联《关于进一步鼓励和引导民间资本投资国土资源领域的意见》（国土资发〔2012〕100号文）明确要求："引导民间资本参与土地整治。鼓励民间资本参与土地复垦和矿山地质环境恢复治理。"

中共中央、国务院《关于落实发展新理念加快农业现代化实现全面小康目标的若干意见》（中发〔2016〕1号文）指出："探索将通过土地整治增加的耕地作为占补平衡补充耕地的指标，按照谁投入、谁受益的原则返还指标交易收益。"

中共中央、国务院《关于加强耕地保护和改进占补平衡的意见》（中发〔2017〕4号文）要求："充分发挥财政资金作用，鼓励采取政府和社会资本合作（PPP）模式、以奖代补等方式，引导农村集体经济组织、农民和新型农业经营主体等，根据土地整治规划投资或参与土地整治项目，多渠道落实补充耕地任务。"

原国土资源部《关于改进管理方式切实落实耕地占补平衡的通知》（国土资规〔2017〕13号）载明："要积极创新实施方式，吸引社会资本、金融资本等参与土地整治和高标准农田建设，鼓励农村集体经济组织和农户投工投劳，加大补充耕地资金和人力投入，获取合理的土地收益。"

地方政府层面，中共贵州省委、贵州省人民政府于2018年1月22日下发的《关于加强耕地保护和改进占补平衡推进绿色发展的实施意见》亦提及，在本省土地整治过程中，要"鼓励地方自筹、统筹使用各类资金实施土地整治、高标准农田建设、城乡建设用地增减挂钩、历史遗留工矿废弃地复垦等，多途径落实补充耕地任务。充分发挥财政资金引导作用，鼓励采取政府和社会资本合作（PPP）模式、以奖代补等方式，引导农村集体经济组织、农民和新型农业经营主体等，根据土地整治规划投资或参与土地整治，多渠道落实补充耕地任务"。

从以上政策规定来看，社会资本与政府部门投资合作建设耕地占补平衡指标项目，有一定的政策依据支撑，具备制度基础。

三、社会资本参与指标建设的现有模式

（一）建设项目实施模式

目前，在部分开展项目时间较早的地区中（如山西、陕西、河北、河南、四川等省），民间资本与政府方合作参与耕地占补平衡指标建设的项目实施模式主要有以下几种：

1. PPP 模式

即政府采取竞争性方式择优选择具有投资、运营管理能力的社会资本，在双方协商一致的基础上，社会资本合作方设立专门负责实施合作项目的公司，与政府实施机构签订土地整治 PPP 项目合同，明确双方的权利义务，并按项目合同组织实施项目。政府方依据项目工程造价审核、财务决算审计报告及验收批复向社会资本方支付相应对价，保证社会资本获得合理收益。[1]

2. 委托代建模式

即由政府采用竞争性方式选定一个专业化管理单位作为代建人，与其签订"代建合同"。由代建人代行项目业主的职能，依据国家土地整治有关法律法规、规范、规程和技术标准，自主选择有相应资质的技术服务单位，承担土地整治项目的科研、设计、测量、施工、监理及招投标等全过程管理，并在项目建成后协助委托人组织项目验收。代建人负责控制土地整治项目的投资、质量和工期，在项目完成移交后收取相应的代建管理费。[2]

3. 先建后补模式

即投资主体自主确定建设范围、工程建设内容和布局，自主筹集建设资金，自主组织项目实施和工程后续管护。工程的数量和质量经验收合格后，由政府财政部门按照合同约定或工程审核、审计及验收情况支付建设成本费用后，再按照相关标准给予全额或部分奖补资金。[3]

4. 企业自主开发，政府回购模式

该种模式主要出现在河北省部分地区，[4]即社会资本方自行投资复垦利用农村集体或个人废弃矿山，完成耕地指标建设。在项目竣工后，由政府部门按照耕地占补指标质量要求进行立项验收。经验收合格后，按照先行指定的指标回购政策，按不同耕地级别确定回购价格，从社会资本方买回相应指标，再以政府名义对外进行交易。

综合以上几种模式的主要内容可知，目前各地采取的项目实施模式均符合国家层面政策文件的指导意见，原则上在保证国有资产不流失的情况下，各地政府基本对社会资本方采取比较积极、宽松的政策支持。

笔者认为，在目前尚未有明确法律规定限制社会资本方参与耕地指标建设的前提下，以上各种模式也各有利弊。如：PPP 模式在一定程度上具有政府的支付保障，政府和社会资本方可实现利益共享、风险共担，有效降低项目的整体成本，但同时社会资本方的融资、开发周期较长，在短时间内较难收回建设成本；委托代建模式对于社会投资方而言可以直接以合同约定收取代建成本，但获取的收益可能比指标交易后政府方可获得的收益低；在先建后补模式下，社会资本需全面掌握政府部门出具的奖励

[1] 山西省人民政府办公厅《关于鼓励引导社会资本参与土地整治的指导意见》晋政办发〔2018〕1 号
[2] 山西省人民政府办公厅《关于鼓励引导社会资本参与土地整治的指导意见》晋政办发〔2018〕1 号
[3] 山西省人民政府办公厅《关于鼓励引导社会资本参与土地整治的指导意见》晋政办发〔2018〕1 号
[4] 郑小刚等：《河北省社会资本参与土地整治模式及建议》，载《中国国土资源经济》2019 年第 1 期。

标准，且因相应奖励制度具有灵活变动的现实特点，社会资本企业需充分评估建设成本测算可收入利润，收益可得存有较大的不确定性；在企业自建政府后回购模式下，本质上系政府方购买社会资本方指标建设成果的交易行为，在一定程度上可以缓解政府方的资金压力，有助于调动和激发社会资本参与土地整治的主动性和积极性，但社会资本方需充分了解政府回购政策及价格标准，判断收益大小。对于社会资本方而言，应理性考虑各种模式的利弊，充分了解当地政府的政策依据，作出合理选择。

（二）指标收益分配模式

笔者通过对该类项目合作方式下已产生争议的司法案例进行检索分析，根据社会资本方与政府方相关合作协议体现出来的内容可知，目前二者对于建设指标交易后获取的收益分配方式主要有以下几种：

1. 直接约定按交易收益固定比例进行分配

此种类型下的合作模式协议主要内容为：在社会资本方参与投资完成项目建设经竣工验收确认后，政府方对外进行交易，获取转让款至财政专户一定期限内，由政府方按照合同约定的分配比例将指标交易的转让价款支付给社会资本方。在一般情况下，社会资本方获取的比例应覆盖可能产生的建设成本。

参考案例 1：四川省达州市中级人民法院［2019］川 17 民终 111 号民事裁定书

裁定书中的有关事实表明：原告（社会资本方）与普格县国土资源局签订《普格县土地开发整理项目投资协议》及《补充协议》约定，由原告投资实施土地开发整理，项目竣工经省州验收确认后，双方按 8：2 比例分配，即源泰公司 80%，普格县国土局 20%；转让价款由受让方转到县财政局专户，普格县国土局在 20 个工作日按约定分成比例将款转到源泰公司账户。

参考案例 2：四川省通江县人民法院［2019］川 1921 民初 436 号民事判决书

法院认定，双方合同内容为：2012 年 5 月 25 日，被告（政府方）与成都市美庐建材有限公司签订《通江县社会投资土地整理项目实施合作协议书》，在通江县朱元乡、芝苞乡、大兴乡实施土地整理……协议书约定：项目实施地点为朱元乡、大兴乡及芝苞乡的下东汇村、中东汇村、上东汇村；工作内容为"甲方（被告政府方）协助乙方（原告社会资本方）完成立项、实施、竣工验收、指标流转等工作，在此过程中（从项目选点开始到指标最终流转）产生的费用由乙方承担"；乙方投资回报为"甲方提取15% 新增耕地指标，剩余 85% 指标归乙方所有"，"甲方根据乙方指标流转需要，为乙方完善相关手续并配合乙方完成指标款的回收工作"，甲方"在收到每笔流转、出售新增耕地指标资金后 10 个工作日内，将该笔资金汇入乙方指定的银行账户"。

2. 项目竣工移交完成结算后，按奖补政策分配收益

该种约定对应的模式类似于上文提及的"先建后补"模式，其主要分配方式为：社会资本方先行垫资建设项目，并与政府方约定总的收购款数额，项目竣工验收合格完成结算后，政府方再按照具体的奖补政策比例，将获取的交易收益返还给社会资本方，或通过抵扣工程结算款的形式予以分配收益。

参考案例：湖南省邵东县人民法院［2018］湘 0521 民初 4354 号民事判决书

判决书认定的合作事实为：该项目实施后新增耕地 136.5 亩，指标由甲方（邵东县土地综合整治局）统一收购，总收购价款为叁佰贰拾玖万叁仟元整（3 293 000 元），本次安排支付收购价款贰佰伍拾万元整（2 500 000 元）……明确"在支付投资主体奖补资金时，必须预留培肥种植保证金（水田按 700 元/年/亩，旱改水按 600 元/年/亩，旱土按 400 元/年/亩），培肥种植年限为 3 年，自省国土资源厅备案形成耕地指标后计起，每年由农业主管部门、乡镇（街道、场）"组织验收一次，验收合格后逐年予以支付。

3. 按固定结算单价确定收益分配

该种模式主要是指，双方在合同中约定一个固定指标单价或按照验收的耕地质量等确定社会资本方投资收益，在达到政府方验收要求的前提下固定获取一定比例的指标交易收益，若未达到合同约定的标准，则在结算建设成本款项时扣减相应固定单价下的指标收益。

参考案例：四川省南充市中级人民法院［2019］川 13 民终 4538 号民事判决书

《招商合同》的内容为：乙方（升华公司）保证本次土地整理项目的验收结果不少于四川省国土资源厅立项新增指标的 99%，并以此与乙方结算施工工程费。超出招标文件所示土地整理数据的仍应与甲方（远豪公司）据实结算。如未达到省厅立项新增指标亩数的 99%，按照每亩施工结算单价的 1.5 倍扣减的约定，仅按实际结算价的 1.5 倍扣减未完工工程量的工程款 1300.95 万元……第 10.5 条审计结果运用：投资人必须按照招商文件约定的工程量、投资额度实施工程，如工程审计审定投资额不足，经整改后，不足部分甲方在出售耕地占补平衡指标收益中扣除。

四、社会资本方可能面临的风险

（1）政策文件变化的不确定性。目前，尚未有具体、明确的法律法规就耕地占补指标交易收益分成进行严格规范，仅从现有的政策文件及部分地方规章、规范性文件来看，其主要反映了符合当地实际情况的一些土地开发的奖励、优惠措施。但与法律法规相比较，政策文件具有不稳定性，常因政府领导的变更、不诚信行为等导致作为此类交易合作模式依据的政策发生变化，对于社会投资方而言，存在一定的不可预见性。

（2）合同约定的收购额过高于实际奖补额，存在被认定为无效的可能性。耕地占补平衡指标交易所获得的收益本质上属于国家或当地政府的财政收益，关系到对国家利益及社会公共利益的保护。因此，若在合作过程中，相应合同约定存在损害国家利益或社会利益的内容，一旦产生争议，则可能得不到法院的支持，被判决无效。如上文提及的湖南省邵东县人民法院［2018］湘 0521 民初 4354 号民事判决书中，法院经审理认为：经结算确认，被告应支付的奖补金额为 3 279 727.9 元。原被告签订的《耕地占补平衡指标收购合同书》承诺支付原告 3 293 000 元，损害了国家利益，其多出部分的约定无效。

（3）部分地区已明令禁止不得通过任何形式将补充耕地指标分成作为社会投资方的投资收益。从整体上而言，目前各地区对于社会资本参与耕地指标建设的态度较为积极支持、宽松有余，但在部分耕地面积较为广阔、指标建设进度较快的地区已经开始出台相关政策文件，收紧指标交易收益的分成，旨在打击社会资本从中获取"暴利"问题，防止国有资产流失。如广西壮族自治区自然资源厅、广西壮族自治区财政厅、广西壮族自治区农业农村厅 2018 年 12 月出台的《关于印发引导和规范社会资本参与土地整治项目建设指导意见》的明确规定：社会资本参与土地整治项目产生的补充耕地指标除自治区收储指标外的剩余指标所有权归属项目所在地市县人民政府，不得通过任何形式将补充耕地指标的分成作为社会投资方的投资收益。社会投资方无权干预补充耕地指标的使用安排。

五、应对建议

针对以上可能出现的法律风险，在目前相对宽松的政策背景下，社会资本方与政府方在合作建设、确定收益分配模式过程中可提前做好以下准备工作：

（1）提前对地方优惠政策进行分析。从影响土地整理开发的各项经济政策动向入手，对所有影响指标建设、交易的地方政策进行论证，有疑问不明确的，应及时指出来与政府协商确认；

（2）合同明确优惠政策及政策变化风险的损失承担。虽然目前关于耕地占补指标建设项目的相关法律制度尚不健全，但从法不禁止原则及目前产生争议的案例纠纷来看，法院一般倾向于保护、认可此类合作协议的法律效力，双方合作投资合同确定的权利与义务具有法律约束力。因此，在签订合同的时候，应尽量结合地方的优惠政策进行详细约定，不能在合同中约定的，要以当地政策文件或政府会议纪要等形式完善，做到有据可依，以免产生纠纷。同时明确各费用的支付时间节点，并约定违约责任承担情形。

（3）提前做好市场评估、设定退出机制条件。为避免收益分成的约定被认定为无效，建议进一步做好成本估算及市场交易价值评估，避免与合同约定存在较大差距；在与政府方协商的过程中，应合理选择分成模式，保证收益资金及时回款，并做好相应财务管理及后续退出机制，避免政策文件改变，导致不能再收取收益的风险。在长期不能获得收益的情况下应及时通过司法途径主张权利。

五、国有土地

政府优惠减免土地出让价款
相关法律实务问题探析

姚正超

地方政府在对外招商引资过程中，往往需要提供一些能够吸引投资者的优惠政策措施，其中不乏对土地出让价款优惠减免的承诺和约定，以奖励、补贴等形式返还投资者所缴纳的土地出让价款。可是，一旦因为审计或督查发现此问题，政府方又往往以减免土地出让价款约定违法违规为由，要求退回奖励、补贴款项或补缴土地出让价款。本文拟结合相关规定、司法解释及司法案例，就政府优惠减免土地出让价款的两个法律实务问题进行分析，以期为实务提供参考。

一、关于招商引资协议和土地出让合同的性质问题

地方政府对土地出让价款的减免优惠，通常会在招商引资协议、土地出让合同中进行约定。而当双方就此发生争议、诉至法院时，对招商引资协议、土地出让合同到底是行政协议还是民事合同颇具争议。因此，需先就招商引资协议、土地出让合同的性质进行判断，以明确是以民事诉讼程序还是以行政诉讼程序来解决此类纠纷问题，一旦选择错误便可能因为不属于受案范围而被驳回起诉。

2020 年 1 月 1 日起施行的最高人民法院《关于审理行政协议案件若干问题的规定》第 1 条、第 2 条规定，公民、法人或者其他组织就政府特许经营协议、土地、房屋等征收征用补偿协议、矿业权等国有自然资源使用权出让协议、政府投资的保障性住房的租赁、买卖等协议、政府与社会资本合作协议等行政协议提起行政诉讼的，人民法院应当依法受理；行政机关为了实现行政管理或者公共服务目标，与公民、法人或者其他组织协商订立的具有行政法上权利义务内容的协议，属于行政协议。据此，如根据上述规定从签约主体、签约目的、签约内容几个方面综合判断一份协议性质属于行政协议，则应按照行政诉讼程序处理纠纷，反之则是按照民事诉讼程序进行处理。

（一）关于招商引资协议的性质问题

参考最高人民法院的部分裁判文书观点，对于招商引资协议性质的认定，不能因为招商引资协议是政府一方参与签订或签订名称即进行判断，还需结合协议签订主体、签订内容是否主要涉及行政职责和职权、是否为了实现公共利益目标或行政管理目标、

行政机关是否享有行政优益权等综合考虑。

例如，在［2017］最高法行再99号再审行政裁定书中，法院认为"行政协议一般包括以下要素：一是协议有一方当事人必须是行政主体；二是该行政主体行使的是行政职权；三是协议目的是为实现社会公共利益或者行政管理目标；四是协议的主要内容约定的是行政法上的权利义务关系"；在［2020］最高法行再16号再审行政裁定书中，法院认为"2015年5月1日前的法律法规及司法解释未明确规定招商协议属于民事协议，本案招商协议也未约定选择民事诉讼或仲裁程序解决纠纷。在此情况下，法院应当尊重当事人对诉讼类型的选择权"；在［2019］最高法民终1981号民事判决书中，法院认为"行政协议与民事合同的主要区别在于是否具有行政法上的权利义务内容，主要可从三个方面判断：是否具有行使行政职权、履行行政职责的内容；是否为实现公共利益或行政管理的目标；行政机关依据协议约定或法律规定是否享有单方解除、变更协议等行政优益权"。

（二）关于土地出让合同的性质问题

土地出让合同的性质认定比招商引资协议的性质认定争议更大，招商引资协议的性质认定重点在于如何根据协议内容进行判断，但因土地出让合同主要内容已在自然资源部发布的示范文本中基本固定，故对其性质认定的争议焦点并非主要在内容方面，而是在立法进程中随着立法、司法观点的不断变化所伴随的争议。

在行政协议司法解释施行前，土地出让合同纠纷一般被作为民事纠纷进行处理。最高人民法院《关于审理涉及国有土地使用权合同纠纷案件适用法律问题的解释》明确将土地出让合同纠纷作为民事审判纠纷进行处理，参照最高人民法院民一庭编著的《最高人民法院国有土地使用权合同纠纷司法解释的理解与适用》对土地使用权出让合同的性质论述，确实存在行政合同说和民事合同说的分歧。在该司法解释起草研讨过程中，绝大多数的意见认为，土地使用权出让是国家作为土地所有权人出让给受让人从而创设土地使用权的一种民事行为，并非以土地管理者身份行权。如果以土地管理者身份出让，则土地使用权必然会因受出让人单方意志影响而丧失对世效力，违反物权法基本原则。此时，国家仅是一种特殊的民事主体，具有民事和行政监管的双重身份。此外，全国人民代表大会常务委员会法制工作委员会民法室在起草制定《物权法（草案）》时，也曾就此问题广泛征求意见后一致认为，土地使用权为他物权，以创设他物权而订立的出让合同应为民事合同。因此，土地出让合同作为民事合同在立法机关已有初步定论。同时，最高人民法院于2021年1月1日施行的《民事案件案由规定》第86条也规定了"建设用地使用权出让合同纠纷"的民事案由。在中国人大网的"询问与答复"中，全国人民代表大会常务委员会法制工作委员会以《国土资源部门解除国有土地使用权有偿出让合同属于民事争议还是属于行政争议》亦明确答复最高人民法院："土地管理部门解除出让合同，是代表国家行使国有土地所有权，追究合同另一方的违约责任，不是行使行政管理权，由此产生的争议应属于民事争议。你院2001年印发的《民事案件案由规定（试行）》中也已列明，作为民事案件案由的房地产开发经营合同纠纷，包括土地使用权出让合同纠纷。现行法律中没有关于行政合同的规定。在国有土地使用权出让合同履行过程中，因土地管理部门解除国有土地使用权出让合同发生的争议，宜作为民事争议处理。"该答复在 2004 年 9 月 22 日形成，可以说，土地出让合同作为民事合同的观点在较早时期已形成。在 2021 年 1 月 1 日《民法典》施行后，同步施行的《民事案件案由规定》《关于审理涉及国有土地使用权合同纠纷案件适用法律问题的解释》均对将土地出让合同纠纷作为民事合同纠纷的观点进行了延续。

然而，2018 年 7 月 23 日《最高人民法院第一巡回法庭关于行政审判法律适用若干问题的会议纪要》第 22 点却又明确国有土地出让合同属于典型的行政协议，因为签订行政协议行为，行政机关不依法履行、未按照约定履行协议行为，行政机关单方变更、解除协议引发的纠纷，应当通过行政诉讼的途径解决。同时提到最高人民法院《关于审理涉及国有土地使用权合同纠纷案件适用法律问题的解释》依然有效，该司法解释将国有土地出让合同纠纷作为民事案件受理，而行政诉讼法和相关行政诉讼的司法解释尚未明确国有土地出让合同属于行政诉讼的受案范围，当事人选择民事诉讼途径解决争议的，人民法院应当尊重当事人的选择。

当然，随着行政协议司法解释的出台，土地出让合同在实务中有可能被认定为行政协议。2015 年 5 月 1 日施行的最高人民法院《关于适用〈中华人民共和国行政诉讼法〉若干问题的解释》（现已失效）首次对行政协议进行了定义。2020 年 1 月 1 日施行的最高人民法院《关于审理行政协议案件若干问题的规定》第 2 条第 3 项明确规定"矿业权等国有自然资源使用权出让协议"属于行政协议，所涉纠纷属于行政诉讼受案范围。此处的司法解释仍未明确将土地使用权出让合同规定在行政协议的范畴。有观点认为，由于两种观点争议较大，当前直接将土地出让合同明确规定为行政协议时机还不够成熟，有待根据司法审判实务情况并积累一定审判经验后，再进一步明确。

在司法实践中，最高人民法院审理的大部分案例均是将土地出让合同按照民事合同进行认定。例如，〔2019〕最高法民申 308 号民事裁定书认为"建设用地使用权出让合同相比普通的民事合同有其特殊性，其中一方主体为自然资源行政主管部门，由其提供的出让合同格式文本受到相关法律、行政法规和规范性文件的约束"。最高人民法院只有少部分案例观点将 2015 年 5 月 1 日后签订的土地出让合同归入行政协议范畴。例如，〔2018〕最高法行申 11070 号行政裁定书认为"此外，2015 年 5 月 1 日起施行的《行政诉讼法》将行政协议纳入行政诉讼的受案范围，涉案 169 号土地出让合同和 044 号补充合同属于行政协议的范畴，分别签订于 1994 年与 2004 年，按照当时生效的法律以及司法实践，2015 年 5 月 1 日前签订的行政协议一般不纳入行政诉讼的受案范围"。

近年来，亦有较多法院将土地使用权出让合同纠纷认为属于民事纠纷的情形，例如〔2023〕皖行终 453 号《行政裁定书》、〔2023〕青 8601 行初 291 号《行政裁定书》、〔2023〕津 0114 行初 31 号《行政裁定书》。

因此，土地出让合同是否属于行政协议在理论和实践中虽有争议，但最高人民法院和地方各级法院的司法案例将其作为民事合同仍占据当前的主流观点，尤其是 2021 年 1 月 1 日施行的《民事案件案由规定》《关于审理涉及国有土地使用权合同纠纷案件适用法律问题的解释》均对将土地出让合同纠纷作为民事合同纠纷的观点进行了延续。当然，也存在少部分土地出让合同因为内容、权利义务的具体约定满足了行政协议的条件、特点以及部分法院、法官的不同观点，最终亦可能被认定为行政协议。

二、关于政府优惠减免土地出让价款约定的效力问题

国务院办公厅《关于规范国有土地使用权出让收支管理的通知》以及财政部、原国土资源部、中国人民银行印发的《国有土地使用权出让收支管理办法》第 10 条均明确规定，任何地区、部门和单位均不得以"招商引资""旧城改造""国有企业改制"等名义减免土地出让收入，实行"零地价"，甚至"负地价"，或者以土地换项目、先征后返、补贴等形式变相减免土地出让收入。自然资源部《节约集约利用土地规定》第 22 条第 3 款亦规定，禁止以土地换项目、先征后返、补贴、奖励等形式变相减免土地出让价款。国家出台以上政策和规定总体上是为了规范土地出让收支管理，将土地出让收支全额纳入预算，实行"收支两条线"管理，以促进节约集约用地和经济社会可持续发展，在社会稳定、党风廉政建设方面均有重要意义。

关于政府在招商引资时对土地出让价款减免优惠、以奖励、补贴等形式返还投资者所缴纳的土地出让价款的承诺和约定，在笔者检索的案例中较多的是按照民事合同进行审理，且认为即便违反的规定不属于法律、行政法规的强制性规定，减免土地出让收入约定也会因损害社会公共利益而无效。例如，在［2017］最高法民申 4520 号民事裁定书中法院认为，"返还 XX 公司土地出让金，实质上是零地价转让土地，明显与国家政策相违背……是双方真实的意思表示，但根据《合同法》第 52 条第 2 款第 4 项的规定，损害社会公共利益的合同无效，案涉《框架协议》明显损害了国家和社会公共利益，应当认定为无效"；在［2019］最高法民终 865 号民事判决书中，法院认为，"本案中，《补充协议》中城乡控股公司与衡阳市政府约定对土地出让差价款予以事后返还，其合同标的直指国家所有的土地使用权出让金财政收入，《补充协议》中上述约定及协议双方后续安排，属于国家严格禁止的以先征后返方式变相减免土地出让金收入的行为。并且，国土资源部武汉督察局已经要求将差价款返还衡阳市财政局。据此，鹏泽公司诉请华耀城公司交付土地出让差价款于法无据，本院不予支持"。

有部分按照行政协议审理的案件也倾向于否定该类约定的效力。如贵州省高级人民法院在［2019］黔行终 1774 号行政判决书中认为："上述约定违反了《土地管理法》《国有土地使用权出让收支管理办法》等关于国有土地须有偿使用的规定，损害国家土地出让收益，故该约定违法。违反法律规定的约定不具有法律约束力，不履行该约定不构成违约，元佛公司诉请丹寨县政府按照《投资协议》约定履行土地零地价、办理土地使用证的义务并承担违约责任赔偿经济损失，依法不应支持。"

在民事合同中，即便禁止减免土地出让收入的政策规定或部门规章不属于法律行政法规，按照《九民纪要》第 31 条之精神，违反规章在一般情况下不影响合同效力，但该规章的内容涉及金融安全、市场秩序、国家宏观政策等公序良俗的，应当认定合同无效。人民法院在认定规章是否涉及公序良俗时，要在考察规范对象的基础上，兼顾监管强度、交易安全保护以及社会影响等方面进行慎重考量，并在裁判文书中进行充分说理。当前，在司法实践中，较多法院的观点是认为土地出让收入涉及国家利益和社会公共利益，可适用现行《民法典》第 132 条、第 153 条（原《合同法》第 52 条第 4 项），以损害社会公共利益为由认定合同无效。《最高人民法院民法典合同编通则司法解释》第 16 条第 1 款第 2 项规定亦可印证该等观点。合同一旦被认定无效，根据现行《民法典》第 157 条的规定，因该合同取得的财产，应当予以返还；不能返还或者没有必要返还的，应当折价补偿。

土地出让价款减免的纠纷，产生原因往往是政府方主动主张减免土地出让价款约定违规、无效，要求投资者退回奖励、补贴款项或补缴土地出让价款。根据诚实守信原则，政府方应当对其承诺的行为和内容保持诚信，政府则需不断提升和强化政府公信力，让人民更加信赖，这也是国务院颁布实施的《优化营商环境条例》第 30 条规定"推进政务诚信、商务诚信、社会诚信建设"的必然要求。

实践中，最高人民法院也曾提出，司法机关不应随意让政府承诺、约定无效，即便存在无效事由，在认定相应约定无效的同时，还应该注重的是厘清各方的责任。例如，在［2020］最高法行申 3832 号行政裁定书中，法院认为，"对行政机关在签订行政协议后又以违反法律、行政法规强制性规定为由提出协议无效的主张，人民法院应当更加严格地进行审查；坚持将行政机关诚实守信作为依法行政的基本要求，监督行政机关依法履行行政协议，不支持因市场环境变化、政府换届、领导人员更替等原因动辄以行政协议违反法律、行政法规的强制性规定为由违约、毁约。行政协议确因缔约主体、缔约程序和缔约方式违反法律、行政法规禁止性规定而无效，行政机关需依照《合同法》第 58 条〔1〕的规定承担法律责任的，人民法院可在尊重合同相对性原则的前提下，注重发挥行政权统一性和行政机关间的协同性，要求行政机关主动协调相关行政职能部门，采取相应的补救措施、承担相应的附随义务，以促进行政协议目的实现"。

三、实务建议

国务院办公厅《关于规范国有土地使用权出让收支管理的通知》以及财政部、原国土资源部、中国人民银行印发的《国有土地使用权出让收支管理办法》第 10 条均明确规定，任何地区、部门和单位均不得以"招商引资""旧城改造""国有企业改制"

---

〔1〕 现为《民法典》第 157 条："民事法律行为无效、被撤销或者确定不发生效力后，行为人因该行为取得的财产，应当予以返还；不能返还或者没有必要返还的，应当折价补偿。有过错的一方应当赔偿对方由此所受到的损失；各方都有过错的，应当各自承担相应的责任。法律另有规定的，依照其规定。"

等各种名义减免土地出让收入，实行"零地价"，甚至"负地价"，或者以土地换项目、先征后返、补贴等形式变相减免土地出让收入。据此，以任何形式所进行的土地出让价款优惠减免都存在被认定为违规的可能性，从合规层面而言，政府应尽量避免采取该种方式进行招商引资。对于投资者而言，如有政府承诺就土地出让价款进行优惠减免，应充分考虑该行为被认定违规的情况下所可能造成的结果，合理规划投资、避免导致损失。

如确因土地出让价款优惠减免产生纠纷需诉至法院，首先应对合同性质进行准确判断，避免选择错误可能因为不属于受案范围而被驳回起诉。其次如果政府招商引资奖励、补贴确有政策作为依据、与土地出让价款减免优惠无关，应在诉讼过程中据理力争。而如果确实存在违反国家规定情形，应提前预判避免在诉讼中抱有不合理期待，在按照相关规定退回奖励、补贴款项或补缴土地出让价款的同时，可向法院争取要求行政机关协调相关行政职能部门，采取相应的补救措施，承担相应的附随义务，以促进合同目的的实现。

探析与"毛地出让"有关的几个法律问题

姚正超

"毛地"是相对于"净地"概念而言的，原国土资源部、住房和城乡建设部《关于进一步加强房地产用地和建设管理调控的通知》（国土资发〔2010〕151号）第4条明确规定，土地主管部门不得"毛地"出让，要求拟出让地块要确保地类清楚、面积准确、权属合法，没有纠纷。通说认为，"净地"主要是指符合《闲置土地处置办法》第21条规定条件的土地，即供应土地权利清晰，安置补偿落实到位，没有法律经济纠纷，地块位置、使用性质、容积率等规划条件明确，具备动工开发所必需的通平条件（如三通一平、五通一平或七通一平）。原国土资源部《关于加大闲置土地处置力度的通知》《贵阳市人民政府印发贵阳市国有建设用地使用权"净地"出让工作实施意见（试行）的通知》等政策文件对"净地"的定义亦有所提及。

近年来，国家为确保房地产市场平稳健康发展，持续贯彻落实"房住不炒、租售并举、多主体供给、多渠道保障"等一系列住房政策制度，并持续对房地产行业进行宏观调控"降温"。自新冠疫情暴发以来，疫情对国内乃至国际经济产生了一系列不良影响，同时在国家相关金融政策的限制下，当前地产行业形势相对低迷、纠纷频发。其中不乏地方政府在直接采取毛地出让后因拆迁调规等问题导致无法净地交付，继而产生系列矛盾纠纷的情况。本文拟就"毛地出让"有关的几个法律问题进行探讨，以供读者参考。

一、毛地出让中土地出让合同问题

在《闲置土地处置办法》及相关政策文件明确要求净地出让的情况下，部分地方仍因财政吃紧，无力提前安排足够的资金使得供应土地达到净地条件。一些地方政府主要采取在土地一级开发中寻找实施单位、融资贷款、引入社会资本等方式予以解决。但也有地方直接采取毛地出让的形式供应土地，仅保留土地"纯收益"部分作为土地出让金，然后由竞得者负责解决征收补偿和通平条件以及部分基础配套设施，这显然已经违反了净地出让的相关规定。

（一）合同效力

对于违反净地供应规定出让土地是否导致土地出让合同无效的问题，通说观点及司法机关认为，《闲置土地处置办法》及相关政策文件的效力层级并不足以导致土地出让合同无效。例如，最高人民法院在［2019］最高法民终 2013 号案中持相同观点："国土资源部、住房和城乡建设部《关于进一步加强房地产用地和建设管理调控的通知》（国地资发［2010］151 号）明确规定了不得'毛地'出让。根据 2012 年 6 月 1 日国土资源部令第 53 号《闲置土地处置办法》第 21 条的规定，为防止因政府、政府有关部门的行为造成土地闲置，对于市、县国土资源主管部门供应土地应当符合权利清晰、安置补偿落实到位，没有法律经济纠纷、地块位置、使用性质、容积率等规划条件明确、动工开发所必需的其他基本条件的具体要求……国务院、国土资源部的文件虽然有不得'毛地'出让的规定，但因其性质属于部门规范性文件，而非法律或行政法规，相关规定即不属于法律的强制性禁止规定，不能因此产生合同无效的法律后果。"

（二）合同履行

实践中，部分开发商在毛地出让程序中竞买成功后，又可能因为各种各样的遗留问题（如拆迁补偿、社会维稳、规划调整等）导致土地主管部门迟迟无法交付净地。在此情况下，竞得人有权根据土地出让合同的约定或以出让人的迟延履行行为经催告合理期限内未履行，或者以其他违约行为致使合同目的不能实现为由要求解除合同，并可向出让人进行索赔。在出让人迟迟无法提供"净地"的情况下，部分竞得人亦可能相应迟延支付剩余土地出让价款，若出让人追索，则竞得人一般可行使先履行抗辩权或不安抗辩权中止履行义务。例如，辽宁省高级人民法院在［2016］辽民终 289 号民事判决书中认为："案涉土地并没有达到净地的条件，而且在中油公司自行拆迁过程中遭遇被拆迁人围攻阻拦，中油公司已经履行了自身的合同义务，甚至履行了政府的义务，故中油公司主张先履行抗辩权和不安抗辩权有事实和法律依据。"

二、毛地出让的征收补偿问题

（一）法律关系

自《国有土地上房屋征收与补偿条例》施行后，《城市房屋拆迁管理条例》已同时废止，已无房开商通过取得许可实施拆迁的情况，而是统一归属由政府依法实施征收补偿，这在很大程度上杜绝了野蛮拆迁、暴力拆迁的现象发生。而在毛地出让模式中，有的地方要求竞得人除支付土地出让金外，还需支付征收资金至征收管理部门完成征收补偿工作后再移交土地。有的地方直接和被征收人在签订征收补偿协议中约定由竞得者支付补偿金。在此情况下，实际上并未改变征收人和被征收补偿对象的法律关系，竞得者系以第三人履行的方式支付补偿款项。根据《民法典》第 523 条的规定："当事人约定由第三人向债权人履行债务，第三人不履行债务或者履行债务不符合约定的，债务人应当向债权人承担违约责任。"因此在该种情况下征收人仍需承担相应的法律责任，并不因此退出征收补偿的法律关系。

部分征收实施单位为了防止被征收对象提出过高补偿条件，还可能会协调竞得者另行与被征收对象签订协议书进行附条件（如搬迁交付完毕）补偿。此时竞得者与被征收对象实际上已另行建立了民事合同关系，一旦约定条件成就则竞得者就有义务履行该合同。

（二）土地权属

我国的土地所有权分属国家和集体所有自不待言。从建设用地土地使用权角度出发，需注意的是在毛地出让过程中，有时候为了节约时间或满足项目启动时限的要求，部分地方政府部门可能同步进行征拆和移交，竞得者分期实施开发。被征收对象在签订征收补偿协议后，一般会移交原土地使用权证并办理收回注销登记手续，但此时该土地使用权往往尚未被登记至竞得者名下，那么此时土地的权属状态该如何确定？

笔者认为，建设用地使用权作为一种不动产用益物权，应根据《民法典》第209条的规定，其物权的设立、变更、转让和消灭应当以依法登记为准。无论收回土地使用权的方式为何，竞得者即便签订土地出让合同并支付土地出让金，只要尚未登记至竞得者名下前，其便只能依据土地出让合同享有对出让人的债权请求权，而非取得物权。在原土地使用权人交回土地使用权的情况中，可能存在如下三种情况：

第一，协商收回。最高人民法院在［2019］最高法行申828号行政裁定书中的观点是，协商方式收回土地使用权，实质上是土地使用权的转让，属于民事合同范畴。此种情况下收回土地使用权办理注销登记，实际权属人已转为国家。

第二，征收决定收回。《国有土地上房屋征收与补偿条例》第13条第3款规定，房屋被依法征收的，国有土地使用权同时收回。此时应是与政府征收决定生效的同时产生物权变动，土地权属亦在国家。

第三，行政处理决定收回。根据《关于认定收回土地使用权行政决定法律性质的意见》的规定，收回土地使用权是人民政府及其土地管理部门一项重要的行政行为，主要采取行政处理决定和行政处罚决定两种方式进行。根据城市建设发展需要和城市规划的要求，市、县人民政府无偿收回国有划拨土地使用权的，或者因迁移、解散、撤销、停产或者其他原因而停止使用土地，需要依法收回国有划拨土地使用权的，均属于行政处理决定。笔者认为，采取行政处理决定收回，与《民法典》规定的征收决定的法律性质和效力相似，均应导致物权变动，此时权属也在国家。

三、毛地出让中的土地闲置问题

（一）闲置土地的认定

《城市房地产管理法》第26条规定，以出让方式取得土地使用权进行房地产开发满2年未动工开发的，可以无偿收回土地使用权。同时，《闲置土地处置办法》第2条也规定，超期1年未动工，或者已动工开发但开发面积不足1/3，或者投资额不足总投25%中止开发满1年的情形，可能被认定为闲置土地。根据《关于认定收回土地使用权行政决定法律性质的意见》的规定及通说观点，满足前述规定导致土地使用权被收回的，政府收回行为的性质均应属于行政处罚决定。土地管理部门以受让人符合土地出让合同约定解除条件为由通过解除合同收回土地使用权的，依据最高人民法院《关于审理行政协议案件若干问题的规定》的规定，应属于行政协议争议案件的范畴。

（二）净地交付"僵局"中的闲置

在笔者经历的毛地出让导致的纠纷中，竞得者签订土地出让合同并支付土地出让价款和征收资金后，可能因各种问题无法及时取得净地进行开发，并形成净地交付"僵局"和闲置，甚至可能持续长达十余年。究其原因不乏出让人在毛地出让成交后无法有效完成征收补偿导致纠纷和维稳事件，抑或因规划调整、军产、文物等问题导致无法开发。关于前述情况是否被认定为闲置土地，笔者认为，《城市房地产管理法》第26条但书中已明确，因不可抗力或者政府、政府有关部门的行为或者动工开发必需的前期工作造成动工开发迟延的，属于无偿收回土地使用权的例外情形。同时，《闲置土地处置办法》第8条也明确规定，未按合同约定期限、条件交付；因总规、规划修改造成不能按合同约定、用途、规划和建设条件开发；因国家出台政策，需对约定、规划和建设条件进行修改；因处置土地上相关群众信访事项等无法动工开发；因军事管制、文物保护等无法动工开发；政府、政府有关部门的其他行为；因自然灾害等不可抗力导致土地闲置的，应向市、县国土资源主管部门提供土地闲置原因说明材料，经审核属实的，可协商签订补充协议延长动工开发期限、调整土地用途、规划条件，或由政府安排临时使用，待条件成就重新开发建设，或者协商有偿收回土地使用权、置换土地等方式进行解决。因此，上述情形不应被认定为闲置土地并收回土地使用权。

浅谈土地一级开发中的几个常见问题

姚正超

笔者在为顾问单位提供法律咨询时，常有客户反复提及土地一级开发中的几个较为常见的问题，笔者尝试通过本文对其进行梳理总结，希望为实务提供一些参考。

问题一：土地一级开发应达到什么样的条件？

一般认为，土地一级开发是由政府或政府委托授权的单位，对一定区域范围内的毛地统一实施征收补偿，并进行适当的市政配套设施建设、土地平整等，使土地达到规定供应条件（净地）的过程。根据《闲置土地处置办法》第21条的规定，市、县国土资源主管部门供应土地应当符合：土地权利清晰；安置补偿落实到位；没有法律经济纠纷；地块位置、使用性质、容积率等规划条件明确；具备动工开发所必需的其他基本条件。原国土资源部《关于加大闲置土地处置力度的通知》第2条明确，实行建设用地使用权"净地"出让，出让前，应处理好土地的产权、补偿安置等经济法律关系，完成必要的通水、通电、通路、土地平整等前期开发。自然资源部办公厅《关于政府原因闲置土地协议有偿收回相关政策的函》亦明确土地供应前应完成必要的通水、通电、通路、土地平整等前期开发。《土地储备管理办法》（已失效，下同）第4条第12项中要求，储备土地的前期开发应按照该地块的规划，完成地块内的道路、供水、供电、供气、排水、通讯、围挡等基础设施建设，并进行土地平整，满足必要的"通平"要求。实践中还常见"五通一平""七通一平"等说法，原国土资源部《关于进一步加强和改进建设用地备案工作的通知》明确"三通一平""五通一平""七通一平"是针对土地供应前的开发程度、现状所做的区分。一般而言，"五通一平"是指宗地红线外通路、通给水、通排水、通电、通信和宗地红线内场地平整。"七通一平"是指通给水、通排水、通电、通信、通路、通燃气、通暖和场地平整。

笔者理解，土地一级开发本就被包含于土地储备（依法取得土地、前期开发整理、储存土地以备供应）的环节，因此土地一级开发需满足《土地储备管理办法》规定的必要"通平"要求，才符合土地供应的基本条件。

问题二：选择土地一级开发实施单位是否必须招标？

据上述问题一所述，土地一级开发会涉及部分基础设施工程项目的建设问题，国务院《关于促进节约集约用地的通知》第 11 条规定，土地前期开发要引入市场机制，按照有关规定，通过公开招标方式选择实施单位。有观点认为，土地一级开发尤其是基础设施工程项目，在满足《必须招标的工程项目规定》条件时，属于依法应当进行招标的项目的，应当进行招标。同时，《关于坚决制止地方以政府购买服务名义违法违规融资的通知》（财预〔2017〕87 号文）规定，严禁将储备土地前期开发作为政府购买服务项目。政府建设工程项目确需使用财政资金，应当依照《政府采购法》及其实施条例、《招标投标法》规范实施。《关于加强土地储备与融资管理的通知》（国土资发〔2012〕162 号文）第 3 条规定，进行道路、供水、供电、供气、排水、通信、照明、绿化、土地平整等基础设施建设的，应通过公开招标方式选择工程设计、施工和监理等单位，不得通过下设机构进行工程建设。也有观点认为，对土地一级开发实施涵盖的内容缺乏统一的认识和界定，难以界定为属于法定必须招标的项目。参照湖北省高级人民法院案例——〔2016〕鄂民终 207 号：襄阳汇城天地房地产有限公司与襄阳高新技术产业开发区管理委员会合同纠纷案判决。湖北省高级人民法院认为：汇城置业公司与高新区管委会签订的《土地一级开发协议书》为双方真实意思表示，协议涉及的主要内容为讼争土地的一级开发，因并无相应的法律、法规明确规定土地一级开发必须进行公开招、投标程序，故该《土地一级开发协议书》并不存在违反法律、行政法规效力性、强制性规定的情形，原审判决认定《土地一级开发协议书》合法有效，适用法律并无不当。

事实上，上述观点混淆了土地一级开发所涉基础设施建设等工程项目实施单位的选择与土地一级开发实施单位的选择二者之间的不同，应当将土地一级开发实施单位的选择程序和土地一级开发实施过程中所涉工程项目承建单位的选择程序区分开来，二者不能混为一谈。从法律、行政法规（尤其是效力性强制性规定）层面，并无对选择土地一级开发实施单位必须招标的规定，但在实务中若当地有明确规定，笔者建议遵循当地的规定。

实践中，有的地区规定，可直接委托所属国有公司或通过招标等公开形式选择土地一级开发实施单位。如贵阳市人民政府《关于印发贵阳市土地一级开发整理实施意见》第 6 条规定，市土地储备中心委托市、区（市、县）属国有公司或由区（市、县）人民政府通过招标等公开形式选择土地一级开发实施单位，具体实施土地一级开发整理并由市土地储备中心与土地一级开发实施单位签订委托合同。

也有的地区规定，可直接委托政府平台公司或经批准符合条件的其他单位从事土地一级开发。如昆明市人民政府《关于印发昆明市土地一级开发整理管理办法》第 6 条规定，市级土地储备机构可以委托市级国有投资公司、主城四区及呈贡县（今呈贡区，下同）地方人民政府，以及经市政府批准、符合条件的其他单位进行土地一级开发整理的具体实施。主城 4 区及呈贡县以外的 9 个县（市）区政府可以委托该县（市）区国有投资公司、市级国有投资公司，以及经该县（市）区政府批准、符合条件的其他单位进行土地一级开发整理的具体实施。

问题三：土地一级开发费用成本的范围？

实务中，经常有客户咨询问，某项费用能否打入土地一级开发成本？根据财政部、原国土资源部《土地储备资金财务管理办法》第8条的规定："土地储备资金使用范围具体包括：（一）征收、收购、优先购买或收回土地需要支付的土地价款或征地和拆迁补偿费用。包括土地补偿费和安置补助费、地上附着物和青苗补偿费、拆迁补偿费，以及依法需要支付的与征收、收购、优先购买或收回土地有关的其他费用。（二）征收、收购、优先购买或收回土地后进行必要的前期土地开发费用。储备土地的前期开发，仅限于与储备宗地相关的道路、供水、供电、供气、排水、通讯、照明、绿化、土地平整等基础设施建设支出。（三）按照财政部关于规范土地储备和资金管理的规定需要偿还的土地储备存量贷款本金和利息支出。（四）经同级财政部门批准的与土地储备有关的其他费用。包括土地储备工作中发生的地籍调查、土地登记、地价评估以及管护中围栏、围墙等建设等支出。"

部分地区规定对成本范围有所细化。如《包头市土地一级开发办法》第16条规定："审定的投入资金使用范围：（一）测绘、钉桩、勘界、规划、评估、中介咨询、公告、委托调查等前期费用；（二）国有土地及地上房屋征收（收回、收购）、补偿，集体土地及地上物征收补偿，建设用地报批涉及有关税费等；（三）地上附着物拆除、渣土清运、围墙施工、地下管网或其他地下构筑物的拆移等费用；（四）必要的基础设施建设费用；（五）土地一级开发过程中发生的审计、工程监理、土地管护、法律服务等费用；（六）辖区政府实施费：项目实施过程中，可据实列支与项目有关的工作费用；未按期完成土地一级开发工作内容，或实施过程中出现抢建房屋、集体上访及突发事件等处置不力的，不予支付实施费。（七）其他相关支出。"

当然，土地一级开发成本的确定最终还是需要政府审计部门审定，但在土地一级开发过程中，笔者建议尽量从客观实际出发，遵从《土地储备资金财务管理办法》以及地方性法规或规章规定的资金使用范围，避免超出范围部分无法被计入土地一级开发成本。

问题四：土地一级开发单位在通平条件外能否另行修建其他建筑工程并将资金计入土地一级开发成本？

实践中，笔者曾多次遇到客户问到，土地一级开发单位除修建必要的基础设施外，能否另行修建其他建筑（如体育馆、学校、医院等设施）并将资金使用计入土地一级开发成本。根据财政部、原国土资源部、中国人民银行、原银监会《关于规范土地储备和资金管理等相关问题的通知》（财综〔2016〕4号文）的规定，储备土地的前期开发，仅限于与储备宗地相关的道路、供水、供电、供气、排水、通信、照明、绿化、土地平整等基础设施建设。各地不得借土地储备前期开发，搭车进行与储备宗地无关的上述相关基础设施建设。《土地储备资金财务管理办法》第 8 条规定，储备土地的前期开发，仅限于与储备宗地相关的道路、供水、供电、供气、排水、通信、照明、绿化、土地平整等基础设施建设支出。同时，重庆市规划和自然资源局《关于市五届人大二次会议第 0008 号建议办理情况的复函》明确规定："根据《财政部国土资源部中国人民银行银监会关于规范土地储备和资金管理等相关问题的通知》（财综〔2016〕4 号）和《财政部国土资源部关于印发土地储备资金财务管理办法的通知》（财综〔2018〕8 号）规定，土地储备资金来源需被纳入财政预算管理，资金使用方向为：土地征收、收购等需要支付的土地价款或征地拆迁成本；收储土地后与储备土地相关的道路、供水、照明、土地平整等必要的基础设施建设支出；土地储备存量贷款本息；经同级财政部门批准的与土地储备有关的，如地籍调查、土地登记、管护等其他费用。按此规定，学校、公园建设费用不能在土地出让前分摊到相应地块。"可以说，该等规范性文件已基本划定土地储备资金的支出使用范围，若超出基本范围则经审计时将无法被计入土地一级开发成本。确需在储备土地上建设学校、公园等基础设施的，则可进一步考虑采用单独立项并另行安排筹集资金和核算成本的方式予以解决。例如，重庆市规划和自然资源局《关于市政协五届二次会议第 0410 号提案的复函》规定："……因此，学校建设不属于土地储备资金的使用范围。但根据我市实际，市级储备土地范围内确实急需建设学校，此问题已引起市政府的高度重视。1 月 10 日，市政府召集我局和市发展改革委、市财政局、市住房城乡建委、市教委、市国资委、市级平台公司，主城各区政府，专题研究市级土地储备地块学校建设相关事宜，并明确由市财政局负责制定市级储备土地上学校建设资金补助方案，由市教委牵头修订渝府办发〔2017〕174 号文件，提出学校建设需求计划……"

实务中有可能出现这样的情况，即土地一级开发实施单位希望后期通过前期一级开发锁定后期土地出让进行二级开发，甚至提前在储备土地上直接修建商品房。笔者理解：一方面，修建该等建筑物的费用无法被计入土地一级开发成本，则该等建筑应属于一级开发实施单位自行投资建设范围；另一方面，由于储备土地处于前期一级开发整理阶段，尚未进行土地出让，土地权属完全归属于国家，权属上出现了"房地分离"的情况。同时，土地一级开发单位在修建该等建筑工程时，缺乏国有土地使用证、建设用地规划许可证、建设工程规划许可证、建设工程施工许可证等合法手续，应属于违法建筑。如何处理解决此类违法建筑和土地出让等问题，仍有待探讨。

建设用地被第三人侵占后的救济途径

姚正超

笔者近日在为顾问单位服务过程中，了解到了一起关于划拨建设用地被第三人搭建大棚侵占并导致开发建设受阻的纠纷，笔者尝试从建设用地被第三人侵占后如何救济入手进行简要分析梳理，以供实务参考。

一、案情概要

案涉土地原属村集体所有，2012年经政府依法征收后成为国有用地。2018年经政府划拨由S公司取得划拨用地使用权。在未经S公司同意的情况下，其下属子公司Z公司口头同意T公司临时在该地块搭建临时建筑（钢结构大棚）。临时建筑搭建完成后T公司与C公司签署《租赁合同》，C公司承租该临时建筑后进行实际经营汽车维修业务。S公司在该地块建设过程中因此受阻，C公司、T公司各种理由拒不搬离，情节严重。问题：S公司该如何进行法律救济？

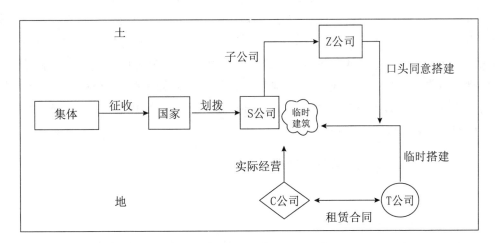

二、关于土地权属及临时建筑的性质

（一）案涉土地自人民政府征收决定生效时转为国家所有，S公司经人民政府划拨成为用益物权人

物权，是指权利人依法对特定的物享有直接支配和排他的权利，包括所有权、用

益物权和担保物权。根据《民法典》第229条的规定："因人民法院、仲裁机构的法律文书或者人民政府的征收决定等，导致物权设立、变更、转让或者消灭的，自法律文书或者征收决定等生效时发生效力。"上述案涉土地所有权原属于农村集体所有，自人民政府征收决定生效时，土地所有权从集体所有转为国家所有，产生物权变动效力。S公司通过政府划拨方式取得土地使用权，即用益物权。根据《民法典》第323条的规定，S公司对该土地依法享有占有、使用和收益的权利。

（二）T公司未经许可修建临时性建筑物属违法建筑，不能原始取得物权

1. 临时建筑物属于违法建筑

T公司既非土地使用权人系《土地管理法》第77条规定的非法占用土地，也未依照《城乡规划法》第37条、第40条的规定取得建设用地规划许可、建设工程规划许可，其非法占用土地修建的建筑物属违法建筑。

2. 建造人无物权但有占有法益，私力救济易被认定为侵权

根据《民法典》第231条的规定，因合法建造的事实行为设立物权的，自事实行为成就时发生效力。显然，该违法建筑无法通过取得土地使用权、补办规划审批手续、接受行政处罚等方式成为合法建筑，也就无法原始取得物权。通说理论观点认为，建造人对该等建筑的所有权无法得到我国法律的保护，但客观上建造人对该等建筑具有占有、使用、收益的价值，司法实践中也有较多法院提出在执行程序中可以对违法建筑进行拍卖、以物抵债、强制管理。

在民事纠纷中，也有司法案例认定民事主体擅自拆除违章建筑属于民事侵权，但因对建筑物恢复原状系法律上的不能，因而只能采取赔偿损失的方式承担侵权责任。例如，在张小阜诉南京苏宁物业管理有限公司案中，法院认为："原告在北阳台所搭建的厨房虽系违章建筑，应当拆除，但该权利应由行政主管部门行使，被告作为物业管理公司，无权行使该权利。原告作为厨房的搭建人，其投入的建筑材料、人工费及厨房内的生活设施、物品系其合法财产，理应受法律保护。被告擅自闯入原告民宅，毁坏财物属不法侵害行为。原告财物受损与被告的侵害行为之间，有直接的因果关系，被告对原告所造成的经济损失理应予以全部赔偿，具体赔偿数额应以鉴定结论为准。故原告的诉讼请求成立，本院应予支持。"

三、关于S公司进行法律救济的途径

（一）民事途径

1. 私力拆除有侵权风险

根据上述论述，T公司建造的违法建筑在法律层面虽无物权，但因其具有一定法益，若S公司采取私力救济直接擅自拆除该建筑，S公司有被T公司主张侵权并承担侵权责任的法律风险。

2. 可采取民事诉讼要求T公司排除妨碍、恢复原状并赔偿损失

S公司作为土地使用权人，其土地被T公司非法侵占修建临时性建筑物并出租，已实际侵害 S 公司的用益物权,根据《民法典》第 179 条、第 236 条、第 238 条的规定,S 公司可采取民事诉讼方式要求 T 公司排除妨碍、恢复原状并赔偿损失。

3. T 公司与 C 公司签署的租赁合同应被认定为无效

因 T 公司出租建筑物未依法取得相关许可和合法占有使用的权利基础,根据《商品房屋租赁管理办法》第 6 条第 1 项的规定,属于违法建筑的房屋不得出租。根据最高人民法院《关于审理城镇房屋租赁合同纠纷案件具体应用法律若干问题的解释》(法释〔2020〕17 号)第 2 条的规定,出租人就未取得建设工程规划许可证或者未按照建设工程规划许可证的规定建设的房屋,与承租人订立的租赁合同无效。但在一审法庭辩论终结前取得建设工程规划许可证或者经主管部门批准建设的,人民法院应当认定为有效。

由于 T 公司本身在案涉土地上并无权源,无法通过后期补正方式取得合法的许可审批手续,因此其与 C 公司二者签订的租赁合同应被认定为无效。若合同被认定无效,则 C 公司将失去对该地上附着物合法占有经营的基础,C 公司客观上已对 S 公司行使物权产生一定障碍,且其作为承租人未审慎核实租赁建筑的合法合规性和权利来源,存在一定的过错,应当尽快搬离腾空承租房,否则根据《民法典》第 1165 条的规定也可能需承担侵权责任。

(二)行政途径

根据《城乡规划法》第 64 条、第 68 条,最高人民法院《关于违法的建筑物、构筑物、设施等强制拆除问题的批复》,《贵州省城乡规划条例》第 54 条的规定,城乡规划主管部门可责令限期拆除、当地县级以上人民政府可责成有关部门强制拆除。根据《土地管理法》第 83 条,《行政强制法》第 53 条、第 54 条等规定,自然资源主管部门可以申请人民法院强制拆除。

(三)刑事途径

1.《刑法》仅规定了非法占用农用地罪,对非法占用建设用地并未作出明确规定

根据《土地管理法》第 77 条的规定:"未经批准或者采取欺骗手段骗取批准,非法占用土地的,由县级以上人民政府自然资源主管部门责令退还非法占用的土地,……对符合土地利用总体规划的,没收在非法占用的土地上新建的建筑物和其他设施,可以并处罚款;对非法占用土地单位的直接负责的主管人员和其他直接责任人员,依法给予处分;构成犯罪的,依法追究刑事责任。"

笔者经梳理研究相关规定和案例发现,能够衔接适用《土地管理法》第 77 条非法占用土地涉及的罪名主要是《刑法》第 342 条规定的非法占用农用地罪,即违反土地管理法规,非法占用耕地、林地等农用地,改变被占用土地用途,数量较大,造成耕地、林地等农用地大量毁坏的,处五年以下有期徒刑或者拘役,并处或者单处罚金。

如果单位犯该罪的,根据《刑法》第 31 条的规定,对单位可判处罚金,对直接负责的主管人员和其他直接责任人员可判处刑罚。然而,《刑法》规定的非法占用农用地

罪已经将占用土地的用途类型予以界定，即系"农用地"，对于非法占用建设用地的情形并未加以明确。

2. T公司占用S公司建设用地行为因我国《刑法》未作出明文规定而不构成犯罪

由于我国《刑法》未将非法占用建设用地规定为具体的犯罪行为，同时《刑法》第293条规定的寻衅滋事罪又是纯正的自然人犯罪，单位不能成为寻衅滋事罪的犯罪主体。T公司也不满足非法占用农用地罪、侵占罪、故意毁坏财物罪等罪名的犯罪构成。根据罪刑法定原则，法律没有明文规定为犯罪行为的，不得定罪处刑。

同时，理论上，在我国法律未明文规定为犯罪行为的，若行政处罚方式能够使违法行为得到合理规制和调整，相对应法益可以得到合理保护，惩罚性与其违法性、危害性又适当，则该违法行为无需进行刑事层面的规制。

3. 有观点认为若自然人侵占建设用地情节严重，或可构成寻衅滋事罪

我国《刑法》虽未规定占用建设用地情况的专门罪名，但根据《刑法》第293条第1款第3项的规定，占用公私财物情节严重的可构成寻衅滋事罪。对于所谓情节严重的标准，最高人民法院、最高人民检察院《关于办理寻衅滋事刑事案件适用法律若干问题的规定》第4条明确规定："占用公私财物价值二千元以上的"或"严重影响他人工作、生活、生产、经营的。"

参考案例（摘要）：[2017]湘0521刑初231号刑事判决书

经审理查明：

2014年以来，被告人谢某桥以梨园大道占用其土地为由，在修建梨园大道过程中多次阻工。在梨园大道修建好后，被告人谢某桥在梨园大道路面上用水泥墩、木板搭建了一个长57米、宽13米的几间小屋，共占用路面741平方米，用来堆放杂物和养鸡、养鸭……2016年10月份，被告人谢某桥、谢某喜雇请工人私自搭建钢架大棚，刘某1在期间帮忙并支付货款。尔后，被告人谢某喜又联系施工人员在梨园大道路面旁边搅拌水泥进行施工，对部分行人道进行硬化，对梨园大道路面造成损坏。被告人谢某桥、谢某喜强行占用该路段及搭建违章建筑至2016年10月21日，其占用行为使梨园大道及人行道部分造成损坏。经邵东县（今邵东市，下同）价格认证中心鉴定：绿化带地面、下水道井（材料及清理）、空坪土地地面共计损失价值6400元；被损坏路面的损失共计152 000元。

本院认为，被告人谢某桥、谢某喜任意损毁、占用公私财物，情节严重，社会影响恶劣，其行为已构成寻衅滋事罪。公诉机关指控被告人谢某桥、谢某喜犯寻衅滋事罪，事实清楚，证据确实、充分，本院予以支持。……对辩护人王某平的辩护意见，经查，被告人谢某桥明知其耕作的土地不属自己所有，且政府已补偿了青苗损失，在政府工作人员多次劝说后仍采取过激行为，强行主张土地权属，并伙同谢某喜损坏占用公私财物，对该辩护意见，本院不予采纳。对辩护人提出的重新鉴定申请，因其申请理由不充足，本院不予受理。公诉机关的量刑建议适当，本院予以采纳。

综上分析，S公司可提起民事诉讼，要求T公司排除妨碍、恢复原状、赔偿损失；也可以根据《城乡规划法》和《土地管理法》的相关规定向行政主管部门提出行政控告或举报以拆除违法违章建筑，对T公司处以罚款等；采取刑事途径维权难度较大，得到刑事立案并追诉的可能性较小。

土地租赁合同终止后，地上新增建筑物的
法律处置问题分析

罗烈相

一、问题的提出

土地作为生产资料，是企业实施生产、经营的重要资本，在依法取得土地使用权后，企业将土地进行租赁更是常见的土地利用方式。若承租人在租赁地块上擅自建造建筑物，土地租赁合同终止后，在租赁合同并未对新增建筑物的处置进行明确约定的情形下，如何处理该新增建筑物是出租人与承租人将要面临的巨大问题。本文中，笔者将结合相关司法案例，就土地租赁合同终止后的地上新增建筑物之处置问题展开分析。

二、地上新增建筑物的物权归属

在本文设定的问题中，若承租人未经出租人的同意擅自新建建筑物，租赁合同出现期限届满、解除等终止情形后，最容易出现的情况便是承租人就其事实建造行为主张建筑物的所有权，确定地上新增建筑物的物权归属由此便成了解决出租人与承租人纠纷的先决条件。

（一）事实建造行为设立物权之规范以取得合法建房手续为前提

《民法典》第231条规定："因合法建造、拆除房屋等事实行为设立或者消灭物权的，自事实行为成就时发生效力。"该条是关于因事实行为而设立或者消灭物权的规定，也是承租人实施事实建造行为主张物权设立最喜欢援引的条款。所谓事实行为，与法律行为的区别在于其法律效果与行为人意志无关，直接根据法律规定而产生。[1]举例来说，用钢筋、水泥、砖瓦、木石建造房屋就是典型的能够引起物权设立或者消灭的事实行为。在上述事实行为成就时，不需要遵循一般的物权公示方法即产生物权效力。

法律之所以规定事实建造行为可以取得物权，主要是基于以下两个方面的理由：

---

〔1〕 朱庆育：《民法总论》，北京大学出版社2016年版，第83页。

第一，建房人的事实建造行为投入了自己的资金和劳动，按照"谁投资、谁受益"的原则，可以依法取得所有权。第二，若严格按照物权公示原则，在进行登记之前，该建筑物将无法获得物权保护，容易引发社会纠纷。

但并不是所有的事实行为都可以发生物权变动的效果，必须符合法律规定的构成要件。根据《民法典》第231条之规定，基于事实行为发生物权变动，须满足两个基本条件：第一，必须有合法的建房手续，违章建筑不能取得物权。"合法"意味着建设主体应完成特定的审批手续、取得合法的土地权利、符合规划要求、取得四证（《建设用地规划许可证》《建设工程规划许可证》《国有土地使用权证》《施工许可证》）等。建设主体必须是行政机关所确定的建设方，才能被称为合法，只有相关手续的名义人才是合法的建造主体，方可依据建造行为原始取得所有权。[1] 第二，必须已建成房屋。只有完成房屋建造才能形成不动产，成为不动产物权的客体。

【参考案例1】

陕西崇立实业发展有限公司与中国信达资产管理股份有限公司陕西省分公司、西安佳佳房地产综合开发有限责任公司案外人执行异议之诉案，最高人民法院［2016］最高法民终763号

裁判观点：崇立公司能否基于合法建造取得案涉房屋所有权。本院认为，首先，《物权法》第142条规定，建设用地使用权人建造的建筑物、构筑物及其附属设施的所有权属于建设用地使用权人，但有相反证据证明的除外。即建设用地使用权人建造的建筑物、构筑物及其附属设施的所有权一般属于建设用地使用权人。就本案而言，建设用地使用权证载明的权利人为佳佳公司而非崇立公司。其次，虽然《物权法》第30条规定，因合法建造、拆除房屋等事实行为设立或者消灭物权的，自事实行为成就时发生效力。但合法建造取得物权，应当包括两个前提条件：一是必须有合法的建房手续，完成特定审批，取得合法土地权利，符合规划要求；二是房屋应当建成。根据查明事实，案涉房屋的《国有土地使用权证》《建筑用地规划许可证》《建筑工程规划许可证》《施工许可证》等记载的权利人均为佳佳公司。即在案涉房屋开发的立项、规划、建设过程中，佳佳公司是相关行政审批机关确定的建设方，崇立公司仅依据其与佳佳公司的联建协议，并不能直接认定其为《物权法》第30条规定的合法建造人，并因事实行为而当然取得物权。

（二）未取得合法建造手续，建造行为属于动产（建筑材料）与不动产（土地）的附合，由不动产权利人取得新增建筑物的所有权

《民法典》第322条规定："因加工、附合、混合而产生的物的归属，有约定的，按照约定；没有约定或者约定不明确的，依照法律规定；法律没有规定的，按照充分

［1］ 卢蕾：《因合法建造行为取得物权的途径探索》，载微信公众号"大成郑州办公室"，2022年12月31日，https：//mp.weixin.qq.com/s/zXNPv000TAt59ujeGP0u5w，2024年1月22日访问。

发挥物的效用以及保护无过错当事人的原则确定。因一方当事人的过错或者确定物的归属造成另一方当事人损害的，应当给予赔偿或者补偿。"

加工、附合、混合统称添附，是指不同所有人的物被结合、混合在一起成为一个新物，或者利用别人之物加工成为新物的事实状态。其中，附合为物与物的结合，即不同所有人的物密切结合在一起而成为一种新物。对于承租人擅自在租赁地块上新增建筑物的行为，由于土地使用权人与建设主体不一致，承租人无法取得合法建造手续，其建造完成的新增建筑物不能取得不动产物权，仅能作为建筑材料（如瓦砖、石板、木料等）享有动产物权，其建造行为使得建筑材料与土地发生附合而不能分离。根据《民法典》第 322 条之规定，动产附合于不动产，使得不动产所有人取得动产的所有权，并且动产的所有权因附合而消灭。故承租人在租赁地块上擅自新增建筑物，在无法取得合法建造手续的情形下，通常由土地使用权人取得新增建筑物的所有权，这也是"房地一体"原则的应有之义。

【参考案例 2】

徐某海、常州市金坛区粮食购销总公司房屋租赁合同纠纷民事二审民事判决书，江苏省常州市中级人民法院［2021］苏 04 民终 4084 号

房屋与土地使用权不可分离，只能为同一人所享有，土地上建筑物需经一定程序批准，并以取得土地使用权为前提，所以土地使用权的取得是取得建筑物所有权的前提。土地使用权人与建房人不一致的，实质上属于司法实践中动产（建筑材料）与不动产（土地）的附合，此时，应由不动产权利人取得合成物的所有权。《最高人民法院公报》2011 年第 12 期（总第 182 期）发布的"胡某云诉汤某勤、王某锋所有权确认纠纷案"的裁判摘要指出：在他人享有使用权之土地上建造房屋而形成附和的，房屋所有权一般归土地使用权人。本案中，徐某海在黄庄粮站享有使用权的土地上建设房屋，构成添附。双方签订的关于黄庄粮站租赁合同期限届满，且双方未再续订租赁合同，承租人（添附方）应当向出租方腾让黄庄粮站（含房屋及土地）。

三、出租人就新增建筑物处置的请求权基础与限制

（一）恢复原状或赔偿损失

承租人在未经出租人同意的情况下擅自新建建筑物，违反租赁合同为承租人设定的应当合理使用并妥善保管租赁物的义务，构成违约行为，应当承担恢复原状或者赔偿损失的违约责任。

（二）按照充分发挥物的效用原则，恢复原状的责任承担应结合物的价值进行综合考量

对于出租人来说，在不影响租赁地块的原状与完整性的情况下，对于承租人擅自新增建筑物，现实中大多要求承租人进行拆除。但按照充分发挥物的效用及公平原则，在新增建筑物的价值与拆除成本较高的情况下，法院亦会限制使用恢复原状的责任承

担方式。

【参考案例3】

王某友、田某来排除妨害纠纷再审审查与审判监督民事裁定书，天津市高级人民法院［2019］津民申525号

虽然涉案宅基地的使用权业经生效判决归王某友所有，但结合本案田某来、周某平使用该宅基地建房的过程，周某平支付了对价等因素，不能认定田某来、周某平对占有宅基地具有主观恶意。考虑田某来、周某平在该宅基地上建造了7间房屋及附属设施，价值较大，如果拆除必然造成巨大的经济损失，则有违公平原则，且房屋与宅基地具有不可分性，可以采取经济补偿的方式实现利益平衡，解决矛盾。

四、地上新增建筑物的处置原则

（一）当事人意思自治优先

若土地租赁合同双方当事人在合同中对承租人新增建筑物已有明确约定，应按照合同约定进行处置。当事人的约定须具备两个条件：一为明确约定；二为有效约定。[1]即所作的约定系双方的真实意思表示，内容不违反法律及行政法规的强制性规定，即为合法有效的约定，合同当事人应当遵循诚实信用原则，按照约定全面履行自己的义务。

（二）综合发挥物的效用与保护无过错当事人两个原则衡量确定

在土地租赁合同关系中，若恢复各物之原状事实上已不可能，或者虽有可能但经济上很不合理，在确定物的归属与处置方式时，应以充分发挥物的效用为原则，采取协商处理、折价赔偿等作为处置方式，而不是一概以恢复原状处理。在考虑充分发挥物的效用确定添附物的同时，还须考虑当事人是否存在过错，包括主观是否存在恶意、对造成合同终止或解除的责任等，以避免承租人基于擅自建造行为向出租人主张不当得利返还。

---

〔1〕 刘智慧：《添附物的所有权归属确定——以民法典添附规则的司法适用为中心》，载《人民检察》2021年第5期。

国有土地建设用途变更的程序及
擅自变更的法律后果分析

田宪鹏

  建设单位通过招拍挂取得国有建设用地使用权与国土部门签订国有建设用地使用权出让合同时，会在合同中约定土地用途，并约定建设单位不得擅自变更土地用途。那么，若建设单位在取得国有建设用地使用权后因自身经营需要，确需改变土地用途，如何进行变更？本文通过研究现行法律法规及政策文件，将就建设单位能否变更土地用途、变更的程序以及擅自变更的法律后果进行了整理和分析。

一、现行法律法规允许建设单位改变土地使用权出让合同约定的土地用途，但需要取得原批准用地的人民政府及规划行政主管部门的批准，如涉及补缴土地出让金，还需调整土地出让金

  根据《土地管理法》第 56 条的规定，建设单位确需改变土地建设用途的，应当经有关人民政府自然资源主管部门同意，报原批准用地的人民政府批准。其中，在城市规划区内改变土地用途的，在报批前，应当先经有关城市规划行政主管部门同意。《城市房地产管理法》第 18 条在此基础上进一步明确，土地使用者需要签订土地使用权出让合同变更协议或者重新签订土地使用权出让合同，并相应调整土地使用权出让金。

  除此之外，根据《城乡规划法》第 43 条的规定，建设单位申请变更的土地用途必须符合规划，若变更内容不符合控制性详细规划，城乡规划主管部门不得批准。

  《协议出让国有土地使用权规范（试行）》第 8 条就变更土地用途的程序作出了详细规定，即"出让土地改变用途等土地使用条件的处理。出让土地申请改变用途等土地使用条件，经出让方和规划管理部门同意，原土地使用权人可以与市、县国土资源管理部门签订《国有土地使用权出让合同变更协议》或重新签订《国有土地使用权出让合同》，调整国有土地使用权出让金，但《国有土地使用权出让合同》、法律、法规、行政规定等明确应当收回土地使用权重新公告出让的除外。原土地使用权人应当按照国有土地使用权出让合同变更协议或重新签订的国有土地使用权出让合同约定，及时

补缴土地使用权出让金额，并按规定办理土地登记。调整国有土地使用权出让金额应当根据批准改变用途等土地使用条件时的土地市场价格水平，按下式确定：应当补缴的土地出让金额＝批准改变时的新土地使用条件下土地使用权市场价格－批准改变时原土地使用条件下剩余年期土地使用权市场价格"。

根据上述法律规定，现行法律法规并不禁止土地使用权人在取得土地使用权后变更土地用途，但该等变更需要履行严格的行政审批程序，包括就土地用途变更事项获得出让方或自然资源管理部门，市、县人民政府城市规划行政主管部门的同意，签订《国有土地使用权出让合同变更协议》或重新签订《国有土地使用权出让合同》，补交土地出让金等。

二、土地使用权人未履行变更审批手续擅自改变土地用途的法律后果

据前述，建设单位确需改变土地用途的，需完善审批程序。那么，若建设单位未履行审批程序，擅自变更土地用途将承担何种法律后果？

建设单位在办理土地用途变更手续时，除了要取得出让方同意，还需要取得规划部门的同意，若建设单位未经规划部门审批同意即擅自变更土地用途，则无法取得建设工程规划许可证或前期虽已取得规划许可证，但因用途变更导致实际建设内容与规划许可证内容不一致。

《城乡规划法》第64条规定："未取得建设工程规划许可证或者未按照建设工程规划许可证的规定进行建设的：由县级以上地方人民政府城乡规划主管部门责令停止建设；尚可采取改正措施消除对规划实施的影响的，限期改正，处建设工程造价百分之五以上百分之十以下的罚款；无法采取改正措施消除影响的，限期拆除，不能拆除的，没收实物或者违法收入，可以并处建设工程造价百分之十以下的罚款。"第66条规定："建设单位或者个人有下列行为之一的，由所在地城市、县人民政府城乡规划主管部门责令限期拆除，可以并处临时建设工程造价一倍以下的罚款：（一）未经批准进行临时建设的；（二）未按照批准内容进行临时建设的；（三）临时建筑物、构筑物超过批准期限不拆除的。"

此外，《城镇国有土地使用权出让和转让暂行条例》第17条规定："土地使用者应当按照土地使用权出让合同的规定和城市规划的要求，开发、利用、经营土地。未按合同规定的期限和条件开发、利用土地的，市、县人民政府土地管理部门应当予以纠正，并根据情节可以给予警告、罚款直至无偿收回土地使用权的处罚。"

一些地方政府通过地方性法规规定了更为明确的法律后果。以贵州省为例，2018年《贵州省土地管理条例》第45条规定："违反本条例第29条规定的，由县级以上人民政府国土资源行政部门责令限期补办用地审批手续，处以应缴费用金额1%以上3%以下罚款。"

综上，根据我国现行法律法规的规定，建设单位取得国有建设用地使用权后，应当严格按照出让合同约定的土地用途进行开发建设，不得擅自变更土地用途。否则，

将面临警告、罚款，甚至被无偿收回土地使用权的法律后果。确需改变土地用途的，必须完善审批程序，取得出让方及规划部门的同意，签订变更协议或重新签订出让合同，如涉及土地出让金调整，还需补交土地出让金。

以股权形式实现土地使用权转让的法律效力及注意事项

罗文君

　　根据《城市房地产管理法》的相关规定，房地产开发过程中土地使用权的转让必须达到交足全部土地出让金、需完成开发投资总额的 25% 以上等限定条件，但在实践中，规避该条件，很多交易主体通常以股权转让的方式实现土地使用权转让。就该种行为的法律效力，司法实践中存在不同的裁判观点。本文将结合目前主流的司法裁判观点，对该行为的法律效力及存在的风险进行梳理分析。

一、转让行为的法律效力

　　以股权转让形式实现土地使用权转让主要是指拥有土地使用权一方不直接对外转让土地使用权，而是转让拥有土地使用权的公司的股权，从而使受让方直接获得对土地的控制权和利用权。对于此种行为的法律效力，司法实践中主要有两种意见。

　　一种意见认为，以该类行为签订的《股权转让协议》属于以合法形式掩盖非法目的的无效合同，即当事人的真实意思是转让土地使用权，但因《城市房地产管理法》等法律法规的限定，达不到转让条件而不得以以转让股权的形式掩盖真意。同时，此种行为系严重违反国家相关税法规定恶意避税，损害了国家利益，应当认定无效。

　　参考案例：[2015]杭富商初字第 3183 号民事判决书

　　法院认为：原、被告在 2014 年 9 月 22 日签订股权转让协议之行为，并不符合商业经营活动中，对于股权转让的通常理解。双方之行为从根本上，应当判定，系以股权转让协议为外表，实质为国有土地使用权的买卖。该行为并非合法之行为，系以合法形式掩盖非法目的。故从现有证据应当认定，原、被告于 2014 年 9 月 22 日签订股权转让协议，属以合法形式掩盖非法目的，应当被认定为无效。

　　另一种意见认为，该行为应合法有效。主要理由有二：一是公司股权转让的法律后果仅是公司股东的变更，而不是公司持有的土地使用权主体的变更，相应土地仍是原公司的财产，因此股权转让协议有效；二是以转让房地产项目公司股权形式实现土地使用权或项目转让的目的，并不违反法律及行政法规的效力性禁止性规定，即规定相关转让限定条件的法律法规属于管理性禁止性规定，并非效力性禁止性规定，相应股权转让协议应有效。

参考案例一：最高人民法院［2014］民二终字第 264 号民事判决书

法院认为： 股权转让与土地使用权转让是完全不同的法律制度……当公司股权发生转让时，该公司的资产收益、参与重大决策和选择管理者等权利由转让方转移到受让方，而作为公司资产的建设用地使用权仍被登记在该公司名下，土地使用权的公司法人财产性质未发生改变……公司在转让股权时，该公司的资产状况（包括建设用地使用权的价值）是决定股权转让价格的重要因素。但不等于说，公司在股权转让时只要有土地使用权，该公司股权转让的性质就变成了土地使用权转让，进而认为其行为是名为股权转让实为土地使用权转让而无效。

参考案例二：最高人民法院［2016］最高法民终 222 号民事判决书

法院认为： 本案中业已查明，沙某武欲通过控制恒岐公司的方式开发使用涉案土地，此行为属于商事交易中投资者对目标公司的投资行为，是基于股权转让而就相应的权利义务以及履行的方法进行的约定，既不改变目标公司本身亦未变动涉案土地使用权之主体，故不应被纳入土地管理法律法规的审查范畴，而应依据《公司法》有关股权转让的规定对该协议进行审查。本院认为，在无效力性强制性规范对上述条款中的合同义务予以禁止的前提下，上述有关条款合法有效。

对于以上两种意见，笔者更倾向于第二种。从股权转让行为与土地使用权转让行为各自的法律属性来看，二者实际上受不同的法律规范调整，彼此独立，并不矛盾冲突。股权转让行为本质上属于《公司法》所保护的法律行为，而《公司法》并未有禁止以土地使用权作为股权标的交易的规定，土地使用权作为公司资产之一，任何股权变动都会导致资产控制状态的变化，不能因直接控制土地使用权的主体发生变化就否定股权转让行为本身的效力。同时，经检索发现，将该行为认定为合法有效已成为目前司法裁判的主流观点，尤其是在最高人民法院已有生效判例认定有效的前提下，各地法院基本秉承案例指导精神，趋于认定有效。可见，目前司法实践更加注重股权交易的流通性，保护股权交易安全性和效率性。这也更加符合公司制度的基本特征及股权转让的法律属性。

二、注意事项

虽然目前的主流观点认为，此种交易模式应被认定为合法有效，但该种有效仅是从民事合同纠纷及公司法适用方面对协议效力的认定。实践中，基于股权转让行为的商业性及土地使用权转让的特殊性，该种行为在各层面仍然存在一定法律风险。

（一）民事层面：合同目的能否实现的风险

就股权转让行为的效力而言，虽然目前的司法裁判倾向于认为通过股权转让实现土地使用权转让的行为具备法律效力，但除了直接构成无效的情形外，若转让程序不合法同样存在被予以撤销的可能，导致合同自被撤销之日起无效。如根据《公司法》的相关规定，股东对外转让股权需经其他股东过半数以上同意，股东会会议召集程序、表决方式违反法律、行政法规或者公司章程，或者决议内容违反公司章程的，股东可以请求人民法院撤销。即目标公司股东通过股权转让形式转让公司土地使用权，相关决议存在程序瑕疵或侵害其他股东权益的，存在被撤销该项决议内容或直接导致相关转让合同被撤销的可能。在此情况下，受让方只能以获得股权收益的合同目的无法实现为由，请求转让方承担相应的违约责任，进而不能获得土地使用权的商业价值。

就股权转让行为的商业属性而言，股权转让本质上属于一种投资行为，利用股权转让实现土地使用权转让主要也是为了实现目标地块的商业价值。若对转让前潜在的债权债务关系及后续开发成本的承担约定不明，虽成功获取土地使用权，同样存在不能实现获取土地收益价值的合同目的，并引发诉讼纠纷的风险。

（二）刑事层面：构成非法转让、倒卖土地使用权罪的风险

根据《刑法》第228条之规定："以牟利为目的，违反土地管理法规，非法转让、倒卖土地使用权，情节严重的，处三年以下有期徒刑或者拘役，并处或者单处非法转让、倒卖土地使用权价额百分之五以上百分之二十以下罚金；情节特别严重的，处三年以上七年以下有期徒刑，并处非法转让、倒卖土地使用权价额百分之五以上百分之二十以下罚金。"

虽然在民事层面上，交易主体于自愿、平等的基础上以此方式签订的股权转让协议有效，但实践中，若股权交易目标公司仅只有土地使用权为公司资产，且未取得相关权属证明，相关股东即进行股权交易实现土地使用权转让，相关股东仍然存在被认定为以牟利为目的，非法转让、倒卖土地使用权，构成刑事犯罪的可能。

参考案例：辽宁省高级人民法院［2016］辽刑申438号《周某岐非法倒卖土地使用权罪驳回申诉通知书》

法院认为：经查，你的恒岐公司在成立后，公司资产只有案涉的该宗土地，在你与沙某武签订转让公司股权协议的时候，恒岐公司并没有取得该宗土地的土地使用证，按照法律规定该宗土地也不具备转让的条件，你以转让公司股权的形式变相非法倒卖土地使用权，牟取暴利，已构成非法倒卖土地使用权罪。你所提申诉理由无事实和法律依据，本院不予采纳。

（三）行政层面：土地增值税的承担

就税收层面而言，相关税收规定对股权转让和土地使用权转让具有不同的课税规则，二者在征收税种、适用税率等方面均有明显区别。比如：土地使用权转让涉及的纳税种类包括增值税及附加、土地增值税、契税、印花税和所得税等，而股权转让的纳税种类仅涉及印花税、所得税。尽管在民事裁判中主流观点认为此种行为不属于恶意逃避税收损害国家利益的无效行为，但实践中仍然不排除此种方式存在被税务局征收土地增值税等的可能。比如，国家税务总局的多次批复均明确利用股权转让方式让渡土地使用权的，应加收土地增值税：

（1）国税函［2000］687号：鉴于深圳市能源集团有限公司和深圳能源投资股份

有限公司一次性共同转让深圳能源（钦州）实业有限公司100%的股权，且这些以股权形式表现的资产主要是土地使用权、地上建筑物及附着物。经研究，对此应按土地增值税的规定征税。

（2）国税函〔2009〕387号：鉴于广西玉柴营销有限公司在2007年10月30日将房地产作价入股后，于2007年12月6日、18日办理了房地产过户手续，同月25日即将股权进行了转让，且股权转让金额等同于房地产的评估值。因此，我局认为这一行为实质上是房地产交易行为，应按规定征收土地增值税。

（3）国税函〔2011〕415号：经研究，同意你局关于"北京国泰恒生投资有限公司利用股权转让方式让渡土地使用权，实质是房地产交易行为"的认定，应依照《土地增值税暂行条例》的规定，征收土地增值税。

三、操作建议

针对上述可能存在的法律风险，笔者结合自身实务经验提出如下操作建议供参考：

（1）全面尽职调查，明确权利义务。从民事风险角度来看，因股权转让程序较为复杂，在转让过程中，出让方股权出资瑕疵、转让程序瑕疵、潜在债权债务处理等问题都会导致转让行为效力存在一定风险，导致受让股权后不能实现合同目的，尤其是不能实现土地使用价值的收益目的。同时，基于土地使用权转让条件的限制，除了对目标公司资产、债权债务情况进行全面尽职调查外，还需对其土地使用权属情况、土地出让金缴纳情况、开发投资额情况等作全面的了解，若还未完全开发完成，还需进一步明确后续成本的承担方式及风险责任归属。

（2）符合转让条件，勿碰法律红线。从刑事风险角度来看，在实践中，大多数被刑事追责的"以股让地"行为，都是在未达到可以出让的条件下为获取暴利赚取土地出让差价而进行的。往往被法院认定为有严重损害国家利益之嫌，构成非法转让、倒卖土地使用权罪。因此，在决策通过此方式实现土地使用权转让时，应严格遵守转让条件，在转让方缴足土地出让金、开发投资额达到标准条件后再进行交易。

（3）及时了解政策，做好税费规划。从税务风险角度来看，虽然以股权转让形式转让土地使用权在一定程度上能减轻税务负担，但是从国家税务局已有的批复文件来看，仍然存在被认定为名为转让资产实为转让土地使用权的可能，仍需承担较大份额的土地增值税。且由于各地税收执行政策有异，为了保险起见，在选择以该种方式实现土地使用权转让时，一方面应及时了解当地税收政策，提前做好税收筹划；另一方面，也要做好补缴土地增值税的准备。

容积率调整情形下补缴土地出让金相关问题探析

王松子

一、关于容积率调整的法律规定

（一）什么是容积率？

容积率是建设用地使用权规划条件中的重要组成部分。根据《民法典》第348条的规定："通过招标、拍卖、协议等出让方式设立建设用地使用权的，当事人应当采用书面形式订立建设用地使用权出让合同。建设用地使用权出让合同一般包括下列条款：……（四）土地用途、规划条件；……"根据《建设用地容积率管理办法》第3条、第4条的规定，容积率是指一定地块内，总建筑面积与建筑用地面积的比值。以出让方式提供国有土地使用权的，在国有土地使用权出让前，城市、县人民政府城乡规划主管部门应当依据控制性详细规划，提出容积率等规划条件，作为国有土地使用权出让合同的组成部分。

通俗来说，容积率决定了建设用地使用权人可以在相应的地块上建设多少面积的房屋，容积率越低，可建设房屋面积越小；容积率越高，可建设房屋面积越大。实践中，房开商常说"没有指标的地是没有价值的"，而在建设用地使用权规划指标中，容积率即是相应地块价值的重要体现。

（二）什么情形下可以调整容积率？

如上文所述，政府出让予受让方的建设用地使用权并非只是一宗物理意义上的地块，其是包含了相应的法律属性的（即规划指标），建设用地使用权人应当按照规划指标进行开发建设。如果建设用地使用权人在取得相应的建设用地使用权后，需对规划指标进行调整，应当符合法律法规规定的相应情形。

根据《建设用地容积率管理办法》第7条的规定："国有土地使用权一经出让或划拨，任何建设单位或个人不得擅自更改确定的容积率。符合下列情形之一的，方可进行调整：（一）因城乡规划修改造成地块开发条件变化的；（二）因城乡基础设施、公共服务设施和公共安全设施建设需要导致已出让或划拨地块的大小及相关建设条件发生变化的；（三）国家和省、自治区、直辖市的有关政策发生变化的；（四）法律法规规定的其他条件。"

（三）容积率调整需要经过什么程序？

建设用地使用权的出让本质上是一种较为特殊的产权交易，以手机交易为例作一个通俗一些的比较：规划指标的不同就像是手机配置的不同，内存为 128G 的手机价格必然会比内存为 64G 的同款手机价格更高。同理，容积率高的地块在一般情况下也会比同等其他条件下容积率低的地块价格更高。因此，在符合可调整容积率的法定情形下，若需对容积率进行调整，应征得政府方的同意，并根据具体情况核定后补缴土地出让金。

根据国务院《关于加强国有土地资产管理的通知》第 2 条的规定，土地使用者需要改变原批准的土地用途、容积率等，必须依法报经市、县人民政府批准。对原划拨用地，因发生土地转让、出租或改变用途后不再符合划拨用地范围的，应依法实行出让等有偿使用方式；对出让土地，凡改变土地用途、容积率的，应按规定补交不同用途和容积率的土地差价。

（四）容积率调整后需补缴的土地出让金如何核定？

容积率的调整需补缴土地出让金，但是对于应当补缴的土地出让金如何计算，上述规定并未进行明确，实践中也常常因此发生争议。而根据原国土资源部《关于严格落实房地产用地调控政策促进土地市场健康发展有关问题的通知》，经依法批准调整容积率的，市、县国土资源主管部门应当按照批准调整时的土地市场楼面地价核定应补缴的土地出让价款。具体的计算公式，可参考《协议出让国有土地使用权规范（试行）》（国土资发［2006］114 号）的规定，"应当补缴的土地出让金额＝批准改变时的新土地使用条件下土地使用权市场价格－批准改变时原土地使用条件下剩余年期土地使用权市场价格"。

二、关于容积率调整的司法观点

（一）如行政部门就容积率调整作出补缴土地出让金的行政决定，双方未签订补充协议情形下对该决定存在争议，不属于民事诉讼的受案范围

根据最高人民法院《关于审理行政协议案件若干问题的规定》第 2 条的规定："公民、法人或者其他组织就下列行政协议提起行政诉讼的，人民法院应当依法受理：……（三）矿业权等国有自然资源使用权出让协议；……"该规定颁布实施后，很多人即认为建设用地使用权出让合同也属于上述规定的范围，应被认定为行政协议，按照行政诉讼进行审理。但通过检索案例可以发现，2021 年共有 36 个建设用地使用权出让合同纠纷由最高人民法院审理裁判，其中 6 个案件涉及行政协议问题。在该等案件中，最高人民法院均认为，建设用地使用权出让合同纠纷属于民事纠纷。

如在［2020］最高法民申 4269 号《华宁福华汽贸服务有限公司、华宁县自然资源

局建设用地使用权出让合同纠纷再审审查与审判监督民事裁定书》中，最高人民法院认为："关于案涉《国有土地使用权出让合同》是否为行政协议的问题。案涉地块系以挂牌方式出让，福华公司于 2017 年 10 月 25 日竞得该宗地的使用权，后双方当事人于 2017 年 11 月 9 日签订《国有建设用地使用权出让合同》。相关协议系双方当事人以平等主体关系挂牌、竞拍形成，协议内容是与土地使用权出让相关的民事权利和义务，不具有行政法上的权利义务内容，申请人主张该协议是行政协议、案件应按行政诉讼程序审理缺乏法律依据，相关申请理由不能成立。"

但是，就容积率调整时的补缴土地出让金问题而言，如自然资源部门仅作出行政决定行为，而未签订补充协议，各方间就该行政决定所发生的争议不属于民事诉讼的受案范围。

参考案例：《衡阳星河苑房地产开发有限公司、衡阳市自然资源和规划局建设用地使用权出让合同纠纷再审审查与审判监督民事裁定书》［2020］最高法民申 6370 号

星河苑公司分别于 2008 年、2013 年与原衡阳市国土局签订《国有土地使用权出让合同》《国有建设用地使用权出让合同》，取得两宗土地的使用权。两份合同均约定，需要改变合同规定的土地用途和土地使用条件的，必须依法办理有关审批手续，签订土地使用权出让合同变更协议或者重新签订土地使用权出让合同。2010 年 4 月 2 日，衡阳市第 13 次市长办公会决定，就案涉项目提高容积率，并按照拍卖当时的单位土地价格计算出让金补缴款。本院认为，根据国务院《关于加强国有土地资产管理的通知》的相关规定，经依法批准调整容积率的，市、县国土资源主管部门应当依法核定应补缴的土地出让价款。衡阳市自然资源和规划局作出《征收超容积率补交土地出让金决定书》，是对容积率调整后超容积率部分产生的土地差价作出的征收决定。对该行政决定，星河苑公司申请了行政复议，衡阳市自然资源和规划局已经受理。星河苑公司和原衡阳市国土局并未根据《国有土地使用权出让合同》的约定，就衡阳市市长办公会决定提高案涉项目的容积率的问题，签订补充协议或者重新签订出让合同。二审庭审中，衡阳市自然资源和规划局自认其与星河苑公司 2008 年签订的《国有土地使用权出让合同》已了结。在双方对合同已经履行的情况并无争议，且星河苑公司已就《征收超容积率补交土地出让金决定书》申请行政复议的情况下，二审法院认定该争议不属于民事诉讼受案范围，维持驳回起诉的一审裁定，并无不当。

(二) 容积率调整情形下补缴土地出让金，应以土地行政部门同意变更合同、补缴土地出让金的时间为出让金的评估期日，而非按照起诉时同种用途的土地出让金标准调整

根据最高人民法院《关于审理涉及国有土地使用权合同纠纷案件适用法律问题的解释》第 5 条的规定，受让方经出让方和市、县人民政府城市规划行政主管部门同意，改变土地使用权出让合同约定的土地用途，当事人请求按照起诉时同种用途的土地出让金标准调整土地出让金的，应予支持。实践中，存在部分调整容积率的情形也按照该司法解释对应补缴的土地出让金进行计算。但是，该司法解释所规定的情形仅包括

改变土地用途，对调整容积率并未作出明确规定。因此，该司法解释规定也并不当然适用于容积率调整情形下补缴土地出让金的计算。

容积率调整情形下补缴土地出让金的计算应当适用原国土资源部《关于严格落实房地产用地调控政策促进土地市场健康发展有关问题的通知》的规定，按照批准调整时的土地市场楼面地价核定应补缴的土地出让价款。此外，对于该规定中的"批准时"具体是指什么部门批准什么的时点，也未进行明确。结合最高人民法院的案例来看，实践中会先由规划部门对容积率调整进行批准，再由土地管理部门对变更合同、补缴土地出让金进行批准，而最高人民法院认为，作为核定补缴土地出让金计算时点的"批准时"，应是指土地管理部门对变更合同、补缴土地出让金进行批准时。

参考案例：《兰州居正房地产有限公司、兰州市自然资源局建设用地使用权出让合同纠纷二审民事裁定书》[2018] 最高法民终 784 号

本院认为，由于相关刑事案件已经明确案涉建设用地容积率调整系违规调整，因此，当事人之间关于评估期日的约定不适用本案之情况。一审判决对此方面的认定并无不当。但在不适用合同约定的情况下，如何确定评估期日，一审判决法律适用不当，未能正确确定评估期日，导致事实未予查清。首先，最高人民法院《关于审理涉及国有土地使用权合同纠纷案件适用法律问题的解释》第 5 条是针对土地用途改变如何确定补缴土地出让金的评估期日的问题，案涉建设用地调整容积率的同时虽然用途也有改变，但目的仍是调整容积率，故不应适用该条规定。一审判决以起诉日前兰州市自然资源局委托评估日作为评估期日存在错误。其次，建设用地使用权出让合同纠纷虽为民事纠纷，但在合同的订立变更过程中存在具体行政行为。在本案容积率调整过程中，负责容积率调整的规划部门与签订出让合同的部门并非同一主体。容积率经规划部门批准调整后，出让合同的变更需要取得土地管理部门的同意。土地管理部门作为建设用地使用权出让合同的当事人，其作出行政行为同意变更合同补缴土地使用权出让金的时间应为补缴出让金的评估期日。本案中，兰州市自然资源局通知兰州居正房地产有限公司办理相关手续的行政行为即是该局同意变更出让合同的意思表示。该行政行为一旦作出，对双方都有约束力，亦为合同变更的时间。故应以此时间为补缴土地出让金的评估期日。

（三）若容积率调整的同时也对土地用途进行了调整，按照起诉时同种用途的土地出让金标准调整应补缴的土地出让金

如上所述，容积率调整情形下补缴土地出让金的计算是以批准时作为计算时点的，而土地用途变更情形下补缴土地出让金的计算则是以起诉时作为计算时点的。在同时变更土地用途、调整容积率的情形下，对于补缴土地出让金的计算时点如何确定，相关规定并未进行明确。从最高人民法院的案例来看，最高人民法院认为，在此种情形下应以起诉时作为补缴土地出让金的计算时点。

参考案例：《廊坊市荣达通房地产开发有限公司、廊坊市自然资源和规划局广阳区分局建设用地使用权出让合同纠纷二审民事判决书》［2020］最高法民终 168 号

关于原判决认定荣达通公司应补缴土地出让金的数额是否正确的问题。根据查明事实，案涉《国有土地使用权出让合同》于 2003 年签订之后，由于政府规划改变，原规划用于建设别克汽车 4S 汽车店变更为酒店建设项目。案涉土地使用权存在变更土地用途、增加容积率的情形，但是，荣达通公司并未按规定补缴土地出让金。廊坊国土局市区分局多次要求荣达通公司补缴土地出让金，说明廊坊国土局市区分局同意变更土地用途、增加容积率，只是双方不能就补缴土地出让金数额达成一致意见。《国有土地使用权合同纠纷的解释》第 5 条规定，受让方经出让方和市、县人民政府城市规划行政主管部门同意，改变土地使用权出让合同约定的土地用途，当事人请求按照起诉时同种用途的土地出让金标准调整土地出让金的，应予支持。原判决适用该规定，按照廊坊国土局市区分局起诉时同种用途的土地出让金标准，确定荣达通公司应补缴的土地出让金数额，适用法律并无不当。荣达通公司主张以规划行政主管部门同意变更规划或者更换土地使用权证等时间作为补缴土地出让金评估基准日，均缺乏充分依据，本院不予支持。原判决认定荣达通公司应补缴土地出让金的数额，并无不当。

（四）针对建设项目改变容积率欠缴国有土地使用权出让金的情形，检察机关有权督促相关行政主管部门协同追缴国有土地使用权出让金

在容积率调整情形下，一般是由自然资源部门负责应补缴土地出让金的追缴。但是在实践中，也确实存在着部分未能及时有效追缴土地出让金的问题。对于该种情况，检察机关有权督促相关行政主管部门协同追缴国有土地使用权出让金，也可通过提起公益诉讼的方式收回建设用地使用权人应补缴的土地出让金。

如参考最高人民检察院于 2020 年 12 月 17 日发布的《国有财产保护、国有土地使用权出让领域行政公益诉讼典型案例》中的江苏省南京市江宁区改变容积率行政公益诉讼案。2005 年 12 月，某房地产公司通过招拍挂方式竞得某块国有建设用地使用权后，原江宁区规划局将容积率调整为 4.84，但欠缴的巨额土地出让金一直未收回。江宁区人民检察院于 2018 年 11 月 2 日决定对该案进行立案审查并拟提起公益诉讼。通过调取土地使用权出让合同和土地出让金缴纳凭证、国土和规划等部门的履职台账、容积率调整文件，询问国土、规划、住建等部门相关工作人员、房地产公司负责人，查明规划部门和国土部门在变更规划手续在衔接上存在不畅通，涉案企业在改变容积率后未依法缴纳国有土地使用权出让金的事实。2018 年 11 月 22 日，江宁区人民检察院向原国土分局、原规划局、区财政局、区住建局 4 家单位发出诉前检察建议，建议积极履行法定职责，及时采取有效措施追缴土地出让金。后经多次会议协调，涉案公司与原国土分局签订了《土地出让合同补充协议》，补缴土地出让金、违约金及税款8137.5191 万元。

针对本案的处理，最高人民检察院认为："因用地规划调整、行政机关相关工作衔接不畅，改变容积率后未按照法律规定缴纳国有土地使用权出让金的情形屡见不鲜。

本案中，两级检察机关一体化办案，上级院加强对下指导，共同发挥行政公益诉讼检察职能，督促多个行政机关相互配合依法履职收缴国有土地使用权出让金、违约金，有效保护国有财产安全，体现了检察机关在国有土地出让上国家利益守护人的作用。"

三、关于容积率调整的地方实践

基于本文第一部分所列的相关规定我们似乎可以得到一个结论，只要对容积率进行了调整，就一定要对土地出让金进行核算补缴，实践中也存在着较多这样的观点。但实际上，容积率的调整并不一定意味着土地出让金的核算补缴。

根据《建设用地容积率管理办法》第11条的规定，对于分期开发的建设项目，各期建设工程规划许可确定的建筑面积的总和，应该符合规划条件、建设用地规划许可证确定的容积率要求。根据原国土资源部《关于严格落实房地产用地调控政策促进土地市场健康发展有关问题的通知》的规定，经依法批准调整容积率的，市、县国土资源主管部门应当按照批准调整时的土地市场楼面地价核定应补缴的土地出让价款。

从上述规定可见，规划许可对于一宗地块容积率的要求是需要进行整体核算，结合《建设用地容积率管理办法》第11条的规定具体而言，如某宗地块是分期建设，其中一期的容积率高于规划指标的要求，并不必然意味着项目建设实际容积率超出了规定的容积率，只要在后期建设过程中降低容积率，使项目整体的容积率不超过规划指标的要求，即属于合规行为。从另外一个方面来看，调整容积率后对应补缴土地出让金的核定，是按照批准调整时的土地市场楼面地价来核定的，若容积率调整后相应的楼面地价并未发生变化，也无需补缴土地出让金，该种情况在建设用地使用权分割转让、收回部分建设用地使用权时较为常见。

上述结论虽是结合国家规定推论而来，并无国家明确规定作为依据，但部分地方对此作出了明确规定，可作为实践参考。如《清远市城市规划区建设用地容积率管理办法》第7条规定，土地出让后因宗地分割致使局部地块容积率高于整宗地块平均容积率，但各项计容积率建筑面积总和未超出规划条件，且经市城乡规划主管部门认定符合规划要求的，不再补缴土地出让价款；2017年《淄博市人民政府办公厅关于国有建设用地调整容积率补缴土地出让金等有关问题的通知》第7条规定，土地出让后因分割致使局部地块容积率高于整宗地块综合容积率，但建筑总面积未超出规划总建筑面积，经规划部门认定符合规划要求的，不视为容积率调整。由此可见，容积率的实际调整并不一定意味着土地出让金的核算补缴，应结合具体情况，对项目整体容积率是否发生变化进行核定，或对调整后的土地楼面地价进行计算，并按照批准调整时的土地市场楼面地价来核定是否需要补缴土地出让金及具体的补缴金额。

政府方无偿收回国有建设用地
使用权相关问题探析

王松子

根据《城市房地产管理法》第 26 条的规定，以出让方式取得土地使用权进行房地产开发的，必须按照土地使用权出让合同约定的土地用途、动工开发期限开发土地。满 2 年未动工开发的，可以无偿收回土地使用权。但是，因不可抗力或者政府、政府有关部门的行为或者动工开发必需的前期工作造成动工开发迟延的除外。

《闲置土地处置办法》第 14 条、第 15 条、第 16 条、第 17 条等对此进行了细化，即无偿收回国有建设用地使用权应当报经有批准权的人民政府批准后，向国有建设用地使用权人下达《收回国有建设用地使用权决定书》（以下简称《决定书》），闲置土地设有抵押权的，同时抄送相关土地抵押权人；作出收回决定前，国土资源主管部门应当书面告知国有建设用地使用权人有申请听证的权利。国有建设用地使用权人要求举行听证的，国土资源主管部门应当依法组织听证；国有建设用地使用权人应当自《决定书》送达之日起 30 日内，到市、县国土资源主管部门办理国有建设用地使用权注销登记，交回土地权利证书，如对《决定书》不服，可以依法申请行政复议或者提起行政诉讼。

实践中，存在较多由无偿收回国有建设用地使用权引发的纠纷，本文拟结合最高人民法院的裁判观点，对政府方无偿收回国有建设用地使用权相关问题进行分析，以供实务参考。

一、控制性详细规划未获批准情况下延迟开发动工不必然被认定为是政府原因造成，政府方有权无偿收回国有建设用地使用权

根据《城乡规划法》第 19 条、第 38 条的规定，城乡规划主管部门根据城市总体规划的要求，组织编制城市的控制性详细规划，经本级人民政府批准后，报本级人民代表大会常务委员会和上一级人民政府备案。在国有土地使用权出让前，城乡规划主管部门应当依据控制性详细规划，提出出让地块的位置、使用性质、开发强度等规划

条件，作为国有土地使用权出让合同的组成部分。

即从法律上而言，控制性详细规划编制后经依法批准是土地出让的前提，土地使用权人应当根据确定的规划条件进行开发建设。而在实践中，存在控制性详细规划虽已经公布但未获批准的情况，在该种情况下，如政府方已向土地使用权人提供了规划指标，土地使用权人未进行开发建设，可能构成土地闲置而被政府方无偿收回国有建设用地使用权。法院认为此种情况下控制性详细规划未经政府审批属于行政机关内部的程序瑕疵，不影响土地使用权人报建报批。

案例参考：

［2019］最高法行申3859号《海南吉时房地产开发有限公司资源行政管理：土地行政管理（土地）再审审查与审判监督行政裁定书》

经查明，涉案8.32亩土地坐落在文城组团东片区，而《文昌市文城组团东片区控制性详细规划》与《文昌市文城组团北片区控制性详细规划》是《文昌市文城组团东·北片区控制性详细规划》的两个组成部分。《东北片区控规》于2008年启动编制，2010年3月通过文昌市城市规划委员会第十二次会议审议，于2010年4月8日至5月8日通过报纸、网站等方式进行公示，程序符合《城乡规划法》等法律法规的规定。虽然《东北片区控规》至今没有经文昌市政府批复，但文昌市规划部门已经将涉案土地的控规指标提供给吉时公司。控制性详细规划未经政府审批属于行政机关内部的程序瑕疵，不影响吉时公司项目的报建报批。

二、容积率调整未获批准情况下延迟开发动工并非政府原因造成，政府方有权无偿收回国有建设用地使用权

根据《建设用地容积率管理办法》第4条、第5条的规定，以出让方式提供国有土地使用权的，在国有土地使用权出让前，城市、县人民政府城乡规划主管部门应当依据控制性详细规划，提出容积率等规划条件，作为国有土地使用权出让合同的组成部分。任何单位和个人都应当遵守经依法批准的控制性详细规划确定的容积率指标，不得随意调整。

据此，土地使用权人应当根据《国有土地使用权出让合同》的约定，按照相应容积率要求进行开发建设，如确需对容积率进行调整，应按照《建设用地容积率管理办法》等相关规定依法进行。实践中，部分土地使用权人在取得土地使用权后，因容积率不符合其开发建设的要求，向政府方提出了调整容积率的申请。但是，由于此前确定的容积率是土地使用权人在取得土地使用权之前即同意的，在容积率调整前，其应当按照《国有土地使用权出让合同》及相关法律法规的规定进行开发建设，否则将构成土地闲置，因并非由政府、政府有关部门的行为造成，政府方有权无偿收回国有建设用地使用权。

案例参考：

[2019] 最高法行申 3859 号《海南吉时房地产开发有限公司资源行政管理：土地行政管理（土地）再审审查与审判监督行政裁定书》

吉时公司根据房地产市场需要与相邻四家用地单位于 2010 年 4 月向文昌市政府提交《关于吉时花园整合开发的申请》，2010 年 6 月 18 日文昌市政府作出文府函[2010] 399 号《关于同意整合土地统一规划建设吉时花园的批复》（以下简称"399号批复"），同意吉时公司与相邻四家用地单位统一规划、整合开发、上调容积率等事项。2011 年作为土地整合成员之一的万利达公司因自身发展需要而单独提出其名下的土地的规划调整申请并取得文昌市政府批准，土地整合未获成功。2012 年 8 月、2013年 3 月文昌市规划局根据吉时公司的申请，先后以文规[2012] 387 号和文规[2013] 120 号《关于启动吉时花园项目规划调整程序的请示》向文昌市政府申请启动吉时花园项目的容积率调整程序。2013 年 6 月 17 日，文昌市规划局召开专家评审会，因吉时公司申请的容积率指标（容积率≤3.0）不符合规划容积率指标（容积率≤1.5）没有被批准。吉时公司在 2013 年 6 月 17 日参加规划调整专家论证会时已经知道涉案土地的容积率不能进行调整，且规划部门已经将论证结果被以会议纪要的形式反馈给了吉时公司，并要求吉时公司按照控规指标设计方案办理报建手续，但是吉时公司自 2013 年6 月 17 日之后没有向规划部门申请办理报建手续。且吉时公司两次申请调整涉案土地的容积率，是吉时公司为了自身用地规划建设的需要提出，不属于因政府或者政府有关部门原因造成土地闲置的情形。

三、土地使用权人明知其受让的土地使用权并非净地情况下延迟开发动工并非政府原因造成，政府方有权无偿收回国有建设用地使用权

根据《闲置土地处置办法》第 21 条的规定："国土资源主管部门供应土地应当符合下列要求，防止因政府、政府有关部门的行为造成土地闲置：（一）土地权利清晰；（二）安置补偿落实到位；（三）没有法律经济纠纷；（四）地块位置、使用性质、容积率等规划条件明确；（五）具备动工开发所必需的其他基本条件。"

根据上述规定，我国目前对于土地使用权的出让所实施的是"净地出让"制度，但实践中确实仍然存在部分土地不完全具备动工开发所必需条件即进行土地出让的情形。在该种情形下，如土地使用权人对此系明知（如从土地出让金单价、《国有土地使用权出让合同》约定反映），即使因土地使用权交付时并非净地导致延迟开发动工、土地闲置，也并非属于政府、政府有关部门的行为造成，政府方有权无偿收回国有建设用地使用权。

案例参考：

[2018] 最高法行申 8810 号《XX 新、陈某平资源行政管理：土地行政管理（土

地）再审审查与审判监督行政裁定书》

XX 新、陈某平主张土地闲置是因惠东县政府、惠东县国土局未能完成土地的"三通一平"工作造成。经查，惠东县国土局与 XX 新、陈某平签订的《国有土地使用权出让合同》约定土地使用权出让金为每平方米 50.8 元，且未对出让土地的"三通一平"作出明确约定，当时也无法律法规规定政府交付土地必须以"三通一平"为条件，平海镇人民政府、惠东供电局平海供电所和平海镇自来水厂出具的《证明》，可以证明涉案土地基本具备开发建设条件。因此，XX 新、陈某平的该项主张不能成立。

四、政府方作为被告应当对闲置土地的认定及决定提供证据证明，而原土地使用权人作为原告也应当对其不构成违法土地闲置提供证据予以证明

根据《行政诉讼法》第 34 条的规定，行政机关作为被告，对作出的行政行为负有举证责任。但具体就政府方无偿收回国有建设用地使用权的行政行为而言，在相应的行政诉讼中，行政机关应举证证明的是涉案土地是否确实构成闲置土地，是否经过公告、告知、听证和报批程序后作出涉案《闲置土地认定书》及《收回国有建设用地使用权决定书》。

而若原土地使用权人作为行政诉讼当事人主张延迟开发动工、土地闲置并非其自身原因导致，也应提供相应证据予以证明。如原土地使用权人主张延迟开发动工、土地闲置是由报建报批未获政府方批准导致，其应当对其报建报批行为提供证据予以证明，否则将可能因此导致对己方不利的裁判结果。可能在实践中是否报建报批、报建报批是否获得政府方批准的情况较为复杂，未获批准客观上不必然是由土地使用权人原因所导致，在此过程中土地使用权人应注意在程序上"留痕"并收集相关证据，以尽量避免因无偿收回国有建设用地使用权产生行政诉讼纠纷无法举证证明。

案例参考：

[2015] 行监字第 1839 号《惠东县新展鹏实业有限公司与惠东县人民政府、惠东县国土资源局再审行政裁定书》

本案争议的焦点问题是案涉土地闲置是否由当地政府、政府有关部门的行为所造成。依据《行政诉讼法》第 34 条之规定，被告对作出的行政行为负有举证责任，应当提供作出该行政行为的证据和所依据的规范性文件。故惠东县国土局应对案涉出让土地符合"三通一平"开发建设条件负有举证责任。惠东县国土局虽就此提供了惠东供电局平海供电所和惠东县平海镇自来水厂出具的通电、通水证明，但该证明的事项与原审现场勘查笔录记载的内容并不相符。从原审现场的勘察笔录来看，难以得出案涉土地已达到"三通一平"的结论。原审法院在没有查清相关案件事实的情况下，认定案涉土地闲置不属于由当地政府、政府有关部门的行为造成，并认定案涉收地决定合

法，存在不当。关于案涉土地是否达到"三通一平"，需对惠东县国土局提供的相关证明文件并结合现场勘查笔录等证据予以审查核实后作出客观判断，对本案作出妥善处理。

[2018] 最高法行申 8804 号《陈某荣、广东省惠东县人民政府资源行政管理：土地行政管理（土地）再审审查与审判监督行政裁定书》

陈某荣主张土地闲置是由惠东县政府未制订相关规划，有关政府部门拒绝审批报建手续造成。经查，惠东县政府于 1995 年 8 月 1 日作出《关于惠东县平海镇镇区总体规划的批复》，对涉案土地制定了 1995 年至 2010 年的总体规划，且陈某荣无证据证明其向相关政府部门提交过申请开发建设的材料，该项主张不能成立。陈某荣主张土地闲置是由政府未解决涉案土地的补偿问题造成，但该主张缺乏事实依据，不能成立。

五、认定是否延迟开发动工、投资额是否满足法定条件当然应当以宗地为单位，而非以整体项目为单位

根据《闲置土地处置办法》第 2 条的规定，闲置土地是指国有建设用地使用权人超过国有建设用地使用权有偿使用合同或者划拨决定书约定、规定的动工开发日期满 1 年未动工开发的国有建设用地。已动工开发但开发建设用地面积占应动工开发建设用地总面积不足 1/3 或者已投资额占总投资额不足 25%，中止开发建设满 1 年的国有建设用地，也可以被认定为闲置土地。

实践中，存在土地使用权人取得数宗土地使用权后进行整体开发的情形，在该种情形下，部分土地使用权人对于开发动工存在理解偏差，即认为只要对该数宗土地使用权中的部分进行开发动工即从整体上不构成土地闲置。但是，《国有土地使用权出让合同》是以宗地为单位签订，确定是否属于闲置土地当然应当以宗地为单位，而不是以整体项目为单位。不能以整体项目投入超过 25%，否定某宗土地未动工开发的事实。

案例参考：

[2018] 最高法行申 8877 号《鸿扬实业定安建筑安装工程公司、海南省定安县人民政府资源行政管理：土地行政管理（土地）再审审查与审判监督行政裁定书》

鸿扬公司主张，认定涉案土地闲置缺乏证据。海南省政府作出的琼复决 [2004] 53 号行政复议决定证明，涉案土地系鸿扬钓鱼台宾馆项目的配套工程，整体项目投资已经超过 25%，不属于闲置土地。但是，根据《闲置土地处置办法》第 2 条第 1 款的规定，闲置土地是指超过土地出让合同约定的动工开发日期满 1 年未动工开发的国有建设用地。土地出让合同是以宗地为单位签订，是否属于闲置土地根据出让合同约定的动工开发日期计算。确定是否属于闲置土地当然应当以宗地为单位，而不是以整体项目为单位。不能以整体项目中其他相关当事人在另外宗地的投入，作为本案当事人在本宗土地上的投入；更不能以整体项目投入超过 25%，否定本宗土地未动工开发、

未作任何投入的事实。以此为由申请再审，理由不能成立。

六、原土地使用权人因自己原因已导致未动工开发构成土地闲置的，即使此后确因政府原因无法再进行开发建设，政府方也有权无偿收回国有建设用地使用权

根据《闲置土地处置办法》第 8 条的规定，属于政府、政府有关部门的行为造成动工开发延迟的，政府方不能无偿收回相应的国有建设用地使用权。在无偿收回国有建设用地使用权相关行政诉讼纠纷中，部分原土地使用权人可能以此为由提出抗辩。

但是，对于该问题的判断应根据具体案件的综合情况来进行分析，如原土地使用权人因自己原因已导致未动工开发构成土地闲置的，即使此后确因政府原因无法再进行开发建设，政府方也有权无偿收回国有建设用地使用权，后续政府方的行为并不能否定此前已构成的闲置土地违法事实。对于该问题，部分地方政府也作出了相应的细化规定。如根据《海南省闲置土地认定和处置规定》第 14 条的规定，因政府原因造成土地闲置，有确定的起止时间的，可以扣除政府原因造成的土地闲置时间，扣除后仍符合闲置土地条件的，可以认定为非政府原因造成土地闲置。

案例参考：

[2017] 最高法行申 5480 号《海南圣安实业有限公司、定安县人民政府资源行政管理：土地行政管理（土地）再审审查与审判监督行政裁定书》

圣安公司主张，涉案土地因规划调整导致无法动工开发，属于法定不予无偿收回情形。如前所述，在定安县政府 2007 年对案涉土地进行规划调整之前，案涉土地已经符合无偿收回的条件。定安县政府作出的土地规划调整行为，并不构成对涉案闲置土地无偿收回的阻却。根据《海南省闲置土地认定和处置规定》第 14 条的规定，因政府原因造成土地闲置，有确定的起止时间的，可以扣除政府原因造成的土地闲置时间，扣除后仍符合闲置土地条件的，可以认定为非政府原因造成土地闲置。根据该条规定，在出现政府原因之前已经构成土地闲置的，当然不需要讨论是否需要予以扣除的问题。圣安公司的该项主张缺乏事实和法律根据，本院不予支持。

七、司法查封不影响政府依法无偿收回国有建设用地使用权

最高人民法院、原国土资源部、原建设部《关于依法规范人民法院执行和国土资源房地产管理部门协助执行若干问题的通知》第 22 条第 1 款规定："国土资源、房地产管理部门对被人民法院依法查封、预查封的土地使用权、房屋，在查封、预查封期间不得办理抵押、转让等权属变更、转移登记手续。"该规定仅限制了对被查封的土地使用权办理抵押、转让等权属变更、转移登记手续，但土地使用权的收回并非需进行变更、转移登记，而是需进行注销登记，故上述规定并未限制对被查封的土地使用权

办理注销登记手续。

另根据《不动产登记操作规范（试行）》第 8.4 条的规定，权利人放弃国有建设用地使用权的，提交权利人放弃国有建设用地使用权的书面文件。被放弃的国有建设用地上设有抵押权、地役权或已经办理预告登记、查封登记的，需提交抵押权人、地役权人、预告登记权利人或查封机关同意注销的书面文件。但依法没收、收回国有建设用地使用权的，仅需提交人民政府的生效决定书即可，而无需查封机关同意注销。

案例参考：

［2017］最高法行申 5127 号《烟台开发区丰源海运有限公司、山东省无棣县国土资源局资源行政管理：土地行政管理（土地）再审审查与审判监督行政裁定书》

关于被诉收回决定是否干预司法活动。首先，根据一、二审法院查明的事实，县国土局作出被诉收回决定并送达滨州中盛公司的时间是 2013 年 1 月 5 日，青岛海事法院对涉案土地使用权作出第一次查封行为的时间是 2013 年 1 月 14 日。而且，根据《土地登记办法》第 50 条第 1 项的规定，依法收回的国有土地可以直接办理注销登记，县国土局在作出被诉收回决定 3 个月后才公告注销涉案国有土地使用权登记和土地权利证书的行为，并不影响涉案土地使用权在司法查封之前已被县国土局收回的事实。故再审申请人有关行政权违法干预司法活动的主张，缺乏事实和法律依据，本院不予支持。

［2015］行提字第 27 号《蓟县外贸畜产公司与陵水黎族自治县人民政府行政命令、行政确认申诉行政判决书》

查封土地系司法机关为保证案件的执行而作出的保全措施，收地决定是行政机关依据相应事实和法律作出的行政决定，两者分别是司法权与行政权的运用，两种权力的行使应当互相配合和尊重。司法权不能干预行政权的行使，具体到本案中，司法保全措施不影响《收地决定》本身的合法性。故蓟县畜产公司主张因涉案土地被人民法院查封，就不能予以收回的理由，缺乏相应的法律依据，本院不予支持。

八、无偿收回国有建设用地使用权虽需经政府批准，但当事人对无偿收回的行政行为不服的，应以相应的收回决定书上署名的机关作为被告

根据《闲置土地处置办法》第 14 条的规定，土地未动工开发满 2 年的，由市、县国土资源主管部门报经有批准权的人民政府批准后，向国有建设用地使用权人下达《收回国有建设用地使用权决定书》，无偿收回国有建设用地使用权。即闲置土地的无偿收回需经政府进行批准，但作出无偿收回行政行为的主体应为市、县国土资源主管部门。

在无偿收回国有建设用地使用权相关行政诉讼纠纷中，部分原土地使用权人即因此将政府作为了被告。而最高人民法院《关于适用〈中华人民共和国行政诉讼法〉的

解释》第 19 条已对此问题作出了明确,即当事人不服经上级行政机关批准的具体行政行为,向人民法院提起诉讼的,应当以在对外发生法律效力的文书上署名的机关为被告。对此,若当事人在该类案件中以政府作为被告且拒绝变更,已经立案的,法院将裁定驳回起诉。

案例参考:

[2016] 最高法行申 4026 号《烟台开发区丰源海运有限公司与山东省无棣县人民政府再审行政裁定书》

最高人民法院《关于执行〈中华人民共和国行政诉讼法〉若干问题的解释》(已失效) 第 19 条规定:"当事人不服经上级行政机关批准的具体行政行为,向人民法院提起诉讼的,应当以在对外发生法律效力的文书上署名的机关为被告。"本案被诉《收回决定》虽经无棣县政府批准同意,但在该决定书上署名的机关为无棣县国土资源局,故无棣县国土资源局是本案适格被告。根据最高人民法院《关于适用〈中华人民共和国行政诉讼法〉若干问题的解释》第 3 条第 1 款第 3 项的规定,错列被告且拒绝变更的,已经立案的,应当裁定驳回起诉。经与原审法院核实,再审申请人在提起本案诉讼的同时,已针对同一事项对本案适格被告即无棣县国土资源局提起了行政诉讼,生效的行政判决也已经作出,故原审法院在未告知再审申请人变更被告的情况下,裁定驳回其起诉并无不当。

九、总结

土地资源是宝贵的不可再生资源,因此我国土地管理法律制度要求十分珍惜、合理利用土地,促进社会经济的可持续发展。处置闲置土地的根本目的是促进土地利用,促进节约集约用地。土地使用权人取得国有建设用地使用权后,应当依法进行开发建设,避免造成违法土地闲置。同时,土地的开发建设往往投入较高、情况复杂,土地使用权人应当正确理解相关法律法规的规定,避免因理解歧义导致延迟开发建设,土地使用权被政府无偿收回,造成不必要的损失。如确实存在可能因政府方原因无法开发建设的情况,应在推进的过程中及时收集相关证据,以尽量避免在诉讼过程中对己方造成被动。

贵州省《关于完善建设用地使用权转让出租抵押二级市场的实施意见》亮点解读

王松子

我国的国有建设用地市场主要分为以政府供应为主的土地一级市场和以市场主体之间转让、出租、抵押为主的土地二级市场。相较于土地一级市场而言，土地二级市场运行发展中存在着交易规则不健全、交易信息不对称、交易平台不规范、政府服务和监管不完善等问题。

2020年8月14日，贵州省人民政府办公厅印发了《关于完善建设用地使用权转让出租抵押二级市场的实施意见》（以下简称《实施意见》），《实施意见》根据《土地管理法》《城市房地产管理法》等相关法律法规及国务院办公厅《关于完善建设用地使用权转让、出租、抵押二级市场的指导意见》（国办发〔2019〕34号）（以下简称《指导意见》），结合贵州省实际情况，对贵州省建设用地使用权二级市场的完善作出了具体规定。《实施意见》中有诸多亮点值得关注，笔者结合相关规定及地方实践，对《实施意见》中的亮点进行解读分析，供读者参考。

一、划拨用地转让应向市、县自然资源主管部门申请，报原批准划拨建设用地使用权的市、县人民政府批准

《实施意见》第5条规定，以划拨方式取得的建设用地使用权，未经批准，不得擅自转让。确需转让的，应向市、县自然资源主管部门申请，报原批准划拨建设用地使用权的市、县人民政府批准。经市、县人民政府批准转让的划拨用地，土地用途符合《划拨用地目录》的，可不补缴土地出让价款，按规定办理不动产转移登记；土地用途不符合《划拨用地目录》的，在符合规划的前提下，由受让人依法依规补缴土地出让价款后，再按规定办理不动产转移登记。

解读：

根据《城镇国有土地使用权出让和转让暂行条例》第45条，划拨土地使用权和地上建筑物，其他附着物所有权在符合法定条件的前提下，经市、县人民政府土地管理

部门和房产管理部门批准后可进行转让、出租、抵押。该规定明确了划拨土地使用权转让需经批准的原则，但未明确批准所需履行的具体程序。《实施意见》对此进行了明确，即应向市、县自然资源主管部门申请，报原批准划拨建设用地使用权的市、县人民政府批准。

二、作价出资或入股方式取得的建设用地使用权转让无需报原批准建设用地使用权作价出资或入股的机关批准

《实施意见》第 6 条第 2 款规定，以作价出资或入股方式取得的建设用地使用权转让，参照以出让方式取得的建设用地使用权转让有关规定，不再报原批准建设用地使用权作价出资或入股的机关批准。转让后，可保留为作价出资或入股方式，或者直接变更为出让方式。

解读：

根据《土地管理法实施条例》第 17 条的规定，国有土地有偿使用的方式除包括较为常规的出让、租赁外，还包括以国有土地使用权作价出资或者入股。

虽然同为国有土地有偿使用的方式，但相较而言，出让用地的转让已有较为成熟、明确的制度规定，而通过作价出资或者入股的国有土地使用权的转让，除原国土资源部、国家发展和改革委员会、财政部、住房和城乡建设部、原农业部、中国人民银行、原国家林业局、原中国银行业监督管理委员会《关于扩大国有土地有偿使用范围的意见》规定的该类国有土地使用权可以进行转让外，对于如何进行转让，法律法规却并无明确规定。

通过作价出资或者入股的国有土地使用权，从其登记需取得批准的程序提交的材料来看，该类国有土地使用权的取得是需经批准的，是否其转让也和划拨土地使用权的转让一样是需要取得批准的？对此并无明文规定。《指导意见》《实施意见》对此作出了明确，以作价出资或入股方式取得的建设用地使用权转让，无需原批准建设用地使用权作价出资或入股的机关批准，仅需参照以出让方式取得的建设用地使用权转让有关规定进行即可。

三、具有独立分宗条件的建设用地使用权，在土地用途和规划条件符合规划要求的前提下，经市、县自然资源主管部门批准，可以分割或合并转让

《实施意见》第 7 条规定，建设用地使用权可以整体转让，也可以分割、合并转让。建设用地使用权分割或合并后的地块应具有独立分宗条件，分割或合并后的土地用途和规划条件应符合规划要求，并经市、县自然资源主管部门批准。分割或合并的宗地涉及公共配套设施建设和使用的，转让双方应在合同中明确有关权利和义务。拟

分割或合并的宗地已预售的，经公告无异议后，可以进行分割或合并，存在多个权利主体的，应取得相关权利人同意，不得损害权利人合法权益。

解读：

根据《城市房地产管理法》第39条的规定，以出让方式取得土地使用权的，在符合法定条件的情况下，可进行房地产转让。该规定并未明确土地使用权是否可以分割或合并转让，从文义上理解，此处所指的土地使用权转让似乎仅为单宗整块的土地使用权转让。

《城镇国有土地使用权出让和转让暂行条例》第25条规定了土地使用权和地上建筑物、其他附着物所有权可进行分割转让，转让应当经市、县人民政府土地管理部门和房产管理部门批准，该规定为土地使用权的分割转让奠定了制度基础，但未明确具体的转让程序。

《实施意见》对此进行了明确，规定建设用地使用权的分割或合并转让，应当具备如下条件：（1）具有独立分宗条件；（2）土地用途和规划条件应符合规划要求；（3）经市、县自然资源主管部门批准；（4）涉及公共配套设施建设和使用的，应在转让合同中明确有关权利和义务；（5）拟分割或合并的宗地已预售的，应经公告无异议后转让；（6）存在多个权利主体的，应取得相关权利人同意。

四、已按合同约定的期限和条件投资开发、利用土地的，以出让方式、作价出资或入股方式取得的建设用地使用权，可以将全部或部分建设用地使用权出租；以租赁方式取得的建设用地使用权，经出租人同意可以转租

《实施意见》第10条第1款规定，以出让方式、作价出资或入股方式取得的建设用地使用权，已按土地出让合同约定的期限和条件投资开发、利用土地的，可以将全部或部分建设用地使用权出租。第2款规定，以租赁方式取得的建设用地使用权，已实现土地租赁合同约定的条件投资开发、利用土地的，经出租人同意，可以转租。以租赁方式取得的建设用地使用权及地上建筑物、其他附着物出租的年限不得超过原建设用地租赁合同约定的年限。

解读：

根据《城镇国有土地使用权出让和转让暂行条例》第28条的规定，在按土地出让合同约定的期限和条件投资开发、利用土地的前提下，土地使用权可以进行出租。《实施意见》的规定是对上述规定的具体落实，同时明确，符合条件的建设用地使用权，可全部出租，也可部分出租。

另虽然《实施意见》虽然未明确土地使用权部分出租的条件，但结合土地使用权

分割转让的规定来看，笔者认为土地使用权的部分出租，土地用途和规划条件也应符合规划要求。

对于通过租赁方式取得的建设用地使用权的转租，在《规范国有土地租赁若干意见》中已进行了明确。该规定发布于1999年，《实施意见》是对上述早期规定的重申和具体落实，通过租赁方式取得的建设用地使用权，经出租人同意后即可进行转租。

五、划拨土地使用权对外租赁，出租人依法申报并缴纳土地出租相关收益的，不再另行单独办理划拨建设用地使用权出租的批准手续

《实施意见》第11条规定，以划拨方式取得建设用地使用权出租的，应按照有关规定上缴租金中所含土地收益，纳入土地出让收入管理。划拨土地出租土地收益标准与地价标准相均衡。市、县自然资源主管部门应会同财政部门建立划拨建设用地使用权出租收益年度申报制度，出租人依法申报并缴纳土地出租相关收益的，不再另行单独办理划拨建设用地使用权出租的批准手续。

解读：

根据《城镇国有土地使用权出让和转让暂行条例》第45条，划拨土地使用权和地上建筑物，其他附着物所有权在符合法定条件的前提下，经市、县人民政府土地管理部门和房产管理部门批准后可进行转让、出租、抵押。

对于划拨用地转让，应向市、县自然资源主管部门申请，报原批准划拨建设用地使用权的市、县人民政府批准（具体参见上文）；而对于划拨用地的出租，根据《指导意见》《实施意见》的规定，无需单独办理划拨建设用地使用权出租的批准手续，仅需由出租人依法申报并缴纳土地出租相关收益即可。

六、以租赁方式取得的建设用地使用权按规定支付土地租金并完成开发建设后可进行抵押

《实施意见》第13条第3款规定，以租赁方式取得的建设用地使用权，承租人在按规定支付土地租金并完成开发建设后，根据租赁合同约定，其地上建筑物、其他附着物连同土地可以依法一并抵押。

解读：

根据《规范国有土地租赁若干意见》第6条的规定，通过租赁方式取得的土地使用权，在按规定支付土地租金并完成开发建设后，经土地行政主管部门同意或根据租赁合同约定，可以进行抵押。《实施意见》是对上述早期规定的重申和具体落实。

值得注意的是，结合《指导意见》《实施意见》和《规范国有土地租赁若干意见》来看，以租赁方式取得的建设用地使用权进行抵押，并非必须经土地行政主管部门同

意，只要租赁合同有约定即可进行。

另外，与其他通过有偿方式取得的建设用地使用权可进行在建工程抵押不同，以租赁方式取得的建设用地使用权进行抵押，必须以完成开发建设为前提，不能进行在建工程抵押。

七、自然人、企业可作为抵押权人申请以建设用地使用权及其地上建筑物、其他附着物所有权办理不动产抵押相关手续

《实施意见》第14条规定，自然人、企业均可作为抵押权人申请以建设用地使用权及其地上建筑物、其他附着物所有权办理不动产抵押相关手续，涉及企业之间债权债务合同的，应符合相关法律法规规定。

解读：

根据《城市房地产管理法》第48条的规定，依法取得的房屋所有权连同该房屋占用范围内的土地使用权，可以设定抵押权。以出让方式取得的土地使用权，可以设定抵押权。《民法典》第395条、第397条也就此作出了相应规定。从上述规定来看，法律并未对以土地使用权设定抵押的抵押权人进行限制。

但在实践中，一般而言仅有贷款银行可作为抵押权人申请以建设用地使用权及其地上建筑物、其他附着物所有权办理不动产抵押相关手续，除此之外的其他主体申请的，相关部门通常均不予办理。

而除最高人民法院《关于审理民间借贷案件适用法律若干问题的规定》第13条规定的情形外，自然人、企业等主体间的民间借贷行为是合法有效的。而且现今自然人、企业等主体间的民间借贷行为已成为较为常见的资金融通手段，其不能作为抵押权人，是不符合土地二级市场实际需要的。

上述实际问题也催生了由银行代作为抵押权人的委托贷款业务（即由出借人委托银行作为贷款人，并将借款打入银行账户，由银行与借款人签订《借款合同》、发放借款，并设立抵押登记），此虽然从一定程度上解决了自然人、企业等主体间的民间借贷的债务履行风险防范问题，但也相应降低了市场交易效率。《指导意见》《实施意见》明确放宽了对抵押权人的限制，规定自然人、企业可作为抵押权人申请以建设用地使用权及其地上建筑物、其他附着物所有权办理不动产抵押相关手续，符合土地二级市场的实际需要，有利于推进民间借贷担保行为的合法、有序发展。

八、建设用地使用权交易双方达成一致后应签订合同，依法申报交易价格，申报价格比标定地价低20%以上的，市、县人民政府可行使优先购买权

《实施意见》第18条规定，建设用地使用权转让、出租、抵押二级市场按照"信

息发布—达成意向—签订合同—交易监管"的流程实施，完善交易申请、受理、审核、信息发布、交易办理、价款和税费缴纳、登记、归档等规程。交易双方可采取自行协商交易或委托交易平台公开交易等方式进行，市、县自然资源主管部门应当制定规范的转让、出租、抵押合同。建设用地使用权交易双方达成一致后应签订合同，依法申报交易价格，申报价格比标定地价低20%以上的，市、县人民政府可行使优先购买权。

解读：

根据《城镇国有土地使用权出让和转让暂行条例》第26条的规定，土地使用权转让价格明显低于市场价格的，市、县人民政府有优先购买权。该条规定为政府维护土地市场价格的健康奠定了规范基础。

国务院《关于加强国有土地资产管理的通知》第4条规定，国有土地使用权转让，转让双方必须如实申报成交价格。土地行政主管部门要根据基准地价、标定地价对申报价格进行审核和登记。申报土地转让价格比标定地价低20%以上的，市、县人民政府可行使优先购买权，对"土地使用权转让价格明显低于市场价格"的具体标准进行了明确。

上述两规定分别发布于1990年、2001年，《指导意见》《实施意见》结合规范土地二级市场交易流程的具体需要，对该等早期规定进行了重申和具体落实。

综上，《实施意见》对土地二级市场交易的程序进行了细化、落实、重申和创新。除上述已作分析的亮点外，《实施意见》还对交易平台、信息互通、资金监管、信用体系、部门协作等方面进行了规定，形成了符合当前土地二级市场实际需要的，较为系统、完整的建设用地使用权转让出租抵押二级市场制度，为未来贵州省土地二级市场的交易活动提供了规范指导。

浅析低效用地挂牌出让的实践意义

——对贵阳市土地出让改革探索的观察

王松子

2020 年 1 月 13 日，贵阳市公共资源交易中心发布"筑公资告［2019］低字第 001 号"成交结果公示，GD［19］001 号、GD［19］002 号、GD［19］003 号三块宗地由贵阳美承房地产开发有限公司（美的西南房地产发展有限公司的全资子公司）摘牌成交。据悉，此为贵阳市首次按低效用地政策成功挂牌出让的土地使用权。

低效用地挂牌出让是贵阳市对土地出让的改革探索，与传统的土地使用权出让方式存在一定的差别，其有利于有效利用社会资金，盘活城市用地，促进城镇化发展。本文中，笔者将从"净地出让"制度的历史沿革、地方实施"净地出让"制度存在的困难及其实践、实践引发的问题及国家的规制，以及地方的改革探索等方面进行浅析，以试图解读低效用地挂牌出让改革探索的实践意义。

一、"净地出让"制度的历史沿革

（一）国有土地使用权出让制度出台

我国对于土地的使用按照所有权与使用权分离的原则，实行城镇国有土地使用权出让制度。根据《土地管理法》第 54 条，除依法可以划拨方式取得建设用地的法定情形外，建设单位使用国有土地，应当以出让等有偿使用方式取得。1990 年 5 月 19 日，国务院发布《城镇国有土地使用权出让和转让暂行条例》（2020 年已经修订），规定我国境内外的公司、企业、其他组织和个人，除法律另有规定者外，均可依照本条例的规定通过出让的方式取得土地使用权，进行土地开发、利用、经营。

（二）"毛地出让"时期

自国有土地出让制度建立以来相当长的一段时间内，土地使用权均是以"毛地出让"的方式进行，即在尚未完成国有土地使用权收回、拆迁补偿工作以及土地平整的情况下即对土地使用权进行出让，并由取得房屋拆迁许可证的土地使用权受让人对土地所涉被拆迁人进行拆迁补偿。1991 年 3 月 22 日，国务院发布的《城市房屋拆迁管理条例》对拆迁资格进行了规定，即取得房屋拆迁许可证的建设单位或者个人有权对被拆迁人给予补偿和安置。2001 年 6 月 13 日，国务院对《城市房屋拆迁管理条例》进行了修订，其中规定仅有取得房屋拆迁许可证的单位可作为拆迁人，缩小了拆迁人的范围。该种土地出让的方式，在当时的历史背景下，一方面从一定程度上促进了城镇化的发展，但另一方面，"强拆"引发的各种问题也层出不穷，加剧了社会矛盾，大量的毛地出让也造成了开发困难、土地闲置和资源浪费。

（三）"净地出让"时期

2011年1月21日，国务院发布了《国有土地上房屋征收与补偿条例》（《城市房屋拆迁管理条例》同时废止）。《国有土地上房屋征收与补偿条例》第4条规定，市、县级人民政府确定的房屋征收部门组织实施本行政区域的房屋征收与补偿工作。该规定改变了取得房屋拆迁许可证的单位即可作为拆迁人的历史。2012年6月1日，原国土资源部对《闲置土地处置办法》进行了修订，其中第21条明确规定，市、县国土资源主管部门供应土地应当符合下列要求，防止因政府、政府有关部门的行为造成土地闲置：①土地权利清晰；②安置补偿落实到位；③没有法律经济纠纷；④地块位置、使用性质、容积率等规划条件明确；⑤具备动工开发所必需的其他基本条件。至此，我国的土地使用权出让制度从"毛地出让"走向了"净地出让"。

二、地方实施"净地出让"制度存在的困难及其实践应对措施

（一）地方实施"净地出让"制度存在的困难

从"毛地出让"走向"净地出让"，将房屋征收补偿的权力收归政府部门，土地出让前必须安置补偿落实到位，从一定程度上缓解了"强拆问题"所造成的社会矛盾及土地闲置问题。但由于土地及房屋价值的不断提升和地方财政压力的不断增大，"净地出让"制度的贯彻落实也逐渐在各地遇到了一定困难和障碍。为了能够继续推进城镇化的发展，国家各部门出台了相关规定，地方政府也采取了多种方式，试图解决上述问题。

（二）实践应对措施

1. 土地储备抵押贷款。2012年11月5日，原国土资源部、财政部、中国人民银行、原中国银行业监督管理委员会发布了《关于加强土地储备与融资管理的通知》（国土资发〔2012〕162号），明确列入名录的土地储备机构，可通过具有合法土地使用证的储备土地用于向银行业金融机构进行储备抵押贷款，并以所贷款项进行拆迁补偿、土地前期开发。

2. 由房屋征收实施单位垫付征拆资金。《国有土地上房屋征收与补偿条例》第5条规定，房屋征收部门可以委托房屋征收实施单位，承担房屋征收与补偿的具体工作。房屋征收实施单位不得以营利为目的。该条规定未明确房屋征收实施单位开展房屋征收与补偿工作时的资金来源，但实践中地方政府一般是要求该实施单位垫付资金，且存在由待征收补偿地块土地使用权未来的意向受让方作为实施单位的情形。

3. 地方政府借款进行征收补偿。有的地方政府采取与土地使用权意向受让方签订

合作协议的方式，先向土地使用权意向受让方进行借款，利用借款资金开展征收补偿工作。在完成征收补偿工作、进行土地出让后，再以土地出让收入返还前期借款。在很多情况下，向地方政府进行借款的土地使用权意向受让方，经出让程序成了土地使用权受让方。

4. "毛地挂牌、净地出让"。有的地方政府采取"毛地挂牌、净地出让"的方式，在土地尚未完成征收拆迁工作时将土地使用权进行挂牌，待土地使用权受让人摘牌并缴纳土地出让价款后，再以其所缴纳的资金用于征收拆迁。在土地完成征收拆迁、达到净地状态后，再将土地实际交付给土地使用权受让人。

三、地方实践引发的问题及国家的规制

（一）地方实践造成的问题

上述实践做法从一定程度上解决了地方政府进行拆迁补偿时的资金困难，但除土地储备抵押贷款在当时有相应的规定作为依据外，另外三种方式在实施过程中都存在着打政策擦边球，甚至违规的嫌疑。"毛地挂牌、净地出让"的方式在实施过程中由于没有相应规定作为依据支撑，加上对征收拆迁工作缺乏可预见性，存在土地使用权摘牌后长期不能完成征收拆迁工作及土地出让的现象。而政府部门要求房屋征收实施单位垫付征收拆迁资金、地方政府向土地使用权意向受让方借款进行征收拆迁等实践做法也确实加重了地方政府所承担的债务。为遏制地方政府债务问题，国家各部门又颁布实施了政府性债务管理的各项新规，严厉打击地方政府违规举债行为。

（二）国家对政府债务的规制

1. 地方政府举借债务应通过发行债券方式进行。2014 年 8 月 31 日，全国人大常委会对《预算法》进行了修改，明确规定经国务院批准的省、自治区、直辖市的预算中必需的建设投资的部分资金，可以在国务院确定的限额内，通过发行地方政府债券举借债务的方式筹措，地方政府及其所属部门不得以其他任何方式举借债务。

2. 坚决制止地方政府违规举债。2014 年 9 月 21 日，国务院发布了《关于加强地方政府性债务管理的意见》（国发〔2014〕43 号），赋予地方政府依法适度举债融资权限，加快建立规范的地方政府举债融资机制，同时坚决制止地方政府违法违规举债、坚决制止违法违规出让土地及融资行为。

3. 禁止土地储备贷款，不得以土地名义进行融资或变相融资。2016 年 2 月 2 日，财政部、原国土资源部、中国人民银行、原中国银行业监督管理委员会发布了《关于规范土地储备和资金管理等相关问题的通知》（财综〔2016〕4 号），明确规定自 2016 年 1 月 1 日起，各地不得再向银行业金融机构举借土地储备贷款。地方国土资源主管部门应当积极探索政府购买土地征收、收购、收回涉及的拆迁安置补偿服务。项目承接主体或供应商应当严格履行合同义务，按合同约定数额获取报酬，不得与土地使用权出让收入挂钩，也不得以项目所涉及的土地名义融资或者变相融资。

4. 禁止地方政府变相违规举债。2017年4月26日，财政部、国家发展和改革委员会、司法部、中国人民银行、原中国银行业监督管理委员会、中国证券监督管理委员会发布了《关于进一步规范地方政府举债融资行为的通知》（财预〔2017〕50号），明确规定地方政府不得将公益性资产、储备土地注入融资平台公司，不得承诺将储备土地预期出让收入作为融资平台公司偿债资金来源。地方政府举债一律采取在国务院批准的限额内发行地方政府债券方式，除此以外，地方政府及其所属部门不得以任何方式举借债务。地方政府及其所属部门不得以文件、会议纪要、领导批示等任何形式，要求或决定企业为政府举债或变相为政府举债。

5. 进一步规范土地储备融资问题。2019年1月9日，自然资源部办公厅发布了《关于进一步规范储备土地抵押融资加快批而未供土地处置有关问题的通知》，对禁止举借土地储备贷款、严禁将储备土地作为资产注入国有企业、妥善处理存量土地储备贷款等问题进行了重申。

（三）国家许可的土地储备资金的筹集路径

在严格禁止政府违规举债的同时，国家为土地储备资金的筹集开辟了新的路径。《关于规范土地储备和资金管理等相关问题的通知》（财综〔2016〕4号）规定，从2016年1月1日起，土地储备资金从以下渠道筹集：一是财政部门从已供应储备土地产生的土地出让收入中安排给土地储备机构，用于支付征地和拆迁补偿费用、土地开发费用等储备土地过程中发生的相关费用；二是财政部门从国有土地收益基金中安排用于土地储备的资金；三是发行地方政府债券筹集的土地储备资金；四是经财政部门批准可用于土地储备的其他资金；五是上述资金产生的利息收入。2017年5月16日，财政部、原国土资源部发布了《地方政府土地储备专项债券管理办法（试行）》（财预〔2017〕62号），对地方政府为土地储备举借债务的唯一合法方式即土地储备专项债券进行了具体规定，以完善地方政府专项债券管理，规范土地储备融资行为。

四、对贵阳市土地出让改革探索的观察

如上文所述，国家各部门颁布实施的政府性债务管理各项新规，严厉打击了地方政府违规举债行为，从一定程度上缓解了地方政府债务问题。但从土地开发的角度而言，仅通过发行土地储备专项债券作为土地储备举借债务的唯一方式筹集资金，并不一定能够完全满足城镇化发展的需要。故除采取发行土地储备专项债券的方式筹集资金外，地方政府也从其他方面进行了积极的改革探索。

（一）早期贵阳市对土地出让改革的探索实践——引入社会资金参与土地一级开发整理

笔者所在的贵州省贵阳市，早年间即对按照规定程序引入社会资金参与土地一级开发整理进行了探索。《贵阳市土地一级开发整理实施意见》（筑府发〔2011〕55号）第6条对土地一级开发实施单位的确定进行了规定，即市土地储备中心委托市、区（市、县）属国有公司或由区（市、县）人民政府通过招标等公开形式选择土地一级

开发实施单位，具体实施土地一级开发整理并由市土地储备中心与土地一级开发实施单位签订委托合同。

《贵阳市土地储备实施办法》（筑府办函〔2014〕120号）第33条对土地一级开发收益进行了规定，即按照储备土地审定成本的2%安排土地储备管理费；按照完成委托事项直接支出总额的2%向受土地储备机构委托实施土地储备的公司支付管理费；由一级开发实施单位筹措资金实施的，可提取不高于审定成本直接支出总额8%的利润；按照征地费总额的4%向有资质的征地实施单位支付征地服务费；按照房屋征收补偿费总额的4%向房屋征收具体实施单位支付房屋征收工作经费。

《贵阳市引导社会资金参与土地一级开发整理暂行办法（修改稿）》则进一步对各区政府及开发区管委会进行土地一级开发整理过程中，通过招投标方式引入社会资金参与土地一级开发相关工作进行了细化规定。

该种方式按规定程序引入社会资金方，由社会资金方单独或与政府平台公司合作进行土地开发、投入资金，并将投入资金按规定纳入土地一级开发成本，在土地出让并收取土地出让价款后，按照财政程序以土地出让价款中的开发成本部分依法向社会资金方对其投入资金、利润、管理费进行支付，在实践中取得了较为良好的效果。

（二）近年贵阳市对土地出让改革的探索实践——低效用地挂牌出让、棚户区城中村改造项目及拟改造项目土地使用权一次性招标

除按照规定程序引入社会资金参与土地一级开发整理外，贵阳市还对低效用地再开发、土地使用权的一次性招标进行了改革探索。2017年12月5日，贵阳市人民政府发布了《贵阳市加快城市"三变"改革推进棚户区城中村改造实施方案（试行）》（筑府发〔2017〕29号），积极探索以城市"三变"为路径的棚户区城中村改造。其中规定，对于低效用地，在符合规划的前提下，原土地权利人可通过自主、联营、入股、转让等多种方式进行改造开发；对于棚户区城中村改造项目及拟改造项目，可采取土地使用权一次性招标的方式，由区（县、市）政府、开发区管委会依法依规确定改造开发主体，改造开发主体按照项目实施方案与60%以上原土地权利人达成意向协议，并缴纳征收资金、安置资金、共享设施建设履约金，向市、县国土资源部门缴纳相关费用后，即可办理建设用地批准书、取得项目土地使用权。

2019年5月20日，贵阳市人民政府办公厅发布了《关于进一步明确〈贵阳市加快城市"三变"改革推进棚户区城中村改造实施方案（试行）〉有关工作事项的通知》（筑府办发〔2019〕10号），对低效用地的出让进行了进一步规范，即明确建立低效用地项目库，并采取实施预征收模式，待预征收工作完成后再开展土地出让工作。土地使用权出让后，竞得人签订《土地出让合同》并缴纳土地出让价款，政府以所得资金完成实际征收后，再进行土地实际出让。

"筑公资告〔2019〕低字第001号"低效用地挂牌出让，即是按照上述规定所进行的，其从2017年12月政策颁布实施到2020年1月土地摘牌完成历时2年有余。笔者了解到，在政策落地实施过程中，由于很多方面均没有先行先试的经验，也没有上位

法作出具体规定，为避免在此过程中造成违法违规，政府各部门也遇到了较多的实际问题和困难，现土地挂牌、摘牌工作终于实际落地。

（三）低效用地挂牌出让的实施路径及其优势

从"毛地出让"所引发的社会矛盾到"净地出让"所带来的资金困境，国家和地方政府一直在采取各种方式试图解决土地出让过程中可能带来的问题，促进城镇化的发展。笔者认为，低效用地挂牌出让即是尝试解决上述矛盾困境的一剂良方。属地政府（管委会）通过实施"预征收"的方式，在实际征收前与地块范围内权利人经协商一致签订《预征收补偿协议》、达到85%以上的签约率，对地块范围内的征收拆迁工作量及所需资金量进行合理评估。在完成上述工作、《预征收补偿协议》达到约定生效条件后，再由属地政府（管委会）会同市自然资源和规划局按程序开展土地出让工作。土地使用权受让方摘牌后，与市自然资源和规划局及属地政府（管委会）签订《城镇低效用地国有建设用地使用权出让合同》，明确约定土地使用权受让方先缴纳部分土地出让价款，待属地政府（管委会）按照《预征收补偿协议》约定完成地块范围内的实际征收后，再将土地使用权实际出让予土地使用权受让方，由市自然资源和规划局向受让人核发《建设用地批准书》，办理不动产权登记。

该种方式一方面将房屋征收拆迁的权力牢牢把控在政府一方、尽量避免"毛地出让"情况下征收拆迁可能引发的社会矛盾。另一方面，在政策支持的基础上，通过各方平等自愿签订《预征收补偿协议》《城镇低效用地国有建设用地使用权出让合同》，对实际征收补偿时的补偿金额、土地使用权出让合同签订及土地出让价款缴纳后的征收补偿工作、实际出让时间等内容进行明确约定，对征收补偿工作进行合理预期并进行资金筹集。此种做法避免了"毛地挂牌、净地出让"在实际征收补偿过程中可能面对的不可预期风险，同时也解决了政府自行进行拆迁补偿再"净地出让"所可能面临的资金困境，避免了由此可能引发的政府债务增加问题。尽管在具体实施过程中仍可能面临较多实际问题，但地方政府勇于先行先试、在实施中发现问题、解决问题，将有效利用社会资金、盘活城市用地、促进城镇化的发展，具有实践意义。

六、工程质量及验收

建设工程缺陷责任期与质量保修期
辨析及裁判实务

王贺栗子

缺陷责任制度与质量保修制度是建设工程中两项保护发包方利益的重要制度，是促进建设工程质量进步的重要保证。实践中，在签订建设工程施工合同的过程中，发包方与承包方常常混淆缺陷责任制度与质量保修制度的概念，在签订、履行建设工程施工合同过程中不能正确适用两项制度。本文对缺陷责任制度与质量保修制度的概念进行辨析，并结合人民法院裁判案例对两种制度的适用特点进行说明，供读者参考。

一、缺陷责任制度与质量保修制度辨析

根据《建设工程质量保证金管理办法》的规定，缺陷责任期指自建设工程通过竣工验收之日起，承包人对建设工程质量不符合工程建设强制性标准、设计文件，以及承包合同约定的部分进行维修的期限，缺陷责任期一般为1年，最长不超过2年。

根据《建筑法》及《建设工程质量管理条例》的相关规定，质量保修期则是指自竣工验收合格之日起，建设工程在保修范围内发生质量问题的，施工单位应当履行保修义务，并对造成的损失承担赔偿责任的期限。法律对不同类别建设工程最低保修期作了规定。

缺陷责任期与质量保修期的区别在于以下几方面：

（一）义务发生的根据不同

《建设工程质量保证金管理办法》第2条第3款规定："缺陷责任期一般为1年，最长不超过2年，由发、承包双方在合同中约定。"根据该条规定，发包方与承包方如需适用缺陷责任制度的，可以在合同中进行约定，承包方的缺陷责任期义务来源于合同约定，为约定义务。与此不同的是，质量保修期为法定义务，其依据源于《建设工程质量管理条例》第40条的规定："在正常使用条件下，建设工程的最低保修期限为：（一）基础设施工程、房屋建筑的地基基础工程和主体结构工程，为设计文件规定的该工程的合理使用年限；（二）屋面防水工程、有防水要求的卫生间、房间和外墙面的防渗漏，为5年；（三）供热与供冷系统，为2个采暖期、供冷期；（四）电气管线、给

排水管道、设备安装和装修工程，为 2 年。其他项目的保修期限由发包方与承包方约定。建设工程的保修期，自竣工验收合格之日起计算。"

实践中，发包方与承包方因混淆缺陷责任期与质量保修期，未明确约定缺陷责任期但约定发包方预留质量保证金的，人民法院一般均认定双方已约定缺陷责任期。

（二）期限起算及期限长短不同

根据《建设工程质量保证金管理办法》第 8 条的规定，缺陷责任期的起算时间一般是从通过竣工验收之日起计，即原则上缺陷责任期与质量保修期起算时间一致。例外情况下，由承包人原因导致工程无法按规定期限进行竣工验收的，缺陷责任期的起算时间从实际通过竣工验收之日起计算；由发包人原因导致工程无法按规定期限进行竣工验收的，缺陷责任期的起算时间从承包人提交竣工验收报告 90 天后起算。为督促落实承包方在缺陷责任期内的维修责任，《建设工程质量保证金管理办法》第 7 条规定，缺陷责任期内发包方应预留不高于工程价款结算总额 3% 的建设工程质量保证金。从维护发包方及承包方双方利益的角度出发，对缺陷责任期的期限约定最长不得超过 2 年。如未对缺陷责任期进行限制，则不利于维护承包方建设工程款支付利益。

根据《建设工程质量管理条例》第 39 条的规定，建设工程的质量保修期自竣工验收合格之日起计算，承包方在向发包方提交工程竣工验收报告时，应当同时出具质量保修书。质量保修书中应当明确建设工程的保修范围、保修期限和保修责任等。法律关于质量保修期限的约定则为最低要求，发包人与承包人可约定超过法律规定期限的质量保修期，这是从保护发包方建设工程质量利益的角度出发作出的规定。与缺陷责任期不同，质量保修期内，无需承包方以资金作为对建设工程维修的担保。

（三）责任承担方式不同

缺陷责任期内如由承包人原因导致建设工程出现质量问题需要维修的，根据《建设工程质量保证金管理办法》第 9 条的规定，承包人应负责维修，并承担鉴定及维修费用；如承包人不维修也未承担费用，发包人可按合同约定从保证金或银行保函中扣除，费用超出保证金额的，发包人可按合同约定向承包人进行索赔。即使承包人履行了维修义务并承担费用的，仍需对建设工程承担因其造成损失的赔偿责任。

质量保修期内如由承包人原因导致建设工程出现质量问题的，承包人仍需承担维修义务及损害赔偿责任，但与缺陷责任期内由承包人原因导致建设工程出现质量问题时责任承担方式不同的是，质量保修期内承包人既不承担维修义务且未承担费用的，发包人无法直接扣除质量保证金，或需通过诉讼途径维护其合法权益。然而，实践中存在发包方与承包方约定在质量保修期内约定质量保修金的情形，人民法院一般遵循双方当事人的约定进行裁判。

二、缺陷责任期与质量保修期裁判实务

（一）缺陷责任期内发现建设工程质量不合格的，承包方不得要求发包方直接从质量保证金中扣除维修费用，需另行承担维修费用

案例：最高人民法院［2019］最高法民申 6106 号

裁判要旨：关于案涉工程质量维修金额及抵扣问题。再审申请人称另案主张的工程款的案件中，已预扣了涉案工程总价款3%的工程质量保证金，剩余的质量保证金部分高达1000余万元，完全可以覆盖已发生的维修费用。江西建工二建司在一审、二审诉讼过程中对于海太洋公司基于委托支付函向业主代付质量维修补偿款 1 310 588 元的事实及相应证据均表示认可，并未提出异议，只是认为江西建工二建司在本案中承担的维修费用，应当在预留的工程质量保证金中抵扣。《建设工程质量保证金管理暂行办法》第2条规定：本办法所称建设工程质量保证金是指发包人与承包人在建设工程承包合同中约定，从应付的工程款中预留，用以保证承包人在缺陷责任期内对建设工程出现的缺陷进行维修的资金。案涉工程因江西建工二建司逾期完工，工程存在质量问题，造成"竹城1号"业主闹访，大竹县住房和城乡规划建设局发出住建函［2015］392号文件，要求对项目进行预验收，验收中发现的问题，由江西建工二建司负责整改。监理方遂按住建函［2015］392号文件要求组织建设方、施工方对案涉工程进行了预验收，验收会议纪要中显示"竹城1号"一、二期工程均存在较多的质量问题。此后，江西建工二建司未进行全面整改，遂产生了委托第三方维修的费用及业主自行维修补偿款，上述费用系由江西建工二建司工程质量不合格导致，与工程竣工验收合格后在缺陷责任期间内出现的缺陷维修费用性质并不相同，且江西建工二建司仍负有地下室渗水问题的整改义务，二审判决未予支持其在本案中直接用质量保证金抵扣前期工程质量维修费的主张并无不当。

本案中，承包方认为因建设工程质量发生问题产生的维修费用，完全可以从质量保证金中抵扣。经鉴定，建设工程质量问题并非缺陷责任期间内出现的缺陷，承包方不得要求发包方在质量保证金中直接扣除维修费用，应另行承担维修费用。

（二）在建设工程施工合同中约定质量保修期满后返还质保金的，属于当事人未约定工程质量保证金返还期限的情形，缺陷责任期为承包人提交工程竣工验收报告九十日后起满二年

案例：最高人民法院［2019］最高法民终 710 号

裁判要旨：潞安树脂公司与中化四建公司虽在《建设工程施工合同》中约定，保修期满视工程质量情况返还保证金，同时就屋面防水、供热与供冷系统、设备安装、给排水设施等工程约定了不同的保修期限。保修期制度与质量保证金的缺陷责任期制度不是同一种法律制度，潞安树脂公司以保修期的相关约定来确定质量保证金的缺陷责任期，缺少法律依据。最高人民法院《关于审理建设工程施工合同纠纷案件适用法

律问题的解释（二）》第8条第1款第3项规定[1]，因发包人原因建设工程未按约定期限进行竣工验收的，自承包人提交工程竣工验收报告90日后起当事人约定的工程质量保证金返还期限届满；当事人未约定工程质量保证金返还期限的，自承包人提交工程竣工验收报告90日后起满2年。本案中，因为质量保证金的缺陷责任期自2014年3月10日起算，所以至2016年3月9日止，潞安树脂公司应当向中化四建公司返还质量保证金。质量保证金返还后，并不影响案涉工程在保修期内出现质量问题时潞安树脂公司向中化四建公司主张保修的权利。

发包方与承包方因混淆缺陷责任期与质量保修期，在建设工程施工合同中约定在质量保修期满后返还质量保修金的情形较为常见，该情形属于未约定质量保证金返还期限，应适用最高人民法院《关于审理建设工程施工合同纠纷案件适用法律问题的解释（一）》第17条关于返还工程质量保证金的条款，缺陷责任期为自承包人提交工程竣工验收报告90日后起满2年。

（三）发包方与承包方关于质保金的约定属于合同结算条款内容，不以合同的效力为认定前提

案例：最高人民法院［2019］最高法民终504号

裁判要旨：案涉《工程协议书》虽被确认无效，但建设工程实行质量保修制度。工程质量保证金一般是用以保证承包人在工程质量保修期内对建设工程出现的质量缺陷进行维修的资金。虽然工程质量保证金可以由当事人双方在合同中约定，但从性质上讲，工程质量保证金是对工程质量保修期内工程质量的担保，是一种法定义务，故不应以合同效力为认定前提。双方对工程质量保证金约定在《工程协议书》第7条"付款方式"中，内容即"政府主管部门对工程项目总体竣工验收合格后，由南通六建向通华公司提交工程结算报告，通华公司收到南通六建工程结算报告后60日内完成结算审核并支付至总工程款的95%。剩余5%部分作为保修金，在南通六建按有关规定完成保修任务的前提下，工程竣工满一年10日内付2%，剩余部分按国家有关规定执行"。由此，双方对质量保证金的约定，属于结算条款范畴。因此，在合同约定的条件满足时，工程质量保证金应返还施工人。

质量保证金属于合同结算条款中的重要内容，是缺陷责任期内承包方对建设工程质量的一种担保，如以合同效力的认定为前提，既不符合《民法典》第567条[2]关于

---

[1]　该解释已失效，该条现为最高人民法院《关于审理建设工程施工合同纠纷案件适用法律问题的解释（一）》（2020年12月29日公布）第17条：

有下列情形之一，承包人请求发包人返还工程质量保证金的，人民法院应予支持：

（一）当事人约定的工程质量保证金返还期限届满；

（二）当事人未约定工程质量保证金返还期限的，自建设工程通过竣工验收之日起满二年；

（三）因发包人原因建设工程未按约定期限进行竣工验收的，自承包人提交工程竣工验收报告九十日后当事人约定的工程质量保证金返还期限届满；当事人未约定工程质量保证金返还期限的，自承包人提交工程竣工验收报告九十日后起满二年。

发包人返还工程质量保证金后，不影响承包人根据合同约定或者法律规定履行工程保修义务。

[2]　《民法典》第567条规定："合同的权利义务关系终止，不影响合同中结算和清理条款的效力。"

合同结算与清理条款效力独立性的规定，也不利于保护发包方的建设工程质量利益。

（四）质量保修期限属于行政法规的强制性规定，当事人约定的质量保修期限短于
《建设工程质量管理条例》规定的最低保修期限的，应当适用《建设工程质
量管理条例》的规定

案例：最高人民法院［2019］最高法民终 239 号

裁判要旨：经查，当事方签订的《建设工程施工合同》的附件 3《工程质量保修
书》对电气管线、给排水管道、设备安装和装修工程的保修期约定为 1 年。根据《建
设工程质量管理条例》第 40 条的规定，电气管线、给排水管道、设备安装工程和装修
工程的最低保修期限为 2 年。《建设工程质量管理条例》第 2 条规定："凡在中华人民
共和国境内从事建设工程的新建、扩建、改建等有关活动及实施对建设工程质量监督
管理的，必须遵守本条例。"质量保修期限属于行政法规的强制性规定，当事人约定的
质量保修期限短于《建设工程质量管理条例》规定的最低保修期限的，应当适用《建
设工程质量管理条例》的规定。因此，案涉工程中电气管线、给排水管道、设备安装
和装修工程的保修期应当认定为 2 年。

《建设工程质量管理条例》中关于各项工程质量保修期的规定为法律关于该项建设
工程保修期的最低要求，当事人违反法律规定约定短于法律规定的质量保修期限的，
将会给发包方的合法权益造成损失，应适用《建设工程质量管理条例》的规定。

（五）发包方与承包方在建设工程施工合同中约定的缺陷责任期限超过法律规定，
应属无效

案例：山东省高级人民法院［2019］鲁 10 民终 1750 号

裁判要旨：关于诉争质保金利息起算节点的认定问题。根据《建设工程质量保证
金管理办法》之规定，缺陷责任期最长不超过 2 年，超过 2 年的期限不能认定为缺陷
责任期。本案中，涉案合同约定保修金自工程竣工验收合格之日起满 5 年后无质量问
题则无息付清，该约定违反了上述规定，应属无效。涉案工程竣工验收之日为 2012 年
7 月 1 日，故多福山公司应自 2014 年 7 月 1 日起返还鸿发公司诉争质保金。

《建设工程质量保证金管理办法》第 2 条关于建设工程缺陷责任期限的规定是该期
限的最长规定，与质量保修期最低期限要求一样，同样属于行政法规的强制性规定，
违反行政法规强制性规定的约定应属无效。

（六）发包方仅以工程存在质量问题为由主张质保金退还条件不成就的，未提供其
他证据的，人民法院不予支持

案例：重庆市高级人民法院［2018］渝民终 245 号

裁判要旨：对于聚金实业公司上诉认为因渝万建设公司所施工的工程存在质量问
题、未按照约定进行回访，质保金不符合退还条件的问题，根据《房屋建筑工程质量
保修办法》的相关规定，质保金系建设单位和施工单位在工程质量保修书中约定预留
的用于担保施工单位在工程缺陷责任期内履行保修义务的保证金。在工程缺陷责任期
内发生因施工造成的工程质量问题，建设单位可以通知施工单位进行维修，施工单位

拒绝维修的，建设单位可以自行维修或者委托第三人维修，产生的相关维修费用可以从质保金中扣除，但不能仅以工程存在质量问题为由主张质保金退还条件不成就。在本案中，聚金实业公司并未举示通知渝万建设公司履行维修义务而渝万建设公司拒绝维修，聚金实业公司自行维修或者另行维修第三人维修进而产生维修费用的依据，且其已就相关质量问题可能产生的维修费用另行提起了诉讼，现其以渝万建设公司所施工的工程存在质量问题、未按照约定进行回访为由主张质保金退还条件不成就，缺乏事实和法律依据，法院不予支持。

《建设工程质量保证金管理办法》规定，只有在承包人不维修也不承担费用的情形下，发包方可按合同约定从保证金或银行保函中扣除相应的费用。发包方主张未达质保金返还的条件，应举证证明已履行通知承包方且承包方拒绝履行维修义务，以及发包方自行维修或委托第三方维修的相关依据。

三、结语

缺陷责任制度与质量保修制度是建设工程质量保障的重要制度，发包方与承包方在签订、履行建设工程施工合同过程中，往往因对制度认知的混淆发生约定混乱或未明确约定的情形。明晰两个制度的概念，了解各自在实务中的适用特点，能够给发包方与承包方提供不同制度的适用指导，有效维护发包方与承包方的利益，更有利于保障建设工程的质量。

建设工程质量鉴定手记

蒋易宏

司法鉴定是指在诉讼活动中鉴定人运用科学技术或者专门知识对诉讼涉及的专门性问题进行鉴别并提供鉴定意见的活动。由于建设工程类案件的复杂性，各方主体对工程质量产生争议时，法院往往倾向于将工程质量问题交由鉴定机构判别，工程质量问题的认定、取样、检测需要当事人的高度参与，律师在参与选择鉴定机构，对接鉴定机构，推进鉴定程序，鉴定材料质证，司法鉴定意见的质证等环节发挥着较大作用。本文结合实践经验、裁判观点与相关法律法规，与各位同仁探讨。

一、工程质量鉴定的常见类型

工程质量鉴定可以分为以下几种常见类型：

（一）施工质量鉴定

一般发生在建设单位与施工单位或者开发商与购房者之间的民事纠纷之中，通常有以下几种情况[1]：（1）施工过程中或竣工验收时由建设单位或监理单位发现的施工质量问题；（2）施工单位主张工程款时，建设单位提出的质量问题或施工缺陷索赔；（3）施工单位或业主在使用过程中，发现存在质量问题；（4）工程未竣工验收时，对前期工程质量进行证据保全的鉴定。其中，以第二种情况建设单位的反索赔为主，这也导致了司法鉴定与一般检测的目的不同，司法鉴定更多在于为了诉讼服务，为案件审理提供技术证据。

（二）勘察、设计质量鉴定

建设工程的质量问题成因复杂，不仅与施工质量有关，与勘察、设计质量也具有密切联系。勘察、设计质量鉴定往往发生在建设单位或者施工单位与勘察设计单位之间的民事纠纷中。勘察设计的质量问题主要是指工程类案件中涉及的相关设计问题，常见的例如勘察单位出具的勘察报告或设计单位出具的设计文件是否存在错误或瑕疵、工程质量缺陷是否由设计或勘察原因导致、建设单位提供的设计文件是否存在设计深度不足等。勘察设计的质量问题一般难以发现，通常通过成本质量、经济纠纷或工程

---

〔1〕 马德云等：《建设工程质量司法鉴定实践综述》，载《中国司法鉴定》2012年第6期。

事故牵涉出来，争议事项往往较复杂，专业性强。

（三）工程事故鉴定

当发生重大工程事故时，需要做工程事故鉴定，工程事故鉴定不仅是单纯的技术鉴定，而且需要模拟事故之前的工程状况，属于成因鉴定。简单来说，工程质量鉴定仅是判断对错，而成因鉴定则要分析错在哪儿了。此类鉴定中的问题一般较复杂，涉及的因素较多，涉及管理、政策法规等，除追究民事责任以外，可能还涉及多方单位的刑事风险，如工程重大安全事故罪、重大责任事故罪和出具证明文件重大失实罪等[1]。

（四）环境变化对工程质量影响的鉴定

发生在住户或已有工程与相邻在建工程施工单位的民事纠纷中，如城市密集区的基坑开挖、地铁施工、地下水抽取、采矿等引起的地面沉降都会对邻近建筑物安全性产生不利影响。鉴定更注重的不是环境变化导致出现安全问题，而是变化后的影响程度和因果关系。常见的如周边环境对建设工程的损伤或影响鉴定和建筑日照间距鉴定等，这类鉴定也属于成因性鉴定。

二、工程质量鉴定的启动

（一）启动工程质量的前提条件

1. 时间条件。根据最高人民法院《关于适用〈中华人民共和国民事诉讼法〉的解释》第 121 条第 1 款[2]和最高人民法院《关于民事诉讼证据的若干规定》第 31 条第 1 款[3]的规定，启动鉴定的当事人应当在法院指定期间内提出。需要注意的是，提出鉴定申请时间并不必然受举证期限的限制，法院可以在综合考虑案情、不申请鉴定有无正当理由、案件处理结果的法律效果、社会效果及司法公正与效率平衡等因素，对鉴定申请时间做灵活处理。[4]

2. 缴纳鉴定费用的条件。根据最高人民法院《关于民事诉讼证据的若干规定》第 31 条第 1 款的规定，逾期不提出申请或者不预交鉴定费用的，视为放弃申请。

3. 提交符合鉴定要求的鉴定材料的条件。当事人申请鉴定，需通过法院向鉴定机构提交真实、合法的鉴定材料，由法院严格审查鉴定材料是否符合鉴定要求，不符合要求的，人民法院应当告知当事人不提供符合要求鉴定材料的法律后果。未经法庭质证的材料（包括补充材料），不得作为鉴定材料，当事人无法联系、公告送达或当事人

---

〔1〕〔2019〕内 0625 刑初 74 号。

〔2〕最高人民法院《关于适用〈中华人民共和国民事诉讼法〉的解释》第 121 条第 1 款规定："当事人申请鉴定，可以在举证期限届满前提出。申请鉴定的事项与待证事实无关联，或者对证明待证事实无意义的，人民法院不予准许。"

〔3〕最高人民法院《关于民事诉讼证据的若干规定》第 31 条第 1 款规定：当事人申请鉴定，应当在人民法院指定期间内提出，并预交鉴定费用。逾期不提出申请或者不预交鉴定费用的，视为放弃申请。

〔4〕最高人民法院民事审判第一庭编著：《最高人民法院新民事诉讼证据规定理解与适用》（上），人民法院出版社 2020 年版，第 322 页。

放弃质证的，鉴定材料应当经合议庭确认。[1]

（二）鉴定申请人

根据《民事诉讼法》第 76 条[2]和最高人民法院《关于审理建设工程施工合同纠纷案件适用法律问题的解释（一）》第 32 条[3]的规定，通常情况下鉴定申请由当事人提起，若法院认为涉及专门性问题，需要向负有举证责任的当事人释明。特殊情况下，如涉及损害国家利益、社会公共利益等，法院可以依职权委托鉴定。

所以，发承包双方均有权提出质量鉴定申请，发包人因主张工程质量缺陷而占据了大多数，在一些特定情形下应由承包人提起鉴定申请，如已有证据能够证明质量不符合合同约定，承包人主张并非施工原因导致[4]，或者当承包人因发包人停工拟解除合同，不能举证涉案工程已完部分工程质量是合格时。[5]

（三）鉴定申请书

第一，要写明鉴定目的，要尽量具体，如为查明本案工程 XX 的原因，申请人申请鉴定如下内容。

第二，写明鉴定事项，尽量指明具体鉴定的工程部位，如地上三层第 A 轴到第 C 轴所有框架柱的配筋和混凝土强度是否符合设计图纸要求，并附上设计图。

第三，尽可能写明所要求的鉴定方法，特别是对于存在多个鉴定方法的情形，还需要写明选择某一个鉴定方法的理由，如为了降低鉴定成本和得到最有利的鉴定结果。

第二、三点对律师要求较高，可以在申请鉴定前与工程技术人员先行沟通。

（四）不予准许鉴定的情形

需注意以下不予准许鉴定的情形：（1）发包人提起工程质量鉴定申请但无任何证据，仅仅是怀疑，不予准许；（2）未完工程委托第三方继续施工，后续经竣工验收或投入使用的，可能不予准许；（3）已经竣工验收合格的，可能不予准许；（4）擅自委托第三方维修后，缺乏现场监督条件，不予准许，当事人留有双方认可的基础资料的例外；（5）工程质量问题如何解决双方已经达成意见，如减少工程款，当事人没有新的事实和的理由的，不予准许。

---

〔1〕 参见最高人民法院《关于人民法院民事诉讼中委托鉴定审查工作若干问题的规定》第 3 条、第 4 条，《关于民事诉讼证据的若干规定》第 34 条。

〔2〕《民事诉讼法》第 79 条第 1 款规定："当事人可以就查明事实的专门性问题向人民法院申请鉴定。当事人申请鉴定的，由双方当事人协商确定具备资格的鉴定人；协商不成的，由人民法院指定。"

〔3〕 最高人民法院《关于审理建设工程施工合同纠纷案件适用法律问题的解释（一）》第 32 条规定："当事人对工程造价、质量、修复费用等专门性问题有争议，人民法院认为需要鉴定的，应当向负有举证责任的当事人释明……"

〔4〕《江苏省高级人民法院民一庭建设工程施工合同纠纷案件司法鉴定操作规程》（已失效）第 38 条。

〔5〕 周利明：《解构与重塑：建设工程合同纠纷审判思维与方法》，法律出版社 2019 年版，第 563 页。

三、鉴定的委托

（一）鉴定机构

1. 鉴定机构的选择。根据《民事诉讼法》第76条和最高人民法院《关于民事诉讼证据的若干规定》第32条的规定，选择鉴定机构一般先行考虑双方协商，协商不成的由法院指定，法院通常在法院系统指定的鉴定机构名册中通过摇号或抽签的方式选定。

2. 鉴定机构的资质。参考《建设工程司法鉴定程序规范》第5.15条，鉴定机构从事建设工程质量鉴定的，应在业务范围内建立依法通过资质认定或认可的检测实验室。除上述规范以外，目前在建设工程质量鉴定方面尚无统一立法或管理制度，各地对建设工程质量鉴定机构及鉴定人的管理和准入上有所差异，建议选择入围法院名册范围内的质量鉴定机构，同时需注意质量鉴定资质不同于检测资质。

（二）鉴定费用

1. 与工程造价鉴定费用不同，建设工程质量鉴定目前无统一的收费标准，一般由鉴定机构根据鉴定事由自行定价，当事人或法院对鉴定费用金额有异议，可以要求鉴定机构说明其组成。也就是说，工程质量的鉴定费用可以与鉴定机构协商，为避免过度鉴定导致鉴定费用过高，需注意鉴定机构是否超出鉴定范围。

2. 鉴定费用一般由鉴定申请人预缴，并根据法院审理情况判决由哪方承担。司法实践中，有支持申请鉴定一方当事人承担鉴定费的[1]，也有判决双方当事人按比例分担的[2]，还有将鉴定费划入诉讼费范畴，判决不得单独就鉴定费提起上诉、由当事人向原审法院申请复核的。[3]

---

〔1〕 最高人民法院［2020］最高法民终547号、最高人民法院［2019］最高法民申4742号。

〔2〕 最高人民法院［2018］最高法民终557号、最高人民法院［2020］最高法民申638号。

〔3〕 最高人民法院［2019］最高法民申6433号。

关于建设工程质量问题的几点思考

姚正超

2023 年 7 月 20 日，某知名央企被施工单位实名举报高铁部分路基段螺纹桩的施工桩长不满足设计要求，存在重大安全隐患。2023 年 7 月 23 日，黑龙江省齐齐哈尔市第三十四中学体育馆楼顶发生坍塌事故导致十余人伤亡。2022 年 3 月 7 日，福建泉州欣佳酒店倒塌，事故造成 29 死 42 伤。2022 年 4 月 29 日，湖南长沙"4·29"居民自建房倒塌特别重大事故，造成 54 人死亡、9 人受伤。

2021 年 5 月 21 日，住建部办公厅发布的《关于 2020 年房屋市政工程生产安全事故情况的通报》显示，2020 年全国共发生房屋市政工程生产安全事故 689 起、死亡794 人。这些信息和数据令我们无比震惊、痛心和担忧。工程质量问题导致的安全事故总是层出不穷、屡禁不止，不知葬送了多少无辜生命，不知破碎了多少幸福家庭。公众不禁疑虑工程参建各方主体和监管部门如何才能对工程质量安全警钟长鸣？而司法裁判中，庭审参与各方又是否都警觉和重视建筑工程质量问题？

在建设工程施工合同纠纷中，主要核心争议集中在工程造价争议、工期争议、工程质量争议等问题上。而其中绝大多数属于造价结算方面的争议，相对较少部分属于工程质量问题的争议。该两种争议均涉及较为专业的问题，往往需通过司法鉴定予以查明。纠纷审理过程中，进行司法造价鉴定的占大多数（可达 80% 以上），造价争议基本上属于"有求必鉴"。有赖于最高人民法院《关于审理建设工程施工合同纠纷案件适用法律问题的解释（一）》（以下简称《施工合同司法解释（一）》）第 30 条的规定，承包人在申请造价鉴定时有着得天独厚的便利，但实务中对于发包人主张工程存在质量问题时，部分裁判机关恐有重"擅自使用"而轻工程质量问题之嫌。

一、关于工程竣工验收合格的认定标准

《民法典》第 799 条、《建筑法》第 61 条均规定，建筑工程竣工经验收合格后，方可交付使用，未经验收或者验收不合格的，不得交付使用。我们常将是否具有竣工验收报告作为认定工程质量是否合格的标准，但在实务中，即便工程勘察、设计、施工、监理、建设单位填写了竣工验收报告，施工单位存在较多竣工资料未完善或未完整提交的情况也可谓屡见不鲜。

根据《建设工程质量管理条例》第49条、《房屋建筑和市政基础设施工程竣工验收备案管理办法》第4条的规定，竣工验收合格后应当办理竣工备案，若发现建设单位在竣工验收过程中有违反国家有关建设工程质量管理规定行为的，责令停止使用，重新组织竣工验收。

在最高人民法院［2020］行申5656号案、［2015］民申字第1045号案等案件中，最高人民法院认为，建筑工程竣工验收备案行为属于行政机关作出的涉及业主共有利益的行政行为，建设单位组织设计、勘察、施工、监理等部门进行的竣工验收并取得验收合格的确认文件，只是建设单位接收建设工程并交付使用应满足的基本条件。

笔者认为，竣工验收报告仅是认定质量合格的形式要件和推定结论，并非唯一要件或标准，若确有证据证明工程不符合质量标准或设计要求，裁判者仍应查明。

第一，质量验收需具备系列的检测报告和过程资料。《建筑法》第59条规定，施工单位应当对建筑材料、建筑构配件和设备进行检验，不合格的不得使用。《建设工程质量管理条例》第16条第2款亦规定了需具备系列文件资料。《建筑工程施工质量验收统一标准》（已失效，下同）中"建筑工程质量验收"以及2023年3月1日施行的《建筑与市政工程施工质量控制通用规范》中"验收要求"对施工过程记录、资料以及检验（抽检）均进行了明确规定。因此，若不具备验收规范的完整记录、资料、检测报告，则验收结论本身其实缺乏依据和佐证，也违反了验收规范要求。

第二，竣工验收报告属于"推定合格"的结论。《建筑工程施工质量验收统一标准》《建筑与市政工程施工质量控制通用规范》中，主控项目质量（主要涉及有关安全、节能、环境保护和主要使用功能）和一般项目质量验收的方法需通过抽样检测，客观上也只有通过抽样才具备操作可能性，且竣工验收报告中的结论意见也系一种具有主观性推论的评价。因此，即便取得了竣工验收报告合格的结论，客观上也并不能排除建筑工程存在质量缺陷的可能性。

第三，可通过质量检测鉴定推翻竣工验收报告。通常取得竣工验收报告合格是施工单位可将工程交付使用的关键节点，此阶段施工单位往往会竭尽努力"攻坚克难"。但即便形式上竣工验收合格，后续一旦发现工程质量不符合质量标准或设计要求，建设单位仍可通过委托专业检测机构或司法鉴定方式证明存在质量缺陷。

因此，在工程质量争议纠纷中，不应唯竣工验收报告论，还应关注和查明当事人提出的工程质量问题系验收前就存在的缺陷问题还是使用过程中的瑕疵问题。同时，基于建筑工程可能关涉人民群众的生命财产安全，不应仅依赖于市场的调节由参建各方自行决定是否合格，尤其是近年来工程质量安全事故频频发生，司法实践有必要对工程质量合格的认定标准持更严谨、更谨慎的态度，除满足竣工验收报告的基本条件外，还应考量最后阶段是否在行政机关办理竣工验收备案，通过更为全面、严格的印证材料或监管确保工程质量符合标准。

二、关于"擅自使用"与质量问题责任的认定

《施工合同司法解释（一）》第14条规定，建设工程未经竣工验收，发包人擅自

使用后，又以使用部分质量不符合约定为由主张权利的，人民法院不予支持。根据最高人民法院民一庭在《〈最高人民法院关于审理建设工程施工合同纠纷案件适用法律问题的解释（一）〉理解与适用》（以下简称《施工合同司法解释（一）理解与适用》）中阐述的观点，此条规定的立意系为了落实《民法典》《建筑法》中关于"建筑工程竣工经验收后，方可交付使用；未经验收或验收不合格的，不得交付使用"的规定而制定。对此，笔者的感受与司法解释中"实际施工人"相关规定相似，在实际执行层面有所偏离，部分裁判机关在适用时有扩大"擅自使用"责任而忽视工程质量问题之嫌，甚至忽视此条规定的但书部分，对发包人主张质量问题责任或质量鉴定申请一概视而不见。该种错误示范直接导致有大量的施工单位或"实际施工人"将此条规定视为诉讼或仲裁中的"尚方宝剑"，只要有"擅自使用"就无需担心工程质量问题。对此，笔者认为：

首先，应当对擅自使用的认定情形加以限缩。一般而言，较少情况下发包人会明知故犯、故意漠视竣工验收问题，确有可能系因"特殊情况"不得不使用。例如河南省高级人民法院在［2020］豫民再 145 号案中认为"万国公司在 2012 年 4 月 27 日根据信阳市人民政府的要求，为举办中国信阳第二十届国际茶文化节的相关活动临时使用案涉工程，不属于擅自使用情形"；河北省高级人民法院［2019］冀民终 736 号案中认为"根据合同的约定及旅游学院单位性质的特殊性，涉案工程是必须开学前投入使用的，因此旅游学院投入使用是经多方协商研究决定的，故不属于擅自使用"；辽宁省高级人民法院在［2014］辽审一民申字第 1299 号案中认为"为确保人民群众的利益不受侵害，保障冬季及时供暖，维护社会和谐、稳定，国惠环保新能源有限公司对尚未验收且存在质量问题的标的烟囱进行必要使用于理可通，国惠环保新能源有限公司并非主观上积极、主动、故意为之，而是客观上被迫使用，不属于擅自使用的情形"。因此，裁判者应当对发包人使用的背景情况是否具有特殊性加以甄别并进行价值判断，不能搞"一刀切"。

其次，应当对擅自使用的范围加以限缩。司法实践中对于擅自使用涉及的工程范围有一定争议。有观点认为，只要发包人未经竣工验收合格启用工程的一部分，则整个项目工程质量责任由发包人自行承担；另一种观点认为，发包人仅对使用部分的工程承担质量责任。《施工合同司法解释（一）》第 14 条明确限定为"以使用部分质量"，系采纳的后一种观点。但"使用部分"该如何界定，实践中仍存有一定争议。最高人民法院在［2018］最高法民再 235 号案中认为"中行延边分行购买的房屋面积在整个案涉工程中占比较小，位置在一楼，且无证据表明因该部分房屋使用对讼争案涉外墙保温工程质量缺陷的责任认定及修复构成影响，不足以认定属于《关于审理建设工程施工合同纠纷案件适用法律问题的解释》第 13 条规定的擅自使用部分房屋情形"；黑龙江省高级人民法院在［2021］黑民再 10 号案中认为"对发包方擅自使用部分房屋，而其他部分房屋未投入使用并处于闲置状态的，则不能以部分房屋已投入使用即扩展、溯及至对全部房屋均无权利主张"。最高人民法院民一庭在《施工合同司法解释

（一）理解与适用》中认为发包人擅自使用部分的认定应结合建设工程的结构、使用功能、发包人使用情况等综合予以认定，对于与发包人使用部分不可明确分割的部分，虽没有证据证明发包人使用，也应认定为发包人擅自使用部分。

最后，发包人擅自使用与质量责任主张应当视情况而论。最高人民法院民一庭在《施工合同司法解释（一）理解与适用》中认为，发包人擅自使用除地基基础和主体结构外的所有质量问题责任（也包括质量保修责任）都不应支持，理由一是《施工合同司法解释（一）》文义推导；二是制定此条目的系落实《民法典》《建筑法》规定，对发包人具有一定惩罚性意义，故理解本条规定的质量责任范围不应作限缩解释。

但笔者认为，在发包人擅自使用情况下的质量问题还是应适当关注该质量问题产生的成因和当事方过错程度，尤其是假设承包人施工不符合设计要求、偷工减料或其他违法、违背公序良俗行为所致重大质量缺陷问题的，仍需基于公平、诚信、公序良俗等原则进行考量，而非一概认定为无需承担责任。

此外，关于是否承担保修责任的问题，结合《施工合同司法解释（一）》第9条、第17条的规定，以及［2016］最高法民再23号案、［2016］最高法民申2097号案、［2020］最高法民终849号等案件中的裁判观点，最高人民法院认为擅自使用未经竣工验收的工程视为验收合格，但并不影响质量保修期的起算。笔者较为赞同该种观点，因为实践中这样可以使得各方权责在一定程度上得以平衡，更符合公平原则。

三、关于地基基础和主体结构的范围问题

《建筑法》第60条第1款规定，建筑物在合理使用寿命内，必须确保地基基础工程和主体结构的质量。《建设工程质量管理条例》第40条规定，基础设施工程、房屋建筑的地基基础工程和主体结构工程，最低保修期为设计文件规定的该工程的合理使用年限。《施工合同司法解释（一）》第14条亦规定，无论是否擅自使用，承包人应当在建设工程的合理使用寿命内对地基基础工程和主体结构质量承担民事责任。但司法实践中，如何认定地基基础工程和主体结构的范围并未明确规定。笔者认为：

从广义上，《建设工程分类标准》（GB50841-2013）按自然属性将建设工程分为建筑工程、土木工程、机电工程三大类；按使用功能可分为房屋建筑工程、铁路工程、公路工程、市政工程、煤炭矿山工程……该标准对建设工程的定义指"为人类生活、生产提供物质技术基础的各类建（构）筑物和工程设施"。从《民事案件案由规定》来看，"建设工程合同纠纷"下设9个四级案由，因此，《施工合同司法解释（一）》中的建设工程在法律含义上系采广义概念，而非仅指房屋建筑工程，所以地基基础和主体结构应当根据建设工程的具体特征而论，可能主要与建筑工程和土木工程有关。

从狭义上，《建设工程质量管理条例》第40条规定，基础设施工程、房屋建筑的地基基础工程和主体结构工程，最低保修期为设计文件规定的该工程的合理使用年限。根据《房屋建筑和市政基础设施工程施工招标投标管理办法》第2条的规定，房屋建筑工程，是指各类房屋建筑及其附属设施和与其配套的线路、管道、设备安装工程及

室内外装修工程。市政基础设施工程，是指城市道路、公共交通、供水、排水、燃气、热力、园林、环卫、污水处理、垃圾处理、防洪、地下公共设施及附属设施的土建、管道、设备安装工程。

关于房屋建筑工程的地基基础和主体结构范围。《建筑工程施工质量验收统一标准》（GB50300-2013）附录 B 中明确，地基与基础作为分部工程包括：地基、基础、基坑支护、地下水控制、土方、边坡、地下防水 7 个子分部工程，然后再下设多个分项工程。主体结构作为分部工程包括：混凝土结构、砌体结构、钢结构、钢管混凝土结构、型钢混凝土结构、铝合金结构、木结构等类型，然后各种结构下再有多种分项工程。

《建筑与市政工程施工质量控制通用规范》（GB55032-2022）中除对房屋建筑工程的地基基础和主体结构作了相同的规定外，还对市政工程进行了明确。其中在桥梁工程、给排水构筑物工程明确规定有地基与基础（如沉入桩、灌注桩、沉井、承台）、主体结构（如现浇混凝土结构、装配式混凝土结构、砌筑结构、钢结构等）。因此在实务中，对于建设工程的地基基础和主体结构的认定还需结合工程技术规范和法律规定综合予以判断。

以上为笔者关于建设工程质量的部分思考和梳理，囿于个人观点有限，如有不当之处，敬请读者见谅。

《民法典》质量标准约定不明处理规则
及其对工程质量争议的影响

孙仕祥

一、《民法典》对质量标准约定不明的处理规则

《合同法》第 62 条确立了合同约定不明时的履行规则，对合同中有关质量、价款或者报酬、履行地点、履行期限、履行方式、履行费用负担约定不明确情形下的处理规则作了规定。《民法典》第 511 条在《合同法》第 62 条的基础上，对上述约定不明情形下的处理规则进行了细化和完善。其中，对于质量标准约定不明的处理规则，《民法典》第 511 条第 1 项对《合同法》第 62 条第 1 项的规定作了较大幅度的细化修改，对比情况详见下表。

《合同法》 （1999 年 10 月 1 日施行，2021 年 1 月 1 日废止）	《民法典》 （2021 年 1 月 1 日施行）
第 62 条　当事人就有关合同内容约定不明确，依照本法第六十一条的规定仍不能确定的，适用下列规定： （一）质量要求不明确的，按照国家标准、行业标准履行；没有国家标准、行业标准的，按照通常标准或者符合合同目的的特定标准履行……	第 511 条　当事人就有关合同内容约定不明确，依据前条规定仍不能确定的，适用下列规定： （一）质量要求不明确的，按照强制性国家标准履行；没有强制性国家标准的，按照推荐性国家标准履行；没有推荐性国家标准的，按照行业标准履行；没有国家标准、行业标准的，按照通常标准或者符合合同目的的特定标准履行……

二、各种标准的识别

法律规则明确后，如何正确地理解和实施规则是关键。为正确地理解和执行《民法典》质量标准约定不明的处理规则，有必要厘清并熟知各种标准的具体所指。

（一）"标准"的定义及分类

《标准化法》第 2 条第 1 款对"标准"的定义作了明确。标准（含标准样品），是指农业、工业、服务业以及社会事业等领域需要统一的技术要求。从该定义可知，法

律上所指的标准，一方面是一种专业技术上的要求，具有明确、具体、可执行的特点；另一方面，它是针对某一特定领域的统一要求，具有规范性、系统性、通用性的特点。

《标准化法》第 2 条第 2 款从标准发生作用的范围或层级审批权限的角度，将标准划分为五类，包括国家标准、行业标准、地方标准和团体标准、企业标准。其中，国家标准分为强制性国家标准和推荐性国家标准，并明确行业标准、地方标准属于推荐性标准。

（二）强制性国家标准的识别

《标准化法》并没有直接明确"强制性国家标准"的定义，而是从适用范围的角度，对强制性国家标准做了限定。根据《标准化法》第 10 条，强制性国家标准限定在保障人身健康和生命财产安全、国家安全、生态环境安全以及满足经济社会管理基本需要的技术要求。据此，只要强制性国家标准技术内容符合《标准化法》所限定的上述范围，便应当全部强制。国家市场监督管理总局制定的《强制性国家标准管理办法》第 19 条规定了"强制性国家标准的技术要求应当全部强制"。技术要求全部强制后，将改变过去一个产品制定一个强制性标准的做法，优先制定适用于跨行业跨领域产品、过程或服务的通用强制性国家标准。

根据《强制性国家标准管理办法》第 35 条、第 36 条、第 37 条的规定，实践中判断一项标准是否为强制性国家标准，可以从编号、发布机关、发布形式、登载平台四个方面进行识别。一是编号由强制性国家标准代号（GB）、顺序号和年代号构成。例如：强制性国家标准《淋浴器水效限定值及水效等级》的编号为：GB 28378-2019。二是发布机关为国务院标准化行政主管部门即国家标准化管理委员会。三是以国家标准化管理委员会公告的形式发布。四是在全国标准信息公共服务平台上公开登载。

（三）推荐性国家标准的识别

《标准化法》同样未直接明确"推荐性国家标准"的定义。根据《标准化法》第 11 条，推荐性国家标准主要适于为满足基础通用、与强制性国家标准配套、对各有关行业起引领作用等需要的技术要求。

实践中，可以从编号、制定机关两个方面识别推荐性国家标准。推荐性国家标准编号由代号（GB/T）、顺序号和年代号构成。例如：推荐性国家标准《建筑施工机械与设备—钢筋加工机械—安全要求》的编号为：GB/T 38176-2019。推荐性国家标准由国家标准化管理委员会制定。

（四）行业标准的识别

根据《标准化法》第 12 条，行业标准适用于没有推荐性国家标准、需要在全国某个行业范围内有统一的技术要求的情形。行业标准由国务院有关行政主管部门制定，报国家标准化管理委员会备案。行业标准编号由代号（JG）、顺序号和年代号构成。例如：建筑工业行业标准《混凝土和砂浆用再生微粉》的编号为：JG/T 573-2020。根据上述规定，该标准系由住房和城乡建设部制定。行业标准所涉行业领域众多，与强制性国家标准及推荐性国家标准的代号单一、明确不同，行业标准代号基于所属行业的不同，而各有区别。例如：纺织行业的标准代号为 FZ；机械行业的标准代号为 JB；卫生行业的标准代号为 WS，等等。

对于《合同法》《民法典》中所称的"通常标准"或"符合合同目的的特定标准"，《标准化法》并无规定。有观点认为，这里讲的通常标准，一般指的是同一价格、服务的中等质量标准。是否"符合合同目的的特定标准"则由法官根据合同约定及案件具体情况进行综合判断。

三、质量标准约定不明规则对工程建设及其纠纷处理的影响

（一）积极影响

当前工程建设实践中，发承包双方实际签署合同时常用"合格""符合国家标准"等词语对质量标准笼统概之，甚至没有进行约定，往往成为争议的根源。《合同法》第62条第1项规定虽然明确了质量标准约定不明时的处理规则，但分类较为粗糙，给法律适用造成了许多困扰。例如，许多工程材料只有推荐性国家标准而没有强制性国家标准，那么对工程材料的质量产生争议时，推荐性国家标准是否属于合同约定不明时适用的标准呢？

相较于《合同法》第62条第1项，《民法典》第511条第1项的细化规定回应并解决了实践中诸如"国家标准和行业标准满足其一即可""'国家标准'是否包括推荐性国家标准"等争议性问题。一是《民法典》明确了质量标准推定适用的先后顺序，依次是强制性国家标准→推荐性国家标准→行业标准→通常标准或者符合合同目的的特定标准；二是《民法典》对质量标准推定适用时的"国家标准"进行了明确，包括强制性国家标准和推荐性国家标准。

《民法典》细化了建设工程施工合同对于工程质量标准约定不明时的处理规则，未来将有利于解决合同当事人未明确约定质量标准情况下，在工程竣工验收或出现工程质量纠纷时难以确定质量标准、难以确定违约责任等问题。

（二）短期内的不利影响

《民法典》第511条第1项明确了质量标准推定适用的先后顺序，其规定与现行《标准化法》有关国家标准、行业标准等的规定相契合。但是，未来一段时间内，《民法典》第511条第1项将存在与建设工程质量标准颁布现实的冲突。原因在于：

首先，现行《标准化法》将强制性标准限定在国家标准中，而1989年4月1日起施行的《标准化法》第7条则规定国家标准、行业标准中，保障人体健康，人身、财产安全的标准和法律、行政法规规定强制执行的标准是强制性标准；以及涉及工业产品的安全、卫生要求的地方标准，在该行政区域内是强制性标准。

其次，根据2000年原国家质量技术监督局发布的《关于强制性标准实行条文强制的若干规定》，强制标准分为强制性国家标准、强制性行业标准和强制性地方标准。强

制性标准可分为全文强制和条文强制两种形式。对于全文强制形式的标准在"前言"的第一段以黑体字写明："本标准的全部技术内容为强制性。"对于条文强制形式的标准，在标准"前言"的第一段以黑体字并根据具体情况分三种方式写明。据此，现行的很多标准存在很多条文规定的强制性标准，而这些强制性标准既可能存在于国家标准中，也可能存在于行业标准或地方标准中。这就可能会造成现实中关于法律规定的标准适用顺序（即强制性国家标准→推荐性国家标准→行业标准→通常标准或者符合合同目的的特定标准），与标准性质（如强制性国家标准、强制性行业标准或强制性地方标准）相冲突的情况。例如，当某一质量要求约定不明时，按适用顺序，应当先适用国家标准，但如果现行行业标准或地方标准中有技术性条文强制标准的，该条文强制标准是否也应当优先适用呢？

最后，为适应现行《标准化法》，此前按照上述模式制定并已经颁布的数量众多的建设工程质量标准正在陆续修订中。在建设工程质量标准中为数不少的强制性标准仍存在于行业标准甚至地方标准的现状下，《民法典》施行后，实践中适用《民法典》第511条第1项时，就可能出现上述法律判断的工程质量要求与未完成修订的行业标准、地方标准中的强制性规定不相符的情况，对建设工程的质量判断可能产生不利影响。

笔者认为，根据《标准化法》第10条第1款确定的强制性国家标准原则，现行未完成修订的行业标准、地方标准中所涉及的强制性规定，如果是对保障人身健康和生命财产安全、国家安全、生态环境安全以及满足经济社会管理基本需要的技术要求，即便其还未按照《标准化法》规定的制定程序明确为强制性国家标准，该类标准也应当优先执行。反之，如果不属于《标准化法》第10条第1款确定的强制性国家标准原则范畴的强制性规定，则不应以其属强制性规定为由主张优先执行。

有关工程质量标准的具体争议案件中，类似的上述问题值得代理律师予以关注并作出合理解释。此可能存在的不利影响，在未有司法解释或意见予以明确前，也有待法官根据案件具体情况及上述背景进行裁量。

四、结论

1. 《民法典》细化了建设工程施工合同对于工程质量标准约定不明时适用的质量标准及处理规则，有利于解决当合同当事人未明确约定质量标准时，在工程竣工验收或出现工程质量纠纷时难以确定质量标准、难以确定违约责任等问题。

2. 建设工程合同质量条款系合同的重要条款，为避免因质量问题产生争议，《民法典》施行后，在签订合同时，有必要结合《民法典》的规定以及工程实际情况，对质量标准进行具体、明确、详细的约定。

3. 针对《民法典》施行后，实践中可能出现法律判断的工程质量要求与未完成修订的行业标准、地方标准中的强制性规定不相符，可能对建设工程的质量判断产生不利影响的情况，按照合同订立"有约定从约定"的基本原理，合同双方应通过签署补充协议等方式,对新旧规衔接情况下合同约定质量标准的规则适用问题进一步明确,以避免出现对工程质量要求法律判断上的争执。

参考文献:

1. 曹文衔:《〈民法典〉合同编对建工合同既有法律规则的可能影响》,载 https://www.sohu.com/a/399892934_159412,2024 年 5 月 1 日访问。

2. 朱树英、车丽:《〈民法典〉对建设工程合同的立法调整及其对〈建筑法〉修改的影响》,载 https://mp.weixin.qq.com/s?__biz=MzIzNjA1NDk4OQ==&mid=2655842700&idx=1&sn=9e16c666454c9d8ff73fb6d189f2dce3&chksm=f365e12ec41268384ecfa68a1433a19681780fd7738329a74aff98253912aea260c10165b8b8&scene=21#wechat_redirect,2024 年 5 月 1 日访问。

3. 宁振、苏功兵、张德恒:《详解〈民法典〉新规对工程建设的七大影响》,载《建筑时报》2020 年 7 月 15 日。

4. 顾濛:《〈民法典〉述评:建设工程合同章的变化与解析》,载 https://mp.weixin.qq.com/s/oS5JsihBCEh3HWBSN6WWqA,2024 年 5 月 1 日访问。

5. 《〈强制性国家标准管理办法〉解读》,载 https://www.sac.gov.cn/xxgk/zcjd/art/2020/art_6ba1535f3c2949009a856c1f8942f6f6.html,2024 年 5 月 1 日访问。

6. 胡康生主编:《中华人民共和国合同法释义》(第 3 版),法律出版社 2013 年版。

建设工程质量问题鉴定申请的相关注意事项

罗文君

工程质量问题系建设工程施工合同纠纷中的一种常见争议类型，实践中常出现承包方向发包方主张工程款时，发包方以工程质量存在问题为由抗辩或提起反诉主张违约赔偿的情形。而对于此抗辩或反诉请求是否成立，在双方争议较大的情况下，通常需要申请对质量瑕疵事实进行鉴定，且鉴定结论将关乎发承包方的法律责任承担。因此，法院在裁定是否准许鉴定申请时，格外注重考虑是否确有启动该程序的必要性。本文拟结合司法实践中体现出的主要观点，对实践中法院衡量是否同意工程质量瑕疵鉴定申请的标准进行分析，供各发承包方参考。

在现有法律规定层面，质量瑕疵鉴定一般经当事人申请启动，但法院并不是对当事人的申请都会同意。一般需对申请期限、鉴定事项是否与待证事实有关、双方之间的争议范围等因素进行综合判断。通过检索相关司法判例，笔者总结，目前大多数裁判观点对是否同意质量瑕疵鉴定申请的认定主要可归结为如下几点：

一、鉴定申请应当在举证期限内提出

最高人民法院《关于适用〈中华人民共和国民事诉讼法〉的解释》第 121 条第 1 款规定："当事人申请鉴定，可以在举证期限届满前提出。申请鉴定的事项与待证事实无关联，或者对证明待证事实无意义的，人民法院不予准许。"

在此前提下，从法律属性来看，鉴定结论属于证据材料的形式之一，在诉讼过程中必然受到举证期限的限制。若发承包方在诉讼过程中欲提起质量瑕疵鉴定申请，也必须在举证期限届满前提出。现有的司法裁判案例中，存在不少因超过了举证期限而未能获得同意鉴定申请的案例。

参考案例 1：[2015] 民一终字第 247 号民事判决书

法院认为： 最高人民法院《关于适用〈中华人民共和国民事诉讼法〉的解释》第 121 条第 1 款规定，当事人申请鉴定，可以在举证期限届满前提出。申请鉴定的事项与待证事实无关联，或者对证明待证事实无意义的，人民法院不予准许。锦泰公司未在一审举证期限届满前申请鉴定，且案涉工程交付锦泰公司已逾 2 年，鉴定结论对证明工程质量是否合格这一事实已无意义，故本院对锦泰公司的鉴定申请不予准许。

参考案例 2：[2015] 民提字第 193 号民事判决书

法院认为： 经审理，清华同方在原审中所提出的质量鉴定申请之所以未进行，是由于其未能缴纳相应的鉴定费用而被鉴定机构退回，故其应当自行承担不利后果。对于清华同方提出质量鉴定和修复费用的鉴定，经审理，该请求已经超出了一审举证期限，且其已经就此另案提起了诉讼，因此，一审法院未予审理并无不当。

律师建议：

对于申请方而言，一旦进入诉讼程序，就不能忽视举证期限的限定，应提前做好申请准备。但值得注意的是，从上述案例 2 的论述推断可知，若一审期间未在举证期限提出鉴定申请，仍可单独以质量问题提起新的诉讼重新申请鉴定，亦不违反法律程序的规定。

二、鉴定事项需对待证事实有实际意义

根据前述法律规定，当事人申请鉴定的事项也必须与案件争议事实具有关联性。具体而言，结合相关司法裁判中的观点，判断是否具有关联性主要包括：目前的工程状态是否具有可鉴定的现实条件、鉴定结论对证明工程质量存在问题是否具有关键作用。如目前工程状态已不具备可鉴定的现实条件，则一般不会得到法院的准许。

参考案例：[2018] 最高法民终 1313 号民事判决书

法院认为： 在案涉工程冬休期即将结束之时，本溪庆永公司未与中色十二冶公司对已完工工程进行交接、验收，即强行进场接管案涉工程，并交由他人继续施工至竣工验收，导致中色十二冶公司已完工工程被覆盖而不具备质量鉴定条件，一审法院委托的鉴定机构因而作退鉴处理。因案涉工程质量不具备鉴定条件，本溪庆永公司关于一审法院未另行委托鉴定存在程序违法的上诉理由，与案件事实不符，不能成立。

律师建议：

在提起鉴定申请之时，首先要结合目前的工程面貌的实际情况，综合判断最终的鉴定结论是否能够带来较大的经济价值。否则，一方面，鉴定申请可能得不到法院的支持；另一方面，在承担高额的鉴定费用后，最终的鉴定结果却对己方不利，也会扩大经济损失。

三、申请人需具有充分的鉴定证据材料

根据"谁主张、谁举证"的诉讼原则，提起鉴定申请的一方需对鉴定事项的范围提供充分的证据材料支撑，鉴定机构将在提供的证据材料范围内对申请的事项进行鉴定。若申请方不具有充分证明案涉工程存在质量问题的材料，法院在审查时，亦会排除申请方的申请。

参考案例：[2017] 最高法民终 252 号民事判决书

法院认为： 关于涉案工程是否存在质量问题，是否应启动鉴定程序，由于国泰纸业公司提交的工作联系单和监理通知单等证据，只能证实在施工过程中出现过质量问

题，而新兴公司提交的工程分部分项验收记录以及监理工程师通知回复单，能够证实施工过程中存在的质量问题已经整改完毕，且经分部分项验收均为合格。国泰纸业公司亦未提供证据证实在分部分项验收之后工程还存在质量问题，故国泰纸业公司现有证据尚不足以证实涉案工程存在质量问题或者质量隐患，不符合启动工程质量鉴定的条件。

律师建议：

为避免后续产生质量问题争议时无法查明事实，不管是发包方还是承包方，在工程建设过程中，都要做好工程资料的管理，妥善留存相关书面文件。该类书面材料将直接决定同意鉴定申请的范围，指引鉴定机构作出真实合理的鉴定结论。

对于发包人而言：实践中通常提起质量鉴定申请的多为发包人，提起鉴定申请前，应格外注意是否有充分的证据可以证明承包人施工的工程存在质量问题；现有工程面貌是否具备鉴定条件；在质保期内是否已充分通知承包人履行保修义务，让承包人承担损害赔偿责任。

对于承包人而言：一般情况下虽承包人提起工程质量鉴定申请的较少，但一旦启动工程质量鉴定程序，鉴定的结果极有可能对其不利，不仅可能面临支付大笔修复费用，其应获得工程价款的时限也可能因鉴定期限较长而被拖延。因此，针对发包人的质量鉴定申请，承包人也需收集充分证据对发包人主张的工程质量问题进行抗辩或主张发包人已将工程投入使用年限过长，质量责任无法查清等，并提出异议以阻止工程质量鉴定的进行。

四、工程质保期未届满且投入使用年限较短

实践中，以发包方为例，往往是承包人向其主张巨额工程款时才重点意识到检查工程质量是否有问题，以提起质量之诉主张或抗辩承包人的违约责任。但由于疏于工程建设的管理，常常忽视了工程质保期和投入使用时间的管控。在质保期已届满且投入使用时间已较长的情形下再主张质量问题申请鉴定，则具有较大难度。

参考案例 1：[2015] 民申字第 656 号民事裁定书

法院认为：国通公司以存在质量问题为由，申请工程质量鉴定，并据此提出抗辩及反诉请求。鉴于原合同明确约定保修期为 3 年，案涉工程已由安通公司实际接收、使用多年，超过合同约定的保修期，国通公司提供的证据不能证明存在地基基础工程和主体结构的质量问题，故其申请工程质量鉴定理据不足，一审法院未对退回鉴定的证据予以质证，对国通公司的实体权利以及本案的公正判决并不产生影响。故国通公司提出的一审法院对退回鉴定的证据未经质证，违反法定程序的事由不能成立。

参考案例 2：[2014] 民申字第 643 号民事裁定书

法院认为：关于应否对工程质量委托司法鉴定的问题。涉案工程于 2011 年 6 月 29 日经竣工验收合格。至浦东国际公司一审起诉，工程竣工已一年多；至东方蓝桥公司一审反诉，工程使用已近两年。期间，东方蓝桥公司未向浦东国际公司提出过工程质

量存在缺陷。在浦东国际公司提起诉讼，请求东方蓝桥公司支付工程欠款后，东方蓝桥公司才反诉主张浦东国际公司赔偿其因工程质量返工维修损失，缺乏事实和法律依据，不应得到支持。因此，对东方蓝桥公司提出的工程质量鉴定申请，二审法院未予准许，并无不当。

律师建议：

在工程质保期内，无论是发包方还是承包方，都要格外注意质保期内工程的质量现状，若出现质量问题，应积极联系承包方整改并固定质量瑕疵的现状，留存好相关证据。承包方亦积极履行整改义务，注意质保期的届满时间，工程验收合格、实际投入使用的时间，做好工程记录是否还应承担质保责任。

五、鉴定申请未被准许，上级法院可发回重审

根据《民事诉讼法》第 177 条第 1 款第 3 项的规定，原判决认定基本事实不清的，裁定撤销原判决，发回原审人民法院重审，或者查清事实后改判。司法实践中，从最高人民法院现有的司法裁判案例来看，存有大量因原审法院未同意当事人的鉴定申请，仅以现有证据作出认定，径行作出裁判，当事人提起上诉后因事实不清被裁定发回重审的情形。

参考案例 1：[2018] 最高法民再 359 号民事裁定书

法院观点：核二四公司辩称，一审法院未准许核二四公司关于案涉工程主体结构质量问题与其施工是否具有因果关系的鉴定申请，程序违法。本院再审认为，一审法院未同意当事人提出的鉴定申请，未查明案涉工程主体结构出现质量问题的原因。故裁定发回一审法院重审。

参考案例 2：[2016] 最高法民终 620 号民事裁定书

法院观点：关于案涉工程是否存在质量问题以及相关质量问题的严重程度等，均需要通过鉴定予以确定。原审法院在未经专业鉴定机构或者主管部门证明不具备鉴定条件的情形下，自行终止委托鉴定，仅以现有证据作出认定，属于认定基本事实不清。同时，对于《建设工程施工合同》约定的约 35 万平方米施工范围的建设现状、是否已经取得建设工程规划许可证等事实没有查明，对于双方当事人提出的除工程款和质量问题外的其他各项诉讼请求，也没有进行具体的审查判断。为进一步查明基本事实，并对当事人的诉讼请求作出处理，本案应当发回原审人民法院重审。

律师建议：

诉讼过程中，对于未被法院准许同意质量瑕疵鉴定的申请，在保证确实具有可鉴定的现实条件下，应及时向法院提出异议，救济权利。

关于商品房竣工验收备案的几个法律问题

姚正超

在房地产开发销售过程中，向购房者交付商品房时房地产开发商往往会面临一些棘手和难以预见的问题。关于商品房交付条件，住房和城乡建设部、国家工商行政管理总局《商品房买卖合同示范文本》第 9 条明确需取得"建设工程竣工验收备案证明文件"，部分地方的商品房买卖合同示范文本亦有类似条款。笔者拟以本文就商品房竣工备案相关的几个法律问题进行探讨。

一、竣工验收备案的法律性质

《建设工程质量管理条例》第 49 条第 1 款规定，建设单位应当自建设工程竣工验收合格之日起 15 日内，将建设工程竣工验收报告和规划、公安消防、环保等部门出具的认可文件或者准许使用文件报建设行政主管部门或者其他有关部门备案。《房屋建筑和市政基础设施工程竣工验收备案管理办法》第 4 条规定，建设单位应当自工程竣工验收合格之日起 15 日内，向工程所在地的县级以上地方人民政府建设主管部门备案。

2003 年 2 月 27 日，国务院《关于取消第二批行政审批项目和改变一批行政审批项目管理方式的决定》将房屋建筑工程和市政基础设施工程竣工验收核准改为了"告知性备案"。国务院《关于严格控制新设行政许可的通知》明确规定，不得以备案、登记、年检、监制、认定、认证、审定等形式变相设定行政许可。

笔者认为竣工验收备案的含义和性质本质上与许可、审批、核准相区别，根据《行政许可法》第 2 条、第 12 条的规定可知，竣工验收备案并非属于需取得行政机关审查批准从事某种活动或特定事项的行为，更类似于行政机关事后监督的行政管理方式。

最高人民法院在［2020］最高法行申 5656 号行政裁定书中认为"建筑工程竣工验收备案行为属于行政机关作出的涉及业主共有利益的行政行为，再审申请人林某贺、朱某云若对前述行为不服，可以通过业主委员会提起诉讼"。在 2016 年 5 月 30 日最高人民法院《关于发布第 12 批指导性案例的通知》"戴世华诉济南市公安消防支队消防验收纠纷案"中，法院认为，建设工程消防验收备案通知是对建设工程消防设施质量监督管理的最后环节，备案结果通知含有消防竣工验收是否合格的评定，具有行政确认的性质，是公安机关消防机构作出的具体行政行为。备案手续的完成能产生行政法上的拘束力。故备案行为是可诉的行政行为，人民法院可以对其进行司法审查。

二、竣工验收备案证明文件是否属于法定交房条件

司法实践中有观点认为，竣工验收备案证明文件系商品房交付购房者的法定条件。例如最高人民法院在〔2015〕民申字第1045号民事裁定书中认为，商品房竣工验收备案表是认定商品房竣工验收合格的唯一有效法定证明文件。广东省高级人民法院在〔2020〕粤民申1166号民事裁定书中亦有类似观点：根据住房和城乡建设部《关于进一步加强房地产市场监管完善商品房住房预售制度有关问题的通知》（建房〔2010〕53号）第11条的规定，交付使用的商品房应当经过竣工验收合格并已在当地建设行政主管部门办理工程竣工验收备案。可见，交付使用的商品房应当经过竣工验收合格并已在当地建设行政主管部门办理工程竣工验收备案是法定的交付条件。本案中，案涉商品房虽已通过五方验收合格，但并未在当地建设行政主管部门办理工程竣工验收备案，因此，案涉房屋并不具备交付条件。

另有观点与上述观点相反，认为竣工验收备案并非法定交房条件。例如河南省高级人民法院在〔2020〕豫民再86号民事裁定书中认为：杨某东也未提交竣工验收备案表系符合合同约定或法律、法规规定的交付房屋必要法定条件的其他相关依据，其提交的最高人民法院〔2015〕民申字第1045号裁定与本案无关联性，不能作为本案认定事实的依据。因此，杨某东主张万城公司具有竣工验收合格备案表是房屋交付的法定条件的意见没有充足证据，不能成立，不予支持。贵州省高级人民法院在2020年系列再审裁判案例中认为，工程竣工验收由建设单位组织设计、施工、工程监理等有关单位进行。经竣工验收合格已达到交房条件，建设工程竣工验收合格与建设工程竣工验收备案显属两个不同概念，工程竣工验收备案是竣工验收合格后续程序。

但是，竣工验收备案即便不属于法定交付条件，房地产开发商亦不能高枕无忧。由于地方政府的相关规定和管理要求，房地产开发商在网签备案中需选定约定的交房条件，否则无法通过网签备案及相关程序，例如《贵阳市商品住房交付使用备案管理实施意见》规定，新建商品住房竣工验收合格后，其配套设施具备业主入住的基本生活条件，并取得《商品住房交付使用备案证书》，方可交付使用。笔者发现，贵阳市房地产开发商即便经竣工验收合格或竣工验收备案但因未取得约定的《商品住房交付使用备案证书》而承担违约责任的司法案例并不在少数。笔者认为，从规范房地产市场和保护购房者角度，通过实施类似规范性文件对交房条件和程序进行规制和行政干预，若仅从法律性质而言，似乎有超越备案性质、近乎审批核准之嫌，与告知性备案的性质可能存有一定差异。

三、为办理竣工验收备案形成的结算文件的效力

在房建施工过程中，最易产生纠纷的是发包人和承包人的竣工结算环节，少则数

月多则数年，常常因为竣工结算问题产生纠纷，以及因拖欠工程款、民工工资、材料价款等引发系列社会维稳问题。早在 2014 年，住房和城乡建设部《关于进一步推进工程造价管理改革的指导意见》就明确，建筑工程在交付竣工验收时，必须具备完整的技术经济资料，鼓励将竣工结算书作为竣工验收备案的文件，引导工程竣工结算按约定及时办理，遏制工程款拖欠。《建筑工程施工发包与承包计价管理办法》第 19 条第 2 款规定，竣工结算文件应当由发包方报工程所在地县级以上地方人民政府住房城乡建设主管部门备案。然后各地开始出台规定要求将竣工结算文件作为竣工验收备案的前置条件。2015 年 6 月 17 日，贵州省住房和城乡建设厅印发了《贵州省建筑工程竣工结算文件备案管理暂行办法》，其中第 7 条第 1 款规定，竣工结算办理完毕，发包人应将竣工结算文件及有关电子文档报送工程所在地县级以上住房城乡建设主管部门备案，作为工程竣工验收备案、交付使用的必备工程技术经济资料之一。据此规定，若发包人无法提交竣工结算文件则无法办理竣工验收备案手续。

但笔者发现，建设工程在经五方竣工验收后，为了尽快办理竣工验收备案达到交付条件解决逾期交房的风险，发包人和承包人基本无法及时办理实际竣工结算。成本管控较严的央企、国企作为发包人还可能需历经造价审计一审、二审甚至内部三审才能达到签订竣工造价结算协议的条件，双方亦常常在此过程中产生争议无法调和而诉至法院或仲裁机构。那么双方为了办理竣工验收备案提交的结算文件的效力该如何认定？

《贵州省建筑工程竣工结算文件备案管理暂行办法》第 2 条第 3 款明确规定，本办法所称竣工结算文件，是指发承包双方根据国家有关法律、法规、标准规定和合同约定，在承包人完成建筑工程施工合同约定的全部工作后，对最终工程价款进行调整和确定的文件。第 5 条规定，竣工结算文件经发承包双方签字确认，作为工程决算的依据。最高人民法院《关于审理建设工程施工合同纠纷案件适用法律问题的解释（一）》第 21 条规定，承包人请求按照竣工结算文件结算工程价款的，人民法院应予支持。第 29 条规定，当事人在诉讼前已经对建设工程价款结算达成协议，诉讼中一方当事人申请对工程造价进行鉴定的，人民法院不予准许。因此，若发包人和承包人未对提交办理竣工验收备案的竣工结算文件进行特别或补充约定，则存在被认定为双方已协商达成竣工结算合意的可能。

根据上述规定，若裁判机构以双方并未真实结算仅为办理竣工验收备案手续提交的结算文件认定为结算价款，无论对发包人还是承包人均无法真实客观反映工程的实际造价，可能存在认定事实不清、事实错误的情况。笔者以为，根据《民法典》第 143 条第 2 项的规定，意思表示真实系民事法律行为有效的必备条件之一，若发承包双方提交的结算文件并非真实意思表示，而仅仅是为了尽快办理竣工验收备案的形式文件，则符合《民法典》第 146 条关于行为人与相对人以虚假的意思表示实施的民事法律行为无效的规定。因此，司法实践中不能一概将此类文件作为双方最终结算文件。只是，发承包方的该种行为实际规避了行政机关对竣工结算的行政管理，导致相关规范性文件出台的目的落空，可能招致行政机关相应的行政处罚、撤销竣工验收备案、纳入诚信档案或公布不诚信行为等规制措施。

四、关于竣工验收备案日期和竣工日期的认定

按照规定程序，取得五方竣工验收报告后才进行竣工验收备案，因此竣工验收日期和备案日期必然会产生一定差距，有观点认为，建设、勘察、设计、施工、监理五方存在一定的利益关联关系，可能因此串通填写竣工验收报告，缺乏公信力，而竣工验收只有经行政机关审核通过并进行竣工验收备案之日，才应被视为工程的竣工日期。但笔者认为，一是《建设工程质量管理条例》第49条已明确，建设工程竣工验收合格后再进行备案。同时最高人民法院《关于审理建设工程施工合同纠纷案件适用法律问题的解释（一）》第9条亦明确规定，建设工程经竣工验收合格的，以竣工验收合格之日为竣工日期。显然应当以竣工验收合格日期作为竣工日期。二是建设方组织验收并经各方签字盖章确认验收合格，根据《建筑工程五方责任主体项目负责人质量终身责任追究暂行办法》的规定，建筑工程五方责任主体项目负责人应在工程设计使用年限内对工程质量负终身责任。参建各方追求合格工程的目标一致但恶意串通应属特例，不应以偏概全据此否定竣工验收报告的效力。此外，该种观点实际亦忽略了竣工验收备案属于事后监管和告知性备案的性质。在进行竣工验收备案的程序中，行政机关亦不可能再对备案工程质量作出合格与否的认定结论。

建设工程竣工验收
相关法律实务问题探讨

石秀达

竣工验收是建设工程项目能否顺利结束的关键，笔者近期办理的多个建设工程诉讼案件均涉及了竣工验收相关的法律实务问题。本文中，笔者将依据相关法律、法规、规章、规范性文件等规定，并结合人民法院的典型案例，对建设工程竣工验收系列实务问题进行分析与探讨，以更深入学习和理解竣工验收的知识和实操。

一、完工、竣工的区别和联系

这个问题来源于笔者以前办理的遵义市中级人民法院的一个施工合同纠纷案件，一审法院将"完工"等同于"竣工"，进而认定：完工当日支付的一笔"工程结算款"的性质属于"工程竣工结算款"，但事实上，案涉工程并未通过竣工验收，双方尚未达成竣工结算，该笔款项结算实际是合同约定的"工程进度款结算"，而并非"工程竣工款结算"，只因付款审批单上有"结算"二字就认定为竣工结算款，实在难以令人信服。于是，完工、竣工的区别和联系这一问题在笔者的心中产生。

在谈完工、竣工的区别和联系之前，首先需要特别说明一下工程结算。《建设工程价款结算暂行办法》第3条规定："……建设工程价款结算……是指对建设工程的发承包合同价款进行约定和依据合同约定进行工程预付款、工程进度款、工程竣工价款结算的活动。"《建设工程工程量清单计价规范》（GB50500-2013）第2.0.44条规定："发承包双方根据合同约定，对合同工程在实施中、终止时、已完工后进行的合同价款计算、调整和确认。包括期中结算、终止结算、竣工结算。"即工程结算按照不同标准可以分为预付款结算、进度款结算以及竣工价款结算或期中结算、终止结算、竣工结算，而不仅仅指竣工结算。但是实践中涉及的结算多为竣工结算，以至于多数人一看到"结算"二字，就简单地认为是竣工结算，而忽略了应结合结算的不同阶段以及实际情况去明晰该结算的具体类型。

回归主题，完工、竣工是有实质区别和联系的。二者的区别在于：完工是承包人确认工程已完成全部内容并自检合格的事实状态；竣工是工程施工完毕并经验收合格的法律状态，是由发包人组织承包人、勘察单位、设计单位、监理单位共同参与对工程进行验收，并在验收合格后出具竣工验收合格证书的状态。二者的联系在于：一般情形下，完工是竣工的前提条件，但在工程实务中，也存在将部分工程甩项而对工程进行甩项竣工验收的情形。此时，工程处于未完工状态，甩项部分工程可能由承包人或第三人于竣工验收完毕后继续施工或直接不再进行施工。

就立法层面而言，关于完工和竣工，多数法律法规并未加以区分，都以"竣工"一词一以贯之。如《民法典》第 799 条规定了"建设工程竣工后，发包人应当根据施工图纸及说明书、国家颁发的施工验收规范和质量检验标准及时进行验收"；只有少数法律法规对此严格区分，如《房屋建筑和市政基础设施工程竣工验收规定》第 6 条规定："工程竣工验收应当按以下程序进行：（一）工程完工后，施工单位向建设单位提交工程竣工报告，申请工程竣工验收……"

关于完工日期，法律并无明确规定。而关于竣工日期，最高人民法院《关于审理建设工程施工合同纠纷案件适用法律问题的解释（一）》（以下简称《施工合同司法解释（一）》）第 9 条特别规定："当事人对建设工程实际竣工日期有争议的，人民法院应当分别按照以下情形予以认定：（一）建设工程经竣工验收合格的，以竣工验收合格之日为竣工日期；（二）承包人已经提交竣工验收报告，发包人拖延验收的，以承包人提交验收报告之日为竣工日期；（三）建设工程未经竣工验收，发包人擅自使用的，以转移占有建设工程之日为竣工日期。"但无论如何认定，完工日期和竣工日期都存在一定的时间间隔，很难重合为同一天。

由上述理论解析和立法对比可见，"完工"一词虽然在工程实务或法律层面并未扮演重要角色，但是"竣工"一词却尤为重要，而"完工"和"竣工"又是容易混淆混用的，故分清二者的区别和联系也成了避免争议、解决纠纷的基本技能。

二、缺陷责任期的起算时间

在实务中，多数人可能对缺陷责任期的起算时间理解不明确，错误地按照完工之日起算。缺陷责任期和竣工日期息息相关，缺陷责任期又直接关系质量保证金的返还问题。《建设工程质量保证金管理办法》（以下简称《质保金办法》）第 8 条规定："缺陷责任期从工程通过竣工验收之日起计。由于承包人原因导致工程无法按规定期限进行竣工验收的，缺陷责任期从实际通过竣工验收之日起计。由于发包人原因导致工程无法按规定期限进行竣工验收的，在承包人提交竣工验收报告 90 天后，工程自动进入缺陷责任期。"

《建设工程施工合同（示范文本）》（GF-2017-0201）通用条款第 1.1.4.4 条规定了缺陷责任期从实际竣工日期起计算。通用条款第 13.2.3 条规定了"工程经竣工验收合格的，以承包人提交竣工验收申请报告之日为实际竣工日期"。通用条款第 15.2.1条又规定了"缺陷责任期从工程通过竣工验收之日起计算"。由此可见，《建设工程施工合同（示范文本）》（GF-2017-0201）对实际竣工日期的规定存在前后矛盾的地方，一方面以竣工验收通过之日作为实际竣工日期，另一方面又以提交竣工验收申请报告之日作为实际竣工日期，这也和《质保金办法》第8条、《施工合同司法解释（一）》第9条的规定相矛盾，进而导致无法确定缺陷责任期的起算时间。

笔者认为，从公平合理的角度来看，以工程竣工验收时间倒推提交竣工验收申请报告之日作为实际竣工日期，不符合正常的逻辑思维，除非有可归责于发包人的原因存在，法院可能倒推时间以平衡双方利益；根据《施工合同司法解释（一）》第9条和《质保金办法》第8条的规定，也应当首先认定建设工程经竣工验收合格的，以竣工验收合格之日为实际竣工日期，而缺陷责任期从工程通过竣工验收之日起计算；在未经竣工验收合格或拖延验收的情况下，则应根据《质保金办法》第8条的相应情形认定。所以如果发包人采用《建设工程施工合同（示范文本）》（GF-2017-0201），笔者建议还是在专用条款中明确约定缺陷责任期按照《质保金办法》第8条计算，以免因理解分歧以及规范不一而发生争议。

三、专项验收相关法律实务问题

关于专项验收的研究源于笔者近期办理的某医院施工合同纠纷案件，案涉工程的承包范围包含消防工程，但消防专项验收时间晚于综合竣工验收时间，由此引申出关于专项验收的系列问题。

此处所言的专项验收，是指建设工程在竣工验收前，由建设单位依据法律法规的规定，组织工程建设相关单位在相关行政主管部门的监督下，对特定工程内容或档案资料的质量进行检验、审核，并根据设计文件要求、合同约定和相关法律法规规定的标准进行评定的活动。常见的专项验收事项包括规划验收、消防验收、节能验收、环保验收、防雷验收等13个专项验收。验收结果多以意见、认定书、合格证明等方式呈现。

关于专项验收并无统一的法律规定，《建设工程质量管理条例》第49条规定："建设单位应当自建设工程竣工验收合格之日起15日内，将建设工程竣工验收报告和规划、公安消防、环保等部门出具的认可文件或者准许使用文件报建设行政主管部门或者其他有关部门备案。建设行政主管部门或者其他有关部门发现建设单位在竣工验收过程中有违反国家有关建设工程质量管理规定行为的，责令停止使用，重新组织竣工验收。"《建筑工程施工质量验收统一标准》中仅第3.0.5条提到："当专业验收规范对工程中的验收项目未作出相应规定时，应由建设单位组织监理、设计、施工等相关单位制定专项验收要求。涉及安全、节能、环境保护等项目的专项验收要求应由建设单位组织专家论证……"其他规定都是按照各专项验收的类型分散于各种具体法律法规文件中，笔者对相关文件及内容整理如下：

专项验收类型	法律依据	法律要求	法律责任
规划验收	《城乡规划法》第 45 条、第 64 条等	未经核实或者经核实不符合规划条件的，建设单位不得组织竣工验收。	责令停止建设、限期改正、罚款、限期拆除、没收实物或者违法收入
节能验收	《民用建筑节能条例》第 17 条、第 38 条、第 40 条等	组织竣工验收时应当查验是否符合节能强制性标准，不符合的不得出具竣工验收合格报告。	责令改正、罚款、赔偿损失
防雷验收	《防雷减灾管理办法》第 17 条、第 34 条等	气象主管机构核实检测报告，不符合要求的申请单位整改后重新申请竣工验收，否则防雷装置不得投入使用。	责令改正、给予警告、罚款、赔偿损失
档案（预）验收	《城市建设档案管理规定》第 8 条、第 9 条、第 14 条等	组织竣工验收前，应当提请档案预验收，预验收合格后，由城建档案管理机构出具工程档案认可文件，在取得该文件后，方可组织工程竣工验收。	责令改正、罚款
消防验收	《消防法》第 13 条、第 58 条等	依法应当进行消防验收的建设工程，未经消防验收或者消防验收不合格的，禁止投入使用；其他建设工程经依法抽查不合格的，应当停止使用。	责令停止使用或停产停业、罚款
环保验收	《建设项目环境保护管理条例》第 19 条、第 23 条等	未经验收或者验收不合格的，不得投入生产或者使用。	限期改正、罚款

虽然从制度层面而言，竣工验收的程序一般要求承包单位在工程完工且通过规划、环保、消防、节能等专项验收，确认工程质量符合有关法律、法规和工程建设强制性标准及合同要求后，申请竣工验收。但是实践中，专项验收并未完全按照制度设定完成，许多专项验收都是在竣工验收合格后一段时间才通过，从而也引发了许多关于专项验收的法律实务问题，比如不得使用、不得组织竣工验收是否影响竣工验收时间和结果，是否影响付款等问题。

（一）专项验收合格时间对工程竣工时间认定的影响

有观点认为，专项验收合格时间不影响工程竣工时间的认定。如最高人民法院[2018]最高法民申 2839 号认为，相关机构出具的《雷电灾害风险评估报告》《防雷装置验收报告》《防雷装置验收合格证》等证据材料只能证明防雷装置于 2015 年 2 月 11 日之前验收合格，个别项目验收合格时间并不能充分证明整个涉案工程竣工验收时间也在 2015 年 2 月 11 日之前，对再审申请人"根据相关法律规定，防雷装置验收应当与建筑物竣工验收同时进行，故可以证明涉案工程竣工验收时间为 2015 年 2 月 11 日之前"的主张未予采纳。江苏省高级人民法院[2016]苏民终 1124 号也认为，从规划局、园林局、质监站联合出具的《工业建设工程联合竣工验收意见汇总表》来看，涉案工程竣工验收的实际时间为 2013 年 5 月 30 日，发包人主张以规划局颁发《建设工程规划验收合格证》的时间为涉案工程竣工之日，并无依据，不予支持。

也有观点认为，当事人对竣工时间有明确约定的，应当尊重双方约定，以专项验收完成时间为涉案工程竣工时间。如山东省高级人民法院［2014］鲁民一终字第 220 号认为，涉案施工合同约定竣工日期"以通过单体竣工验收日期为准"，2010 年 2 月 3 日，青岛市规划局作出的《建设工程规划单体验收审查意见书》确认涉案工程符合规划单体验收要求，故涉案工程的实际竣工日期应以规划单体验收意见出具时间为准。

（二）专项验收结果对付款条件成就的影响

有观点认为，专项验收不合格，工程款支付条件未成就。如新疆维吾尔自治区高级人民法院［2016］兵民终 66 号认为，根据《建设工程消防监督管理规定》（现已废止，由《建设工程消防设计审查验收管理暂行规定》代替）的规定，涉案工程是劳动密集型企业的生产加工车间，属于必须经消防机构验收合格后才能投入使用的建筑。2014 年 11 月 20 日，公安消防支队认定涉案工程未经消防验收合格，不得投入使用。直至 2015 年 2 月经发包人委托第三方施工，消防工程才验收合格。故在 2011 年 9 月，涉案工程虽经竣工验收合格并交付使用，但还不符合双方约定的验收完毕的付款条件，故对承包人要求自 2011 年 10 月起支付工程款利息的主张不予支持。

也有观点认为，专项验收不合格不影响工程款支付条件的成就。最高人民法院［2016］最高法民终 407 号认为，涉案工程已于 2010 年 9 月 28 日交付使用，且在交付使用两年后污水处理构筑物进行竣工验收时未发现质量问题。涉案工程未完成全部内容的竣工验收也并非因为存在质量问题，而是由办公楼未通过节能专项验收所致。涉案工程已经结算完毕，发包人应当支付包括工程尾款在内的欠付工程款。

（三）三步假设分析法

关于专项验收合格时间是否影响竣工时间认定和付款条件的成就问题，各种观点均有其道理和依据，由于上述两个问题是相通的，笔者偏向的观点和分析统一整理如下：

第一，如果当事人在合同条款中明确约定某类专项验收合格时间作为竣工时间或付款条件，应当尊重双方约定，以约定的专项验收合格时间为工程竣工时间或付款条件。

如上述的山东省高级人民法院［2014］鲁民一终字第 220 号，由于合同有明确约定，最终涉案工程的实际竣工日期被认定以规划单体验收意见出具时间为准。但不得不说，其实该案也并未约定明确是所有专项验收通过还是其中某一类型专项验收通过，径直将规划单体验收通过时间作为实际竣工日期仍存在一定合同争议。就笔者所提某医院施工合同纠纷案而言，虽然合同约定工程承包范围包含了消防工程，建设单位消防查验通过是竣工验收通过的一部分，但是因为合同并未明确以消防专项验收合格时间为涉案工程竣工时间，故不能直接扩大解释为：消防竣工验收不仅包括建设单位的消防查验通过，还应包括住建部门的消防专项验收通过。故为了避免竣工验收通过而专项验收无法通过导致建设工程无法使用的现实问题，建设单位可以在合同条款中明确约定以某种类型的专项验收合格时间为实际竣工时间或付款条件，当然，由建设单位原因导致无法通过专项验收的，应以竣工验收时间为准。

第二，如果当事人在合同条款中并未明确约定某类专项验收合格时间作为竣工时间或付款条件，应结合具体专项验收是否构成竣工验收的前提条件，并考虑案涉工程是否属于强制专项验收否则不得使用的特殊建设工程类型。

例如上述新疆维吾尔自治区高级人民法院［2016］兵民终66号案件，涉及消防专项验收的，应当根据《建设工程消防设计审查验收管理暂行规定》第14条区分该项目属于强制消防验收的项目还是仅需进行消防备案及抽检的项目，进而判断消防专项验收对工程竣工时间和付款条件认定的影响。如为强制消防验收项目，消防专项验收未通过，禁止投入使用，则消防验收时间直接影响竣工时间认定。如为仅需进行备案和抽检的项目，消防检查不通过，仅造成停止使用的后果，则不影响竣工时间的认定。

第三，如果当事人在合同条款中并未明确约定某类专项验收合格时间作为竣工时间或付款条件，涉及的专项验收也非竣工验收前提条件，涉及工程类型也非强制专项验收的特殊建设工程类型，原则上不应影响竣工时间认定和付款条件的成就。

根据《消防法》第10条和第11条、《城乡规划法》第45条以及《建设项目环境保护管理条例》第17条的规定，城乡规划、环境保护等行政主管部门并非竣工验收的参与主体。另外由于专项验收的相关规定均是为了保障建设工程质量、规范建设单位的行政性规定，实质上属于行政管理法律关系，是否一定能约束或影响建设单位和承包单位的民事法律关系，不同法院观点不同，故无特殊约定、特殊专项、特殊工程的情形，原则上专项验收不应影响竣工时间认定和付款条件的成就。如安徽省高级人民法院［2015］皖民四终字第182号认为，因施工单位主要的承包内容是土建工程，其已按约施工完毕，并由建设单位组织各参与方竣工验收合格。环保验收、消防验收、规划核实均是建设单位的义务，其是否依法组织该单项验收，以及何时进行验收，施工单位无法控制，且该工程已交付使用并竣工验收备案，故工程竣工验收已合格。

四、小结

建设工程竣工验收是竣工结算的前提，重要程度不言而喻。建设工程竣工验收存在许许多多值得深入探讨的法律实务问题，见仁见智，各抒己见。后续笔者还将对相关的其他问题继续研究，以上笔者观点可能失之偏颇，只是个人的经验之谈，敬请批评指正。

参考文献：

1. 常设中国建设工程法律论坛第八工作组：《中国建设工程施工合同法律全书：词条释义与实务

指引》（第 2 版），法律出版社 2021 年版。

2. 最高人民法院民事审判第一庭编著：《最高人民法院新建设工程施工合同司法解释（一）理解与适用》，人民法院出版社 2021 年版。

建设工程未经竣工验收发包人提前
使用后如何主张权利

——对最高人民法院《关于审理建设工程施工合同纠纷案件适用法律问题的解释（一）》（法释〔2020〕25号）第14条理解适用的分析

王松子

一、建筑工程竣工经验收合格后，方可交付使用；未经验收或者验收不合格的，不得交付使用。建设工程未经竣工验收，发包人擅自使用后，又以使用部分质量不符合约定为由主张权利的，人民法院不予支持

根据《建筑法》第61条的规定，建筑工程竣工经验收合格后，方可交付使用；未经验收或者验收不合格的，不得交付使用。根据《建筑工程施工质量验收统一标准》（GB 50300-2013），建筑工程施工质量验收合格应符合工程勘察、设计文件的要求、《建筑工程施工质量验收统一标准》（GB 50300-2013）及相关专业验收规范的规定。

最高人民法院《关于审理建设工程施工合同纠纷案件适用法律问题的解释（一）》（法释〔2020〕25号）第14条规定，建设工程未经竣工验收，发包人擅自使用后，又以使用部分质量不符合约定为由主张权利的，人民法院不予支持；但是承包人应当在建设工程的合理使用寿命内对地基基础工程和主体结构质量承担民事责任。

二、如果未对工程进行竣工验收，但发包人由于实际情况必须提前使用，且并非发包人擅自使用，从司法实践的角度来看，不能适用该司法解释规定

最高人民法院《关于审理建设工程施工合同纠纷案件适用法律问题的解释（一）》（法释〔2020〕25号）第14条的规定适用的前提是"发包人擅自使用"，如并非发包人擅自使用，从司法实践的角度来看，不能适用该条款。（需要说明的是，本文参考的均为该司法解释颁布实施前的司法案例、司法观点，但该司法解释第14条与当时有效的司法解释规定一致，故具有参考价值。）

如在最高人民法院〔2014〕民申字第1336号《巴彦淖尔市磴口县滨辉水务有限公司与内蒙古承远建设工程承包有限责任公司建设工程施工合同纠纷申请再审民事裁定书》中，最高人民法院认为："《中华人民共和国建筑法》第58条规定，建筑施工企业对工程的施工质量负责。施工单位获得工程款的对价应是交付合格工程。滨辉水务公司虽使用了涉案工程，但因工程质量存在问题暂停运行后，被磴口县人民政府以磴政办字〔2010〕77号《关于恢复污水处理厂生产运行的通知》要求恢复使用，并非擅自使用。承远建设公司在初次验收为不合格工程且未全面履行整改义务的情形下，即提起本案工程款之诉。原判决依据最高人民法院《关于审理建设工程施工合同纠纷案件适用法律问题的解释》第3条第1款第2项'修复后的建设工程经竣工验收不合格，承包人请求支付工程价款的，不予支持'的规定，对承远建设公司的诉请不予支持，适用法律并无不当。"

故如果承包人尚未完成施工，未对工程进行竣工验收，但由于实际情况必须提前使用的，建议可提前收集相关证据（如政府文件、会议纪要等），证明该工程由于实际情况必须提前使用，而并非发包人擅自使用。

三、即使被法院认定为发包人擅自使用，亦不应当对该司法解释规定进行扩大解释，不能理解为承包人对发包人擅自使用的部分工程质量不承担任何责任

根据《建设工程价款结算暂行办法》第19条的规定，发包人对工程质量有异议，已竣工验收或已竣工未验收但实际投入使用的工程，其质量争议按该工程保修合同执行。

同时参照最高人民法院〔2014〕民提字第00015号《长春永信集团汽车贸易有限公司与四川星星建设集团有限公司建设工程施工合同纠纷审判监督民事判决书》，最高人民法院认为："工程竣工验收合格并不当然导致修复责任的免除。本案中，案涉工程虽然已经竣工验收合格，但根据一审法院委托司法鉴定机构作出的鉴定结论，该四项隐蔽工程存在与设计图纸不符合的问题，星星公司亦未能就此提供经永信公司和监理机构同意或者确认变更的相关证据，故星星公司应当对上述四项隐蔽工程承担与设计图纸不符的修复义务，星星公司主张其不应承担修复义务的理由不能成立，二审判决星星公司对该四项隐蔽工程进行修复，否则扣除修复费用624 123元正确，本院予以维持。"

最高人民法院民事审判第一庭编著的《最高人民法院建设工程施工合同司法解释的理解与适用》（第192页）也指出："建设工程未经验收，发包人擅自使用的，承包方应在法定或者设计文件规定的期限内对工程地基基础、主体结构承担责任。对于该工程的其他部位的质量问题，自发包人提前使用之日未超过法定保修期限的，承包人仍应承担责任。"

《建设工程质量保证金管理办法》第 2 条规定，发包方、承包方可在合同中对缺陷责任期进行约定，缺陷责任期一般为 1 年，最长不超过 2 年。缺陷是指建设工程质量不符合工程建设强制性标准、设计文件，以及承包合同的约定。第 9 条规定，缺陷责任期内，由承包人原因造成的缺陷，承包人应负责维修，并承担鉴定及维修费用。如承包人不维修也不承担费用，发包人可按合同约定从保证金或银行保函中扣除，费用超出保证金额的，发包人可按合同约定向承包人进行索赔。承包人维修并承担相应费用后，不免除对工程的损失赔偿责任。

因此，笔者认为，即使在建设工程未经验收、发包人擅自使用的情况下，在缺陷责任期内，如果由承包人原因导致建设工程质量不符合工程建设强制性标准、设计文件及承包合同的约定，存在缺陷须由承包人进行维修，如承包人不维修也不承担费用，发包人可按合同约定从保证金或银行保函中扣除，费用超出保证金额的，发包人可按合同约定向承包人进行索赔。同时建议及时保留工程存在缺陷及维修的相关证据，以应对可能产生的纠纷。

施工图设计文件审查相关法律实务问题探讨

石秀达

在深入推进"放管服"改革和优化营商环境的大背景下，施工图设计文件审查制度改革作为工程建设项目审批制度改革的重要一环，由于各方主体责任不明等现实困境，衍生的责任认定相关法律实务问题也值得探讨。鉴于近期笔者遇到不少关于施工图文件审查相关问题咨询，故起意提笔，拟根据法律法规、规章、规范性文件等规定，并结合人民法院的典型案例，对施工图设计文件审查相关法律实务问题进行分析与探讨，以期更深入学习和理解施工图设计文件审查制度。

一、施工图设计文件审查的概念和审查范围

(一) 概念

关于施工图设计文件审查的概念，《建筑法》等法律层面并未有明确规定。《建筑法》第56条规定："建筑工程的勘察、设计单位必须对其勘察、设计的质量负责。勘察、设计文件应当符合有关法律、行政法规的规定和建筑工程质量、安全标准、建筑工程勘察、设计技术规范以及合同的约定。设计文件选用的建筑材料、建筑构配件和设备，应当注明其规格、型号、性能等技术指标，其质量要求必须符合国家规定的标准。"虽然《建筑法》未明确规定施工图设计文件审查制度，但其他法律法规基本是以上述条文为滥觞，进而规定审查施工图设计文件审查的基本内容。

行政法规层面而言，《建设工程质量管理条例》第11条[1]明确提出了施工图设计文件审查，但并未对其概念做具体规定，只是确立了"施工图设计文件未经审查批准的，不得使用"的基本原则。《建设工程勘察设计管理条例》第33条规定："施工图设计文件审查机构应当对房屋建筑工程、市政基础设施工程施工图设计文件中涉及公共利益、公众安全、工程建设强制性标准的内容进行审查。县级以上人民政府交通运输等有关部门应当按照职责对施工图设计文件中涉及公共利益、公众安全、工程建设强制性标准的内容进行审查。施工图设计文件未经审查批准的，不得使用。"此条明确了

---

[1] 《建设工程质量管理条例》第11条规定：施工图设计文件审查的具体办法，由国务院建设行政主管部门、国务院其他有关部门制定。施工图设计文件未经审查批准的，不得使用。

施工图设计文件的审查主体是施工图设计文件审查机构，审查内容为是否符合公共利益、公众安全、工程建设强制性标准的要求，再次强调了施工图设计文件未经审查批准的，不得使用。由此可知除以上内容外，施工图审查并不对合同约定的其他具体内容和要求做审查。

就房屋建筑和市政基础设施工程而言，有专门的《房屋建筑和市政基础设施工程施工图设计文件审查管理办法》（以下简称《房建市政施工图审查办法》），该办法对施工图审查概念、施工图审查机构、审查内容范围、有关监督检查内容以及审查机构违规情形和责任等具体内容作了详细规定。《房建市政施工图审查办法》第3条规定："国家实施施工图设计文件（含勘察文件，以下简称施工图）审查制度。本办法所称施工图审查，是指施工图审查机构（以下简称审查机构）按照有关法律、法规，对施工图涉及公共利益、公众安全和工程建设强制性标准的内容进行的审查。施工图审查应当坚持先勘察、后设计的原则。施工图未经审查合格的，不得使用。从事房屋建筑工程、市政基础设施工程施工、监理等活动，以及实施对房屋建筑和市政基础设施工程质量安全监督管理，应当以审查合格的施工图为依据。"

综合以上法律法规以及部门规章的规定，关于施工图设计文件审查的概念，简而言之，施工图设计文件（含勘察文件）审查指具有独立法人资格、专门从事施工图审查业务、不以营利为目的的施工图审查机构按照有关法律法规，对施工图涉及公共利益、公众安全和工程建设强制性标准的内容进行的审查，施工图未经审查合格的，不得使用。

（二）审查范围

如前所述，法律规定了施工图设计文件审查的内容为"涉及公共利益、公众安全和工程建设强制性标准的内容"，这只是原则性的约定。就房屋建筑和市政基础设施工程而言，《房建市政施工图审查办法》第11条规定了更为具体的审查内容，包括：（1）是否符合工程建设强制性标准；（2）地基基础和主体结构的安全性；（3）消防安全性；（4）人防工程（不含人防指挥工程）防护安全性；（5）是否符合民用建筑节能强制性标准，对执行绿色建筑标准的项目，还应当审查是否符合绿色建筑标准；（6）勘察设计企业和注册执业人员以及相关人员是否按规定在施工图上加盖相应的图章和签字；（7）法律法规、规章规定必须审查的其他内容。《建筑工程施工图设计文件技术审查要点》还针对建筑工程的不同专业，如建筑专业、结构专业、给排水专业、暖通专业等详细列举了各项技术审查要点，作为建筑工程类施工图文件的具体审查规范，统一了审查尺度。

需要注意的是，一方面，根据《房建市政施工图审查办法》第5条第1款[1]的规

---

[1]《房屋建筑和市政基础设施工程施工图设计文件审查管理办法》第5条第1款规定：省、自治区、直辖市人民政府住房城乡建设主管部门应当会同有关主管部门按照本办法规定的审查机构条件，结合本行政区域内的建设规模，确定相应数量的审查机构，逐步推行以政府购买服务方式开展施工图设计文件审查。具体办法由国务院住房城乡建设主管部门另行规定。

定，国家要求各地方结合本行政区域内的建设规模，确定相应数量的审查机构，逐步推行以政府购买服务方式开展施工图设计文件审查；另一方面，根据国务院办公厅《关于全面开展工程建设项目审批制度改革的实施意见》（国办发〔2019〕11号）第4条"精简审批环节"[1]的规定，国家也在部分试点地区积极探索取消施工图审查或缩小审查范围，实行告知承诺制和设计人员终身负责制。由此可见，施工审查制度的实行仍处于一个相对混沌的过程，也难免导致各类实务问题的发生。

二、施工图设计文件未经报审、备案或审查不合格，发包人即投入使用，能否以施工图设计文件未经报审备案或审查不合格为由拒付设计费

前述法律多次规定了"施工图未经审查合格的，不得使用"的原则，也有规定[2]施工图设计文件未经审查或者审查不合格，擅自施工的，有关部门有权对建设单位处一定数额的罚款。设计合同的双方通常会在合同中将施工图设计文件审查通过作为具体的设计费用付款节点之一，例如《建设工程设计合同示范文本（房屋建筑工程）》（GF—2015—0209）的附件6第4条第5点约定：施工图设计文件通过审查后7天内或施工图设计文件提交后3个月内，发包人向设计人支付设计费总额的10%元。实践中常有施工图设计文件已经被作为施工依据投入使用，甚至工程已经完工，但施工图设计文件仍未经报审、备案或审查不合格的情形，设计单位要求发包人支付设计费时，发包人常会以施工图设计文件未经报审、备案或审查不合格为由拒付设计费，法院是否支持发包人的拒付理由呢？我们来看看〔2019〕吉07民终914号、〔2019〕川01民终10255号案件的法院说理部分：

〔2019〕吉07民终914号案件的建设单位金忠伟公司主张，因华和明威分公司设计的施工图纸未经相关部门审查备案，依照相关规定，该图纸不得使用，故金忠伟公司拒绝支付设计费于法有据，并不构成违约。但终审法院认为，《房建市政施工图审查办法》第3条第3款确实规定了施工图未经审查合格不得使用，但该办法第9条[3]同时规定，将施工图送审的义务主体系建设单位，而非设计单位。故本案案涉施工图即使确实未经相关部门审查备案，其过错也在于作为建设单位的金忠伟公司，而与作为设计单位的华和明威分公司无关，现金忠伟公司以此为由拒绝支付设计费，不具有正当性。

〔2019〕川01民终10255号案件的终审法院认为，施工图设计是对方案设计的深

---

〔1〕 国务院办公厅《关于全面开展工程建设项目审批制度改革的实施意见》（国办发〔2019〕11号）第4条规定，试点地区要进一步精简审批环节，在加快探索取消施工图审查（或缩小审查范围）、实行告知承诺制和设计人员终身负责制等方面，尽快形成可复制可推广的经验。

〔2〕 《建设工程质量管理条例》第56条规定：违反本条例规定，建设单位有下列行为之一的，责令改正，处20万元以上50万元以下的罚款……（四）施工图设计文件未经审查或者审查不合格，擅自施工的……

〔3〕 《房屋建筑和市政基础设施工程施工图设计文件审查管理办法》第9条第1款规定，建设单位应当将施工图送审查机构审查，但审查机构不得与所审查项目的建设单位、勘察设计企业有隶属关系或者其他利害关系。

化，一般而言，施工图设计应该在方案设计通过审批后进行，而本案中，从国栋公司的陈述来看，其是在方案设计尚未实际审批通过的情形下要求大地建筑成都分公司进行施工图设计，而在大地建筑成都分公司已向其提交施工图电子送审版后，国栋公司未将收到的施工设计图送审，又以方案设计未通过审批为由要求大地建筑成都分公司修改设计方案，由此可见，大地建筑成都分公司作出的施工图设计未通过审查的责任在于国栋公司。

结合以上两个案例的法院观点可见，施工图设计文件未经报审、备案或审查不合格，发包人即投入使用，发包人又以施工图设计文件未经报审备案或审查不合格为由拒付设计费，法院主要依据施工图设计文件的送审主体是建设单位的规定，先重点审查建设单位是否履行好相应的施工图设计文件送审义务，进而判断施工图设计未通过审查的责任主体或过错方，最后得出建设单位拒付设计费是否具有正当性的结论。

笔者认为，《民法典》第159条规定："附条件的民事法律行为，当事人为自己的利益不正当地阻止条件成就的，视为条件已经成就；不正当地促成条件成就的，视为条件不成就。"若建设单位不履行施工图设计文件的法定送审义务，导致付款条件不成交，应视为付款条件已成就。另外，施工图设计文件未经报审、备案或审查不合格，发包人即投入使用情形，类似于建设工程未经竣工验收，发包人擅自使用情形，参考最高人民法院《关于审理建设工程施工合同纠纷案件适用法律问题的解释（一）》第14条[1]的规定，该种情形的裁判思路可以如下：施工图设计文件未经报审、备案或审查不合格，发包人擅自使用后，又以施工图设计文件未经报审备案或审查不合格为由主张权利的，人民法院不予支持；但是不免除设计单位依法应承担的设计责任。

三、施工图设计文件未经报审、备案或审查不合格，发包人即投入使用，设计单位能否主张免除设计责任

关于涉及单位的设计责任，法律法规规章均有相关规定。《建设工程质量管理条例》第19条第1款规定："勘察、设计单位必须按照工程建设强制性标准进行勘察、设计，并对其勘察、设计的质量负责。"《建设工程勘察设计管理条例》第5条第2款规定："建设工程勘察、设计单位必须依法进行建设工程勘察、设计，严格执行工程建设强制性标准，并对建设工程勘察、设计的质量负责。"《房建市政设施工图审查办法》第15条也有相同规定。《铁路建设工程施工图设计文件审查管理办法》第7条特别明确规定："审查机构对审查工作质量负责，依法承担审查责任。施工图设计文件审查不免除设计单位依法承担的质量责任。"

以上法规规章的相关规定明确了设计单位应对设计文件的质量承担法定责任，虽

---

[1] 最高人民法院《关于审理建设工程施工合同纠纷案件适用法律问题的解释（一）》第14条规定："建设工程未经竣工验收，发包人擅自使用后，又以使用部分质量不符合约定为由主张权利的，人民法院不予支持；但是承包人应当在建设工程的合理使用寿命内对地基基础工程和主体结构质量承担民事责任。"

然除《铁路建设工程施工图设计文件审查管理办法》有明确规定"施工图设计文件审查不免除设计单位依法承担的质量责任"外，其他法规规章均无此类规定，但笔者认为，由于设计单位的质量责任属于法定责任，在无其他法律明确免除设计单位责任的前提下，无论施工图设计文件是否经过审查，均不免除设计单位的设计责任。具体观点和理由可参考［2016］云民终 349 号、（2013）浙民提字第 133 号两个案件的法院说理部分：

［2016］云民终 349 号案件的设计单位科丹公司主张其设计的施工图，依据国家相关强制性规范，已经有权机构审查合格，故科丹公司不存在违约行为，不应对案涉房屋受损承担赔偿责任。但终审法院认为，根据云南营城工程检测鉴定有限公司出具的十份检测鉴定报告，检测鉴定报告提出，房屋纵向抗侧刚度变化较大（上刚下柔），房屋结构体系存在缺陷，对房屋抗震不利。该原因系导致房屋受损的原因之一，系设计单位的原因，科丹公司虽不认可该检测鉴定报告，但无充分证据予以反驳，故科丹公司应承担相应的责任。

（2013）浙民提字第 133 号案件的设计单位北京设计院以经纬勘察公司出具的《万羽公司岩土工程勘察报告》为据，辩称因案涉场地未见地下水，故其无须对案涉工程地下室进行抗浮设计。但浙江省高级人民法院认为，虽然在此情况下尚无强制性规范要求必须进行抗浮设计，但作为专业的设计机构，其应按照合同约定提供合理可使用的设计方案，保证工程按其设计方案施工后能够正常投入使用。本案中，北京设计院未全面考虑包括地表水渗入可能引发的水浮力问题导致地下室受损，在设计上存在缺陷和遗漏。

由此可见，虽然施工设计文件通过了审查机构的审查，但由于仅仅审查是否符合公共利益、公众安全、工程建设强制性标准的要求，并不对合同约定的其他具体内容和要求做审查，而且审查通过并不意味可以免除任何质量责任。因此施工图设计文件审查是否通过和设计责任的免除并无直接关系，施工图设计文件未经报审、备案或审查不合格，发包人投入使用，设计单位也不能免除设计责任。

四、施工图设计文件经审查合格后仍出现质量问题，审查机构是否需要承担责任

关于此问题，《房建市政施工图审查办法》第 15 条第 2 款规定："审查机构对施工图审查工作负责，承担审查责任。施工图经审查合格后，仍有违反法律、法规和工程建设强制性标准的问题，给建设单位造成损失的，审查机构依法承担相应的赔偿责任。"换言之，即使施工图设计文件已审查合格，但仍有违反法律、法规和工程建设强制性标准，也仅限于前述审查内容及审查要点，则推定审查机构存在过错，应当对建设单位的损失承担过错赔偿责任，具体观点和理由可参考［2013］浙民提字第 133 号案件的法院说理：

［2013］浙民提字第 133 号案法院认为，施工图设计文件审查机构安厦设计咨询公司对北京设计院的设计方案审查合格，但本案工程质量事故的发生及浙江省建筑科学设计研究院有限公司的检测报告，表明设计方案存在缺陷和遗漏。在此情况下，作为专业的施工图审查机构客观上存在失察之处。但根据《建筑工程施工图设计文件审查暂行办法》第 21 条的规定，施工图审查机构对审查的图纸质量负相应的审查责任，但不代替设计单位承担设计质量责任，即设计单位承担了赔偿责任并不必然要求施工图审查机构也要承担赔偿责任。《房建市政施工图审查办法》第 15 条规定，施工图经审查合格后，仍有违反法律、法规和工程建设强制性标准的问题，给建设单位造成损失的，审查机构依法承担相应的赔偿责任。即施工图审查机构只有在违反法律、法规和工程建设强制性标准并给建设单位造成损失的情况下，才承担民事赔偿责任。本案中，设计单位的设计存在抗浮措施遗漏，安厦设计咨询公司未能审出，确有不当，但在场地经勘察本身无地下水的情况下，没有证据证明其违反了法律、法规和工程建设强制性标准，故其对本案工程质量事故损失依法不承担民事赔偿责任。

由此可见，施工图设计文件经审查合格后仍出现质量问题，审查机构不一定需要承担责任，只有在违反法律、法规和工程建设强制性标准并给建设单位造成损失的情况下，才对自身过错承担相应的民事赔偿责任。因为施工图审查的内容是"涉及公共利益、公众安全、工程建设强制性标准的内容"，对于其他不符合发包人的设计要求或合同要求，虽然也属于设计单位的缺陷或遗漏，但不属于施工图审查内容，审查机构也难以发现相应的缺陷，更不能不当地加重审查机构的审查责任。

参考文献：

1. 常设中国建设工程法律论坛第八工作组：《中国建设工程施工合同法律全书：词条释义与实务指引》（第 2 版），法律出版社 2021 年版。

2. 常设中国建设工程法律论坛第十二工作组：《建设工程勘察设计合同纠纷裁判指引》，法律出版社 2021 年版。

七、工程转包分包及实际施工人

合同效力对"背靠背"条款的影响探讨

黄木兰

在市场经济条件下,合同作为约束当事人权利义务的重要法律工具,对于保障交易安全、维护市场秩序具有至关重要的作用。然而,在建筑工程等领域,转包分包合同的出现往往伴随着一系列的法律风险,其中涉及的"背靠背"条款的效力问题也一直是理论与实践中的难点,本文旨在通过对相关法律法规、案例的研究,剖析探讨合同效力对"背靠背"条款的影响。

一、"背靠背"条款定义

"背靠背"条款,是指在建设工程施工过程中,总承包人就工程项目进行分包时,同分包人之间进行约定,要求总承包人的付款义务需要在特定条件下触发,该条件也就是以其在与业主方的合同关系中收到相关工程款为前提,比如像约定向分包单位支付款项的进度需要与业主付款保持一致,或约定款项的支付需要在建设单位资金到账后依照一定比例进行,或者为款项的支付设置一定的前提条件等,此类做法其实就相当于把业主未来价款的支付存在的风险倾倒一部分给分包商。

二、"背靠背"条款性质

对于"背靠背"条款的定义,理论与实务界争议不大。但是对于"背靠背"条款属于何种性质的问题,却存在不同的观点:

一种观点认为"靠背条"款属于附期限条款。该观点认为,"背靠背"条款应属于附期限条款。主要理由在于分包方与总承包方签订分包合同时,其真实意思表示应是将"获得业主付款"视为未来发生的确定的事实。

另一种观点认为"背靠背"条款属于附条件条款。该观点认为,"背靠背"条款的核心是将总承包方获得业主支付作为付款的前提条件,其法律依据是《民法典》第158条:民事法律行为可以附条件,但是根据其性质不得附条件的除外。附生效条件的民事法律行为,自条件成就时生效。附解除条件的民事法律行为,自条件成就时失效。

附期限和附条件两种制度虽然都是法律行为的付款,但在性质上是有差异的。期限是一定会到来的，但条件却不一定能成就，前者具有确定性，后者具有不确定性。

通过检索案例发现，司法实务中大多采纳附条件观点说，大部分案例均认为"背靠背"条款属于附条件条款，在约定条件成就的情况下，总承包人方具有工程款的支付义务。例如［2020］最高法民终 106 号裁判要旨："背靠背"条款属于附条件的约定，付款条件是否已成就，应当以由总承包方举证证明其已正常履行协助验收、协助结算、协助催款等义务为前提，否则应当视为不正当地阻止条件成就，视为条件已成就。

三、合同效力对"背靠背"条款的影响

（一）最高人民法院《关于大型企业与中小企业约定以第三方支付款项为付款前提条款效力问题的批复》出台之前

1. "背靠背"条款自身不具备无效、失效的原因，在主合同有效时应当适用

"背靠背"条款本身不存在违反禁止性规定导致无效之事由，"背靠背"条款作为平等主体意思自治体现，并未损害国家利益、社会公益和社会道德秩序，本身应为有效，在合同有效时理应当然适用。

相关依据：

（1）北京市高级人民法院《关于审理建设工程施工合同纠纷案件若干疑难问题的解答》

22. 分包合同中约定总包人收到发包人支付工程款后再向分包人支付条款的效力如何认定？

分包合同中约定待总包人与发包人进行结算且发包人支付工程款后，总包人再向分包人支付工程款的，该约定有效。因总包人拖延结算或怠于行使其到期债权致使分包人不能及时取得工程款，分包人要求总包人支付欠付工程款的，应予支持。总包人对于其与发包人之间的结算情况以及发包人支付工程款的事实负有举证责任。

（2）《贵州省高级人民法院审理建设工程施工合同纠纷案件若干裁判规则解读》

14. 如何认定建设工程施工合同中的"背靠背"条款？

分包合同中约定承包人与发包人进行结算且发包人支付工程价款后，承包人再向分包人支付工程价款的，该约定有效。因承包人拖延结算或者怠于行使其到期债权导致分包人不能及时获得工程价款的，分包人请求承包人支付工程价款的，人民法院应予支持。承包人应当就其与发包人之间的结算情况及发包人支付工程价款的事实负举证责任。

2. 在主合同无效时，对"背靠背"条款的适用存在理论分歧

承包人与下手承包人之间的合同因非法转包、违法分包、挂靠而无效时，对"背靠背"条款的约定对抗下手承包人的付款请求，理论观点不一。

有的观点认为，转包合同无效意味着整个合同自始不产生法律效力，包括其中的"背对背"条款。无效情形下承包人"参照合同约定支付工程价款"主要指参照合同有关工程款计价方式和计价标准的约定，"背靠背"条款所约定的付款条件并不属于可参照适用的范围，若承包人与下手承包人之间的合同整体无效，则"背靠背"条款亦应无效。合同无效，下手承包人即有权要求承包人立即支付全部工程款而无需等待条件成就，下手承包人将因合同无效获得比合同有效更多的利益。

也有观点认为，合同无效后，下手承包人仍可参照合同约定要求承包人支付工程款，此处参照适用的范围不仅包括计价条款，亦包括付款条件及时间，"背靠背"条款属于对支付条件的约定，属于结算条款的一部分，以上整体构成工程价款结算体系。

从司法实践看来，通常观点认为"背靠背"条款系"支付条件"的约定，不属于可参照适用的与工程价款数额有关的约定，最高人民法院于2019年末公布的案例便是如此论述。

案例：

［2019］最高法民终1852号

双方签订的《建筑工程施工合同》属于无效合同，因此，涉案合同关于同步结算支付的条款也无效。最高人民法院《关于审理建设工程施工合同纠纷案件适用法律问题的解释》第2条规定的"请求参照合同约定支付工程价款"中的"合同约定"主要指工程款计价方法、计价标准等与工程价款数额有关的约定，关于工程价款支付条件的约定不属于可以参照适用的合同约定。

也有少数支持合同无效下"背靠背"条款约定的案例，一是审理法院层级较低，同时案件标的额较低或者工程仍未竣工，且仅为有限支持，要求转包人充分举证是否通过律师函通过诉讼等手段积极主张权利。

案例：

①江西省南昌经济技术开发区法院［2016］赣0192民初492号

该约定是总包商为转移业主支付不能的风险，而在分包合同中设置"以业主支付为前提"的条款，通常被称为"背靠背"条款，该条款有其一定的合理性和合法性，故该约定有效。但总包商应当举证证明不存在因自身原因造成业主付款条件未成就的情形，并举证证明自身已积极向业主主张权利，业主仍尚未就分包工程付款。若因总包人拖延结算或怠于行使其到期债权致使分包人不能及时取得工程款，分包人要求总包人支付欠付工程款的，应予支持。

②广东省佛山市中级人民法院［2020］粤06民终4350号

案涉合同虽然因违反法律强制性规定而无效，但双方对于工程款支付条件的约定仍是双方当事人签约时的真实意思表示。作为实际施工人的邹某红在签约时清楚地知悉承包人向其支付工程款需以发包人支付工程款为前提，若不参照合同约定而直接判决承包人向其支付工程款，则无疑使得实际施工人在合同无效时获得比有效时更大的利益，这有悖于法理。

（二）最高人民法院《关于大型企业与中小企业约定以第三方支付款项为付款前提条款效力问题的批复》出台之后

2024年8月27日，最高人民法院发布了《关于大型企业与中小企业约定以第三方支付款项为付款前提条款效力问题的批复》（以下简称《批复》）。《批复》系最高人民法院针对山东省高级人民法院《关于合同纠纷案件中"背靠背"条款效力的请示》这一问题作出，性质上属于司法解释，适用于大型企业拖欠中小企业账款的问题。《批复》共计2条，分别就大型企业与中小企业约定以第三方支付款项为付款前提条款效力、认定合同约定条款无效后如何合理确定付款期限及相应的违约责任两个方面的法律适用问题进行了规定。

适用范围问题。《批复》适用的案件类型范围为合同纠纷，合同主体方面，主要是指大型企业与中小企业之间签订的合同。

条款效力问题。一旦认定"背靠背"条款符合《批复》的适用范围，其后果将直接导致该条款无效。此中的逻辑是《批复》明确《保障中小企业款项支付条例》第6条及第8条性质为行政法规的强制性规定。第6条规定大型企业不得要求中小企业接受不合理的付款期限、方式、条件和违约责任等交易条件，不得违约拖欠中小企业款项；第8条规定大型企业应当合理约定付款期限并及时支付款项。

约定无效后的付款期限及违约责任问题。《批复》规定："双方对欠付款项利息计付标准有约定的，按约定处理；约定违法或者没有约定的，按照全国银行间同业拆借中心公布的一年期贷款市场报价利率计息。"

溯及力问题。如果《批复》适用范围内的主体是在2020年9月1日《保障中小企业款项支付条例》生效之后签订包含"背靠背"条款的合同，那么相关条款所引发的纠纷应按照《批复》进行处理；如果是在2020年9月1日之前签订的，则不能适用《批复》，但可基于公平原则、诚信原则并结合合同目的等因素处理。

总之，最高人民法院《批复》通过司法解释的形式明确"背靠背"条款的效力，为统一此类问题的裁判口径提供了明确依据，对大型企业和中小企业之间以第三方支付款项作为付款条件的约定，在效力上予以否定性评价，并对相关条款无效后如何确定付款期限和违约责任作出了规定，体现了依法保障中小企业公平参与市场竞争，维护中小企业合法权益的鲜明态度，有利于营造更加健康的营商环境。

建设工程违法转包、分包及挂靠之下
工伤责任的承担与追偿

谷砚虹

目前，建筑工程行业转包、分包及挂靠现象较为常见，在实践中，经过层层分包、转包，实际施工人多为不具备用工主体资格的包工头，若包工头雇佣的工人发生工伤事故，现行法律法规及司法解释虽然对违法分包、转包及挂靠情形下的法律责任作出了规定，但相关责任主体承担责任后如何向实际施工人进行追偿？本文将对建设工程违法分包、转包及挂靠情形下承担用工主体责任的相关规定进行梳理，并就承担了用工主体责任的承包单位向实际施工人追偿相关法律问题进行探析。

一、违法转包或挂靠情形下承担的法律责任

（一）用工主体责任

《关于审理工伤保险行政案件若干问题的规定》（法释〔2014〕9号）第3条规定："社会保险行政部门认定下列单位为承担工伤保险责任单位的，人民法院应予支持……（四）用工单位违反法律、法规规定将承包业务转包给不具备用工主体资格的组织或者自然人，该组织或者自然人聘用的职工从事承包业务时因工伤亡的，用工单位为承担工伤保险责任的单位；（五）个人挂靠其他单位对外经营，其聘用的人员因工伤亡的，被挂靠单位为承担工伤保险责任的单位。前款第（四）、（五）项明确的承担工伤保险责任的单位承担赔偿责任或者社会保险经办机构从工伤保险基金支付工伤待遇后，有权向相关组织、单位和个人追偿。"

人力资源和社会保障部《关于执行〈工伤保险条例〉若干问题的意见》（人社部发〔2013〕34号）第7条规定："具备用工主体资格的承包单位违反法律、法规规定，将承包业务转包、分包给不具备用工主体资格的组织或者自然人，该组织或者自然人招用的劳动者从事承包业务时因工伤亡的，由该具备用工主体资格的承包单位承担用人单位依法应承担的工伤保险责任。"

原劳动和社会保障部《关于确立劳动关系有关事项的通知》第4条规定："建筑施工、矿山企业等用人单位将工程（业务）或经营权发包给不具备用工主体资格的组织或自然人，对该组织或自然人招用的劳动者，由具备用工主体资格的发包方承担用工

主体责任。"

在施工现场工作的工人，大多数是受实际施工人包工头的雇佣，但这些工人与包工头之间很少签署合同，在这些工人发生工伤事故时，包工头经济实力往往较弱且不具备用工主体资格，但工程总承包人往往为具有较强实力的单位，在这种情况下，为了保障广大工人的合法权益，保护农民工的劳动债权，考虑所牵连的法益系基本生存权，属于宪法性利益，其法律位阶高于一切经济性法益，优先于承包单位的经济利益，由经济实力雄厚具备用工主体资格的承包单位承担用工主体责任符合法益保护原则，即承担工伤保险责任，承包单位按照工伤保险待遇向因工伤亡的工人支付相关费用。

（二）用工主体责任不等于建立劳动关系的用人单位主体责任

承包单位对实际施工人雇佣的工人承担的是工伤保险责任，那么这些工人因工伤亡也应认定为工伤。但根据《工伤保险条例》的规定，认定工伤的前提是存在劳动关系，那么这是否意味着承包单位与实际施工人雇佣的建筑工人之间成立劳动关系？

《关于确立劳动关系有关事项的通知》第1条规定："用人单位招用劳动者未订立书面劳动合同，但同时具备下列情形的，劳动关系成立。（一）用人单位和劳动者符合法律、法规规定的主体资格；（二）用人单位依法制定的各项劳动规章制度适用于劳动者，劳动者受用人单位的劳动管理，从事用人单位安排的有报酬的劳动；（三）劳动者提供的劳动是用人单位业务的组成部分。"

根据上述规定，我们可以从三个维度对承包单位与建筑工人之间是否存在劳动关系进行分析：

第一，双方不具有人身依附性。建筑工人多由实际施工人自行招收、自行管理，受实际施工人指派从事相关工作。建筑工人并非按照建筑工程承包企业的指示进行工作，建筑工程承包企业也未直接安排或指挥建筑工人进行相应的工作，更不会对建筑工人进行管理、考核，建筑工人亦无需遵守建筑工程承包企业的规章制度。

第二，双方无经济上的从属性。建筑工人的劳动报酬由不具备用工主体资格的实际施工人支付，建筑工程承包企业甚至不知道工人劳动报酬的具体金额。

第三，双方没有建立劳动关系的主观意愿。工人由实际施工人招聘，工人们往往不清楚在为谁提供劳动，工程总承包单位亦不清楚是谁实际为工程提供劳动。在双方缺乏建立劳动关系的合意情况下，若认定存在劳动关系，则有违《劳动合同法》订立劳动合同应当遵循平等自愿的原则。

由此不难看出，承包单位与实际施工人雇佣的建筑工人之间不具备法律法规规定确认劳动关系的要素，双方之间更倾向于无劳动关系下的有限责任，建筑工人不享受具备有效劳动关系的劳动者在劳动法上的所有待遇，而承包单位也只需承担劳动法律规定的有限责任（即工伤保险责任）。因此，实际施工人自行雇佣的工人请求确认与建筑工程承包企业存在劳动关系，并进而提出要求支付双倍工资、社会保险损失、经济补偿金、赔偿金等金钱给付类诉求，这显然是缺乏法律及事实依据的。

二、承包单位承担用工主体责任后的追偿

（一）承包单位承担用工主体责任后，依法有权向实际施工人追偿

由于实际施工人雇佣的建筑工人与承包单位之间并不存在真实的劳动关系，对建筑工人造成伤害的实际责任人仍然是不具有用工主体资格的实际施工人，即实际施工人才是承担工伤保险责任的最终责任人。确定承包单位作为承担工伤保险责任的单位，虽然有利于保障建筑工人的合法权益得到及时、有效的救济，但在责任的承担上，由承包单位承担赔偿责任或由工伤保险基金支付工伤保险待遇，会出现免除实际责任人赔偿责任的不公平、不合理的现象，会加重承包单位的赔偿责任。

鉴于此，最高人民法院《关于审理工伤保险行政案件若干问题的规定》第3条第2款规定，"前款第（四）、（五）项明确的承担工伤保险责任的单位承担赔偿责任或者社会保险经办机构从工伤保险基金支付工伤待遇后，有权向相关组织、单位和个人追偿"。

根据上述规定，虽然承包单位和实际施工人对外向因工伤亡的建筑工人承担连带责任，但承包单位因此承担的连带责任并非终局责任，而是一种替代责任。承包单位向因工伤亡的建筑工人支付了工伤赔偿款后，有权向实际施工人追偿，最终的责任仍应由不具备用工主体资格的实际施工人来承担，且这种追偿权为法定的追偿权。

（二）承包单位可以追偿的范围

承包单位向实际施工人行使追偿权的范围仅限于法定的工伤保险待遇费用，若超过了法定工伤赔偿标准的部分，如承包单位自愿给付、维权产生的费用、未履行生效法律文书而产生的费用等，不属于工伤保险赔偿范围，不符合最高人民法院《关于审理工伤保险行政案件若干问题的规定》第3条的规定，因此这部分费用无法向实际施工人追偿。

（三）承包单位可以追偿的份额

承包单位工伤保险待遇费用的追偿究竟是全额追偿还是部分追偿？这就需要结合承包单位对建筑工人伤亡是否存在过错以及过错的大小而定了。实践中，承包单位在违法转包或挂靠等方面往往是存在过错的，因此对于建筑工人的伤亡存在间接责任。所以，承包单位的追偿份额往往是部分追偿。

承包单位可以追偿的具体份额，一般由法院根据承包单位和实际施工人之间的过错大小确定，通常由审理法官自由裁量，由于建筑工人的工伤主要是由为实际施工人劳动导致的，这与实际施工人未尽到安全注意义务，未采取必要措施避免危险的发生密不可分，因此承包单位的责任一般不重于实际施工人的责任，实际施工人承担主要责任，承包单位承担次要责任，实践中，承包单位和实际施工人承担责任的比例有二八分、三七分、五五分等。

三、注意事项

现实中，建筑工程承包单位主要关注如何应对住建部门的检查，规避违法分包、转包、挂靠等所造成的行政处罚，以及防范与实际施工人之间的结算风险，而对劳动用工方面的问题关注较少。对此，笔者建议如下：

1. 建议建筑工程承包单位在项目建设过程中尽量避免违法转包、违法分包、挂靠等行为。

2. 建议建筑工程承包单位与自有工人依法签订劳动合同，缴纳社会保险。

3. 建议将未签订劳动合同、未缴纳社会保险的工人划入劳务分包范围，即以劳务分包单位为风险隔绝，确保劳务分包单位具有用工资格，能够与上述工人签订劳动合同、支付工资。

4. 及时更新工人名单，确保工地不存在未在名单之列的临时工人或其他闲杂人员。

发包人指定分包的法律风险与防范

石秀达

发包人指定分包在建设工程实践中普遍存在，但对于指定分包的态度，并无明确的法律规定，以至于在指定分包的情形下出现的各种法律问题存在争议，各种风险无法解决，也增加了发承包双方在防范指定分包的风险难度。本文中，笔者将依据相关法律、法规、规章、规范性文件等规定，结合人民法院的典型案例，对发包人指定分包的主要法律风险进行分析与探讨，并提出比较可行的措施以防范相应的法律风险。

一、发包人指定分包的概述

（一）概念和方式

发包人指定分包主要是区别于总承包单位自主选择分包单位的分包方式，是指发包人挑选或指定项目施工、项目采购的分包单位的行为。由以上概念可知，发包人指定分包有狭义上的概念和广义上的概念。广义上的概念既包括对施工的指定分包，又包括对采购的指定分包；狭义上的概念仅指发包人对施工的指定分包。本文主要分析发包人对施工的指定分包。

发包人指定分包的实操方式可以归为以下两种：第一种是发包人在招标文件中提供一份分包单位名单，承包单位只能在分包单位名单中选择相应专业或部分工作的分包单位，而不能在分包单位名单之外选择相应专业或部分工作的分包单位；第二种是发包人按照合同具体约定在履约过程中直接指定分包商。

（二）立法层面的相关规定

法律层面而言，《建筑法》第25条规定："按照合同约定，建筑材料、建筑构配件和设备由工程承包单位采购的，发包单位不得指定承包单位购入用于工程的建筑材料、建筑构配件和设备或者指定生产厂、供应商。"即《建筑法》禁止发包人指定采购范围的分包单位，对于发包人指定施工分包单位的，并未作出明确规定。

规章层面而言，《工程建设项目施工招标投标办法》第66条规定："招标人不得直接指定分包人。"《房屋建筑和市政基础设施工程施工分包管理办法》第7条规定："建设单位不得直接指定分包工程承包人……"可见，上述规章均对发包人指定分包的行为持否定的态度。

规范性文件层面而言，《建筑工程施工转包违法分包等违法行为认定查处管理办法（试行）》（已失效）第 5 条规定："存在下列情形之一的，属于违法发包……（七）建设单位违反施工合同约定，通过各种形式要求承包单位选择其指定分包单位的……"即在施工合同约定禁止指定分包或在约定范围内指定分包的前提下，发包人仍要求承包单位选择或超出约定范围指定分包单位的，属于违法发包行为。上述办法后续被《建筑工程施工发包与承包违法行为认定查处管理办法》所取代，且删除了关于指定分包的规定，因此规范文件层面已无发包人指定分包是否具有违法性的明确规定。

司法解释层面而言，最高人民法院《关于审理建设工程施工合同纠纷案件适用法律问题的解释（一）》第 13 条规定："发包人具有下列情形之一，造成建设工程质量缺陷，应当承担过错责任……（二）提供或者指定购买的建筑材料、建筑构配件、设备不符合强制性标准；（三）直接指定分包人分包专业工程。承包人有过错的，也应当承担相应的过错责任。"该条司法解释强调若发包人指定专业工程分包单位，造成工程质量缺陷的，应当对指定分包行为承担过错责任；但在发包人指定材料、设备或构配件时，仅仅在指定材料、设备或构配件不符合强制性标准的情况下，发包人才承担责任。本条规定也并未明确发包人指定分包是否违法，而且仅限于对"工程质量缺陷"承担过错责任。

（三）合同范本的相关约定

《建设工程施工合同（示范文本）》（GF—2017—0201）通用条款第 8.2 条规定，"合同约定由承包人采购的材料、工程设备，发包人不得指定生产厂家或供应商，发包人违反本款约定指定生产厂家或供应商的，承包人有权拒绝，并由发包人承担相应责任"。由此可见，示范文本也仅强调在合同明确约定由承包单位采购的情形下，发包人不得指定采购分包，否则承包单位有权拒绝并由发包人承担责任。而且，由于这是通用条款的规定，还需要发承包双方在合同协议书、专用条款或补充协议等文件中进一步明确约定，才符合具有明确约定的情形。国内的合同示范文本是否需要参照国外的土木工程施工系列合同示范文本对指定分包做具体约定，也值得思考。

二、发包人指定分包的合同签订模式和效力

（一）指定分包合同的签订模式

指定分包合同的签订模式一般有两种：第一种模式是两方协议，即由承包单位和指定分包单位双方签订分包合同，这也是最为普遍的签订模式；第二种模式是三方协议，即由发包人、承包单位以及指定分包单位共同签订分包合同。通常情况下，发包人为了规避承担指定分包的过错责任，往往会先和指定分包单位签订一份类似合作协议的协议文件，再指示承包单位和指定分包单位单独签订分包协议。因而，指定分包合同的签订模式也成为承发包双方利益角逐的一大要点，但承包单位往往容易忽略这一点或是被迫妥协。

（二）指定分包合同的效力

根据前述发包人指定分包的立法层面的规定可知，对于发包人指定分包，目前并无法律、行政法规层面的效力性强制规定进行约束，故即使在发包人指定分包情况下签订了分包合同，因分包合同并未违反法律、行政法规效力性强制规定，也不存在最高人民法院《全国法院民商事审判工作会议纪要》第31条规定的"该规章的内容涉及金融安全、市场秩序、国家宏观政策等公序良俗的，应当认定合同无效"情形，在没有其他影响合同效力的情形下，指定分包合同不因违反规章层面的一般规定而无效。

例如北京市第三中级人民法院［2017］京03民终2832号案，法院认为："合生公司、圣象木业公司及中国建筑第四工程局公司签订的《合生世界村H区木地板指定分包工程承包合同》系各方当事人真实意思表示，不违反法律、行政法规的强制性规定，圣象木业公司具有相应的施工资质，合同应属有效。"

三、发包人指定分包的风险

（一）工程质量风险

首先需要明确一点，指定分包的实质仍是分包，并非平行发包，因而指定分包合同签订后，指定分包单位和普通分包单位一样均应当受到承包单位的监督和管理。

最高人民法院《关于审理建设工程施工合同纠纷案件适用法律问题的解释（一）》第13条规定："发包人具有下列情形之一，造成建设工程质量缺陷，应当承担过错责任……（二）提供或者指定购买的建筑材料、建筑构配件、设备不符合强制性标准；（三）直接指定分包人分包专业工程。承包人有过错的，也应当承担相应的过错责任。"《民法典》第791条规定："……总承包人或者勘察、设计、施工承包人经发包人同意，可以将自己承包的部分工作交由第三人完成。第三人就其完成的工作成果与总承包人或者勘察、设计、施工承包人向发包人承担连带责任……"《建筑法》第29条也有类似规定。根据上述规定可知，发包人应当对指定分包导致的工程质量缺陷承担过错责任，而承包单位不仅需要承担相应的过错责任，还需要就指定分包的工程质量与指定分包单位承担连带责任。如［2007］浙民一终字第182号案，法院即持上述观点。

（二）工程工期风险

应当注意，客观上分包单位的工期延误与发包人的指定分包行为没有直接必然的关系，如导致分包单位工期延误的原因在于承包人未及时支付工程款导致工程进度推迟的，不能因存在指定分包，就要求发包人向承包人承担责任。

对于发包人而言，若由发包人指定的分包单位自身原因导致工期延误，虽然最高人民法院《关于审理建设工程施工合同纠纷案件适用法律问题的解释（一）》第13条仅要求发包人对质量缺陷承担过错责任，不能依据该条司法解释规定要求发包人承担过错责任，但根据法律的基本原则和同样的法理，若有确切的事实能够证明发包人指定分包单位存在过错，如分包合同实质内容由发包人确定，发包人直接管理所指定的分包单位，则司法实务中法院也会判决发包人对指定分包单位工期延误承担过错责任。如［2021］最高法民终 1241 号案，法院即持上述观点。

对于承包单位而言，根据《民法典》第 791 条之规定和前述分析，承包单位应当与指定分包单位就指定分包范围导致的工期延误向发包人承担连带责任，而不能因指定分包而免除工期延误责任。

（三）工程价款风险

实践中，发包人处于强势地位，多数指定分包合同均是由承包单位和指定分包单位双方签署，发包人不直接参与其中。基于合同的相对性原则，指定分包范围的工程价款一般也由承包单位进行支付，承包单位再根据承包合同要求发包人支付。若发包人未支付、未足额支付或延迟支付相应的指定分包工程价款的前提下，承包单位将承担较大的资金压力和工程价款支付的风险。

（四）安全责任风险

由于存在发包人的指定分包，承包单位往往对指定分包单位疏于管理或是直接不予管理，却不知对指定分包单位仍然负有与普通分包单位一样的监督管理义务，若由承包单位对指定分包单位管理不善导致安全事故发生，根据《建设工程安全生产管理条例》第 24 条"总承包单位和分包单位对分包工程的安全生产承担连带责任"的规定，承包单位和指定分包单位应当对安全事故承担连带责任。

四、风险防范

由于在发包人指定分包的情形下，承包单位可能承担更多、更大的风险。因此笔者从承包单位的角度，提出以下防范措施，以供参考。

第一，合同签约阶段，承包单位应当尽量了解发包人的指定分包计划，争取在合同明确指定分包的工程范围和分包单位名单、指定分包合同的签订模式、承包单位对指定分包单位的管理、协调权利以及由指定分包单位原因导致工程质量缺陷、工期等责任分担。

第二，积极参与选定指定分包单位，对于缺乏资质、人力、财力、物力，存在违法行为可能影响分包工程建设的，应当合理行使异议权，并保留行使异议权的证据资料，同时固定发包人坚持指定分包的证据资料。

第三，鉴于指定分包单位和普通分包单位均受到承包单位的管理和协调，故建议在合同中约定好相应的管理费或服务费金额、比例、支付主体、支付期限、发票税率等。

参考文献：

1. 常设中国建设工程法律论坛第八工作组：《中国建设工程施工合同法律全书：词条释义与实务

指引》（第2版），法律出版社2021年版。

2. 最高人民法院民事审判第一庭编著：《最高人民法院新建设工程施工合同司法解释（一）理解与适用》，人民法院出版社2021年版。

3. 朱树英主编：《工程总承包全过程法律风险管理实务》，法律出版社2022年版。

4. 常设中国建设工程法律论坛第十工作组：《建设工程总承包合同纠纷裁判指引》，法律出版社2021年版。

多层转包或违法分包情形下发包人的责任承担问题

孙仕祥

最高人民法院《关于审理建设工程施工合同纠纷案件适用法律问题的解释（一）》（以下简称《建设工程司法解释一》）第 43 条第 2 款[1]延续了自 2004 年最高人民法院原建设工程司法解释提出实际施工人概念以来关于实际施工人可以直接向发包人主张工程款的规定，其表述与 2018 年最高人民法院颁布的《关于审理建设工程施工合同纠纷案件适用法律问题的解释（二）》第 24 条相一致。本文主要探讨多层转包或分包情形下，实际施工人主张发包人承担工程款责任的制度安排及其理解适用问题。

一、多层转包或分包情形下，实际施工人能否适用《建设工程司法解释一》第 43 条第 2 款主张权利？

建设工程司法解释确立的实际施工人制度由于突破了债的相对性原则，法律关系复杂，多年来，在实践和理论中争议较大，处理难度也大。尤其是在多层转包或分包这一建筑行业常见的现象中，存在多个转承包人或者违法分包的承包人，其中，有的投入了资金和劳务，对工程进行了实际施工；有的仅是转手，从中收取一定费用；有的施工了一部分工程，同时也转包出去一部分工程。[2]在此情况下，如何判断谁是实际施工人本身就可能存在争议。《建设工程司法解释一》第 43 条第 2 款规定，人民法院应当追加转包人或者违法分包人为本案第三人，查明发包人欠付转包人或者违法分包人建设工程价款的数额，但并没有明确多层转包或分包的承包人都应当追加，也没有明确要查明多层转包或分包关系中工程价款的欠付情况。那么，多层转包或分包是否应纳入该规定的规制范围呢？

---

[1] 最高人民法院《关于审理建设工程施工合同纠纷案件适用法律问题的解释（一）》第 43 条规定："实际施工人以转包人、违法分包人为被告起诉的，人民法院应当依法受理。实际施工人以发包人为被告主张权利的，人民法院应当追加转包人或者违法分包人为本案第三人，在查明发包人欠付转包人或者违法分包人建设工程价款的数额后，判决发包人在欠付建设工程价款范围内对实际施工人承担责任。"

[2] 郭菲：《实际施工人向发包人主张工程款之二：实际施工人的认定》，载 http://www.360doc.com/content/19/0621/09/50338624_843884664.shtml，2024 年 5 月 1 日访问。

最高人民法院民事审判第一庭在其编著的《最高人民法院建设工程施工合同司法解释（二）理解与适用》中认为："从文义上看，本条规定并未规定多层转包或者违法分包中实际施工人的权利保护问题，但也未排除对多层转包或者违法分包中实际施工人的适用。从实践来看，多层转包或违法分包的现象较为常见；从价值取向来看，多层转包或者违法分包中实际施工人的权利保护也涉及农民工权利保护问题。因此，本条规定应当适用于多层转包或者违法分包中实际施工人的权利保护。"[1]

据此可以明确的是，在多层转包或分包的情况下，实际施工人向发包人主张权利的，多层关系中各层的转包人或者分包人都应当追加为案件的第三人，在此基础上查明发包人、各层转包人或分包人以及实际施工人相互之间欠付工程价款的数额，唯此才能最终确定发包人应当向提起主张的实际施工人承担的责任。

二、多层转包或分包情形下，发包人是谁?

发包人是一个相对于承包人的概念，所以对于谁是发包人的问题，仅凭发包人的概念是看不出来的。特别是在多层转包关系之中，中间转包人既是上手的承包人也是下手的发包人。[2]那么，在多层转包或分包情形下，《建设工程司法解释一》第43条第2款中的"发包人"究竟是仅指作为业主方的工程发包单位呢，还是也包括了各层的转包人或分包人? 如果是后者，那就意味着各层转包人或分包人均需在欠付下手的工程价款范围内与作为业主方的工程发包单位一道对实际施工人承担责任。如果是前者，中间各层转包人或分包人只需向自己的下手承包人承担责任，而不用向实际施工人承担责任，是否等于变相鼓励了各层转（分）包行为，保护了各转（分）包的违法行为人呢?

笔者认为，尽管发包人是一个相对的概念，但从建设工程司法解释的文义来看，整部解释语境中的"发包人"应当是有统一的指向的，即专指作为业主方的工程发包单位。如果解释中的"发包人"既包括作为业主方的发包单位，又包括转包人或分包人，一方面会导致理解适用的紊乱，另一方面也等于变相认可了转包或违法分包行为的正当性，这应当不是立法的本意。从最高人民法院的裁判文书中也可以印证这一观点。例如，在最高人民法院再审的杨某伦、代某林因与余某平、重庆建工第八建设有限责任公司、重庆市诚投房地产开发有限公司建设工程施工合同纠纷一案中（案号：[2016]最高法民再30号），最高人民法院认为："案涉工程的发包人是诚投公司。八建公司、余某平、代某林是承包人和违法转包人，不属上述司法解释规定的发包人。"

---

〔1〕 最高人民法院民事审判第一庭编著：《最高人民法院建设工程施工合同司法解释（二）理解与适用》，人民法院出版社2019年版，第503页。

〔2〕 郭菲：《实际施工人向发包人主张工程款之三：发包人、代位权、承包人、工程价款结算》，载http：//www.360doc.com/content/19/0621/09/50338624_843884503.shtml，2024年5月1日访问。

三、多层转包或分包情形下，非实际施工人直接上手的转包人或分包人是否需对实际施工人承担责任？

笔者认为，尽管司法解释中所指的发包人不包括转包人或分包人，但并不意味着在多层转包或分包情形下，中间各层的转包人或分包人就当然地无需对实际施工人承担责任。"发包人"是一个相对概念，与实际施工人没有直接合同关系的总承包人、违法分包和转包的"发包人"，在未给付工程款的情形下也应承担"发包人"的责任。[1]司法解释第43条中发包人的本质特点是欠付工程款，由于其对承包人欠付工程款，所以才要对实际施工人承担责任，如果其对承包人不欠付工程款，那么也就不需要对实际施工人承担责任。所以，应当以是否欠付下手工程款为标准来判断是否应当对实际施工人承担责任。如果转包人或分包人欠付其下手承包人工程款，那么转包人或分包人就要对实际施工人承担责任，而不能以转包人或分包人是否接受了上手的全部工程款为标准来进行判断，否则等于变相鼓励了各转包人或分包人的违法行为，也不利于实际施工人利益的保护。

随之引发思考的一个问题是，实际施工人主张非其上手的转包人或分包人承担责任的法律依据在哪呢？如上文所述，因不能对《建设工程司法解释一》第43条中的"发包人"作扩大解释，该条不能作为实际施工人主张非其直接上手的转包人或分包人承担责任的法律依据。笔者认为，目前《建设工程司法解释一》中，第44条关于实际施工人的代位权诉讼的规定应可作为此种情形下可适用的法律依据。在最高人民法院再审审查的王某、贵州建工集团第四建筑有限责任公司建设工程施工合同纠纷（案号：[2018]最高法民申1808号）中可见最高人民法院的类似观点。最高人民法院认为："本案建工四公司为谢某阳违法转包前一手的违法分包人，系建设工程施工合同的承包人而非发包人，故王某要求依据司法解释的前述规定判令建工四公司承担连带责任缺乏依据，原审判决并无不当。根据《合同法》第73条之规定，因债务人怠于行使其到期债权，对债权人造成损害的，债权人可以向人民法院请求以自己的名义代位行使债务人的债权，但该债权专属于债务人自身的除外。故王某向谢某阳主张债权不能实现的，如谢某阳怠于行使其自身的债权，王某还可以行使债权人之代位权，本案建工四公司未承担连带清偿责任不影响实际施工人王某的权利救济。"

尽管如此，根据代位权制度的定义及适用条件，实际施工人行使代位权只能解决向相对于其上手的转包人或分包人主张权利的问题，在多层转包或分包的情况下，对于非次债务人的其他的转包人或分包人，实际施工人则似乎缺乏主张其承担责任的法律依据。

---

[1] 天津海事法院发布海事审判七大典型案例之四：福建兴港港务有限公司与海南中水龙建设工程有限公司秦皇岛分公司等海洋、通海可航水域工程建设纠纷案。

四、发包人对实际施工人承担责任的前提条件和裁判原则

按照司法解释第 43 条文义，似乎只要"查明发包人欠付转包人或者违法分包人建设工程价款的数额后"，发包人就应当"在欠付建设工程价款范围内对实际施工人承担责任"。此种理解是否妥当呢？在司法解释为了保护建筑工人和农民工利益，进而突破合同相对性的价值取向之下，是否意味着实际施工人利益的保护是无限制的呢？答案是否定的。

（一）发包人对实际施工人承担责任的前提条件

2015 年，在第八次全国法院民事商事审判工作会议上，最高人民法院民一庭庭长程新文强调，要严守合同相对性原则，不能随意扩大实际施工人权利保护规定的适用范围，只有在欠付劳务分包工程款导致无法支付劳务分包关系中农民工工资时，才可以要求发包人在欠付工程价款范围内对实际施工人承担责任，不能随意扩大发包人责任范围。[1]可见，实际施工人利益的保护是有限制的。

首先，从立法目的来看，实际施工人权利保护制度的目的在于保护处于弱势地位的建筑工人和农民工的权益，因此，适用该制度时应首先查明原告是否确系"实际施工人"，其主张的工程价款是否确实与建筑工人和农民工权益相关。如果其并非实际施工人，其主张与建筑工人和农民工权益并无关系，则不应适用第 43 条支持其主张。

例如，在湖北省宜昌市西陵区人民法院一审（案号：［2018］鄂 0502 民初 2598号），湖北省宜昌市中级人民法院二审（案号：［2019］鄂 05 民终 1124 号）的何某甲诉宜昌菱重电梯公司、宜昌市一医院建设工程合同纠纷案中，法院审理认为：电梯施工安装，也属于建设施工合同的一种。但这种专业性施工，不同于农民工的单纯体力劳务，不属于《关于审理建设工程施工合同纠纷案件适用法律问题的解释》第 26 条和《关于审理建设工程施工合同纠纷案件适用法律问题的解释（二）》第 24 条可以直接向发包人追偿的情形。前述司法解释赋予实际施工人突破合同相对性直接向发包人追偿的"特权"，是基于保护农民工权益的价值考虑。而电梯施工中，借用资质的实际施工人不代表农民工权益，不能适用前述规定。故，应对实际施工人进行限缩解释，将电梯、门禁、视频监控等专业性劳务排除在外。

在最高人民法院再审审查的大连恒达机械厂与普兰店市（今普兰店区）宏祥房地产开发有限公司、大连成大建筑劳务有限公司等建设工程施工合同纠纷案（案号：［2015］民申字第 919 号）中，最高人民法院认为："本案恒达机械厂系经与成大公司之间签订的钢梁制作安装协议书而取得案涉钢梁制作安装工程，并按合同约定需提供钢梁的制作、运输、安装等作业，且包工包料，可见其提供的是专业技术安装工程并非普通劳务作业，被拖欠的工程款并非劳务分包费用，并不具备《建设工程司法解释》第 26 条第 2 款规定的适用条件。"

---

〔1〕 参见最高人民法院《关于当前民事审判工作中的若干具体问题》。

其次，对实际施工人的工程价款债权的保护应以建设工程质量合格为前提。建设工程具有公共性，对公共利益和第三人利益的保护主要通过保护建设工程质量安全来实现。虽然保护农民工等弱势群体的利益始终是最高人民法院制定建设工程司法解释所坚持的价值取向，但此等保护仍然要以建设工程质量合格为前提。如果实际施工人完成的建设工程质量不合格且拒绝修复，或者经修复仍不合格，无论实际施工人对转包人或者违法分包人的建设工程价款请求权还是转包人或者违法分包人对发包人的建设工程价款请求权，都将失去合法性和合理性基础。[1]

《建设工程司法解释一》第 12 条规定："因承包人的原因造成建设工程质量不符合约定，承包人拒绝修理、返工或者改建，发包人请求减少支付工程价款的，人民法院应予支持。"

在思考和适用实际施工人制度时也不能忽视发包人的权利，不能只看到司法解释规定的实际施工人的权利，就认为发包人对于实际施工人不享有权利，这个观点违反了权利义务相统一的原则。发包人的权利至少有两项，一是享有要求实际施工人保证工程质量的权利，二是享有要求实际施工人交付竣工验收资料的权利。[2]

（二）发包人对实际施工人承担责任的裁判原则

《建设工程司法解释一》第 43 条第 2 款要求"在查明发包人欠付转包人或者违法分包人建设工程价款的数额后"，强调了发包人承担责任的前提是欠付数额必须查清，不能是只定性，不定量，不能是模糊的数字，更不能是虚假的数字，这样的限制等于是守住了最后一道防线。因为这项制度是以发包人承担工程款给付义务为结果的，这项制度可能产生的坏的后果，也就是发包人承担了不应该承担的责任。[3]

可见，判决发包人对实际施工人承担责任，即在欠付建设工程价款范围内对实际施工人承担责任，其裁判的基本前提是需查明发包人欠付转包人或者违法分包人建设工程价款的具体数额。反之，如果不能查明，则不应作出发包人向实际施工人承担责任的判决。因为发包人向实际施工人承担责任的范围无法确定，则判决将无法执行，发包人最终承担的义务也极有可能会扩大，进而给发包人造成损失。

例如，在发包人与转包人或分包人未最终结算的情况下，则无法查明发包人是否欠付及欠付的具体数额，在此情况下，实际施工人主张发包人承担责任的主张即不应支持。河南省高级人民法院在张某鹏、河南宏巨建筑工程有限公司建设工程施工合同纠纷再审审查案（案号：[2020]豫民申 4288 号）中认为："宏巨建筑公司与张某鹏未最终结算，尚无法查明宏巨公司是否欠付张某鹏工程价款，阻却了张某松依据司法解

---

〔1〕 最高人民法院民事审判第一庭编著：《最高人民法院建设工程施工合同司法解释（二）理解与适用》，人民法院出版社 2019 年版，第 508 页。

〔2〕 郭菲：《实际施工人向发包人主张工程款之三：发包人、代位权、承包人、工程价款结算》，载 http：// www.360doc.com/content/19/0621/09/50338624_843884503.shtml，2024 年 5 月 1 日访问。

〔3〕 郭菲：《实际施工人向发包人主张工程款之三：发包人、代位权、承包人、工程价款结算》，载 http：// www.360doc.com/content/19/0621/09/50338624_843884503.shtml，2024 年 5 月 1 日访问。

释向发包人主张支付工程价款的权利。故生效判决对张某松主张宏业置业公司在欠付工程款范围之内承担责任及宏巨建筑公司承担连带还款责任的请求未予支持的处理结果正确。"

五、"发包人在欠付建设工程价款范围内对实际施工人承担责任"的责任性质问题

民事责任有不同的类型，根据各责任人之间的共同关系，可将共同责任分为按份责任、连带责任和补充责任。

具体到实际施工人权利保护制度中，"发包人在欠付建设工程价款范围内对实际施工人承担责任"的责任性质是什么呢？笔者查阅了大量案例发现，司法实践中对此存在较大争议，有裁判认为属于连带责任，也有裁判认为属于补充责任。

笔者认为，发包人对实际施工人承担责任的性质不应为连带责任，应为补充责任。理由是：其一，《民法典》第178条第3款规定，连带责任，由法律规定或者当事人约定。司法解释虽然允许将发包人列为被告，但没有直接规定发包人应当承担连带责任。可见，实际施工人主张与其没有合同关系的发包人承担连带责任缺乏法律规定，不符合连带责任的创设原则。其二，在实际施工人制度突破债的相对性原则的情况下，实际施工人一方即便作为弱势一方，造成其弱势的直接责任人是其上手的转包人或违法分包人，在实际施工人利益受损时，理应由其上手的转包人或违法分包人首先承担侵犯其债权的直接责任，在其上手难以承担或承担不足的情况下，发包人承担补充责任，这既保护了实际施工人的利益，同时也有助于切实打击转包或违法分包的违法行为，而不至于让转包人或违法分包人得到了变相保护。

六、"查明发包人欠付转包人或者违法分包人建设工程价款的数额"的举证责任分配问题

《建设工程司法解释一》第43条第2款关于"查明发包人欠付转包人或者违法分包人建设工程价款的数额"的规定，其指向的主体是人民法院。然而，人民法院具体如何查明呢？这实际上关系实际施工人权利保护过程中举证责任的分配问题。根据《民事诉讼法》第64条确定的"谁主张、谁举证"的原则，应当由实际施工人承担举证责任，如果在实际施工人举证不能或无法查明的情况下，则发包人不承担责任。

若是如此，笔者认为，该条规定在实际执行层面事实上面临很大的障碍，原因是：发包人与承包人、承包人与实际施工人、上手承包人与下手承包人之间系不同的合同关系，暂且不论合同效力问题，他们各自相互之间均应按照各自合同进行结算，这样才符合现行法律规定和合同各方的意思表示。在此情况下，实际施工人事实上很难掌握发包人与承包人之间工程款支付的具体情况，其也就很难完成有效的举证以供法院查明欠付工程价款的数额。而反观与实际施工人没有直接关系的发包人或转包人、违

法分包人一方，在实际施工人向其主张权利的情况下，其显然没有任何动力去配合法院查明对其不利的事实，甚至不排除会找各种合理的理由回避法院的调查，可以预见法院查明欠付工程价款数额的难度巨大。即便将举证责任分配给发包人、转包人或违法分包人，一方面，这有违"谁主张、谁举证"的原则；另一方面，在发包人、转包人或违法分包人举证不力导致难以"查明"的情况下，法院贸然判决发包人对实际施工人承担责任，也可能造成发包人承担了不应该承担的责任，使得这项制度可能产生坏的后果。从这个角度来看，基于实际施工人权利保护制度的目的在于保护处于弱势地位的建筑工人和农民工的权益，是不是应该考虑通过其他的方式而不是单纯司法的方式来保护会更有力呢？事实上，我们看到国家已经先后出台了《保障农民工工资支付条例》《建设领域农民工工资支付管理暂行办法》（已失效）等制度，综合运用各种手段，或将更有助于保护建筑工人和农民工的权益。

合伙施工情形下相关实务问题探讨

孙仕祥

一、问题的提出

在建设工程施工合同纠纷中，围绕工程发承包关系中各类主体权责划分引发的法律问题层出不穷，尤其是涉及施工主体判定、实际施工人利益保护方面的问题更是错综复杂。常见并且讨论较多的是挂靠、转包、违法分包施工情形下实际施工人的主体问题及权利救济。实践中，还有一种有别于常见的挂靠、转包、违法分包施工的情形，本文中称其为"合伙施工"情形。在此情形下，有资质的建筑施工企业对外以自身名义承揽工程，对内则与其他单位或个人就其承包的工程在资金、人员、管理等方面开展合作并对利益分配进行约定。当双方的合作出现矛盾时，隐名的合作方往往会主动暴露身份，并依据最高人民法院《关于审理建设工程施工合同纠纷案件适用法律问题的解释（一）》（以下简称《施工合同司法解释（一）》）第43条〔1〕，以实际施工人身份向承包单位、发包单位提出主张。那么，此情形下的合作方究竟能否认定为实际施工人？承包单位与其合作方之间的关系如何认定？《施工合同司法解释（一）》第43条是否适用于处理此种情形下各主体之间的关系？本文中，笔者结合相关司法裁判案例，试着就这些问题展开分析。

二、合伙施工的具体情形

本文中，具有工程施工建设需求的建设单位统称为发包人；具有承揽工程资质的建筑施工企业统称为承包单位；与承包单位合伙、未取得建筑业企业资质或者超越资质等级的单位或个人统称为合作方。

为进一步界定本文所讨论的合伙施工情形，以下从四个维度予以具体说明：

第一，从表现形式看，合作方与承包单位往往通过签署《合作协议书》的方式，

---

〔1〕 最高人民法院《关于审理建设工程施工合同纠纷案件适用法律问题的解释（一）》（法释〔2020〕25号）第43条规定："实际施工人以转包人、违法分包人为被告起诉的，人民法院应当依法受理。实际施工人以发包人为被告主张权利的，人民法院应当追加转包人或者违法分包人为本案第三人，在查明发包人欠付转包人或者违法分包人建设工程价款的数额后，判决发包人在欠付建设工程价款范围内对实际施工人承担责任。"

就双方之间的合作方式、分工、费用承担、收益分配、责任划分等进行约定。

第二，从缔约过程看，建设工程项目的投标、磋商、缔约等工作均由承包单位参与，发包人与承包单位指派的工作人员接洽开展工作。

第三，从实际施工情况看，承包单位与发包人签订建设工程施工合同后，实际派员对工程施工及工程款收支进行管控，参与施工过程中的会议、沟通、函件往来等。合作方人员均以承包单位名义而非其自身名义参与施工过程相关工作。

第四，从履约过程看，承包单位与合作方按照双方达成的合意，共同负责项目实施，按照双方分工各自发挥优势对项目施工进行管理，但针对发包人，双方均以承包单位名义开展工作。

案例：

湖南万通建设有限公司与李某云合同纠纷案，湖南省高级人民法院［2016］湘民终278号

法院查明： 2012年10月12日，经李某云联系并经七建公司（2013年8月13日变更为万通公司）考察，七建公司与贵州省锦屏县经济产业建设投资有限公司（以下简称"锦屏投资"）签订了《锦屏工业园区回乡创业园工程施工合同》，承包锦屏工业园区回乡创业园（以下简称"创业园"）场坪工程、道路工程、标准厂房工程、绿化亮化工程、地下综合管道工程、排污排水工程、其他配套设施工程，合同价金额约为1.5亿元。17日，李某云与七建公司就回乡创业园工程项目签订了《合作协议》。约定：①双方共同出资，七建公司占60%，李某云占40%，盈利或亏损按此比例分担；②七建公司派驻相关管理人员按照建设行政主管部门的要求和公司所制定的相关规定对项目进行管理，人员工资及相关待遇由各自负责；③李某云由于关系的原因，主要负责当地政府的协调，资金的结算等事宜，七建公司主要负责现场的施工组织、技术及人员的统一安排指挥，资金的掌控计划、发放并派出账务管理人员进行管理；④如遇重大问题，必须双方主要负责人协商处理实施，此项目资金必须专款专用，严禁挪作他用；⑤项目所需相关人员，双方协商后另行议定，项目本身所产生的管理费用由双方共同负责。上述两份合同签订后，双方开始合作承包锦屏工业园区回乡创业园工程。

案例：

华邦建投集团股份有限公司、中国中铁股份有限公司建设工程分包合同纠纷案，最高人民法院［2021］最高法民终1287号

法院查明： 2011年3月1日，中铁上海局二公司（甲方）与中原轨道公司（乙方）签订《标前协议》。其中前序部分明确："双方本着平等自愿，互惠互利，友好协商的原则，就1.广西桂来高速公路……项目投资及施工事宜进行合作，双方在充分协商的基础上，达成如下合作协议，共同遵守。"第1条约定"本工程项目以甲方资质投

标，乙方作为合作方负责信息追踪及前期经营工作，甲乙双方共同负责项目实施，双方发挥各自优势做好投标及施工管理工作"；第5条约定"上级管理费为最终结算价的2.8%，按业主验工计价数逐次交纳"；第6.1条约定"乙方承担投标过程中所发生的各种经营活动费用，购买资审文件、标书及编制的各种费用，办理信贷、保函、公证等有关手续的费用"；第7条约定"如中标，则在本协议原则基础上另行签订专业承包合同。如未中标，本协议自动失效。其他未尽事宜，协商解决"。

2011年3月24日，中铁上海局二公司（总包管理单位、甲方）与中原轨道公司（施工单位、乙方）签订《内部施工合同》。其中第1.1条约定"工程名称：桂来高速公路No.4合同段"；第1.3条约定"工程范围、内容：以总公司（中铁股份公司）与业主签订的施工承包合同为准，详见附件2"；第1.4条约定"承包方式：按双方的标前协议（附件1），甲方对项目进行总承包管理，乙方作为总公司所属施工单位，对项目进行施工管理。受甲方委托，以乙方为主组成中国中铁广西桂来高速公路No.4合同段项目经理部，代表甲方具体实施该项目总承包管理及施工管理，并履行总公司与业主所签施工承包合同全部条款，并按规定分配施工利润或自行负担施工亏损。乙方向甲方上缴双方约定的固定费率的收益分成"。

三、合伙施工情形下的几个实务问题分析

（一）合伙施工与转包、挂靠、违法分包的区别

在本文第二部分所述合伙施工情形下，承包单位与合作方之间的关系与转包、挂靠、违法分包不尽相同，具体区别如下。

1. 合伙施工与转包的区别

根据《建筑工程施工发包与承包违法行为认定查处管理办法》第7条，转包是指承包单位承包工程后，不履行合同约定的责任和义务，将其承包的全部工程或者将其承包的全部工程肢解后以分包的名义分别转给其他单位或个人施工的行为。

与转包不同，在合伙施工情形下，承包单位并未将工程全部转包或者肢解分包给合作方，而是按照与合作方的约定，双方共同参与施工，双方按合同约定均参与履行相应的义务；承包单位实际派驻了相关管理人员，实际出资采购其负责的主要建筑材料、构配件及工程设施设备，与发包人之间有工程款收付关系。

2. 合伙施工与挂靠的区别

根据《建筑工程施工发包与承包违法行为认定查处管理办法》第9条，挂靠是指单位或个人以其他有资质的施工单位的名义承揽工程的行为。

在挂靠施工的情形下，挂靠人借用承包单位的资质，与发包人签订施工合同并负责完成施工，承包单位实际并未参与施工。与挂靠的情形相比，尽管合伙施工情形下同样也存在合作方以承包单位的名义参与施工的情况，但不同的是，合伙施工的承包单位也实际参与了施工，合作方与承包单位之间基于双方的合作协议分配工程款及利润，承包单位并非仅收取挂靠费。如上述参考案例中，中铁上海局二公司与中原轨道

公司之间虽有合作的合意，但实质上是中原轨道公司通过中铁上海局二公司借用中铁股份公司的资质投标，并在中标后以中铁股份公司名义与华邦建投公司签订《工程施工承包合同》，最终被法院认定系中原轨道公司挂靠中铁股份公司，而非合伙施工。

3. 合伙施工与违法分包的区别

根据《建筑工程施工发包与承包违法行为认定查处管理办法》第 11 条，违法分包是指承包单位承包工程后违反法律法规规定，把单位工程或分部分项工程分包给其他单位或个人施工的行为。

合伙施工与违法分包在一些情况下具有很大的相似性，比如，在承包单位与合作方约定双方"各管一块"、合作方具体负责工程项目中的某些特定单位工程或分部分项工程的情况下，双方之间的合作就很可能构成违法分包。但在双方的合作并非"各管一块"，而是人、财、物等方面共同"组合""共担共享"的情况下，合伙施工就有别于违法的分包，承包单位与合作方的关系更为紧密、更为隐蔽，在双方没有发生矛盾的情况下，发包人往往难以察觉合伙施工情况的存在。

(二) 承包单位与合作方之间合伙施工协议的效力问题

关于合伙施工情形下承包单位与其合作方之间合作协议的效力问题，这是司法实践中争议较大的一个问题，一种观点认为没有资质的合作方与有资质的承包单位合作，实质上系借用承包单位的资质进行建设工程施工，双方之间签署的合作协议实质上系挂靠协议，应属无效。

例如上文提及的最高人民法院［2021］最高法民终 1287 号华邦建投集团股份有限公司、中国中铁股份有限公司建设工程分包合同纠纷案中，尽管中铁上海局二公司与合作方中原轨道公司签订的协议中约定双方共同负责项目实施，发挥各自优势做好投标及施工管理工作；以中原轨道公司为主组成中国中铁广西桂来高速公路 No.4 合同段项目经理部，代表中铁上海局二公司具体实施该项目总承包管理及施工管理，按规定分配施工利润或自行负担施工亏损。但法院审理认为，结合双方之间有关合伙施工的《标前协议》早于中铁股份有限公司与发包单位华邦建投公司《工程施工承包合同》签订的情况，案涉工程实质上是中原轨道公司通过中铁上海局二公司，借中铁股份公司的名义进行投标，并与华邦建投公司签订合同。签订合同后，中铁股份公司、中铁上海局二公司未进行施工，仅派出负责监督、检查工程进度、质量、安全、环保及建设资金的安全使用等情况的管理人员。综合以上分析，来宾市中级人民法院认定中原轨道公司与中铁股份公司为挂靠关系，双方之间签署的《标前协议》《内部施工合同》系挂靠协议，应属无效。

案例：

华邦建投集团股份有限公司、中国中铁股份有限公司建设工程分包合同纠纷案，最高人民法院［2021］最高法民终 1287 号

裁判观点：就本案而言，2011 年 3 月 1 日，中铁上海局二公司与中原轨道公司签

订《标前协议》；2011 年 3 月 18 日，华邦建投公司向中铁股份公司发出《中标通知书》，随后双方签订《工程施工承包合同》，华邦建投公司将案涉项目中的第四合同段工程分包给中铁股份公司施工，后获得桂和公司批复同意；2011 年 3 月 24 日，中铁上海局二公司与中原轨道公司签订《内部施工合同》；2011 年 3 月 31 日，中铁股份公司作出《关于成立中国中铁股份有限公司桂来高速公路第四合同段工程项目经理部的通知》。基于上述证据材料所载事实及其他相关事实，中原轨道公司通过中铁上海局二公司借用中铁股份公司的资质投标，并在中标后以中铁股份公司名义与华邦建投公司签订《工程施工承包合同》，具体负责案涉工程第四合同段工程的施工，系中原轨道公司借用中铁股份公司资质进行建设工程施工的行为，不属于再行转包或者违法分包的情形，基本事实清楚。由此，一审判决认定中原轨道公司与中铁股份公司签订的挂靠协议（即案涉《标前协议》《内部施工合同》）无效，有相应的事实和法律依据。

另一种观点认为，承包人在施工过程中引进投资合作对象，在施工资金、施工管理、组织等方面进行合作，并非我国《建筑法》严禁的出借施工资质的行为，法律对施工企业因缺乏资金而在承包施工过程中引进投资人提供资金支持并未禁止，双方合作协议内容不违反法律、行政法规的强制性规定，应属合法有效。

案例：

湖南万通建设有限公司与李某云合同纠纷案，湖南省高级人民法院［2016］湘民终 278 号

裁判观点：法院认为，李某云作为自然人确无建筑施工资质，但从双方《合作协议》约定和实际履行情况看，原七建公司不仅仅是提供建筑施工资质，而且约定提供 60% 的施工资金，并组织具体施工，李某云作为施工合作方负责提供 40% 的施工资金，参与施工管理。我国《建筑法》严禁的是施工企业只出借施工资质而不进行实际施工的行为，对施工企业因缺乏资金而在承包施工过程中引进投资人提供资金支持并未禁止。因此，双方合作协议内容不违反法律、行政法规的强制性规定，应属合法有效。在合同的履行过程中，合同双方自愿协商解除合同，完全属于合同双方的民事权利。

笔者认为，在本文第二部分所述合伙施工情形下，承包单位与合作方之间的合伙施工关系应属合法有效。理由是：首先，承包单位与合作方之间基于人、财、物等方面的优势互补建立合作关系，共同参与工程项目的施工建设，从价值判断而言，这对发包人、对建筑市场的秩序并无不利影响，相反，双方之间的合作更有利于发挥各自优势，促成施工目标的达成。其次，合伙施工情形下，承包单位仍然实际负责施工组织、管理，并向发包人负责，这种合作并未使得施工任务发生了转包、分包的改变，且双方内部关系的演变对发包人也不具有拘束力，承包单位与合作方的合作关系仅对双方具有约束力，对合作关系给予正面评价，并无不妥。

（三）合伙施工情形下发包人与有资质的施工单位签订的建设工程施工合同的效力问题

在本文第二部分所述合伙施工情形下，对于发包人而言，其系与具有施工承揽资质的承包单位建立工程施工合同关系，双方之间的施工合同不存在无效事由，当属有效。

实践中较为复杂的情形是，合作方与承包单位之间尽管签署了合作协议，但二者之间的关系并不完全如上文所述那样，往往可能以合作之名，行挂靠、转包、违法分包之嫌；尽管有合作分工，但基于合作方无资质、以承包单位名义施工、与承包单位签订合作协议的时间节点等具体情况，二者之间的合作关系最终往往会被法院认定为构成挂靠、转包或违法分包，在此情况下，对于发包人与承包单位双方之间签订施工合同的效力问题，实践中的认识也不尽相同。

案例：

华邦建投集团股份有限公司、中国中铁股份有限公司建设工程分包合同纠纷案，最高人民法院［2021］最高法民终 1287 号

裁判观点：关于华邦建投公司与中铁股份公司所签订的《工程施工承包合同》是否有效的问题。最高人民法院原《关于审理建设工程施工合同纠纷案件适用法律问题的解释》（2005 年施行）第 1 条规定："建设工程施工合同具有下列情形之一的，应当根据合同法第五十二条第（五）项的规定，认定无效：（一）承包人未取得建筑施工企业资质或者超越资质等级的；（二）没有资质的实际施工人借用有资质的建筑施工企业名义的；（三）建设工程必须进行招标而未招标或者中标无效的。"第 4 条规定："承包人非法转包、违法分包建设工程或者没有资质的实际施工人借用有资质的建筑施工企业名义与他人签订建设工程施工合同的行为无效。人民法院可以根据民法通则第一百三十四条规定，收缴当事人已经取得的非法所得。"由此，借用资质所签合同无效系针对"没有资质的实际施工人"借用资质行为的一种法律评价，并未涉及合同相对人的签约行为是否有效的问题。依据原《民法总则》（2017 年施行）第 146 条关于"行为人与相对人以虚假的意思表示实施的民事法律行为无效。以虚假的意思表示隐藏的民事法律行为的效力，依照有关法律规定处理"的规定，"没有资质的实际施工人"作为行为人借用他人资质与相对人的签约行为，只有双方具有共同的虚假意思表示，所签协议才属无效，即相对人须明知或者应当知道实际施工人没有资质而借用他人资质与自己签约。就此而言，实际施工人与被借用资质的建筑施工企业之间就借用资质施工事宜签订的挂靠或类似性质的协议，即所谓的对内法律关系，依法应属无效；而实际施工人借用被挂靠人资质与发包人就建设工程施工事宜签订的协议，即对外法律关系是否无效，则需要根据发包人对于实际施工人借用资质承包工程事宜是否知道或者应当知道进行审查判断；若发包人知道或者应当知道，则所签协议无效，反之则协议有效。

就本案而言，中原轨道公司通过中铁上海局二公司借用中铁股份公司的资质投标，并在中标后以中铁股份公司名义与华邦建投公司签订《工程施工承包合同》，具体负责案涉工程第四合同段工程的施工，系中原轨道公司借用中铁股份公司资质进行建设工程施工的行为，不属于再行转包或者违法分包的情形，基本事实清楚。现没有证据证明华邦建投公司知道或应当知道中原轨道公司作为实际施工人挂靠中铁股份公司进行投标、签约的事实。由此，一审判决认定中原轨道公司与中铁股份公司签订的挂靠协议（即案涉《标前协议》《内部施工合同》）无效，而以中铁股份公司名义与华邦建投公司所签《工程施工承包合同》合法有效，有相应的事实和法律依据。

案例：

罗某雄、贵州钢建工程有限公司等建设工程施工合同纠纷案，最高人民法院[2021]最高法民终394号

裁判观点：罗某雄、钢建公司另主张案涉项目开始之前，罗某雄已经和遵义开投公司就相同地块存在土地整治项目的合作，罗某雄系借用钢建公司的资质对案涉项目进行施工，遵义开投公司和罗某雄之间建立事实上的合同关系。但即便是案涉项目开始之前罗某雄和遵义开投公司就相同地块存在土地整治项目合作，因和案涉工程并不属于同一工程，且施工内容不尽一致，无法就此认定遵义开投公司对罗某雄借用资质施工的行为明知或放任。遵义开投公司不认可罗某雄系借用资质和其签订合同，也否认其和罗某雄建立事实上合同关系。从查明事实看，罗某雄未在案涉工程招投标文件、建设工程施工合同中签字，也未作为缔约一方实质上参与了案涉工程招投标、施工合同订立过程，相关文件上签字人均为钢建公司时任法定代表人的谭某群。而且，即便罗某雄和钢建公司已经达成借用资质合意并已经对案涉项目进行施工，但是在遵义开投公司对此不知情且不认可情况下，罗某雄和遵义开投公司无法直接建立事实合同关系。因此，遵义开投公司和罗某雄之间缺乏绕过承包人钢建公司而建立合同关系的合意，相关履行行为也未建立事实合同关系。罗某雄、钢建公司关于罗某雄和遵义开投公司建立事实上合同关系的主张缺乏事实依据。综上，发包人遵义开投公司和承包人钢建公司签订《建设工程施工合同》，不存在违反法律法规强制性规定的情形，应为有效。一审法院以罗某雄无施工资质，从而认定该施工合同无效，系适用法律错误，法院予以纠正。

在承包单位与合作方之间的关系被认定构成转包、违法分包的情况下，关于建设工程施工合同的效力问题，《施工合同司法解释（一）》第1条第2款规定，"承包人因转包、违法分包建设工程与他人签订的建设工程施工合同，应当依据民法典第一百五十三条第一款及第七百九十一条第二款、第三款的规定，认定无效"。实践中，一些观点往往误解该条的意思，以此认定发包人与承包人之间签署的建设工程施工合同无效。但此处的禁止性规定针对的仅是承接工程的施工企业向实际施工人的转包、违法

分包行为，而施工企业与发包人在签订施工合同时主体适格、意思表示真实，并没有违反法律、行政法规的禁止性规定，因此，转包、违法分包情形下施工企业（承包单位）与发包人签订的施工合同仍属有效。[1]

对于挂靠情形下施工合同的效力，《施工合同司法解释（一）》第1条第1款规定，"建设工程施工合同具有下列情形之一的，应当依据民法典第一百五十三条第一款的规定，认定无效……（二）没有资质的实际施工人借用有资质的建筑施工企业名义的……"司法实务中对于借用资质（挂靠）签订的施工合同的效力评判，曾一度直接根据该条规定认定发包人与施工企业签订的施工合同无效，理由就是司法解释规定"没有资质的实际施工人借用有资质的建筑施工企业名义"签订的施工合同无效。例如上文中的罗某雄、贵州钢建工程有限公司等建设工程施工合同纠纷案中，一审法院即以罗某雄无施工资质，从而认定施工合同无效。二审中，最高人民法院予以了纠正。随着理论研究和审判实务的不断深入，实践中逐渐区分发包人对借用资质是否知情来对发包人与施工企业之间的施工合同效力进行不同评价，目前已形成的基本共识为：发包人对于借用资质不知情的，应当保护善意的发包人对施工企业的信赖，认定该施工合同有效；在发包人知情的情形下，则认定该施工合同无效。[2]

（四）合伙施工情形下合作方能否认定为实际施工人的问题

根据《最高人民法院新建设工程施工合同司法解释（一）理解与适用》，实际施工人分为三类：一是转包合同的承包人；二是违法分包合同的承包人；三是缺乏相应资质而借用有资质的建筑施工企业名义与他人签订建设工程施工合同的单位或者个人。[3]

本文所述合伙施工情形下的合作方，鉴于其与转包、挂靠、违法分包并不等同，因此，从司法解释关于实际施工人分类的语境下看，并不能直接依司法解释认定合作方为实际施工人。从这个角度来说，这个问题似乎很容易得出答案。

但笔者认为，关于合伙施工情形下合作方能否认定为实际施工人的问题，不应单从法律、司法解释关于实际施工人分类的角度去评判，而应从如何界定实际施工人主体身份的角度入手。

关于实际施工人的主体身份问题，如上所述，目前司法解释只对实际施工人的类型进行了列举，法律法规对实际施工人的认定标准没有作明确规定。[4]最高人民法院院《对十二届全国人大四次会议第9594号建议的答复》指出："'实际施工人'是指依照法律规定被认定为无效的施工合同中实际完成工程建设的主体，包括施工企业、施工企业分支机构、工头等法人、非法人团体、公民个人等，是最高人民法院《关于审理

---

〔1〕 史鹏舟主编：《建设工程实际施工人法律问题深度解析》，法律出版社2022年版，第38页。

〔2〕 史鹏舟主编：《建设工程实际施工人法律问题深度解析》，法律出版社2022年版，第38页。

〔3〕 参见最高人民法院民事审判第一庭编著：《最高人民法院新建设工程施工合同司法解释（一）理解与适用》，人民法院出版社2021年版，第493~494页。

〔4〕 史鹏舟主编：《建设工程实际施工人法律问题深度解析》，法律出版社2022年版，第51页。

建设工程施工合同纠纷案件适用法律问题的解释》（以下简称《解释》）确定的概念，目的是区分有效施工合同的承包人、施工人、建筑施工企业等法定概念。"

最高人民法院民事审判第一庭在《民事审判指导与参考》中认为："实际施工人一般是指，对相对独立的单项工程，通过筹集资金、组织人员机械等进场施工，在工程竣工验收合格后，与业主方、被挂靠单位、转承包人进行单独结算的自然人、法人或者其他组织。主要表现为：挂靠其他建筑施工企业名下或借用其他建筑施工企业资质并组织人员、机械进行实际施工的民事主体；层层转包、违法分包等活动中最后实际施工的民事主体。"[1]

最高人民法院民事审判第一庭在《最高人民法院新建设工程施工合同司法解释（一）理解与适用》认为："通俗地讲，实际施工人就是在上述违法情形中实际完成了施工义务的单位或个人。建设工程层层多手转包的，实际施工人一般指最终投入资金、人工、材料、机械设备实际进行施工的施工人。一般而言：（1）实际施工人是实际履行承包人义务的人，既可能是对整个建设工程进行施工的人，也可能是对建设工程部分进行施工的人。（2）实际施工人与发包人没有直接的合同关系或者名义上的合同关系。实际施工人如果直接与发包人签订建设工程施工合同，则属于承包人、施工人，无须强调'实际'二字。（3）实际施工人同与其签订转包合同违法分包合同的承包人或者出借资质的建筑施工企业之间不存在劳动人事关系或劳务关系。司法实践中，对于在合法专业分包、劳务分包中的承包人不认定为实际施工人。"[2]

根据上述观点，结合本文所述合伙施工情形下合作方的主体身份，笔者认为，合伙施工情形下的合作方不应认定为实际施工人。理由是：

第一，合作方并非最终实施施工的唯一主体，最终实际完成施工的主体仍包括承包单位。在合伙施工情形下，承包单位仍然投入了资金、人工、材料等，只不过是其与合作方在这些方面同时开展了合作，合作方实际也参与了施工过程，但承包单位并未因合作方的参与而退出。

第二，合作方系基于其与承包单位的合作意志，参与到承包单位向发包人履行承包义务的工作当中，与承包单位的关系具有合伙的性质。《民法典》第967条规定："合伙合同是两个以上合伙人为了共同的事业目的，订立的共享利益、共担风险的协议。"第972条规定："合伙的利润分配和亏损分担，按照合伙合同的约定办理；合伙合同没有约定或者约定不明确的，由合伙人协商决定；协商不成的，由合伙人按照实缴出资比例分配、分担；无法确定出资比例的，由合伙人平均分配、分担。"可见，合伙人之间是根据合伙合同的约定或者法律的规定对合伙事业共享收益、共担风险的，其本质上是一种合同关系。合同具有相对性，合伙关系不同于建设工程施工合同关系，

---

〔1〕 参见最高人民法院民事审判第一庭编：《民事审判指导与参考》（总第74辑），人民法院出版社2018年版，第30页。

〔2〕 最高人民法院民事审判第一庭编著：《最高人民法院新建设工程施工合同司法解释（一）理解与适用》，人民法院出版社2021年版，第445页。

前者是内部关系，后者是外部关系。合伙人内部，应当根据合伙合同（包括口头合伙协议）约定对项目的盈亏进行分配、分担；合伙人外部，在合伙施工的情形下，对外是以承包单位的名义与发包人建立施工合同关系，无须强调"实际"二字。

第三，如果对合伙施工模式予以否定性评价，最受诟病的一点可能在于合作方缺乏施工资质而以承包单位的名义共同参与施工。从发包人的角度来看，发包人对于承包单位与合作方的合作是不知情的，笔者认为，与借用资质但发包人不知情的情形相似，举重以明轻，更应当保护发包人对承包单位的信赖，不宜赋予合作方实际施工人的主体身份而给发包人增添新的烦扰。至于合作方的权益保护问题，合作方可基于其与承包单位的合伙合作协议向承包单位主张，而不能直接以实际施工人身份对外主张权利。这类似于公司法领域的"隐名股东"与"显名股东"的关系，在公司不知情的情况下，"隐名股东"无权直接向公司主张权利。

（五）合作方能否依据《施工合同司法解释（一）》第43条主张发包人承担责任

《施工合同司法解释（一）》第43条规定："实际施工人以转包人、违法分包人为被告起诉的，人民法院应当依法受理。实际施工人以发包人为被告主张权利的，人民法院应当追加转包人或者违法分包人为本案第三人，在查明发包人欠付转包人或者违法分包人建设工程价款的数额后，判决发包人在欠付建设工程价款范围内对实际施工人承担责任。"

根据文义解释，《施工合同司法解释（一）》第43条仅针对转包、违法分包情形下的实际施工人，不包括借用资质情形下的实际施工人。然其在实务中的适用却并非如此泾渭分明。随着司法实践的深入，目前主流观点认为该条规定仅适用于转包、违法分包下的实际施工人，不适用于借用资质情形下的实际施工人。最高人民法院民事审判第一庭2021年第20次专业法官会议，也明确认为挂靠情形下的实际施工人不能适用该条规定。[1]

鉴于上述规定及实践认识，结合上述关于合作方不应认定为实际施工人的分析，笔者认为，《施工合同司法解释（一）》第43条不适用于合伙施工情形下的合作方。

四、结语

合伙施工是不具有施工资质的隐名合作方与施工承包单位之间，就施工承包单位承揽的工程项目建立的一种共同实施、共享利益、共担风险的合同关系。在此情形下，关于合作方与承包单位之间合伙施工协议的效力问题，笔者倾向于认为构成合伙合同应属合法有效。关于发包人与承包单位的施工合同效力，应依据"商事外观主义"原则对双方合意进行判断，认定双方之间施工合同有效，合作施工的情况不应作为否定发承包单位施工合同效力的因素。关于合作方与承包单位之间具有合伙性质的合作协议的效力问题，该合作合同系商事交易合同，从合同的相对性、合同的目的及价值判

---

〔1〕 史鹏舟主编：《建设工程实际施工人法律问题深度解析》，法律出版社2022年版，第72~73页。

断角度，宜对其效力予以正面评价。关于合作方的主体身份，笔者认为，遵循合同相对性，合作方的身份为合伙关系中的合伙人，为保护发包人的信赖利益，不宜继续扩大实际施工人的认定范围，合作方不宜认定为实际施工人。

有关合伙施工问题的讨论，实践中常见、讨论得较多的是转包、挂靠、违法分包情形下实际施工人内部合伙的相关问题。自 2004 年最高人民法院出台建设工程施工合同纠纷司法解释以来，实际施工人相关的问题便成了司法实务中频繁遭遇、不可回避的难点、痛点问题。本文中，笔者结合办案经历，就施工单位与他人合伙施工情况下的相关问题展开探讨。关于合伙施工的认定，承包单位与其合作方之间合伙施工协议的效力问题，以及合伙施工情形下合作方能否认定为实际施工人等问题，实务中仍然争议极大、尚无定论。笔者抛砖引玉，以求教于方家。

与实际施工人相关的十个实务问题

孙仕祥

在建设工程施工领域，基于利益驱使和市场需求等因素，存在大量借用资质、非法转包、违法分包的现象，人民法院审理的建设工程施工合同纠纷案件中，较多涉及与实际施工人相关的纷争。

鉴于实践中与实际施工人相关的纠纷案件类型及争议焦点各有不同，笔者尝试结合裁判案例，对司法实践中与实际施工人相关的各类问题的裁判观点进行系列梳理和解读。本文中，笔者主要结合贵州省高级人民法院审理的生效裁判案例，就实际施工人界定、实际施工人损失承担、实际施工人主张被挂靠人承担付款责任等十个实务问题进行梳理。

一、内部承包人是实际施工人吗？

裁判观点概述：内部承包合同关系有别于挂靠合同关系，内部承包人不应认定为实际施工人

案例：江西龙马建设集团有限公司、桐梓县顺发房地产开发有限公司建设工程施工合同纠纷二审民事判决书

案号：[2018] 黔民终 1078 号

法院认为：从鲁某华与龙马公司签订的《分公司、办事处设立合同书》的约定内容"鲁某华有权代表龙马公司驻地工程投标中标和洽商承包的工程，施工合同应及时提交龙马公司审查后经书面授权签订或送龙马公司签订；中标工程通知书、工程备案资料和施工合同原件都必须按时提交龙马公司"，鲁某华为工商登记明确的龙马公司遵义分公司负责人；以及在涉案施工合同履行过程中，鲁某华以龙马公司名义对外签订劳务分包、材料租赁、钢材供应等合同，且生效裁判文书也判令龙马公司承担因涉案工程施工过程中所产生的相关债务。综合前述事实可以确定，鲁某华与龙马公司之间因《分公司、办事处设立合同书》的签订及履行而形成了内部承包合同关系，鲁某华与龙马公司之间并非借用资质承接工程的合同关系，鲁某华是龙马分公司负责人，其在涉案项目部签字同意对外支付款项的行为是履行其作为龙马遵义分公司负责人的职务行为，并非个人行为。

按照最高人民法院《关于审理建设工程施工合同纠纷案件适用法律问题的解释》（以下简称《建工解释》）第1条、第4条、第26条的规定，实际施工人为借用资质承接工程、违反分包或转包合同的承包人，且应与发包人全面实际地履行了发包人与承包人之间的合同，并形成了事实上的权利义务关系，在这种情况下，才准许转承包人、违法分包的承包人或借用资质的承包人作为实际施工人，以发包人为被告提起追索工程款的诉讼。本案中，鲁某华并没有提供证据证明其与龙马公司之间形成了资质借用或违法分包、转包工程的合同关系，不符合《建工解释》第26条规定的实际施工人的条件，其不能依据《建工解释》第26条的规定直接向发包人主张涉案工程价款。

延伸阅读：实践中如何区分内部承包与挂靠？

四川省高级人民法院《关于审理建设工程施工合同纠纷案件若干疑难问题的解答》（川高法民一〔2015〕3号）

审判实践中，可以结合下列情形综合认定是否属于内部承包：

（1）合同的发包人为建筑施工企业，承包人为建筑施工企业下属分支机构或在册的项目经理等本企业职工，两者之间存在管理与被管理的行政隶属关系的。

（2）发包给个人的，发、承包人之间有合法的劳动关系以及社会保险关系的。

（3）承包人使用建筑施工企业的建筑资质、商标及企业名称等是履行职责行为，在建筑施工企业的管理和监督下进行项目施工，承包人根据承包合同约定向建筑施工企业交纳承包合同保证金的。

（4）施工现场的项目经理或其他现场管理人员接受建筑施工企业的任免，调动和聘用的。

（5）承包人组织项目施工所需的人、财、物及资金，由建筑施工企业予以协调支持的。

（6）承包人在建筑施工企业统一管理和监督下独立核算、自负盈亏，承包人与建筑施工企业按照承包合同约定对经营利润进行分配的。

杭州市中级人民法院民一庭《关于审理建设工程及房屋相关纠纷案件若干实务问题的解答》

如何区分建设工程施工过程中的挂靠与内部承包？

对于建设单位内部承包合同，应当认定为是工程承包人就其承包的全部或部分工程与其下属分支机构或职工签订的工程承包合同，属建筑施工企业的一种内部经营方式，法律和行政法规对此并不禁止，该承包人应对工程施工过程及质量等进行管理，对外承担施工合同的权利义务。当事人一方以内部承包合同中的承包方无施工资质为由主张该内部承包合同无效的，不予支持。而挂靠则是指实际施工主体借用有资质的建筑施工企业名义承揽建设工程，该实际施工主体与被挂靠企业间并不存在隶属或管理关系，构成独立主体间的承包合同关系，如果挂靠单位并无相应施工资质的，应认定该承包合同关系无效。因此，二者区分主要应从合同当事人间是否有劳动或隶属管理关系，承包工程所需资金、材料、技术是否由对方当事人提供等进行判断。

二、实际施工人主张其借贷用于垫资建设产生的利息由违反付款约定的转包人或违法分包人承担，能得到支持吗？

裁判观点概述：转包合同或违法分包合同属无效合同，实际施工人的该项主张性质上属于合同无效情况下过错方赔偿责任的范畴，即有过错一方因合同的无效而给对方造成的损失，赔偿的范围不能超过订约时双方应当预见到的因违约可能给对方造成的损失。实际施工人的该项主张不属于合同相对方缔约时可预见的损害赔偿范围，不能得到支持。

案例：杨某林、金沙广金置业有限公司建设工程施工合同纠纷二审民事判决书

案号：[2018] 黔民终 714 号

法院认为：关于利息损失，即杨某林在本案中主张的逾期支付工程进度款利息，内容为其对外举债的高息。本院认为，因本案《广厦建设工程内部责任承包合同》系无效合同，杨某林该项主张性质上属于依照《合同法》第 58 条主张的过错赔偿责任，即因合同的无效而给当事人造成的损失，主观上有故意或者过失的当事人都应当赔偿对方的财产损失。但是，该损害赔偿的范围并非没有限制，参照《合同法》第 113 条"当事人一方不履行合同义务或者履行合同义务不符合约定，给对方造成损失的，损失赔偿额应当相当于因违约所造成的损失，包括合同履行后可以获得的利益，但不得超过违反合同一方订立合同时预见到或者应当预见到的因违反合同可能造成的损失"的规定，过错方损失赔偿的范围不能超过订约时双方应当预见到的因违约可能给对方造成的损失。本案中，杨某林对外借贷产生了高额利息，系其与债权人之间的民间借贷法律关系，不属于本案审查范围，且不属于合同相对方缔约时可预见的损害赔偿范围，本院对其该项主张不予支持。

延伸阅读：一审法院（毕节市中级人民法院）就此焦点问题从多个方面进行了阐述，主要观点可归纳为：其一，违约责任承担的前提是合同有效。转包合同或违法分包合同属无效合同，实际施工人主张合同有效情况下的损失赔偿责任，无法律依据。其二，即便实际施工人以缔约过失责任主张该项损失，缔约过失责任是当事人在合同成立之前因诚实信用义务未履行而给对方造成损失的赔偿责任。实际施工人的此项主张属于履行利益损失范畴，不属于信赖利益损失，依法也不属于缔约过失责任的赔偿范围。其三，合同有效的情况下，违约方损失赔偿的范围不能超过订约时双方应当预见到的因违约可能给对方造成的损失。一方的资金来源不属于相对方的预见范围。转包合同或违法分包合同为无效合同，当事人因无效合同取得的利益不可能大于合同有效的利益。

延伸思考：结合上述裁判观点，如果转包或违法分包关系中的实际施工人在无效的转包合同或违法分包合同中就转包人或违法分包人逾期付款或垫资施工情况下的利

息承担进行了明确约定，转包人或违法分包人订约时即可预见到逾期付款或垫资可能产生的损失，在此情况下，实际施工人的上述主张是否应当在法律允许的利息范围内予以支持呢？

笔者认为，依照《民法典》第157条主张的过错赔偿责任，系因合同的无效而给当事人造成的损失。在上述情况下，实际施工人的垫资利息损失不属于因合同效力遭到否定而造成的损失，该损失与合同效力没有法律上的因果关系。因此，不能依据《民法典》第157条主张该项损失。但是，《民法典》第156条规定，民事法律行为部分无效，不影响其他部分效力的，其他部分仍然有效。据此，在转包或违法分包的情形下，转包或违法分包行为的无效，是否当然意味着转包合同或违法分包合同中有关垫资利息损失约定的条款也无效呢？如果并无必然的关系，在双方明确作出约定的情况下，依据上述规定，该项损失的主张似乎应当予以支持。

三、挂靠人再转包情形下，实际施工人主张被挂靠人承担工程款付款责任，能得到支持吗？

裁判观点概述： 挂靠人借用被挂靠人资质承接工程后，将工程转包给实际施工人的，挂靠人系工程的转包人，负有向实际施工人支付工程价款的义务。被挂靠人系出借资质的施工企业，挂靠人将工程以自身名义进行转包，转包合同签订主体并非被挂靠人，挂靠人也不能提供证据证明挂靠人签订合同系受被挂靠人委托的，被挂靠人不承担向实际施工人付款的责任。

案例： 申某、田某江、杨某成与刘某贵、四川长城建筑（集团）有限公司建设工程施工合同纠纷二审民事判决书

案号： ［2018］黔民终368号

法院认为： 本案系刘某贵借用长城公司资质作为总包方承接皂角灯至官坝通村水泥路施工工程后，与申某签订《施工合同协议》，将案涉工程转包给申某。刘某贵与申某签订的转包合同即《施工合同协议》明确约定了"包工包料""如造成安全事故自行负责"，同时，付款方式为"以交通局拨款支付，甲方不得扣除一分"，从前述约定的内容可以看出，刘某贵系将案涉工程全部转包给申某，由申某以包工包料形式进行施工。合同签订后，申某及其合伙人进场施工，至此，申某通过刘某贵的转包行为，成为案涉工程的实际施工人。刘某贵作为《施工合同协议》相对人，依约负有向申某支付工程价款的义务。

长城公司系出借资质的施工企业，不承担向申某付款的责任。刘某贵与申某签订《施工合同协议》，将案涉工程进行转包，合同签订主体系刘某贵个人，并非长城公司，申某亦未提供证据证明刘某贵签订合同系受长城公司委托，申某向长城公司主张工程款没有事实依据。

延伸解读： 本案系挂靠人以其名义转包情形下对工程款责任承担主体所作的认定。

结合裁判观点和实践，笔者认为，在挂靠后再转包情形下，被挂靠人是否需向实际施工人承担付款责任，需要考察：一是转包合同由谁（挂靠人还是被挂靠人）与实际施工人签订？二是签订合同的挂靠人或被挂靠人是否作为委托代理人签订转包合同？三是实际施工人对挂靠真实情况是否知情？

如果转包合同是挂靠人与实际施工人签订，挂靠人也并非被挂靠人的委托代理人的，则被挂靠人不承担付款责任。如果转包合同虽然是被挂靠人与实际施工人签订，但实际施工人明知挂靠关系，此种情况下，被挂靠人的行为应视为代表挂靠人，被挂靠人不承担付款责任。反之，如果实际施工人并不知道挂靠关系，此种情况下，则应由被挂靠人承担付款责任。挂靠人与被挂靠人双方之间的内部关系，不能对抗对此不知情的实际施工人。

四、是否构成挂靠，应如何认定？

裁判观点概述： 是否构成挂靠（借用资质），从证明的责任主体来看，应由提出该主张的一方提交证据予以证明。从认定的条件来看，可以从缔约行为及履约行为两个阶段的实际参与主体来加以判断。缔约行为方面，需提供挂靠人（借用资质一方）实际参与缔约、发包人对此知情的证明材料。履约行为方面，需提供挂靠人（借用资质一方）与发包人进行结算、发包人向挂靠人（借用资质一方）实际支付工程款的证明材料。

案例： 广厦建设集团有限责任公司与凯里市馨怡房地产开发有限责任公司建设工程施工合同纠纷一审民事判决书

案号： [2018] 黔民初 39 号

法院认为： 本案中，广厦公司及虞某华认为本案不存在出借资质等情形，合同有效。馨怡公司认为本案系虞某华等五人借用广厦公司资质，合同无效。本院认为，从现有证据看，不足以证明本案存在出借资质的情况，本案《建设工程施工合同》已成立并生效，缔约双方均应恪守履约。具体理由：

一方面，从缔约及履约行为看，《建设工程施工合同》客观真实，合同缔约方系广厦公司，作为合同相对人、合同约定的施工人，广厦公司有权主张工程价款。并且，本案全部的缔约行为均是广厦公司作出，结算也是广厦公司进行，已付工程款主要是向广厦公司支付。因此，广厦公司既有缔约行为又有履约行为。

另一方面，从举证责任看，根据《民事诉讼法》第 64 条："当事人对自己提出的主张，有责任提供证据"和最高人民法院《关于适用〈中华人民共和国民事诉讼法〉的解释》第 108 条"对负有举证证明责任的当事人提供的证据，人民法院经审查并结合相关事实，确信待证事实的存在具有高度可能性的，应当认定该事实存在。对一方当事人为反驳负有举证证明责任的当事人所主张事实而提供的证据，人民法院经审查并结合相关事实，认为待证事实真伪不明的，应当认定该事实不存在。法律对于待证事实所应达到的证明标准另有规定的，从其规定"的规定，馨怡公司主张本案系虞某华等五个自然人借用广厦公司资质进行施工，但未提交充分证据予以证明。

延伸阅读： 实践中如何认定是否构成挂靠（借用资质）？

四川省高级人民法院《关于审理建设工程施工合同纠纷案件若干疑难问题的解答》（川高法民一［2015］3号）

审判实践中，可以结合下列情形综合认定是否属于借用资质（挂靠）：

（1）借用资质（挂靠）人通常以出借资质（被挂靠）人的名义参与招投标、与发包人签订建筑施工合同，借用资质（挂靠）人与出借资质（被挂靠）人之间没有产权联系，没有劳动关系，没有财务管理关系的。

（2）借用资质（挂靠）人在施工现场派驻的项目负责人、技术负责人、质量管理负责人、安全管理负责人中一人以上与出借资质（被挂靠）人没有订立劳动合同，或没有建立劳动工资或社会养老保险关系的。

（3）借用资质（挂靠）人承揽工程经营方式表现为自筹资金，自行组织施工，自主经营，自负盈亏。出借资质（被挂靠）人只收取管理费（包括为确保管理费收取为目的的出借账户），不参与工程施工、管理，不承担工程技术、质量和经济责任的。

（4）出借资质（被挂靠）人与发包人之间没有实质上工程款收付关系，均是以"委托支付""代付"等其他名义进行工程款支付，或者仅是过账转付关系的。

（5）施工合同约定由出借资质（被挂靠）人负责采购主要建筑材料、构配件及工程设备或租赁施工机械设备，实际并非由出借资质（被挂靠）人进行采购、租赁，或者出借资质（被挂靠）人不能提供有关采购、租赁合同及发票等证明，又不能进行合理解释并提供证据证明的。

（6）法律、行政法规规定的其他借用资质（挂靠）情形。

安徽省高级人民法院《关于审理建设工程施工合同纠纷案件适用法律问题的指导意见》

4. 同时符合下列情形的，应认定为挂靠经营，所签订的建设工程施工合同无效：

（1）实际施工人未取得建筑施工企业资质或者超越资质等级。

（2）实际施工人以建筑施工企业的分支机构、施工队或者项目部等形式对外开展经营活动，但与建筑施工企业之间没有产权联系，没有统一的财务管理，没有规范的人事任免、调动或聘用手续。

（3）实际施工人自筹资金，自行组织施工，建筑施工企业只收取管理费，不参与工程施工、管理，不承担技术、质量和经济责任。

五、转包还是挂靠，应如何认定？

裁判观点概述： 区分挂靠和转包，可以从缔约磋商阶段和履约施工阶段转承包人（或挂靠人）的参与情况及其与发包人二者之间是否直接发生关系来加以判断。在缔约磋商阶段，主要看是谁（转包关系中的转发包人，还是挂靠关系中的挂靠人）实际参与投标、合同订立、办理施工手续。在履约施工阶段，主要看相应工程施工过程中是谁（转包关系中的转发包人，还是挂靠关系中的挂靠人）与发包人进行工程价款的结算、发包人是否明知（是挂靠，还是转包）、是否收取管理费等。

案例：宜兴市九洲市政建设工程有限公司、江苏弘盛建设工程集团有限公司建设工程施工合同纠纷二审民事判决书

案号：〔2019〕黔民终 495 号

法院认为：关于九洲公司是否有权向弘盛公司主张工程款。本院认为，其一，九洲公司作为弘盛公司的合同相对方，无论二者之间是挂靠关系还是转包关系，均有权向弘盛公司主张工程款。其二，国发公司将工程发包给弘盛公司，从合同的解除、结算等一系列行为看，国发公司也仅将弘盛公司作为其合同相对方，而非将九洲公司作为合同相对方。其三，弘盛公司上诉主张其与九州公司之间系挂靠关系，而非转包关系。根据《建筑工程施工转包违法分包等违法行为认定查处管理办法（试行）》第 6 条、第 10 条的规定，转包是指施工单位承包工程后，不履行合同约定的责任和义务，将其承包的全部工程或将其承包的全部工程肢解后以分包的名义分别转给其他单位或个人施工的行为。挂靠是指单位或个人以其他有资的施工单位的名义，承揽工程的行为。承揽工程包括参与投标、订立合同、办理有关施工手续、从事施工等活动。本案中，国发公司与弘盛公司签订的《施工合同》和弘盛公司与九州公司签订的《内部承包协议》约定的工程施工内容、结算方式等是一致的。从国发公司与弘盛公司签订《施工合同》和弘盛公司与九州公司签订《内部承包协议》的落款时间看，《内部承包协议》在后。一审法院认为九洲公司对弘盛公司与国发公司签订的《施工合同》没有先行介入，进而认定二者为挂靠关系，并无不当，予以维持。

延伸阅读：实践中如何认定是否构成转包？

重庆瑞昌房地产有限公司、白德强建设工程施工合同纠纷再审审查与审判监督民事裁定书（案号：〔2019〕最高法民申 729 号）

最高人民法院认为：一般而言，区分转包和挂靠主要应从实际施工人（挂靠人）有没有参与投标和合同订立等缔约磋商阶段的活动加以判断。转包是承包人承接工程后将工程的权利义务概括转移给实际施工人，转包中的实际施工人一般并未参与招投标和订立总承包合同，其承接工程的意愿一般是在总承包合同签订之后，而挂靠是承包人出借资质给实际施工人，挂靠关系中的挂靠人在投标和合同订立阶段一般就已经参与，甚至就是其以被挂靠人的代理人或代表的名义与发包人签订建设工程施工合同。因此，一般而言，应当根据投标保证金的缴纳主体和资金来源、实际施工人（挂靠人）是否以承包人的委托代理人身份签订合同、实际施工人（挂靠人）有没有与发包人就合同事宜进行磋商等因素，审查认定属于挂靠还是转包。

四川省高级人民法院《关于审理建设工程施工合同纠纷案件若干疑难问题的解答》（川高法民一〔2015〕3 号）

存在下列情形之一的，一般可以认定为转包：

（1）建筑施工企业未在施工现场设立项目管理机构或未派驻项目负责人、技术负

责人、质量管理负责人、安全管理负责人等主要管理人员，不履行管理义务，未对该工程的施工活动进行组织管理的。

（2）建筑施工企业不履行管理义务，只向实际施工企业或个人收取费用，主要建筑材料、构配件及工程设备由实际施工企业或个人采购的。

（3）劳务分包企业承包的范围是建筑施工企业承包全部工程，劳务分包企业计取的是除上缴给建筑施工承包企业管理费之外的全部工程价款的。

（4）建筑施工企业通过采取合作、联营、个人承包等形式或名义，直接或变相将其承包的全部工程转给其他企业或个人施工的。

（5）法律、行政法规规定的其他转包情形。

六、实际施工的挂靠人主张被挂靠人支付工程款能否得到支持？

裁判观点概述： 在挂靠人实际施工的情况下，由于发包人接受了挂靠人的工作成果，从而产生向挂靠人履行对待给付的义务，发包人与挂靠人实际上形成了事实上的建设工程施工合同关系，故实际施工的挂靠人可向发包人主张工程款。但挂靠属于借用他人资质进行施工，挂靠关系中的挂靠人主张被挂靠人支付工程款，无事实和法律依据，不能得到支持。

案例： 刘某平、申某俊等与凯里市格兰房地产开发有限责任公司等建设工程施工合同纠纷一审民事判决书

案号：［2018］黔民初 118 号

法院认为： 本案属于典型的挂靠施工，挂靠人向发包人格兰公司主张工程款，是由于发包人接受挂靠人工作成果，从而产生向挂靠人履行对待给付的义务。格兰公司与原告实际上形成了事实上的建设工程施工合同的关系。故原告作为实际施工人、挂靠人可向格兰公司主张工程款。从原告与泸州七建所签订的《工程施工内包合同书》来看，其实质是通过内部承包形式达到借用施工资质的目的，从《工程施工内包合同书》约定的内容以及实际施工的情况看，原告包工包料、独立核算、自负盈亏，自行融资施工。泸州七建收取相应的管理费。原告与泸州七建之间不是转包或者分包的关系，而是原告借用泸州七建的施工资质进行施工的挂靠关系。因此作为挂靠人的原告要求被挂靠人泸州七建连带支付工程款，无事实和法律依据，本院不予支持。

延伸阅读： 广东省高级人民法院《关于审理建设工程合同纠纷案件疑难问题的解答》（粤高法［2017］151 号）

23. 挂靠人主张被挂靠人和发包人承担欠付工程款连带责任的如何处理？

因发包人欠付工程款，挂靠人主张被挂靠人和发包人承担欠付工程款的连带责任的，不予支持，但挂靠人和被挂靠人之间的合同明确约定被挂靠人承担支付工程款义务的除外。挂靠人主张被挂靠人支付已收取但尚未转付工程款的，应予支持。

七、名为劳务分包、实为工程分包，如何认定？

裁判观点概述： 劳务分包单位与承包单位签订工程劳务分包协议，但约定的承包

单价并非单独的劳务作业费用，而是包含了人工费、机械费、周转材料费、辅助材料费、管理费、利润等各种费用，分包单位除提供劳务作业外，施工过程中的大型机械、设备、工程主要材料等也都由该劳务分包单位负责。在此情形下，劳务分包协议的内容已经超出了合法劳务分包的范围，尽管名为劳务分包，但实质上应认定为建设工程分包。

关键词：实际施工人　劳务承包　分包

案例：泸州友帮建筑劳务有限公司、贵州省遵义顺达建设工程有限公司建设工程施工合同纠纷二审民事判决书

案号：［2017］黔民终 895 号

法院认为：《工程劳务分包协议》为建设工程施工合同，因违反了法律、行政法规的强制性规定而无效。从《工程劳务分包协议》"2. 承包单价含：人工费、机械费、周转材料费、其他材料费……管理费、利润等。机械费及周转材料、辅助材料费，即：塔吊、施工电梯、砂浆机……""2. 乙方提供的资源：2.1 为保证本承包工程的实施，所有实施本工程施工所必需的所有大中小型机械、施工工具等都由乙方自己提供……2.3 大型机械：塔吊、施工电梯"的约定，以及友帮劳务公司自认塔吊由友帮劳务公司提供，以及友帮劳务公司二审陈述"涉案工程停工时，友帮劳务公司施工才到转换层，此时还不需要施工电梯"等可以确定，涉案工程施工过程中的大型机械"塔吊、施工电梯"由友帮劳务公司提供、该部分费用计入了工程承包单价中而非单独计算劳务费用，且友帮劳务公司承包的工程单价中还包含了"周转材料费、其他材料费"以及"管理费、利润"等，按照住房和城乡建设部颁发的《建筑工程施工转包违法分包等违法行为认定查处管理办法（试行）》第 9 条"存在下列情形之一的，属于违法分包……（七）劳务分包单位除计取劳务作业费用外，还计取主要建筑材料款、周转材料款和大中型施工机械设备费用"的规定，涉案《工程劳务承包协议》的分包内容已经超出了合法劳务分包的范围，实质上为建设工程分包，属于违法分包。

延伸阅读：如何认定劳务分包

四川省高级人民法院《关于审理建设工程施工合同纠纷案件若干疑难问题的解答》（川高法民一［2015］3 号）

7. 如何认定劳务分包？

劳务分包是指建设工程的总承包人或者专业承包人将承包工程中的劳务作业（包括木工、砌筑、抹灰、石制作、油漆、钢筋、混凝土、脚手架、模板、焊接、水暖、钣金、架线等）发包给具有相应劳务资质的劳务作业承包人完成的行为。

审判实践中，可以结合下列情形综合认定是否属于劳务分包：

（1）劳务作业承包人具有劳务分包企业资质。

（2）分包内容是劳务作业而不是工程本身。

（3）劳务作业承包人一般仅提供劳务作业，施工技术、工程主要材料、大型机械、设备等均由总承包人或者专业承包人负责。

（4）劳务费用一般是通过工日的单价和工日的总数量进行费用结算，不发生主要材料、大型机械、设备等费用的结算，不收取管理费。

八、名为劳务分包、实为工程分包的合同效力如何？

裁判观点概述：在名为工程劳务分包实为建设工程分包的情况下，如该劳务分包单位并无相应等级的施工企业资质，根据最高人民法院《关于审理建设工程施工合同纠纷案件适用法律问题的解释》第1条第1项、第4条的规定，承包人未取得建筑施工企业资质或者超越资质等级的，或者，没有资质的实际施工人借用有资质的建筑施工企业名义与他人签订建设工程施工合同的，该建设工程分包合同均应认定无效。

关键词：实际施工人　劳务承包　分包　效力

案例：泸州友帮建筑劳务有限公司、贵州省遵义顺达建设工程有限公司建设工程施工合同纠纷二审民事判决书

案号：［2017］黔民终895号

法院认为：《工程劳务承包协议》为建设工程分包合同而非劳务分包合同，因友帮劳务公司、隆源房开公司等均未取得建设施工企业资质，根据《关于审理建设工程施工合同纠纷案件适用法律问题的解释》第1条"建设工程施工合同具有下列情形之一的，应当根据合同法第五十二条第（五）项的规定，认定无效：（一）承包人未取得建筑施工企业资质或者超越资质等级的"、第4条"承包人非法转包、违法分包建设工程或者没有资质的实际施工人借用有资质的建筑施工企业名义与他人签订建设工程施工合同的行为无效"的规定，涉案《工程劳务承包协议》违法无效。

延伸阅读：违法分包的情形及其法律责任

（1）违法分包的情形

《建筑工程施工发包与承包违法行为认定查处管理办法》（建市规［2019］1号）

第12条 存在下列情形之一的，属于违法分包：

①承包单位将其承包的工程分包给个人的。

②施工总承包单位或专业承包单位将工程分包给不具备相应资质单位的。

③施工总承包单位将施工总承包合同范围内工程主体结构的施工分包给其他单位的，钢结构工程除外。

④专业分包单位将其承包的专业工程中非劳务作业部分再分包的。

⑤专业作业承包人将其承包的劳务再分包的。

⑥专业作业承包人除计取劳务作业费用外，还计取主要建筑材料款和大中型施工机械设备、主要周转材料费用的。

（2）违法分包的法律责任

《建筑工程施工发包与承包违法行为认定查处管理办法》（建市规［2019］1号）

第15条 县级以上人民政府住房和城乡建设主管部门对本行政区域内发现的违法发包、转包、违法分包及挂靠等违法行为，应当依法进行调查，按照本办法进行认定，

并依法予以行政处罚。

　　…………

　　②对认定有转包、违法分包违法行为的施工单位，依据《建筑法》第67条、《建设工程质量管理条例》第62条规定进行处罚。

　　…………

　　⑥对认定有转包、违法分包、挂靠、转让出借资质证书或者以其他方式允许他人以本单位的名义承揽工程等违法行为的施工单位，可依法限制其参加工程投标活动、承揽新的工程项目，并对其企业资质是否满足资质标准条件进行核查，对达不到资质标准要求的限期整改，整改后仍达不到要求的，资质审批机关撤回其资质证书。

　　对2年内发生2次及以上转包、违法分包、挂靠、转让出借资质证书或者以其他方式允许他人以本单位的名义承揽工程的施工单位，应当依法按照情节严重情形给予处罚。

　　⑦因违法发包、转包、违法分包、挂靠等违法行为导致发生质量安全事故的，应当依法按照情节严重情形给予处罚。

　　第17条　县级以上人民政府住房和城乡建设主管部门应将查处的违法发包、转包、违法分包、挂靠等违法行为和处罚结果记入相关单位或个人信用档案，同时向社会公示，并逐级上报至住房和城乡建设部，在全国建筑市场监管公共服务平台公示。

　　《建筑法》

　　第67条　承包单位将承包的工程转包的，或者违反本法规定进行分包的，责令改正，没收违法所得，并处罚款，可以责令停业整顿，降低资质等级；情节严重的，吊销资质证书。

　　承包单位有前款规定的违法行为的，对因转包工程或者违法分包的工程不符合规定的质量标准造成的损失，与接受转包或者分包的单位承担连带赔偿责任。

　　《建设工程质量管理条例》

　　第62条第1款　违反本条例规定，承包单位将承包的工程转包或者违法分包的，责令改正，没收违法所得，对勘察、设计单位处合同约定的勘察费、设计费25%以上50%以下的罚款；对施工单位处工程合同价款0.5%以上1%以下的罚款；可以责令停业整顿，降低资质等级；情节严重的，吊销资质证书。

九、挂靠后再转（分）包，实际施工人主张被挂靠人承担付款责任能否支持？

　　裁判观点概述：挂靠人借用被挂靠人资质承接工程后，以挂靠人自身名义将工程转（分）包给实际施工人的，挂靠人系该工程的转（分）包人，基于合同相对性，负有向实际施工人支付工程价款的义务；被挂靠人系出借资质的施工企业，不承担向实际施工人付款的责任。

关键词：实际施工人 挂靠 转（分）包

案例一：申某、田某江、刘某贵、四川长城建筑（集团）有限公司建设工程施工合同纠纷二审民事判决书

案号：［2018］黔民终 368 号

法院认为：刘某贵系案涉工程的转包人，负有向申某支付工程价款的义务。刘某贵系《施工合同协议》相对人，根据合同约定，其有义务向申某支付工程价款。本院认为，刘某贵的付款行为均是在《施工合同协议》签订以后，此时刘某贵已将工程转包给申某，申某是案涉工程的实际施工人。双方将工程进行转包的行为系违法行为，本院予以否定评价。

长城公司系出借资质的施工企业，不承担向申某付款的责任。刘某贵与申某签订《施工合同协议》，将案涉工程进行转包，合同签订主体系刘某贵个人，并非长城公司，申某亦未提供证据证明刘某贵签订合同系受长城公司委托，申某向长城公司主张工程款没有事实依据。

案例二：赵某玉、贵阳市建筑安装工程联合公司、许某国、梁某均建设工程施工合同纠纷二审民事判决书

案号：［2018］黔民终 877 号

法院认为：关于本案各方当事人法律地位及付款责任如何认定的问题。本案工程系海盛公司名义进行发包，许某国借用贵阳建安公司资质作为总包方承包工程，之后将土石方工程分包给赵某玉。贵阳建安公司系出借资质的建筑企业，对于贵阳建安公司出借资质的行为，已然违反了法律禁止性规定，对此，《建筑法》第 67 条"承包单位将承包的工程转包的，或者违反本法规定进行分包的，责令改正，没收违法所得，并处罚款，可以责令停业整顿，降低资质等级；情节严重的，吊销资质证书。承包单位有前款规定的违法行为的，对因转包工程或者违法分包的工程不符合规定的质量标准造成的损失，与接受转包或者分包的单位承担连带赔偿责任"，最高人民法院《关于审理建设工程施工合同纠纷案件适用法律问题的解释（二）》第 4 条"缺乏资质的单位或者个人借用有资质的建筑施工企业名义签订建设工程施工合同，发包人请求出借方与借用方对建设工程质量不合格等因出借资质造成的损失承担连带赔偿责任的，人民法院应予支持"等法律对其出借资质的责任已有明确规定。但是，赵某玉主张工程款所依据的《土石方工程合作协议》系与许某国签订，其合同相对人是许某国，基于合同相对性，应由许某国承担工程价款付款责任。一审认定贵阳建安公司在本案中承担付款责任没有法律依据和合同依据，本院予以纠正。

延伸思考：挂靠后再转（分）包等情形下被挂靠人的责任承担问题

最高人民法院《关于审理建设工程施工合同纠纷案件适用法律问题的解释（一）》第 7 条针对建设工程质量不合格时挂靠人与被挂靠人对发包人的责任承担作出了明确规定，即挂靠人与被挂靠人对因出借资质造成的建设工程质量不合格的损失向发包人承担连带赔偿责任。但对于挂靠人挂靠后对外转（分）包、采购、租赁等活动

中产生的对第三人的责任，在挂靠人与被挂靠人之间该如何承担责任，该条以一个"等"字概括，并未明确列举，实务中难免存在不同的理解。

在此，笔者结合实务中出现的情形，就挂靠后再转（分）包等情形下被挂靠人的责任承担问题，作如下分析：

情形1：挂靠人以自己名义对外签订合同后的责任承担。

此种情形与上述案例所述情形一致，当挂靠人以自己名义对外签订合同时，被挂靠人与第三人之间并不存在合同关系，其合同相对人是挂靠人，基于合同相对性，第三人仅能向挂靠人主张权利，被挂靠人不对第三人承担责任。

情形2：挂靠人以被挂靠人名义对外签订合同后的责任承担。

江苏省高级人民法院《关于审理建设工程施工合同纠纷案件若干问题的意见》（已失效）第25条规定："挂靠人以被挂靠人名义订立建设工程施工合同，因履行该合同产生的民事责任，挂靠人与被挂靠人应当承担连带责任。"

《北京市高级人民法院审理民商事案件若干问题的解答之五（试行）》第47条规定："在建筑行业的挂靠经营中，挂靠者以被挂靠者的名义从事对外经济活动的，被挂靠者是否承担民事责任？合同相对人同时起诉挂靠者和被挂靠者的，如果合同相对人对于挂靠事实不明知，由挂靠者与被挂靠者承担连带民事责任；如果合同相对人对于挂靠事实明知，首先由挂靠者承担责任，被挂靠者承担补充的民事责任。合同相对人只起诉被挂靠者的，被挂靠者对外应先行承担民事责任。在被挂靠者对外承担责任的范围内，被挂靠者对挂靠者享有追偿权。"

杭州市中级人民法院民一庭《关于审理建设工程及房屋相关纠纷案件若干实务问题的解答》第2条第2项规定："挂靠人以被挂靠人名义订立建设工程施工合同，因履行该合同产生的民事责任，被挂靠人是否应当与挂靠人一并承担连带责任？答：挂靠人作为实际施工主体应对自己的施工内容承担相应的法律后果，被挂靠人虽未直接参与工程建设施工，但允许他人以自己名义承揽施工，也应负担该施工行为产生的法律后果。因此，当该建设工程施工合同向对方主张挂靠人与被挂靠人承担连带责任的，一般应予以支持。"

笔者认为，如果挂靠人是以被挂靠人的名义对外签订合同，合同相对方主张被挂靠人承担责任时，即便被挂靠人能够证明其与挂靠人之间存在挂靠关系，除非合同相对方放弃向被挂靠人主张权利，否则应由挂靠人与被挂靠人对外承担连带责任。此时，挂靠人是合同的实际履行主体和实际获益主体，其应对自己实际履行的合同内容承担相应的法律后果；被挂靠人是形式上的合同主体，合同相对方基于对被挂靠人的信赖与其建立合同关系，其信赖利益应受保护。如果被挂靠人能够证明合同相对方对挂靠关系是明知的，则应由挂靠人先承担责任，被挂靠人承担补充的民事责任；如果合同相对方仅主张被挂靠人承担责任，因其允许他人以其名义对外签订合同，应负担其行为产生的法律后果。被挂靠人承担责任后，可依其与挂靠人之间的协议向挂靠人追偿。

十、实际施工人的合伙人能否主张转（分）包人、发包人承担付款责任？

裁判观点概述：实际施工人与他人合伙，以自身名义承接工程后共同进行施工，其他合伙人系该实际施工人的合伙人，相互之间的权利义务关系属内部法律关系，不能依其合伙关系及合伙实际施工事实，向与其不具有合同相对性的转（分）包人主张承担付款责任。但转（分）包人、发包人明知该实际施工合伙关系并且予以认可的〔比如：各合伙人共同签订转（分）包合同、共同负责项目管理、共同接收工程款项等〕除外。

关键词：实际施工人　合伙　内部法律关系

案例一：申某、田某江、刘某贵、四川长城建筑（集团）有限公司建设工程施工合同纠纷二审民事判决书

案号：〔2018〕黔民终 368 号

裁判文书摘要：

被上诉人辩称：针对申某、田某江、杨某成上诉请求及理由，刘某贵答辩称：转包合同是其与申某个人签订的，长城公司不应该承担连带责任。针对申某、田某江、杨某成上诉请求及理由，长城公司答辩称：我方是实际组织完成了涉案工程施工和结算，并对外承担了工程所有的支付责任和义务，因此我方既是承包人也是工程的实际施工人，而不是申某等人。

二审法院查明：刘某贵与申某签订的《施工合同协议》、长城公司与业主方签订的《施工合同》约定的施工范围一致。杨某成、田某江二审陈述，其与申某是入伙的，相关款项判决支付给申某无异议。

法院认为：田某江、杨某成系申某的合伙人，三人之间的权利义务关系属内部法律关系，可由当事人另行主张，本院不予审查。

案例二：张某强、夏某宇等与三穗县新鸿房地产开发有限公司、泸州市第七建筑工程公司等建设工程施工合同纠纷一审民事判决书

案号：〔2017〕黔民初 158 号

法院认为：原告张某强、夏某宇作为实际施工人，具备本案的原告诉讼主体资格，具体理由：

一方面，从实际施工人身份看，本案系二原告借用泸州七建的资质与新鸿房开签订施工合同，并实际投入资金、负责项目管理、组织工程施工，二原告系案涉工程的实际施工人，依照最高人民法院《关于审理建设工程施工合同纠纷案件适用法律问题的解释》第 26 条第 1 款"实际施工人以转包人、违法分包人为被告起诉的，人民法院应当依法受理"的规定，实际施工人享有主张工程款的权利，具备本案诉讼主体资格。

另一方面，从合同相对性看，本案保证金是原告缴纳、施工合同的签约代表人是夏某宇，新鸿房开支付的工程款均是直接支付给二原告或泸州七建项目部。新鸿房开的实际履行行为表明，其对二原告借用泸州七建的资质进行施工是明知的，且其履行

合同的对象始终指向二原告，因此，新鸿房开与二原告之间存在事实上的合同关系，基于合同相对性，二原告可以向新鸿房开主张工程价款，具备本案诉讼主体资格。

延伸思考：合伙情形下实际施工人的工程款主张相关问题

实践中，实际施工人合伙承接工程后，较易发生实际施工人的认定以及合伙人内部收益分配相关的争议。实际施工合伙人能否诉请发包人、转（分）包人承担欠付工程款的责任，关键在于查明合伙人与转（分）包单位之间是否存在无效建设工程施工合同关系；合伙人是不是案涉项目最终实际投入资金、材料和劳力进行工程施工的民事主体。

笔者结合实务，分两种情形进行讨论：

情形 1：合伙人共同挂靠后共同进行实际施工。此种情形下，合伙人均为实际施工人。如果合伙人之间对工程款的分配产生争议，往往需要对合伙的成本进行司法会计鉴定，在此基础上确认各合伙人之间的份额及相应的利润。

情形 2：以合伙人中的一人进行挂靠并由其实际对外负责。此种情形下，被挂靠单位为其中一合伙人开立项目专用账户，案涉工程款由该合伙人掌控，对外发生的款项往来、合同等均由该合伙人负责。如果合伙人之间对工程款的分配产生争议，即便能够认定各合伙人之间的合伙关系，但未与被挂靠单位签订合同的合伙人，其实际施工人身份的认定将存疑，其较难以突破合伙合同的相对性，直接向被挂靠单位、建设单位主张权利。

有关借用资质实际完成工程建设施工主体的
两个实务问题探讨

——基于最高人民法院建设工程司法解释的规定

孙仕祥

实务中存在三类较为典型的实际施工人，即：转包合同的承包人，违法分包合同的承包人，借用有资质的建筑施工企业名义与他人签订建设工程施工合同的单位或者个人[1]。最高人民法院《关于审理建设工程施工合同纠纷案件适用法律问题的解释（一）》（法释［2020］25号，以下简称《建设工程司法解释一》）第43条第2款规定："实际施工人以发包人为被告主张权利的，人民法院应当追加转包人或者违法分包人为本案第三人，在查明发包人欠付转包人或者违法分包人建设工程价款的数额后，判决发包人在欠付建设工程价款范围内对实际施工人承担责任。"该条规定涉及上述三类较为典型的实际施工人中的前两类，即转包合同的承包人和违法分包合同的承包人，但并未提及"借用资质的单位或者个人"这一类实际施工人。由此引发本文探讨的问题有二：一是《建设工程司法解释一》第43条第2款能否适用于借用资质实际完成工程建设的施工主体？二是在借用资质实际完成工程建设的主体作为实际施工人的情形下，该借用资质的实际施工人能否起诉向发包人主张权利？

一、实际施工人、挂靠人概念辨析

（一）实际施工人

最高人民法院在2004年发布的《关于审理建设工程施工合同纠纷案件适用法律问题的解释》（法释［2004］14号）[2]中提出了实际施工人概念，但对于实际施工人的范围，司法解释并没有专门作出界定，加之实践中的情形多种多样，以于至今未形成统一的认识或界定。2006年，最高人民法院在《最高人民法院对十二届全国人大四次

———————

〔1〕 最高人民法院民事审判第一庭编著：《最高人民法院建设工程施工合同司法解释（二）理解与适用》，人民法院出版社2019年版，第498~499页。

〔2〕 该解释已经被《最高人民法院关于废止部分司法解释及相关规范性文件的决定》（法释［2020］16号）废止。

会议第 9594 号建议的答复》中指出："'实际施工人'是指依照法律规定被认定为无效的施工合同中实际完成工程建设的主体，包括施工企业、施工企业分支机构、工头等法人、非法人团体、公民个人等，是《最高人民法院关于审理建设工程施工合同纠纷案件适用法律问题的解释》（以下简称《解释》）确定的概念，目的是区分有效施工合同的承包人、施工人、建筑施工企业等法定概念。……"该答复从主体构成的角度对实际施工人的范围作了明确，这些主体缺乏资质或相互借用资质，但实际完成了工程建设。从《建设工程司法解释一》第 1 条第 2 项、第 43 条规定可以看出，最高人民法院在司法解释明确界定了"转包合同的承包人，违法分包合同的承包人，借用有资质的建筑施工企业名义的单位或者个人"这三类典型的实际施工人。

（二）挂靠人

根据住房和城乡建设部《建筑业企业资质标准》，建筑业企业资质分为施工总承包、专业承包和施工劳务三个序列。其中施工总承包序列设有 12 个类别，一般分为 4 个等级（特级、一级、二级、三级）；专业承包序列设有 36 个类别，一般分为 3 个等级（一级、二级、三级）；施工劳务序列不分类别和等级。

住房和城乡建设部《建筑工程施工发包与承包违法行为认定查处管理办法》（建市规〔2019〕1 号）第 9 条规定："本办法所称挂靠，是指单位或个人以其他有资质的施工单位的名义承揽工程的行为。前款所称承揽工程，包括参与投标、订立合同、办理有关施工手续、从事施工等活动。"

《建设工程司法解释一》并未使用"挂靠"这一表述，而是以"没有资质的实际施工人借用有资质的建筑施工企业名义""缺乏资质的单位或者个人借用有资质的建筑施工企业名义签订建设工程施工合同"进行表述。尽管如此，从《建筑工程施工发包与承包违法行为认定查处管理办法》对"挂靠"的定义可以看出，在建设工程承发包关系中，"挂靠"与"借用"实际上系同一概念，挂靠人也即是借用资质的单位或个人，与挂靠人相对应，被挂靠人即是出借资质的建筑施工企业。在挂靠人作为实际施工人的情况下，被挂靠人即是名义施工人。

通过上文分析，在实际施工人借用资质即挂靠的情况下，发包人与名义施工人/被挂靠人之间存在施工合同法律关系，名义施工人/被挂靠人与实际施工人/挂靠人之间存在资质借用的关系，三者间关系如下图：

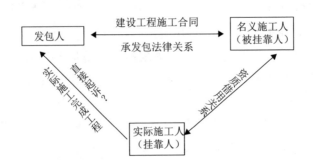

二、《建设工程司法解释一》第 43 条第 2 款能否适用于借用资质实际完成工程建设的施工主体

对于《建设工程司法解释一》第 43 条第 2 款是否排除了对借用资质的实际施工人的适用问题，理论与实务中存有争议。

一种观点认为，《建设工程司法解释一》只规定了实际施工人与转包人、违法分包人以及发包人之间的权利义务关系，没有规定实际施工人与出借资质的建筑施工企业之间的权利义务关系。[1]

另一种观点认为，司法解释的该规定旨在保护农民工的合法权益，在出借资质的情况下，为保护农民工利益，也应保护借用资质的实际施工人；根据《建设工程司法解释一》第 1 条的规定，借用有资质的建筑施工企业名义与他人签订建设工程施工合同的承包人也属于实际施工人；在借用有资质的建筑施工企业名义与他人签订建设工程施工合同的情况下，出借方并不实际参与建设工程施工，借用方实际参与建设工程施工，符合实际施工人的文义；由于建设工程施工合同是以出借方名义签订的，借用方履行完毕施工义务后，并不能依据《民法典》及建设工程施工合同的规定请求发包人支付工程价款，出借方通常只收取管理费，对于追索工程价款没有积极性，如果本条不适用于借用资质的实际施工人，对保护进城务工人员利益不利。[2]

本文赞同第一种观点，理由是：

第一，从文义表述来看，《建设工程司法解释一》第 43 条第 2 款不涉及借用资质实际完成工程建设的实际施工人。在实际施工人权益保护的主体类型上，《建设工程司法解释一》第 43 条第 2 款只规定了转包合同的承包人和违法分包合同的承包人两类实际施工人的权益救济问题，对于第三类借用资质的实际施工人的权益保护问题，该条文中并未涉及。

第二，在挂靠人实际完成工程建设作为实际施工人的情况下，该挂靠人就是实际完成工程建设的主体，应不存在《建设工程司法解释一》第 43 条第 2 款中所述的转包人或违法分包人（只应存在名义施工人即被挂靠人）。如果存在转包人或违法分包人，则该挂靠人并非实际施工人，实际施工人应是转包合同的承包人或违法分包合同的承包人。既然不存在转包人或违法分包人，则法院依该条客观上不可能追加并不存在的转包人或违法分包人作为第三人，也就不存在要去查明发包人欠付转包人或违法分包人建设工程价款这一乌有的事实。

第三，担心借用资质实际完成工程建设的实际施工人不能适用该条，则不利于保护农民工和该实际施工人的权益的观点，事实上有些过于牵强。《建设工程司法解释

---

〔1〕 最高人民法院民事审判第一庭编著：《最高人民法院建设工程施工合同司法解释（二）理解与适用》，人民法院出版社 2019 年版，第 499 页。

〔2〕 最高人民法院民事审判第一庭编著：《最高人民法院建设工程施工合同司法解释（二）理解与适用》，人民法院出版社 2019 年版，第 499 页。

一》第 43 条第 2 款规定不适用于借用资质的实际施工人，不等于借用资质的实际施工人在完成工程施工后工程价款债权请求权不能得到保障。[1]

还有观点以发包人是否知悉并认可实际施工人借用资质，对借用资质的实际施工人能否适用《建设工程司法解释一》第 43 条第 2 款主张权利进行了区分判断。[2]

一种是发包人明知的情形。此情形下实际施工人与发包人之间构成事实施工合同关系，不适用《建设工程司法解释一》第 43 条第 2 款。对此，本文理解认为，因发包人对实际施工人借用资质是知情的，发包人与名义施工人签署的施工合同完全契合了《建设工程司法解释一》第 1 条第 2 项关于"没有资质的实际施工人借用有资质的建筑施工企业名义的"施工合同应当认定无效的规定。实际施工人向发包人直接主张权利的，既已查明发包人明知并认可实际施工人借用资质，无论对于法院，还是发包人而言，均不存在应当追加或列明作为第三人的"转包人或者违法分包人"，也不可能查明发包人欠付转包人或违法分包人建设工程价款的事实，故不适用《建设工程司法解释一》第 43 条第 2 款。

另一种是在发包人不知悉也不认可的情形。此情形下实际施工人向发包人直接主张权利的，可以适用《建设工程司法解释一》第 43 条第 2 款。就此，本文理解认为，该观点似乎暗含了此情形下对发包人与名义施工人之间的施工合同效力不应作否定性评价的意思。因发包人不知情，其有理由相信其与出借资质的名义施工人之间建立了合法有效的施工合同关系，在此情况下，如果因借用资质实际施工人的原因而否定了施工合同的效力，对于不知情的发包人而言并不公平、合理。同时，如果借用资质的实际施工人向发包人直接主张权利可以适用《建设工程司法解释一》第 43 条第 2 款，则意味在此情形下，"人民法院应当追加转包人或者违法分包人为本案第三人"中的"转包人或者违法分包人"事实上是指"被挂靠的名义施工人"。似乎只有作此解释，才能满足《建设工程司法解释一》第 43 条第 2 款的适用条件，否则该条中的"转包人或者违法分包人"仍旧欠缺。

三、借用资质实际完成工程建设的施工主体能否直接起诉发包人

如上所述，尽管挂靠实际完成工程建设的实际施工人不能适用《建设工程司法解释一》第 43 条第 2 款主张权利，但本文认为，这并不意味着借用资质的实际施工人不享有直接向发包人主张建设工程价款的请求权。理由是：

第一，实际完成工程建设的施工主体借用资质与发包人订立施工合同的实务情形多样，可能会是实际施工人、出借资质的建筑施工企业和发包人都是明知的，且各方都认可；也可能会是实际施工人和资质出借企业通谋，发包人在订立和履行合同阶段

---

〔1〕 最高人民法院民事审判第一庭编著：《最高人民法院建设工程施工合同司法解释（二）理解与适用》，人民法院出版社 2019 年版，第 500 页。

〔2〕 曹文衔：《当事人视角下的司解二适用疑点、困惑与化解（之六）：实际施工人权利救济的裁判规则（上）》，载"天同诉讼圈"公众号"建工衔评"栏目，2019 年 3 月 28 日。

均不明知……无论何种情形，根据《建设工程司法解释一》第1条第2项、第1条第2款，实际施工人借用有资质的建筑施工企业名义与他人签订建设工程施工合同的行为无效，该建设工程施工合同也无效。

第二，在建设工程施工合同无效的情况下，根据《民法典》第157条关于"民事法律行为无效、被撤销或者确定不发生效力后，行为人因该行为取得的财产，应当予以返还；不能返还或者没有必要返还的，应当折价补偿"的规定，发包人取得实际施工人施工完成的建设工程不能返还或没有必要返还，发包人应当就实际施工人付出的工作折价予以补偿。

第三，尽管司法解释没有针对挂靠情形下实际完成工程建设施工主体的权利救济像转包合同的承包人、违法分包合同的承包人这两种类型的实际施工人一样作出单独规定，但根据《建设工程司法解释一》第24条"当事人就同一建设工程订立的数份建设工程施工合同均无效，但建设工程质量合格，一方当事人请求参照实际履行的合同关于工程价款的约定折价补偿承包人的，人民法院应予支持"的规定，在建设工程质量合格的情况下，借用资质实际完成工程建设的施工人直接向发包人请求参考合同约定支付工程价款，也是有法律和法理依据的，此时，该条中的承包人指的就是挂靠人。这从最高人民法院在江苏盛谐建设集团有限公司与周某龙建设工程施工合同纠纷再审申请案〔（2018）最高法民申405号〕裁定书的观点中也可以得到印证。在该案中，最高人民法院审查认为："关于案涉工程款的权利主体问题。最高人民法院《关于审理建设工程施工合同纠纷案件适用法律问题的解释》（以下简称《建设工程施工合同解释》）第1条第2项规定：'建设工程施工合同具有下列情形之一的，应当根据合同法第五十二条第（五）项的规定，认定无效：……（二）没有资质的实际施工人借用有资质的建筑施工企业名义的；……'第2条规定：'建设工程施工合同无效，但建设工程经竣工验收合格，承包人请求参照合同约定支付工程价款的，应予支持。'……原审判决认定周某龙系挂靠东泰华美大连分公司建设案涉工程，其作为实际施工人有权参照合同约定请求支付工程款，并无不当。"

需要说明的是，对实际施工人的工程价款债权的保护应以建设工程质量合格为前提，如果实际施工人完成的建设工程质量不合格且拒绝修复，或者修复仍不合格的，无论是实际施工人对转包人或者违法分包人的建设工程价款请求权还是转包人或者违法分包人对发包人的建设工程价款请求权，都将失去合法性和合理性基础。[1]

---

〔1〕 最高人民法院民事审判第一庭编著：《最高人民法院建设工程施工合同司法解释（二）理解与适用》，人民法院出版社2019年第1版，第509页。

关于"发包人在欠付建设工程价款范围内对实际施工人承担责任"规定相关问题的理解与适用

——结合贵州省各地中级人民法院相关裁判案例解读

孙仕祥

最高人民法院《关于审理建设工程施工合同纠纷案件适用法律问题的解释（一）》（以下简称《建设工程司法解释一》）第43条第2款规定："实际施工人以发包人为被告主张权利的，人民法院应当追加转包人或者违法分包人为本案第三人，在查明发包人欠付转包人或者违法分包人建设工程价款的数额后，判决发包人在欠付建设工程价款范围内对实际施工人承担责任。"司法实践中对于该规定相关问题的理解与适用，不尽相同。

本文中，笔者结合贵州省各地中级人民法院的相关司法裁判文书，围绕"发包人在欠付建设工程价款范围内对实际施工人承担责任"相关问题的理解与适用展开梳理，尝试理解裁判文书背后的裁判思维与逻辑。

一、贵州省各地中级人民法院与之相关的裁判案例梳理

笔者通过 Alpha 法律智能操作系统在其"法规"项下检索《建设工程司法解释一》规定全文，其中，该规定第43条第2款关联的案例共504篇（截至2022年1月9日数据），如下图所示：

> **最高人民法院关于审理建设工程施工合同纠纷案件适用法律问题的解释（一）**　　筛选修改条文　切换到纯净版　标签　检索报告
>
> **第四十三条** 实际施工人以转包人、违法分包人为被告起诉的，人民法院应当依法受理。（普通案例51篇）
>
> 实际施工人以发包人为被告主张权利的，人民法院应当追加转包人或者违法分包人为本案第三人，在查明发包人欠付转包人或者违法分包人建设工程价款的数额后，判决发包人在欠付建设工程价款范围内对实际施工人承担责任。（普通案例504篇）

在该504篇案例中进一步检索贵州省法院系统判决类型的裁判文书，共有74篇，其中，基层人民法院的裁判文书54篇，中级人民法院的裁判文书20篇（如图所示）。该检索路径下暂无贵州省高级人民法院的相关裁判文书数据。

下表中，笔者结合贵州省各地中级人民法院的该 20 篇裁判文书，围绕其中与发包人责任承担焦点问题有关的裁判观点展开梳理如下：

法院	案件	案号	裁判观点（摘要）
贵州省贵阳市中级人民法院	中国水利水电第九工程局有限公司、贵州星诚宇劳务有限责任公司建设工程施工合同纠纷二审	[2021]黔01民终1202号	二审争议焦点为王某模是否系案涉工程的实际施工人以及水电九局公司是否应当对王某模承担付款责任。 本案中，王某模与其相对人张某华之间并未签订书面施工合同，王某模仅提交刮瓷班组结算表、工程结算单及部分首付款凭证并不足以证明其实际施工人身份，本案现有证据仅能认定王某模系瓷粉施工班组，其与张某华之间仅构成劳务合同关系，王某模本案主张的款项的性质实为劳务费，其主张突破合同相对性要求星诚宇公司、水电九局公司、白云城投公司承担责任依据不足，考虑到星诚宇公司对一审判决其在欠付张某华工程款范围内承担责任并未提起上诉，故本院对此予以维持。 退一步讲，即使王某模能够认定为实际施工人，根据水电九局公司一审提交的与星诚宇公司的合同及补充协议、付款凭证，水电九局公司已支付给星诚宇公司的进度款金额已超过合同约定的金额，星诚宇公司一审中亦认可合同内工程的款项已经付清，超出合同的部分双方仍在沟通协商，因水电九局公司与星诚宇公司尚未完成最终结算，且对于未完成最终结算系哪方责任本案现有证据无法明确，最终水电九局公司是否存在欠付星诚宇公司尚不明确，本案亦不宜判决水电九局公司承担责任。
贵州省六盘水市中级人民法院	贵州盘化建设有限公司、李某建设工程分包合同纠纷二审	[2021]黔02民终1165号	对原告李某主张被告盘州市红果街道办事处与被告贵州盘化建设有限公司连带支付工程款的诉讼请求。 经调解，由被告盘州市红果街道办事处分期支付原告贵州盘化建设有限公司工程款 7 677 106.55 元，该款项中已包含涉案工程款，被告盘州市红果街道办事处在本案中不应承担责任，故其请求无事实依据和法律依据，不予支持。
	贵州盘化建设有限公司、高某刚建设工程分包合同纠纷二审	[2021]黔02民终1166号	经调解，由被告盘州市红果街道办事处分期支付原告贵州盘化建设有限公司工程款 7 677 106.55 元，该款项中已包含涉案工程款，被告盘州市红果街道办事处在本案中不应承担责任，故其请求无事实依据和法律依据，不予支持。
	刘某全、陕西汇升工矿物资有限公司等建设工程施工合同纠纷二审	[2021]黔02民终1241号	关于汇升公司、中铁十八局四公司、盘州市交通局应否向刘某全承担支付责任的问题。 建工合同司法解释第 26 条之规定，实际施工人以发包人为被告主张权利的，人民法院可以追加转包人或者违法分包人为本案当事人，发包人只在欠付工程款范围内对实际施工人承担责任。本案中，盘州市交通局作为发包人，其未提供充分有力的证据证实其

法院	案件	案号	裁判观点（摘要）
			未欠付案涉工程款，应承担举证不能的法律后果，一审以其与中铁十八局四公司对工程款未完成最终结算为由判决其不承担责任不当，本院予以纠正。中铁十八局四公司既非案涉工程发包人，亦非与刘某全存在合同关系的当事人，刘某全主张其承担支付责任缺乏事实及法律依据，本院不予支持。
贵州省遵义市中级人民法院	罗某友、贵州黔兴鹏达路桥工程有限公司等劳务合同纠纷二审	[2021]黔03民终6162号	本案的争议焦点是黔兴鹏达公司、中建四局三公司是否承担责任。宋某兵挂靠黔兴鹏达公司承接工程，并将部分劳务交罗某友施工；根据合同仅对双方当事人有约束力，罗某友主张与黔兴鹏达公司具有合同关系，双方未签订书面的协议，也没有其他证据证明双方存在合同关系，相反，罗某友在本案提交的《欠条》由宋某兵出具，在《欠条》上明确载明"如逾期未付，宋某兵愿承担一切法律责任"，可见，该《欠条》明确载明系宋某兵个人向罗某友承担责任，而非黔兴鹏达公司，宋某兵并非黔兴鹏达公司的员工，也没有证据出具该《欠条》系黔兴鹏达公司授权，即宋某兵出具《欠条》的行为并不构成职务行为，或者让罗某友有理由相信宋某兵代表黔兴鹏达公司。此外，黔兴鹏达公司也没有承诺对宋某兵的欠款承担偿还责任，因此，罗某友要求黔兴鹏达公司和宋某兵承担共同责任于法无据。中建四局三公司将案涉工程发包给具有相应资质的黔兴鹏达公司，案涉工程已竣工验收交付使用，但双方未进行最终的结算，罗某友要求中建四局三公司承担责任的诉请，本院不予支持。
	湄潭县新南镇人民政府、邱某义等建设工程施工合同纠纷二审	[2021]黔03民终6342号	关于案涉工程价款。 湄潭县审计局于2016年3月4日作出的审计文件载明，案涉工程总价款审定为1 374 264.09元，已付价款为1 088 264.09元，尚欠工程价款为286 000元（总额1 374 264.09元-已付1 088 264.09元），各方均无异议，本院予以确认。根据《最高人民法院关于审理建设工程施工合同纠纷案件适用法律问题的解释》第26条之规定，邱某义作为实际施工人，请求发包人新南镇政府在欠付工程款286 000元范围内支付工程款，符合法律规定，本院予以支持。新南镇政府上诉认为其不应支付工程款的理由不能成立，本院不予支持。
	遵义侨龙财智希尔顿欢朋酒店管理有限公司、重庆文业装饰设计工程有限公司等建设工程施工合同纠纷二审	[2021]黔03民终7092号	侨龙酒管公司上诉称，实际施工人是指转包和违法分包的承包人，本案中，总包合同约定可以专业分包，并不存在违法转包或违法分包的情形，重庆文业公司并非该条款所规定的实际施工人，其无权要求上诉人在欠付工程款范围内承担责任。侨龙酒管公司与北京弘高公司之间至今未确定建设工程价款数额，只有确定后，人民法院才可判决发包人在欠付建设工程价款范围内对实际施工人承担责任。在上诉人未与北京弘高公司结算的情况下，侨龙酒管公司不应对实际施工人承担责任。 关于侨龙酒店公司是否应在欠付工程款范围内承担支付责任。二审法院认为，虽然涉案工程未经侨龙酒店公司与北京弘高公司进行验收结算，但在侨龙酒店公司与北京弘高公司解除合同后，侨龙公司已与重庆文业公司对已施工完成部分工程及剩余材料进行清点确认，现侨龙酒店公司已实际占有重庆文业公司的施工成果，重庆文业公司的工程款已经第三方鉴定机构进行鉴定，该鉴定意见应作为计算重庆文业装饰设计工程有限公司工程款项的依据，本院予以确认。因侨龙酒店公司至今未向北京弘高公司及施工队

法院	案件	案号	裁判观点（摘要）
			支付过任何款项，除本案施工人外，还存在其他施工项目也未予支付，故重庆文业公司所主张的工程款应在侨龙酒店公司欠付北京弘高公司的工程款范围。 最高人民法院《建设工程司法解释一》第43条第2款的本意旨在于，即便合同因为转包或违法分包而无效，但因实际施工人有实际投入和完成了一定工程量，在发包人未及时向转包人或违法分包人支付工程款的情况下，为确保实际施工人实际权益的实现，发包人在欠付工程款范围直接向实际施工人承担支付责任。既然转包或违法分包人的权利都能在法律规定的情况下得以保护，那么按照对法律条文的正常推理和理解，故在合法正常分包的情况下，有效合同的权益也更应当予以保护。故上诉人该项上诉理由不能成立，本院不予采纳。
	遵义市播州区石板镇人民政府、陈某敦等建设工程施工合同纠纷二审	［2021］黔03民终7653号	关于石板镇政府是否应当向陈某敦支付工程款。 陈某敦与建威公司之间为借用资质（挂靠）关系，一审认定为违法分包或转包关系不当，本院予以纠正。石板镇政府认可陈某敦系涉案工程的实际施工人，陈某敦与石板镇政府形成了事实上的建设工程施工合同关系，陈某敦的合同相对方即为石板镇政府，石板镇政府应当向陈某敦支付工程款。
贵州省毕节市中级人民法院	张某与织金县秋顺建设工程有限公司、织金县住房和城乡建设局建设工程施工合同纠纷一审	［2020］黔05民初147号	最高人民法院《建设工程司法解释一》（法释［2020］25号）第43条第2款规定，在查明发包人欠付转包人或者违法分包人建设工程价款的数额后，判决发包人在欠付建设工程价款范围内对实际施工人承担责任。现已查明发包人织金住建局欠付秋顺公司工程款14 507 514.85元，根据前述司法解释规定，织金住建局应当在14 507 514.85元范围内对张某承担支付责任。
	贵州遵义一〇六地质矿业有限责任公司、重庆红波建筑劳务有限公司等建设工程施工合同纠纷二审	［2021］黔05民终5043号	对于一〇六公司应否对工程欠款及利息承担连带支付责任的问题。 对于一〇六公司应否对工程欠款及利息承担连带支付责任的问题。《民法总则》第178条规定"连带责任，由法律规定或者当事人约定。"连带责任是较为严苛的法律责任，无论一〇六公司与红波公司系挂靠关系抑或转包关系，均应根据法律规定及当事人约定判断一〇六公司应否承担连带责任。具体到本案，一〇六公司作为涉案工程的总承包人，其与红波公司签订协议将案涉工程交由红波公司施工，违反了《建筑法》第28条的禁止性规定，协议书为无效合同。红波公司将其从一〇六公司处承接的工程又转包给宁晟公司，同样违反了前述法律规定，双方签订的《农业开发项目及地灾治理土石方工程施工合同（第一区）》亦属无效合同。据此，自然资源局系案涉工程的发包人，一〇六公司系总承包人（转包人），红波公司系转承包人，宁晟公司系实际施工人，根据最高人民法院《建设工程司法解释一》第43条之规定，作为承包人（转包人）的一〇六公司，仅应在欠付（截留）红波公司工程款的范围内对实际施工人承担支付责任。案涉工程主合同约定的工程款资金来源于工程煤产生的收入，宁晟公司提供的证据不能证明一〇六公司就案涉工程实际施工及对外销售工程煤获利，故不能认定一〇六公司欠付（截留）红波公司的工程款，其在本案中不应承担支付责任。一审判决一〇六公司承担连带支付责任与最高人民法院《建设工程司法解释一》第43条的规定不符，本院予以纠正。

续表

法院	案件	案号	裁判观点（摘要）
	金某、熊某权等建设工程施工合同纠纷二审	[2021]黔05民终3896号	应由谁向曹某承担工程款支付责任？ 经庭审确认，案涉工程已经竣工验收并投入使用。根据一审查明的事实，阿市乡政府已经超付工程款，熊发权上诉认为应由阿市乡政府承担工程款支付责任，该主张与《施工合同纠纷案件解释（一）》第43条的规定不符，本院不予支持。
贵州省黔东南苗族侗族自治州中级人民法院	杜某、贵州建工集团第七建筑工程有限责任公司等建设工程施工合同纠纷二审	[2021]黔26民终1654号	关于第七建筑公司是否应当承担付款责任的问题。 最高人民法院《建设工程司法解释一》第43条第2款规定的"发包人"应作狭义理解，本案中发包人是佳和置业公司，第七建筑公司是承包人，一审判决第七建筑公司与佳和置业公司承担连带责任，系适用法律错误，本院予以纠正。第七建筑公司上诉认为杨某青无权突破合同相对性要求第七建筑公司承担工程款付款责任的上诉理由成立，本院予以支持。
	任某晶、贵州华恺旅游开发有限公司等建设工程施工合同纠纷二审	[2021]黔26民终1778号	争议焦点为：案涉的任某晶施工的工程究竟是谁发包给任某晶施工的？ 二审法院认为，可以认定任某晶施工的木作工程是由华恺旅游公司直接发包给任某晶的，故任某晶与华恺旅游公司之间存在施工合同关系。现有证据不足以证明任某晶所施工的工程是由华辰建筑公司直接发包给任某晶的，根据合同相对性原则，对任某晶要求由华辰建筑公司承担支付工程款责任的请求不予支持。
	贵州晟浩建设工程有限公司、杨某军等第三人撤销之诉二审	[2021]黔26民终1949号	贵州晟浩公司上诉认为，依据《民事诉讼法》第132条、最高人民法院《建设工程司法解释一》第43条之规定，上诉人应为必要的共同诉讼人。最高人民法院《建设工程司法解释一》第43条第2款规定，实际施工人以发包人为被告主张权利的，人民法院应当追加转包人或者违法分包人为本案第三人，以上规定已明确是"应当"追加，而非可以追加。第43条第2款的规定，明确法院依法应当查明发包人欠付转包人或违法分包人的工程款数额后，再判决发包人在欠付建设工程价款范围内对实际施工人承担责任。在上诉人作为转包人未被依法追加为第三的情况下，意味着发包人向实际施工人承担责任后，必将会从发包人应支付给转包人或违法分包人的工程款中予以扣除，该扣除的工程款金额的多少，直接影响到转包人或违法分包人从发包人获得工程款数额的多少。 二审法院认为，深圳中鸿盛投资管理有限公司、黄平骅鑫公司、嘉鸿房地产公司签订《骅鑫·商务港项目投资合作协议书》后，深圳中鸿盛投资管理有限公司（发包人）与贵州川江建设工程有限公司（承包人）（现贵州晟浩公司）签订《土石方及边坡支护工程承包合同》，将位于凯里经济开发区骅鑫商务港的基础土石方及边坡支护工程承包给贵州晟浩公司，后该工程经过层层转包，最终由杨某军施工完成。杨某军是本案的实际施工人。杨某军系与张某远签订的《协议书》取得的涉案工程，贵州晟浩公司并非合同相对方，杨某军也并未与贵州晟浩公司签订分包合同或转包合同。故贵州晟浩公司以遗漏必要共同诉讼参与人贵州晟浩公司、损害贵州晟浩公司利益为由主张撤销[2020]黔2601民初17162号民事判决依据不足，本院不予支持。

法院	案件	案号	裁判观点（摘要）
贵州省黔西南布依族苗族自治州中级人民法院	安徽友峰建筑劳务服务有限公司、马某强建设工程分包合同纠纷二审	［2021］黔23民终687号	本案二审争议焦点为：通号公司及义龙投资公司是否应对友峰公司未付劳务款承担连带支付责任。 本案与原审原告签订劳务分包协议的系友峰公司，原审原告系自然人，无劳务企业资质，一审认定原审原告与友峰公司之间签订的劳务分包合同无效合法，对此本院予以确认。本案无证据显示通号公司明知友峰公司劳务分包的事实，同时通号公司并非劳务分包协议的合同相对方，友峰公司上诉请求通号公司承担连带付款责任无法律依据，对此上诉请求本院予以驳回。对于义龙投资公司承担责任范围的问题。依照最高人民法院《建设工程司法解释一》第43条第2款的规定，本案义龙投资公司系发包人，通号公司系与海南珠江设计院有限公司、贵州有色地质工程勘察公司作为联合承包人与义龙投资公司签订建筑工程勘察、设计、施工、设备采购一体化总承包协议，合同约定工程总投资约为84 950万元，在双方当事人未实际予以结算同时涉及案外人的情况下，直接认定尚欠工程款总金额不当，但本案涉及劳务工程款的支付，涉及农民工的合法权益保障，涉及的六个案件总金额为4 525 848.68元，义龙投资公司对于以上金额未支付无异议，故改判为在4 525 848.68元范围之内承担付款义务，至于义龙投资公司与通号公司之间尚欠工程款的认定另行通过合法途径予以解决。友峰公司上诉请求义龙投资公司直接承担付款义务缺乏法律依据，对此其上诉理由不能成立。
	安徽友峰建筑劳务服务有限公司、梁某明建设工程分包合同纠纷二审	［2021］黔23民终688号	
	安徽友峰建筑劳务服务有限公司、徐某万建设工程分包合同纠纷二审	［2021］黔23民终689号	
	安徽友峰建筑劳务服务有限公司、瞿某双建设工程分包合同纠纷二审	［2021］黔23民终690号	
	安徽友峰建筑劳务服务有限公司、莫某云建设工程分包合同纠纷二审	［2021］黔23民终691号	
	安徽友峰建筑劳务服务有限公司、王某建设工程分包合同纠纷二审	［2021］黔23民终692号	

二、对贵州各地中级人民法院与之相关案例裁判观点的归纳整理

结合上述案例中与发包人责任承担焦点问题有关的裁判内容，笔者归纳整理裁判者对于相关问题的观点如下：

1. 关于施工班组是否为实际施工人的问题

【贵阳市中级人民法院】

裁判观点归纳：施工班组人员系劳务人员，并非实际施工人，其主张的款项性质实质系劳务费。施工班组人员突破合同相对性，主张与其无直接关系的转包人（或违法分包人）、承包人、发包人承担责任的，于法无据。

案件：〔2021〕黔01民终1202号

裁判文书（摘要）： 王某模仅提交刮瓷班组结算表、工程结算单及部分首付款凭证并不足以证明其实际施工人身份，本案现有证据仅能认定王某模系瓷粉施工班组，其与张某华之间仅构成劳务合同关系，王某模本案主张的款项的性质实为劳务费，其主张突破合同相对性要求星诚宇公司、水电九局公司、白云城投公司承担责任依据不足。

2. 关于与实际施工人无直接关系的转包人（或违法分包人）是否应向实际施工人承担付款责任的问题

【贵阳市中级人民法院】

裁判观点归纳： 在与实际施工人无直接关系的转包人（或违法分包人）之间已完成结算，查明无直接关系的转包人（或违法分包人）之间欠付工程价款的数额的情况下；或者能够查明转包人（或违法分包人）之间未完成结算的责任主体的情况下，无直接关系但存在欠付或未结算责任的转包人（或违法分包人）应向实际施工人承担付款责任。

案件：〔2021〕黔01民终1202号

裁判文书（摘要）： 因水电九局公司与星诚宇公司尚未完成最终结算，且对于未完成最终结算系哪方责任本案现有证据无法明确，最终水电九局公司是否存在欠付星诚宇公司尚不明确，本案亦不宜判决水电九局公司承担责任。

【遵义市中级人民法院】

裁判观点归纳： 根据合同的相对性，实际施工人向与其无直接关系的转包人（或违法分包人）主张共同承担付款责任的，于法无据。但该无直接关系的转包人（或违法分包人）承诺对与实际施工人有合同关系的转包人（或违法分包人）的欠款承担偿还责任的除外。

案件：〔2021〕黔03民终6162号

裁判文书（摘要）： 根据合同仅对双方当事人具有约束力，罗某友主张与黔兴鹏达公司具有合同关系，双方未签订书面的协议，也没有其他证据证明双方存在合同关系，……此外，黔兴鹏达公司也没有承诺对宋某兵的欠款承担偿还责任，因此，罗某友要求黔兴鹏达公司和宋柳兵承担共同责任于法无据。

【毕节市中级人民法院】

裁判观点归纳： 与实际施工人无直接关系的转包人（或违法分包人）仅应在欠付（截留）工程款的范围内对实际施工人承担支付责任。

案件：〔2021〕黔05民终5043号

裁判文书（摘要）： 据此，自然资源局系案涉工程的发包人，一〇六公司系总承包人（转包人），红波公司系转承包人，宁晟公司系实际施工人，根据最高人民法院《建设工程司法解释一》第43条之规定，作为承包人（转包人）的一〇六公司，仅应在欠付（截留）红波公司工程款的范围内对实际施工人承担支付责任。

【黔东南苗族侗族自治州中级人民法院】

裁判观点归纳：实际施工人无权突破合同相对性要求与其没有直接关系的转包人（或违法分包人）承担工程款付款责任。

案件：〔2021〕黔26民终1654号

裁判文书（摘要）：第七建筑公司上诉认为杨某青无权突破合同相对性要求第七建筑公司承担工程款付款责任的上诉理由成立，本院予以支持。

3. 关于合法分包情形下，合法分包的承包人能否突破合同相对性，主张发包人承担责任

【遵义市中级人民法院】

裁判观点归纳：最高人民法院《建设工程司法解释一》第43条第2款的本意旨在于，即便合同因为转包或违法分包而无效，但因实际施工人有实际投入和完成了一定工程量，在发包人未及时向转包人或违法分包人支付工程款的情况下，为确保实际施工人实际权益的实现，发包人在欠付工程款范围直接向实际施工人承担支付责任。既然转包或违法分包人的权利都能在法律规定的情况下得以保护，那么按照对法律条文的正常推理和理解，故在合法正常分包的情况下，有效合同的权益也更应当予以保护。

案件：〔2021〕黔03民终7092号

裁判文书（摘要）：最高人民法院《建设工程司法解释一》第43条第2款的本意旨在于，即便合同因为转包或违法分包而无效，但因实际施工人有实际投入和完成了一定工程量，在发包人未及时向转包人或违法分包人支付工程款的情况下，为确保实际施工人实际权益的实现，发包人在欠付工程款范围直接向实际施工人承担支付责任。既然转包或违法分包人的权利都能在法律规定的情况下得以保护，那么按照对法律条文的正常推理和理解，故在合法正常分包的情况下，有效合同的权益也更应当予以保护。

4. 关于承发包双方尚未结算，实际施工人主张发包人承担责任的问题

【遵义市中级人民法院】

裁判观点归纳1：承发包双方未进行最终结算的情况下，是否尚欠工程不明确，实际施工人主张发包人承担付款责任的，不予支持。

案件：〔2021〕黔03民终6162号

裁判文书（摘要）：中建四局三公司将案涉工程发包给具有相应资质的黔兴鹏达公司，案涉工程已竣工验收交付使用，但双方未进行最终的结算，罗某友要求中建四局三公司承担责任的诉请，本院不予支持。

裁判观点归纳2：承发包双方虽未最终结算，但发包人已实际占有施工成果，实际施工单位的工程款经鉴定确认，且发包人未向承包人及施工队支付过任何款项的情况下，实际施工单位主张发包人在欠付工程款范围内承担责任的，可予支持。

案件：〔2021〕黔03民终7092号

裁判文书（摘要）：虽然涉案工程未经侨龙酒店公司与北京弘高公司进行验收结

算，但在侨龙酒店公司与北京弘高公司解除合同后，侨龙公司已与重庆文业公司对已施工完成部分工程及剩余材料进行清点确认，现侨龙酒店公司已实际占有重庆文业公司的施工成果，重庆文业公司的工程款已经第三方鉴定机构进行鉴定，该鉴定意见应作为计算重庆文业装饰设计工程有限公司工程款项的依据，本院予以确认。因侨龙酒店公司至今未向北京弘高公司及施工队支付过任何款项，除本案施工人外，还存在其他施工项目也未予支付，故重庆文业公司所主张的工程款应在侨龙酒店公司欠付北京弘高公司的工程款范围。

【黔西南布依族苗族自治州中级人民法院】

裁判观点归纳：在承发包双方未结算同时涉及案外人的情况下，直接以工程进度款的欠付情况认定发包人尚欠承包人的工程款金额不当，承发包之间尚欠工程款的认定应另行通过合法途径予以解决。但在案件涉及劳务工程款支付，涉及农民工合法权益保障，转包人（或违法分包人）欠付实际施工人的金额额度经认定后，发包人对于在此额度范围内欠付承包人工程款不持异议的，可判决发包人在此额度范围内向实际施工人承担支付责任。

案件：［2021］黔 23 民终 687 号—［2021］黔 23 民终 692 号

裁判文书（摘要）：在双方当事人未实际予以结算同时涉及案外人的情况下，直接认定尚欠工程款总金额不当，但本案涉及劳务工程款的支付，涉及农民工的合法权益保障，涉及的六个案件总金额为 4 525 848.68 元，义龙投资公司对于以上金额未支付无异议，故改判为在 4 525 848.68 元范围之内承担付款义务，至于义龙投资公司与通号公司之间尚欠工程款的认定另行通过合法途径予以解决。

5. 关于"发包人欠付转包人或者违法分包人建设工程价款数额"的举证责任分配问题

【六盘水市中级人民法院】

裁判观点归纳：发包人是否欠付转包人或者违法分包人建设工程价款，举证责任在发包人一方。发包人不能证明其未欠付工程款的，应承担举证不能的法律后果。不能以发包人与转包人（或违法分包人）未完成最终结算为由，不支持实际施工人关于发包人在欠付工程价款范围内对其承担责任的主张。［说明：该观点系建立在原建设工程司法解释（法释［2004］14 号，现已失效）第 26 条规定基础之上］

案件：［2021］黔 02 民终 1241 号

裁判文书（摘要）：本案中，盘州市交通局作为发包人，其未提供充分有力的证据证实其未欠付案涉工程款，应承担举证不能的法律后果，一审以其与中铁十八局四公司对工程款未完成最终结算为由判决其不承担责任不当，本院予以纠正。

【毕节市中级人民法院】

裁判观点归纳 1：实际施工人不能提供证据证明工程款欠付（截留）情况的，不利后果由实际施工人承担。

案件：［2021］黔 05 民终 5043 号

裁判文书（摘要）：宁晟公司提供的证据不能证明一〇六公司就案涉工程实际施工及对外销售工程煤获利，故不能认定一〇六公司欠付（截留）红波公司的工程款，其在本案中不应承担支付责任。

裁判观点归纳 2：发包人对实际施工人承担责任，需以查明发包人欠付转包人或者违法分包人建设工程价款的数额为前提。

案件：［2021］黔 05 民初 147 号

裁判文书（摘要）：现已查明发包人织金住建局欠付秋顺公司工程款 14 507 514.85元，根据前述司法解释规定，织金住建局应当在 14 507 514.85 元范围内对张某承担支付责任。

案件：［2021］黔 05 民终 3896 号

裁判文书（摘要）：经庭审确认，案涉工程已经竣工验收并投入使用。根据一审查明的事实，阿市乡政府已经超付工程款，熊某权上诉认为应由阿市乡政府承担工程款支付责任，该主张与《施工合同纠纷案件解释（一）》第 43 条的规定不符，本院不予支持。

6. 关于实际施工人仅起诉发包人，与其无直接关系的转包人（或违法分包人）是否为必要共同诉讼参与人

【黔东南苗族侗族自治州中级人民法院】

裁判观点归纳：实际施工人与其上手转包人（或违法分包人）直接发生关系，与实际施工人无直接关系的转包人（或违法分包人）并非该合同相对方，该转包人（或违法分包人）并非必要共同诉讼参与人，未追加的，不属于遗漏必要共同诉讼参与人。

案件：［2021］黔 26 民终 1949 号

裁判文书（摘要）：杨某军是本案的实际施工人。杨某军系与张光远签订的《协议书》取得的涉案工程，贵州晟浩公司并非合同相对方，杨某军也并未与贵州晟浩公司签订分包合同或转包合同。故贵州晟浩公司以遗漏必要共同诉讼参与人贵州晟浩公司、损害贵州晟浩公司利益为由主张撤销［2020］黔 2601 民初 17162 号民事判决依据不足，本院不予支持。

7. 关于实际施工人主张转包人（或违法分包人）、发包人对欠付其工程款承担连带责任能否得到支持的问题

【毕节市中级人民法院】

裁判观点归纳：连带责任，由法律规定或者当事人约定，是较为严苛的法律责任。《建设工程司法解释一》第 43 条第 2 款规定的责任承担方式不属于连带责任，实际施工人主张转包人（或违法分包人）对欠付其工程款承担连带责任，不应得到支持。转包人（或违法分包人）仅应在欠付（截留）工程款的范围内对实际施工人承担支付责任。

案件：［2021］黔 05 民终 5043 号

裁判文书（摘要）：《民法总则》第 178 条规定'连带责任，由法律规定或者当事人约定。'连带责任是较为严苛的法律责任，……宁晟公司系实际施工人，根据最高人

民法院《建设工程司法解释一》第 43 条之规定，作为承包人（转包人）的一〇六公司，仅应在欠付（截留）红波公司工程款的范围内对实际施工人承担支付责任。

【黔东南苗族侗族自治州中级人民法院】

裁判观点归纳：《建设工程司法解释一》第 43 条第 2 款规定的"发包人"应作狭义理解，上手的转包人（或违法分包人）并不能作"发包人"理解，依据《建设工程司法解释一》第 43 条第 2 款规定主张转包人（或违法分包人）承担连带责任的，系适用法律错误，不应得到支持。

案件：［2021］黔 26 民终 1564 号

裁判文书（摘要）：最高人民法院《建设工程司法解释一》第 43 条第 2 款规定的"发包人"应作狭义理解，本案中发包人是佳和置业公司，第七建筑公司是承包人，一审判决第七建筑公司与佳和置业公司承担连带责任，系适用法律错误，本院予以纠正。

【黔西南布依族苗族自治州中级人民法院】

裁判观点归纳：在有证据证实上一手的转包人或违法分包人对下一手承包人再转包或违法分包的事实明知的情况下，可支持实际施工人关于上一手转包人或违法分包人对欠付工程款承担连带责任的主张。

案件：［2021］黔 23 民终 687 号—［2021］黔 23 民终 692 号

裁判文书（摘要）：本案无证据显示通号公司明知友峰公司劳务分包的事实，同时通号公司并非劳务分包协议的合同相对方，友峰公司上诉请求通号公司承担连带付款责任无法律依据，对此上诉请求本院予以驳回。

三、最高人民法院民一庭的意见

在最高人民法院民事审判第一庭编著的《最高人民法院新建设工程施工合同司法解释（一）理解与适用》[1]（以下简称《司法解释一理解与适用》）中，对上述问题均有所述及。笔者结合该著作对应梳理如下：

1. 关于施工班组是否为实际施工人的问题

《司法解释一理解与适用》认为："'实际施工人'一般是'无效合同的承包人、转承包人、违法分包合同的承包人、没有资质借用有资质的建筑施工企业的名义与他人签订建筑工程施工合同的承包人'。通俗地讲，实际施工人就是在上述违法情形中实际完成了施工义务的单位或者个人。建设工程层层多手转包的，实际施工人一般指最终投入资金、人工、材料、机械设备实际进行施工的施工人。一般而言：（1）实际施工人是实际履行承包人义务的人，既可能是对整个建设工程进行施工的人，也可能是对建设工程部分进行施工的人。（2）实际施工人与发包人没有直接的合同关系或者名义上的合同关系。实际施工人如果直接与发包人签订建设工程施工合同，则属于承包

---

[1] 参见最高人民法院民事审判第一庭：《最高人民法院新建设工程施工合同司法解释（一）理解与适用中》，人民法院出版社 2021 年版。

人、施工人，无须强调"实际"二字。（3）实际施工人同与其签订转包合同、违法分包合同的承包人或者出借资质的建筑施工企业之间不存在劳动人事关系或劳务关系。司法实践中，对于在合法专业分包、劳务分包中的承包人不认定为实际施工人。"〔1〕

据此，最高人民法院的意见认为，司法实践中，劳务分包中的承包人不认定为实际施工人；投入资金、人工、材料、机械设备实际进行施工的施工人为实际施工人。

2. 关于与实际施工人无直接关系的转包人（或违法分包人）是否应向实际施工人承担付款责任的问题

《司法解释一理解与适用》认为："发包人通常又称发包单位、建设单位、业主或者项目法人，如何理解《2004年解释》〔2〕第26条第2款发包人的范围，事关实际施工人可以向哪些发包人主张权利。第一种观点认为，第2款所指的发包人，是静态的绝对的，仅为建设工程的建设单位。第二种观点认为发包人是动态的相对的，在层层多手转包链条中，中间链条的总承包人、转包人、违法分包人也可能是发包人，实际施工人可以依据本解释的规定向其上手以上提起诉讼。我们认为，从本解释的立法本意及司法实践看，第一种观点更为妥当，即本条的发包人应特指建设单位。因为根据《保障农民工工资支付条例》的规定，分包单位拖欠农民工工资的，由施工总承包单位先行清偿，再依法进行追偿。总承包人、转包人、违法分包人拖欠农民工工资的，依法承担清偿责任，而非本解释规定的欠付工程款范围的责任。"〔3〕

据此，最高人民法院的意见认为，《建设工程司法解释一》第43条规定的发包人特指建设单位，"发包人在欠付建设工程价款范围内对实际施工人承担责任"中的发包人并不包括转包人或违法分包人；突破合同相对性，主张与实际施工人无直接关系的转包人或违法分包人向实际施工人承担付款责任，于法无据。

3. 关于合法分包情形下，合法分包的承包人能否突破合同相对性，主张发包人承担责任

在最高人民法院民事审判第一庭编著的《最高人民法院建设工程施工合同司法解释（二）理解与适用》［该司法解释（二）已失效］一书中，最高人民法院民一庭认为："《建设工程司法解释（一）》施行后，批评该解释第26条第2款规定的一个重要理由是，合法的劳务分包合同的承包人都无权直接向发包人主张权利，却赋予违法劳务分包合同的承包人以直接向发包人主张权利的权利，既缺乏法理依据，又会产生错误的导向。这一观点，值得商榷。赋予实际施工人以直接向发包人主张权利的权力，目的是保护农民工的合法权益。分包合同有效无效，违法合法不是决定是否保护农民工权益的标准。此外，举重以明轻。既然在分包合同违法的情况下，对分包合同的承

---

〔1〕 最高人民法院民事审判第一庭编著：《最高人民法院新建设工程施工合同司法解释（一）理解与适用》，人民法院出版社2021年版，第446~447页。

〔2〕《最高人民法院关于审理建设工程合同纠纷案件适用法律问题的解释》。

〔3〕 最高人民法院民事审判第一庭编著：《最高人民法院新建设工程施工合同司法解释（一）理解与适用》，人民法院出版社2021年版，第446页。

包人的权利要特别保护，在分包合同合法的情况下，对分包合同的承包人的权利当然应当予以同等保护。因此，本条规定也适用于合法的劳务分包合同的承包人。"[1]

《司法解释一理解与适用》认为："司法实践中，对于在合法专业分包、劳务分包中的承包人不认定为实际施工人。"[2]

据此，对于"合法分包的承包人能否突破合同相对性主张发包人承担责任"的问题，最高人民法院目前的意见是，合法分包的承包人不是实际施工人，不能依据《建设工程司法解释一》第43条第2款向发包人主张承担责任。

笔者认为，根据《民法典》第535条第1款关于"因债务人怠于行使其债权或者与该债权有关的从权利，影响债权人的到期债权实现的，债权人可以向人民法院请求以自己的名义代位行使债务人对相对人的权利"之规定，合法分包人可在满足代位权行使要件的情况下，通过行使代位权，以其自身名义代位行使承包人对发包人的工程款权利。

4. 关于承发包双方尚未结算，实际施工人主张发包人承担责任的问题

《司法解释一理解与适用》认为："实践中，有的法院并未查明发包人欠付工程价款情况，只是笼统地判决发包人在欠付工程款范围内向实际施工承担责任，这导致了两方面的弊端：一方面，由于生效判决对发包人是否欠付转包人或者违法分包人工程价款，欠付工程价款的数额等事实并未查清，实际施工人与发包人之间的权利、义务并不明确。实际施工人申请强制执行后，由于没有明确具体的执行内容，往往导致无法执行，实际施工人的权利不能及时实现。另一方面，由于对实际施工人与转包人或者违法分包人之间的权利义务关系以及转包人或者违法分包人与承包人之间的权利义务关系没有查清，加之实际施工人并非法律上的较为严谨的法律概念，在实践中不易把握，容易导致发包人陷入无休止的缠诉之中。"[3]

从最高人民法院的意见来看，笔者认为，发包人是否向实际施工人承担责任，核心在于是否查清发包人欠付工程价款的数额。承发包双方是否结算，并非判断实际施工人主张发包人付款的必要充分要件，在承发包双方虽未结算但也能够查明认定一个无争议、可供具体执行的欠款数额的情况下，可裁决发包人在此欠付价款数额范围内向实际施工人承担责任。反之，实际施工人关于发包人承担责任的主张则不应予以支持。

---

〔1〕 最高人民法院民事审判第一庭编著：《最高人民法院建设工程施工合同司法解释（二）理解与适用》，人民法院出版社2019年版，第509页。

〔2〕 最高人民法院民事审判第一庭编著：《最高人民法院新建设工程施工合同司法解释（一）理解与适用》，人民法院出版社2021年版，第446页。

〔3〕 最高人民法院民事审判第一庭编著：《最高人民法院新建设工程施工合同司法解释（一）理解与适用》，人民法院出版社2021年版，第448页。

5. 关于"发包人欠付转包人或者违法分包人建设工程价款数额"的举证责任分配问题

《司法解释一理解与适用》认为："如果人民法院根据当事人提及的证据无法查清发包人是否欠付工程款的，由实际施工人承担举证不能的后果。"[1]

据此，最高人民法院的意见认为，"发包人欠付转包人或者违法分包人建设工程价款数额"的举证责任归属于实际施工人。

6. 关于实际施工人仅起诉发包人，与其无直接关系的转包人（或违法分包人）是否为必要共同诉讼参与人

《司法解释一理解与适用》认为："在实际施工人起诉发包人承担责任的情况下，由于实际施工人与发包人没有直接的合同关系，如果只有实际施工人和发包人参加诉讼，难以查清双方当事人之间的权利义务关系。""为查清各方当事人之间欠付工程款的情况，准确认定发包人的责任范围，本条要求人民法院追加转包人或者违法分包人为本案第三人，并查明发包人欠付转包人或者违法分包人建设工程价款的数额。"[2]

《民事诉讼法》第55条第1款规定："当事人一方或者双方为二人以上，其诉讼标的是共同的，或者诉讼标的是同一种类、人民法院认为可以合并审理并经当事人同意的，为共同诉讼。"第177条第1款规定："第二审人民法院对上诉案件，经过审理，按照下列情形，分别处理：（一）原判决、裁定认定事实清楚，适用法律正确的，以判决、裁定方式驳回上诉，维持原判决、裁定；（二）原判决、裁定认定事实错误或者适用法律错误的，以判决、裁定方式依法改判、撤销或者变更；（三）原判决认定基本事实不清的，裁定撤销原判决，发回原审人民法院重审，或者查清事实后改判；（四）原判决遗漏当事人或者违法缺席判决等严重违反法定程序的，裁定撤销原判决，发回原审人民法院重审。"

据此，笔者认为，根据《建设工程司法解释一》第43条第2款，转包人或违法分包人应当被追加为案件的第三人，目的是查清各方当事人之间欠付工程款的事实，没有追加为第三人且因此未查清欠付情况的，属于民事诉讼法中认定事实错误或认定基本事实不清的情形，并不属于遗漏当事人的程序性违法，转包人或者违法分包人并不属于程序法意义上的必要共同诉讼参与人。

7. 关于实际施工人主张转包人（或违法分包人）、发包人对欠付其工程款承担连带责任能否得到支持的问题

《司法解释一理解与适用》认为："关于发包人责任性质问题。司法实践中，通常判决与实际施工人有合同关系的转包人承担直接支付工程款的责任，同时判决发包人在欠付工程款范围内承担连带责任或者补充责任，判决承担连带责任的居多。但根据

---

〔1〕 最高人民法院民事审判第一庭编著：《最高人民法院新建设工程施工合同司法解释（一）理解与适用》，人民法院出版社2021年版，第448页。

〔2〕 最高人民法院民事审判第一庭编著：《最高人民法院新建设工程施工合同司法解释（一）理解与适用》，人民法院出版社2021年版，第448页。

《民法典》第 178 条的规定，连带责任，由法律规定或者当事人约定。因此，连带责任似法律依据不足。在此种情形下，发包人的责任是共同责任、补充责任还是连带责任，在法理上争议极大。考虑本条款的立法本意及特殊性，审判中直接判决发包人在欠付工程款范围内承担责任更为妥当。当然，不论发包人承担的是什么性质责任，承担责任的区间应在'欠付工程价款范围内'。"

据此，裁决实际施工人主张转包人或违法分包人、发包人对欠付其工程款承担连带责任，法律依据不足。在查明发包人欠付转包人或者违法分包人建设工程价款数额的情况下，直接判决发包人在欠付工程款范围内承担责任更为妥当。

实际施工人主张工程款权利解析

蒋易宏

我国现行法律中不存在"实际施工人"这一法律术语，它仅是司法解释中为了有效解决挂靠、转包、违法分包产生的纠纷而创设的概念。由于建筑领域的复杂情形，在司法实践中缺乏对实际施工人工程款请求权基础的统一认识和理解，因此，厘清实际施工人主张工程款的权利基础，不仅有利于完善实际施工人诉权制度，同时还能有效解决因诉权基础模糊导致的滥诉问题。

一、"实际施工人"的概念

我国《民法典》《建筑法》及《建设工程质量管理条例》等法律法规将建设工程相关主体表述为发包人、转包人、违法分包人和施工人，并不包括"实际施工人"。2004年发布的最高人民法院《关于审理建设工程施工合同纠纷案件适用法律问题的解释》（以下简称"原解释一"，现已失效）中首次提到了"实际施工人"的概念，具体体现在第1条、第4条、第25条及第26条第2款中。从字面意思上理解，"实际施工人"概念的创设是为了区别于《合同法》《民法典》中表述的"施工人"。普遍认为实际施工人是借用资质、非法转包、违法分包后产生而"施工人"是指合法有效的建设工程合同主体。

建筑业作为劳动密集型行业，吸收了大量劳动者就业，实际施工人能不能得到工程款，直接影响了农民工报酬的发放。原解释一创设"实际施工人"概念并在第26条第2款为实际施工人主张工程款提供救济途径，旨在保护实际施工人及广大进城务工人员的权益。"实际施工人"这一概念的出现，一方面促进了长期拖欠进城务工人员报酬问题的解决，但另一方面也导致司法实践中滥用实际施工人名义进行诉讼的情况屡见不鲜。

二、"实际施工人"的界定

实际施工人[1]一般是指，对相对独立的单项工程，通过筹集资金、组织人员机械

---

〔1〕 最高人民法院民事审判第一庭编：《民事审判指导与参考》，人民法院出版社2019年版，第29~30页。

等进场施工，在工程竣工验收合格后，与业主方、被挂靠单位、转承包人进行单独结算的自然人、法人或其他组织。简而言之，实际施工人包含以下三种情形：

第一，挂靠在其他建筑施工企业名下并组织人员、机械进行实际施工的民事主体；

第二，非法转包活动中实际施工的民事主体。

第三，违法分包活动中实际施工的民事主体。

实际施工人共同特点体现在实际施工人不以合法有效的合同关系为前提，而以实际履行了建设工程施工合同的义务为条件。[1]实际施工人实际履行承包人与发包人合同义务，主要从实际施工人所投入人力物力，竣工结算等方面进行判断；实际施工人签订的建设工程施工合同为无效合同，主要包括非法转包、违法分包以及挂靠分包等情形，且实际施工人与转包人、违法分包人、出借资质的企业之间不存在劳动人事关系。

三、实际施工人向发包人主张权利的法律基础

2021年1月1日施行的最高人民法院《关于审理建设工程施工合同纠纷案件适用法律问题的解释（一）》（以下简称"新解释一"）第43条规定："实际施工人以转包人、违法分包人为被告起诉的，人民法院应当依法受理。实际施工人以发包人为被告主张权利的，人民法院应当追加转包人或者违法分包人为本案第三人，在查明发包人欠付转包人或者违法分包人建设工程价款的数额后，判决发包人在欠付建设工程价款范围内对实际施工人承担责任。"

四、实际施工人向发包人主张权利的请求权基础

对于新解释一第43条所规定的实际施工人向发包人主张权利的请求权基础，目前理论界并未达成统一的意见，众多研究者试图从《合同法》既有权利的角度解释实际施工人的这项权利，主要存在事实合同关系、代位权、不当得利请求权及突破合同相对性四种观点。

（一）实际施工人与发包人形成事实合同关系

该种观点的核心在于实际施工人与发包人已经全面履行了发包人与承包人之间的合同并形成了事实合同关系[2]，其论点的主要依据在于《合同法》第36条（《民法典》第490条第2款）的规定[3]："法律、行政法规规定或者当事人约定采用书面形式订立合同，当事人未采用书面形式但一方已经履行主要义务，对方接受的，该合同成立。"该条款中默认发包人对实际施工人存在知情的且接受实际施工人作为相对方履

---

〔1〕 黄卉：《浅谈实际施工人的界定和保护》，载微信公众号《审判研究》2020年6月22日。

〔2〕 最高人民法院民事审判第一庭编著：《最高人民法院建设工程施工合同司法解释的理解和适用》，人民法院出版社2015年版，第182页。

〔3〕 《民法典》第490条第2款规定："法律、行政法规规定或者当事人约定合同应当采用书面形式订立，当事人未采用书面形式但是一方已经履行主要义务，对方接受时，该合同成立。"

行权利和义务，若不知情则不存在不接受的问题。实践中，发包人可能存在层层转包而对实际施工人完全不知情的情况，而且往往实际施工人在施工过程中也不与发包人发生直接关系，双方之间往往未达成任何合意表示，所以笔者认为事实合同关系难以成为实际施工人向发包人主张权利的请求权基础。

（二）实际施工人主张权利基于代位权[1]

根据《合同法》第73条（《民法典》第535条第1款）的规定，"因债务人怠于行使其到期债权，对债权人造成损害的，债权人可以向人民法院请求以自己的名义代位行使债务人的债权，但该债权专属于债务人自身的除外"[2]，笔者认为，尽管代位权是《合同法》或《民法典》中向第三人主张权利的情形之一，但将代位权视为实际施工人主张权利的基础并不能达到保护实际施工人权益的立法目的，限制了适用范围的代位权违背了保护实际施工人的劳动成果的立法初衷。首先，代位权的行使要件之一为债务已陷于迟延履行，债权债务已届期，且债务人怠于行使自己的权利，此意味着若前手转包人或违法分包人与发包人之间未进行工程结算，则实际施工人不能向发包人主张支付工程款。其次，《民法典》第535条及《合同法》第73条并未赋予债权人无限代位的权利，该观点不能解释实践中常见的合法分包后再多层转包需进一步行使代位权的情况。

（三）实际施工人主张权利突破了合同相对性[3]

虽然代位权是突破合同相对性的一种体现，但二者并不相同，突破合同相对性的观点相比于代位权的观点，没有明确的适用要件的限制，实际是作为弱化合同相对性的一种理论，可以通过实际情况调整其适用范围，该观点认为新解释一的第43条将实际施工人主张权利的范围限制在发包人欠付范围以内就是根据实际情况来限制突破合同相对性的适用范围，一方面保护实际施工人的劳动成果，另一方面保证发包人的合法权益免遭损害[4]。笔者认为，社会关系具有其复杂性，法律法规上确实出现了一些"突破合同相对性"的例外做法，但实际施工人的权利并未脱离合同相对性。首先，在审理实际施工人与发包人的案件中，必须考虑中间各手间的合同关系，裁判依据仍然是各手之间的合同约定，新解释一的第43条必须追加转包人和违法分包人体现了这一点。其次，《民法典》第465条第2款规定"依法成立的合同，仅对当事人具有法律约束力，但是法律另有规定的除外"，以绝对用语确立了合同相对性原则。突破合同相对性的唯一例外，应当是基于法律的例外规定，笔者认为这里法律应作狭义解释，仅指

---

〔1〕 邹砚：《实际施工人向发包人追索工程款的权利解释》，载《人民司法》2013年9期。

〔2〕《民法典》第535条第1款规定："因债务人怠于行使其债权或者与该债权有关的从权利，影响债权人的到期债权实现的，债权人可以向人民法院请求以自己的名义代位行使债务人对相对人的权利，但是该权利专属于债务人自身的除外。"

〔3〕 张仁藏、王凤：《实际施工人对发包人追索工程款诉权问题探讨——〈司法解释〉第26条第2款再思考》，载《时代法学》2017年第5期。

〔4〕 徐亚东：《实际施工人向发包人主张权利法律问题研究》，载《河北企业》2019年第8期。

全国人民代表大会及其常务委员会制定的规范性法律文件，不应包括司法解释、行政法规、部门规章和地方性法规。

（四）实际施工人主张权利基于不当得利请求权

所谓不当得利，是指没有法律上的原因而获得利益，并使他人遭受损失的事实。不当得利的成立一般需要满足四个条件，即一方获益，一方受损，获益与受损之间存在因果关系以及没有合法依据[1]。笔者更倾向于认为实际施工人主张权利是基于不当得利请求权。首先，不当得利具体应用到实际施工人权利中，发包人因实际施工人的施工行为获得了利益（劳动、材料、资金等形成建筑物或构筑物）。其次，实际施工人在施工过程中因垫付资金采购材料或发放下游工资等遭受了损失，且该损失与发包人获取的利益之间存在因果关系。最后，发包人获利没有法律上的根据。因施工行为已经完成，所花费的劳动、材料、资金已经形成了建筑物或构筑物，所以不能适用不当得利中返还财产的规定，实际施工人可以采取折价补偿的方式，由实际施工人向发包人主张工程款。[2]

对于签订的合同依法无效的，可以依据《民法典》第157条要求根据过错承担责任，这属于缔约过失责任的范畴。笔者在实践过程中遇到过实际施工人从头到尾都没有签订任何合同的情况，所以可以排除缔约过失责任之债，同时实际施工人的施工权一般是前手转包人或分包人给予的，所以可以排除侵权之债和无因管理之债。因实际施工人与发包人之间并无合同、侵权和无因管理等法律关系，所以也满足不当得利中获利上没有法律依据的要件。

司法实践中，新解释一当然能作为实际施工人向发包人主张权利的基础和裁判依据。学术上，各种观点均有一定道理，但将其作为支持实际施工人主张权利的请求权基础皆不具备完全的说服力。新的解释一删除了原解释一中将违法分包人与转包人将追加为当事人的规定，相比之下，笔者更倾向于认同实际施工人的权利基础是不当得利请求权。

---

〔1〕 王利明主编：《民法》，中国人民大学出版社2005年版，第407页。

〔2〕 王林清等：《建设工程合同纠纷裁判思路》，法律出版社2015年版，第33~35页。

八、工程价款

政府投资项目代建模式下的结算困境

姚正超

我国政府投资项目施行"代建制"试点主要起源于 20 世纪 90 年代初，随着国务院《关于投资体制改革的决定》（国发〔2004〕20 号）的发布，代建制度在全国范围内得以推广。至今项目代建在地方政府投资工程项目管理中已极为常见，并在我国基础设施和公益项目建设领域发挥着举足轻重的作用。多年以来已有众多优秀文章详细精准论述了关于委托代建的法律性质、工程款支付责任主体、行政审计或财政评审对施工方的约束效力等问题。本文拟将从代建单位视角，探讨关于政府投资项目代建模式下的结算困境，以期对实务提供参考。

由于工程项目投资大、周期长、专业深且综合性强等特点，在实务中不难发现代建单位经常陷入项目结算环节的困境之中，而导致该种结算困境局面的因素也是比较多的，笔者根据自身实践经历主要关注到以下几个方面：

一、代建合同权利义务失衡问题

在代建单位的选择方式上。笔者注意到，政府投资项目代建模式下，大多以政府机关专题会议纪要类似"政治任务"式地指定政府平台公司作为代建单位，基本未按照国务院《关于投资体制改革的决定》规定的"招标方式选择"，当然项目代建管理并不属于《招标投标法》明确规定必须招标的事项，但从政府采购服务的角度仍应当遵守《政府采购法》的相关规定，在此，本文不作赘述。地方政府指定代建单位的方式，常导致代建单位主要以完成政治任务为主，缺乏对代建合同商务谈判磋商的空间和自由，更多是妥协和让步于"政令"。

在代建合同约定内容上。由于委托代建合同缺乏标准范本，建设单位通常在委托代建合同中过分压缩代建单位的权利扩大代建单位的义务及责任。例如，建设单位可能在工程手续办理、投资概算控制、工期进度控制、工程质量控制、安全生产责任、农民工群体维稳、资金过程管控、竣工验收、竣工结算、工程款支付垫付、交付使用、工程维保、投资决算及投资转固定资产等方面，过分加重代建单位的责任和风险，而对于建设单位的资金筹集支付、代建费用确定及支付等有关建设单位义务责任事项，建设单位可能会特意预留空间或免除己方责任，最终导致代建单位在代建合同中的权利义务完全失衡或相关权利处于不确定的状态。基于政府平台公司领导人事与政府机关组织人事调动安排的高度关联性，实务中鲜有代建单位通过司法途径向建设单位主张和维护自身权利者。

正是因为代建单位在代建合同中权利义务常常处于失衡状态，对于工程结算送审及相关条件、资料的约定模糊不清、无法确定，对于建设单位逾期答复、逾期结算、逾期支付等违约责任缺乏明确约束，使得代建单位常处于弱势地位、无法得到有效救济。

二、政府投资项目资金筹集问题

虽然《政府投资条例》在第 2 条、第 22 条已明确规定政府投资项目应当安排资金落实到位，但近年来，除部分项目能够获得中央补助资金、政府专项资金或发行政府专项债外，建设单位很难通过自筹将项目资金足额准备到位，有项目无资金或缺资金的情况仍属常见。

《贵州省政府投资项目管理办法》第 36 条明确规定："政府投资项目所需资金应当按照国家有关规定落实到位，不得通过第三方借资或者由施工单位垫资、借资建设。……"但地方政府为了加快基础建设，通过安排代建单位垫资、融资代建、施工单位垫资施工的情况时常有之，这也常常成为制约工程项目竣工和阻碍项目结算支付的核心难点。

三、工程项目普遍超概且调概难度大的问题

突破投资概算问题普遍。《政府投资条例》第 12 条第 1 款规定："经投资主管部门或者其他有关部门核定的投资概算是控制政府投资项目总投资的依据。"《贵州省政府投资项目管理办法》第 31 条规定，严格执行概算管理，项目实施过程中不得超概。对于违规超概的，应当先行对有关单位和责任人处罚、处理。概算调整批复前，对超概资金不予追加安排。政府投资项目中的超概现象是红线问题，可实务中却又是普遍现象，有的项目超概算的比例也比较大，达到 30% 以上甚至 50% 或更多，使得政府投资规模失控，导致无法调概或调概难度大进而影响项目评审结算工作。

突破投资概算原因不符合规定。政府投资项目的造价控制，实行匡算控制估算、估算控制概算、概算控制预算、预算控制决算的原则控制投资成本。在项目前期，存在初步设计的深度精细度不够，设计漏项、设计变更、概算审查单位把关不严等原因常常导致后期超概问题发生，甚至部分项目为了时间进度目标沦为"三边工程"违背法定基本程序，无法控制投资规模和建设内容。上述超概原因常常不满足《政府投资条例》第 23 条规定的"国家政策调整、价格上涨、地质条件发生重大变化"等可以调整增加概算的情形。

《贵州省政府投资项目管理办法》第 31 条、《贵州省政府投资项目概算管理办法》第 18 条亦作了类似规定。《政府投资条例》第 34 条明确禁止，未经批准或者不符合规

定的建设条件开工建设政府投资项目；未经批准变更政府投资项目的建设地点或者对建设规模、建设内容等作较大变更；擅自增加投资概算。《贵州省政府投资项目管理办法》第30条规定，严禁采取拆分、漏项等方式故意压低概算。严禁人为因素引起的超概行为。第33条规定严禁边勘察、边设计、边施工。

因此，代建单位面临的超概原因与法定可以调整概算的情形并不完全吻合，导致竣工验收后代建单位送审、报审常常遇到障碍、搁置，无法有效推进项目结算进程。

调整投资概算难度大。政府投资项目调整概算审批难度是比较大的，例如《贵州省政府投资项目概算管理办法》第21条规定："申请调整概算的，提交以下申报材料：（一）申请审批调整概算的呈报文或转报文；（二）原初步设计及概算文件和批复文件；（三）行业主管部门委托相应资质（资格）的单位出具的审计意见；（四）调整概算报告书，应包括调整概算与原核定概算对比表，并分类定量说明调整概算的原因、依据和计算方法；（五）与调整概算有关的招标及合同文件，包括变更洽商部分；（六）施工图设计（含装修设计）及预算文件等调整概算所需的其他材料。工程主要材料设备购入时间、数量和单价明细表，项目已完工程量和未完工程量明细表，工程财务支出情况表等；（七）行业主管部门或项目单位关于新增资金来源的情况说明；（八）项目单位对调整概算报告内容和附属文件真实性负责的承诺；（九）审批部门需要的其他材料。"第23条还规定，超过原概算10%或未超过概算10%，但调增资金达到同级人民政府常务会议决策评估审议额度的，概算调整还需由审批部门、财政部门及行业主管部门提出意见，报同级人民政府审议决定。

项目建设过程中，申请调概所涉相关主管部门之间协调配合度低，部门领导岗位人事变动导致的决策障碍多，建设单位主体虚位，代建单位协调难度大、效果差。贵阳市财政评审中心发文明确要求"送审项目不能超概，如果项目超概必须按照《贵州省政府投资项目管理办法》第54条要求完善相关手续后再送审"。因此，代建单位在后期报送审计或财政评审时，往往因为无法及时调整投资概算迟迟达不到送审条件，甚至数年时间亦无法完成。

四、代建单位送审和评审困难问题

除上述突破投资概算问题外，建设工程施工合同对结算资料约定模糊，或者施工合同约定与财政评审中心规定项目送审资料不对应，施工单位结算资料不完备、不齐全，项目分期分段施工竣工但无法分期分段送审，对于接收送审条件规定不明确等原因，常常令代建单位在送审门槛边缘望而却步。

即便顺利送审后，代建单位委托的第三方造价咨询机构出具的结算造价审核结论，与财政评审机构复核评审结果不一致的情况也较常见。实务中，甚至经常出现监理单位造价审核金额、结算造价审核结论、财政评审结构评审结论、司法鉴定机构造价鉴定结论均不一致的情况，令代建单位疑惑不解、无所适从。究其原因，一方面系审计机构绩效或取费方式不同；另一方面审核目标侧重点不同导致审减尺度差异较大。

例如：监理单位审核更侧重资料的齐全和施工过程客观真实性，对于程序性合法性事项关注和审核尺度往往较宽，因此造价金额结论往往更大；司法鉴定机构更侧重施工资料的印证和理论可能性的排除，加之适当的现场踏勘，而司法鉴定机构一般以案涉工程最终确定造价金额按比例取费，尺度较宽。此外，若司法鉴定中存在鉴定机构无法判别真伪的争议情形时，裁判机关亦更侧重客观真实性和高度盖然性以及举证责任的分配综合予以分析判断，因此该等因素往往导致工程造价结论偏大的情况出现；结算审计机构更侧重资料与现场的相互印证，尺度相对较严，结论相对适中；评审机构更侧重资料、程序的合规性合理性，即便工程量客观真实但可能因为资料、程序的不合规、矛盾等因素被审减，因此其评审结论往往最为严格，也常常是施工单位最不能接受的结论。

五、代建单位涉诉结算困境问题

施工单位在竣工验收合格或未经竣工验收即交付使用后，核心集中在迫切需要解决竣工结算及支付尾款的问题上。由于代建单位常常存在上述调概、送审、评审困难等诸多情况，久拖不决。因此即便施工合同已明确约定行政审计/财政评审结果作为双方结算依据，所附条件未成就情况下施工单位仍会选择司法途径主张权利，通过申请司法鉴定方式解决结算造价问题，且司法裁判机关为了在其法定审限范围内彻底解决双方纠纷，往往亦会支持其司法鉴定申请。但作为代建单位此时则出现了较为尴尬的境地：

第一，代建单位因为报审送审困境被误解曲解为未积极推进结算进程故意阻止条件成就，而依法视为条件已成就。

第二，部分裁判机关疏于关注施工单位结算材料不完备、送审条件不成就的问题，偏好于"以鉴待审"，通过司法鉴定直接干预甚至改变双方当事人的真实意思表示。

第三，按照《最高人民法院第六巡回法庭裁判规则》观点，如果代建法律关系中对工程价款的给付义务人没有约定，建设单位、代建人、使用人三方共同作为发包人与承包人签订建设工程的情况下，建设单位、代建人、使用人三方应向承包人共同承担支付工程价款的义务，直接导致代建单位代建费收益与支出（对全部工程款承担支付责任）不成正比，有违公平。或者实务中建设单位常常利用自身地位的强势属性，让代建单位单独作为发包人签订施工合同，最终导致代建单位承担全部工程款支付责任后，还得继续履行相关调概、评审程序，迟迟无法救济自己的权益。

第四，财政评审机构不遵从、不认同涉诉司法鉴定结论的效力，在已有的司法鉴定结论下进一步进行评审、审减，以作为项目预算或决算审核结果，对于差额部分费用以及代建取费问题则需代建单位予以解决。代建单位既要按照司法裁判结果承担责任，又要遵从财政审结论完善"投转固"工作，还需自行解决二者的差额部分，可谓是层层困境。

六、笔者建议

结合以上分析，笔者认为在现有制度下可能还无法从根本上解决上述困境，但结合实务中遇到的部分问题，从尽可能减少风险的角度，笔者提出几点建议可供代建单位参考：

第一，代建单位应当注重维护自身权益。应当关注代建合同和施工合同内容的完善和自身权益，敢于在代建合同、施工合同谈判磋商过程中争取自身合法权益，例如可关注代建单位的身份责任及建设单位对资金筹集支付责任；关注建设单位的配合协调义务；关注竣工结算方式和依据；关注施工单位应提供的结算资料与财政评审资料的对应；关注工程款支付责任主体等条款内容。

第二，通过专业管理做好过程性投资管控，严控投资规模，避免相关人为因素违规超概问题发生。若设计单位存在重大过错构成违约可提请索赔。确因客观原因或不可抗力导致超概问题，过程中及时落实报批程序。

第三，代建单位应加强与政府决策机构、相关主管部门、项目建设单位、财政评审机构的协调沟通，对于送审条件、送审资料短缺但面临司法涉诉或仲裁风险时，提请采取容缺审计、补充资料等方式解决。

若已涉诉并取得生效裁判结果，一方面，根据生效裁判的强制力和既判力均应当遵从；另一方面，最高人民法院《2015年全国民事审判工作会议纪要》第49条明确规定"承包人提供证据证明审计机关的审计意见具有不真实、不客观情形，人民法院可以准许当事人补充鉴定、重新质证或者补充质证等方法纠正审计意见存在的缺陷。上述方法不能解决的，应当准许当事人申请对工程造价进行鉴定"，可见司法裁判及其鉴定结论具有终极性。因此，代建单位仍可提请相关单位或机构慎重考虑认定司法裁判中的鉴定结果效力问题、差额损失产生原因分析及损失承担问题、代建取费基础问题等进行决策考量。

施工过程结算之实务分析

石秀达

施工过程结算的提法由来已久，最早可以追溯到住房和城乡建设部《关于进一步推进工程造价管理改革的指导意见》（建标［2014］142号），该文件首次提出："推行过程结算，简化竣工结算。"为解决建设工程项目的"结算难""拖欠农民工工资"等现实问题，国务院办公厅《关于全面治理拖欠农民工工资问题的意见》（国办发［2016］1号）提出："全面推行施工过程结算。"时任总理李克强在2020年初召开的国务院常务会议上强调："在工程建设领域全面推行过程结算。"住房和城乡建设部办公厅《关于印发〈工程造价改革工作方案〉的通知》（建办标［2020］38号）中也再一次明确要求："全面推行施工过程价款结算和支付。"同时，全国各省市如山东、福建、广东等省的相关主管部门也相继不同程度地出台了关于施工过程结算的具体制度文件，对施工过程结算的概念、适用范围和程序等具体问题作出了规定。虽然施工过程结算被国家与地方重视并号召全面推行，但由于各方面原因及实务问题影响，施工过程结算制度落地效果并不乐观。本文结合以下施工过程结算相关的实务问题进行分析和建议，以供读者参考。

一、施工过程结算和进度款结算的辨析

（一）施工过程结算的概念和特征

关于施工过程结算，上述中央文件并未对其概念作出统一明确的规定，而不同地方文件对其概念已作出了大同小异的规定，笔者将其整理后归为以下两类：一类以山东省《关于在房屋建筑和市政工程中推行施工过程结算的指导意见》（鲁建标字［2020］19号）为代表，其中规定，"施工过程结算是指工程项目施工过程中，发承包双方对约定周期内完成的工程量（含变更、签证、索赔等），分阶段进行价款计算、确认和支付的活动"。另一类以《福建省房屋建筑和市政基础设施工程施工过程结算办法（试行）》（闽建［2020］5号）为代表，其中第3条规定："施工过程结算，也称分段结算或期间结算，是指发包人和承包人把竣工结算分解到合同约定的形象节点中，分段对质量合格的已完成工程价款（包括价款调整、设计变更、现场签证等）进行确认与支付。"对于上述两类定义，笔者认为福建省文件的定义更具有针对性地表明了施

工过程结算的特点。

关于国家标准，《建设工程工程量清单计价规范》（GB50500-2013）第11.2.6条规定："发承包双方在合同工程实施过程中已经确认的工程计量结果和合同价款，在竣工结算办理中应直接进入结算。"该条规定虽未明确规定施工过程结算，但其中已有施工过程结算的内涵，可谓施工过程结算的"滥觞"。2023年《建设工程工程量清单计价标准》（征求意见稿）新增了施工过程结算的相关内容，第2.0.35条对施工过程结算的概念作了简要规定，而且第10.2.8条规定："施工过程结算节点工程完工后，承包人应在规定时间内向发包人提交施工过程结算文件。承包人未提交施工过程结算文件，经发包人催告后仍未按要求提交或没有明确答复的，发包人可根据已有资料编制施工过程结算文件，并提请承包人确认。承包人确认无异议或在规定时间内没有明确答复的，应视为发包人编制的施工过程结算文件已被承包人认可，可作为办理施工过程结算和支付施工过程结算价款的依据。"

结合其他中央和地方文件规定，通过对以上两个定义以及国家规范的规定进行总结，笔者认为施工过程结算的主要特征有以下三点：其一，施工过程结算针对的对象是质量经验收合格的已完工程，合格的标准为承包人自检和发包人（或监理等机构）预检；其二，施工过程结算既是发包人和承包人双方共同的权利，也是双方共同的义务，在承包人未积极履行施工过程结算义务的情况下，发包人亦有权利自行履行施工过程结算。其三，施工过程结算实质是简化竣工结算，缩减竣工结算的工作量，经双方确认的过程结算文件作为竣工结算文件的组成部分，竣工后不再重复审核，除非确有存在违反法律法规的情形。

（二）进度款结算的概念和特征

关于进度款结算，《建设工程工程量清单计价规范》（GB50500-2013）第10.3.1条规定："发承包双方应按照合同约定的时间、程序和方法，根据工程计量结果，办理期中价款结算，支付进度款。"《建设工程价款结算暂行办法》（财建〔2004〕369号）第13条规定："工程进度款结算与支付应当符合下列规定：（一）工程进度款结算方式 1.按月结算与支付。即实行按月支付进度款，竣工后清算的办法。合同工期在两个年度以上的工程，在年终进行工程盘点，办理年度结算。2.分段结算与支付。即当年开工、当年不能竣工的工程按照工程形象进度，划分不同阶段支付工程进度款……"《建设工程施工合同（示范文本）》（GF-2017-0201）第12.4.4条规定："……（3）发包人签发进度款支付证书或临时进度款支付证书，不表明发包人已同意、批准或接受了承包人完成的相应部分的工作。"

结合以上文件规定，根据工程实践情况，笔者认为进度款结算的主要特征有以下三点：其一，进度款结算的目的侧重于计量与支付，故也被称为"合同价款期中结算支付款项"；其二，进度款结算只是发承包双方按约定完成进度款支付的依据，不视为发包人已同意、批准或接受了承包人完成的相应部分的工作，不能免除竣工结算时重新复核、清算。其三，进度款支付申请只能由承包人提出，发包人审核通过并签发进度款支付证书后支付进度款。

(三) 施工过程结算和进度款结算的主要区别和联系

通过比较以上施工过程结算和进度款结算的概念和特征，不难看出两者的区别所在。笔者认为主要区别在于以下三点：其一，经发承包双方确认的施工过程结算文件一般不在竣工结算时重复审核，而进度款结算文件于竣工结算时仍需要重新复核、清算。其二，施工过程结算以已完工程经质量验收合格为前提，进度款结算则并不要求已完工程经质量验收合格。其三，施工过程结算既是发包人和承包人双方共同的权利，也是双方共同的义务，而进度款结算更偏向于要求承包人积极主动履行，发包人处于被动审核、配合的地位。

值得一提的是，有观点认为："施工过程结算将工程签证和索赔纳入了计量范畴，而工程进度款结算则不包含工程签证和索赔。"笔者认为该观点失之偏颇。实践中部分工程确实存在进度款结算时不考虑工程签证和索赔，而是统一留到竣工结算时处理，但这种乱象并不符合工程进度款结算的制度设定，不属于工程进度款结算制度的特征。《建设工程工程量清单计价规范》（GB50500-2013）第9.13.3条规定："承包人接受索赔处理结果的，索赔款项应作为增加合同价款，在当期进度款中进行支付。……"第9.14.5条规定："现场签证工作完成后的7天内，承包人应按照现场签证内容计算价款，报送发包人确认后，作为增加合同价款，与进度款同期支付。"由此可知，对于工程签证和索赔的处理并非进度款结算和施工过程结算的区别所在，不能以工程实践中存在工程签证和索赔不在进度款结算时处理的情形就片面认定进度款结算内容不包括工程签证和索赔。

关于施工过程结算和进度款结算的联系，《福建省房屋建筑和市政基础设施工程施工过程结算办法（试行）》（闽建〔2020〕5号）第9条第3项规定："施工过程结算不影响工程进度款支付，进度款应当按照国家有关法律法规及合同约定的时间和比例支付。"《佛山市建设工程施工过程结算管理办法》（佛建〔2020〕22号）第13条规定："工程款支付和施工过程结算既可各自独立又可有效结合。在约定的支付周期内，若已有经发承包双方确认的施工过程结算报告，发包人应当依据该报告确定同期支付款项，并按照合同约定的支付比例进行支付。若没有经发承包双方确认的施工过程结算报告，则仍按合同约定的原付款计划支付工程款。"

由于施工过程结算的目的在于简化竣工结算，工程进度款结算的目的在于维持承包人的生产建设资金需求，两者的制度目的设定并无矛盾之处，而且施工过程结算和进度款结算的程序相互独立，故而笔者比较赞同佛山市上述文件的观点，施工过程结算和进度款结算既可各自独立又可有效结合，工程进度款的支付应以期中价款结算金额为基础，此处的期中价款结算金额可以是经双方确认的当期施工过程结算金额，也可以按照合同约定的原付款计划计算，两者并不冲突，反而能增强进度款数据的真实性、可靠性，减轻结算、审计成本和压力。

二、施工过程结算文件和其他文件的辨析

（一）施工过程结算文件和过程结算报告、结算资料的关系

对于施工过程结算文件和过程结算报告、结算资料的关系，主要存在以下两种不同观点。

第一种观点认为，施工过程结算文件应包括了结算报告和完整的结算资料。例如，《福建省房屋建筑和市政基础设施工程施工过程结算办法（试行）》（闽建〔2020〕5号）第8条第1项规定："当期施工过程结算文件，包括当期节点工程的设计图、设计变更、现场签证、施工记录、检测检验、验收报告、过程结算价款与应付金额计算资料等。对施工合同、补充协议、招投标文件、施工方案等各期过程结算共用的资料，首期提交后今后不得再重复要求提交，除非有变更或新增内容。"

第二种观点认为，施工过程结算文件主要是过程结算确认单及过程结算清单电子文件等工程造价确认文件，施工过程结算报告书是施工过程结算文件的一种具体形式，不包括相关施工过程结算资料。例如，《上海市建设工程竣工结算文件备案管理办法》（沪住建规范〔2022〕8号）第2条第3款规定："本办法所称建设工程竣工结算文件（以下简称'竣工结算文件'），指建设工程竣工后，由承包方编制、经发包方审核后并经双方确认作为建设工程最终价款支付依据的工程造价文件，包括建设工程竣工结算价确认单、建设工程竣工结算清单电子文件等，采用过程结算的建设工程竣工结算文件应当包括过程结算确认单及过程结算清单电子文件等。"

笔者比较认可第三种观点，因为施工过程结算文件需要由发包、承包双方自行组织，或委托工程咨询机构根据过程结算资料编审形成，并经发包、承包双方确认作为过程结算价款支付依据的造价文件。其具体形式可能是经发包、承包双方签署认可的过程结算报告、过程结算表、工程造价过程结算书、过程结算确认单等。而施工过程结算的资料包括但不限于施工合同、补充协议、中标通知书、施工图纸、工程招标投标文件、施工方案、工程量及其单价以及各项费用计算、经确认的工程变更、现场签证、工程索赔等工程原始资料，属于施工过程结算文件的具体编制依据，是施工过程结算前形成的与工程有关的各类文件的总称。

（二）施工过程结算文件和结算协议的关系

《关于完善建设工程价款结算有关办法的通知》（财建〔2022〕183号）第2条规定："……经双方确认的过程结算文件作为竣工结算文件的组成部分，竣工后原则上不再重复审核。"2023年《建设工程工程量清单计价标准（征求意见稿）》第10.2.3条："除本标准第10.2.7条规定外，经发承包双方签署认可的施工过程结算文件，应作为工程竣工结算文件的组成部分，除按本标准第10.3.12条规定的调整外，竣工结算不应对其重新计量、计价。"以上文件均指出施工过程结算文件的一大特征是作为竣工结算文件的组成部分，竣工结算时不再重新计量计价、重复审核。

而最高人民法院《关于审理建设工程施工合同纠纷案件适用法律问题的解释（一）》（法释〔2020〕25号）第29条规定："当事人在诉讼前已经对建设工程价款结算达成协议，诉讼中一方当事人申请对工程造价进行鉴定的，人民法院不予准许。"即合法生效的结算协议具有一经确定即不能更改、排除鉴定的终局性特点，这与施工过程结算文件排除重新审核、计量计价的特点相类似，那么过程结算文件的性质是否属于上述司法解释规定的结算协议，这一问题值得思考。

笔者比较认可施工过程结算文件不属于上述司法解释规定的结算协议的观点，主要有以下四点理由：

第一，从来源来看，施工过程结算文件应当根据施工合同中关于过程结算的条款约定进行编审，经发承包双方签署认可，作为竣工结算文件的组成部分，实质是施工合同条款的具体履行行为，有事先的依据；而结算协议是主要根据合同履行的客观情况对工程价款结算条款或约定进行调整，多数结算协议会形成新的结算结果或方式，与原合同约定结果或方式不同，属于"事后清算"。

第二，从内容和目的来看，施工过程结算文件是对质量合格的已完成工程价款（包括价款调整、设计变更、现场签证等）进行确认，只以结算工程价款为内容，目的主要在于简化、缩短竣工结算时间；而结算协议除了对工程价款结算内容、结果、方式等进行确认外，一般会一并处理违约责任、损失赔偿等其他当事人之间有争议的事项，目的在于解决争议和纠纷。

第三，从文件主体来看，施工过程结算文件通常属于发承包双方按照合同约定编审、确认形成的工程价款文件，主体是发承包双方；而结算协议的当事人范围不限于发包人与承包人，还包括发包人与实际施工人之间、承包人和转包人之间等。

第四，从独立性来看，通说观点认为，施工过程结算文件属于对合同的过程结算条款的具体履行的结果，实质是结算行为，不具有独立于施工合同的独立性；而结算协议通常被认为是独立协议，不同于主合同的结算条款，其效力相对独立于施工合同。

三、施工过程结算和工程总承包模式的兼容问题

有观点认为，由于工程总承包要求"按约施工"，验收的标准是交付的工程成果符合发包人要求，实践中无法通过分部分项工程等节点工程验收而判定是否符合发包人要求，故施工过程结算制度不能适用于工程总承包模式，两者不能兼容。

上述观点笔者不敢苟同，笔者认为，总承包工程的质量合格判定标准通常包括两方面：其一，应当符合国家规定的强制性标准；其二，应当满足发包人要求。虽然通过节点工程验收无法判定是否符合发包人要求，但至少能够判定是否符合国家相应的强制性标准，已经解决了基本的质量合格判定工作。通过施工过程结算的方式也能有效减轻了总承包工程因为工程量大、建设周期长、涉及建设内容多等问题带来的工程结算压力。另外，2021年《建设工程工程量清单计价标准（征求意见稿）》第10.2.9条也规定："承包人提交施工过程结算文件时，应同时提交施工过程结算项目的相关质

量合格证明等验收资料。但施工过程验收不代替竣工验收，不能免除或减轻在工程竣工验收时工程质量不合格承包人应承担的整改义务，施工过程结算也不影响缺陷责任期及质量保修期。"由此可见，施工过程验收并不会直接代替竣工验收，也不会因为施工过程验收而免除或减轻因承包人原因导致工程质量不合格而应承担的责任。故完全可以在工程总承包合同中将施工过程结算的判定标准设定为符合国家相关强制性标准，而对于总承包工程的最终验收、交付标准则设定为必须既符合国家相应强制性标准，又满足发包人要求，从而通过施工过程验收和结算、竣工验收、试验以及交付标准设定的协调运作，更好地发挥出工程总承包模式的效率、效益优势。

从国家规范层面来看，国家也号召各地方将施工过程结算制度积极运用于工程总承包模式中，充分发挥两者各自的优势。例如，《建设工程总承包计价规范》第7.4.2条规定："发承包双方应当在合同约定时间内办理工程竣工结算，在合同工程实施过程中已经办理并确认的期中结算的价款应直接进入竣工结算。"还有部分地方文件直接规定了施工过程结算适用于工程总承包模式。例如《福建省房屋建筑和市政基础设施工程施工过程结算办法（试行）》（闽建〔2020〕5号）第2条第2款规定："本办法适用于工程总承包项目、施工总承包项目以及施工专业承包项目。"故而无论从理论上还是司法实务中都能看出，施工过程结算和工程总承包模式能够兼容，只不过，由于配套制度尚未完善，各地政策不同，施工过程结算制度和工程总承包模式的结合落地仍需要政策支持以及合同范本等来进一步支撑。

四、结语

总体而言，全面推进施工过程结算制度有利于规范合同管理，简化竣工结算，有效解决拖欠工程款，全面治理拖欠农民工工资问题，甚至稳定社会秩序，促进建设工程行业有序健康发展，制度设定的意义深远。虽然国家政策和地方制度逐步建立健全，但由于缺乏对施工过程结算的程序和内容作明确规定的招标文件、工程合同的示范文本，施工过程结算制度尚缺乏有力的合同范本支撑；施工过程结算的节点划分不合理，结算界面不清晰，也成为推行施工过程结算制度的重大障碍；加之施工过程结算会加重财政部门的审核压力，以至于财政部门对施工过程结算的过程参与积极度不高，对施工过程结算的结果不予认可，形成了目前制度落地效果不佳的局面，可谓说，全面推行施工过程结算制度仍任重道远！

由于标准招标文件、工程合同示范文本往往扮演着国家政策、制度落实的桥梁，连接国家政策、制度和具体项目建设，为规范施工过程结算程序和行为，在此笔者建议应当根据全国各地的制度实施经验，在标准招标文件、工程合同示范文本中增设关于施工过程结算节点、预验收、结算周期、计量计价、验收标准、结算款支付、逾期责任等具体条款，引导发包、承包双方积极规范落实施工过程结算，尤其是政府投资项目，更应当带头在标准招标文件、工程合同示范文本中约定施工过程结算具体条款，推行施工过程结算。在标准招标文件、工程合同示范文本中尤其需要明确一点，这也是施工过程结算的本质，即经发包、承包双方签署认可的施工过程结算文件，应当作为竣工结算文件的组成部分，不应对已确认的施工过程结算内容重新进行计量计价，发包人也不得以未完成审计作为延期工程过程结算的理由，拖延办理结算和支付工程款。

参考文献：

1. 常设中国建设工程法律论坛第八工作组：《中国建设工程施工合同法律全书：词条释义与实务指引》，法律出版社 2021 年版。

2. 最高人民法院民事审判第一庭编著：《最高人民法院新建设工程施工合同司法解释（一）理解与适用》，人民法院出版社 2021 年版。

不平衡报价之实务分析

石秀达

不平衡报价是施工企业在投标时经常采用的一种报价技巧，但存在构成显失公平、违背诚实信用原则等法律风险。由于我国法律、行政法规并未禁止采用不平衡报价法，导致不同地方法院对于不平衡报价的中标效力、中标合同效力以及工程价款的认定不一。本文从不平衡报价的基本概述、效力评价以及对确认工程价款的影响三个维度，结合有关法律法规、司法裁判案例和相关理论，分析不平衡报价风险的合同规制策略。

一、不平衡报价的概述

不平衡报价是指在工程项目的投标总价不变的前提下，根据招标文件载明的付款条件，针对投标文件中的部分工程子项目的报价做出高于或低于常规报价的调整，从而在不影响投标结果的情况下实现早回款、多结算、减轻融资成本或转嫁风险的最终目标。投标人根据工程量清单进行不平衡报价，是招投标行业的既有惯例，其实质是一种报价技巧。例如，通过提高早期施工项目单价，降低后期施工项目单价，实现早回款，减轻前期融资成本；通过提高可能增加工程量的项目单价，降低可能减少工程量的项目单价，实现多结算；通过提高物价上涨可能较快的货物的调价系数和权重，实现转移物价上涨的风险等。

二、不平衡报价的效力评价

我国相关法律和行政法规并未禁止施工企业采用不平衡报价法进行报价，部分地方法院从利益平衡的角度出发，在某些特殊情况下甚至是肯定了不平衡报价的效力。例如，江苏省高级人民法院《关于审理建设工程施工合同纠纷案件若干问题的解答》第8条明确规定："……建设工程仅完成一小部分，如果合同不能履行的原因归责于发包人，因不平衡报价导致按照当事人合同约定的固定价结算将对承包人利益明显失衡的，可以参照定额标准和市场报价情况据实结算。"

但是，不平衡报价也需要具有一定的合理性，严重不合理的不平衡报价理应受到一定的规制，特别是利用工程量变化而实施的不平衡报价，已经有相应的规范文件进行引导和规制。例如，《建设工程工程量清单计价规范》（2013年版）第9.6.2项规定："对于任一招标工程量清单项目，当因本节规定的工程量偏差和第9.3节规定的工程变更等原因导致工程量偏差超过15%时，可进行调整。当工程量增加15%以上时，增加部分的工程量的综合单价应予调低；当工程量减少15%以上时，减少后剩余部分的工程量的综合单价应予调高。"《建设工程施工合同（示范文本）》（GF—2017—0201）第10.4.1项规定："除专用合同条款另有约定外，变更估价按照本款约定处理：……（3）变更导致实际完成的变更工程量与已标价工程量清单或预算书中列明的该项目工程量的变化幅度超过15%的，或已标价工程量清单或预算书中无相同项目及类似项目单价的，按照合理的成本与利润构成的原则，由合同当事人按照第4.4款[商定或确定]确定变更工作的单价。"

当然，上述规范文件的效力等级低，在不构成《民法典》第146条、第153条、第154条等法定的民事法律行为无效的情形下，采用不平衡报价而中标的，一般不会直接影响中标效力和中标合同效力，除非招标文件明确禁止不平衡报价或不平衡报价严重不合理，甚至有损社会公益和秩序，才可能影响中标效力和中标合同效力。

三、不平衡报价对确认工程价款的影响

工程结算时发包人能否以承包人存在不平衡报价要求调整价款，是实务中常常会遇到的问题。对此，司法实践中并未形成统一的观点。

有的法院倾向于认为，不平衡报价并未被法律所禁止，属于正常经营风险，应不予调价。如北京市第一中级人民法院［2015］一中民（商）终字第2617号判决认为，即便关于投标文件存在不平衡报价问题的主张属实，该问题所发生的风险亦属承包经营风险范畴，根据"一切权利由其享有，一切债务由其承担"的原则，该项风险即应自负，因此在核定工程造价时，对不平衡报价问题不予考虑。

有的法院则倾向于认为不平衡报价不应超过一定的范围，否则有违诚实信用原则，需要通过司法鉴定对超出部分重新组价并按约定下浮计价。如丽水市中级人民法院［2016］浙11民终585号判决认为，涉案工程招投标时虽然未禁止不平衡报价，但应在合理范围内进行，承包人在招投标和增加工程量等方面采取了不正当的手段，明显存在恶意；不仅投标单价畸高，而且实际工程量比标底增加约10倍，该行为有违民事活动应遵循的诚实信用原则，更有损社会公共利益、扰乱社会经济秩序，应予以调整。据此，法院依据《合同法》第52条、第58条关于合同效力之规定，对超过投标范围15%以内工程量按中标价计算工程价款，而对超过投标范围15%以外工程量按鉴定机构重新组价下浮后的造价作为工程价款。

对此问题，笔者认为不平衡报价能否调整价款主要还是依据发、承包人双方的合同约定，尊重合同双方的意思自治。如果施工合同中明确约定了不平衡报价的标准以及存在不平衡报价时应重新组价或修正的，法院一般也会予以支持，如最高人民法院［2019］最高法民终1754号案中，双方在合同中约定："由参建各方根据招标文件条款对施工方投标单价中分部分项工程单价测算，若有项目单价达到招标文件约定的不平

衡报价标准，双方根据实际情况重新组价。"法院最终依据合同约定采信鉴定机构重新组价后的工程款。

四、小结

对于不平衡报价，由于我国相关法律和行政法规并未禁止，而何谓"不平衡报价""不平衡报价是否合理"是没有量化标准的，导致实践中法院难以认定不平衡报价及其影响。所以，发包人应当在招标文件和中标合同等协议中和投标人或承包人至少明确以下三点内容：第一，明确是否禁止、限制或允许不平衡报价；第二，明确构成不平衡报价的具体量化标准；第三，明确构成不平衡报价时的调价或重新组价标准。从而，最大程度地保护发包人的合法权益，最有效地定分止争。

参考文献：

1. 常设中国建设工程法律论坛第八工作组：《中国建设工程施工合同法律全书：词条释义与实务指引》，法律出版社 2021 年版；

2. 最高人民法院民事审判第一庭编著：《最高人民法院新建设工程施工合同司法解释（一）理解与适用》，人民法院出版社 2021 年版。

关于建设工程价款优先受偿权的几个问题研究

袁 贵

建设工程价款优先受偿权，是指根据《民法典》第807条[1]的规定，承包人在发包人逾期支付工程价款时，除根据建设工程的性质不宜折价、拍卖外，承包人可以与发包人协议将该工程折价，也可以请求人民法院将该工程依法拍卖，承包人对该工程折价或者拍卖的价款优先受偿的权利。该项制度的设立是为了切实解决拖欠工程款的问题，保障承包人价款债权的实现，从而保护承包人背后的进城务工人员劳动报酬的实现。最高人民法院《关于审理建设工程施工合同纠纷案件适用法律问题的解释（一）》（以下简称《司法解释》）第35条至第42条等8个条文对建设工程价款优先受偿权的形式主体、范围、效力、期限等作了规定，但实践中不断出现的新情况使得上述规定在适用过程中仍然存在一定争议，通过关键词"建设工程价款优先受偿权"进行检索，仅2021年全国就有7634个相关案例。本文对建设工程价款优先受偿权几个重要问题进行探讨。

一、建设工程价款优先受偿权的性质

关于建设工程价款优先受偿权到底属于什么性质的权利，目前学界尚无定论，不过可以肯定的是，建设工程价款优先受偿权并非一种合同权利，因为该种权利来源于法律规定，而非当事人之间的合同约定。对于建设工程价款优先受偿权，当前主要有以下三种观点[2]：

（1）留置权观点：建设工程合同与加工承揽合同较相类似，故建设工程价款优先受偿权类似于加工承揽合同中的留置权。

（2）法定抵押权观点：此种观点认为建设工程价款优先受偿权是一种当事人基于法律规定而直接取得的抵押权。

（3）优先权观点：此种观点认为建设工程价款优先受偿权如同船舶优先权、航空

---

[1] 《民法典》第807条规定："发包人未按照约定支付价款的，承包人可以催告发包人在合理期限内支付价款。发包人逾期不支付的，除根据建设工程的性质不宜折价、拍卖外，承包人可以与发包人协议将该工程折价，也可以请求人民法院将该工程依法拍卖。建设工程的价款就该工程折价或者拍卖的价款优先受偿。"

[2] 参见梁慧星：《〈合同法〉第286条的权利性质及其适用》，载《人民法院报》2000年第1期。

器优先权一样，可以叫作建筑优先权。

笔者认为，虽然学界对建设工程价款优先受偿权的性质没有定论，会对实践中该项权利的行使产生一定障碍，但可以确定的是，建设工程价款优先受偿权是一种具有担保物权性质的权利，按照担保物权的一般规则理解和行使该项权利，应该不存在太大问题。

二、实际施工人是否享有建设工程价款优先受偿权

实际施工人不是法律概念，而是《司法解释》对建设工程领域特定人的称谓，一般指转承包方、违法分包的承包方、挂靠承包方、不具有建筑资质的承包方等[1]。《司法解释》第 44 条规定："实际施工人依据民法典第五百三十五条规定，以转包人或者违法分包人怠于向发包人行使到期债权或者与该债权有关的从权利，影响其到期债权实现，提起代位权诉讼的，人民法院应予支持。"但实际施工人是否享有建设工程价款优先受偿权没有明确规定，对此实践中各地法院的裁判结果也不统一。

（一）实际施工人享有建设工程价款优先受偿权

如杨某某诉宜昌宏信公司、宜昌恒生建筑安装有限公司建设工程施工合同纠纷案中，法院认为："关于原告主张对涉案工程享有优先受偿权的问题。原告系诉争工程的实际施工人，且宏信公司客观上亦欠付原告工程款，原告主张在被告宏信公司拖欠的上述工程款范围内就'宏信·公园里一期工程'折价或拍卖的价款享有优先受偿权，符合《合同法》第 286 条规定，本院予以支持。结合前面评述，宏信公司应于 2018 年 7 月 25 日前向原告支付工程款 94 040 696.18 元，因宏信公司未付，原告于 2018 年 11 月 15 日向本院提起诉讼，未超过上述法定期限。"

（二）实际施工人不享有建设工程价款优先受偿权

如谢某与阳江市阳港海产贸易有限公司以及阳江市江城三建公司建设工程合同纠纷案中，法院认为："《合同法》第 286 条赋予了承包人就发包人逾期支付的工程款享有优先受偿的权利。但涉案工程为谢某借用江城三建公司的建筑企业资质进行施工的，谢某只是实际施工人，并非上述法律规定的承包人。且阳港海产公司与江城三建公司签订的建筑安装工程承包合同，江城三建公司与谢某签订的工程项目承包协议均为无效，因此，谢某依据《合同法》第 286 条的规定主张优先受偿权，理据不足，法院不予支持。"

对于上述两种裁判结果对应两种观点，第一种观点认为，依据《司法解释》第 44 条的规定，当承包人怠于行使到期债权时，实际施工人可以行使代位权，代为行使建设工程价款优先受偿权。第二种观点认为实际施工人不享有建设工程价款优先受偿权，理由一是《民法典》第 807 条明确规定的是承包人才是建设工程价款优先受偿权的权利人；理由二是实际施工人与发包人并无合同关系，在合法分包的情况下，因分包人

---

[1] 最高人民法院民事审判第一庭编著：《最高人民法院建设工程施工合同司法解释（二）理解的适用》，人民法院出版社 2019 年版，第 369 页。

与发包人并无直接合同关系，合法分包人尚且不享有建设工程价款优先受偿权；理由三是实际施工人一般施工工程范围较小，行使此项权利难度较大；理由四是若允许实际施工人享有建设工程价款优先受偿权，将变相鼓励转包、违法分包、挂靠等行为。

笔者赞同第二种观点，原因是建设工程价款优先受偿权作为一种优先于一般抵押权的优先权，应作限缩性解释，避免扩大和滥用此项权利给其他债权人造成损害，最高人民法院在相关案例中已经明确了实际施工人不享有建设工程价款优先受偿权，各地人民法院应参照适用。

马某忠诉新疆鑫达房产公司、伊犁金鑫建筑工程有限责任公司及乌鲁木齐银行股份有限公司伊犁分行建设工程施工合同纠纷案中，最高人民法院认为："《中华人民共和国合同法》第286条规定：'发包人未按照约定支付价款的，承包人可以催告发包人在合理期限内支付价款。发包人逾期不支付的，除按照建设工程的性质不宜折价、拍卖的以外，承包人可以与发包人协议将该工程折价，也可以申请人民法院将该工程依法拍卖。建设工程的价款就该工程折价或者拍卖的价款优先受偿。'最高人民法院《关于审理建设工程施工合同纠纷案件适用法律问题的解释（二）》第17条规定：'与发包人订立建设工程施工合同的承包人，根据合同法第二百八十六条规定请求其承建工程的价款就工程折价或者拍卖的价款优先受偿的，人民法院应予支持。'根据上述规定，工程价款优先受偿权请求权的主体为'承包人'，即工程承包人可以基于法律规定或者合同约定，直接请求对工程价款行使优先受偿权。同时，最高人民法院《关于审理建设工程施工合同纠纷案件适用法律问题的解释》第26条仅赋予实际施工人突破合同相对性向发包人主张欠付工程价款的权利，并未规定其可以主张建设工程价款优先受偿权，故马建忠作为实际施工人，并非与发包人鑫达房产公司签订建设工程施工合同的承包人，其请求对工程价款行使优先受偿权缺乏法律依据，人民法院不予支持。"

三、工程价款债权转让后的受让人是否享有建设工程价款优先受偿权

若承包人将请求发包人支付建设工程价款的债权转让，受让人是否仍然享有建设工程价款优先受偿权，对此实践中尚无定论，第一种观点认为：工程价款债权的受让人不是工程承包人，根据合同相对性原则，不应享有建设工程价款优先受偿权。第二种观点认为：建设工程价款优先受偿权作为工程价款债权的从权利，随着工程价款债权一并转让给了受让人，因此受让人享有建设工程价款优先受偿权。

笔者赞同第二种观点，首先，建设工程价款优先受偿权是一种担保物权，用于担保建设工程价款的实现，属于建设工程价款的从权利。其次，根据《民法典》第547条第1款规定："债权人转让债权的，受让人取得与债权有关的从权利，但是该从权利专属于债权人自身的除外。"判断建设工程价款优先受偿权是否可以随工程价款一并转让，主要看此种从权利是否属于专属于债权人自身的权利。对此，笔者认为不属于，因为根据最高人民法院《关于适用〈中华人民共和国合同法〉若干问题的解释

（一）》（法释［1999］19号）第12条的规定，专属于债权人自身的权利一般是指具有人身属性的权利。从司法案例来看，也是支持第二种观点的案例居多。

如常州市海峡公司与常州园城公司建设工程价款优先受偿权纠纷一案，法院认为："关于海峡公司是否有权向园城公司主张优先受偿的问题。最高人民法院《关于建设工程价款优先受偿权问题的批复》第4条规定：建设工程承包人行使优先受偿权的期限为6个月，自建设工程竣工之日或者建设工程合同约定的竣工之日起计算。海峡公司受让了武建公司转让的其对园城公司所享有的建设工程价款债权，建设工程价款优先受偿权亦随之由海峡公司受让。"

再如陕西西岳山庄有限公司与中建三局建发公司、中建三局第三建设工程有限责任公司建设工程施工合同纠纷案，法院认为："建设工程款具有优先受偿性质。建发公司基于受让债权取得此项权利。鉴于该项建设工程目前尚未全部竣工，《施工合同》因西岳山庄拖欠工程款等原因而迟延履行，建发公司优先受偿权的行使期限应从2005年10月10日解除合同时起算。此前建发公司已提起诉讼，故不应认定其优先受偿权的行使期限已超过6个月。对于西岳山庄关于建发公司已超过行使优先受偿权期限的主张，本院不予支持。"

四、建设工程转让后承包人是否仍享有建设工程价款优先受偿权

若发包人将建设工程转让，承包人是否仍然享有建设工程价款优先受偿权属于实务中的重大问题，对此仍然存有争议。有裁判观点认为建设工程转让后，建设工程价款优先受偿权的行使在法律上已成为不可能，故不能再对已转让的工程享有建设工程价款优先受偿权。

如董某某与周某某建设工程价款优先受偿权纠纷一案（［2017］冀0321民初561号），法院认为："关于第三人辩称原告的工程价款优先受偿权应在其承建的全部建筑面积上均摊的主张，本院认为，虽然原告承建的'吕某某仓储楼'总建筑面积为2726.10平方米，但在对其分割登记后，已对外转让1132.50平方米，并为买受人办理了所有权过户登记。因此，原告就已转让并办理过户的面积，再主张工程价款优先受偿权，已成为法律上不能。另因建设工程价款优先受偿权的效力及于承建建筑物的整体，并不是按单位面积均摊各自份额，对已过户登记给买受人的房产，本身就已不存在建设工程价款优先受偿权了，该权利行使的对象就是转让后剩余的房产。"

但也有观点认为，建设工程转让后承包人仍享有建设工程价款优先受偿权，原因是建设工程价款优先受偿权属于一种担保物权，具有一定的追及效力，其功能是担保工程款优先支付，该权利依附于所担保的工程而存在，即使被担保的工程转让，也不影响承包人建设工程价款优先受偿权的行使。笔者赞同此种观点，因为建设工程价款优先受偿权是为了保护施工人的劳动报酬实现，若因为发包人转让了建设工程就使得承包人的这一权利落空，是对承包人和施工人利益的损害，而且即便建设工程已经发生转让，承包人依然可以请求对转让建设工程取得的价款优先受偿。

从工程造价鉴定意见分析应提交的
工程证据材料

陈学义

在建设工程施工合同纠纷中，各方当事人对案涉项目工程造价存在争议时，进行工程造价司法鉴定是法院或仲裁委确定工程造价的重要方式。根据《建设工程造价鉴定规范》（以下简称《鉴定规范》）释义，工程造价鉴定指鉴定人运用工程造价方面的科学技术和专业知识，对工程造价争议中涉及的专门性问题进行鉴别、判断并提供鉴定意见的活动。工程造价鉴定意见即是对该工程造价争议事项的专门性问题作出的鉴定结论。笔者尝试从鉴定意见的分部分项工程费（或直接工程费）的计量和计价着手，浅析施工合同争议双方为得出更符合工程实际的工程造价需要提供的证据材料，以及各证据材料在工程造价中的作用。

《鉴定规范》规定"鉴定人应根据合同约定的计价原则和方法进行鉴定。如因证据所限，无法采用合同约定的计价原则和方法的，应按照与合同约定相近的原则，选择施工图算或工程量清单计价方法或概算、估算的方法进行鉴定。"规定提及的工程计价方法，在工程实践中常用的计价方法主要包括清单计价和定额计价两种。

一、清单计价和定额计价的计算原理

清单计价：指招标人在招标时提供工程量清单，投标人按自身生产管理水平编制的企业定额自主分析报价，并以此作为工程竣工结算依据的计价方法。工程量清单计价在一般情况下综合单价是固定的，这种模式能减少合同实施过程中的调整因素，利于发包人的成本控制。同时，清单计价能反映施工企业实际的生产管理水平。工程清单计价的结算方式为：对工程实施过程中发生的设计变更或发包人在招标文件的工程量清单中计算有误的工程量，属合同约定范围内的按照原合同进行结算，其综合单价不会发生变化；但遇到合同约定范围以外的情况时，须按照合同约定对综合单价进行调整。对于项目漏项或设计变更所引发的综合单价变化应当由承包人提出，并经发包人确认无误后可作为结算的依据。实践中此部分工程量常用定额计价并下浮一定比例计算。

定额计价：指建设工程造价由直接费、间接费、其他项目费、利润、税金所组成的计价方式。通常定额计价模式下工程结算方法为：依据图纸、设计变更、签证单或隐蔽工程验收记录等资料来计算工程量，按照定额的相关子目及投标报价时所确定的各项取费费率进行计算。定额计价所报的工程造价实际上是社会平均价，不能反映施工企业的生产管理水平。

就我国工程行业施工企业管理现状而言，在企业还没有定额或没有完整定额的情况下，政府相关部门还需要继续发布一些社会平均消耗量定额供大家参考使用，这也便于从定额计价向工程量清单计价的转变。工程实践中常有施工合同中约定：承包人以定额价为基础下浮报价。在清单计价模式下，承包人的综合单价也常以综合定额分析计算，同时对合同外新增项目通常约定以定额价下浮报价。因此，在目前企业定额还不完善的情况下，定额计价方法仍然是基础性的计价方法。

二、清单计价和定额计价的工程量计算规则

（一）清单计价工程量计算规则

1. 工程量计算规则

清单计价模式下，工程量一般以工程实体的净尺寸计算，不考虑施工方法和施工工艺所包含的工程量，并通过招标文件中工程量清单的形式予以固定，这是定额计价与清单计价工程量计算规则的本质区别。以最常见的土石方计算规则为例，《市政工程工程量计算规范》（GB50857-2013）规定沟槽土方和基坑土方开挖的工程量计算规则为：以基础垫层底面积乘以挖土深度计算。可以看出清单计价模式是工程量按照理想状态下进行计算，只计算净工程量，不会考虑工作面、不会考虑放坡等实际施工过程中需要考虑的因素。

2. 工程量调整规则

合同约定可以调整结算工程量时，其调整规则亦与工程量计算规则相对应，以工程实体的净尺寸计算，一般情况下只有工程量清单漏项、工程量计算错误或工程实体尺寸发生变化时才能调整结算工程量。工程量漏项与工程量计算错误可以通过出示招标设计图或施工图并按工程量计算规则计算其工程量予以证明，而工程实体尺寸发生变化通常需要出示设计变更资料予以证明。

即：清单计价模式下工程量的认定须以招标设计图或施工图、工程量计算书、设计变更资料等予以证明，而不能仅通过现场签证单、工程联系单等反映工程现场实际发生工程量的证明材料予以认定。

（二）定额计价工程量计算规则

1. 工程量计算规则

定额计价模式下工程量的计算考虑一定的施工方法和施工工艺后以实际发生的工程量计算，工程量中包含为完成施工而发生的合理损耗。以最常见的土石方计算规则为例，工程量计算规则是考虑工作面和放坡系数的，如《贵州省市政计价定额》（2016

年版）关于土方工程量计算规则规定：土方的挖、推、铲、装、运等体积均以天然密实体积计算，填方按设计（竣工）的回填体积计算。

2. 工程量调整规则

定额计价模式下结算工程量通常以实际发生的工程量为准，在实务中施工合同一般会约定工程量认定规则，如施工图（或竣工图）计算的工程量、设计变更、工程签证单、工程联系单等，在缺乏前述资料时，隐蔽工程验收单也可以作为认定工程量的依据。需要特别说明的，实践中土石方开挖难以上述资料予以证明，通常以土石方测绘报告（含地形图）的形式确定结算工程量。

即：定额计价模式下认定结算工程量的依据包括施工图、竣工图、设计变更单、工程签证单、工程联系单、隐蔽资料验收单、土石方测绘报告（含地形图）等。

三、清单计价和定额计价的单价分析所需的证据材料

（一）定额计价模式下单价分析所需的证据材料

定额计价模式一般按照工序划分为工程项目，一般土建定额就有几千个工程项目，其划分原则是按工程的不同部位、不同材料、不同工艺、不同施工机械、不同施工方法和材料规格型号，划分十分详细。以下图机械开挖土方中的"反铲挖掘机挖沟槽、基坑土方"条目为例："反铲挖掘机""斗容量0.6立方米"表示施工方法、机械类型、机械型号，"沟槽、基坑"表示施工部位，"工作内容"描述本条目的工序内容，"三类土"描述工程位置的土壤类型。

十、反铲挖掘机挖沟槽、基坑土方

工作内容：1.挖土，将土堆放在一边或装车、清理机下余土。
2.清理边坡、工作面内人工排水等辅助性工作。

计量单位：1000立方米

定 额 编 号		D1-1-224	D1-1-225	D1-1-226	D1-1-227	D1-1-228	D1-1-229
项 目 名 称		反铲挖掘机(斗容量0.6m³)不装车			反铲挖掘机(斗容量0.6m³)装车		
		一、二类土	三类土	四类土	一、二类土	三类土	四类土
综合单价（元）		3581.87	4208.28	4759.74	5069.04	5970.04	6764.65
其中	人 工 费（元）	300.00	300.00	300.00	300.00	300.00	300.00
	材 料 费（元）	—	—	—	—	—	—
	机 械 费（元）	3281.87	3908.28	4459.74	4769.04	5670.04	6464.65
	管 理 费（元）	—	—	—	—	—	—
	利 润（元）	—	—	—	—	—	—

为使鉴定人员能合理选择定额条目，争议各方需全面提交工程相关证据材料对施工方法、施工工艺等情况予以说明。以上述条目为例，需提供施工组织设计方案可以证明施工部位、施工方法、施工工艺和机械型号，现场签证资料可以证明土壤类型。

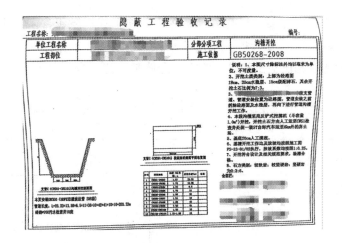

以上图某工程沟槽土方开挖为例，"沟槽开挖"表示施工部位，"反铲式挖掘机（斗容量1.0立方米）开挖"表示本段沟槽采用机械开挖及其开挖机械类型、规格，"基底20厘米人工清底"表示人工开挖的工程量，"开挖土石比例为7：3""石方类别：较软岩：较坚硬岩：坚硬岩为2：2：6"表示本段沟槽土石方开挖总量中土石方及石方中各类型的图例，"统一装5吨自卸汽车运至61千米外的弃土场"表示本段沟槽开挖弃土运距、运输机械类型及规格。以上工程情况说明配合开挖剖面图能基本反映工程量计算及单价分析所需的各项要素。

1）土石方开挖

明挖土石方采用自上而下分层开挖土方和基岩。土方开挖采用2立方米挖掘机挖装15吨自卸汽车运至弃渣场堆弃。石方明挖采用手风钻钻孔爆破，采用2立方米挖掘机挖装15吨自卸汽车运至弃渣场堆弃。

2）石方洞挖

采用人工钻孔爆破，出渣采用小型抓斗装岩机装5吨自卸汽车运至弃渣场堆弃。

上图为某工程施工组织设计方案中对土石方开挖的说明，"采用2立方米挖掘机挖装15吨自卸汽车运至弃渣场堆砌"分别说明了施工方法、施工机械及其型号、弃土运输机械规格等参数。

在明确施工相关参数确定定额项目后，单价分析时施工材料的单价通常从当地建设工程造价管理总站发布的造价信息中予以选定。为确保鉴定人员合理选择材料单价，争议各方需提供施工图（或竣工图）、现场签证资料、验货单、质量检测报告等证明材料以明确材料类型、规格、等级等参数。同时因造价总站会以月刊或季刊的形式每年多次发布造价信息，因此为确保鉴定人员合理选择适用的造价信息，需要提供开工令、工程施工进度、竣工验收记录等明确施工时间的证据材料。

（二）清单计价模式下单价分析所需的证据材料

与定额计价模式下的工程项目划分相比，清单计价模式下的工程项目划分有较大的综合性，一般是按综合实体进行分项，每个分项工程一般包含多项工程内容。以挖土方为例，项目包含了土方开挖、场地找平、场内运输、平整夯实等工程内容，与定额计价模式下的条目相比更加综合，没有区分施工工艺、施工方法、施工部位等参数。

D.1.1 挖土方。工程量清单项目设置及工程量计算规则，应按表D.1.1的规定执行。

表D.1.1　挖土方　编码：040101

项目编码	项目名称	项目特征	计量单位	工程量计算规则	工程内容
040101001	挖一般土方	1. 土壤类别 2. 挖土深度	立方米	按设计图示开挖线以体积计算	1. 土方开挖 2. 场地找平 3. 场内运输 4. 平整夯实
040101002	挖沟槽土方			原地面线以下按构筑物最大水平投影面积乘以挖土深度（原地面平均村高至槽坑底高度）以体积计算	
040101003	挖基坑土方			原地面线以下按构筑物最大水平投影面积乘以挖土深度（原地面平均村高至坑底高度）以体积计算	

与定额计价模式下工程项目单价需结算时最终确定不同，清单计价模式下承包人在施工合同投标时即根据施工条件自行确定施工工艺与施工方法，并以综合单价的形式填报后进行组价，工程结算时即以投标文件确定的综合单价组价计算工程造价。当施工合同约定合同外工程量可以计价，并约定新增工程量参照定额计价方式确定时，可以参照前文确定需提交的证据材料，即清单计价模式下工程单价主要以承包人投标文件商务标中对应项目的综合单价作为组价的基础性证据材料。

四、清单计价和定额计价模式的风险分析

由上述分析可知，发包人选择清单计价或定额计价模式会有不同的风险：

定额计价模式下，工程竣工结算时发承包双方可以按合同约定调整工程量及工程项目单价，即工程造价风险主要由发包人承担，承包人承担的风险较小，不利于发包人控制工程造价。实践中，发包人可以将工程量及工程项目单价风险在工程总造价中以不可预见费的形式予以考虑。

清单计价模式下，发承包双方可以实现风险合理分担。工程量的风险由发包人承担，即发包人对其委托的工程量清单编制单位的成果承担责任，因此准确计算工程量才能有利于控制工程造价。发包人要考虑各种风险对价格的影响，对报价的成本、综合单价承担责任，综合单价在施工合同中签署确定，除非工程量及工程条件发生重大变化，结算时综合单价一般不予调整。

同时，因组价方式的区别，不同的计价模式下可认定工程量计算及工程项目单价

分析的证据材料亦有所区别。在施工合同中约定计价模式或法院（仲裁委）确定计价模式后，发包、承包双方为工程造价司法鉴定可以提交相应的工程资料，当对方当事人提交不应作为工程造价分析的证据材料时也应予以质证说明。

参考文献：

1. 筑龙施工造价：《清单计价和定额计价的区别与联系》，发布时间：2021 年 2 月 5 日。

2. 贵州省建设工程造价管理总站编：《贵州省市政工程计价定额》，贵州人民出版社 2017 年版。

造价鉴定中定额计价与清单计价的联系

陈学义

书接上回，笔者在《从工程造价鉴定意见分析应提交的工程证据材料》一文中提到定额计价与清单计价在工程量计算规则、单价分析依据的证据、合同履行风险等方面存在着差异。但定额计价与清单计价同为计算建设工程总投资的方法，两者必然存在一定的联系。笔者试从组价方法、合同约定不明时的处理等方面分析两者间的联系，以供各位在建设工程造价鉴定时参考。

一、两者的适用条件

按照我国的基本建设程序，项目建议书及可行性研究阶段、初步设计阶段、招投标阶段、施工图设计阶段、施工期及竣工验收阶段的工程投资分别称为投资估算、设计概算、招标控制价（或标底、投标报价、合同价）、施工图预算、结算价等。《建设工程工程量清单计价规范》（GB50500-2013）（以下简称《清单规范》）总则规定，本规范适用于建设工程发承包及实施阶段的计价活动。《清单规范》第3.1节计价方式规定："3.1.1 使用国有资金投资的建设工程发承包，必须采用工程量清单计价；3.1.2 非国有资金投资的建设工程，宜采用工程量清单计价；3.1.3 不采用工程量清单计价的建设工程，应执行本规范除工程量清单等专门性规定外的其他规定。"《贵州省建筑与装饰工程计价定额》（2016年版）总说明规定，本定额是使用国有资金投资的工程编制投资估算、设计概算、施工图预算、最高投标限价的依据。

从两规范的规定来看，国有资金投资建设项目前期工作计价活动可采用定额计价方式，发包、承包及实施阶段应采用清单计价方式，两种计价方式可以运用于同一项目的不同阶段。从项目实施阶段施工单位的施工定额、企业定额反溯到施工图设计阶段的预算定额、再到可行性研究阶段的投资估算指标，计算项目投资的定额（或指标）从基础、精细、丰富逐步过渡到扩大、综合、数量少。

笔者看来，项目前期工作中设计深度低、工程细部结构考虑不足，投资估算指标等综合性指标便于计算工程投资、亦能控制后期设计深度增加后可能导致的投资增大，有利于合理分配投资资金、便于政府加强投资计划管理。而在发包、承包阶段及实施阶段以清单方式计价则利于发包人的项目管理，同时承包人处于相同的平台也有利于行业的良性竞争和持续健康发展。

二、两者在组价方式上的联系

(一) 建设工程费用的组成

建设项目总投资是指为完成工程项目建设并达到使用要求或生产条件，在建设期内预计或实际投入的总费用，由设备及工器具购置费、建筑安装工程费、工程建设其他费用、预备费（包括基本预备费和价差预备费）和资金筹措费组成。其中工程费用是指建设期内直接用于工程建造、设备购置及其安装的费用，包括设备及工器具购置费、建筑安装工程费，该费用即为建设工程施工合同纠纷中所谓工程造价的主要构成部分。

建设工程费用由分部分项工程费、措施项目费、其他项目费、规费和税金组成。其中分部分项工程费和可计量的措施项目费由工程量×综合单价累积计算，其他费用由法律法规或行业规范规定的计算基数×费率（或税率）。工程量根据工程量计算规范结合施工图、竣工图、工程签证等工程资料进行计算，综合单价计算的准确性就成为影响造价准确性的重要方面。

(二) 定额计价方式分部分项工程单价组成

《建设工程定额管理办法》（建标〔2015〕230号）第3条第1款规定："本办法所称定额是指在正常施工条件下完成规定计量单位的合格建筑安装工程所消耗的人工、材料、施工机具台班、工期天数及相关费率等的数量基准。"定额反映的是特定生产条件下一定区域内全部施工企业的平均生产水平。从单价组成上看，定额计价方式下的综合单价包括人工费、材料费与机械费。

(三) 综合单价的编制

《清单计价》中的工程量清单综合单价是指完成一个规定清单项目所需的人工费、材料和工程设备费、施工机具使用费和企业管理费、利润以及一定范围内的风险费用。即：综合单价＝人工费＋材料费＋施工机具使用费＋管理费＋利润。

综合单价的计算通常采用定额计价的方法，即以计价定额为基础进行组合计算。根据清单计价的工程量计算规则，清单项目一般以一个"综合实体"考虑，一个清单项目可能包含多个定额子目；由于"计价规范"与"定额"中的工程量计算规则、计量单位、工程内容不尽相同，综合单价的计算不是简单地将其所含的各项费用进行汇总，而是要通过具体计算后综合而成，例如清单工程量计算的是实体工程量，定额工程量需考虑施工措施和施工方法等因素。

订单计价方式综合单价的具体分析过程为：

（1）分析与清单项目相应的定额子目；

（2）分析清单计价方式下单位实体工程对应的定额工程量；

（3）以计价定额为基础计算相应于实体工程量的人、材、机费用，再以各地区规定的费率乘以规定的计价基础得出企业管理费及利润；

（4）最后将清单项目的人、材、机总费用、管理费及利润汇总得到该清单项目合价，将该清单项目合价除以清单项目的工程量即可得到该清单项目的综合单价。

（四）定额单价与清单综合单价的联系

由前述分析可知定额计价与清单计价都是计算工程费用的可用方式。在清单计价方式积累数据较少时，暂不能直接计算出综合单价，而需以单价定额为基础进行人、材、机消耗量分析后换算出综合单价，即当前条件下定额单价是计算清单综合单价的基础。

三、造价鉴定中计价方式约定不明或没有约定的处理

（一）相关法律规定

根据最高人民法院《关于审理建设工程施工合同纠纷案件适用法律问题的解释（一）》第19条第1款规定，"当事人对建设工程的计价标准或者计价方法有约定的，按照约定结算工程价款"，即若发承包双方对工程费用产生争议需要进行鉴定时，按照合同约定的计价标准或者计价方法进行工程造价司法鉴定。

《建设工程造价鉴定规范》[1]规定，当有效合同约定了计价原则和方法时应当按照合同约定进行鉴定，当无法采用合同约定的计价原则和方法时选择施工图算或工程量清单计价方法或概算、估算的方法进行鉴定，若计价依据、计价方法约定不明或没有约定时，经鉴定人提出后应参照鉴定项目所在地同时期适用的计价依据、计价方法和签约时的市场价格信息进行鉴定。

（二）对"参照鉴定项目所在地同时期适用的计价依据、计价方法和签约时的市场价格信息进行鉴定"的理解

条文中计价依据是进行造价鉴定通常使用的文件依据，如施工合同、施工图、竣工图、工程签证、原材料或单价审定资料等；签约时的市场价格信息，包括当地造价主管部门发布的造价信息或者材料市场价格等；而计价方法涉及固定总价、固定单价、据实结算等结算方式，以及清单计价或定额计价等方式。

首先，针对计价方法问题。造价鉴定机构主要存在两种观点，部分鉴定机构认为如果没有进行招标或招标无效时，没有有效可供使用的清单和综合单价报价，故不能依据清单计价方式进行鉴定；部分鉴定机构认为，即使没有有效可供使用的清单和综合单价报价，亦可根据《清单规范》等相关规范、定额进行工程造价鉴定。

---

[1]《建设工程造价鉴定规范》5.1.2规定："鉴定人应根据合同约定的计价原则和方法进行鉴定。如因证据所限，无法采用合同约定的计价原则和方法的，应按照与合同约定相近的原则，选择施工图算或工程量清单计价方法或概算、估算的方法进行鉴定。"5.3.3规定："鉴定项目合同对计价依据、计价方法约定不明的，鉴定人应厘清合同履行的事实，如是按合同履行的，应向委托人提出按其进行鉴定；如没有履行，鉴定人可向委托人提出'参照鉴定项目所在地同时期适用的计价依据、计价方法和签约时的市场价格信息进行鉴定'的建议，鉴定人应按照委托人的决定进行鉴定。"5.3.4规定："鉴定项目合同对计价依据、计价方法没有约定的，鉴定人可向委托人提出'参照鉴定项目所在地同时期适用的计价依据、计价方法和签约时的市场价格信息进行鉴定'的建议，鉴定人应按照委托人的决定进行鉴定。"

笔者认可第二种观点更合理。无论清单计价抑或定额计价，均是计算工程造价可以采用的方法，在招标单位编制工程量清单时亦是依据招标设计图、《清单规范》、工程量计算规则等文件，投标单位填报综合单价亦是在分析上述资料后结合自身施工管理水平、参考定额单价后综合报价，因此因招标人没有按照招标程序确定承包人或招标程序无效导致无工程量清单或综合单价报价，鉴定机构亦可根据施工合同、《清单规范》、工程量计算规则、地方定额、施工图、竣工图、工程签证、造价信息等相关资料按清单计价方式计算工程费用，不能简单以未招标或招标无效为由排除清单计价方式的适用。

其次，《清单规范》3.1.1条强制规定了使用国有资金投资的建设工程发承包，必须采用工程量清单计价；3.1.2条规定非国有资金投资的建设工程，推荐采用工程量清单计价。

因此，鉴定机构不能简单以未招标或招标无效为由排除清单计价方式的适用，反而应在具备条件时采用清单计价方式。

（三）关于施工合同约定依据《清单规范》及地方定额计算工程造价的理解

《清单规范》及工程量计算规则等规范主要规定工程量清单编制方法、工程量计算方法及计价原则、程序等内容，并未明确综合单价的分析过程；地方定额及其配套文件具体规定分部分项工程单价的计算方法。前文已提及当前条件下定额单价是计算清单综合单价的基础，因此笔者认为施工合同约定依据《清单规范》及地方定额计算工程造价并不矛盾，其主要意图是以《清单规范》编制工程量清单、以地方定额单价和工程量计算方法为依据进行综合单价分析，两者分别计算工程量和综合单价，后依据《清单规范》组价后得出建设工程费用。

综上，笔者认为定额计价与清单计价虽在工程量计算规则、单价分析依据的证据、合同履行风险等方面存在着差异，但其同为计算建设工程总投资的方法，在单价分析上存在紧密联系，不能将其理解为对立的计价方法、在造价鉴定时对其中之一排除适用，而应当根据现有证据材料决定是否将这两者结合适用。

参考文献：

1. 《2021年版全国一级建造师执业资格考试用书　建设工程经济》，中国建筑工业出版社2021年版。

工程价款结算问题浅析（一）

——无效合同的工程价款结算

蒋易宏

《民法典》第 157 条对民事法律行为无效的法律后果作了原则性的规定，即行为人因无效行为取得的财产，应当予以返还；不能返还或者没有必要返还的，应当折价补偿，因自己的过错给对方造成损失的，应当赔偿由此给对方所造成的损失。

合同无效的一般规则也应当适用于建设工程施工合同，但基于建设工程的特殊性，劳务和建筑材料在施工过程中已物化在建筑工程中，客观上不能或者不适宜采取恢复原状或返还原物的方式作为施工合同无效的法律后果，而采取折价补偿方式更有利于解决问题以及最大程度保障当事人利益。

根据《民法典》第 793 条第 1 款规定："建设工程施工合同无效，但是建设工程经验收合格的，可以参照合同关于工程价款的约定折价补偿承包人。"笔者认为本条规定包含两层意思：一是折价补偿的前提是建设工程本身具有使用价值，质量不合格的建设工程无使用价值，所以质量不合格经修复后仍不能验收合格的，则发包人无须对承包人进行折价补偿；二是当事人的真实意思表示是结算依据的关键，合同结算参照合同约定是为了更符合双方真实意思表示，维护并体现民法的诚实信用原则及公平原则。因违法分包、转包、挂靠等导致合同无效的情形较多，具体案件中如何"参照合同约定"在法律上并无更详尽的指引，造成实践应用中出现分歧，现笔者对实务中不同观点梳理总结如下：

一、关于参照选择权的问题

对于已经废止的最高人民法院《关于审理建设工程施工合同纠纷案件适用法律问题的解释》（以下简称"原《建设工程司法解释》"）第 2 条规定的"建设工程施工合同无效，但建设工程经竣工验收合格，承包人请求参照合同约定支付工程价款的，应予支持"是否赋予了承包人选择权，存在两种观点：一种观点认为承包人有权选择不参照合同约定进行结算，即承包人有权选择鉴定的方式据实结算。另一种观点认为，原《建设工程司法解释》并未赋予承包人选择权，该观点在最高人民法院立案二庭2010 年 4 月 20 日致江西省高级人民法院的内部函（2010 民申字第 260 号）中得到支持，"关于讼争工程价款的确定应依据鉴定结论还是参照合同约定的问题，涉及对《解释》第 2 条的理解问题。《解释》对于无效合同的工程价款结算原则上是采取了参照合同约定结算的补偿方式，虽然其在表述中出现'承包人请求参照合同约定支付工程价款'，但这并不意味着承包人对于两种折价补偿方式享有选择权"。最高人民法院民一庭[1]也认为该条并未赋予承包人选择参照合同约定或者工程定额标准进行结算的权利。

笔者支持第二种观点，虽然新施行的《民法典》第 793 条的规定中使用的是"可以参照"而非"应当参照"，但笔者认为《民法典》依然未赋予承包人参照的选择权，而是更多赋予法院裁量权。基于目前低价竞争中标的建筑市场环境，实践中如果承包人有权任意选择是否参照合同进行结算，当选择鉴定结果以定额作为参考依据时，极有可能导致据实结算的工程价款高于参照合同结算的价款，造成无效合同比有效合同的工程款还高，进而导致违法分包、挂靠等违法行为因无效合同获得更多的利益，此时将产生错误的价值导向，也与追寻双方真实意思表示的立法本意相背离。但考虑到合同约定价款远低于鉴定价款、承发包双方诉前达成新的结算协议、建设工程未完工或设计发生重大变更导致无法参照合同进行结算等情况，笔者认为，《民法典》的规定表明参照无效合同约定结算工程价款不是唯一的计价方式，法院有权在尊重当事人意思表示自治的前提下根据实际情况来认定是否参照合同结算。

二、关于结算参照范围的问题

关于结算参照的范围，对于除价款数额以外的如支付进度、付款节点、下浮率等是否参照合同结算的问题，实践中亦存在两种观点：一种观点认为支付进度、付款节点、下浮率等属于价款结算条款，应当适用；另一种观点认为法律规定仅限于参照合同计价方式和标准。笔者支持第一种观点，因施工合同一般涉及施工周期较长且所涉金额较大，工程款支付时间极大地影响着承包人的权益，且不计算下浮率等可能导致一方因为无效的合同而获利。从反映当事人真实意思表示的角度，应当把支付进度、付款节点、下浮率等列入结算参照的范围。

实务中，部分法院已在建设工程合同纠纷审判指导意见中予以明确，如江苏省高级人民法院《关于审理建设工程施工合同纠纷案件若干问题的解答》（审委会会议纪要［2018］3 号）中第 5 条规定："……建设工程施工合同无效，建设工程经竣工验收合格的，当事人主张工程价款或确定合同无效的损失时请求将合同约定的工程价款、付款时间、工程款支付进度、下浮率、工程质量、工期等事项作为考量因素的，应予支持。"

三、关于利润应否计取的问题

工程费用系人工费、材料费、施工机具使用费、企业管理费、利润、规费、税金

---

〔1〕 最高人民法院民事审判第一庭编：《民事审判指导与参考》，人民法院出版社 2012 年版，第 112～118 页。

的总和，人工费、材料费、施工机具使用费大多仅在工程量上存在争议，而在没有资质的实际施工人主张工程款纠纷中，折价补偿是否应当扣除利润往往存在争议，对此，有观点认为[1]，不具备建筑施工资质的实际施工人因违法分包承建工程取得的利润属于非法所得，应予扣除。

另一种观点认为[2]，利润由双方进行约定，可以参照约定的工程价款支付，如果不支付利润违背了诚实信用原则，而且利润实际已经融入了建筑产品中，若发包人按扣除利润、管理费后的成本价格支付工程款给承包人，实际上是发包人因其违法行为而获得利益，这与无效合同的处理原则相悖。

还有观点认为[3]，没有资质的实际施工人挂靠有资质的施工单位获得的利益不应予以支持，建设主管行政部门对该利润部分依法可予以收缴。

笔者认为，不支付利润可能导致发包人基于无效合同获益，支付利润可能导致承包人基于无效合同获益。所以，从有效地遏制发、承包人的违法、违规行为导致合同无效的角度，发包人存在过错而承包人无过错导致合同无效的，应当支付利润且不对利润予以收缴；承包人存在过错的，应当支付利润且支付的利润应当予以收缴，但是利润应根据工程应取得的工程价款与实际支出的全部费用差额来确定。

四、关于收缴和计取管理费的问题

关于管理费应否收缴的问题，原《建设工程司法解释》第 4 条规定："承包人非法转包、违法分包建设工程或者没有资质的实际施工人借用有资质的建筑施工企业名义与他人签订建设工程施工合同的行为无效。人民法院可以根据民法通则第一百三十四条规定，收缴当事人已经取得的非法所得。"《民法典》施行后，废除了该项规定，也就意味着在民事案件中，法院对违法、无效合同中的收益进行收缴不再有法律依据，所以实践中对于是否收缴管理费的争议已经得到了解决，本次修改体现出司法收缴措施与行政处罚措施不再同时适用的"一事不再罚"原则。关于合同无效时管理费应否计取的问题，一种观点[4]认为应看是否实际进行管理，另一种观点[5]认为管理费属于非法所得，对此不应予以支持。笔者认为，管理费不等同于非法所得，若转包人或违法分包人实际参与管理，则该管理费应认定为项目成本，应予支持，但转手牟利的管理费属于非法所得，不应予以支持。

五、关于无效合同的结算协议效力的问题

合同是否有效问题往往在承发包双方产生争议时才暴露，所以，对于无效施工合

---

[1] 江苏省高级人民法院 [2014] 苏民终字第 0106 号。

[2] 宁夏回族自治区高级人民法院 [2014] 宁民终字第 48 号、湖南省高级人民法院 [2015] 湘高法民一终字第 278 号、新疆维吾尔自治区高级人民法院 [2014] 新民终一字第 5 号。

[3] 江苏省高级人民法院 [2015] 苏民终字第 00541 号。

[4] 最高法 [2017] 民申 4383 号、最高法 [2014] 民申字第 1852 号。

[5] [2014] 鄂汉川民初字第 02136 号。

同进行结算，签订结算协议的情况不在少数。基于无效合同的结算协议的效力，法律并没有明确规定，实践中也存在不同的观点。有观点认为[1]，鉴于建设工程施工合同无效，基于无效合同所涉工程的工程价款而形成的《结算协议》亦应无效。另一种观点认为[2]，结算协议具有独立性，建设工程施工合同无效不影响结算协议的效力问题。

根据《最高人民法院建设工程施工合同司法解释（二）理解与适用》一书中的观点，建设工程价款结算协议是与建设工程施工合同相互联系但彼此独立的协议，其应被视为独立的协议，而非建设工程施工合同的结算和清理条款。只要当事人签订的建设工程价款结算协议满足民事法律行为有效的构成要件，应认定其有效。

基于此，笔者认为，若当事人签订的结算协议可以独立于施工合同，基础合同的无效不意味着结算协议的无效。工程进入结算程序时，更多的是处理承发包主体之间的私益，较少涉及社会公共利益，结算协议是对既存债权债务的结算清理，无效建设工程施工合同的当事人对工程款结算所达成的合意，体现了当事人的真实意思，对双方当事人具有法律约束力。但结算协议是否成立和有效，法院应进行审慎审查。

---

[1] 最高法［2017］民申 4328 号。

[2] 最高法［2017］民申 3591 号。

工程价款结算问题浅析（二）

——无效合同的工程价款结算

蒋易宏

工程价款是工程承包人将人工、材料及管理凝结成劳动成果的价值形式，也是按照合同约定的计价原则算出的工程造价。本文结合司法案例及相关规定，承接上一篇《工程价款结算问题浅析（一）》，继续对无效合同的工程价款结算相关问题进行总结和浅析。

一、以审计结论为准作为结算依据

最高人民法院《关于审理建设工程施工合同纠纷案件适用法律问题的解释（一）》（法释〔2020〕25 号）（以下简称《建设工程司法解释一》）第 19 条第 1 款规定："当事人对建设工程的计价标准或者计价方法有约定的，按照约定结算工程价款。"

最高人民法院《关于建设工程承包合同案件中双方当事人已确认的工程决算价款与审计部门审计的工程决算价款与审计部门审计的工程决算价款不一致时如何适用法律问题的电话答复意见》（〔2001〕民一他字第 2 号），最高人民法院明确表示："……审计是国家对建设单位的一种行政监督，不影响建设单位与承建单位的合同效力。建设工程承包合同案件应以当事人的约定作为法院判决的依据。只有在合同明确约定以审计结论作为结算依据或者合同约定不明确、合同约定无效的情况下，才能将审计结论作为判决的依据。"

合同明确约定以审计作为结算依据，原则上应当遵循当事人的意思自治，但是在合同无效时以审计结论为准作为结算依据是否依然有效，实务中存在两种完全相反的裁判方向：一种观点认为，在建设工程施工合同无效的情形下，以审计结果作为结算依据的条款亦属无效，不得再以该条款对抗承包人工程价款的请求权。[1]另一种观点认为即便合同无效，仍应尊重双方当事人的真实意思表示，按照审计机关依法作出的审计结论进行结算。[2]

作者认为以审计作为结算依据暗含着结算款的支付条件，即结算款的支付是以审

---

〔1〕〔2019〕最高法民终 136 号民事判决书。

〔2〕〔2017〕渝 01 民终 5550 号。

计结论作为支付前提，实务中常常出现发包人主张支付款项必须严格依照合同约定以审计结论形成后才能确定价款支付时间节点的抗辩，如若僵化地适用合同约定条款，发包人无正当理由长期未出具审计结论将导致承包人失去权利主张的途径。

保障意思自治与司法的公平正义同样重要，从解决问题的角度，此种情形下，发包人应当举证证明长期未出具审计结论的原因，裁判者在发包人无法举证证明或非因承包人导致的超期审计应当准许当事人启动司法鉴定作为结算依据，发包人不能再援引审计作为结算依据的条款抗辩付款条件不成就。

二、背靠背条款的结算

背靠背条款，一般是指双方在合同中约定，付款方的付款时间、金额、方式等以第三方支付给付款方为条件，该约定常常是总承包方为转移业主支付不能的风险而设置的。2024 年 8 月 27 日，最高人民法院《关于大型企业与中小企业约定以第三方支付款项为付款前提条款效力问题的批复》（法释〔2024〕11 号，以下简称《批复》）正式发布且开始施行。《批复》中规定大型企业在建设工程施工、采购货物或者服务过程中，与中小企业约定以收到第三方向其支付的款项为付款前提的，因其内容违反《保障中小企业款项支付条例》，应当认定该约定条款无效。在认定合同约定条款无效后，人民法院应当根据案件具体情况，结合行业规范、双方交易习惯等，合理确定大型企业的付款期限及相应的违约责任。双方对欠付款项利息计付标准有约定的，按约定处理；约定违法或者没有约定的，按照全国银行间同业拆借中心公布的一年期贷款市场报价利率计息。

对于大型企业与大型企业，中小型企业与中小型企业合同无效情况下，背靠背条款是否参照适用，仍未有明确规定。按照过往的裁判惯例，一种观点认为，合同无效，应当将背靠背条款等支付条件条款均纳入参照适用的范围，否则实际施工人获得了提前结算的权利，会导致其因合同无效而获得比合同有效更多的额外利益。另一种观点认为合同无效，背靠背条款可以参照适用，但总承包方应当举证证明不存在因自身原因造成业主付款条件未成就的情形，并举证证明自身已积极向业主主张权利。[1]还有观点认为，合同无效，背靠背条款属于对支付条件的约定，而司法解释条款规定"参照合同约定支付工程价款"主要指参照合同有关工程款计价方法和计价标准的约定，背靠背条款不属于对计价方式和计价标准的约定，合同无效时不应参照适用。[2]

笔者认为，对于大型企业与大型企业，中小型企业与中小型企业合同无效情况下背靠背条款的处理可以参考审计作为结算依据的条款的处理方式，实践中分包方或实际施工人难以证明总承包方已经收到工程款，应由总承包方承担举证义务。条款生效后，总承包方应负有积极向业主方主张工程款的义务，若总承包方长期怠于主张权利，

---

〔1〕 ［2016〕 赣 0192 民初 492 号。

〔2〕 ［2013〕 民一终字第 93 号、［2017〕 最高法民申 4349 号。

包括不能举证证明向业主方催款、通过诉讼方式向业主方主张权利，则总承包方不能再援引背靠背条款抗辩付款条件不成就。

三、多份合同均无效

在同一建设工程项目中，可能存在经过招投标程序根据招投标文件签订的中标合同、中标合同之后私自签订的其他合同、未经招投标程序签订的合同等。原《建设工程司法解释》第21条规定："当事人就同一建设工程另行订立的建设工程施工合同与经过备案的中标合同实质性内容不一致的，应当以备案的中标合同作为结算工程价款的根据。"此条关于黑白合同认定的规定，因行政管理的合同强制备案制度在《建设工程司法解释一》中已被删除，所以本文不再讨论另行签订多份与中标合同不一致的情况，本文讨论的多份合同均无效为包含备案的中标合同亦无效的情形。

作者认同最高人民法院的观点，在当事人存在多份施工合同且均无效的情况下，一般应参照符合当事人真实意思表示并实际履行的合同作为工程价款结算依据，合同履行过程中的付款申请单、工程签证等可以用于确定实际履行的合同，[1]当然，笔者认为合同签订时间等因素也可以作为确认实际履行合同的考量因素。多份施工合同均无效，且无法确定实际履行合同的，工程价款可根据争议合同之间的差价，结合工程质量、当事人过错、诚实信用原则等结算。[2]

四、未取得"四证"的合同结算

合法的建设工程项目从立项开始，均需要取得国有土地使用权证、建设用地规划许可证、建设工程规划许可证、建设工程施工许可证，即"四证"。《建设工程司法解释一》第3条第1款的规定："当事人以发包人未取得建设工程规划许可证等规划审批手续为由，请求确认建设工程施工合同无效的，人民法院应予支持，但发包人在起诉前取得建设工程规划许可证等规划审批手续的除外。"

实践中，用地许可是规划许可的前置程序，所以未取得用地许可和规划许可是导致合同无效的关键。从合同无效的要件进行分析，用地和规程规划涉及社会公共利益，损害社会公共利益的违法建设行为无效，基于违法建设所定的合同亦无效。而国有土地使用权证的取得以及建设工程施工许可证的取得分属自然资源部门和建设行政主管部门的行政管理范畴，未取得相应证件属违反行政管理性规定，应受到行政处罚，但并不会影响施工合同的效力。[3]

所以因未取得"四证"中的"两证"导致合同无效后如何进行结算，实践中存在两种观点：一种认为可以参照《民法典》第793条的规定，即工程经竣工验收合格或

---

〔1〕［2020〕最高法民终59号。

〔2〕［2017〕最高法民终175号。

〔3〕 肖峰、严慧勇、徐宽宝：《〈关于审理建设工程施工合同纠纷案件适用法律问题的解释（二）〉解读与探索》，载《法律适用》2019年第7期。

者修复后经验收合格的，参照合同约定处理。验收不合格的，按照过错比例对实际损失予以承担。另一种该观点认为，缺乏"两证"的建筑物属于违法建筑，应立即拆除和返还工程款，并且根据双方各自过错大小要求赔偿各自的损失。

笔者认为，可根据实际情况加以处理，如果政府部门已经明确为违法建筑并作出责令拆除的行政决定或意思表示时，承包方实际投入应根据双方过错进行分担。政府部门没有作出违法建筑认定时，承包人有权请求参照合同约定进行折价补偿，法院可以通过向行政主管部门发函确认案涉工程是否属于违法和应拆除的建筑物。

建设工程竣工结算造价咨询服务费中
核减费用的承担主体问题

田宪鹏

案例：A 公司作为发包方与 B 公司签订《建设工程施工合同》，约定工程最终结算价以发包人委托的第三方审计机构的审计结果为准。同时 A 公司与审计机构 C 公司签订《审计咨询服务合同》，双方在审计费的计算方式条款中约定：B 公司报送的结算金额审减超过 10% 部分的审计费用由 B 公司承担。案涉工程竣工验收后，B 公司编制的结算报告送审金额为 1000 万元，经 C 公司审计后的结算金额为 800 万元，审减 20%，其中 10% 超过约定的比例范围。因 A 公司迟迟未支付工程尾款，B 公司起诉 A 公司，要求 A 公司支付工程尾款及利息，A 公司以应在工程尾款中扣除应当由 B 公司承担的审减超过 10% 部分的审计费为由进行抗辩？那么，A 公司的抗辩理由能否予以支持？

一、竣工结算造价咨询服务费的计费方式

建设工程造价咨询服务是指工程造价咨询服务机构接受委托，对建设项目的工程造价的确定与控制提供专业咨询服务，并出具工程造价成果文件的活动。范围包括建设项目的投资估算、工程预算、招标标底、竣工结算、竣工财务决算、投标报价编制和工程预结算审核、工程竣工财务决算审查以及接受有关部门委托对工程造价鉴定等工程造价咨询业务，以及出具工程造价成果文件等。

在 2015 年之前，建设工程造价咨询服务费实行政府指导价，如《贵州省物价局关于建设工程造价咨询服务收费的通知》（黔价房〔2012〕86 号）、《浙江省建设工程造价咨询服务收费管理办法》（浙价服〔2001〕262 号）、《江苏省物价局、江苏省住房和城乡建设厅关于规范工程造价咨询服务收费标准及有关事项的通知》（苏价服〔2014〕383 号）等规范性文件，均对建设工程造价咨询服务费的承担主体、计费标准等进行了明确的规定。

以贵州省为例，在实行政府指导价时期，黔价房〔2012〕86 号《通知》明确采取差额定率分档累进法计收工程造价咨询服务费。具体到工程竣工结算方面，该部分咨询服务费包括基本收费和追加费用两部分，收费标准如下表：

收费项目		收费基数 （C：万元）	收费费率（‰）				
			C≤500	500<C ≤1000	1000<C ≤5000	5000<C ≤10000	10000<C
审核工程结算	基本收费	送审建筑工程造价	4.0	3.3	2.9	1.7	1.4
		送审安装工程造价	4.7	4.0	3.5	2.1	1.7
	追加费用	核减（增）额	4%~7%				

本文案例中所涉工程送审金额为1000万元，假如以该收费标准计算，基本的审计费用为500万元×4.0‰+（1000-500）万元×3.3‰=3.65万元，追加费用为核减的200万元×4.0%=8万元。

同时，黔价房〔2012〕86号通知规定审减（增）率在10%以内（含10%）的，追加费用由委托方支付；10%以上部分的追加费用由编制方（施工方）支付。根据该规定，核减10%以内的追加费用即100万元×4.0%=4万元由A公司承担，核减10%以上的追加费用即100万元×4.0%=4万元应当由B公司承担。该《通知》之所以如此规定是因为在实践中，施工单位为了获得更高的工程报酬，往往虚报送审造价，导致提供造价咨询服务方追加费用，委托人因此需付出更多的审核成本，才能准确认定合理的工程造价金额，纠正施工方上报的虚高造价。因此，核减10%以上的追加费用由作为编制方的施工单位来承担公平合理。

2015年10月12日，中共中央、国务院《关于推进价格机制改革的若干意见》出台，各地方政府开始制定政府定价目录，建设工程造价咨询服务不再纳入政府定价的范围，而是实行市场调节价。但实践中，造价咨询服务机构仍然沿用了实行政府指导价时的收费方式收取工程竣工结算咨询服务费，即工程竣工结算咨询服务费仍然由基本费用和追加费用两部分构成，但费率由双方协商确定。

二、A公司与C公司就审减超过10%部分审计费的承担主体的约定对B公司是否具有约束力

在黔价房〔2012〕86号《通知》未被废止之前，A公司和C公司可以直接根据该通知的规定要求B公司承担审减超过10%部分审计费，但该《通知》被废止后，本案已无法直接适用该规定。

《民法典》第465条第2款规定："依法成立的合同，仅对当事人具有法律约束力，但是法律另有规定的除外。"此为合同的相对性原则。根据该原则，合同当事人无权为合同之外的第三方设定合同上的义务，如果要为第三人设定义务，必须事先征得

第三人同意，才对其产生拘束力。本案 A 公司与 C 公司虽然在《审计咨询服务合同》约定 B 公司报送的结算金额审减超过 10% 部分的审计费用由 B 公司承担。但 B 公司并非该合同的签订主体，该合同关于要求 B 公司承担相应义务的约定对 B 公司并无法律约束力，且 A 公司与 B 公司签订的《施工合同》也未就该部分内容进行约定，在此情况下，A 公司和 C 公司要求 B 公司承担审减超过 10% 部分审计费既无合同依据也无法律依据。

三、A 公司能否与 B 公司在《建设工程施工合同》中对审减费用的承担主体进行约定

在实行市场定价且并无法律法规强制性规定的前提下，无论是工程造价审计费用的收费标准还是承担主体，均应属于意思自治的范畴，若发包方、施工方及工程造价咨询服务提供方均就费用承担主体经协商一致并通过书面形式予以确认，该约定并不违反法律法规的强制性规定，应属合法有效，应当按照各方约定确定费用的承担主体。

在建设工程中，发包人作为工程款的支付主体，工程竣工结算价涉及发包人重大利益，发包人一般情况下都是自行委托第三方咨询服务机构对施工单位报审的工程造价进行审核，根据"谁委托、谁付费"的原则，发包人理应支付第三方咨询费用。但为了避免施工单位恶意虚报结算金额，增加发包人的审核成本，发包人可以与施工单位约定审减费用由施工单位承担。

还是以贵州省为例，《贵州省政府投资建设项目审计监督条例》（2017 年修正）第 10 条第 4 款规定："委托社会中介机构发生的审计费用，政府全额投资建设项目，由财政予以保障；其他政府投资建设项目，可以列入建设项目成本。"第 13 条规定："政府投资建设项目的建设单位应当维护国家利益，保证建设资金安全，可以在招标文件中载明下列内容：（一）保留适当比例的工程价款，在竣工结算或者决算审计后支付；（二）经审计机关审计的，依据审计结果办理工程价款及相关费用的最终结算；（三）明确工程结算审减率超过 10% 以上部分所发生的造价咨询等费用承担人。"

虽然上述规定针对的是政府投资项目，但在无法律法规禁止性规定的情况下，一般的工程建设项目同样可以参考上述规定进行约定，虽然贵州省物价局关于审减率超过 10% 以上的审计费由施工人承担的规定已经废止，但该费用并非一定由发包人承担，发包人要求施工人承担该部分审计费用的，可以在招标文件中明确，并在施工合同中进行约定。

综上，建议发包人在建设工程招标文件中明确列明审减率超过 10% 以上的审计费由中标人承担，并在与中标人签订的施工合同中进一步明确审计费用的承担主体及支付方式。同时，发包人与审计单位签订委托协议时，建议可将施工单位列为签约主体，就审计费用的承担进行明确约定。对于正在进行尚未结算的项目，若发包人与施工人

均同意由施工人承担超过一定比例部分的审减费用，但未在招投标文件及施工合同中予以明确的，建议发包人要求施工单位就其承担该部分审计费用出具书面承诺或签订补充协议予以明确，避免因未约定导致发包人的主张得不到支持。

九、工程管理

有关委托代建的几个实务问题浅析

孙仕祥

代建制在我国制度层面的正式推行始于 2004 年。彼时，国务院发布《关于投资体制改革的决定》（国发［2004］20 号）。在该文件中，为加强政府投资项目管理，改进建设实施方式，国务院决定："对非经营性政府投资项目加快推行'代建制'，即通过招标等方式，选择专业化的项目管理单位负责建设实施，严格控制项目投资、质量和工期，竣工验收后移交给使用单位。"在过去的十多年间，国家层面未出台相关的法律法规、部门规章对代建制度予以专门的规制。各地方政府针对政府投资项目代建行为制定了一些地方规范性文件，但对于非政府投资项目代建行为的性质、代建单位选择方式等，并无相关专门规定。

本文结合日常法律服务过程中遇到的与委托代建相关的实务问题，对委托代建的法律性质、企业与项目管理公司建立委托代建关系是否属于招标投标法律法规规定的必须招标的行为等相关问题，进行梳理和探讨。

一、委托代建的法律性质

关于委托代建的法律性质，目前，法律层面并无明确定性，司法实践中，主要存在两种观点：

一种观点倾向于认为代建合同的性质属于承揽合同。如［2017］吉民终 551 号案中，吉林省高级人民法院认为，施工单位只能向与其有合同关系的代建单位主张权利，而无权要求业主承担责任。虽其基于合同相对性释明，但实际上间接承认了委托代建合同不适用委托合同的部分规则。［2017］陕民终 7 号案中，陕西省高级人民法院则直接指出，委托代建合同并非一般性的委托合同。［2014］冀民一终字第 312 号案中，河北省高级人民法院也持同样观点，认为委托代建合同与建设工程施工合同是两个独立的法律关系。原则上在审理建设工程施工合同纠纷案中，不宜追加委托人为案件当事人，不宜判令委托人对发包人偿还工程欠款承担连带责任。委托人也无权以承包人为被告向人民法院提起诉讼，主张承包人对工程质量缺陷承担责任。委托人与代建单位就委托代建合同发生的纠纷，也不宜追加承包人为案件当事人。

另一种观点倾向于认为代建合同的性质属于委托合同。如［2016］最高法民终 128

号案、[2016] 黔民初 232 号案中，法院认为，从代建方与建设单位的关系来看，两者的关系应该属于委托代理关系，代建方的权利基础是基于建设方的委托，因代建产生的权利与义务最终还是由建设方来行使和承担。代建制是工程项目管理的一种表现形式，属于一种代理关系，法律有关委托代理的规定都能适用。

无论代建制的法律性质何许，根据上述国务院文件，参照相关地方关于政府投资项目代建制的规定，目前，主流观点认为，代建制的核心是建设单位向代建单位采购代建管理服务，委托代建合同是工程管理服务性质的合同，代建行为实质是一种服务行为。

二、委托代建行为是否属于招标投标法律法规规定的必须招标的行为

委托代建行为是否属于招标投标法律法规规定的必须招标的行为，其核心在于委托代建服务是否属于招投标法上的"与工程建设有关的服务"。对此问题，目前实践中也有正反两种认识：

持肯定结论的观点认为：虽然《招标投标法实施条例》第 2 条对《招标投标法》第 3 条所称的"工程建设项目"进行解释时，将"与工程建设有关的服务"定义为"为完成工程所需的勘察、设计、监理等服务"，未列举"代建"这一服务形式，但该定义中的"等"字应表示列举未尽，代建活动属于与工程建设有关的服务，应当受《招标投标法》第 3 条的调整。

按此观点，如果使用国有企业资金的工程项目，其代建合同的金额超过了《必须招标的工程项目规定》第 5 条第 1 款第 3 项规定的 100 万元标准，则代建活动属于必须进行招标的范围，建设单位应当通过公开招标方式选择代建单位。最高人民法院《关于审理建设工程施工合同纠纷案件适用法律问题的解释（一）》（法释 [2020] 25 号）第 1 条第 1 款规定："建设工程施工合同具有下列情形之一的，应当依据民法典第一百五十三条第一款的规定，认定无效：……（三）建设工程必须进行招标而未招标或者中标无效的。"虽然该司法解释只适用于建设工程施工合同，但该司法解释表明，最高人民法院将《招标投标法》关于必须进行招标工程项目范围的规定，认定为"效力性强制性规定"。因此，不仅是施工合同，如果具有服务性质的委托代建合同违反了上述规定，也应当被认定为无效合同。

持否定结论的观点认为：目前我国并没有法律法规、司法解释明文规定委托代建合同的代建行为属于《招标投标法实施条例》第 2 条中"与工程建设有关的服务"。现有规范性文件仅就政府投资项目的代建制进行了规制，并未规定非政府投资项目采用该模式的具体要求。政府投资项目代建制要求必须通过招标等方式选择代建单位，但非政府投资项目代建模式下，"代建"是否属于《招标投标法》界定的"工程/与工程建设有关的服务"，是否须通过招标等方式选择代建单位，并无明确界定。根据法无禁止即可为的私法自治规则，对于非政府投资项目代建单位的选择，在操作方式上应更为灵活。

按此观点，代建单位的选择不属于必须招标的范畴，即便不以公开招标方式确定代建单位，也不会造成《委托代建合同》效力的否定性评价。

2020年10月19日国家发展改革委办公厅发布的《关于进一步做好〈必须招标的工程项目规定〉和〈必须招标的基础设施和公用事业项目范围规定〉实施工作的通知》（发改办法规〔2020〕770号），其中，第1条第3项规定："关于招标范围列举事项。依法必须招标的工程建设项目范围和规模标准，应当严格执行《招标投标法》第三条和16号令、843号文规定；法律、行政法规或者国务院对必须进行招标的其他项目范围有规定的，依照其规定。没有法律、行政法规或者国务院规定依据的，对16号令第五条第一款第（三）项中没有明确列举规定的服务事项、843号文第二条中没有明确列举规定的项目，不得强制要求招标。"据此，目前已可以明确：除勘察、设计、监理外，涉及工程的其他中介服务不属于法定招标范围；委托代建行为并不属于招标投标法律法规规定的必须招标的行为。

三、建设单位、施工单位、代建单位三者关系分析

实践中，建设单位与代建单位建立委托代建关系并公开招标选定施工单位后，往往会采取由代建单位与中标施工单位签订合同，建设单位委托代建单位代为负责支付工程款、实际管理工程项目建设等的做法实际实施项目建设相关工作，在此情况下，三方之间的关系性质及其效力问题，较受各方主体关注。

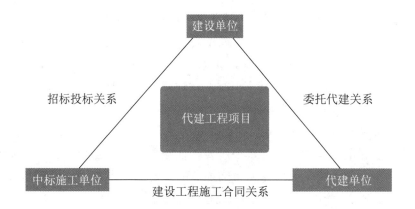

笔者认为：首先，对于建设单位与施工单位之间的关系。在依法必须招标的情形下，通过招标方式选择该项目的中标单位，符合《招标投标法》《招标投标法实施条例》《必须招标的工程项目规定》等法律法规的规定。建设单位作为招标人、中标单位作为投标人，在招投标过程中，只要不存在法定中标无效的情形，双方之间的招投标关系即是合法的。

其次，对于建设单位与代建单位之间的关系。以是否通过招标方式确定代建单位为判断标准，如上所述，二者之间委托代建关系的有效性取决于委托代建行为是否属于招标投标法律法规规定的必须招标的行为，其核心在于委托代建服务是否属于招投

标法上的"与工程建设有关的服务"。目前，实践中"有效""无效"两种观点均存在，前文已作分析及建议，此处不再赘述。

最后，对于代建单位与中标施工单位之间的关系。在委托代建关系合法有效的前提下，无论建设单位与代建单位之间的代建关系是委托代理关系，抑或承揽关系，笔者认为，施工单位作为通过公开招标方式选择确定的合同主体一方，其与代建单位依据招标投标文件签署的《建设工程施工合同》，不违背法律、行政法规的强制性规定，且与实践中代建制模式下的签约方式相契合，该施工合同应属合法有效。

四、以代建单位名义与中标人签订施工合同，是否会影响施工许可证等项目证照办理

《建筑工程施工许可管理办法》第 4 条规定了施工许可证的申领主体及条件，从该条文义来看，施工许可证的申领主体是建设单位；申领的条件之一是已经确定施工企业。那么，在委托代建的情况下，由代建单位与中标施工单位签订施工合同，是否会影响施工许可证的办理呢？

传统意义上，政府投资项目的代建制是由代建单位作为招标人和建设工程施工合同的签约方，业主并不参与招标和签约。但非政府投资项目中，最终签署的项目相关合同究竟应该是代建单位与项目相关方的两方合同，还是建设单位、代建单位与项目相关方的三方协议，并无明文规定或限制。笔者认为，由代建单位与中标施工单位签订施工合同应当不会构成施工许可证办理的法律障碍，理由是：

第一，根据最高人民法院《关于审理建设工程施工合同纠纷案件适用法律问题的解释（一）》第 18 条[1]，其中"建筑物所有人"或者"发包人"的提法表明施工合同的发包人有可能不是建筑物所有人，委托代建正是"建筑物所有人"与"发包人"之间关系的纽带，代建单位以其名义与中标人签订合同系基于建设单位的明确授权，逻辑关系上是能够理清的，并不违反法律法规的规定。

第二，鉴于目前法律和司法实践中对委托代建关系中，建设单位、代建单位与施工单位等相对方之间的法律关系并无明确统一的定性，如果将委托代建划入委托代理范畴，在委托代理关系中，委托人要为代理人在其授权范围内实施的法律行为买单。具体见于《民法典》第 162 条、第 925 条、第 926 条。从委托代理的角度而言，代建单位受建设单位委托签署建设工程施工合同，代建单位代表的正是建设单位。

当然，从委托代理的角度而言，可能导致的后果是，代建单位以建设单位名义或以自身名义与施工单位、材料设备供应商、工程服务商等（下称"项目相关方"）签署的建设工程相关合同（下称"项目相关合同"），实际上最终仍由业主承担合同权

---

[1] 最高人民法院《关于审理建设工程施工合同纠纷案件适用法律问题的解释（一）》第 18 条规定："因保修人未及时履行保修义务，导致建筑物毁损或者造成人身损害、财产损失的，保修人应当承担赔偿责任。保修人与建筑物所有人或者发包人对建筑物毁损均有过错的，各自承担相应的责任。"

利义务和责任。而建设单位因委托代建，实际难以控制代建单位及项目相关方，却要为代建单位的行为买单，风险不但没有转移，反而更不可控。基于此，从建设单位角度考虑，实操中稳妥的一种做法是，在代建单位与施工单位等签订的施工合同等项目相关合同中明确免责条款，约定施工单位等合同相对方只能向与其有合同关系的代建单位主张权利，而无权要求建设单位承担责任。

五、国有企业工程项目适用代建模式的风险防范建议

在国有企业工程项目适用代建模式的情形下，基于上述分析，笔者建议：

第一，对于使用国有企业资金的工程项目，如其代建合同的金额超过了《必须招标的工程项目规定》规定的规模标准，在选聘代建单位时，应尽可能通过招投标方式选定代建单位后再签订委托代建合同，以确保代建单位选择程序的合规性，防止造成合同效力否定性评价的风险。

第二，如客观上不能采取招标方式选择代建单位，建议就非招标方式采购代建单位的可行性，向项目所在地监督主管部门核实确认，以免造成相关的合规责任风险。需要说明的是，即便如此，对于《委托代建合同》的效力，也仍可能受"法无明文规定"及司法裁判观点所影响，存在不确定性。

第三，2010年7月中共中央办公厅、国务院办公厅印发的《关于进一步推进国有企业贯彻落实"三重一大"决策制度的意见》明确指出"采购大宗物资和购买服务"属于"三重一大"事项主要范围中的"重大项目安排事项"，建议按照"三重一大"事项的决策规则和程序事先集体讨论决策，同时，遵循公开、透明的原则，对代建单位的选择过程、内部决策依据等，详细记录并存档备查。

第四，在工程安全方面，随着《安全生产法》对业主生产安全管理义务的强化，建设单位在项目实施过程中应当加强对代建单位生产安全责任的要求，疏解建设单位在工程安全方面可能承担的责任风险。

第五，委托代建很大程度上依赖于代建单位的管理技术、经验和责任心，鉴于非政府投资项目在实践中易于被认定为委托代理，在此关系下，建设单位要为代建单位的行为买单。因此，建议建设单位考虑要求代建单位明确并提供项目管理团队名单，并明确代建单位不得擅自更换项目负责人等主要管理人员、建设单位有权要求更换不尽责的管理人员及违约后果等。同时，建设单位对重大事项保留决策权，并根据项目情况进一步明确决策权保留的具体事项。

参考文献：

1. 张炯、张丽娜：《委托代建，方兴未艾丨浅谈非政府投资项目采用委托代建模式的若干问题》，载 http://www.zhonglun.com/Content/2018/05-28/1105453834.html，最后访问日期：2024年7月12日。

2. 冯小光：《回顾与展望——写在〈最高人民法院关于审理建设工程施工合同纠纷案件适用法律

问题的解释〉颁布实施三周年之际》，载中华人民共和国最高人民法院民事审判第一庭编：《民事审判指导与参考》，法律出版社 2008 年版。

3. 王毓莹：《代建合同与商品房预售合同的区别——新疆维吾尔自治区邮政局与乌鲁木齐市圣博特房地产开发有限公司商品房预售合同纠纷上诉案》，载中华人民共和国最高人民法院民事审判第一庭编：《民事审判指导与参考》，法律出版社 2010 年版。

4. 刘德权主编：《最高人民法院司法观点集成》，人民法院出版社 2009 年版。

5. 朱树英：《工程合同实务问答》，法律出版社 2007 年版。

6. 王林清等：《建设工程合同纠纷裁判思路》，法律出版社 2014 年版。

逐条解读《房屋建筑和市政基础设施项目工程总承包管理办法》

田宪鹏

2020 年 3 月 1 日起，住建部和国家发展改革委《房屋建筑和市政基础设施项目工程总承包管理办法》（建市规［2019］12 号，以下简称《办法》）正式施行。

现分两期对《办法》逐条进行解读。

本期就《办法》第一章总则、第二章工程总承包的发包和承包的内容逐条进行解读。

背景介绍：

1984 年 9 月 18 日，国务院公布并施行的《关于改革建筑业和基本建设管理体制若干问题的暂行规定》（国发［1984］3 号，已失效）就提到了工程总承包的概念，明确工程承包公司接受建设项目主管部门（或建设单位）的委托，或投标中标后，对项目建设进行可行性研究、勘察设计、设备选购、材料订货、工程施工、生产准备直到竣工投产实行全过程的总承包。

2014 年 7 月 1 日，住建部公布并施行《关于推进建筑业发展和改革的若干意见》（建市［2014］92 号），要求加大工程总承包推行力度，倡导工程建设项目采用工程总承包模式，鼓励有实力的工程设计和施工企业开展工程总承包业务。推动建立适合工程总承包发展的招标投标和工程建设管理机制，调整现行招标投标、施工许可、现场执法检查、竣工验收备案等环节管理制度，为推行工程总承包创造政策环境。

2016 年 5 月 20 日，住建部公布并施行《关于进一步推进工程总承包发展的若干意见》（建市［2016］93 号），要求大力推进工程总承包，提升企业工程总承包能力和水平。

2017 年 2 月 21 日，国务院办公厅公布并施行《关于促进建筑业持续健康发展的意见》（国办发［2017］19 号），要求加快推行工程总承包。装配式建筑原则上应采用工程总承包模式。政府投资工程应完善建设管理模式，带头推行工程总承包。

2017 年 12 月 26 日，住建部为落实国办发［2017］19 号文，发布了《关于征求房屋建筑和市政基础设施项目工程总承包管理办法（征求意见稿）意见的函》（建市设函〔2017〕65号），就征求意见稿向各个地方政府住建部门及有关行业协会征求意见。

2019年5月10日，住建部和发改委再次下发《关于征求房屋建筑和市政基础设施项目工程总承包管理办法（征求意见稿）意见的函》（建办市函〔2019〕308号）征求意见。

2019年12月23日，住建部和国家发展改革委发布了《房屋建筑和市政基础设施项目工程总承包管理办法》（建市规〔2019〕12号）（以下简称《办法》），该《办法》自2020年3月1日起正式施行。《办法》共分为四章，分别是总则、工程总承包项目的发包和承包、工程总承包项目实施、附则。

现分两期对该《办法》逐条进行解读。本期就《办法》中的部分内容进行解读。

第一章　总则

第一条　为规范房屋建筑和市政基础设施项目工程总承包活动，提升工程建设质量和效益，根据相关法律法规，制定本办法。

【解读】本条规定本办法的制定目的和依据。如背景介绍所述，住建部在2014年即开始大力推进施工总承包模式，但在截至本办法发布之前，因为没有统一的管理办法对施工总承包进行规范，导致各地方政府针对工程总承包模式出台的相关文件存在矛盾和冲突，本办法出台后，有利于进一步规范施工总承包活动，提升工程建设质量和效益。同时，与建设工程相关的法律法规作为本办法的制定依据，同样适用于工程总承包活动，如《建筑法》《招标投标法》《建设工程勘察设计管理条例》《建设工程质量管理条例》《建设工程安全生产管理条例》等。

第二条　从事房屋建筑和市政基础设施项目工程总承包活动，实施对房屋建筑和市政基础设施项目工程总承包活动的监督管理，适用本办法。

【解读】本条规定本办法的适用范围。根据住建部于2001年6月1日发布的《房屋建筑和市政基础设施工程施工招标投标管理办法》（建设部令第89号）的规定，房屋建筑工程，是指各类房屋建筑及其附属设施和与其配套的线路、管道、设备安装工程及室内外装修工程。市政基础设施工程，是指城市道路、公共交通、供水、排水、燃气、热力、园林、环卫、污水处理、垃圾处理、防洪、地下公共设施及附属设施的土建、管道、设备安装工程。此外，相关政府主管部门对于施工总承包活动的监督管理也适用本办法。

第三条　本办法所称工程总承包，是指承包单位按照与建设单位签订的合同，对工程设计、采购、施工或者设计、施工等阶段实行总承包，并对工程的质量、安全、工期和造价等全面负责的工程建设组织实施方式。

【解读】本条规定工程总承包的内容。与施工总承包相比，工程总承包至少应包含施工和设计阶段的内容。

第四条 工程总承包活动应当遵循合法、公平、诚实守信的原则，合理分担风险，保证工程质量和安全，节约能源，保护生态环境，不得损害社会公共利益和他人的合法权益。

【解读】 本条规定开展工程总承包活动的基本原则。除需满足一般的基本原则之外，还应做到节约能源，保护生态环境，不得损害社会公共利益和他人的合法权益。

第五条 国务院住房和城乡建设主管部门对全国房屋建筑和市政基础设施项目工程总承包活动实施监督管理。国务院发展改革部门依据固定资产投资建设管理的相关法律法规履行相应的管理职责。

县级以上地方人民政府住房和城乡建设主管部门负责本行政区域内房屋建筑和市政基础设施项目工程总承包（以下简称工程总承包）活动的监督管理。县级以上地方人民政府发展改革部门依据固定资产投资建设管理的相关法律法规在本行政区域内履行相应的管理职责。

【解读】 本条规定政府对工程总承包活动实施监督管理的具体部门。即住建部门对施工总承包活动实施监督和管理。但是，因政府投资项目在工程总承包项目范围内所占比重较高，因此，本办法同时明确，发改部门对工程总承包中涉及固定资产投资建设部分依据相关的法律法规进行管理，如发改部门对工程总承包项目的立项审批、备案等。

第二章 工程总承包项目的发包和承包

第六条 建设单位应当根据项目情况和自身管理能力等，合理选择工程建设组织实施方式。

建设内容明确、技术方案成熟的项目，适宜采用工程总承包方式。

【解读】 本条规定工程总承包方式的适用项目。与征求意见稿相比，删除了"政府投资项目、国有资金占控股或者主导地位的项目应当优先采用工程总承包方式，采用建筑信息模型技术的项目应当积极采用工程总承包方式，装配式建筑原则上采用工程总承包方式。建设范围、建设规模、建设标准、功能需求不明确等前期条件不充分的项目不宜采用工程总承包方式"的规定。根据该条规定，房屋建筑和市政基础设施项目并非强制性要求采用工程总承包模式，建设单位有自主选择权，根据背景介绍涉及的相关政策文件，政府鼓励建设单位采用工程总承包模式，此种模式也会成为未来的趋势。此外，虽然本条较征求意见稿删除了不宜采用工程总承包方式的项目的规定，但本条同时规定了采用该模式的前提条件，即采用该模式需同时满足建设内容明确和技术方案成熟的条件。

第七条 建设单位应当在发包前完成项目审批、核准或者备案程序。采用工程总承包方式的企业投资项目，应当在核准或者备案后进行工程总承包项目发包。采用工程总承包方式的政府投资项目，原则上应当在初步设计审批完成后进行工程总承包项目发包；其中，按照国家有关规定简化报批文件和审批程序的政府投资项目，应当在完成相应的投资决策审批后进行工程总承包项目发包。

【解读】 本条规定工程总承包的发包阶段和发包条件。其中针对政府投资项目和非政府投资项目规定了不同的发包阶段和发包条件，根据《政府投资条例》第2条的规定，所谓政府投资是指在中国境内使用预算安排的资金进行固定资产投资建设活动。对于非政府投资项目，拟采用工程总承包模式的，应当在核准或备案后进行发包。而对于拟采用工程总承包模式的政府投资项目，应当在初步设计审批完成之后进行发包，除非该项目属于按照国家相关规定简化报批文件和审批程序的政府投资项目，此类项目，应当在完成投资决策审批后进行发包。根据《政府投资条例》第13条的规定："对下列政府投资项目，可以按照国家有关规定简化需要报批的文件和审批程序：（一）相关规划中已经明确的项目；（二）部分扩建、改建项目；（三）建设内容单一、投资规模较小、技术方案简单的项目；（四）为应对自然灾害、事故灾难、公共卫生事件、社会安全事件等突发事件需要紧急建设的项目。前款第三项所列项目的具体范围，由国务院投资主管部门会同国务院其他有关部门规定。"对于符合上述条件的政府投资项目，在完成相应的投资决策审批后，可以进行工程总承包的发包。

第八条 建设单位依法采用招标或者直接发包等方式选择工程总承包单位。

工程总承包项目范围内的设计、采购或者施工中，有任一项属于依法必须进行招标的项目范围且达到国家规定规模标准的，应当采用招标的方式选择工程总承包单位。

【解读】 本条规定工程总承包模式的发包方式。包括招标和直接发包。因工程总承包涵盖设计、采购及施工阶段，根据本条规定，其中任何一项根据《招标投标法》《必须招标的工程项目规定》（国家发展改革委2018年第16号令）、《必须招标的基础设施和公用事业项目范围规定》（发改法规则〔2018〕843号）等规定属于必须招标的项目的，则必须采用招标的方式选择工程总承包单位。设计、采购或者施工均不属于必须招标的项目的，可以采用直接发包方式选择工程总承包单位。需要特别说明的是，若建设单位对于可以直接发包的项目采用招标方式确定工程总承包单位的，即使该项目不属于必须招标的项目，同样受招标投标相关法律法规的约束。

第九条 建设单位应当根据招标项目的特点和需要编制工程总承包项目招标文件，主要包括以下内容：

（一）投标人须知；

（二）评标办法和标准；

（三）拟签订合同的主要条款；

（四）发包人要求，列明项目的目标、范围、设计和其他技术标准，包括对项目的内容、范围、规模、标准、功能、质量、安全、节约能源、生态环境保护、工期、验收等的明确要求；

（五）建设单位提供的资料和条件，包括发包前完成的水文地质、工程地质、地形等勘察资料，以及可行性研究报告、方案设计文件或者初步设计文件等；

（六）投标文件格式；

（七）要求投标人提交的其他材料。

建设单位可以在招标文件中提出对履约担保的要求，依法要求投标文件载明拟分包的内容；对于设有最高投标限价的，应当明确最高投标限价或者最高投标限价的计算方法。

推荐使用由住房和城乡建设部会同有关部门制定的工程总承包合同示范文本。

【解读】本条规定采用招标方式选择工程总承包单位的，编制招标文件的具体要求，除招标文件的通用内容外，特别明确施工总承包招标文件需列明发包人要求，包括目标、范围、设计和其他技术标准，包括对节约能源、生态环境保护等的明确要求。同时建设单位还应提供发包前完成的水文地质、工程地质、地形等勘察资料，以及可行性研究报告、方案设计文件或者初步设计文件等。这也与第7条规定的工程总承包的发包阶段和发包条件相对应。

目前，工程总承包合同示范文本为住建部和工商总局于2011年9月7日发布的《建设项目工程总承包合同示范文本（试行）》（GF-2011-0216），该示范文本并非强制适用文本，发包人可以选择适用。该示范文本制定时间较早，住建部应当尽快出台最新的工程总承包合同示范文本。

第十条　工程总承包单位应当同时具有与工程规模相适应的工程设计资质和施工资质，或者由具有相应资质的设计单位和施工单位组成联合体。工程总承包单位应当具有相应的项目管理体系和项目管理能力、财务和风险承担能力，以及与发包工程相类似的设计、施工或者工程总承包业绩。

设计单位和施工单位组成联合体的，应当根据项目的特点和复杂程度，合理确定牵头单位，并在联合体协议中明确联合体成员单位的责任和权利。联合体各方应当共同与建设单位签订工程总承包合同，就工程总承包项目承担连带责任。

【解读】本条规定成为工程总承包单位的条件。征求意见稿仅要求工程总承包单位具有设计资质或施工资质，但本条要求工程总承包单位需同时具备设计资质和施工资质，仅具有设计资质或施工资质的单位，必须与具备施工资质或设计资质的单位组成联合体，否则不能成为工程总承包单位。设计单位和施工单位组成联合体的，应确定牵头单位，明确各成员之间的责任和权利，并共同与建设单位签订工程总承包合同，就总承包项目承担连带责任。在联合体中，设计单位和施工单位在签订联合体协议时，应尽可能地明确划分双方的权利、义务及违约责任的承担，以便在一方对外承担连带责任后，基于联合体协议向另一方追偿，因此，联合体协议应引起施工单位和设计单位的重视。

第十一条　工程总承包单位不得是工程总承包项目的代建单位、项目管理单位、监理单位、造价咨询单位、招标代理单位。

政府投资项目的项目建议书、可行性研究报告、初步设计文件编制单位及其评估单位，一般不得成为该项目的工程总承包单位。政府投资项目招标人公开已经完成的项目建议书、可行性研究报告、初步设计文件的，上述单位可以参与该工程总承包项目的投标，经依法评标、定标，成为工程总承包单位。

【解读】本条规定工程总承包单位的禁止情形。即项目的代建单位、管理单位、监理单位、造价咨询单位、招标代理单位不得成为项目的总承包单位，因为此类主体应当站在建设单位的角度，对项目的质量、工期、安全、造价等进行监督和管理，与施工总承包单位存在直接的利益冲突，如果其可以成为工程总承包单位，则势必会影响公平与公正。

本条第 2 款规定的相关文件编制单位与评估单位，因前期在文件编制、评估过程中，会知晓与项目相关的重要信息，获得大量与项目相关的资料，如果此类单位可以成为施工总承包单位，则对于其他潜在的工程总承包单位不公平，势必会破坏公平竞争的市场环境。但是，本条在征求意见稿的基础上，增加了例外情形，即政府投资项目招标人已经公开相关文件的，相应的编制单位可以参加投标，因为在此种情况下，所有的投标人都可以获取相关文件，也就不存在不公平的情况。虽然本条仅规定了政府投资项目的例外情形，但非政府投资项目同样适用该条款的规定。

第十二条 鼓励设计单位申请取得施工资质，已取得工程设计综合资质、行业甲级资质、建筑工程专业甲级资质的单位，可以直接申请相应类别施工总承包一级资质。鼓励施工单位申请取得工程设计资质，具有一级及以上施工总承包资质的单位可以直接申请相应类别的工程设计甲级资质。完成的相应规模工程总承包业绩可以作为设计、施工业绩申报。

【解读】本条规定工程总承包单位的资质问题。虽然第 10 条规定施工单位和设计单位可以组成联合体进行工程总承包，但此处的规定实为一种过渡手段，毕竟同时具备施工资质和设计资质的单位较少，结合相关政策文件及本条的规定，同时具备施工资质和设计资质将成为未来工程总承包单位的趋势，因此，鼓励设计单位或施工单位申请施工资质或设计资质。虽然本条规定了满足条件的设计单位或施工单位可以直接申请相应类别的施工资质或设计资质，但申请相应资质，同样应满足《建筑业企业资质管理规定》《工程设计资质标准》《建筑业企业资质标准》等规定的资质条件。

第十三条 建设单位应当依法确定投标人编制工程总承包项目投标文件所需要的合理时间。

【解读】本条规定投标文件的编制期限。《招标投标法》第 24 条规定："招标人应当确定投标人编制投标文件所需要的合理时间；但是，依法必须进行招标的项目，自招标文件开始发出之日起至投标人提交投标文件截止之日止，最短不得少于二十日"。征求意见稿中明确"依法必须招标的工程项目，自招标文件开始发出之日起至投标人提交投标文件截止之日止，不宜少于三十日；国家重大建设项目以及技术复杂、有特殊要求的项目，不宜少于四十五日"。但本条删除了征求意见稿中对于依法必须招标的工程项目投标文件编制的期限要求，考虑到在工程总承包项目中，投标人须同时就设计、施工甚至采购部分编制投标文件，此类投标文件的编制时间应当长于施工总承包项目投标文件的编制时间，《招标投标法》关于最短 20 日的规定在工程总承包项目中显然应当予以适当延长，但本条并未明确予以规定，在实际操作中可能会因此产生争议。

第十四条 评标委员会应当依照法律规定和项目特点，由建设单位代表、具有工程总承包项目管理经验的专家，以及从事设计、施工、造价等方面的专家组成。

【解读】 本条规定评标委员会的构成。因工程总承包项目设计工程的设计、施工、采购、造价等各个方面，评标委员会应当由相应领域的专家组成，保证评标工作的专业、公平和公正。

第十五条 建设单位和工程总承包单位应当加强风险管理，合理分担风险。

建设单位承担的风险主要包括：

（一）主要工程材料、设备、人工价格与招标时基期价相比，波动幅度超过合同约定幅度的部分；

（二）因国家法律法规政策变化引起的合同价格的变化；

（三）不可预见的地质条件造成的工程费用和工期的变化；

（四）因建设单位原因产生的工程费用和工期的变化；

（五）不可抗力造成的工程费用和工期的变化。

具体风险分担内容由双方在合同中约定。

鼓励建设单位和工程总承包单位运用保险手段增强防范风险能力。

【解读】 本办法第 4 条规定工程总承包活动应合理分担风险。本条对建设单位和工程总承包单位分别应承担的风险进行了明确规定。其中，应当由建设单位承担的风险包括：第一，主要工程材料、设备、人工价格与招标时基期价相比，波动幅度超过合同约定幅度的部分；第二，因国家法律法规政策变化引起的合同价格的变化；第三，不可预见的地质条件造成的工程费用和工期的变化；第四，因建设单位原因产生的工程费用和工期的变化；第五，不可抗力造成的工程费用和工期的变化。其余风险的承担主体则为工程总承包单位，但具体风险分担内容，双方有权基于意思自治在合同中予以约定。因此，在签订工程总承包合同时，双方需对风险承担进行明确具体、具备可操作性的约定，如约定工程材料、设备、人工价格的波动幅度、因政策变化引起合同价格变化的幅度、因不可预见的地质条件、建设单位原因或不可抗力造成费用和工期变化的幅度，在约定的幅度范围内，风险由工程总承包单位承担，超过相应幅度的，风险由建设单位承担。

第十六条 企业投资项目的工程总承包宜采用总价合同，政府投资项目的工程总承包应当合理确定合同价格形式。采用总价合同的，除合同约定可以调整的情形外，合同总价一般不予调整。

建设单位和工程总承包单位可以在合同中约定工程总承包计量规则和计价方法。

依法必须进行招标的项目，合同价格应当在充分竞争的基础上合理确定。

【解读】本条规定工程总承包合同的价格形式。其中对于企业投资项目，建议采用总价合同，但并非强制采用总价合同，企业有自主选择权。而政府投资项目应合理确定价格形式，采用总价合同的，一般不予调整。同时，双方可以在合同中约定工程总承包计量规则和计价方法，依法必须招标的项目，应合理确定价格。

第三章 工程总承包项目实施

第十七条 建设单位根据自身资源和能力，可以自行对工程总承包项目进行管理，也可以委托勘察设计单位、代建单位等项目管理单位，赋予相应权利，依照合同对工程总承包项目进行管理。

【解读】本条规定建设单位的项目管理。建设单位既可以自行对项目进行管理，也可以委托第三方进行项目管理，具体要看建设单位是否具备对工程总承包项目全过程进行管理的能力，建设单位委托第三方进行管理的，应与其签订相应的合同，明确第三方的权利和义务、授权范围等，以便于第三方基于合同约定对工程总承包项目开展管理工作，并就项目管理承担相应的责任。

第十八条 工程总承包单位应当建立与工程总承包相适应的组织机构和管理制度，形成项目设计、采购、施工、试运行管理以及质量、安全、工期、造价、节约能源和生态环境保护管理等工程总承包综合管理能力。

【解读】本条规定工程总承包单位的管理能力。工程总承包单位除了应具备设计、采购、施工、质量、安全、工期等管理能力外，还应具备节约能源和生态环境保护等管理能力，符合国家淘汰落后产能、加强环境治理的趋势。这对参与工程建设的相关单位提出了更高的要求和挑战，督促各单位提高自身的工程管理能力，建立科学的管理体系，以发挥工程总承包模式的最大优势，实现提升工程建设质量和效益的目的。

第十九条 工程总承包单位应当设立项目管理机构，设置项目经理，配备相应管理人员，加强设计、采购与施工的协调，完善和优化设计，改进施工方案，实现对工程总承包项目的有效管理控制。

【解读】本条规定工程总承包单位的组织机构。加强各部门之间的合作与协调，完善和优化设计，改进施工方案，对工程总承包项目进行有效的管理和控制，鼓励工程总承包单位采用先进工程技术进行优化设计，提高工程建设质量和效益。

第二十条 工程总承包项目经理应当具备下列条件：

（一）取得相应工程建设类注册执业资格，包括注册建筑师、勘察设计注册工程师、注册建造师或者注册监理工程师等；未实施注册执业资格的，取得高级专业技术职称；

（二）担任过与拟建项目相类似的工程总承包项目经理、设计项目负责人、施工项目负责人或者项目总监理工程师；

（三）熟悉工程技术和工程总承包项目管理知识以及相关法律法规、标准规范；

（四）具有较强的组织协调能力和良好的职业道德。

工程总承包项目经理不得同时在两个或者两个以上工程项目担任工程总承包项目经理、施工项目负责人。

【解读】本条规定工程总承包项目经理的条件。一方面，成为工程总承包项目经理，需具备本条规定的四个条件，这四个条件属于强制性规定，不具备其中一项或几项的不得成为工程总承包项目的项目经理；另一方面，禁止工程总承包项目经理同时在两个或者两个以上工程项目担任工程总承包项目经理、施工项目负责人。

第二十一条 工程总承包单位可以采用直接发包的方式进行分包。但以暂估价形式包括在总承包范围内的工程、货物、服务分包时，属于依法必须进行招标的项目范围且达到国家规定规模标准的，应当依法招标。

【解读】本条规定工程总承包单位的分包。工程总承包单位可以采用直接发包的方式进行分包，但不得全部转包或者将全部工程肢解后分包。以暂估价形式包括在总承包范围内的工程、货物、服务分包时，属于依法必须进行招标的项目范围且达到国家规定规模标准的，应当通过公开招标的方式选择分包方。虽然本条规定了工程总承包单位可以采用直接发包的方式进行分包，但此处的分包也应当符合相关法律法规的规定，不得进行违法分包，根据《建筑工程施工发包与承包违法行为认定查处管理办法》（建市规〔2019〕1号）第12条的规定："存在下列情形之一的，属于违法分包：（一）承包单位将其承包的工程分包给个人的；（二）施工总承包单位或专业承包单位将工程分包给不具备相应资质单位的；（三）施工总承包单位将施工总承包合同范围内工程主体结构的施工分包给其他单位的，钢结构工程除外；（四）专业分包单位将其承包的专业工程中非劳务作业部分再分包的；（五）专业作业承包人将其承包的劳务再分包的；（六）专业作业承包人除计取劳务作业费用外，还计取主要建筑材料款和大中型施工机械设备、主要周转材料费用的。"此外，工程总承包单位能否进行分包，也要看其与建设单位签订的工程总承包合同中是否有关于允许工程总承包单位进行分包的约定，如果合同约定工程总承包单位不得进行任何分包，则工程总承包单位应遵守合同约定，不得进行分包。

第二十二条 建设单位不得迫使工程总承包单位以低于成本的价格竞标，不得明示或者暗示工程总承包单位违反工程建设强制性标准、降低建设工程质量，不得明示或者暗示工程总承包单位使用不合格的建筑材料、建筑构配件和设备。

工程总承包单位应当对其承包的全部建设工程质量负责，分包单位对其分包工程的质量负责，分包不免除工程总承包单位对其承包的全部建设工程所负的质量责任。

工程总承包单位、工程总承包项目经理依法承担质量终身责任。

【解读】本条是关于工程质量责任的规定。本条第1款规定了建设单位的禁止情形，第2款规定了工程总承包单位对全部工程质量负责，分包单位对分包质量负责，但工程总承包单位仍需对分包单位的工程质量负责，以确保工程总承包单位审慎选择分包单位，并在施工过程中严把质量关，积极主动地对项目分包单位进行监督和管理，保证项目的整体质量达到标准，第 3 款规定了工程总承包单位和项目经理的终身责任制。

第二十三条 建设单位不得对工程总承包单位提出不符合建设工程安全生产法律、法规和强制性标准规定的要求，不得明示或者暗示工程总承包单位购买、租赁、使用不符合安全施工要求的安全防护用具、机械设备、施工机具及配件、消防设施和器材。

工程总承包单位对承包范围内工程的安全生产负总责。分包单位应当服从工程总承包单位的安全生产管理，分包单位不服从管理导致生产安全事故的，由分包单位承担主要责任，分包不免除工程总承包单位的安全责任。

【解读】本条规定工程总承包项目的安全责任。一方面规定了建设单位的禁止情形，另一方面，工程总承包单位对安全生产负总责，分包单位对其导致的安全事故承担主要责任，但不免除工程总承包单位的安全责任，以此倒逼工程总承包单位严格执行安全生产规范，强化自身的安全管理职责，尽可能避免安全生产事故的发生，同时，为事故发生时的责任承担提供了法律依据。

第二十四条 建设单位不得设置不合理工期，不得任意压缩合理工期。

工程总承包单位应当依据合同对工期全面负责，对项目总进度和各阶段的进度进行控制管理，确保工程按期竣工。

【解读】本条规定工程总承包项目的工期责任。建设单位应设置合理工期，不得任意压缩工期，工期不合理一方面会影响工程质量，另一方面，容易导致安全生产事故的发生。在工程总承包模式下，工程总承包方对工期全面负责，通过对项目进度的科学控制和管理，实现项目按期竣工，无法按期竣工的，工程总承包单位应当按照合同约定向建设单位承担相应的违约责任，赔偿因此给建设单位造成的损失。

第二十五条 工程保修书由建设单位与工程总承包单位签署，保修期内工程总承包单位应当根据法律法规规定以及合同约定承担保修责任，工程总承包单位不得以其与分包单位之间保修责任划分而拒绝履行保修责任。

【解读】本条规定工程总承包单位的保修责任。工程总承包单位应与建设单位签署工程保修书，约定工程的保修期、质保金及工程总承包单位的保修责任的履行方式等，工程总承包单位应当根据《建筑法》《建设工程质量管理条例》《房屋建筑工程质量保修办法》等相关法律法规及工程总承包合同的约定履行保修义务，同时，工程总承包单位应当对全部工程质量承担保修责任，分包单位施工部分工程产生质量问题的，工程总承包单位也应就此部分工程承担保修责任。

第二十六条 建设单位和工程总承包单位应当加强设计、施工等环节管理，确保建设地点、建设规模、建设内容等符合项目审批、核准、备案要求。

政府投资项目所需资金应当按照国家有关规定确保落实到位，不得由工程总承包单位或者分包单位垫资建设。政府投资项目建设投资原则上不得超过经核定的投资概算。

【解读】本条规定工程总承包项目的过程性管理及政府投资项目的资金要求。本条第 1 款明确建设单位和工程总承包单位应加强过程管理，确保项目建设符合相关要求。本条第 2 款明确规定，政府投资项目，不得由工程总承包单位或分包单位垫资建设。根据《政府投资条例》第 34 条的规定，要求施工单位对政府投资项目垫资的，责令改正，根据具体情况，暂停、停止拨付资金或者收回已拨付的资金，暂停或者停止建设活动，对负有责任的领导人员和直接责任人员依法给予处分。

第二十七条 工程总承包单位和工程总承包项目经理在设计、施工活动中有转包违法分包等违法违规行为或者造成工程质量安全事故的，按照法律法规对设计、施工单位及其项目负责人相同违法违规行为的规定追究责任。

【解读】 本条规定工程总承包单位和工程总承包项目经理的法律责任。根据该规定，对于工程总承包单位和工程总承包项目经理的违法违规行为，按照法律法规对设计、施工单位及其项目负责人相同违法违规行为的规定追究责任，具体而言，监督管理部门可以根据《建筑法》《招标投标法》《建设工程勘察设计管理条例》《建设工程质量管理条例》《建设工程安全生产管理条例》的相关规定对设计单位、施工单位及项目负责人违法违规行为进行处罚。

第四章　附　则

第二十八条 本办法自 2020 年 3 月 1 日起施行。

【解读】 明确总承包管理办法的施行时间。从 2020 年 3 月 1 日起，在我国境内从事房屋建筑和市政基础设施项目工程总承包活动，实施对房屋建筑和市政基础设施项目工程总承包活动的监督管理，均需按照该办法的相关规定执行。

评标中有效投标不足三个是否应当重新招标？

姚正超

在公开招投标活动中，投标人或通过资格预审的申请人不足 3 个，根据《招标投标法实施条例》规定[1]应当重新招标。然而现实中往往在评标环节经过评标委员会评审后，发现存在诸如未实质性响应招标要求和条件、投标文件未经投标单位盖章和单位负责人签字、投标人资格条件不符合要求、未按要求提供投标保证金或保函，以及其他被否决投标的情形，导致在评标环节可能出现有效投标不足三个的局面。在此种情况下是否应当重新招标，实践中有着不同的观点。

有观点认为，有效投标不足三个相当于投标人不足 3 个，已不具有当然的竞争性，评标委员会无法继续评标和推荐符合竞争性的候选人，应当重新招标。另一种观点认为，在评标环节经评审后的有效投标不足 3 个与投标人不足 3 个是不同的情形，进入评标环节说明已经满足了至少有 3 个投标人的开标条件，法律法规并未明确规定有效投标不足 3 个的情形应当重新招标。笔者认为：

一是需结合招标人的招标文件看是否明确有效投标不足 3 个时应当重新招标或废标，具有公示公信的作用。

实践中有部分招标文件中可能针对什么情形或条件应当"重新招标"或"废标"进行了明确。从性质上看，《民法典》第 473 条第 1 款规定："要约邀请是希望他人向自己发出要约的表示。拍卖公告、招标公告、招股说明书、债券募集办法、基金招募说明书、商业广告和宣传、寄送的价目表等为要约邀请。"笔者理解，虽然招标文件本身属于要约邀请，投标文件属于要约，但是对于参加该次投标、开标、评标等招投标活动本身的相关规则和要求应当属于要约的范畴，一旦投标人响应参与投标，双方之间就应当受到招标文件中对参与投标评标的相关条件和要求的约束。该种约定属于民事主体意思自治的范畴，并未违反法律法规的禁止性规定。

因此，若招标文件已明示在评标环节有效投标不足 3 个应当重新招标或废标的，

---

[1] 《招标投标法实施条例》第 19 条规定："资格预审结束后，招标人应当及时向资格预审申请人发出资格预审结果通知书。未通过资格预审的申请人不具有投标资格。通过资格预审的申请人少于 3 个的，应当重新招标。"第 44 条规定："招标人应当按照招标文件规定的时间、地点开标。投标人少于 3 个的，不得开标；招标人应当重新招标。投标人对开标有异议的，应当在开标现场提出，招标人应当当场作出答复，并制作记录。"

具有公示公信作用，应当遵从相关约束。

二是若属于政府采购类招标，符合专业条件的供应商或者对招标文件作实质响应的供应商不足三家依法应废标，原则上应重新招标。

《政府采购法》第 36 条第（1）项规定："在招标采购中，出现下列情形之一的，应予废标：（一）符合专业条件的供应商或者对招标文件作实质响应的供应商不足三家的……"第三十七条规定，废标后，除采购任务取消情形外，应当重新组织招标。

三是《招标投标法》并未明确规定有效投标不足 3 个应当重新招标，应根据评标委员会评审结论确定。

根据《招标投标法》第 28 条规定，投标人少于 3 个的，招标人应当依照本法重新招标。第 42 条规定："评标委员会经评审，认为所有投标都不符合招标文件要求的，可以否决所有投标。依法必须进行招标的项目的所有投标被否决的，招标人应当依照本法重新招标。"《招标投标法实施条例》第 19 条规定，通过资格预审的申请人少于 3 个的，应当重新招标。因此《招标投标法》《招标投标法实施条例》均未明确规定评标后有效投标不足 3 个的情形应当重新招标。

《评标委员会和评标方法暂行规定》第 27 条规定，评标委员会根据本规定第 20 条、第 21 条、第 22 条、第 23 条、第 25 条[1]的规定否决不合格投标后，因有效投标不足 3 个使得投标明显缺乏竞争的，评标委员会可以否决全部投标。投标人少于 3 个或者所有投标被否决的，招标人在分析招标失败的原因并采取相应措施后，应当依法重新招标。从文义理解，《评标委员会和评标方法暂行规定》第 27 条规定有效投标不足 3 个时评标委员会可以因明显缺乏竞争而否决全部投标，但也可以认为仍然具有竞争性而不否决全部投标。如果否决全部投标且该项目属于依法必须招标项目（注：若不属于依法必须招标的项目则采购单位不一定且不当然再采取招标方式采购），则该种情况也正好符合《招标投标法》第 42 条[2]第 2 款规定，依法必须进行招标的项目的

---

[1]《评标委员会和评标方法暂行规定》第 20 条规定："在评标过程中，评标委员会发现投标人以他人的名义投标、串通投标、以行贿手段谋取中标或者以其他弄虚作假方式投标的，应当否决该投标人的投标。"第 21 条规定："在评标过程中，评标委员会发现投标人的报价明显低于其他投标报价或者在设有标底时明显低于标底，使得其投标报价可能低于其个别成本的，应当要求该投标人作出书面说明并提供相关证明材料。投标人不能合理说明或者不能提供相关证明材料的，由评标委员会认定该投标人以低于成本报价竞标，应当否决其投标。"第 22 条规定："投标人资格条件不符合国家有关规定和招标文件要求的，或者拒不按照要求对投标文件进行澄清、说明或者补正的，评标委员会可以否决其投标。"第 23 条规定："评标委员会应当审查每一投标文件是否对招标文件提出的所有实质性要求和条件作出响应。未能在实质上响应的投标，应当予以否决。"第 25 条规定："下列情况属于重大偏差：（一）没有按照招标文件要求提供投标担保或者所提供的投标担保有瑕疵；（二）投标文件没有投标人授权代表签字和加盖公章；（三）投标文件载明的招标项目完成期限超过招标文件规定的期限；（四）明显不符合技术规格、技术标准的要求；（五）投标文件载明的货物包装方式、检验标准和方法等不符合招标文件的要求；（六）投标文件附有招标人不能接受的条件；（七）不符合招标文件中规定的其他实质性要求。投标文件有上述情形之一的，为未能对招标文件作出实质性响应，并按本规定第二十三条规定作否决投标处理。招标文件对重大偏差另有规定的，从其规定。"

[2]《招标投标法》第 42 条规定："评标委员会经评审，认为所有投标都不符合招标文件要求的，可以否决所有投标。依法必须进行招标的项目的所有投标被否决的，招标人应当依照本法重新招标。"

所有投标被否决应当重新招标。

参考案例1：安徽省安庆市中级人民法院［2018］皖08行终97号《行政判决书》，一审人民法院认为：根据《评标委员会和评标方法暂行规定》第23条"评标委员会应当审查每一投标文件是否对招标文件提出的所有实质性要求和条件作出响应。未能在实质上响应的投标，应作废标处理"、第27条第1款"评标委员会根据本规定第20条、第21条、第22条、第23条、第25条的规定否决不合格投标或者界定为废标后，因有效投标不足三个使得投标明显缺乏竞争的，评标委员会可以否决全部投标"的规定，开标后，上海美术设计有限公司拟派的项目经理未到场，评标委员会依照招标文件"所有投标人的法定代表人或其委托代理人准时参加，且投标人拟派的项目经理必须参加开标会"的规定，认定该公司的投标无效，并继续评审另外两个有效投标，符合法律规定。故对原告主张招标人在投标人不足3个的情况下开标没有法律依据，以及有效投标只有2个缺乏竞争性，应当重新招标的意见不予采纳。

二审人民法院认为：本案中，在开标后，因上海美术设计有限公司拟派的项目经理未到场，评标委员会认定该公司的投标无效，并继续评审另外两个有效投标的行为，符合该招标文件的规定。

参考案例2：江苏省南京市中级人民法院［2016］苏01行终179号《行政判决书》，一审人民法院认为：《评标委员会和评标方法暂行规定》第27条规定："评标委员会根据本规定第二十条、第二十一条、第二十二条、第二十三条、第二十五条的规定否决不合格投标后，因有效投标不足三个使得投标明显缺乏竞争的，评标委员会可以否决全部投标。"本案中，评标委员会因东芝电梯公司未响应付款方式按照招标文件决定作废标处理后，对剩余两家是否具备竞争性进行表决，按照少数服从多数原则，否决了全部投标，建议招标人浦口保障房公司重新招标。关于此问题，在招投标活动中评标委员会独立行使评标权，其行为符合法律规定。二审人民法院对一审判决予以维持。

综上，除政府采购招标外，在招标文件和法律法规均未明确规定有效投标不足3个属于"应当重新招标"或"废标"的情形时，主要需结合评标委员会对有效投标不足3个是否明显缺乏竞争的评定结论进行分析。若评标委员会并未否决所有投标且认为其余有效投标仍具有竞争性，则采购单位可以选择评标委员会推荐的候选人作为中标候选人予以公示，并不违反法律、法规的禁止性规定。

建设工程项目管理之设计合同管理

陈学义

建设工程具有工期长、参建单位多、工程资料繁杂、法律关系复杂的特点，在建设工程合同纠纷中，建设单位常因对工程项目管理的疏忽、工程证据材料的保管不善、缺乏系统性法律风险识别管理等原因导致在诉讼过程中处于被动局面，承担不必要的法律责任而不能有效控制建设成本。作为控制工程造价与质量、指导施工的设计资料是非常重要的工程资料，合法选定合适的设计单位、签署公平合理的设计合同并严格履行将有效促进建设工程项目的立项与实施。本文拟从设计单位选定、设计合同条款设置、设计合同履行等角度分析建设单位设计合同管理法律风险并提出法律建议，以加强建设单位工程管理过程中证据材料收集、有效控制建设成本。

一、选定设计单位

（一）必须招标的设计采购项目未招标的，应当认定设计合同无效

《民法典》第153条规定，违反法律、行政法规的强制性规定的民事法律行为无效。《招标投标法》第3条第1款、《必须招标的工程项目规定》第5条规定，必须招标建设项目的设计采购单项合同估算价在100万元以上的，必须招标。《全国法院民商事审判工作会议纪要》于2019年11月8日施行后，关于必须招标而未招标建设工程设计合同效力的裁判理念也趋于一致，该纪要第30条载明最高人民法院的裁判理念：违反关于招投标等竞争性缔约方式订立合同的规定应当认定为违反"效力性强制性规定"，应当认定合同无效。

典型案例：[2019]鲁15民终1255号[1]

案涉《景观环境规划与设计合同》约定设计费166.32万元，符合《必须招标的工程项目规定》第5条第3项的规定的勘察、设计、监理等服务的采购，单项合同估算价在100万元人民币以上的规定，属于必须招标的事项。吉城公司上诉所依据的《国

---

[1]《浙江吉城建筑景观设计有限公司、安徽开源路桥有限责任公司建设工程设计合同纠纷二审民事判决书》[2019]鲁15民终1255号。

务院办公厅关于促进建筑业持续健康发展的实施意见》《山东省人民政府办公厅关于促进建筑业持续健康发展的意见》等文件，推行的政府投资工程和装配式建筑工程总承包制的发包程序，不能违背《招标投标法》及《招标投标法实施条例》的规定。对此，一审法院适用法律无误，根据《合同法》第52条的规定，确定案涉合同为无效合同并无不当，本院予以确认。

（二）设计合同无效的，若设计成果质量合格并实际使用，建设单位仍应对设计单位折价补偿

《民法典》第157条规定："民事法律行为无效、被撤销或者确定不发生效力后，行为人因该行为取得的财产，应当予以返还；不能返还或者没有必要返还的，应当折价补偿。有过错的一方应当赔偿对方由此所受到的损失；各方都有过错的，应当各自承担相应的责任。法律另有规定的，依照其规定。"设计成果系属特定的智力成果，无法适用双方返还的处理原则，司法实践中通常会结合设计成果质量是否合格、是否具有使用价值并被实际使用而衡量对设计单位予以折价补偿。

典型案例：[2021]最高法民申5474号[1]

本案004号设计合同虽然无效，但天健厦门分公司所完成的设计图纸作为智力成果已经交付汇众公司使用，脑力劳动已经凝结于智力成果中，汇众公司客观上已经不能返还。天健厦门分公司完成设计并交付使用的设计图纸，经审查合格，且使用该图纸的案涉工程部分已经竣工验收合格，说明该设计图纸具有价值，汇众公司应当对已经取得并使用的设计图纸价值折价补偿。

◎设计合同管理建议

建设单位选定的建设工程设计单位不仅应具有与项目规模等级相匹配的设计资质，对必须招标的项目还应当按《招标投标法》规定履行招标程序。鉴于设计成果质量合格并实际使用后，即便设计合同被认定为无效，建设单位仍将对设计单位承担折价补偿责任，建议建设单位在设计合同履行过程中，对不符合设计质量要求的设计成果，应及时提出质量异议意见并留存相应证据。

二、设计合同条款内容的设置

设计合同的内容主要包括以下条款：设计内容、合同价款及支付方式、质量标准、设计成果的内容和提交期限、发包人应当提供的基础资料、违约责任及争议解决方式等。针对设计合同主要条款的拟定，笔者提出如下建议：

（一）设计内容的约定应具体明确

例如应明确约定工作内容为可行性研究、初步设计、招标图设计、施工图设计等一个或多个工程阶段；设计内容是否包含环境保护评价、水土保持设计等专题设计

---

[1]《漳州汇众房地产开发有限公司、福建天健工程设计有限公司等建设工程设计合同纠纷其他民事民事裁定书》[2021]最高法民申5474号。

内容。

（二）合同支付方式应具有可执行性以减少合同履行争议

工程实践中，除常见的根据工程阶段支付设计费的支付方式外，亦有根据完成工程量确定支付进度设计费的情形，该等情形下常会出现已完成（或未完成）工程量不易量化的履行争议，笔者建议设计合同可约定与交付节点设计成果相应的支付比例以便于进度设计费计算。

（三）特定用途或特殊地形地质条件建设工程的质量标准应具体约定

国家标准或行业标准通常已对建设工程质量标准提出一般性规定，但设计合同还应对特定用途或特殊地形地质条件建设工程的质量标准约定具体条款，例如特定用途厂房或商业用房的结构与层高、地下水发育区域的建筑物防洪标准等。

（四）应当约定明确、合理的设计成果交付期限并约定相应的逾期交付违约责任

上一阶段设计成果的交付将直接影响下一阶段工作的启动与完成时间，特别是经审图机构评审通过的施工蓝图的交付，将直接影响工程开工时间与工期，因此设计成果交付期限应明确、合理、具备履行性，设计合同也应约定设计成果逾期交付的违约责任。

（五）设计合同约定诉讼管辖法院时建议选择为工程所在地有管辖权的法院

司法实践对设计合同是否适用不动产专属管辖并没有统一观点。一种观点认为建设工程设计合同纠纷适用合同纠纷的管辖规定，即为被告住所地或者合同履行地人民法院管辖；另一种观点认为最高人民法院《关于适用〈中华人民共和国民事诉讼法〉的解释》第28条第2款中的"建设工程施工合同纠纷"应作广义解释，将三级案由"建设工程合同纠纷"项下包括"建设工程设计合同纠纷"在内的全部九项案由均适用不动产专属管辖。司法实践中，各地人民法院均存在认定建设工程设计合同纠纷管辖法院为不动产专属管辖或一般合同纠纷管辖的裁判案例。因此，为确保争议解决条款约定有效，建议选择工程所在地有管辖权的法院为设计合同纠纷管辖法院。

三、设计合同的履行

工程实践中，设计变更、设计成果交付、合同结算价款等事项均是合同履行的主要内容，亦是对双方权利义务影响较大的事项。对建设单位及其主要责任人员而言，除前述事项外，为赶工期而要求施工单位白图施工还将面临民事赔偿、行政处罚甚至刑事处罚的风险。

（一）设计变更对设计期限、设计费用的影响

工程建设过程中，对工程规模、设计标准、工程布置、工程投资、工期、安全及效益等工程主要内容产生重大影响的设计变更属重大设计变更，其他变更属一般设计变更。重大设计变更将显著增加设计单位的工作量，也会对设计期限、设计费用产生重大影响。发生重大设计变更时，合同双方应以补充协议、会议纪要等书面形式明确变更事项与范围，并载明设计成果提交时间及设计费用金额或计算标准。

（二）交付设计成果

设计合同双方的主要合同义务为交付设计成果或支付合同费用，交付设计成果是设计单位明确表明完成合同义务、主张支付合同价款的重要节点，笔者建议双方以书面交付单形式明确交付事宜。建设单位接收设计成果时应当明确表示接收的设计成果为送审稿或是审定稿，对需要建设单位检查设计成果质量的，应当由专业技术人员接收并明确表示是否符合质量标准，或表明设计成果的接收仅为文本接收、设计成果质量验收另行回复。建设单位取得设计成果后，应将其作为重要工程资料妥善保管。

（三）合同结算费用的确定

1. 合同提前终止履行时合同结算费用的确定。司法实践中，针对设计合同不具备继续履行条件或双方协商解除等情形，应根据合同约定确定结算价款；合同未约定的，可结合合同约定的计价方式、设计单位实际完成的工程量、建设单位使用当前设计成果等情况综合考量确定结算费用。合同双方协商确定结算价款的，亦应以补充协议、会议纪要等书面形式确定结算价款。需要说明的是，原国家计委、原建设部关于发布的《工程勘察设计收费管理规定》已废止，工程设计行业属充分市场竞争行业，直接以《工程勘察设计收费管理规定》及其附件《工程设计收费标准》计算的设计费用作为最终设计费而不下浮已不适应行业当前现状。

2. 设计文件质量缺陷时结算费用的确定。司法实践中，建设单位以设计文件质量不合格或未通过审查设计为由主张设计成果存在质量缺陷的，法院将结合是否具备修改、补救后达到质量标准、设计单位是否要承担迟延履行的违约责任等因素，根据合同约定或司法鉴定意见综合确定合同结算费用。合同双方协商确定结算价款的，亦应以补充协议、会议纪要等书面形式确定结算价款。

（四）及时组织施工图交底，避免白图施工

《建设工程质量管理条例》第11条第2款规定："施工图设计文件未经审查批准的，不得使用。"《刑法》第134条第1款规定："在生产、作业中违反有关安全管理的规定，因而发生重大伤亡事故或者造成其他严重后果的，处三年以下有期徒刑或者拘役；情节特别恶劣的，处三年以上七年以下有期徒刑。"《安全生产法》第114条规定："发生生产安全事故，对负有责任的生产经营单位除要求其依法承担相应的赔偿等责任外，由应急管理部门依照下列规定处以罚款……"

建设单位要求设计单位将未审定的施工图（白图）由施工单位使用导致安全生产事故的，建设单位及其主管人员将承担民事赔偿、行政处罚或刑事责任等各种法律责任。建设单位在项目管理中应强化安全生产意识，杜绝边勘察、边设计、边施工行为。就设计合同履行而言，建设单位应完善交付单制度、及时组织施工图交底工作并留存相应记录。

典型案例：毕节市金海湖新区"1·3"在建工地山体滑坡重大事故[1]

五、调查发现的主要问题

（一）项目参建单位

1. 建设单位（毕节市医疗投资有限责任公司）

（7）将未送审的边坡支护施工图（白图）提供给施工单位使用。违反《建设工程质量管理条例》第11条第2款规定。

六、责任追究建议

（二）建议移送司法机关追究刑事责任人员。

5. 马某龙，群众，毕节市医疗投资有限责任公司质量安全部负责人、项目小组副组长。对事故负有直接责任。其行为涉嫌重大责任事故罪，建议移送司法机关依法追究刑事责任。

（四）建议给予行政处罚人员。

2. 黄某，中共党员，毕节医疗投资有限责任公司法定代表人、总经理。对事故负有主要领导责任。建议按照《中华人民共和国安全生产法》第九十五条之规定，由省应急厅对其处2021年度收入80%的罚款。

综上，合法选定符合建设项目规模的设计单位并签署公平合理、明确全面的设计合同后双方严格履行，是建设项目控制建设成本、提高工程质量的有效措施，加强设计合同管理也应成为建设单位项目管理的重要一环。

---

[1]《毕节市金海湖新区"1·3"在建工地山体滑坡重大事故调查报告》。

建筑业企业资质转移相关问题探析

陈柯蕾　王松子

　　建筑业企业资质是相关市场主体在建筑行业从事施工、设计等相关业务的必要前提，正常情况下相应资质是由企业在符合人员、资产、业绩等各方面的前提条件下自行申请取得，不得对外转让，也无法通过受让取得。但根据相关规定，在符合条件的情况下，在母公司与全资子公司或全资子公司间可以实现资质转移。本文拟就建筑业企业资质转移相关问题进行分析、探讨，以供实务参考。

一、资质转移程序要点

　　根据《建筑业企业资质管理规定》、住房和城乡建设部《关于建设工程企业发生重组、合并、分立等情况资质核定有关问题的通知》（建市〔2014〕79号）、原建设部《关于建设部批准的建设工程企业办理资质证书变更和增补有关事项的通知》（建市函〔2005〕375号）、中共中央办公厅、国务院办公厅《关于加快推进失信被执行人信用监督、警示和惩戒机制建设的意见》等相关规定[1]，建设工程企业发生重组、合并、分立等情况申请资质证书的，可按照有关规定简化审批手续，经审核注册资本金和注册人员等指标满足资质标准要求的，直接进行证书变更。本文主要探讨的资质转移，是证书变更前后两主体仍继续存续的情形，其程序要点如下：

　　（1）适用情形：企业发生重组、改制、分立等事项；

　　（2）适用主体：企业与其全资子公司之间，或各全资子公司间；

　　（3）适用前提：经营结构调整，转移方和受让方间进行主营业务资产、人员转移，

---

　　[1]《建筑业企业资质管理规定》第21条规定："企业发生合并、分立、重组以及改制等事项，需承继原建筑业企业资质的，应当申请重新核定建筑业企业资质等级。"住房和城乡建设部《关于建设工程企业发生重组、合并、分立等情况资质核定有关问题的通知》规定："一、根据有关法律法规和企业资质管理规定，下列类型的建设工程企业发生重组、合并、分立等情况申请资质证书的，可按照有关规定简化审批手续，经审核注册资本金和注册人员等指标满足资质标准要求的，直接进行证书变更。有关具体申报材料和程序按照《建设部关于建设部批准的建设工程企业办理资质证书变更和增补有关事项的通知》（建市函〔2005〕375号）等要求办理。……4.企业全资子公司间重组、分立，即由于经营结构调整，在企业与其全资子公司之间、或各全资子公司间进行主营业务资产、人员转移，在资质总量不增加的情况下，企业申请资质全部或部分转移的；……二、上述情形以外的建设工程企业重组、合并、分立，企业申请办理资质的，按照有关规定重新进行核定。企业重组、分立后，一家企业承继原企业某项资质的，其他企业同时申请该项资质时按首次申请办理。"

资质总量不增加；

（4）转移条件：转移方未被列入失信被执行人名单，受让方净资产和注册人员等指标满足资质标准要求；

（5）申报部门：企业工商注册所在地省级建设行政主管部门；

（6）提交资料：转移方、受让方的《企业资质申请表》，可反映受让方净资产的合法财务报表，重组方案，企业股东大会（董事会）的决议和职工代表大会的决议，原企业法律承续或分割情况的说明材料（含债权债务、在建工程项目等，需所有企业共同签署）。

在符合上述条件的情况下，企业无须再按照相关规定重新提交申请并核定取得相应资质，仅需按程序提交相应材料，经审核后，原企业的建筑业企业资质即可直接变更至新主体名下。值得注意的是，资质转移从一定程度上考虑了资质转移方债权人的利益，如要求对债权债务、在建工程项目进行书面说明，要求转移方未被列入失信被执行人名单，但并未要求资质转移方清偿所有债务或受让方承接其债务作为转移资质的前提。这也成了该政策实施可能引发争议的关键所在。

二、资质转移实务问题浅析

建筑业企业资质转移政策，有利于企业合并、分立、重组以及改制等事项的推进，也有利于企业优势资源的盘活及进一步发展。但由于所涉企业一般而言规模较大，涉及的债权债务也可能较多，资质转移在有利于转移、受让相关企业的同时，也可能会产生较多纠纷，且其中部分问题存在着较大的争议。故笔者将就资质转移实务中部分争议较大的问题进行以下浅析。

（一）资质受让方是否应连带承担转移方所负债务？债权人是否享有撤销权？

由于建筑业企业资质对于相应企业而言具备较高的实际价值，其是否具备相应资质是企业后续是否具备较好经营能力的关键所在，故有观点认为转移资质应视同为无偿转让资产，一方面认为转移方的债权人有权要求受让方连带承担转移方所负债务，另一方面认为转移方的债权人有权撤销该转移行为。笔者认为上述观点与法律规定不相符。

建筑业企业资质是政府部门对符合条件达到标准的企业颁发的许可，不符合《企业会计准则第6号——无形资产》对于无形资产的定义[1]，不属于无形资产，其转移并不会影响企业资产总量的增减。且该转移是经建设行政主管部门审批后的资质转移，并非法律意义上的无偿转让财产。因此，资质转移不会导致受让方连带承担转移方的债务。

---

[1]《企业会计准则第6号——无形资产》第3条规定："无形资产，是指企业拥有或者控制的没有实物形态的可辨认非货币性资产。资产满足下列条件之一的，符合无形资产定义中的可辨认性标准：（一）能够从企业中分离或者划分出来，并能单独或者与相关合同、资产或负债一起，用于出售、转移、授予许可、租赁或者交换。（二）源自合同性权利或其他法定权利，无论这些权利是否可以从企业或其他权利和义务中转移或者分离。"

实践中也有债权人因债务人转移资质而诉至法院要求行使撤销权或要求接收资质的企业承担连带责任，但法院认为资质转移的两个公司相互为独立法人，应各自以其全部财产独立承担民事责任，债务人未举证证明两公司之间存在权利义务承继关系，亦未举证证明两公司间存在人格混同情形时，以公司接受了建筑工程施工资质转移为由要求其承担连带清偿责任或行使撤销权，缺乏法律依据，不予支持。[1]

（二）资质转移后是否能够对在建工程合同主体进行协商变更？

建筑业企业资质是企业承接相关工程业务的必要前提，而资质转移所伴随的一个关键问题即是，转移方尚未完成的在建工程如何处理？相关规定对此并未进行明确，既未明确资质转移的前提是转移方必须先完成已承接的所有工程，也未明确资质转移后转移方是否可将工程承接主体经与业主协商变更为资质受让方。但在建工程合同主体的变更似乎是资质转移的应有之义，部分观点认为既然资质能够转移，合同主体也应可以变更，而还有部分观点则认为对经招标签订的工程合同进行实质性变更违反法律强制性规定，且目前无另行规定针对资质转移情形下的合同实质性变更有效，故不能进行变更。

对此，笔者认为建筑业企业资质在特殊情形下的转移，是建设相关主管部门为解决实践中企业合并、分立、重组、改制的实际问题而实行的特殊政策，而法律却并未就该种特殊情形作出特别规定。在法律尚未另有规定的情况下，主体变更被认定为合同实质性变更的可能性较大。

具体而言，根据《招标投标法》相关规定，招标人和中标人不得再行订立背离合同实质性内容的其他协议。虽然《招标投标法实施条例》第57条[2]及相关司法解释均未规定合同主体变更属于实质性变更。但实践中也有法院认为，将中标后签订的合同项下权利义务转让行为，实质上已将原招投标文件中已确定的项目建设总承包单位进行了变更，构成对原招投标文件内容的实质性变更，违反了《招标投标法》的禁止性规定。[3]故若直接进行项目施工主体变更，相关方可能因此受到行政处罚，相关争议若诉至法院，主体变更也可能被法院认定无效。

但项目转移并非资质转移的必要条件或转移后需履行的法定义务。为尽量避免因此所产生的风险，建议可尽量在工程完工后再进行资质转移。如确需在资质转移后进行合同主体变更的，可与项目业主进行协商处理，并在实施前与相关行政部门沟通可行性，也需尽量避免相关争议诉至法院。

〔1〕 芮某、钱某伟与张某华、徐州匠铸建设有限公司（原江苏九鼎环球建设科技集团有限公司）等公司设立纠纷二审民事判决书（〔2018〕苏01民终7846号）；浙江金石建材科技有限公司与浙江兴华建筑工程有限公司债权人撤销权纠纷一审民事判决书（〔2019〕浙0382民初7622号）。

〔2〕《招标投标法实施条例》第57条规定："招标人和中标人应当依照招标投标法和本条例的规定签订书面合同，合同的标的、价款、质量、履行期限等主要条款应当与招标文件和中标人的投标文件的内容一致。招标人和中标人不得再行订立背离合同实质性内容的其他协议。"

〔3〕 无锡文旅一期产业投资中心、无锡市文化旅游发展集团有限公司等确认合同效力纠纷民事二审民事判决书（〔2022〕苏02民终934号）。

（三）资质转移后能否对受让方的股权进行转让？

如前所述，正常情况下建筑业企业资质仅能由企业自行申请，不能进行对外转移，也不能通过受让取得。而本文所述的特殊政策是基于企业合并、分立、重组以及改制等事项的特殊情况所设置，虽然在符合条件的情况下能够进行资质转移，但从规定的语境来看，此种转移仅限在企业内部进行。而对于资质转移后能否对受让方股权进行转让，实践中也存在较大的争议。

具体而言，对于资质转让后的股权转让在法律上并无明文禁止，确实没有相关规定明确资质转移后进行股权转让将导致转移无效或受到行政处罚，实践中也未见类似案例。而在司法实践中有法院认为[1]，虽然资质分立、股权转让两项法律行为单独评价均为合法，但这种方式是为了通过资质分立加股权转让的方式实现建筑业企业资质转让的目的，违反了《建筑法》第 66 条[2]建筑施工企业资质不得转让的强制性规定。属于以合法形式掩盖非法目的，且该行为破坏了建筑行业相关规章所确定市场主体的准入条件，违反了建筑行业对市场主体经营行为的监管，属于违背公序良俗的民事法律行为，故应认定为无效。

据此，若股权转让后各方发生争议诉至法院，法院也可能会否认相关股权调整行为的合法性。因此，若资质转让后确需对股权进行转让，建议尽量避免发生争议、诉至法院，避免股权调整行为被认定无效的风险发生。

（四）第三人是否有权主张资质转移、股权转让的行为无效？

若并非股权转让法律关系各方之间发生纠纷诉至法院，而是其他相关方（如资质转移方的债权人）对资质转移后的股权转让行为存有异议，其向法院提起诉讼要求确认资质分立、股权转让的行为无效，能否得到法院支持呢？目前尚未见公开的裁判文书中有类似的案例。但对于该问题可以一个更为普遍的问题角度加以分析，即第三人能否主张非由其参与签订的合同无效？

对此，部分观点认为无效合同是绝对无效、当然无效，任何人都可以主张无效，法院也可以依职权审查、宣告无效；部分观点认为合同具有相对性，故第三人无提起诉讼的请求权基础；部分观点认为第三人提起诉讼主张合同无效需以合同双方恶意串通损害其权益为前提；还有部分观点认为，第三人提起诉讼主张无效还可以与该第三人有直接利害关系为前提。司法实践中有较多采取后两种观点的裁判案例。

具体到本文所涉问题而言，若第三人能够证明合同双方恶意串通或该资质转移、股权转让与其有利害关系，则其主张也可能得到法院支持。但是，现实中资质转移、

---

〔1〕 傅某顺诉北京华聚远航企业管理咨询有限公司重庆二分公司合同纠纷案（［2020］浙 08 民终 601 号）。

〔2〕《建筑法》第 66 条："建筑施工企业转让、出借资质证书或者以其他方式允许他人以本企业的名义承揽工程的，责令改正，没收违法所得，并处罚款，可以责令停业整顿，降低资质等级；情节严重的，吊销资质证书。对因该项承揽工程不符合规定的质量标准造成的损失，建筑施工企业与使用本企业名义的单位或者个人承担连带赔偿责任。"

股权转让各方确实不一定存在恶意串通，也较难证明，对于资质转移、股权转让是否与第三人有利害关系，则可能存在较大争议。

如作为资质转移方债权人的第三人提出资质转移、股权转让导致其债权实际不能得以清偿的，两者之间虽实际存在一定联系，但是否属于直接利害关系则存在争议。

比如说，作为债务人的一方低价或无偿转让其资产、导致债权人的债权不能得以清偿的，可以认为该转让行为与债权人有直接利害关系。但若资质转移后的股权转让并非低价转让、无偿转让，而是要支付相应对价的，实际上债权人的利益并不因此受到直接影响，若未能得以清偿，还可能是因为转让对价已用于偿还其他债权等原因。

作为第三人的债权人也可能主张该转让行为导致了资质转让方因此失去了未来持续经营建筑业务的能力、从而导致其债权可能无法清偿，但该结果实际与资质转移更为相关，与股权转让并无太大关联，而如前所述司法实践中以资质转移损害债权人利益为由主张撤销或要求承担连带责任未能得到法院支持，也即两者从法律上并无直接关系。

由于尚未见公开的裁判文书中有类似的案例，故上述浅析仅是基于假设，也尚待司法实务中进一步明晰。但总体而言，资质转移后进行股权转让，在转让行为发生时并不会受到否定性评价，若股权转让各方发生争议诉至法院，则相关行为被法院认定无效的可能性较大。若股权转让各方未发生争议，而是第三人对此有异议并提起了诉讼主张无效，虽也有一定可能性能够得到法院支持，但实际困难较大、争议也较大。

三、结语

建筑业企业资质转移是基于企业合并、分立、重组以及改制等事项的特殊情况所制定的特殊政策，有利于上述事项的推进，也有利于企业优势资源的盘活及进一步发展。但由于所涉企业一般而言规模较大，涉及的债权债务也可能较多，该政策的实施也不免会实际影响部分相关主体的切身利益。

由于资质在法律上不具备财产属性而实际上具备较高价值的特点，资质转移对该等相关主体所可能造成的实际影响，难以依据类似财产转移相关法律制度予以平衡，对于资质转移后可能发生的项目转让、股权转让、债务清偿等问题，相关政策规定中也未予涉及，实践中发生容易发生纠纷和争议，对于各方而言均存在一定不确定性。

因此，对于意图依据该政策规定转移资质的企业，在按程序申请转移的同时，处理项目转让、股权转让、债务清偿等问题时也应持谨慎态度，妥善协调处理各方利益关系，尽量避免引发纠纷争议，及其可能导致的不利后果。

建筑施工企业印章管理的法律风险及注意事项

罗文君

企业印章是企业日常运营管理中行使职权的重要工具，关系着企业是否能够良好运转，其使用也是业务经营过程中的重要风险点，尤其是建筑施工企业在项目施工过程中涉及多个外部主体（如建设方、监理方、设计方、勘察方、供应商、分包方、行政机关等），因项目多、项目跨区域、印章需求大等因素导致建筑施工企业同时存在多枚印章的情形，常出现管理混乱、职权不清、种类不明等情况，进而引发法律风险。本文通过对建筑施工企业用印过程中疏于日常管理引发的法律风险进行分析，提出一些使用、管理建议，供各施工建筑企业参考，以避免因印章管理问题给企业造成不必要的损失。

一、建筑施工企业印章的主要类别

国务院《关于国家行政机关和企业事业单位社会团体印章管理的规定》（国发〔1999〕25号）第22条规定："国家行政机关和企业事业单位、社会团体的其他专用印章（包括经济合同章、财务专用章等），在名称、式样上应与单位正式印章有所区别，经本单位领导批准后可以刻制。"实践中，根据建筑施工企业管理的常规习惯，一般情况下，建筑施工类企业印章主要可分为以下五种：

（一）公章

公章用于以企业名义行使相应职权，主要用于企业对外事务处理，工商、税务、银行等外部事务处理时加盖。

（二）财务专用章

财务专用章用于企业财务票据的出具，支票等出具时加盖。

（三）合同专用章

合同专用章于公司签订合同时需要加盖。

（四）主要负责人印章

主要负责人印章指企业或其分支机构、部门等主要负责人履行职务行为时使用的印章，如法定代表人印章、财务负责人印章等。

（五）项目部印章

项目部印章指以具体的项目部名义行使相应职权或用于项目管理活动中并明确专门用途的印章，如项目部资料专用章等。

结合建筑施工行业的操作流程及产生相关法律风险的一般特征来看，实践中使用频繁、引发纠纷最多的主要集中在项目部印章及合同专用章。因此，建筑施工企业要格外注重做好该两类印章的管理、使用工作。

二、建筑施工企业印章管理的常见风险

在建设工程领域中，特别是一些下属工程项目数量较多的大型施工企业，因疏于对印章的监控保管及印章保管人责任意识与风险意识的薄弱，常导致企业遭受不必要的经济损失。司法实践中，建筑施工企业印章未经备案或丢失、被冒用、盗用、乱用后产生的法律风险主要如下：

（一）使用未经备案印章的法律风险

根据国务院《关于国家行政机关和企业事业单位社会团体印章管理的规定》（国发〔1999〕号25号）第23条规定，国家行政机关和企业事业单位、社会团体刻制印章，应到当地公安机关指定的刻章单位刻制。即企业使用的各类印章均需依法申请，待有关部门通过审核后方可到公安机关批准的单位进行刻制完成备案。另外，企业在办理工商登记时，也需要在工商部门对相关印章进行备案。

但实践中，因建筑施工类企业项目工程地域分布广，印章的数量和种类使用需求相对较大，若将所有印章都进行备案，不具备现实的可操作性。故，在实务中，施工企业在大多数情况均使用未经备案印章进行交易。

根据《民法典》第172条规定："行为人没有代理权、超越代理权或者代理权终止后，仍然实施代理行为，相对人有理由相信行为人有代理权的，该代理行为有效。"并参照《全国法院民商事审判工作会议纪要》第41条第2款[1]规定，即：使用未经备案的印章时，一旦发生法律纠纷，即使施工企业极力否认争议印章的效力，但只要满足一定的合同成立条件，该印章不论备案与否、真假与否，都将对施工企业产生法律约束力，由此便会为施工企业带来一定经济损失。

另一方面，若未备案印章因管理不善丢失、被复制或复刻、被伪造或变造等，在

---

[1]《全国法院民商事审判工作会议纪要》第41条规定："【盖章行为的法律效力】司法实践中，有些公司有意刻制两套甚至多套公章，有的法定代表人或者代理人甚至私刻公章，订立合同时恶意加盖非备案的公章或者假公章，发生纠纷后法人以加盖的是假公章为由否定合同效力的情形并不鲜见。人民法院在审理案件时，应当主要审查签约人于盖章之时有无代表权或者代理权，从而根据代表或者代理的相关规则来确定合同的效力。法定代表人或者其授权之人在合同上加盖法人公章的行为，表明其是以法人名义签订合同，除《公司法》第16条等法律对其职权有特别规定的情形外，应当由法人承担相应的法律后果。法人以法定代表人事后已无代表权、加盖的是假章、所盖之章与备案公章不一致等为由否定合同效力的，人民法院不予支持。代理人以被代理人名义签订合同，要取得合法授权。代理人取得合法授权后，以被代理人名义签订的合同，应当由被代理人承担责任。被代理人以代理人事后已无代理权、加盖的是假章、所盖之章与备案公章不一致等为由否定合同效力的，人民法院不予支持。"

为证明争议印章不具备真实法律效力而进行鉴定比对时，由于未经相关行政机关备案留底，可能存在举证不能、举证困难或无法提供（提取）印章检查样本等情况而产生不利后果。

（二）印章被盗、丢失、冒用、伪造的法律风险

施工企业因项目工程流动性及独立性都较强的特点，往往疏忽对印章的监督保管，若保管人的法律意识和风险意识不强，则会出现印章被盗或丢失、被冒用、伪造的可能。

企业印章作为企业意思表示的象征，一般情况下，只要是加盖了企业印章的文件、合同等，即视为企业的意思表示。根据上文关于表见代理及无权代理的法律规定及其解释，施工企业在对印章保管不善的情况下，可能面临被盗用印章或是拾取印章行为人利用该印章再签订一系列合同等情况，施工企业由于不能完全否定该类合同的法律效力，一旦盗用、冒用或伪造人用企业印章建立大量债权债务关系后，将不可避免会使公司陷入诉讼纠纷中。

其次，根据相关司法实践，即便查明该类公章系盗用或被冒用、伪造，若有证据证明企业在印章被盗或是丢失中存在过错，且该过错与被害人的经济损失之间存在因果关系，则企业亦可能承担一定的赔偿责任。

参考案例：湛江市第一建筑工程公司与湛江市第一建筑工程公司、白增江租赁合同纠纷申请再审民事裁定书〔2015〕民申字第3402号

裁判要旨："被告湛江一建主张梁化同承接600兆瓦工程并未经其授权，属梁某同擅自以其名义所为。但在2012年梁某同退出600兆瓦工程时，湛江一建却将该项目授权给了他人接管。由此证明，即使梁某同以湛江一建名义承建600兆瓦工程属于无权代理，湛江一建事后亦予以追认并对该项目实际行使了管理权，故梁某同与湛江一建对于600兆瓦工程仍构成挂靠关系……湛江一建主张项目部的印章均系梁某同私刻，不代表其真实意思表示，合同应无效。但因梁某同与湛江一建之间存在挂靠关系，足以使白增江有理由相信印章的真实性以及梁某同得到了湛江一建的授权，故梁某同的行为构成表见代理，其行为后果应由湛江一建承担。湛江一建主张合同无效、其不应承担相应法律后果无法律依据，本院不予支持。"

三、建筑施工企业印章管理的建议

（一）严控用印审批，明确使用范围

以上法律风险的发生在一定程度上系印章管理过程中对用印时的审批把关不严造成，对于施工企业而言，就印章管理事项建立一套严格的用印审批制度，加强用印管理并妥善保存相关印章，认真审核盖章内容，可以避免印章乱盖、乱用带来的法律风险。

另外，施工企业应当明确各类印章的使用权限，尤其是项目部印章和合同专用章。

对于用印的授权可以采取一定的文字标记来予以明确使用范围，如在印章上可加刻"本章仅限于签订××合同"等字样。由此规避可能出现的表见代理、无权代理情形。

（二）加强印章保管，及时防范止损

针对印章丢失、被盗用、冒用、伪造的法律风险，施工企业应加强自身印章保管工作的安全力度，如若发现印章丢失或被盗，应在第一时间通过公开渠道如报纸或新闻媒体平台等向公众公告印章已丢失、被盗的情况，并公告印章作废，此后由该被盗或丢失印章引发的法律纠纷均与企业无关，企业不承担任何法律责任。若不及时采取措施，则在无法证明自身无过错的情况下，一旦印章被盗用、冒用产生不利法律后果时，将会遭受大量不必要的经济损失。

（三）印章作废停用，及时公告封存销毁

根据国务院《关于国家行政机关和企业事业单位社会团体印章管理的规定》第24条规定："国家行政机关和企业事业单位、社会团体的印章，如因单位撤销、名称改变或换用新印章而停止使用时，应及时送交印章制发机关封存或销毁，或者按公安部会同有关部门另行制定的规定处理。"

为避免印章停止使用后，被盗用、冒用的风险，对于公司认为已经作废不再使用的印章，施工企业除了应立即通过公开渠道公告相应公章不再使用并将公告材料留档备存，避免后续使用其签订的相关法律文书出现效力瑕疵而产生不必要的法律纠纷，按照相关法律规定，还应及时向公安机关送交相关作废印章并封存或销毁。

十、房屋买卖与租赁

住房政策变迁下的历史遗留问题研究

——以某住房申请案例为分析对象

黄木兰

  住房问题一直是中国社会关注的焦点之一。随着国家政策的不断调整和改革，许多单位停止了实物分房的做法，这一变革旨在推动住房制度改革，促进住房市场的健康发展。然而，对于某些职工及其子女而言，这一变革却带来了一系列问题和诉求。笔者在为顾问单位服务过程中，接触到一起已故单位职工的子女向单位申请住房并反复信访的纠纷，经了解，该类纠纷在住房政策变迁下频有发生，故笔者尝试简要分析梳理以供实务参考。

一、案情概要

  某省单位的职工 1985 年根据政策分得公有住房，1988 年该职工去世，单位根据实际情况调整遗孀和子女到符合级别待遇享受面积的另一栋楼一楼居住。鉴于当时年轻职工较多，不能满足分配使用，单位申报公有住房改造规划，统一将房屋所在楼栋户型由一梯两户改造为一梯三户，将该职工与同楼层另一职工各自一间房改造成第三套住房，改造后的房屋面积符合该职工级别待遇享受面积。自 1992 年住房制度改革开始，单位按照房改政策要求，多次通知职工家属参加房改，该职工家属一直未予以回应。2001 年，由于各种原因，单位研究同意并报房管部门批准，将该单元房屋 2 楼至 6 楼改造还原为一梯两户，一楼保持一梯三户不变。2010 年，该职工子女提出购买申请，后经单位协调并出具批复和证明，同意将案涉房屋出售给职工，购房手续由职工子女代办，直到 2020 年该房屋才最终房改完毕并已办妥相关证件。现在职工子女提出要求取得一梯两户未改造之前的另一间房。

二、诉求的实质

  从案涉房屋的实际交付和使用情况来看，当初分房交付的时候就是现状交付，不存在搬来居住是一梯两户而后住一段时间后再减少一间改为一梯三户的情况；从住建部门的规划来看，已经进行了修改，同一层楼的现状图纸是三套住房。所以实际上该职工已经获得了该有的福利分房，这套房也已经参加了房改拿到了不动产权登记证书。

职工子女现在提出的这个诉求相当于是要求再次参加福利分房，这个诉求从主体、客体、程序上来看都是不合理的。

三、法律分析

（一）关于主体

职工子女往往将自身视为单位内部的一员，认为应当享有单位分房的权益。然而，在现行法律和政策框架下，单位分房已经不再是普遍存在的现象，而是被市场化、货币化的住房分配方式所取代。并且有权获得公有住房福利房参加房改的主体必须是本单位的职工，职工子女并不是单位的职工，即便父亲是单位职工，但人已经逝世，自死亡起就已经丧失了民事权利能力和民事行为能力，也不具备要求再次分房的资格。

相关依据：

《民法典》

第 13 条【自然人民事权利能力的起止】自然人从出生时起到死亡时止，具有民事权利能力，依法享有民事权利，承担民事义务。

（二）关于客体

从客体角度来看，职工子女诉求的客体是单位的福利住房，这在现行法律和政策中也缺乏支持和保障。从 1998 年国务院《关于进一步深化城镇住房制度改革加快住房建设的通知》（国发〔1998〕23 号），以及贵州省人民政府《关于进一步深化城镇住房制度改革加快住房建设的通知》（黔府发〔1998〕40 号）等关于住房改革的文件，都明确要求了 1998 年下半年开始停止住房实物分配，逐步实行住房分配货币化，即 1998 年以后单位已经不能再将住房新分配给职工。

相关依据：

1. 国务院《关于进一步深化城镇住房制度改革加快住房建设的通知》（国发〔1998〕23 号）

二、停止住房实物分配，逐步实行住房分配货币化

（四）1998 年下半年开始停止住房实物分配，逐步实行住房分配货币化，具体时间、步骤由各省、自治区、直辖市人民政府根据本地实际确定。停止住房实物分配后，新建经济适用住房原则上只售不租。职工购房资金来源主要有：职工工资，住房公积金，个人住房贷款，以及有的地方由财政、单位原有住房建设资金转化的住房补贴等。

2. 贵州省人民政府《关于进一步深化城镇住房制度改革加快住房建设的通知》（黔府发〔1998〕40 号）

一、停止住房实物分配，逐步实行货币分配

（2）从本通知下发之日起全省城镇一律停止住房实物分配。货币化分配办法由贵

阳市和省直机关先行试点，其他地方抓紧研究，做好有关准备工作，力争明年上半年全省推开。在货币化方案出台之前，新建住房原则上只售不租，少数不宜出售的住房也要按规定认购一定数量的住房债券。在货币化分配方案出台前竣工的集资建房，职工仍可按房改成本价购买，超过这一时段的一律按县人民政府测算报省人民政府审批公布的经济适用住房价购买。

四、继续推进现有公有住房改革，培育和规范住房交易市场

（十二）按照《决定》规定，进一步搞好现有公有住房出售工作，规范出售价格。从 1998 年下半年起，出售现有公有住房，原则上实行成本价，并与经济适用住房房价相衔接。要保留足够的公有住房供最低收入家庭廉价租赁。

校园内不能分割及封闭管理的住房不能出售，教师公寓等周转用房不得出售。具体办法按教育部、建设部有关规定执行。

（三）关于程序

《关于唐民悦房改房产权认定问题的复函》（建住房市函［1999］005 号）的意见明确了"按照目前我国城镇住房制度改革的有关政策，按成本价或标准价购买公有住房以城镇职工家庭（夫妇双方）为购房主体，且每个家庭只能享受一次"。程序上对职工原来的福利房分配完毕，已经房改完毕，不可能再享受二次机会。

包括另外一些规定，如《经济适用住房管理办法》（建住房［2007］258 号）第 39 条也规定了"已参加福利分房、购买经济适用住房或参加单位集资合作建房的人员，不得再次参加单位集资合作建房。严禁任何单位借集资合作建房名义，变相实施住房实物分配或商品房开发"。这些文件精神都是相通的，并不支持职工子女的诉求。

四、司法实务

最高人民法院 1992 年发布现今依然有效的《关于房地产案件受理问题的通知》规定："三、凡不符合民事诉讼法、行政诉讼法有关起诉条件的属于历史遗留的落实政策性质的房地产纠纷，因行政指令而调整划拨、机构撤并分合等引起的房地产纠纷，因单位内部建房、分房等而引起的占房、腾房等房地产纠纷，均不属于人民法院主管工作的范围，当事人为此而提起的诉讼，人民法院应依法不予受理或驳回起诉，可告知其找有关部门申请解决。"

最高人民法院民一庭在讨论时多数人认为，涉及房改政策的房屋买卖合同纠纷人民法院是否应当受理，应当结合当事人提出的诉讼请求作出判断。如果当事人争议的核心是房屋买卖，属于平等主体之间的民事权益纠纷，处理时涉及房改政策的，人民法院应当受理；如果当事人争议的核心为是否适用房改房政策以及如何适用房改房政策的，不属于民事权益纠纷，不符合《民事诉讼法》第 108 条规定的起诉条件，人民法院不宜作为民事案件受理。

由此看出，司法实践中关于单位内部分房的资格、该不该分、分多还是分少这类

纠纷法院是不予受理的，因为这类纠纷往往涉及单位内部的行政管理和政策执行问题，不属于民事权益纠纷的范畴。

五、总结建议

职工子女的诉求涉及多个法律和政策层面的问题，根据1998年的住房改革政策，单位已停止实物分房。职工子女诉求从主体、客体、程序上均不符合现行法律和政策，且司法实践中，涉及单位内部分房的资格等问题，法院不予受理，因而会产生不断信访的情况。

处理单位内部分房等历史遗留问题是一项复杂而艰巨的任务。建议在处理类似历史遗留问题时，一方面，要加强沟通，了解他们的具体诉求和困难，并耐心解释现行法律和政策的规定，通过加强沟通增进双方的理解和信任，为解决问题创造有利条件。另一方面，对于确实存在住房困难的职工子女，单位可以积极探索其他途径来帮助他们解决住房问题。既要充分考虑个案的特殊情况，同时也要严格遵循现行法律和政策的规定，确保公平合理。

以一则案例分析房屋认购协议的性质及事实商品房买卖合同关系的成立

田宪鹏

案情简介： A 公司（购房人）与 B 公司（房地产开发商）签订《购房协议书》，约定 A 公司向 B 公司购买房屋，购房总价款 3000 万元，定金 500 万元，同时该协议对房屋坐落、办理购房贷款等事宜进行了约定，并约定待双方签订正式的商品房买卖合同时，《购房协议书》自动失效。协议签订后，A 公司按约向 B 公司支付购房定金 500 万元，B 公司将房屋交付 A 公司使用但未就该房屋主张任何权利，双方一直未签订商品房买卖合同。其间，A 公司多次发函要求 B 公司签订商品房买卖合同并办理过户，B 公司一直未予理会。此后，B 公司向 A 公司发出解除《购房协议书》的通知。现 A 公司拟通过诉讼维护自身合法权益，A 公司应如何设置诉讼请求？

A 公司如何设置诉讼请求，首先需要明确 A 公司与 B 公司之间成立何种性质的法律关系，基于该法律关系寻找请求权基础，进而确定诉讼请求。

一、实践中，认购、订购、预订等类似协议在满足一定条件的情况下，基于协议的具体内容予以判断，存在被认定为商品房买卖合同关系的可能，但本案中 A 公司与 B 公司签订的《购房协议书》应为预约合同

（一）如果商品房认购、订购、预订等协议具备商品房买卖合同的主要内容，且出卖人已收受购房款，此类协议应认定为商品房买卖合同

在商品房买卖实践中，房地产开发企业在未取得预售许可证前不得签订商品房预售合同，通常采取签订商品房认购、订购、预订等协议的方式向购房人收取定金或房款，待取得预售许可证后再行签订商品房预售合同。根据最高人民法院《关于审理商品房买卖合同纠纷案件适用法律若干问题的解释》（以下简称《商品房买卖司法解释》）第 5 条，商品房的认购、订购、预订等协议具备《商品房销售管理办法》第 16 条规定的商品房买卖合同的主要内容，并且出卖人已经按照约定收受购房款的，该协议应当认定为商品房买卖合同。根据《商品房销售管理办法》第 16 条，该条规定的商品房买卖合同主要内容包括："（一）当事人名称或者姓名和住所；（二）商品房基本

状况；（三）商品房的销售方式；（四）商品房价款的确定方式及总价款、付款方式、付款时间；（五）交付使用条件及日期；（六）装饰、设备标准承诺；（七）供水、供电、供热、燃气、通讯、道路、绿化等配套基础设施和公共设施的交付承诺和有关权益、责任；（八）公共配套建筑的产权归属；（九）面积差异的处理方式；（十）办理产权登记有关事宜；（十一）解决争议的方法；（十二）违约责任；（十三）双方约定的其他事项。"

因此，如果买受人与房地产开发商签订的认购、订购、预订等协议具备上述主要内容，且出卖人已经按约定收受购房款，则应认定双方之间签订的协议系商品房买卖合同，双方之间成立的是商品房买卖合同关系，买受人可以根据商品房买卖合同相关法律法规和司法解释主张权利。

（二）本案 A 公司与 B 公司签订的《购房协议书》仅约定了房屋坐落和价款，未约定其他主要内容，其性质应为商品房买卖合同的预约合同

目前，我国的法律并未对预约合同进行明确的解释，学理上一般将其定义为"约定将来订立一定契约之契约"。根据最高人民法院的观点，预约是合同磋商阶段的一种特殊的缔约形态，主要目的在于固定交易机会，约束当事人达成最终交易，故具有暂时性、阶段性的特征，并以缔结本约为自身使命。这决定了向本约转化是预约的终极目标，预约因本约的缔结而终止。

就本案而言，A 公司与 B 公司签订的《购房协议书》仅约定了房屋坐落和价款，未约定其他主要内容，且该协议明确约定双方将来会就案涉房屋签订商品房买卖合同，届时《购房协议书》自动终止，结合上述观点，该《购房协议书》应当为商品房买卖合同的预约合同。但预约合同本质上仍为合同，此类合同的生效、解除、终止、撤销、无效均适用《民法典》及相关司法解释的规定。

二、本案《购房协议书》虽为商品房买卖合同的预约合同，但 B 公司通过交付房屋这一行为，使 A 公司与 B 公司之间成立了事实上的商品房买卖合同关系，《购房协议书》随着本约的订立而失效

根据前述，A 公司与 B 公司之间签订的是商品房买卖合同的预约合同，该协议无法被认定为商品房买卖合同，但 A 公司与 B 公司之间仍然成立商品房买卖合同关系。根据《商品房买卖司法解释》第 8 条第 1 款，对房屋的转移占有，视为房屋的交付使用，但当事人另有约定的除外。本案中，A 公司与 B 公司签订《购房协议书》后，B 公司将案涉房屋转移给 A 公司占有，A 公司将案涉房屋进行了装修并作为办公用房，应当视为 B 公司将房屋交付给了 A 公司。且在此期间，B 公司自始至终未向 A 公司主张过任何权利，也未要求 A 公司支付房屋租金。

根据《民法典》第 490 条第 2 款，"法律、行政法规规定或者当事人约定合同应当采用书面形式订立，当事人未采用书面形式但是一方已经履行主要义务，对方接受时，

该合同成立"。基于 A 公司与 B 公司达成购房合意、B 公司交付房屋给 A 公司使用、B 公司未就 A 公司主张过任何权利这一系列的事实可以确定，B 公司通过实际行动履行了房屋交付义务，A 公司支付的定金已自动转化为购房款，双方之间虽未订立书面协议，但形成了事实上的房屋买卖合同关系。

三、A 公司可以基于双方之间成立的事实上的商品房买卖合同关系设置诉讼请求

基于前述分析和判断，A 公司与 B 公司之间已经成立了商品房买卖合同关系，则双方签订的《购房协议书》这一预约合同随着本约的成立已经失效，因此，A 公司可基于双方之间成立的商品房买卖合同关系诉请判令 B 公司就案涉房屋办理过户，如果 A 公司基于《购房协议书》进行起诉，则将自身置于被动。

综上，商品房认购、订购、预订等协议在其内容满足商品房买卖合同主要内容的情况下，应当认定为商品房买卖合同，否则，此类协议为商品房买卖合同的预约合同，预约合同作为独立的合同，应根据《民法典》及其司法解释的规定判断合同效力及合同的解除、撤销等，而事实商品房买卖合同的建立，应根据双方是否以实际行动履行了商品房买卖合同的主要义务进行判断，此类义务包括购房款的支付、房屋交付使用等。

商品房认购协议被认定为本约合同的标准

王贺栗子

引言： 最高人民法院《关于审理商品房买卖合同纠纷案件适用法律若干问题的解释》第 5 条规定："商品房的认购、订购、预订等协议具备《商品房销售管理办法》第十六条规定的商品房买卖合同的主要内容，并且出卖人已经按照约定收受购房款的，该协议应当认定为商品房买卖合同。"实践中，多数商品房认购协议并未对法律规定的内容进行全面约定，本文根据多地高级人民法院判例对商品房认购协议被认定为商品房买卖合同的标准进行探讨，仅供参考。

一、商品房认购协议的性质

商品房认购协议，是指购房人与出卖人在签订商品房预售合同或商品房买卖合同之前就认购房屋达成的协议，后续双方会签订正式的合同。修改前的 2012 年最高人民法院《关于审理买卖合同纠纷案件适用法律问题的解释》第 2 条[1]首次明确了认购协议的性质为预约合同，该条经修改后为《民法典》第 495 条[2]。实践中，商品房认购协议也以订购、预订、认筹、意向书等协议形式作为其外在表现形式。商品房认购协议本质是一种预约合同，即约定将来订立一定契约之契约。与预约合同相对应的是本约合同，即为履行预约合同而签订的合同，本约合同与预约合同存在不同的合同订立目的及法律效力。预约合同与本约合同分别为独立的两个合同，但又存在较为密切的关联性。从合同产生的请求权基础来看，预约合同产生的请求权基础为缔约请求权，而本约合同产生的请求权基础则为履行请求权。[3]

商品房预约合同与本约合同最大的区别在于内容的完备性，因出卖人与购房人订立商品房认购协议时，虽能确定标的房屋的部分信息，但无法达到本约合同对内容全

---

[1] 2012 年最高人民法院《关于审理买卖合同纠纷案件适用法律问题的解释》第 2 条规定："当事人签订认购书、订购书、预订书、意向书、备忘录等预约合同，约定在将来一定期限内订立买卖合同，一方不履行订立买卖合同的义务，对方请求其承担预约合同违约责任或者要求解除预约合同并主张损害赔偿的，人民法院应予支持。"

[2] 《民法典》第 495 条规定："当事人约定在将来一定期限内订立合同的认购书、订购书、预订书等，构成预约合同。当事人一方不履行预约合同约定的订立合同义务的，对方可以请求其承担预约合同的违约责任。"

[3] 参见刘俊臣：《合同成立基本问题研究》，中国工商出版社 2003 年版，第 156、162 页。

面性的要求。除此之外，多数商品房认购协议在订立时，未约定违约责任条款，在该种情形下，因履行商品房认购协议出现违约情形的，一般应按照《民法典》第587条[1]，适用"定金罚则"，即给付定金一方违约时，收受定金一方不予退还定金，收受定金一方违约时，应当向给付定金一方返还双倍定金。商品房本约合同则会较为细致地对违约责任的承担进行明确约定。

商品房认购协议在满足法律规定的条件下，应当被认定为本约合同。最高人民法院《关于审理商品房买卖合同纠纷案件适用法律若干问题的解释》第5条规定："商品房的认购、订购、预订等协议具备《商品房销售管理办法》第十六条规定的商品房买卖合同的主要内容，并且出卖人已经按照约定收受购房款的，该协议应当认定为商品房买卖合同。"

二、商品房认购协议被认定为本约合同的标准

前述《商品房销售管理办法》第16条是认定商品房认购协议是否满足商品房买卖合同的重要条款，该条包含13项内容："（一）当事人名称或者姓名和住所；（二）商品房基本状况；（三）商品房的销售方式；（四）商品房价款的确定方式及总价款、付款方式、付款时间；（五）交付使用条件及日期；（六）装饰、设备标准承诺；（七）供水、供电、供热、燃气、通讯、道路、绿化等配套基础设施和公共设施的交付承诺和有关权益、责任；（八）公共配套建筑的产权归属；（九）面积差异的处理方式；（十）办理产权登记有关事宜；（十一）解决争议的方法；（十二）违约责任；（十三）双方约定的其他事项。"实践过程中，多数商品房认购协议未对上述13项内容进行全面约定，根据人民法院裁判案例，商品房认购协议是否满足商品房买卖合同多从以下条件出发综合考虑，供读者参考。

（一）认购协议已明确约定为预约合同的不应认定为本约合同

案例： 郑州东方汇富置业有限公司、王某房屋买卖合同纠纷再审民事判决书

案号： ［2020］豫民再138号

裁判要旨： 根据最高人民法院《关于审理商品房买卖合同纠纷案件适用法律若干问题的解释》第5条及《商品房销售管理办法》第16条的规定，本案中，双方签订的三份认购协议明确约定双方以后需要签署商品房买卖合同，而没有约定房屋的交付时间、产权登记等商品房买卖合同的主要条款，故本案的认购协议属于预约，并非本约，不应认定为商品房买卖合同。

案例： 袁某敏、四川鸿缘房地产有限公司商品房销售合同纠纷再审审查与审判监督民事裁定书

---

[1]《民法典》第587条规定："债务人履行债务的，定金应当抵作价款或者收回。给付定金的一方不履行债务或者履行债务不符合约定，致使不能实现合同目的的，无权请求返还定金；收受定金的一方不履行债务或者履行债务不符合约定，致使不能实现合同目的的，应当双倍返还定金。"

案号：〔2019〕川民申 5562 号

裁判要旨：依照《商品房销售管理办法》第 16 条之规定，本案再审申请人虽与被申请人法定代表人贾某口头达成购房协议，向贾某个人账户转款后由贾某出具了收条，但该收条欠缺商品房买卖合同应具备的诸如房屋交付、产权登记、违约责任等主要内容，且收条注明"下周星期五前签合同"，也表明该收条并非商品房买卖合同性质，双方交收款也不符合正常的商品房的交易流程及习惯。二审法院认为，再审申请人主张双方形成商品房买卖合同关系的证据不足，判其承担举证不利的责任，并无错误。对再审申请人的再审理由，本院不予采纳。

结合上述裁判观点，在审查商品房认购协议时，如商品房认购协议明确约定未来签订本约合同的期限或有该类意思表示，根据意思自治原则，无论出卖人是否已收取购房款，该协议均会被认定为预约合同，而非商品房买卖合同，这也符合最高人民法院《关于审理买卖合同纠纷案件适用法律问题的解释》第 2 条〔1〕对预约合同性质的规定。

（二）认购协议未对标的房屋的重要内容进行明确约定

案例：铜仁万国商都房地产开发有限公司、刘某励商品房预售合同纠纷再审审查与审判监督民事裁定书

案号：〔2020〕黔民申 1293 号

裁判要旨：预约是相对于本约的一种契约，它是指当事人双方约定将来成立一定契约的契约。当事人双方签订预约合同的时候往往存在法律或事实上的障碍，不可能直接作出具体明确的约定，因此需要预约合同的约束发挥作用，预约合同中往往为不确定条款或缺失条款。本案双方签订的《铜仁十字金街商铺认购确认表》仅仅约定了双方当事人的基本情况、房屋基本情况、签署正式商品房买卖合同的时限等内容，明显缺失交付使用条件、日期及面积差异的处理方式等属于商品房销售本约合同的必备条款，故案涉《铜仁十字金街商铺认购确认表》系预约合同，原判对此认定并无不当。

案例：四平市钧成房地产开发有限公司（以下简称"钧成房地产公司"）与单某茹房屋买卖合同纠纷再审民事判决书

案号：〔2020〕吉民再 92 号

裁判要旨：虽然《商品房认购书》对于双方当事人的姓名或名称，商品房的基本情况、单价、总价进行了明确约定，但因双方在签订该《商品房认购书》时，钧成房地产公司没有取得商品房预售许可证明，所以双方对商品房的交付条件、交付时间、办证时间等诸多直接影响双方权利义务的条款没有明确约定，导致部分主要条款缺失，需在签订商品房买卖合同时协商一致达成。因此，钧成房地产公司与单某茹签订的《商品房认购书》的性质，是以将来签订商品房买卖合同为目的的预约合同。原一、二审判决对《商品房认购书》的性质认定为商品房买卖合同不当。

---

〔1〕 该条已修改为《民法典》第 495 条。

结合上述裁判观点，实践中，人民法院认定《商品房销售管理办法》第16条中的当事人名称或者姓名和住所，商品房基本状况，商品房的销售方式，商品房价款的确定方式及总价款、付款方式、付款时间，交付使用条件及日期系与标的房屋有关的重要内容，也是商品房认购协议被认定为商品房买卖合同的必备条款。

（三）出卖人已收取购房款

案例：商丘市金邦置业有限公司、宋某才商品房销售合同纠纷再审审查与审判监督民事裁定书

案号：［2019］豫民申7155号

裁判要旨：宋某才与金邦置业有限公司签订《商品房内部认购协议书》，对房屋的具体位置、面积、单价等均作了明确约定，亦交纳了首付款，双方构成商品房买卖合同关系，这是双方真实的意思表示，合同成立并生效。

案例：青海海悦酒店有限公司（以下简称"青海海悦公司"）、青海绿地房地产开发有限公司（以下简称"青海绿地公司"）合同纠纷二审民事判决书

案号：［2017］最高法民终909号

裁判要旨：关于《租赁及购房协议书》和《6.16协议》应认定为预约还是本约的问题。预约乃约定将来成立一定契约之契约，是相对于本约而言的一种特殊合同，合同标的是指向本约的缔结，履行预约合同的结果是订立本约合同。本案中，《租赁及购房协议书》与《6.16协议》，无论从签约目的还是从合同内容看，均不应认定为预约合同。首先，《租赁及购房协议书》实质是双方针对项目合作开发形成的协议，该协议明确约定：租赁房产所属地块、房屋类型、建房标准、承租面积、租金标准及期限；购买房产所属地块和面积、房产类型及购买单价、付款方式、交房及违约责任；担保事项等。该合同签订后，青海海悦酒店、青海绿地公司支付云南青峰公司1.77亿元定金和购房款。从合同约定的内容看，双方订立合同并不是以再行签订本约为目的；从合同的履行看，云南青峰公司已收到青海海悦酒店、青海绿地公司支付的1.77亿元定金和购房款，并已建成A1、A2地块上相应房产，合同中约定的部分房产交房条件已具备。因此，一审认定《租赁及购房协议书》为预约性质，依据不足。

如商品房认购协议无将来另行签订本约合同的意思表示，出卖人是否收取购房款则会被认为是影响认购协议性质最重要的条件。一般情况下，如商品房认购协议对与标的房屋有关的重要内容进行约定，出卖人已收取购房款，表明当事人双方已就购买标的房屋达成合意，且无再行签订合同的意思表示，商品房认购协议应当被认定为本约合同。

三、结语

商品房认购协议作为预约合同的一种，是购房人与出卖人约定在未来一定期限内订立合同达成的协议，在合同内容的完备性上，其无法达到本约合同对内容全面性的要求。然而，在达到法律规定的条件时，商品房认购协议则应当被认定为本约合同，

这对违反合同约定承担违约责任以及合同解除的后果有极为重要的影响。如当事人双方在商品房认购协议中明确约定未来一定期限内签订本约合同，则当事人已对预约合同的性质达成协议，商品房认购协议不应被认定为本约合同。当事人名称或者姓名、住所，商品房基本状况，商品房的销售方式，商品房价款的确定方式及总价款、付款方式、付款时间，交付使用条件及日期等，是人民法院综合认定商品房认购协议是否已具完备性，是否应当被认定为本约合同的重要内容。在双方未对合同性质进行明确约定的情形下，出卖人收取购房款的，无论金额大小，人民法院倾向认定该商品房认购协议为本约合同。

商品房预售合同纠纷中的
先履行抗辩权与不安抗辩权

罗文君

近年来，房地产开发商逾期交房事件层出不穷，甚至很多楼盘已到交房时间，但项目还迟迟未动工，在此情况下部分业主认为房地产开发商已不具备按期交房的可能性而行使不安抗辩权不再支付购房款及时止损。房地产开发商则往往以业主未支付完购房款为由行使先履行抗辩权拒绝承担逾期交房违约责任。此类案件系商品房预售合同纠纷的一大争议。本文将结合先履行抗辩权与不安抗辩权的法律构成以及司法实践的不同观点，对房地产开发商行使先履行抗辩权，业主行使不安抗辩权的条件进行分析，供购房人及房地产开发商参考。

一、先履行抗辩权与不安抗辩权的构成要件

先履行抗辩权与不安抗辩权的法律规定主要体现在：《民法典》第 526 条规定："当事人互负债务，有先后履行顺序，应当先履行债务一方未履行的，后履行一方有权拒绝其履行请求。先履行一方履行债务不符合约定的，后履行一方有权拒绝其相应的履行请求。"第 527 条规定："应当先履行债务的当事人，有确切证据证明对方有下列情形之一的，可以中止履行：（一）经营状况严重恶化；（二）转移财产、抽逃资金，以逃避债务；（三）丧失商业信誉；（四）有丧失或者可能丧失履行债务能力的其他情形。当事人没有确切证据中止履行的，应当承担违约责任。"

从文义解释及体系解释角度来看，可以将二者的构成要件简要概括如下：

（一）先履行抗辩权的构成要件

（1）当事人因同一双务合同互负债务。即先履行抗辩权只存在于双务合同中，当事人双方必须互负对待给付义务，一方履行义务，是为了换取对方的履行。在先履行一方不履行自己的债务时，后履行一方为保护自己的履行利益，可以拒绝对方的履行要求。

（2）当事人双方的合同义务有先后履行顺序。即合同双方在合同中约定一方履行义务在先，另一方履行义务在后，双方的合同义务明显具有时间先后顺序。

（3）双方所负债务已届清偿期、先履行一方到期未履行债务或未适当履行债务。

首先，负有先履行义务的一方在其债务已届履行期时应当先履行义务。如果先履行一方的债务已届履行期而不履行债务或履行债务不符合合同约定，则属于违约；其次，对于后履行义务的一方，在先履行义务的一方构成违约并请求其履行的情况下，后履行义务的一方的债务必须也已届履行期。后履行一方可以行使先履行抗辩权，拒绝先履行一方提出的履行请求。

（二）不安抗辩权的构成要件

（1）当事人因同一双务合同互负义务。与先履行抗辩权一样，不安抗辩权仅存在双务合同中。

（2）合同双方履行义务分先后顺序，主张不安抗辩权的当事人只能是先义务人。与先履行抗辩权不同，享有不安抗辩权的当事人只能为先履行义务的当事人。

（3）后义务人履行能力降低，有不能对待给付的可能。不安抗辩权无法随意行使，只有后义务方存在经营状况严重恶化、转移财产、抽逃资金，以逃避债务、丧失商业信誉、有丧失或者可能丧失履行债务能力的其他情形的情况下，先义务人才有行使不安抗辩权的可能。

（4）先义务人需提供初步证据证明后义务人丧失或可能丧失履行能力。行使不安抗辩权的前提条件之一即后义务人有丧失履行能力的可能，这也就意味着，必须是先义务人主观上认为并有初步证据证明后义务人可能无法履行本合同，从而中止履行。

（5）先义务人应及时通知后义务人。《民法典》第528条规定，当事人依据前条规定中止履行的，应当及时通知对方。即不安抗辩权的行使具有特殊条件，在行使程序上应当及时通知对方。

二、先履行抗辩权与不安抗辩权的司法认定

经检索分析，目前在房地产开发商逾期交房、业主逾期付款的案件中，主流裁判观点认为：在合同约定业主价款支付时间在前，房地产开发商交房义务时间在后的情况下，业主未能按期交足房款时，即便最后房地产开发商未能按期交房，房地产开发商也可能不承担违约责任。从2015年最高人民法院发布的19起合同纠纷典型案例之十"周某诉重庆某房地产开发有限公司房屋买卖合同纠纷案"来看，法院对于业主行使不安抗辩权在行使条件上具有比较严格的认定，虽然房地产开发商逾期交房是事实，但当业主行使不安抗辩权不满足相应条件时，房地产开发商反而可以行使先履行抗辩权拒绝承担逾期交房违约责任，不支付逾期交房违约金。

法院认为： 抗辩权的行使是对抗违约行为的一种救济手段，在双务合同中，首先应根据双方签订的合同约定来确定双方的权利义务，本案中，某公司未按合同约定的时间向周某交付房屋是事实，但合同中明确约定周某应付清全部房款等费用后，方可进行房屋交接，即周某应该先履行付款的义务，某公司才履行交房的义务。同时，周某在庭审中称其到某公司履行义务，其售房部已关门，但并无证据提交，且如其不能直接履行义务，也可采取其他方式履行付款的义务，如提存等方式。另外，周某在二

审中提出其是行使不安抗辩权，但根据上述法律规定，周某发现某公司当时具有不能按期交房的可能性，未及时与对方沟通核实，在未通知对方的情况下就自行中止了合同的履行，不符合不安抗辩权的行使条件和履行规范，其不安抗辩权不能成立。故某公司不应向周某支付违约金。

由此可知，不安抗辩权的行使不仅应符合实体要求，同时要符合程序的要求，首先双方须存在履行上先后顺序的明确约定，并且后履行一方明显丧失履行能力且未提供适当担保，其次在程序上须履行通知的义务，否则将不能对抗房地产开发商主张的先履行抗辩权。

但需注意的是，此类裁判观点仅存在于合同明确约定业主需在收房前分期付足购房款或完成办理贷款手续的情形，与业主已经完成银行贷款且已经偿还了银行部分还款，房地产开发商交房时间届满但仍不能交房的情形具有一定区别。

根据文义解释，房地产开发商楼盘工地全面停工、形成烂尾等情形可以理解为不安抗辩权构成要件中的"经营状况严重恶化"。在此类案件中，买受人完成银行贷款后，实际可视为已完成价款支付的先履行义务，在房地产开发商交房遥遥无期，即便正常动工仍不能满足正常交房的情况下，买受人可以行使不安抗辩权解除合同，并要求房地产开发商承担违约责任。同时，根据最高人民法院《关于审理商品房买卖合同纠纷案件适用法律若干问题的解释》第21条第2款之规定，商品房买卖合同被确认无效或者被撤销、解除后，商品房担保贷款合同也被解除的，出卖人应当将收受的购房贷款和购房款的本金及利息分别返还担保权人和买受人。

三、先履行抗辩权与不安抗辩权的行使建议

如上分析，在先履行抗辩权与不安抗辩权同时存在的情况下，不安抗辩权的认定往往更严格，对业主而言，更需谨慎行使。结合以上分析，笔者总结如下：

从房地产开发商的角度，应在合同中更加明确买受人的付款时间和付款方式，在付款期限届满后，及时催告买受人履行付款义务，以达到主张合同继续履行，不得擅自中止的目的。

从买受人的角度，在发现房地产开发商经营能力下降，交房时间必然受到影响或无法预测具体交房期限的情况下，不得擅自停止履行价款支付义务，尤其要在程序上首先履行通知房地产开发商的义务。在房地产开发商无法恢复履行能力，又不能提供适当担保的情况下，可行使合同解除权。

房地产开发商的广告宣传是否构成要约的司法认定初探

袁 贵

如今，许多人买房，已经不仅关注房子本身的质量和价格，而更加关注房子周边的配套设施，诸如教育、医疗、商业等。房子所处的地段，周边的配套设施等甚至成了买房人首要考虑的因素。在商品房的销售过程中，房地产开发商通常会大力宣传，比如毗邻地铁、周边名校、商业配套完善、医疗方便等，以作为商品房销售的卖点。但这些宣传内容通常不会出现在商品房买卖合同中，当买受人发现当初房地产开发商宣传的内容没有实现时，其只能依据《民法典》第 473 条和最高人民法院《关于审理商品房买卖合同纠纷案件适用法律若干问题的解释》（以下简称《商品房买卖司法解释》）第 3 条进行维权。也即主张房地产开发商的广告宣传具体明确，且对是否订立合同和房屋价格产生重大影响，构成要约，即使未载入合同，也当视为合同内容，当事人违约的，应当承担违约责任。

那么，司法实践中是怎么适用《商品房买卖司法解释》第 3 条，在什么情况下认定房地产开发商的广告宣传构成要约，从而进一步认定房地产开发商是否构成违约呢？本文将结合司法案例，就房地产开发商的广告宣传构成要约的要件，构成要约的法律后果等进行探讨，并针对房地产开发企业和商品房买受人分别提出法律建议，以供读者参考。

一、商品房销售广告和宣传资料构成要约的要件

要约人发出要约，受要约人承诺的，双方之间即成立合同关系。比如甲对乙说："这支笔 5 块钱卖给你，要吗？"乙回答说："要。"则甲乙之间就成立了买卖合同关系，这时任何一方再反悔就构成违约。根据《民法典》第 472 条的规定，要约是希望与他人订立合同的意思表示，该意思表示的内容必须具体确定，表明经受要约人承诺，要约人即受该意思表示约束。而根据《民法典》第 473 条的规定，要约邀请则是希望他人向自己发出要约的表示。比如甲对乙说："我这支笔要卖，你买吗？"就是甲对乙发出的要约邀请。同时该条还规定，商业广告和宣传为要约邀请，但符合要约条件的，构成要约。《商品房买卖司法解释》第 3 条规定："商品房的销售广告和宣传资料为要约邀请，但是出卖人就商品房开发规划范围内的房屋及相关设施所作的说明和允诺具

体确定，并对商品房买卖合同的订立以及房屋价格的确定有重大影响的，构成要约。该说明和允诺即使未载入商品房买卖合同，亦应当为合同内容，当事人违反的，应当承担违约责任。"根据该解释，房地产开发商的广告宣传需有两个构成要件方可构成要约。

针对以上构成要件，司法实践中争论的问题主要集中在以下方面：

（一）广告宣传的内容是否必须在开发规划范围内

对于这个问题，从检索到的司法案例来看，有的法院在审理过程中会具体审查宣传的内容是否在房地产开发商的开发规划范围内，若不在，则直接认定不构成要约，从而即便房地产开发商宣传的内容没有实现，也不用承担违约责任。

如山东省济南市中级人民法院〔2021〕鲁01民终2646号民事判决书中，法院认为：泉景文卓公司宣传涉及的学校、医院、宾馆、商业配套设施等不在商品房开发规划范围内，不符合上述规定出卖人对广告宣传作出的说明和允诺能够作为合同内容的情形，亦不可能作为合同约定的权利义务的内容。泉景文卓公司就涉案房地产项目所做的宣传已被相关行政部门认定为虚假宣传，虚假宣传的内容并非合同内容，故虚假宣传的责任属于缔约过失责任而非违约责任。

但也有法院在审理过程中，并不会过多关注所宣传的内容是否在开发规划范围内，而是集中注意力在所宣传的内容是否具体确定上。

如贵州省贵阳市中级人民法院〔2020〕黔01民终4873号民事判决书中，一审法院认为：原告提交的证据不足以证实被告在对宾阳中小学、京师学校及三甲医院等医疗资源进行宣传时即明确系在其开发规划范围内。因此，……进行宣传不满足商品房的销售广告和宣传资料成为要约的条件，其仅仅是要约邀请，不应当作为合同内容，对原、被告无约束力。但贵阳市中级人民法院认为：就以上教育资源的设立，被告在宣传时有具体位置指向，并以周边的教育资源作为出售房屋的卖点，虽然买受人不能证明该宣传对购买房屋的价格存在多大影响，但对买受人签订合同是有影响的，因此，应当视被告对教育资源的宣传为要约，而非要约邀请，原审认定……进行的宣传为要约邀请不当，本院予以纠正。

笔者认为，从文义解释的角度讲，房地产开发商的广告宣传所说明和允诺的内容若不在商品房开发规划范围内，则不满足《商品房买卖司法解释》第3条规定的构成要约的要件，即便内容具体确定也不应认定为要约。实际上，即便认定为要约，因说明和允诺的内容不在开发规划范围内，实际上房地产开发商无法决定，即便这些内容没有实现，一般也不会认定为房地产开发商的违约行为，从审理结果上看，房地产开发商一般也不会承担违约责任。

（二）何为"具体确定"

司法实践中，还存在的难题在于如何判断房地产开发商在广告宣传中所作的说明和允诺是"具体确定"的。对此，司法实践中采用的其实是一般人的理解，即这些广告内容如果从普通社会理性人的理解来看，有具体明确的标的或者指向，比如学校、医院等在哪个位置，叫什么名称，是什么级别，公立还是私立，多大规模等如果都有明确，则可认为"具体确定"。若只是说附近有医院、有学校这样泛泛的描述，则不是"具体确定"。简而言之，可以理解为若广告宣传的内容可供履行，则视为"具体确定"，若无法据此进行履行，则不是"具体确定"。

如河南省开封市中级人民法院［2021］豫02民终872号民事判决书中，法院认为：航宇公司仅仅在广告宣传彩页上印制了"健康科技豪宅让生活从免费开始""光伏发电入住免电费"等字样，并未对"免电费"的具体方式方法以及时间范围进行约定，因此，航宇公司的该项广告宣传陈述不构成要约，不能认定航宇公司有违约行为。

（三）如何判断对买卖合同的订立以及房屋价格有重大影响

在判断出卖人在商品房销售广告和宣传资料中说明或允诺的内容是否对买受人商品房买卖合同的订立以及房屋价格有重大影响时，应该结合客观和主观进行判断。客观上，应考虑这些内容是否真的会影响房屋价格或者合同订立，且符合一般实际。主观上，应考虑买受人购买房屋的目的。值得注意的是，所谓对价格的影响，实践中不一定能够量化，但并不影响认定。

如湖南省宁乡市人民法院［2021］湘0182民初911号民事判决书中，法院认为：本案中，被告的沙盘、宣传册等所展示的7街双数号商铺与酒店部分的空间位置及周边环境相对具体明确，是原告所购7街166号双数号商铺比与之相对应的7街155号单数号商铺售价高出251 140元的重要原因，即对商品房买卖合同的订立以及房屋价格的确定有重大影响，应当认定为合同内容。被告所开发建设的7街双数号商铺与酒店之间的实际建设情况与其沙盘及宣传册所展示的情况不符，直接影响原告对所购商铺周边环境的预期，超出了一个善良买受人的正常认知，被告的行为构成违约。

二、商品房销售广告和宣传资料构成要约的法律后果

若房地产开发商在销售商品房过程中所做的广告和宣传中关于商品房开发规划范围内的房屋及相关设施的说明和允诺具体确定，并对商品房买卖合同的订立以及房屋价格的确定有重大影响，则构成要约。此时该要约即使未载入合同，也应作为合同内

容，房地产开发商违反的将承担违约责任。所以，广告和宣传构成要约后，还应结合具体事实来认定房地产开发商是否违约，从而判断房地产开发商是否应承担违约责任。从司法案例来看，虽然构成要约，但当相关内容未实现并非房地产开发商原因导致时，房地产开发商可以不承担违约责任。

如贵州省贵阳市中级人民法院［2020］黔 01 民终 4873 号民事判决书中，二审法院认为：教育资源的配置系政府主管部门的职责范围，本案中，某某公司对某某中小学、京师学校、外国语学校的宣传均由政府相关部门的文件佐证，即使某某中小学存在规划变更重新选址的问题也非以某某公司的意愿所决定，其责任后果不能由某某公司负担。而京师学校、外国语学校和幼儿园均在宣传的范围内处于建设之中，故对于以上教育资源的设立，某某公司不构成违约。

值得探讨的是，若房地产开发商在补充协议、承诺书、不确定告知书等文件中就广告和宣传的内容不是合同的一部分、不承担违约责任等作出说明，买受人又在上面签字，是否能免除房地产开发商的违约责任？对此，司法实践中不同法院的裁判观点不尽相同，两种可能均存在。

如四川省乐山市中级人民法院［2021］川 11 民终 176 号民事判决书中，法院认为：……在涉案双方已经对售房时的宣传文件、资料等是否作为商品房买卖合同的内容进行了明确约定的情况下应当遵循意思自治原则，适用双方约定，在双方未明确约定时，才可适用最高人民法院《商品房买卖司法解释》第 3 条之规定调整双方权利义务关系。在双方所签订的《商品房买卖合同补充协议》已明确排除将广告、宣传文件、资料等作为商品房买卖合同的内容情况下，杨某中、赵某英仍提出要求法院按照最高人民法院《商品房买卖司法解释》第 3 条之规定认定广告、宣传文件、资料等为合同的组成部分的主张，于法无据。

但江苏省徐州市铜山区人民法院［2020］苏 0312 民初 8668 号民事判决书中，法院认为：通过上述规定可知，出卖人在商品房销售广告和宣传资料上的承诺，原则上属于要约邀请，但当其符合要约规定时，则视为要约。本案中，中佳公司在销售广告和宣传资料中对小区房屋及相关设施的宣传是具体、明确的，其关于"八度科技"的宣传，对商品房买卖合同的订立和价格的确定有重大影响。上述宣传内容符合要约的构成要件，应视为要约。被告中佳公司辩称合同第 17 条第 5 项约定"预定协议、宣传资料以及口头承诺与本合同不符之处，均以本合同为准"，但该条约定系格式条款，系中佳公司作为合同提供方免除自身责任，排除买受人主要权利，故该条款无效。综上，中佳公司关于"八度科技"的宣传应视为双方合同内容的一部分。在被告交房时，中佳公司未兑现上述宣传内容，应承担相应违约责任。此处法院根据格式条款的相关规定否定了补充协议的效力。

三、法律建议

通过本文的探讨，对于司法实践中如何认定房地产开发商在销售商品房过程中的广告宣传是否构成要约的一些要点问题已经有了初步了解。对此，针对房地产开发企业和商品房买受人，笔者分别有以下建议，供读者参考。

（一）对于房地产开发企业

（1）在广告宣传中，对于无法确定的事项不要作明确具体的宣传，对有关事项的宣传应明确是否在商品房开发规划范围内，并具体体现在规划图、沙盘等宣传资料中，同时注意措辞不要引起歧义。

（2）与买受人签订《商品房买卖合同补充协议》《xx 不确定告知书》《承诺书》等文件，就宣传资料不作为合同内容进行明确告知和约定，但需注意将相关内容采用加粗等方式提醒买受人阅读，以避免相关条款因满足格式条款无效的规定而被认定为无效。

（3）若宣传的内容无法实现，注意搜集导致无法实现的原因的相关证据材料，如政府规划变更等证据材料。

（4）所宣传的内容均需要有相应依据，不能做虚假宣传，否则即便不构成违约，也可能面临遭受行政处罚的风险。

（二）对于商品房买受人

（1）前期参观楼盘过程中理性判断宣传资料，若有相应宣传，应注意查看相应依据。并注意哪些内容是尚未确定的内容，可能会有变化，做好心理预期，判断所宣传的事项是否能由房地产开发商决定。

（2）注意保留宣传资料的相关证据，如规划图、沙盘、样板房、宣传视频、宣传会、微信推文、管网文章、销售人员承诺等。若出现了房地产开发商的违约行为，也需注意收集证据。

（3）在签订《商品房买卖合同》过程中，注意阅读合同和相关补充协议、告知书等文件的内容，对于疑问的内容及时寻求解答。买房是大事情，确保作出的决定是经过审慎考虑后作出的，避免因自己未尽到合理注意义务而承担不利后果。

"麻瓜"买房

陈柯蕾

　　"成家立业"一词源自宋朝吴自牧的《梦粱录·恤贫济老》："杭城富室多是外郡寓之人……四方百货，不趾而集，自此成家立业者众矣。"后世将其引申为个人对家庭、事业追求的圆满状态，即成家、立业，抑或立业、成家。而"成家"一词最早却来源于汉朝赵晔所编著的《吴越春秋·越王无余外传》中："成家成室，我造彼昌。"可见，"家"一词在人们心中的重要性。但家不仅仅是男女双方的结合，也需要有一个安居的场所。因此，在大众的眼中家的概念与房总是无法分开的。

　　中国房地产的发展，大致可以划分为两个阶段，即福利分房阶段与商品房阶段，并以 1998 年 7 月 3 日国务院发布的《关于进一步深化城镇住房制度改革加快住房建设的通知》（国发［1998］23 号）作为分界线，该文件指出我国将于"1998 年下半年开始停止住房实物分配，逐步实行住房分配货币化"，启动商品房市场。自此以后，福利分房的时代结束，我国开始全面迎来商品房时代。

　　而商品房的购买交付可分为毛坯交付与精装交付。2017 年之前，市场上的商品房大多为毛坯交付，精装交付在房地产市场的比例极小。但 2017 年，住房和城乡建设部印发《建筑业发展"十三五"规划》，该规划明确提出要提高新建住宅全装修成品交付比例。自此之后，因政策导向房地产市场精装房的比例逐步上升。就贵州而言，2020 年 12 月，贵州省人民政府印发《关于加快推进成品住宅建设的指导意见》，该意见提到："到 2021 年，在贵阳市（含贵安新区）、遵义市、安顺市（以下统称试点市）开展成品住宅建设试点，试点市政府投资新建公共租赁住房必须建设成品住宅；试点市中心城区新开工商品住宅（三层及以下低层住宅和单套建筑面积超过 200 平方米的商品住宅除外）成品住宅面积比例分别达到 40%、50% 和 30%，郊区市（县）比例达到 3%—15%。鼓励其他非试点市（州）结合实际积极探索推进成品住宅建设发展。"

　　在上述政策的导向之下，可以看出精装房将是未来房地产市场发展的重要趋势之一。与传统的毛坯交付不同，精装交付实质上是：毛坯房产权+附带性装修。因此对于购房者来说，在精装房的交付验收上，不仅涉及毛坯房的产权、质量等，还会涉及附带性装修的质量、规格等新型问题。针对精装房涉及的新型法律问题，如何有效保障购房者在附带性装修上的合法权益，下文将对此进行分析。

一、何为精装房

俗话说，欲闻其事先知其史，所以说到精装房，我们也应当从其概念谈起。精装房并不是一个法律意义上的概念，它只是通俗的一种叫法。根据《商品住宅装修一次到位实施细则》指出，房屋交钥匙前，所有功能空间的固定面全部铺装或粉刷完成，厨房和卫生间的基本设备全部安装完成的房屋，简称为全装修住宅。因此，精装房在法律上被称为全装修住宅。根据《商品住宅装修一次到位实施细则》的规定可以看出，精装房应当至少完成以下两个部分：第一，房间的墙壁、天花板等应当铺装或者粉刷完毕。第二，厨房及卫生间的基本设备，例如厨灶、马桶等应当全部安装完毕，能够满足生活使用的基本要求。至于上述装修的风格、使用哪个品牌的设备等，则由当事人之间协商确认。

二、精装房买卖合同怎么签

在签署合同时，我们要理解合同的一个基本原则，即合同相对性原则，这个原则大意是说，合同只能够约束签在合同上签字确认的主体，对未在合同上签字确认的主体，我们一般不能够对其追责或要求其履行合同的义务。在理解了合同相对性原则的基础之上，我们再来聊一下精装房买卖合同怎么签订以及其中存在的法律风险。

目前市场上，精装房的房屋买卖合同一般有三类模式：

第一种，房地产开发公司与购房者签订毛坯房买卖合同后，另行指定购房者与其他的装修公司签订装修合同。在这种模式下，购房者实质上是向两个不同的主体购买了两个不同的商品和服务，即向房地产开发公司购买的毛坯房产权和向装修公司购买房屋装修。受制于合同相对性原则的约束，若房屋的装修出现迟延交付、质量不达标等违约责任，购房者仅能够要求装修公司承担违约责任，而不能向房地产开发公司追责。并且在现实生活当中，许多装修公司的实力往往不如房地产开发公司雄厚，甚至出现皮包公司的情况，造成购房者的损失无人承担。针对上述情况，笔者建议在此种交易模式下，购房者在与房地产开发公司签订的毛坯房屋买卖合同明确约定，房地产开发公司应当对房屋的装修承担连带责任。

第二种，房地产开发公司与购房者签订毛坯房买卖合同后，购房者再与房地产开发公司签订一份装修合同。此种交易模式下，虽然毛坯房买卖合同的主体与装修合同的主体均为房地产开发公司，若房地产开发公司因此违约，购房者可以直接请求房地产开发公司承担相应的违约责任；但是毛坯房与房屋装修被区分开来，精装房的整体交易被分割为毛坯房买卖关系和装修部分的委托承揽关系，毛坯房与装修部分约定两种交付标准。若因房屋的装修问题，购房者要求房地产开发公司承担退房等违约责任，存在不能得到法院的支持的可能。并且在毛坯房达到交付标准，仅装修部分违约的情况下，房地产开发公司对购房者的损害赔偿责任也仅限于装修部分。

第三种，房地产开发公司与购房者签订的商品房买卖合同约定装修条款。此种交易模式下，精装房的毛坯房产权与装修部分是作为一个整体向购房者进行出售的，其作为买卖合同标的物的整体，无论是毛坯产权，还是装修部分出现质量瑕疵、交付迟延等违约行为，购房者均可以要求房地产开发公司将其作为整体的质量问题而承担相应的违约责任。

举个例子来说明一下第二种交易模式下与第三种交易模式下违约方责任承担的区别。我们作为买方，现在向卖方购买了 A、B 两种货物，若 A 货物出现质量问题，但 B 货物质量达到买卖合同约定标准，我们仅能就 A 货物向卖方主张违约责任，不能主张 B 货物的违约责任。但现在卖家将 A、B 两种货物打包放在一起作为一个整体向我们出售时，若 A 货物出现质量问题，但 B 货物的质量达到买卖合同的约定标准，我们可以主张整体货物的违约责任。

三、若合同中约定了具体的装修标准，经过工程造价鉴定后，若实际装修标准低于合同约定的具体装修标准的处理方式

在精装房的买卖交易当中，虽然购房者仅支付了一笔购买房屋的费用，就获得了毛坯房产权+装修，但该装修的费用是作为房屋的溢价款包含在购买房屋的费用当中的。因此，若合同约定了具体的装修标准，经过工程造价鉴定后，实际装修标准低于合同约定的具体装修标准的，根据相关司法实践，购房者可向房地产开发公司主张：合同约定的装修费用与实际装修费用之间差额部分，减去企业应上缴的税金和规费以及利润后，剩余的价款。

江苏省南京市中级人民法院〔2017〕苏 01 民再 17 号判决书

关于第二个争议焦点，本院再审认为，《江苏省城市房地产交易管理条例》第 16 条第 1 款规定"房地产开发企业发布的商品房销售广告和宣传资料，内容应当真实、合法"，富力公司在销售现场以样板房的方式向购房人宣传精装修房，而在其与童某亚签订的补充协议中，又确定了"展示样板间所示内容，不是买卖双方合同的组成部分，不作为确定双方权利义务的依据"等免除己方义务的格式条款，该条款直接导致富力公司在商品房销售现场的销售广告和宣传资料不具有真实性，违反了《江苏省城市房地产交易管理条例》的规定，依照《合同法》第 40 条的规定，该格式条款应认定无效，童某亚有权要求富力公司提供与样板房一致的精装修房。鉴于现样板房已不存在，缺乏参照依据，童某亚要求按照《商品房预售方案》中明示的 4500 元/平方米的精装修单价，赔偿装修损失，符合行政法规的规定，亦有合同依据，本院再审予以采信。

经鉴定所确定的装修造价中，税金和规费是装修企业应上缴的费用，利润属于装修企业应得部分，该三项费用不属于直接用于业主房屋装修的费用，应当从实际交付业主的装修总价中扣除，扣除后的实际装修总价为 256 814.83 元；根据补充意见，按照 4500 元/平方米装修造价计算，税金为 16 363.7 元，规费为 11 826.58 元，鉴定机构

无法得出准确利润，经对按照 4500 元/平方米装修造价和实际装修造价的规费和税金对比计算，按照 4500 元/平方米装修造价计算的规费和税金均是鉴定得出的实际装修造价规费和税金的 2.6 倍，参照该数据，本院酌情确定按照 4500 元/平方米装修造价计算的利润为 14 217.68 元，据此，按照 4500 元/平方米装修单价计算，童某亚所购房屋套内建筑面积的装修造价为 444 177.04 元，合同约定的装修价格与实际装修差价为 187 362.21 元（444 177.04 元－256 814.83 元）。

四、若合同中未约定具体装修标准的处理方式

购房者与房地产开发公司签订的房屋买卖合同或装修合同中可能存在未对房屋装修的标准进行约定，或者即使对装修条款约定了，但存在约定不明等情况，导致不能对购房者与房地产开发公司之间就装修标准达成的合意进行明确。此时，可以参考江苏省高级人民法院于 2019 年印发的《商品装修房买卖合同装修质量纠纷案件审理指南》，装修质量要求，出卖人与买受人有约定的，从其约定；没有约定或者约定不明又不能达成补充协议的，应当按照合同有关条款或者交易习惯确定；仍不能确定的，有国家标准的，按照国家标准执行；没有国家标准的，按照行业标准执行。

《商品装修房买卖合同装修质量纠纷案件审理指南》

4. 装修质量要求认定的一般规则。交付装修房的装修质量，应当符合有关法律、法规的规定，建设工程质量、安全标准和相应技术规范，以及当事人的约定。

装修质量要求，出卖人与买受人有约定的，从其约定；没有约定或者约定不明又不能达成补充协议的，应当按照合同有关条款或者交易习惯确定；仍不能确定的，按照《中华人民共和国合同法》第六十二条第一项的规定予以认定。

法律、法规有相关强制性规定的，应当适用强制性规定。房屋所在地房地产有关职能部门关于商品房装修质量约定和履行要求的管理性规范，依照有利于合同目的实现以及合同全面适当履行原则在裁判说理时参照适用。

同时，若房地产开发商的广告宣传、样板房对装修价格等所作说明和许诺等，对买卖合同的订立和房屋价格的确定有重大影响，应当视为合同内容。最高人民法院《关于审理商品房买卖合同纠纷案件适用法律若干问题的解释》第 3 条规定：商品房的销售广告和宣传资料为要约邀请，但是出卖人就商品房开发规划范围内的房屋及相关设施所作的说明和允诺具体确定，并对商品房买卖合同的订立以及房屋价格的确定有重大影响的，应当视为要约。该说明和允诺即使未载入商品房买卖合同，亦应当视为合同内容，当事人违反的，应当承担违约责任。《商品房销售管理办法》第 31 条规定：房地产开发企业销售商品房时设置样板房的，应当说明实际交付的商品房质量、设备及装修与样板房是否一致，未作说明的，实际交付的商品房应当与样板房一致。

因此，当购房者与房地产开发商之间对房屋装修的标准有争议时，购房者可以主动收集房地产开发商的宣传广告、样板房等信息，将其作为认定房地产装修标准合意的证据之一。

纵观商品房开发销售的整个过程，精装房在建设工程报批、报监及竣工验收备案至商品房销售方案备案阶段、前期销售宣传至最终的商品房预售/买卖合同签订及商品房交付阶段，每一个环节都存在引发法律争议的风险，一旦出现疏漏，很容易陷入纠纷的泥沼。因此，在购买精装房时，除了注意毛坯房产权的交易问题，应当注意到与房地产开发商对装修部分的合同约定，以保障自己最大的合法权益。

商品房包销行为的法律性质分析

王贺栗子

商品房包销是深受我国房地产开发商青睐的房屋销售模式。包销商因支付包销基价取得商品房独家销售权，并享有自主定价权，商品房包销行为因此有别于房地产中介的代理行为，对其准确认定有利于保护商品房包销法律关系各方主体合法权益。

一、何为商品房包销？

商品房包销是 20 世纪 90 年代初期被引进我国后深受房地产开发商青睐的一种房地产销售模式，随后淡出房地产市场，近年因较多的房地产开发商重新利用该方式开展房地产销售重新进入人们的视野。

最高人民法院民事审判第一庭编著的《最高人民法院关于审理商品房买卖合同纠纷案件司法解释的理解与适用》对商品房包销定义为："商品房包销是开发商与包销商订立商品房包销合同，约定开发商以包销基价，将其开发建设的已建成并符合出售条件的房屋或尚未建成但符合预售条件的期房，交由包销商以开发商的名义进行销售。包销期满，对包销人未销售的房屋由包销人按照合同约定的包销价格购买的行为。"[1]

商品房包销是有别于商品房代销的一种销售模式。商品房包销中，房地产开发商与包销商约定包销购买总费用，由包销商预先支付一定比例，剩余包销购买费以房地产开发商通过包销商销售房屋收取的购房款总额进行结算，如购房人支付的购房款总额与包销商前期支付的包销购买费总额已达到合同约定的标准，则超过部分由房地产开发商退还至包销商。反之，如未达标准，则由包销商支付剩余包销购买费。房地产开发商将商品房批量授权包销商以房地产开发商名义定价销售，且包销商对房屋销售进行兜底保护，该种方式将商品房销售风险由房地产开发商转嫁至包销商处。同时，房地产开发商提前向包销商收取包销购买费，能够实现部分资金尽早回笼。

商品房代销即商品房代理销售，是代理商根据开发商的授权，按照代销合同约定的价格和方式，以开发商的名义对外销售商品房，并按照实际售出总价，提取一定比例佣金的行为，代销的法律性质是代理。商品房包销与代销最大的区别在于代销商只

---

〔1〕 最高人民法院民事审判第一庭编著：《最高人民法院关于审理商品房买卖合同纠纷案件司法解释的理解与适用》，人民法院出版社 2003 年版，第 243 页。

能在开发商授权范围内从事买卖行为，根据销售量结算销售佣金；而包销人可以在约定范围内自由确定房屋销售价格，以促销并赚取销售溢价，同时包销商需承担商品房销售不出的风险。

商品房代销与商品房包销的区别，如图1与图2所示：

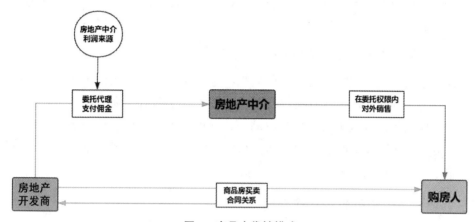

图1　商品房代销模式

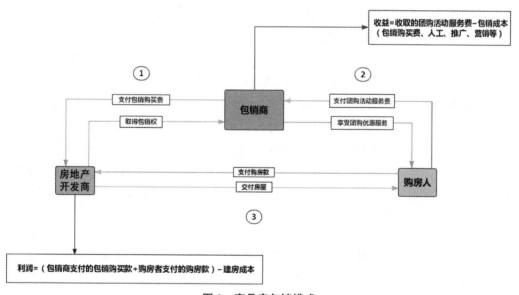

图2　商品房包销模式

二、商品房包销的特点

（一）包销商向房地产开发商支付包销购买费

与传统商品房代理销售模式中房地产开发商向房地产中介支付佣金的方式不同，在商品房包销合同中，由包销商按合同约定向房地产开发商提前支付一定比例的包销购买费。

（二）包销商享有自主定价专营权

包销商支付一定比例的包销购买费后即取得自主定价专营权，房地产开发商授权包销范围内的商品房不能自行对外出售，更不得另行委托其他房地产中介进行销售。包销商在销售过程中享有一定程度的自主定价权，一般以覆盖其购买成本并取得一定利润为定价基础。

（三）对房地产开发商销售工作的兜底保护

商品房包销中，如合同约定的期限届满，包销商未按照合同约定销售完所有商品房，由包销商按其与房地产开发商约定的价格购买余下所有房源，继续进行商品房销售。需要说明的是，这里所谓的购买商品房，仅指包销商支付包销基价取得房屋独家销售权，并非真正意义上的商品房买卖。认购房源后再次转让或面临部分地区严格禁止预售商品房转让以及二手房买卖高额税费等问题。

三、商品房包销行为的法律性质

（一）买卖性质说

开发商与包销商之间签订的包销协议是买卖合同，包销人因包销协议取得包销房屋的所有权。因此，商品房包销人可以自己的名义对外销售、自由定价，其对外销售不受房地产开发商意志的限制，开发商对包销人的房屋销售行为不直接承担民事责任。[1]
［2016］最高法民申 3375 号广州市润力房地产开发有限公司与广州气体厂有限公司、广州广昊房地产开发有限公司等房屋买卖合同纠纷申诉、申请民事裁定书中，最高人民法院观点认为《包销协议》主体双方对包销单价、包销溢价以及不足部分的补偿均作出了明确约定，并且房地产开发商不再承担项目开发、经营风险，双方的关系更接近于买卖合同关系。很明显，包销商支付包销购买费的目的在于取得自主定价专营权，通过取得的独家销售权对外销售房屋并获取可观利润，购买房屋后进行二次转让需承担高额税费，有违包销商初衷。

［2016］最高法民申 3375 号广州市润力房地产开发有限公司（以下简称"润力公司"）与广州气体厂有限公司（以下简称"气体厂公司"）、广州广昊房地产开发有限公司等房屋买卖合同纠纷申诉、申请民事裁定书：

气体厂公司与润力公司之间的《包销协议》，不仅明确了包销单价，而且还约定超出包销单价的溢价部分属于润力公司所有，低于包销单价的不足部分也由润力公司补足，气体厂公司在《包销协议》签订后，收取固定收益，不承担项目开发、经营风险，双方的关系更接近于房屋买卖合同关系，因此，二审法院将案由从合同纠纷明确为房

---

〔1〕 五家德：《试论商品房包销行为的若干法律问题》，载《上海审判实践》1998 年第 2 期，第 199 页。

屋买卖合同纠纷，并无不当。

（二）委托代理性质说

在商品房包销中，出卖人将商品房的全部或部分委托包销人代理销售，是以出卖人的名义对外销售，销售商品房的法律后果由出卖人承担。[1]这与《民法典》第162条关于代理的规定相符。但该种观点没有对包销商有权自主定价及超过包销期限后按其与房地产开发商约定的价格购买余下所有房源这两项核心内容进行体现。

[2013] 民申字第1413-1号海南中宇行房地产投资顾问有限公司（以下简称"中宇行公司"）与三亚天长实业有限公司（以下简称"天长公司"）商品房委托代理销售合同纠纷申请再审民事裁定书：

本案《代理销售合同》尽管有诸多条款符合委托合同性质，但其第6条第6项明确约定："本合同到期如有剩余房屋未售，乙方（中宇行公司）应在十日内按即时销售价格九五折一次性收购。否则甲方（天长公司）有权不再结算乙方尚未结算的佣金，并且乙方所交保证金不退。"这一约定符合关于上述商品房包销合同司法解释的规定。该合同既有天长公司委托中宇行公司对外销售房屋的内容，也有中宇行公司在约定条件成就时购买天长公司房屋的内容，将其定性为单纯的委托合同，并由此排除《合同法》总则相关规定的适用，既不符合当事人的真实意思表示，也与法律规定不符。当事人诉争的法律关系性质决定案由，《民事案件案由规定》编排了四个层级的案由体系，但该体系具有开放性，人民法院可以根据具体案件性质来确定具体案由。《民事案件案由规定》没有商品房包销合同这一名称，并不意味着人民法院不能就具体案件认定这一案由，更不能就此认为不存在包销这一民事法律关系。

（三）买卖与代理相结合说

买卖与代理说认为商品房包销同代理行为相似又同买卖行为有联系，在包销期内为一种委托代理关系，包销期限届满后则为一种买卖关系，是一种结合买卖与代理的新型民事法律行为。[2]

笔者认为，结合最高人民法院《关于审理商品房买卖合同纠纷案件适用法律若干问题的解释》第16条规定的包销期限届满后包销人的购买义务以及包销商的真实意思表示[3]，买卖与代理相结合说较为合理。但这里的购买义务是否必然导致取得房屋所有权仍需商榷，显然，包销商并非为了取得房屋所有权与房地产开发商签订包销协议。

---

〔1〕 严均：《论商品房包销的法律性质》，载《上海房地》2003年第10期，第53页。

〔2〕 严均：《论商品房包销的法律性质》，载《上海房地》2003年第10期，第53页。

〔3〕 最高人民法院《关于审理商品房买卖合同纠纷案件适用法律若干问题的解释》第16条规定："出卖人与包销人订立商品房包销合同，约定出卖人将其开发建设的房屋交由包销人以出卖人的名义销售的，包销期满未销售的房屋，由包销人按照合同约定的包销价格购买，但当事人另有约定的除外。"

首先,包销商因支付包销购买费获得特别委托地位,即独家房屋销售权。包销商依据特别委托身份,以房地产开发商的名义对外销售,但享有自主定价专营权;其次,根据包销行为的性质,包销协议约定的期限届满后,包销商应购买包销协议中约定的未出售房屋,其本质是买断未出售房屋销售权,包销商对余下未出售房屋仍应持续履行销售职责以保证资金回笼及获取收益;最后,最终与购房人签订商品房买卖合同的是房地产开发商,除取得房屋所有权后二次转让,包销商无法履行商品房买卖合同交付房屋等义务。

综上,商品房包销行为应当是一种结合代理与买卖特点的行为,因不动产以登记作为取得所有权的必要条件,具有特殊性,应当在性质认定时给予特殊考虑。对商品房包销行为法律性质的准确认定,有利于保护商品房包销法律关系中各方主体合法权益、维护社会稳定,也有利于明确商品房包销模式中房地产开发商、包销商的纳税义务,避免损害国家利益。

房地产销售环节合规实务探析

王贺粟子

近年来，随着房地产行业由盛转衰、总体供过于求、政策限制及经济下行等，作为房地产企业（以下简称"房企"）核心环节的房地产销售亦迎来了前所未有的挑战。各个房企为房源稳定输出可谓使出浑身解数，如名校加持、豪礼相送等，也有不少房企因房地产销售环节合规管理缺位，被开出高额罚单。本文从风险识别、责任形式及合规建议的角度浅析房地产销售环节三大高发合规风险。

一、变相预售

（一）风险识别

案例：邯郸市某房地产开发有限公司开发建设的某国际广场商业街项目，在未取得《商品房预售许可证》的情况下，擅自进行商品房预售，收取 17 户业主商品房预付款 6 415 389 元，违反《城市房地产开发经营管理条例》《城市商品房预售管理办法》相关规定，被处以收取预售款 6 415 389 元百分之一的罚款，罚款总计 64 153.89 元。

房地产销售时，常常能够看到认购、认筹、诚意金等销售模式，而售楼部却未能见到在售项目的预售许可证。变相预售即房企在未取得预售许可证时，即出售房屋以快速回笼资金。根据《城市房地产管理法》第 45 条[1]、《城市房地产开发经营管理条例》[2]第 22 条之规定，预售商品房需达到以下条件：（1）已交付全部土地使用权出让金，取得土地使用权证书；（2）持有建设工程规划许可证和施工许可证；（3）按

---

[1] 《城市房地产管理法》第 45 条规定："商品房预售，应当符合下列条件：（一）已交付全部土地使用权出让金，取得土地使用权证书；（二）持有建设工程规划许可证；（三）按提供预售的商品房计算，投入开发建设的资金达到工程建设总投资的百分之二十五以上，并已经确定施工进度和竣工交付日期；（四）向县级以上人民政府房产管理部门办理预售登记，取得商品房预售许可证明。商品房预售人应当按照国家有关规定将预售合同报县级以上人民政府房产管理部门和土地管理部门登记备案。商品房预售所得款项，必须用于有关的工程建设。"

[2] 《城市房地产开发经营管理条例》第 22 条规定："房地产开发企业预售商品房，应当符合下列条件：（一）已交付全部土地使用权出让金，取得土地使用权证书；（二）持有建设工程规划许可证和施工许可证；（三）按提供的预售商品房计算，投入开发建设的资金达到工程建设总投资的 25%以上，并已确定施工进度和竣工交付日期；（四）已办理预售登记，取得商品房预售许可证明。"

提供预售的商品房计算，投入开发建设的资金达到工程建设总投资的 25% 以上，并已确定施工进度和竣工交付日期；（4）已办理预售登记，取得商品房预售许可证明。

（二）责任形式

对于未达预售条件即变相预售商品房的，房企或面临民事责任及行政责任。

1. 民事责任

最高人民法院《关于审理商品房买卖合同纠纷案件适用法律若干问题的解释》第 2 条规定，出卖人未取得商品房预售许可证明，与买受人订立的商品房预售合同，应当认定无效，但是在起诉前取得商品房预售许可证明的，可以认定有效。房企未取得商品房预售许可证即出售房屋，导致商品房预售/销售合同无效的，购房人有权要求房企返还购房款并赔偿损失。

2. 行政责任

《城市房地产管理法》第 68 条、《城市房地产开发经营管理条例》第 36 条均对未取得预售许可证即销售房屋的行为作出了处罚规定，即由县级以上人民政府房地产开发主管部门责令停止违法行为，没收违法所得，可以并处罚款。需要说明的是，《城市房地产管理法》与《城市房地产开发经营管理条例》对于可以并处罚款的规定有一定区别，后者对可以并处罚款的范围作了限制，即在房企已收取的预付款 1% 以下进行罚款，而前者无限制。笔者赞同《城市房地产开发经营管理条例》在已收取预购款的前提下，对违法房企处以罚款，防止房企责任无限扩大。

（三）合规建议

商品房达到预售条件时，说明在售项目主要资金已到位，且已有了明确的规划，购房人的合法权益已有基本保障。持有商品房预售许可证销售房屋，是房企的基本信誉。尽早按照法律规定办理商品房预售许可证，是房企顺利打开销售大门的钥匙。未取得商品房预售许可证时，房企可采取前期房源锁定调查等方式了解销售市场行情，但应坚决禁止收取预付款行为。

二、违法宣传

（一）风险识别

案例：杭州某房地产开发商通过营销、海报等宣传广告，以及样板房、户型设计模型等方式，对外突出宣传"某阳光中心"项目为"公寓""小公馆""私寓""一室一厅一卫""215 户型三房两厅两卫建筑面积约 76.05 平方米"等类比传统住宅房屋，涉及诸多居住用途或特征优势。该开发商建造的样板房，展示的户型模型，张贴的宣传广告内容，未依据规划批建的商业办公性质作真实的性能、功能宣传，而是展示、宣传居住功能引导消费者进行购买，其行为具有主观故意性，且通过上述宣传在房地产市场中获取了不正当的竞争优势，扰乱了正常的房地产市场秩序。杭州某房地产开发商的上述行为违反了《反不正当竞争法》第8条第1款"经营者不得对其商品的性能、功能、质量、销售状况、用户评价、曾获荣誉等作虚假或者引人误解的商业宣传，欺骗、误导消费者"的规定，属虚假宣传不正当竞争违法行为，被处在相应范围内消除影响及罚款 250 000 元。

这样的宣传在房地产销售环节屡见不鲜，类似的还有关于品牌升值、投资回报承诺的宣传行为等。《反不正当竞争法》第8条第1款规定，经营者不得对其商品的性能、功能、质量、销售状况、用户评价、曾获荣誉等作虚假或者引人误解的商业宣传，欺骗、误导消费者。根据最高人民法院《关于适用〈中华人民共和国反不正当竞争法〉若干问题的解释》[1]，以下情形均属于虚假、引人误解的商业宣传：（1）提供不真实的商品相关信息，欺骗、误导相关公众；（2）对商品作片面的宣传或者对比；（3）将科学上未定论的观点、现象等当作定论的事实用于商品宣传；（4）使用歧义性语言进行商业宣传；（5）其他足以引人误解的商业宣传行为。

（二）责任形式

1. 民事责任

最高人民法院《关于审理商品房买卖合同纠纷案件适用法律若干问题的解释》第3条规定，商品房的销售广告和宣传资料为要约邀请，但是出卖人就商品房开发规划范围内的房屋及相关设施所作的说明和允诺具体确定，并对商品房买卖合同的订立以及房屋价格的确定有重大影响的，构成要约。该说明和允诺即使未载入商品房买卖合同，亦应当为合同内容，当事人违反的，应当承担违约责任。因房企对相关设施作出了虚假或引人误解的虚假宣传，对商品房买卖合同的订立以及房屋价格有重大影响的，构成违约，应当承担违约责任。

2. 行政责任

《反不正当竞争法》第20条规定，经营者违反该法第8条规定对其商品作虚假或者引人误解的商业宣传，或者通过组织虚假交易等方式帮助其他经营者进行虚假或者引人误解的商业宣传的，由监督检查部门责令停止违法行为，处20万元以上100万元以下的罚款；情节严重的，处100万元以上200万元以下的罚款，可以吊销营业执照。房企因不正当竞争被行政处罚的，还会被记入信用记录，这显然不利于房企的长期发展。

---

[1] 最高人民法院《关于适用〈中华人民共和国反不正当竞争法〉若干问题的解释》第16条规定："经营者在商业宣传过程中，提供不真实的商品相关信息，欺骗、误导相关公众的，人民法院应当认定为反不正当竞争法第八条第一款规定的虚假的商业宣传。"第17条规定："经营者具有下列行为之一，欺骗、误导相关公众的，人民法院可以认定为反不正当竞争法第八条第一款规定的'引人误解的商业宣传'：（一）对商品作片面的宣传或者对比；（二）将科学上未定论的观点、现象等当作定论的事实用于商品宣传；（三）使用歧义性语言进行商业宣传；（四）其他足以引人误解的商业宣传行为。人民法院应当根据日常生活经验、相关公众一般注意力、发生误解的事实和被宣传对象的实际情况等因素，对引人误解的商业宣传行为进行认定。"

（三）合规建议

房企的销售宣传对订立商品房买卖合同有重大影响作用，销售宣传应当真实、准确、客观、全面，既要维护购房人合法权益，也当维护房地产行业良性竞争生态环境。

三、违法有奖销售

（一）风险识别

案例：蒙城县市场监督管理局接到投诉，蒙城县某房地产开发有限公司宣传"置业XXX，买房送宝马"涉嫌不正当有奖销售。经查，蒙城县某房地产开发有限公司在某小区院内进行了抽奖销售活动，现场抽出幸运奖洗衣机10名（洗衣机1649元/台）、三等奖为海尔液晶65寸电视机10名（海尔液晶65寸2999元/台）、二等奖海尔双开门冰箱10名（海尔双开门冰箱2649元/台）、一等奖华为mate40手机10名（华为mate40手机4999元/部）、特等奖一名宝马3系2021款325i（宝马3系2021款325i 277 800元/台），特等奖被7号楼业主刘某获得。当事人在抽奖式有奖销售活动中获得的奖品价值277 800元，金额超过5万元。依据《反不正当竞争法》第22条之规定，蒙城县市场监督管理局责令当事人立即停止违法行为，并给予罚款21万元的行政处罚。

在一些商品房销售宣传中，我们也看到过"认筹送宝马""买房即抽保时捷"等吸睛广告，房企以抽奖形式促销、获取竞争优势的，也存在合规风险。《反不正当竞争法》[1]第10条对抽奖式有奖销售行为有明确要求，即最高奖的金额不得超过5万元。房企经营者以销售商品房或者获取竞争优势为目的，向购房人提供奖金、物品或者其他利益的行为，包括抽奖式和附赠式等有奖销售，均属于法律规制的行为。《规范促销行为暂行规定》第17条明确，下列情形属于最高奖的金额超过5万元的情形：（1）最高奖设置多个中奖者的，其中任意一个中奖者的最高奖金额超过5万元；（2）同一奖券或者购买一次商品具有两次或者两次以上获奖机会的，累计金额超过5万元；（3）以物品使用权、服务等形式作为奖品的，该物品使用权、服务等的市场价格超过5万元；（4）以游戏装备、账户等网络虚拟物品作为奖品的，该物品市场价格超过5万元；（5）以降价、优惠、打折等方式作为奖品的，降价、优惠、打折等利益折算价格超过5万元；（6）以彩票、抽奖券等作为奖品的，该彩票、抽奖券可能的最高奖金额超过5万元；（7）以提供就业机会、聘为顾问等名义，并以给付薪金等方式设置奖励，最高奖的金额超过5万元；（8）以其他形式进行抽奖式有奖销售，最高奖金额超过5万元。

（二）责任形式

《反不正当竞争法》第22条规定，经营者违反该法第10条规定进行有奖销售的，

---

[1]《反不正当竞争法》第10条规定："经营者进行有奖销售不得存在下列情形：（一）所设奖的种类、兑奖条件、奖金金额或者奖品等有奖销售信息不明确，影响兑奖；（二）采用谎称有奖或者故意让内定人员中奖的欺骗方式进行有奖销售；（三）抽奖式的有奖销售，最高奖的金额超过五万元。"

由监督检查部门责令停止违法行为，处 5 万元以上 50 万元以下的罚款。同样地，违法有奖销售行为，也会被记入房企不良信用记录。

（三）合规建议

因高额奖项设置，往往吸引较多购房人参与，房企面临的不仅是违法风险，也存在社会稳定风险。对于房企来说，安全稳固的工程质量和优质齐全的配套设施才是吸引购房人的核心竞争力，无论是抽奖式有奖销售还是附赠式有奖销售，都应当严格按照法律规定设置奖项金额，亦切忌通过擦边球形式规避最高奖金额认定。

四、总结

在房地产行业大背景下，房企也面临优胜劣汰的激烈竞争，房企促销房源、获取竞争优势应当凭借核心竞争力——房屋质量及配套设施，严守法律底线，依法合规销售是房企良性发展的保障，维护购房人利益则是房企不容推卸的责任。

商品房包销模式下包销商与购房人之间法律关系的性质探析

孙仕祥

一、问题概述

商品房包销是房地产销售市场中常用的一种促销方式，有别于开发商直接销售或委托中介商代理销售的方式。最高人民法院《关于审理商品房买卖合同纠纷案件适用法律若干问题的解释》第16条、第17条、第18条对商品房包销及其相关纠纷的处理作了规定。最高人民法院民事审判第一庭编著的《最高人民法院关于审理商品房买卖合同纠纷案件司法解释的理解与适用》一书指出："商品房包销是开发商与包销商订立商品房包销合同，约定开发商以包销基价，将其开发建设的已建成并符合出售条件的房屋或尚未建成但符合预售条件的期房，交由包销商以开发商的名义进行销售。包销期满，对包销人未销售的房屋由包销人按照合同约定的包销价格购买的行为。"[1]

商品房包销模式下，存在开发商、包销商、购房人三方主体。其中，开发商与购房人之间构成商品房买卖合同关系，这已是司法实践中的普遍共识。但对于开发商与包销商之间，以及包销商与购房人之间法律关系的性质，实践中仍然存在不同的看法[2]。在购房人因商品房买卖合同的履行与开发商发生纠纷，购房人主张解除合同、返还购房款等款项及损失的情况下，包销商往往被购房人列为共同被告，要求承担与开发商同等的责任。此问题的本质在于如何认定包销商与购房人之间法律关系的性质。本文结合相关司法裁判案例，对此进行分析探讨。

二、包销商与购房人之间法律关系性质的司法裁判观点

针对本文探讨的上述问题，笔者通过 Alpha 案例库进行了相关案例检索，阅读了其中购房人、开发商、包销商三方主体均参与诉讼的相关案例，对涉及上述问题的典型裁判观点进行了梳理。检索情况及主要的裁判观点如下表：

---

[1] 最高人民法院民事审判第一庭编著：《最高人民法院关于审理商品房买卖合同纠纷案件司法解释的理解与适用》，人民法院出版社 2003 年版，第 243 页。

[2] 金俭：《商品房包销法律性质论》，载《南京大学法律评论》2004 年第 1 期，第 196~202 页。

检索日期	2020 年 4 月 12 日	
检索案由	商品房销售合同纠纷	商品房买卖合同纠纷
文书类型	判决	
一级关键词	包销	
检索结果	558 份 最高人民法院（5 份）、 高级人民法院（9 份）、 中级人民法院（176 份）、 基层人民法院（368 份）	1650 份 最高人民法院（8 份）、 高级人民法院（38 份）、 中级人民法院（465 份）、 基层人民法院（1138 份）
二级关键词	共同返还	
检索结果	100 份（中级人民法院 2 份、 基层人民法院 98 份）	55 份（中级人民法院 38 份、 基层人民法院 17 份）
地域分布	天津（2 份）、辽宁（88 份）、 江苏（1 份）、浙江（8 份）、 广东（1 份）	天津（5 份）、黑龙江（2 份）、 上海（2 份）、江苏（1 份）、 山东（1 份）、河南（8 份）、 广东（1 份）、广西（34 份）

观点一： 包销商向购房人销售房屋的行为是委托代理行为，在包销商有权代理的情况下，其行为后果应由作为被代理人的开发商承担

【典型案例】

湖北金华实业有限公司（以下简称"金华公司"）与苏某水、武汉皓羽地产顾问有限公司（以下简称"皓羽公司"）商品房买卖合同纠纷再审民事判决书丨最高人民法院丨［2012］民抗字第 24 号丨2013 年 7 月 1 日

【案情简介】

2005 年 3 月，金华公司与皓羽公司签订《"楚天星座"商品房保底包干销售合同》等，约定皓羽公司代理销售由金华公司开发的"楚天星座"项目，所有对外销售面积由金华公司签字盖章后，交由皓羽公司负责对外销售。2006 年 4 月，经皓羽公司组织销售，苏某水与金华公司就购买 06 号、07 号商铺签订《"楚天星座"商品房认购合同》。同月，签署两份《武汉市商品房买卖合同》，合同约定：出卖人为金华公司，委托代理机构为皓羽公司，买受人为苏某水。皓羽公司共计收取苏某水支付的购房款项共计 563 万余元。2006 年 6 月，皓羽公司向金华公司发出《解除〈"楚天星座"商品房保底包干销售合同〉的通知》，此后，皓羽公司销售人员退出售楼部，金华公司重新组织人员进行销售。2006 年 9 月 29 日，金华公司将苏某水购买的两套商铺出售给第三人，并向房产管理局备案。2008 年 4 月，苏某水向法院提起诉讼，请求判决解除《武汉市商品房买卖合同》；金华公司返还购房款并赔偿利息等损失；皓羽公司承担连带责任。

【裁判观点摘要】

最高人民法院再审认为：皓羽公司销售行为的法律后果归属于金华公司取决于皓羽公司的销售行为是否构成有权代理。第一，在销售案涉楼盘时，金华公司已授予皓羽公司独家全程的代理权限。第二，皓羽公司系以金华公司的名义而非以皓羽公司自身名义销售案涉商铺。第三，合同尾部均有苏某水签字，06号合同尾部加盖有出卖人金华公司的销售合同专用章，07号合同尾部亦有皓羽公司以金华公司委托代理人身份加盖的销售合同专用章。第四，苏某水购买商铺的《武汉市商品房认购合同》均加盖有金华公司的销售合同专用章。第五，苏某水系在楼盘售楼处现场签订合同并通过现场POS机支付主要购房款。可见，皓羽公司以金华公司名义向苏某水销售案涉商铺的行为，足以认定构成有权代理。皓羽公司基于有效的委托代理关系所实施的代理行为不违反法律法规禁止性规定，应认定为有效，其代理行为的法律后果应直接约束被代理人，所产生的民事责任直接由被代理人承担。皓羽公司作为委托代理人签订的06号、07号合同应直接约束被代理人金华公司，皓羽公司作为委托代理人收取款项的法律后果亦应归属于被代理人金华公司，皓羽公司所产生的相应民事责任应由金华公司承担。

观点二：包销商依约向购房人提供购房信息咨询等服务，购房人据此购买了房屋，购房人与包销商之间构成委托咨询服务法律关系。购房人向包销商支付服务费系其履行合同应有之义务

【典型案例】

高某周、孙某智与上海邑扬房地产顾问有限公司（以下简称"邑扬公司"）、常熟万达广场投资有限公司（以下简称"万达公司"）商品房销售合同纠纷一审民事判决书丨江苏省常熟市人民法院丨［2019］苏0581民初587号丨2019年7月3日

【案情简介】

2017年12月，万达公司与邑扬公司签订《房屋买卖意向书》，约定：邑扬公司意向购买万达公司开发的常熟万达广场共计147套房屋。邑扬公司须在2017年12月25日前确定并提供所有购房者名单给万达公司，签署《商品房买卖合同》。2018年1月，高某周与邑扬公司签订《委托咨询服务协议》一份，约定：邑扬公司提供房屋买卖咨询服务，高某周签署案涉房屋《商品房买卖合同》的同时，自愿支付邑扬公司咨询服务费用人民币393 759元整。该协议作为双方真实意愿的行为，在邑扬公司收到全部咨询服务费后自动终止，双方不再存有任何责任关系。此后，高某周、孙某智向邑扬公司支付393 759元。高某周、孙某智与万达公司签订《商品房买卖合同》后，2018年6月取得房屋不动产登记权证。后高某周、孙某智多次要求邑扬公司返还多收取的款项

393 759 元，未果，诉至法院，要求万达公司、邑扬公司承担共同返还责任。

【裁判观点摘要】

常熟市人民法院认为：原告高某周、孙某智与被告万达公司签订的《商品房买卖合同》及原告与被告邑扬公司签订的《委托咨询服务协议》等均系真实意思表示，合法有效，当事人均应依约全面履行。第一，原告系与被告万达公司之间形成商品房买卖合同关系，其向万达公司支付的购房款与《商品房买卖合同》约定的房屋价款是一致的，原告并未向被告万达公司多支付购房款；而且，原告与被告万达公司签订的《商品房买卖合同》并未解除或者撤销，相反，双方均按约履行了合同义务，原告也取得了涉案房屋的权属登记。第二，原告与被告邑扬公司之间形成的系委托咨询服务关系，双方之间不存在商品房买卖合同关系，原告基于商品房买卖合同关系要求被告邑扬公司返还多支付的购房款没有法律依据……第四，原告与被告邑扬公司签订的《委托咨询服务协议》对服务内容、服务费等均进行了明确约定，被告邑扬公司依约向原告提供了购房的信息咨询、购房后的委托运营等服务，原告也据此购买了涉案房屋，并与案外人达成了委托运营协议，故原告向被告邑扬公司支付服务费系其履行合同应有之义务；……综上，原告基于商品房买卖合同关系，要求两被告返还购房款 393 759 元的请求缺乏依据，不予支持。

观点三：包销商与购房人之间成立居间合同关系，包销商依约促成了购房人与开发商订立商品房买卖合同的，购房人应当向包销商支付居间服务费

【典型案例】

蔡某俊、黄某华等与嘉兴中弘置业有限公司（以下简称"中弘公司"）、上海玛亚投资咨询有限公司（以下简称"玛亚公司"）商品房销售合同纠纷一审民事判决书 | 浙江省嘉兴市南湖区人民法院 | ［2018］浙 0402 民初 489 号 | 2018 年 12 月 29 日

【案情简介】

2016 年 9 月，中弘公司与玛亚公司签订合同，约定由玛亚公司包销中弘公司开发的嘉兴中南家居广场 128 套公寓项目，销售方在约定期限内承包销售开发商的商品房，以团购方式取得服务费。2017 年 1 月，原告蔡某俊、黄某华与被告中弘公司签订认购书一份，约定原告订购嘉兴中南公馆房屋一套，认购价为 550 000 元，并交纳定金 20 000 元。此后，原告与中弘公司签订《浙江省商品房买卖合同》。玛亚公司向原告蔡某俊、黄某华出具收据，确认收到 89 877.25 元。后原告认为自己超出合同金额多支付了购房款，遂诉请两被告共同返还购房款 89 877.25 元，并按照银行同期贷款利率支付利息损失。

【裁判观点摘要】

嘉兴市南湖区人民法院认为：从认购书及付款行为来看，蔡某俊、黄某华有愿意按照认购书约定支付 550 000 元的意思表示。房产属于价值较大的基本生活资料，根据一般认知，购房者在购房时必定对影响房屋买卖的价格条款进行了充分考虑并尽到了必要的注意义务。房屋总价款、履行期限和方式条款属合同主要条款，蔡某俊、黄某华应知悉依商品房买卖合同约定其在 2017 年 1 月 12 日仅需支付 140 122.75 元即可，但其在当日除支付了该笔费用外，仍支付了 89 877.25 元，而此金额正是商品房买卖合同与认购书约定价款的差额。可见，蔡某俊、黄某华愿意支付商品房买卖合同未载明的 89 877.25 元，并已实际支付。最后，从收款主体来看，550 000 元款项分别是由中弘公司、玛亚公司收取。商品房买卖合同与认购书约定价款的差额 89 877.25 元正是玛亚公司收取的金额。此系中弘公司、玛亚公司对款项的内部分配，与蔡某俊、黄某华无涉……玛亚公司已促成蔡某俊、黄某华与中弘公司订立商品房买卖合同，蔡某俊、黄某华也已自愿支付相应款项，其再以上述不规范行为为由主张退还，难以支持。

三、笔者对包销商与购房人之间法律关系性质的认识

结合笔者检索的众多相关案例来看，在商品房销售合同纠纷中，包销商是否需要因出卖方（开发商）的行为向买受人承担责任，这个问题实质上与如何认定商品房包销行为的法律性质息息相关。实践中，基于对商品房包销属于买卖，或者特殊的附条件的买卖、代理、代理与买卖两合等性质的认识，对于包销商与购房人之间法律关系的性质，不同的法院往往也会作出不同的裁判认定。

《最高人民法院关于审理商品房买卖合同纠纷案件司法解释的理解与适用》一书明确指出：包销合同为无名合同，认为商品房包销属于买卖，或者特殊的附条件的买卖、代理、代理与买卖两合性质的观点均有不当之处；没有必要一定要将包销合同归属于哪一类；无名合同是随着社会经济生活发展的需要而形成的合同，包销合同也是如此。[1] 对于无名合同应当按照当事人的意思自治原则，根据《民法典》第 119 条[2]的规定处理，当事人有合同约定的应当根据约定处理，当事人没有约定的，则适用《民法典》的原则和民法原理处理。

最高人民法院《关于审理商品房买卖合同纠纷案件适用法律若干问题的解释》第 18 条规定："对于买受人因商品房买卖合同与出卖人发生的纠纷，人民法院应当通知包销人参加诉讼；出卖人、包销人和买受人对各自的权利义务有明确约定的，按照约定的内容确定各方的诉讼地位。"

综上所述，对于包销商与购房人法律关系性质的认定问题，基于实践中开发商、

---

〔1〕 最高人民法院民事审判第一庭编著：《最高人民法院关于审理商品房买卖合同纠纷案件司法解释的理解与适用》，人民法院出版社 2003 年版，第 250 页。

〔2〕《民法典》第 119 条规定：依法成立的合同，对当事人具有法律约束力。

包销商、购房人三者具体交易模式、合同约定内容的不同，也不应将其固定地归属于哪一类性质的法律关系。在购房人因商品房买卖合同履行与开发商发生纠纷，购房人主张解除合同、返还购房款等款项及损失的情况下，包销商并不当然地与开发商共同承担返还购房款等款项及损失的责任。包销商是否承担责任、如何承担责任，不应一概而论，而应当实事求是，充分尊重当事人意思自治，按照各方之间的具体约定认定和处理。笔者认为，这正是上述最高人民法院《关于审理商品房买卖合同纠纷案件适用法律若干问题的解释》第 18 条规定的应有之义。

小投资，高回报？

——产权式商铺产品模式浅析

许　涛

　　好友鲍勃昨日沮丧告诉笔者，自己前几年花了十几万元购买的产权式商铺"爆雷"，承诺的收益已近一年未支付，诉至法院胜诉却无财产可供执行，想转让商铺却无人"接盘"，不免心中郁结。像鲍勃一样仅因"小投资，高回报"的宣传理念而对背后的商业逻辑及法律关系不甚了解的投资者不在少数，笔者尝试通过本文对产权式商铺销售模式现状进行浅析，以期"鲍勃们"更为理性、科学、合理地进行投资。

一、产权式商铺的概念和种类

　　产权式商铺最早兴起于20世纪70年代的欧美发达国家，在我国的发展已有10余年。这是一种所有权和经营权相分离的新兴房地产商铺产品形式，其典型的运作模式为先由房地产开发企业开发建设商业项目，然后按照一定的布局和设计，将整片、大面积的区域分割成面积较小的若干单元（即产权式商铺），并将此出售给投资者；投资者拥有产权式商铺的产权，但并不独立经营，而是以租赁或委托经营的方式将其交由房地产开发企业或第三方管理公司进行经营、管理、使用，房地产开发企业或第三方管理公司承诺给予投资者一定年限内（一般为5年至20年）固定或一定比例的租金或收益（即售后包租）。

　　目前，产权式商铺主要有两种形式：一种为"独立式"，即房地产开发企业对成片物业进行物理分割确定四至范围，以隔墙等形式在商铺间予以区分。业主拥有商铺的独立产权，可自营、出租或委托房地产开发企业或第三方管理公司经营；另一种为"虚拟式"，即房地产开发企业将成片物业进行抽象分割，商铺间无物理隔墙且不划分实际区域，所有权登记在业主名下。

　　而售后包租主要有三种形式：一是承诺每年支付一定比例的回报，也有将几年的租金一次性支付的；二是为了降低商铺购买门槛而把一个商铺分割成若干小商铺出售，从业主的购房款里直接抵扣一定比例（一般为5%~10%）的回报；三是房地产开发企业或管理公司与业主按一定的比例对租金进行分成，一般要求业主前几年免租，之后开始获得收益。

二、产权式商铺的优点

随着现代社会经济规模的不断发展，大型的商业体如雨后春笋般出现，随之出现了一个房地产开发企业必须面临的巨大难题，即开发大型商业体需要的巨额投资如何实现、充足的现金流是否能得到保证。大量的房地产开发企业并不具备诸如"某达"一般的雄厚实力以及一体化的自持物业运营能力，所以如果仅靠自持经营，资金回笼周期将会相当长，其间房地产开发企业要抵御各种商业、政策风险，对房地产开发企业而言风险过大且不利于自身的快速发展。同时，民间大量中小投资者手握一定资金，投资欲望强烈，如合理地对资源进行有效配置，则此问题即迎刃而解。

房地产开发企业将大型商业项目分割成众多小单元，以相对较小的成本投入、较高回报率的噱头来吸引众多中小投资者，在满足中小投资者追求高回报的需求的同时，又使自身获得较高收益，还实现了快速回笼资金的目的。因此，笔者认为产权式商铺的商业模式本身具有一定的科学合理性，一定程度上对社会资源进行了优化配置，使大型商业项目的规模化复制推广成为可能，也进一步促进了商业的发展。

三、产权式商铺的相关法律规定

（一）物权的取得

《民法典》第116条规定："物权的种类和内容，由法律规定。"我国现行法律暂未对产权式商铺尤其是其物权类型作出具体规定，对于产权式商铺能否作为物权的客体以及归属于哪种物权类型存在一定争议，归结起来，主要有两种学说观点：

否定说认为，根据物权法定原则，我国物权的种类和内容由法律规定。现有法律规定没有包含产权式商铺的"虚拟"所有权，因此，业主对产权式商铺所持有的所有权实际上没有物权法律依据。

肯定说认为，对于产权式商铺业主享有的所有权，法律并未作出限制。产权式商铺构造上的独立性虽然表面上看没有住宅那么明确，单个产权式商铺没有墙体或分割，但这恰恰是产权式商铺实现功能的重要方式，从其图纸可以看出各商铺的位置、面积、四周都是具体确定的，而且产权式商铺通过登记予以公示亦表现出法律上的独立性。

（二）所有权、经营权、管理权的分离

产权式商铺最突出的特点就是实现了所有权、经营权、管理权的分离。2001年6月1日实施的《商品房销售管理办法》第11条第2款规定："房地产开发企业不得采取售后包租或变相售后包租的方式销售未竣工的商品房。"第45条第2款规定："本办法所称售后包租，是指房地产开发企业以在一定期限内承租或者代为出租买受人所购该企业商品房的方式销售商品房的行为。"可见，住房和城乡建设部明令禁止开发商对未竣工商品房采用售后包租的形式进行销售。但一方面，现行规定禁止的是未竣工商品房的售后返租，未禁止已竣工商品房的售后返租；另一方面，禁止的是房地产开发

企业售后返租，未禁止其关联公司或第三方管理公司的租赁管理行为。且鉴于该规定系部门规章，违反该规定并不直接导致合同无效，但其他法律后果亦尚未明确。

目前，产权式商铺运作模式一般是由房地产开发企业进行销售，由关联企业或第三方管理公司整体委托品牌经营商进行统一经营，实现产权式商铺的所有权、管理权、经营权各自分离。涉及房地产开发企业、投资者、实际经营商、管理公司、担保方、银行等多方主体，存在商品房买卖、委托经营、租赁、金融借款、担保等法律关系，远比一般商品房买卖关系复杂。

四、产权式商铺的发展现状及争议

房地产开发企业为何对产权式商铺的产品模式如此执迷，在于房地产开发企业完成项目开发后，与购房者签订协议，交由管理公司进行统一经营，在收回投资成本后全身而退，无须承担任何市场风险。同时，管理公司引入了第三方经营公司对商业项目进行统一经营，只起到中介作用，房地产开发企业与承租商在法律上分割开来，以达到规避相关禁止性规定的目的。

如此看来，投资者是否能够有效地获得预期利益，更大程度取决于与之签订委托经营管理合同的管理公司，以及与管理公司签订租赁合同的商场运营公司。投资者购买产权式商铺的最终目的在于等待商铺升值及获取商铺收益，而收益的主要来源为经营业绩。因此，房地产开发企业在商铺销售完毕后往往退出或另行成立管理公司变相退出，投资者所购商铺的使用权交予经营公司"统一经营"以获取投资回报。此时，管理公司的招商能力与经营公司的运营管理能力至关重要，政策法规、行政命令、经营项目自身地理位置、商圈成熟度、市场供需、租金压力等一系列因素均可能产生多重影响，如进驻商家经营不善、难以为继则可能中途退出，一系列连锁反应后，可能导致经营公司退场、管理公司无法成功招商，而最终承担"苦果"的仍为投资者。且尴尬的是，如统一经营管理期满后，假设管理公司及运营公司不再进行续签或部分投资者要求独立经营，则其他投资者只有自寻出路，自己经营或另行出租商铺，但物理上绝大多数产权式商铺并不具备独立使用的条件，虚拟产权式商铺产权位置更是经常与实际经营场所不符合，投资者难以精确找到自己的商铺位置，即使找到，也难以进行物理上的分割来独立使用。

经过若干年的发展，由于营销运作模式规范化不足、实体商场经营不善、市场风向变化不停，导致投资者回报严重缩水，许多项目停滞等，暴露了该模式隐藏的法律风险。加之产权式商铺涉及成百上千的投资者，一旦发生产权纠纷或对收益不满，又或者投资回报期满再续合作，众多投资者很难达成一致性意见。目前尚未有专门的法律或司法解释对产权式商铺进行定性和规范，对于由此引发的诉讼纠纷，法院裁判观点和相关学说不尽统一，仍需通过个案的审理，对裁判规则和司法实践予以充实和完善。笔者通过检索，选取了其中最具争议的焦点，即"产权式商铺所有权是否应进行特殊限制"而起的纠纷案件法院裁判思路抛砖引玉：

（一）王某诉淮北红星凯越广场经营管理有限公司（以下简称"红星公司"）合同纠纷一审民事判决书（［2019］皖0602民初1374号）

法院认为：本案的争议焦点为，王某请求解除合同并返还商铺能否予以支持。王某的商铺所处位置与四邻商铺没有明确的区分隔断墙体，其专有部分难以与其他业主的商铺相区分，且红星公司已将案涉商铺进行整体规划、统一出租，现不能将涉案王某的商铺单独分割出来，如返还商铺，不仅侵害其他业主的利益，也会对案涉商铺的现有承租人造成巨大经济损失。现有证据亦不足以证明红星公司利用自己的优势或对方缺乏经验，致使双方利益明显不公。我国《物权法》第71条规定："业主对其建筑物专有部分享有占有、使用、收益和处分的权利。业主行使权利不得危及建筑物的安全，不得损害其他业主的合法权益。"本案中，涉案商铺系非独立商铺，商铺业主在签订商铺购买合同时，即已知悉其所购买的商铺是需整体经营管理，单个商铺受商场整体限制，不具有结构上和使用上的独立性。商铺业主在行使其所有权时应顾及其他业主的利益，尤其是多数业主的共同利益。王某在将涉案商铺委托给红星公司经营时，应知道其权利行使必然受到一定的限制。不同于传统的独立商铺，非独立商铺通过统一经营的方式才能发挥其最大价值，本案中绝大多数业主选择将商铺委托给红星公司统一经营，占有优势地位，任何一位业主要求返还商铺均会影响商场整体功能的发挥，损害商场其他业主的权利，造成社会财富的浪费，不利于社会经济发展，为维护市场交易的稳定性，避免侵害其他业主的合法权益，对于王某要求解除合同并返还商铺的请求，不予支持。

（二）王某与北京兆俊华商贸有限公司等房屋租赁合同纠纷二审民事判决书（［2020］京02民终760号）

法院认为：……诉争商场其他绝大多数业主同意将自有房屋出租给世纪盛坤公司，根据本案虚拟产权式商铺的特性，王某应当少数服从多数，其房屋亦应当与世纪盛坤公司签订房屋租赁合同。对于王某请求北京兆俊华商贸有限公司、世纪盛坤公司、新隆家中心腾退返还其房屋的诉求，王某本意是将诉争房屋收回，然后自己单独开业，自己经营，该意愿并无证据证明得到了其他业主的同意，已经侵犯了其他业主的合法权益；另外，诉争房屋并无具体的物理分割，具体所在位置，无法确定，不具有返还的可操作性，且若实际返还的话，势必要进行物理分割，相应界限如何划分，涉及全体业主的权益，并非本案能够处理的范围；故王某请求返还，并不具备可行性，法院不予支持……

（三）石某双、贵阳鸿通运输开发有限公司购物中心委托合同纠纷再审民事判决书（［2018］黔01民再88号）

法院认为：本案争议焦点为：一、讼争商铺的性质及讼争商铺应否返还……关于焦点一，首先，关于讼争商铺的性质问题。2008年7月1日施行的《房屋登记办法》第10条第1款规定"房屋应当按照基本单元进行登记。房屋基本单元是指有固定界限、可以独立使用并且有明确、唯一的编号（幢号、室号等）的房屋或者特定空间"

及第 3 款规定"非住房以房屋的幢、层、套、间等有固定界限的部分为基本单元进行登记",上述规定对能否办理产权权属的商铺作出了明确细化的规范。本案申请人的购房时间是 2009 年,讼争商铺产权登记办证时间是 2015 年,均是在 2008 年《房屋登记办法》施行之后,房屋登记管理机关为再审申请人办理房屋所有权证,说明讼争商铺是具备"固定界限、可以独立使用"的独立产权商铺;同时购房合同所附图纸与产权证所附分层分户平面图上的各商铺之间均是"实线"相隔,仅商铺靠通道处是"虚线"相隔,也说明各商铺之间有墙相隔,仅商铺靠通道处无墙;且购房合同附件三也约定了商铺之间的隔墙标准,均印证申请人购买的商铺是独立产权商铺。故对再审申请人关于其购买的是独立产权商铺的主张予以采信,被申请人仅依据贵阳鸿通城重新布局的现状,主张再审申请人明知购买的并非独立产权商铺缺乏依据,本院不予采纳。一、二审认定再审申请人购买的商铺不是独立产权商铺错误,再审予以纠正。

其次,关于讼争商铺应否返还的问题。……双方约定的委托经营期限至 2015 年 5 月 31 日届满后,该委托经营合同已终止,在双方未能续约的情况下,再审申请人有权按照合同约定收回商铺,其诉请返还商铺符合合同约定及法律规定,应予支持。被申请人认为返还商铺,如恢复分隔单元商铺,会使整体经营格局遭到破坏,涉及其他 90% 以上商铺业主统一对共有部分所享有的共有和共同管理的权利。但被申请人此前在《会议纪要》中表示同意在局部区域返还商铺,同时其提交的第二期委托经营合同《返租合同台账》显示,讼争商铺所在的 B 区 1 层经统计的续签商铺业主不足一半,因此被申请人主张再审申请人行使权利违背了半数以上商铺业主的整体意志,与查明的事实不符,本院对其不予返还商铺的抗辩主张不予采纳。同时被申请人在签订第一期委托经营合同时,就应预判到相关的合同风险,即在委托经营期限内,如被申请人经营不善也必须按合同约定支付租赁收益,如被申请人经营状况良好时再审申请人也不得无故解除合同;在委托经营期限届满后,如被申请人经营不善,再审申请人不能以统一经营为由强行要求与被申请人续签合同,同样经营状况良好时,被申请人亦不能以统一经营为由强行要求与再审申请人续签合同。但,被申请人在预判相关合同风险后选择与商铺业主签订四年期限的委托经营合同,并在合同中特别约定委托经营期限届满未续约时交还商铺,且该合同亦系被申请人提供的格式合同,由此被申请人应自行承担相应的合同风险。被申请人作为鸿通城购物中心统一经营的最大受益人,在合同约定的委托经营期限届满后未返还商铺,导致纠纷发生;在诉讼中为维护其商业利益、公司利益,未积极与讼争商铺业主进行协商解决。因此,如在执行中,被申请人提交相关资料证明返还商铺存在相关障碍确实不能返还,其应积极与再审申请人协商采取商铺回购等有效措施予以解决,以定分止争。

通过上述三个案例不难看出,在法院审理有关产权式商铺的纠纷中,"独立式"或"虚拟式"、是否已获得大多数业主的同意并签订相关协议是人民法院主要的认定及判断基础,不同的情形将导致不同的判决结果。但人民法院普遍认为对"产权式商铺所有权应进行特殊限制",这也符合《民法典》第 132 条"民事主体不得滥用民事权利损害国家利益、社会公共利益或者他人合法权益"之规定。同时，近年来还存在非房地产开发企业亦推出各种类似"产权式商铺"的产品，即支付价款并非购买商铺获得所有权，而是出让商铺的"收益权"的情形，根据最高人民法院《关于审理非法集资刑事案件具体应用法律若干问题的解释》第 2 条"实施下列行为之一，符合本解释第一条第一款规定的条件的，应当依照刑法第一百七十六条的规定，以非法吸收公众存款罪定罪处罚：（一）不具有房产销售的真实内容或者不以房产销售为主要目的，以返本销售、售后包租、约定回购、销售房产份额等方式非法吸收资金的……"的规定，该种模式不排除可能存在触犯《刑法》的风险。

综上所述，尽管产权式商铺产品模式在我国的发展并非一帆风顺，甚至频频引发信任危机和诉讼纠纷，但作为一种房产的新型投资产品模式，其运作模式既有利于房地产开发企业快速融资和回笼开发成本，也因其投资简单的特性而备受广大投资者青睐。因此，其遇到的发展困境相信在不久的将来一定会由国家层面进行制度构建和完善。在此之前，笔者衷心提醒"鲍勃们"在投资之前充分调查房地产开发企业、相关管理、运营公司的资质和实力，充分了解该项目的运作情况，在"鱼龙混杂"的市场中，谨慎选择投资为宜。

售后包租行为的法律认定及风险防范

罗文君

在商业地产投资营销活动中，房地产开发商为扩大销售数量，采取的营销模式层出不穷，其中最为常见的一种模式为"售后包租"。这种模式在刺激房地产行业发展的同时，也面临一些法律问题并产生了纠纷。本文拟从"售后包租"行为的定义、法律效力以及可能面临的法律风险等方面进行分析，供投资者、房地产开发商参考。

一、售后包租行为的定义及主要模式

根据《商品房销售管理办法》第 45 条第 2 款之规定，售后包租主要是指房地产开发商以在一定期限内承租或者代为出租买受人所购该企业商品房的方式销售商品房的行为。实践中，该形式常出现在商业地产的销售活动中，即房地产开发商为了促进商铺的交易，向购房者承诺购房后在一定年限内给予相应比例的租金回报，由房地产开发商统一承租或代为出租业主的商铺。

具体而言，常见的售后包租模式主要有以下三种：一是房地产开发商将房屋卖给购房者后，由购房者与房地产开发商的运营管理公司签订租赁合同，运营管理公司直接向购房者支付租金；二是房地产开发商在与购房者签订商品房买卖合同的同时签订租赁合同，由房地产开发商直接承租业主的物业并向业主给付租金；三是房地产开发商与购房者签订商品房买卖合同时又签订物业委托租赁或经营管理合同，由房地产开发商代业主出租或经营管理所购买的房屋，房地产开发商予以一定租金回报。

二、售后包租合同的法律效力

实践中，在签订上述协议后，因房地产开发商未能有效履行返租承诺常引发一系列纠纷，业主会诉至法院主张权利要求房地产开发商履行合同义务，但法院就该类售后包租合同的效力认定持有不同的观点，存在一定争议。笔者大致总结如下：

一种观点认为，售后包租是一种严重影响社会稳定的行为，有违社会公共利益，应当被法律禁止，同时相关的合同也应认定为无效，不应受到保护。其中，参照江苏省高级人民法院《关于审理房地产合同纠纷案件若干问题的解答》第 15 条的意见，当售后包租行为带有非法集资的刑事犯罪特征时，法院可能会认为该类协议构成以合法形式掩盖非法目的、损害社会公共利益等而认定无效。

另一种观点认为，根据《商品房销售管理办法》第11条第2款之规定，房地产开发商不得采取售后包租或变相售后包租的方式销售未竣工的商品房。该条规定仅对未竣工类型的商品房销售作出了限制，对于现房的售后包租行为并未作禁止性规定。因此，对现房的售后包租应当合法有效。

通过对相关司法案例的检索，大多数的主流裁判观点认为，虽然售后包租的行为违反了《商品房销售管理办法》的规定，但该管理办法从效力上来讲属于建设部门发布的部门规章，系管理性规定，售后包租的行为即便违反了该规定，对应的法律责任也应当是行政处罚，并不构成合同无效的法定事由。因此，无论是现房销售还是期房（未竣工）售后返租合同，均应认定为合法有效。

笔者认为，首先，从法律效力层级而言，《商品房销售管理办法》的制定主体为国家建设管理部门，系行政机关制定的规章制度之一，实属强制性的管理性规定，不属于法律法规的效力性规定，即不构成无效合同之事由。其次，从该类商品房销售模式的利益平衡点来看，房地产开发商使用该种销售模式的目的就是获取较大利益，相较房地产开发商而言，购房者相对弱势，对该类销售模式法律风险的识别能力较低，主张该类合同有效在一定程度上可以保护产权交易及业主的合同利益。与此同时，若房地产开发商以此方式构成非法集资等刑事犯罪，也应承担相应法律责任。

三、售后包租行为的法律风险

如前所述，虽然目前主流观点认为售后包租模式产生的合同行为具有一定合法性，但并不意味着合法即无责。对于房地产开发商而言，其理应关注到该类行为可能存在的如下法律风险，从而合理制定销售方案。

（一）因商业运营不佳带来的违约风险

根据目前的主流观点，在售后包租合同有效的前提下，房地产开发商需向各业主如实履行支付租金的合同义务，但由于商业地产的运营受到多方面因素的影响，若未能准确把控、预测到相关市场风险，经营不善，则在无法足额向业主支付租金的情况下，房地产开发商将面对大规模的违约索赔，引发一系列的连锁反应，从而遭受巨大经济损失。

（二）售后包租未竣工物业的行政责任风险

根据《商品房销售管理办法》第42条之规定，房地产开发商以售后包租的形式销售商品房的，可能面临被处以警告，责令限期改正，并处1万元以上3万元以下的罚款。因此，房地产开发商以售后包租的形式销售未竣工房屋的，即便不会导致合同的无效，亦有可能面临一定的行政处罚责任。

（三）涉嫌采取非法集资行为售后包租的刑事责任风险

最高人民法院《关于审理非法集资刑事案件具体应用法律若干问题的解释》第2

条明确规定:"实施下列行为之一,符合本解释第一条第一款规定的,应当依照刑法第一百七十六条的规定,以非法吸收公众存款罪定罪处罚:……"以售后包租的形式非法集资系法律明令禁止的违法犯罪行为,在目前国家严厉打击破坏金融秩序犯罪的背景下,若房地产开发商以售后包租的形式诱导购房者购买大量房产,可能面临涉嫌非法集资犯罪,相关主管人员被追究刑事责任的风险。

四、售后包租行为的风险防范建议

(一)对房地产开发商而言

为有效避免以上法律风险带来的法律责任承担,应重点从以下几方面做好防范:

第一,在项目开发初期即应充分评估预期收益及各种商业风险,在项目运营过程中及时根据市场条件调整运作模式,以免招致因经营能力弱化导致后期不能足额向购房者支付租金的违约风险。

第二,在未达到竣工条件时,禁止以售后包租的形式销售房产,避免承担不必要的行政责任。

第三,在销售过程中,制定相关销售宣传广告或销售承诺时,要避免对投资回报等敏感内容作出具体明确的承诺内容,尽量以模糊化、艺术化的字眼描述以上内容,避免出现违反《广告法》有关禁止性规定的情形及误导消费者投资,涉嫌非法吸收公众存款的行为。

(二)对购房者而言

在投资时若未能识别项目投资风险,后续因房地产开发商经营不善易陷入资金损失的风险。对此,应特别注意以下事项:

第一,在投资购买前,应对商业地产周边的整体情况进行综合考察,如是否具有投资回报的前景,销售房产证件是否齐全、满足销售条件,避免在商铺未竣工前进行盲目投资,受到房地产开发商欺骗,损失投资资金。

第二,在购买时,应注意收集销售过程中房地产开发商给予投资回报承诺的相关证据材料,关注投资回报率的可信度,以便后续房地产开发商履约不能时有据可循,合法主张权利。

第三,在签订商品房买卖合同及房屋租赁或委托租赁(管理)合同时,应仔细甄别合同条款,审查是否存在弱化己方权利,不能保证投资回报足额收回的内容,并及时止损。

"借名买房"的法律风险及权属认定浅析

许　涛

借名买房，是指在房屋买卖过程中，实际出资人（又称"借名人"）因不能或不便以自己的名义购买房屋，经与他人（又称"名义权利人"或"出名人"）协商征得同意后借用他人名义购房并将房屋产权登记在他人名下，由实际出资人享有房屋权益，从而当事人约定一方以他人名义购买房屋，并将房屋登记在他人名下，由借名人实际享有房屋权益的行为。借名买房行为致使法律权属与事实权属不一致，相互分离，因此容易引发各种纠纷，笔者现就借名买房的法律风险及权属认定进行浅析。

一、借名买房的原因

借名人借名买房的理由各式各样，情况不一，但究其原因，主要分为以下几个方面：

（一）规避法律、政策等限制

房地产业一度为拉动我国经济增长的强大动力，因此多年来普遍存在过度投资的情形，充斥大量投机行为。对此，国家一直在加大对于房地产业的宏观调控力度，其本意是抑制房价过快增长，限制投机炒房的行为，如全国多地出台了限购令，限制购房套数。

限贷令约束无法提供纳税证明以及社保缴纳证明的非本地居民、购买第三套及以上住房的家庭等。部分投机者及欲购买多套住房的家庭便选择借他人名义购买房屋并进行登记。

同时，银行办理住房贷款相应的限制性条件众多（如贷款人的年龄、收入），一些有购房意愿却不具有贷款资格的人，或是部分没有住房公积金的人为了能够享受贷款优惠，抑或已有多套住房的购买人为了减少相应的税费等，均可能出现与亲友或其他人商定一致借用他人名义贷款买房的情形。

而随着我国推进保障性住房力度的增大，为了能购买到这类住房，符合政府设定的相应申购条件，部分借名人往往与出名人约定利用出名人的购房资格，申请购房指标并登记在出名人名下，享受优惠购房的待遇，伺机再行过户。

（二）隐藏真实财产信息

隐藏合法的财产信息，可能存在诸多原因：如一些公众人物，不愿把自己的房屋地址等信息暴露于公众视野，部分人为了避免将来可能的强制执行，一些人为了隐藏非法收入等，均可能借用他人名义买房，或将自己名下的财产包括房屋都登记在他人名下代持，达到相应的目的。

总而言之，借名买房系借名人、出名人双方协商一致意思自治的结果，既有纯粹出于亲情、友情等原因，也有基于获取利益原因，还可能出于转移财产或者逃避债务等非法目的，情况各异，无法穷尽。

二、借名买房的风险

实践中，由于法律权属与事实权属不一致的特殊性，借名买房行为存在诸多风险，概括起来大致分为以下几种情形：

现实生活中的借名买房通常发生在熟人和亲属之间，无论是借名购买经济适用房等政策性房屋或是普通商品住房，如遇到房价波动性上涨等因素，在巨大的利益诱惑面前，借名人与出名人的关系是否能够经受住考验是一个现实问题。实践中大量的案件也因出名人擅自转让、抵押处分代持房产、拒绝配合借名人过户或处置等引发。如果出名人隐瞒事实出售该房屋或者将房屋进行抵押，买受人很可能善意取得房屋所有权。

实践中，借名买房的行为往往相对隐蔽，借名人和出名人往往不想被外人，甚至亲人所知。如果出名人意外死亡，其继承人不了解、不承认借名之事，往往要求对房屋进行继承；再如，出名人的配偶往往提出异议，否认借名买房的事实，主张确认出名人名下的房产为夫妻共同财产。同时，借名买房还存在因出名人自身债务纠纷致名下财产被法院强制执行的风险。

一旦因借名买房产生纠纷，由于借名人与出名人之间往往具有如亲属、朋友、同事等较为亲密的关系，日常生活中本就可能存在较多资金往来，双方就借名买房事宜之间没有形成书面约定或所形成的书面约定并不规范，在诉讼中欲推翻不动产登记簿上的记载，证明标准较高，借名人很可能处于举证不能的被动地位，稍有不慎，便有可能导致"房财两空"。

三、司法实践中的案例

经笔者利用 Alpha 法律智能操作系统输入"借名买房""民事""最近 5 年""判决"词条进行案例检索，共找到 9053 条结果，其中：

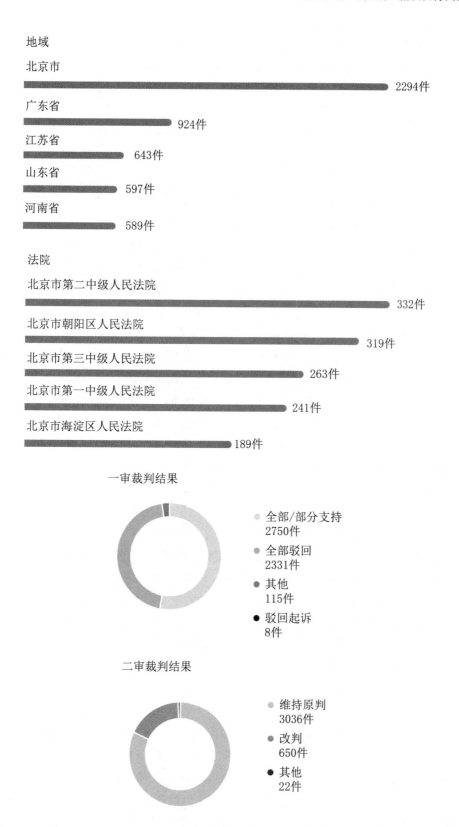

地域

北京市

2294件

广东省

924件

江苏省

643件

山东省

597件

河南省

589件

法院

北京市第二中级人民法院

332件

北京市朝阳区人民法院

319件

北京市第三中级人民法院

263件

北京市第一中级人民法院

241件

北京市海淀区人民法院

189件

一审裁判结果

全部/部分支持
2750件

全部驳回
2331件

其他
115件

驳回起诉
8件

二审裁判结果

维持原判
3036件

改判
650件

其他
22件

从上述结果可以看到，由于北京的限购政策非常严格，不难判断"借名买房"与限购政策有很大关联。同时，从相关案件一审的支持与驳回比例，也不难看出"借名买房"在审判实践中的认定存在一定争议，亦存在不同的处理方式。笔者选取认为具有代表性的几个判例以展示相关的裁判观点。

在赵某红与符某艳等合同纠纷案（［2021］京02民终16586号）中，二审法院认为，结合二审庭审情况及赵某红上诉请求，本案的争议焦点为：赵某红与赵某选、符某艳之间是否存在借名买房关系。

当事人对自己提出的诉讼请求所依据的事实或者反驳对方诉讼请求所依据的事实，应当提供证据加以证明，但法律另有规定的除外。在作出判决前，当事人未能提供证据或者证据不足以证明其事实主张的，由负有举证证明责任的当事人承担不利的后果。根据已查明的事实，506号房屋所有权人登记为符某艳，现赵某红主张506号房屋是其借用符某艳的名义购买，但赵某红与赵某选、符某艳并无书面借名买房协议，且赵某选、符某艳否认该事实，故双方存在借名买房关系缺乏书面合同依据。关于赵某红称506号房屋的购房款来源于其向赵某选的汇款的主张，因赵某选否认该事实，现有证据亦不能证明赵某红向赵某选汇款的目的是用于购买506号房屋，且赵某红自1998年起向赵某选汇款，赵某选保管汇款的行为在赵某选购房后仍然存在，保管的资金数额亦远超房款数额，故赵某红主张汇款是购房款，证据不充分，本院不予采信。退一步讲，即使赵某选的购房款是源于赵某红的汇款，该行为亦不能当然确认双方就一定存在借名买房关系。加之，从现有客观现象看，506号房屋一直由赵某选、符某艳一家居住使用，房屋所有权证等相关购房资料亦在赵某选处保管。综上，一审法院未支持赵某红要求确认其与赵某选、符某艳借名买房合同有效的诉讼请求，并无不当……

在王某与杨某合同纠纷案（［2018］京01民终2497号）中，二审法院认为，根据本案已经查明的事实，从杨某以王某名义签订房屋买卖合同，杨某交纳房款、契税、公共维修基金，201号房屋一直由杨某居住使用，房屋抵押贷款由杨某负责偿还，有关票据证书原件均在杨某手中持有等事实来看，一审法院认定杨某与王某之间存在借名买房合同关系正确。基于该借名买房合同关系的存在，杨某理应享有该房屋的所有权。在涉案房屋具备上市和过户条件的情况下，杨某所在的家庭亦具备北京市购房资格，现杨某要求王某配合其办理房屋产权过户手续，于法有据。……综上所述，王某的上诉请求不能成立，应予驳回。

在赵某川、陈某强等案外人执行异议之诉案（［2021］粤03民终2394号）中，二审法院认为……深圳市限购政策已经实施多年，且该政策制定的出发点就是稳定社会市场经济秩序、维护社会公共利益，赵某川明知不具备购房资格，仍然通过借名方式购买涉案房屋，并将房产登记在赵某勇名下，具备购房资格后又长期不转移登记，不仅规避深圳市限购政策，且违反物权公示制度，易造成他人对赵某勇的财产状况作出误判，对赵某勇的债权人采取合理措施控制交易风险产生干扰，不利于债权人的保护，增加社会交易风险，可见赵某川行为损害社会公共利益，其应当自行承担由此造成的不利后果。

综上所述，赵某川的上诉请求不能成立，应予驳回；一审判决认定事实清楚，适用法律正确，应予维持。

在辽宁中集哈深冷气体液化设备有限公司、徐某欣案外人执行异议之诉案（［2020］最高法民再 328 号）中，再审法院认为……关于案涉房屋过户前徐某欣能否依据规避国家限购政策的借名买房合同关系成为房屋所有权人并排除执行。徐某欣在当时已有两套住房的情况下仍借曾某外之名另行买房，目的在于规避国务院和北京市的限购政策，通过投机性购房获取额外不当利益。司法对于此种行为如不加限制而任其泛滥，则无异于纵容不合理住房需求和投机性购房快速增长，鼓励不诚信的当事人通过规避国家政策红线获取不当利益，不但与司法维护社会诚信和公平正义的职责不符，而且势必导致国家房地产宏观调控政策落空，阻碍国家宏观经济政策落实，影响经济社会协调发展，损害社会公共利益和社会秩序。故徐某欣与曾某外为规避国家限购政策签订的《房产代持协议》因违背公序良俗而应认定无效，徐某欣依据规避国家限购政策的借名买房合同关系，不能排除对案涉房屋的执行。……综上，徐某欣为规避国家限购政策而借名买房，有违公序良俗原则，案涉借名买房合同应认定为无效，但其嗣后通过消除限购政策障碍补正了合同效力，并通过生效判决的执行而完成了不动产登记，成为案涉房屋所有权人。在本院裁定提审后出现的新事实，已经从根本上改变了案涉房屋的权属关系，辽宁中集哈深冷气体液化设备有限公司在对曾某外的执行程序中主张继续执行案涉已经属于徐某欣的房屋，缺乏理据，不应支持。原审判决适用法律虽有错误，但徐某欣已经取得案涉房屋的所有权，足以排除法院的执行。

在吴某利、成都小企业融资担保有限责任公司等案外人执行异议之诉案（［2021］川 01 民终 10062 号）中，二审法院认为……吴某利主张其与吴某君之间存在约定，其享有要求吴某君办理过户登记的请求权，但不能直接依据该约定要求人民法院确认物权……本案争议焦点为：吴某利对案涉房屋是否享有能够排除人民法院强制执行的民事权益。本院对此评判如下：

本案中，根据吴某利与吴某君的陈述和二人于 2017 年 10 月 22 日签订的《协议》，可以认定吴某利在不具备在成都购房资格的情形下，为规避国家及成都市房地产限购政策，通过借用吴某君之名进行买房并支付了购房款，实现了将案涉房屋登记于吴某君名下的目的，吴某利与吴某君之间存在规避国家限购政策的借名买房合同关系，该行为不应得到肯定性评价。……在借名买房不存在规避国家政策或其他无效事由的情况下，借名人可以依据实质上的代持关系要求出名人将房屋过户至其名下，但此项关系基于合同关系所产生的债权请求权，在经法定变更登记程序完成物权公示之前，借名人尚不能依据借名买房的合同关系未经公示程序即被确认为房屋的物权人，其所享有的债权请求权也不具有对世效力、排他效力和绝对效力。这不但符合我国法律关于物权变动的规定，也是借名买房人故意制造名义买房人与实际买房人不一致时应面临的权利风险。综上，吴某利不享有排除人民法院强制执行的民事权益。原判对此认定正确，本院予以确认。

目前，关于借名买房的情形尚未有国家层面的相关指导性文件出台，但部分地区已针对该行为的认定以及是否能够排除执行制定了地方司法性文件以期统一裁判结果，如：

北京市高级人民法院《关于审理房屋买卖合同纠纷案件适用法律若干问题的指导意见（试行）》第15条规定："当事人约定一方以他人名义购买房屋，并将房屋登记在他人名下，借名人实际享有房屋权益，借名人依据合同约定要求登记人（出名人）办理房屋所有权转移登记的，可予支持。但是，该房屋因登记人的债权人查封或其他原因依法不能办理转移登记，或者涉及善意交易第三人利益的除外。当事人一方提供证据证明其对房屋的购买确实存在出资关系，但不足以证明双方之间存在借名登记的约定，其主张确认房屋归其所有或要求登记人办理房屋所有权转移登记的，不予支持；其向登记人另行主张出资债权的，应当根据出资的性质按照相关法律规定处理。"第16条规定："借名人违反相关政策、法规的规定，借名购买经济适用住房等政策性保障住房，并登记在他人名下，借名人主张确认房屋归其所有或者依据双方之间的约定要求登记人办理房屋所有权转移登记的，一般不予支持。"

广东省高级人民法院《关于审查处理执行裁决类纠纷案件若干重点问题的解答》规定："11. 案外人异议之诉中，案外人以借名买房为由，请求确认涉案房屋权属并排除执行，如何处理 意见：金钱债权执行中，人民法院针对登记在被执行人名下的房屋实施强制执行，案外人主张其与被执行人存在借名买房关系，且能够提供证据证明被执行人只是名义产权人、案外人才是实际产权人的，如无损害国家利益、社会公共利益的情形，可以排除执行。 说明：在不损害国家利益、社会公共利益的情形下，应根据实际情况判断，保护实际产权人的合法权益，实现案外人执行异议之诉的保护目的。"

《江苏省高级人民法院执行异议及执行异议之诉案件审理指南（二）》（已失效）第14点规定："金钱债权执行中，执行法院对案涉房屋采取查封措施后，案外人以其与被执行人存在借名买房关系，且系房屋实际所有权人为由提出异议的，应裁定驳回异议。由此引发的执行异议之诉案件，应驳回其诉讼请求。"

黑龙江省高级人民法院《关于审理执行异议之诉案件若干问题的解答》（修订）第30点规定："借用他人名义购买房屋，后出借人成为被执行人，有关房产成为被执行标的物，由此产生的执行异议之诉应如何处理？实践中，由于限购、限贷、逃避债务、规避税收或基于身份关系（如夫妻或父母子女）等原因，借用他人名义购买房屋，所购房屋亦登记在出借人的名义之下，后出借人成为被执行人，人民法院对登记在出借人名下的房屋予以查封，有关房产成为被执行标的物，借名人对此提起执行异议之诉。对此类案件的处理，基于借名人与出借人之间的借名予以产权登记的协议，只在其内部产生债权债务关系，而不发生物权变动的效果，不能据此认定借名人为不动产物权的所有权人。并且，基于物权公示原则，设立或转让物权，必须采用法律规定的公示方式，才能取得对抗第三人的效果。借名登记合同是借名人与出借人之间的合意，借名人对房屋登记在他人名下本身具有过错，且借名协议通常是为了规避国家法律与政策，对由此产生的风险理应自行承担。因此，在借名买房的情况下，借名人与出借人之间的借名登记约定不能对抗申请执行人。"

海南省高级人民法院《关于审理执行异议之诉纠纷案件的裁判指引（试行）》第7点规定："针对案外人因借名买房提起的执行异议之诉，人民法院应当区分以下两种情况进行分别处理：（1）如果案外人基于限购、限贷、逃避债务、规避税收等违法原因借名买房的，对其提起的执行异议之诉应依法不予支持；（2）如果案外人借名买房的行为不存在损害国家利益和社会公共利益的情形，案外人能够举证证明其为真实权利人，被执行人只是名义产权人的，对其提起的执行异议之诉应依法予以支持。"

四、总结

笔者认为关于借名买房行为权属的认定，经过多年的司法实践，加上近年来最高人民法院判例的指导，法院已形成一定的判决趋势，大致分为两种不同的情况：

（一）合法情况下的房屋权属认定

如借名买房行为的动因并未规避国家法律与政策，并非基于限购、限贷、逃避债务、规避税收等违法原因，不存在损害国家利益、社会公共利益的情形。同时，借名人能够尽可能完整地在签订房产代持协议、支付购房款、税费、实际长期占有使用支配房屋、缴纳房屋使用相关费用等方面提供充分证据，证据之间亦能互相得到印证，且形成完整的证据链条，在不损害第三人利益的情形下，法院可能认定相关房屋归实际出资人所有。但此时借名人仅可根据与出名人之间的约定请求人民法院判令其协助办理过户，而不能请求人民法院直接确定物权。

同样，如出现未经借名人许可，出名人将房屋出卖给不知情且支付了合理对价的第三人并办理了房屋过户手续，则应对善意第三人的权益依法进行保护。此时，借名人仅可依约定基于债权进行主张，要求出名人进行赔偿。

（二）非法情况下的房屋权属认定

如果借名人与出名人的行为本身是违法行为，应当认定其行为无效自不必多言。但随着近年来国家"房住不炒"政策力度的加大，最高人民法院发布的相关判例以及多地高级人民法院依照相关判例精神进行的多起司法判决也表明，早年间部分法院认为规避限购令、限贷令而借名买房的行为并不属于违反法律、行政法规强制性规定的情形而当然无效的情况，现也将基于"违背公序良俗"作为认定无效的情形。如此，则借名人无论基于合同约定提起给付之诉或案外人执行异议之诉，均可能不被支持，面临"房财两空"的局面。

房地产开发商因购房者"断供"行使法定解除权的潜在风险

姚正超

房地产开发商在销售商品房过程中，购房者"断供"问题屡见不鲜，为了应对购房者"断供"所引起的系统性风险，房地产开发商一般会选择主动解除商品房买卖合同。在大部分的商品房买卖合同中，房地产开发商都会设置购房者逾期偿还银行贷款本息导致房地产开发商承担连带责任的构为购房者违约，且房地产开发商有权单方解除合同的类似条款，主要是依据《民法典》第 562 条第 2 款的规定，即解除合同的条件成就时，行使约定解除权。然而，房地产开发商也可能有百密一疏的时候或之前对"断供"问题重视不够，在部分商品房买卖合同中并未设置类似约定解除权的条款。此种情况下，除双方可协商解除外，房地产开发商往往选择行使法定解除权，笔者拟通过本文探讨房地产开发商因购房者"断供"行使法定解除权时存在的潜在风险。

一、主张解除合同时已超过除斥期间，解除权消灭

一般情况下，购房者无论是无力偿还贷款本息而断供，还是因其他债权债务纠纷账户被冻结导致银行贷款账户自动扣划不成功，均会被银行视为"逾期还贷"，基于银行、借款人（即购房者）、房地产开发商三方签订的《金融借款合同》约定，房地产开发商作为连带保证责任人在该银行的保证金账户将被直接扣划，为购房者承担保证责任。

然而，若合同中并无关于合同解除权的特别约定，可根据《民法典》第 564 条"法律规定或者当事人约定解除权行使期限，期限届满当事人不行使的，该权利消灭。法律没有规定或者当事人没有约定解除权行使期限，自解除权人知道或者应当知道解除事由之日起一年内不行使，或者经对方催告后在合理期限内不行使的，该权利消灭"以及最高人民法院《关于审理商品房买卖合同纠纷案件适用法律若干问题的解释》第 11 条第 2 款"法律没有规定或者当事人没有约定，经对方当事人催告后，解除权行使的合理期限为三个月。对方当事人没有催告的，解除权人自知道或者应当知道解除事由之日起一年内行使。逾期不行使的，解除权消灭"的规定。

因此，在商品房销售管理过程中，房地产开发商容易忽视上述规定的合同解除权

除斥期间，司法实践中无论是约定解除权还是法定解除权，一旦房地产开发商疏忽未在合理期限内行使，将可能因超过除斥期间导致解除权消灭而败诉。

参考案例1：贵阳市中级人民法院［2018］黔01民终4466号

法院认为，"本案中，因被上诉人李某南未能按期履行与中信银行、宏益公司共同签订的《中信银行个人购房借款合同》中约定的还款义务，导致宏益公司承担了贷款保证责任，进而造成宏益公司在本案《商品房买卖合同》中获得足额购房款的合同目的无法实现。宏益公司本有权依照《合同法》第九十四条〔1〕的规定解除上述《商品房买卖合同》。但是，依照《合同法》第九十五条〔2〕第一款'法律规定或者当事人约定解除权行使期限，期限届满当事人不行使的，该权利消灭'以及最高人民法院《关于审理商品房买卖合同纠纷案件适用法律若干问题的解释》〔3〕第15条'根据《合同法》第九十四条的规定，出卖人迟延交付房屋或者买受人迟延支付购房款，经催告后在三个月的合理期限内仍未履行，当事人一方请求解除合同的，应予支持，但当事人另有约定的除外。法律没有规定或者当事人没有约定，经对方当事人催告后，解除权行使的合理期限为三个月。对方当事人没有催告的，解除权应当在解除权发生之日起一年内行使；逾期不行使的，解除权消灭'的规定，合同解除权的行使存在法定的除斥期间，逾期解除权消灭。本案中，因宏益公司于2014年9月2日即被中信银行划扣了剩余按揭贷款，承担了贷款保证责任，此时宏益公司就应当知道其在本案《商品房买卖合同》中的合同目的可能无法实现。但其此后既未对被上诉人进行催告，也未在一年的除斥期间内行使解除权，直到2016年11月才向法院提起解除合同诉讼，因此，上诉人宏益公司在本案中主张的合同解除权已经消灭，一审判决对此所作认定符合法律规定，并无不当。宏益公司提出的上诉理由于法无据，本院不予支持。宏益公司可以通过其他方式主张其合法权益"。

参考案例2：贵阳市中级人民法院［2018］黔01民终7113号

法院认为，"本案中，上诉人中铁置业公司系以周某宇未能按期履行双方签订的《商品房买卖合同》及《补充协议》中约定的付款义务，依据约定的合同解除权提起

---

〔1〕 现为《民法典》第563条规定："有下列情形之一的，当事人可以解除合同：（一）因不可抗力致使不能实现合同目的；（二）在履行期限届满前，当事人一方明确表示或者以自己的行为表明不履行主要债务；（三）当事人一方迟延履行主要债务，经催告后在合理期限内仍未履行；（四）当事人一方迟延履行债务或者有其他违约行为致使不能实现合同目的；（五）法律规定的其他情形。以持续履行的债务为内容的不定期合同，当事人可以随时解除合同，但是应当在合理期限之前通知对方。"

〔2〕 现为《民法典》第564条规定："法律规定或者当事人约定解除权行使期限，期限届满当事人不行使的，该权利消灭。法律没有规定或者当事人没有约定解除权行使期限，自解除权人知道或者应当知道解除事由之日起一年内不行使，或者经对方催告后在合理期限内不行使的，该权利消灭。"

〔3〕 现为最高人民法院《关于审理商品房买卖合同纠纷案件适用法律若干问题的解释》（2020年）第11条规定："根据民法典第五百六十三条的规定，出卖人迟延交付房屋或者买受人迟延支付购房款，经催告后在三个月的合理期限内仍未履行，解除权人请求解除合同的，应予支持，但当事人另有约定的除外。法律没有规定或者当事人没有约定，经对方当事人催告后，解除权行使的合理期限为三个月。对方当事人没有催告的，解除权人自知道或者应当知道解除事由之日起一年内行使。逾期不行使的，解除权消灭。"

诉讼。但是，依照《合同法》第九十五条第一款'法律规定或者当事人约定解除权行使期限，期限届满当事人不行使的，该权利消灭'的规定，合同解除权的行使存在除斥期间的限制，逾期则解除权消灭。因本案双方当事人签订的《商品房买卖合同》及《补充协议》中对于解除权的行使期限并未进行约定，因此，上诉人中铁置业公司应当在约定解除权发生之日起一年内行使，从中铁置业公司在2015年12月21日实际承担保证责任的时间起算，其于2017年3月6日才向法院提起诉讼，已超过法定的除斥期间，故一审判决对此所作认定符合法律规定，并无不当。至于上诉人提出的其不仅享有约定解除权，亦享有法定解除权的问题，最高人民法院《关于审理商品房买卖合同纠纷案件适用法律若干问题的解释》第十五条〔1〕第二款'法律没有规定或者当事人没有约定，经对方当事人催告后，解除权行使的合理期限为三个月。对方当事人没有催告的，解除权应当在解除权发生之日起一年内行使；逾期不行使的，解除权消灭'的规定，系针对《商品房买卖合同》中依据《合同法》第九十四条〔2〕享有的法定解除权行使条件所作的解释规范，法定解除权亦受一年除斥期间的制约。至于本案的房屋因被另案查封，涉及第三人的权利，可在执行中解决"。

二、购房者已支付全部购房款，房地产开发商作为卖方出售房屋收取房款的合同目的已经实现，法定解除权无法得到支持

在银行按揭制度和房地产行业中，未办理房屋抵押登记前，房地产开发商签署商品房买卖合同销售商品房并获得销售款的目的，与购房者是否按约偿还银行贷款紧密相关。一旦购房者逾期还贷，无论银行是通过按期扣划款项清偿还是诉请房地产开发商一次性偿还全部贷款本息，都将导致房地产开发商商品房买卖合同的目的不能实现。事实上购房者的"断供"行为导致房地产开发商必须以承担保证责任的形式将已收取的房款部分或全部返还至银行，也必然导致房地产开发商通过商品房买卖合同获取房屋销售款的目的不能实现。然而，司法实践中尚存在一定争议。仍有部分观点认为，购房者断供导致房地产开发商承担保证责任后，房地产开发商应根据《民法典》第700条的规定，在承担保证责任后，向债务人追偿，同时基于司法维护交易稳定和市场秩序的需要，不应支持房地产开发商对法定解除权的滥用。

---

〔1〕 现为最高人民法院《关于审理商品房买卖合同纠纷案件适用法律若干问题的解释》（2020年）第11条规定："根据民法典第五百六十三条的规定，出卖人迟延交付房屋或者买受人迟延支付购房款，经催告后在三个月的合理期限内仍未履行，解除权人请求解除合同的，应予支持，但当事人另有约定的除外。法律没有规定或者当事人没有约定，经对方当事人催告后，解除权行使的合理期限为三个月。对方当事人没有催告的，解除权人自知道或者应当知道解除事由之日起一年内行使。逾期不行使的，解除权消灭。"

〔2〕 现为《民法典》第563条规定："有下列情形之一的，当事人可以解除合同：（一）因不可抗力致使不能实现合同目的；（二）在履行期限届满前，当事人一方明确表示或者以自己的行为表明不履行主要债务；（三）当事人一方迟延履行主要债务，经催告后在合理期限内仍未履行；（四）当事人一方迟延履行债务或者有其他违约行为致使不能实现合同目的；（五）法律规定的其他情形。以持续履行的债务为内容的不定期合同，当事人可以随时解除合同，但是应当在合理期限之前通知对方。"

参考案例 3:广州市中级人民法院 [2017] 粤 01 民终 22186 号

法院认为,"因致岭公司、金某春之间存在商品房预售合同关系以及两者与案外人之间的银行贷款担保保证合同关系。商品房预售合同中,致岭公司作为开发商承担的合同义务是交付房屋、将房屋产权转移登记至购房人名下;而金某春作为购房人的合同义务是支付购房款。本案中,金某春已经依约支付了全部购房款,致岭公司作为卖方的商品房预售合同的目的已经实现"。

参考案例 4:昆明市盘龙区人民法院 [2018] 云 0103 民初 5042 号

法院认为,"《合同法》第九十四条〔1〕规定:当事人一方迟延履行债务或者有其他违约行为致使不能实现合同目的,可以解除合同。该规定表明,只有违约方的违约行为已构成根本性违约致使双方不能实现合同订立目的时,守约方才享有法定解除权。本案中,原、被告双方自愿签订的《商品房购销合同》及《合同补充协议》真实、合法、有效,对双方具有法律约束力,双方应恪守履行。签订合同后,被告履行了支付房款的基本义务。现被告宋某某虽未按期归还贷款,已然构成违约,但该违约行为不能否定其已经向原告履行了支付全额房款的义务,原告出售房屋收取房款的合同目的已经实现,故该违约行为不属根本违约,不能导致双方合同解除。在被告未按期还贷之时,原告云南某某置业有限公司也并未按照贷款合同约定全面履行其承担连带担保责任的代偿义务,截至 2018 年 7 月 31 日原告仅履行了 28 629.05 元的部分代偿义务,原告可通过行使追偿权主张其因履行该代偿义务产生的损失,行使合同解除权并非唯一选择"。

三、银行既不提出独立诉请也不另案起诉解除借款合同,将导致合同解除后款项处理陷入困境

根据最高人民法院《关于审理商品房买卖合同纠纷案件适用法律若干问题的解释》第 21 条第 2 款的规定,商品房买卖合同被确认无效或者被撤销、解除后,商品房担保贷款合同也被解除的,出卖人应当将收受的购房贷款和购房款的本金及利息分别返还担保权人和买受人。在司法实践中,房地产开发商起诉解除商品房买卖合同时一般都会将购房者的贷款银行作为第三人,但银行出于有房地产开发商提供连带保证、剩余贷款本息收回和具有预告抵押登记保障等角度考虑,可能既不提出独立诉讼请求,也不另案起诉解除借款合同。在此情况下,根据最高人民法院《关于审理商品房买卖合同纠纷案件适用法律若干问题的解释》第 21 条第 1 款的规定,若银行未提出诉讼请求,人民法院仅处理商品房买卖合同纠纷。

---

〔1〕 现为《民法典》第 563 条规定:"有下列情形之一的,当事人可以解除合同:(一)因不可抗力致使不能实现合同目的;(二)在履行期限届满前,当事人一方明确表示或者以自己的行为表明不履行主要债务;(三)当事人一方迟延履行主要债务,经催告后在合理期限内仍未履行;(四)当事人一方迟延履行债务或者有其他违约行为致使不能实现合同目的;(五)法律规定的其他情形。以持续履行的债务为内容的不定期合同,当事人可以随时解除合同,但是应当在合理期限之前通知对方。"

若法院仅处理商品房买卖合同纠纷，即使解除商品房买卖合同得到法院支持，根据《民法典》第 566 条的规定也必然涉及合同解除后关于购房款的返还处理问题。由于银行贷款部分系购房者基于《借款合同》约定委托支付给房地产开发商，则全部购房款应视为购房者已支付，在银行未独立提出诉讼也未另诉情况下，房地产开发商应在抵销代偿款后再将剩余房款返还给购房者。然而，购房者之所以断供一般系其自身经济恶化或者债务（可能被冻结、查封）缠身，则该部分购房款将可能被购房者的其他债权人直接向房地产开发商冻结（应收账款）执行。而此时购房者仍然无偿还能力，那么银行的剩余贷款本息将全部转而向房地产开发商（借款合同的连带责任保证人）主张。房地产开发商承担的剩余贷款本息虽有权向购房者追偿但已无实现可能。

四、合同解除但可能无法对抗预查封将导致"房财两空"

即便当前较多观点认为预查封措施并不能限制商品房买卖合同的解除，且合同解除后购房者将失去对该房屋物权的基础和期待可能性，预查封应当解除转而执行房地产开发商向购房者基于返还购房款所形成的债权。但最高人民法院《关于人民法院办理执行异议和复议案件若干问题的规定》第 26 条第 2 款规定，金钱债权执行中，案外人依据执行标的被查封、扣押、冻结后作出的另案生效法律文书提出排除执行异议的，人民法院不予支持。

2019 年 11 月 8 日最高人民法院印发的《全国法院民商事审判工作会议纪要》第 124 条第 2 款载明："应予注意的是，在金钱债权执行中，如果案外人提出执行异议之诉依据的生效裁判认定以转移所有权为目的的合同（如买卖合同）无效或应当解除，进而判令向案外人返还执行标的物的，此时案外人享有的是物权性质的返还请求权，本可排除金钱债权的执行，但在双务合同无效的情况下，双方互负返还义务，在案外人未返还价款的情况下，如果允许其排除金钱债权的执行，将会使申请执行人既执行不到被执行人名下的财产，又执行不到本应返还给被执行人的价款，显然有失公允。为平衡各方当事人的利益，只有在案外人已经返还价款的情况下，才能排除普通债权人的执行。反之，案外人未返还价款的，不能排除执行。"

同时，实践中仍然存在一定争议，往往可能出现此种局面，即商品房买卖合同已解除，房屋存在购房者多方债权人预查封甚至司法拍卖的情况。合同解除后房地产开发商需及时向执行法院提出执行异议，异议被驳回后还需提出执行异议之诉，陷入漫长司法程序中存在不确定性，而购房款又被购房者的其他债权人冻结执行，房地产开发商还需向银行承担剩余贷款本息的连带责任但之后却无法向购房者实现追偿，最终"房财两空"，可以说，房地产开发商在这样的制度和模式下仍然是"弱势"一方，权益无法得到有效保障。

参考案例 5：贵阳市云岩区人民法院 ［2019］黔 0103 民初 438 号

法院认为，"案外人或者申请执行人提起执行异议之诉的，案外人应当就其对执行标的享有足以排除强制执行的民事权益承担举证证明责任。美的西南房产公司提起执行异议的依据为［2017］黔 0115 民初 2459 号民事判决书，即使该判决书发生法律效力，根据最高人民法院《关于人民法院办理执行异议和复议案件若干问题的规定》第 26 条第 2 款'金钱债权执行中，案外人依据执行标的被查封、扣押、冻结后作出的另案生效法律文书提出排除执行异议的，人民法院不予支持'的规定，该份判决书的作出系在 2017 年 3 月 15 日本院作出［2017］黔 0103 民初 1532 号民事裁定书查封涉案房屋之后，美的西南房产公司不享有就涉案房屋足以排除强制执行的民事权利。故对美的西南房产公司要求依法停止对位于贵阳市××·××时代××至××（××）××单元××房屋××执行及×贵阳市×区美的·林城时代第 A−27 至 A−30 栋（A27）1 单元 32 层 1 号房屋的所有权的请求均不予支持"。

参考案例 6：太原市中级人民法院［2017］晋 01 民终 4040 号

法院认为，"被上诉人辰兴房地产发展有限公司的权利应如何保护。本院认为，辰兴房地产发展有限公司为王某军向中国银行贷款提供担保，后王某军逾期还款，构成违约，中国银行要求辰兴房地产发展有限公司承担担保责任，并扣划了相应款项。辰兴房地产发展有限公司承担担保责任后，按照法律规定对王某军享有追偿权，故辰兴房地产发展有限公司对王某军享有的权利性质也仅是普通债权，该债权与上诉人刘栋荣对王某军的债权性质相同，无优先性可言。被上诉人辰兴房地产发展有限公司也只能通过向王某军追偿维护其权利。原审法院认为王某军未按合同约定履行还款义务，导致合同解除，其无法取得房屋物权。本案执行措施发生于 2015 年，辰兴房地产发展有限公司起诉王某军解除合同的诉讼判决生效于 2017 年。最高人民法院《关于人民法院办理执行异议和复议案件若干问题的规定》第 26 条第 2 款规定'金钱债权执行中，案外人依据执行标的被查封、扣押、冻结后作出的另案生效法律文书提出排除异议的，人民法院不予支持'，执行部门在 2015 年采取执行措施时合同并未解除，该执行措施是正确的"。

五、笔者关于房地产开发商如何应对上述潜在风险的建议

第一，无论是约定解除权还是法定解除权，需在除斥期间内（若无特殊规定或约定一般为 1 年）行使。

第二，尽量在商品房买卖合同中约定购房者断供条件成就时的解除权行使及损失追偿事项。

第三，房地产开发商提起解除商品房买卖合同的诉讼后，请银行作为有独立请求权的第三人提出独立诉讼请求一并处理房款事宜。或者，若银行另案起诉解除借款合同，请银行先行保全房地产开发商需返还给购房者的房款，并向法院申请合并审理。

第四，若房屋已被预查封，房地产开发商解除合同后建议向执行法院申报应返还购房者的剩余款项（即购房者到期应收账款），并予以保全。不排除房地产开发商仍须尽力提出执行异议、执行异议之诉排除强制执行。若在预查封情况下房屋被司法拍卖，除房地产开发商自己提出执行异议，建议同时请银行以"未经预告登记的权利人同意，处分该不动产的，不发生物权效力"为由提出执行异议。

浅析逾期交房导致商品房买卖合同解除的
后续按揭还款责任承担问题

申恕丞

近年来，商品房价格一路攀升，以笔者所在城市（贵阳市）的房价为例，近五年来虽历经涨跌，但总体呈现上涨趋势。房价的上涨也促使大多数消费者在购置商品房时更倾向于选择银行按揭贷款的方式。商品房按揭自20世纪90年代从香港地区引入我国内地后，根据我国法律法规规定、商品房市场的特点、政策导向等各方面的因素，逐渐形成了具有中国特色的不动产担保物权制度。

2016年底，中央经济工作会议首次提出了"房住不炒"的概念，此后，全国各地的相关部门陆续出台了与之相配套的政策。在此背景下，房地产开发商的业务受到了很大影响，加之疫情的肆虐，令本不景气的房地产行业雪上加霜，部分开发商甚至出现了资金链断裂的情况，逾期交房的问题时有发生，购房人往往会选择解除商品房买卖合同以维护自身的合法权益。

因笔者在处理近期的工作事务中偶遇类似案件，故借本文针对开发商逾期交房导致商品房买卖合同解除后按揭还款责任的承担问题进行探讨。

一、什么是商品房按揭？

（一）商品房按揭

按揭制度最早起源于英国，是英美法系中一种物的担保制度，我国香港地区的法律对该制度进行了承继与发展。香港所称的按揭，是指属主、业主或归属主将其物业转让给按揭受益人作为还款保证的法律行为效果。转让后，按揭受益人称为属主、业主或归属主；还款后，按揭受益人将属主权、业主权或归属主权转让给原按揭人[1]。

"按揭"一词在我国并非专业的法律术语，但该概念被引入后，迅速成了我国主流的购房支付方式。新事物的出现必然催生出新型的诉讼纠纷，按揭购房纠纷对司法实务的影响亦引起了理论研究学界的重视与思考。在长期的司法实践和理论研究的探索中，"按揭"也逐步融入我国的法律制度运行体系当中。

---

[1] 李宗锷：《香港房地产法》，商务印书馆1988年版，第14页。

笔者认为，所谓商品房按揭，是指开发商、银行、购房人三方共同参与的融资购房方式，即购房人向开发商支付一定比例的首付款，以购置的商品房设定物的担保后向银行申请贷款，开发商针对购房人按时还款付息承担保证及回购责任，银行方面以购房人名义向开发商一次性支付购房人除首付款外的剩余房款的商品房买卖模式的总称。

（二）商品房按揭的法律关系分析

从笔者对商品房按揭概念的总结来看，商品房按揭并非一个单独的法律关系，部分学者甚至认为完整的商品房按揭制度应当包含如下法律关系：按揭人因购房与商品房开发商产生的商品房买卖合同关系，向银行贷款支付购房款而产生的贷款按揭（或借款）关系；按揭人以所购商品房作为按约向银行偿还贷款本息的担保所产生的贷款按揭担保关系；商品房开发商为确保按揭人清偿贷款与按揭银行产生的保证关系；按揭人按银行指定的险种向保险公司办理保险所产生的保险关系；按揭人授权银行以按揭人名义将贷款划入商品房开发商账户形成的委托关系。[1]该观点将商品房按揭业务开展过程涉及的或可能涉及的法律关系进行了全方位的梳理。商品房按揭业务的开展虽涉及多个法律关系，但笔者认为，从其构成要件上来看，仅从下列三个方面考虑即可：一是买卖合同关系，即购房人与开发商约定以按揭贷款方式支付部分购房款而形成的商品房买卖合同关系。二是借贷关系，即购房人为支付部分购房款，向银行申请个人贷款，银行通过对购房人的工作情况、资信情况进行综合评估决定是否发放贷款，如银行确定发放贷款，双方就放款额度、放款时间进行约定后便形成借贷关系。三是担保关系，笔者认为在商品房按揭中，正如上述概念部分所提到的，既包括物的担保又包括人的担保。所谓物的担保，即购房人以其购买的商品房向银行设定抵押担保，为按约偿还贷款本息担保而形成的抵押关系[2]。所谓人的担保，是指开发商就购房人按时偿还购房贷款本息，向银行承担保证责任而产生的保证关系。

二、因开发商逾期交房导致购房人解除商品房买卖合同，按揭贷款将如何处理？

笔者针对这一问题对相关资料进行检索时，检索到一份由上海市第一中级人民法院作出的［2013］沪一中民二（民）终字第325号民事判决书[3]。

2010年4月13日，肖某、陈某（乙方）与博锦公司（甲方）签订《商品房预售合同》。房屋的总价为2 362 848元。合同约定甲方应于2011年12月31日前将该房屋交付给乙方。如逾期超过60天，乙方有权单方面解除合同。后肖、陈二人向博锦公司

---

〔1〕 陈耀东：《商品房买卖法律问题专论》，法律出版社2003年版，第179页。

〔2〕 邓基联主编：《房屋买卖合同纠纷》，法律出版社2010年版，第168页。

〔3〕 该判决荣获最高人民法院中国应用法学研究所、最高人民法院机关团委联合组织的"'促公正·法官梦'第二届全国青年法官优秀案例评选活动"特等奖。

支付首付款 952 848 元后与博锦公司、上海银行签订《个人住房借款担保合同》并以所购房屋作为抵押财产提供抵押担保后获得贷款 141 万元（贷款期限为 30 年）。博锦公司为《个人住房借款担保合同》项下全部债务提供阶段性连带保证担保。肖、陈二人自 2010 年 5 月 20 日起逐月向上海银行归还贷款本息。后博锦公司逾期交房超过 60 日，肖、陈二人起诉博锦公司与上海银行，要求解除《商品房预售合同》和《个人住房借款担保合同》。

法院经审理后作出了如下判决：（1）解除原告与被告博锦公司签订的《商品房预售合同》；（2）解除原告与被告上海银行、博锦公司签订的《个人住房借款担保合同》；（3）被告博锦公司于判决生效之日起 3 日内向原告返还房款 952 848 元及自 2010 年 5 月 20 日起至判决生效之日止原告已向被告上海银行归还的贷款本金；（4）被告博锦公司于判决生效之日起 3 日内向原告赔偿自 2010 年 5 月 20 日起至判决生效之日止已偿还的贷款利息；（5）被告于判决生效之日起 7 日内向被告上海银行偿还原告等自判决生效之日起就《个人住房借款担保合同》剩余的贷款。自被告博锦公司清偿上述贷款之日起 7 日内，被告上海银行办理房屋抵押登记的涂销手续。

从上述案例来看，被告博锦公司逾期交房的行为已然构成违约，根据合同约定，原告有权单方面解除该《商品房预售合同》，为便于读者理解上述判决，笔者举一个最简单的例子来进行说明：假设一套房屋价值 100 万元人民币，购房人已支付 20 万元首付款后与银行、开发商（保证人）签订《购房借款担保合同》申请到 80 万元的按揭房款（该 80 万元已由银行直接支付至开发商账户）且购房人已向银行偿还贷款 10 万元（其中含 8 万元本金及 2 万元利息）。现法院认定开发商构成逾期交房并判决解除《购房合同》与《购房借款担保合同》。则在该条件下，贷款未还部分应由开发商退还银行；购房人已还的 10 万元贷款本息、20 万元首付款及由此产生的相应利息亦应由开发商一并退还。

如单从合同相对性的角度进行考虑，则对应的购房款项应按照如下方式进行流转：《购房合同》解除后，开发商应向购房人全额退款（含购房人支付的首付款及按揭贷款）并应根据合同约定承担相应违约责任；在《购房借款担保合同》解除后，购房人应向银行全额返还按揭款项，银行应返还购房人已偿还的本金及利息，并可根据合同约定要求购房人承担违约责任。鉴于商品房按揭贷款的运作及其商业模式具有特殊性，银行通过审批后，款项并非向购房人直接发放，而是根据合同约定直接支付至开发商指定账户，因此最高人民法院才在《关于审理商品房买卖合同纠纷案件适用法律若干问题的解释》第 21 条第 2 款中规定："商品房买卖合同被确认无效或者被撤销、解除后，商品房担保贷款合同也被解除的，出卖人应当将收受的购房贷款和购房款的本金及利息分别返还担保权人和买受人。"但是，从该表述中也不难发现，法条仅仅明确了开发商应将已收取的购房贷款本息返还银行，并没有明确说明购房人向银行偿还贷款的义务可以被免除，因此购房人仍存在继续还款的可能性。

例如，在［2016］黑民终 482 号案件中，法院便作出了购房人向银行承担连带责任的判决。

2014 年 1 月 21 日，原告张某莹（乙方）与被告北方开发公司（甲方）签订《商品房买卖合同》，原告购买的房屋总价为 700 万元。《商品房买卖合同》约定甲方应当在 2014 年 8 月 31 日前交付房屋，逾期超过 60 日未交付的，乙方有权解除合同。当日，张某莹向北方开发公司交纳首付款 250 万元。1 月 26 日，原告（借款人及抵押人）与第三人哈尔滨招行、被告（保证人）签订《个人购房借款担保合同》，并获取按揭贷款 450 万元（贷款期限为 240 个月）。1 月 27 日，哈尔滨招行向原告发放了贷款 450 万元（根据合同约定该笔贷款直接转入被告账户）。后被告逾期交房超过 60 日，原告诉至法院，要求解除其与被告签订的《商品房买卖合同》，被告应立即返还其已经交付的购房款 333.03 万元（截至 2016 年 4 月 6 日，含其已经支付的本金和利息）并承担自判决生效之日起至给付之日止原告交纳的本金和利息并支付违约金 70 万元。原告还请求解除其与第三人哈尔滨招行、被告签订的《个人购房借款担保合同》，并由被告返还第三人尚未受偿的借款等。

该案中，法院认为《个人购房借款担保合同》的签订系当事人真实意思表示，不违反法律法规禁止性规定，合法有效，对当事人具有法律拘束力。张某莹系《个人购房借款担保合同》的借款人，且该合同已实际履行，哈尔滨招行向北方开发公司发放贷款，为张某莹履行《商品房买卖合同》提供了条件，张某莹实质享有《个人购房借款担保合同》的权利，亦应承担《个人购房借款担保合同》的还款义务。合同解除后，哈尔滨招行有权依据《个人购房借款担保合同》向张某莹和北方开发公司主张权利，也有权根据最高人民法院《关于审理商品房买卖合同纠纷案件适用法律若干问题的解释》（2003 年）第 25 条第 2 款"商品房买卖合同被确认无效或者被撤销、解除后，商品房担保贷款合同也被解除的，出卖人应当将收受的购房贷款和购房款的本金及利息分别返还担保权人和买受人"的规定，请求北方开发公司返还购房贷款。哈尔滨招行上诉请求改判由张某莹和北方开发公司共同承担张某莹未偿还部分的贷款本息等，可视为哈尔滨招行选择了依据《个人购房借款担保合同》主张权利，属于其对自身合法权益的处分。故法院支持哈尔滨招行主张张某莹提前偿还《个人购房借款担保合同》项下剩余贷款本息及北方开发公司承担连带保证责任的诉讼请求，北方开发公司在承担连带保证责任后可向张某莹追偿。因张某莹在本案中仅诉讼请求北方开发公司返还其已经交付的购房款 333.03 万元及自判决生效之日起至给付之日止张某莹交纳的本金和利息，对其余购房款部分，张某莹可另行向北方开发公司主张权利。

上述两个案例的判决结果截然不同，也反映了该问题的处置在司法实务中是存在争议的，但在最高人民法院第六巡回法庭 2020 年度参考案例之一的［2019］最高法民再 245 号建设银行青海省分行（以下简称"建行青海分行"）诉王某等三人及越州房地产开发公司（以下简称"越州公司"）金融借款合同纠纷案中，法院最后判定由开发商承担最终的偿付责任。

2015 年 8 月 12 日，王某与越州公司签订《商品房预售合同》，约定王某以 147 953 124

元购买越州公司开发的商业用房，2015 年 10 月 30 日前交付。王某首付 73 983 124 元，剩余房款按揭贷款。2015 年 8 月 14 日，王某、王某博、王某宝（以下简称"王某等三人"）与建行青海分行、越州公司签订《借款合同》，向建行青海分行借款 7397 万元，担保方式为抵押加阶段性保证，抵押物为案涉房产，保证人为越州公司。《借款合同》约定，若借款合同解除，借款人应当返还剩余贷款本息及实现债权费用，或委托售房人还款。同日，王某与建行青海分行、越州公司签订《抵押合同》。前述合同签订后，建行青海分行于 2015 年 8 月 21 日向越州公司支付 7397 万元，王某按月归还银行贷款，但越州公司未能按照合同约定期限交付房屋。2017 年 2 月，王某等三人以越州公司、建行青海分行为被告提起了诉讼。

审理过程中，最高人民法院认为，该案再审的争议焦点在于案涉《借款合同》解除后王某等三人应否承担剩余贷款的还款责任：

首先，关于案涉《借款合同》解除后的贷款返还责任主体问题。最高人民法院《关于审理商品房买卖合同纠纷案件适用法律若干问题的解释》（2003 年）第 25 条第 2 款〔1〕规定："商品房买卖合同被确认无效或者被撤销、解除后，商品房担保贷款合同也被解除的，出卖人应当将收取的购房贷款和购房款的本金及利息分别返还担保权人和买受人。"该案中，因越州公司未按照约定期限交付房屋，致使案涉《商品房预售合同》解除，《借款合同》《抵押合同》因合同目的无法实现亦被解除。根据前述规定，应由出卖人越州公司将收取的购房贷款本金及利息返还建行青海分行，王某等三人不负有返还义务。

其次，关于案涉《借款合同》中相关格式条款的适用问题。案涉《借款合同》第 19 条载明："贷款人与借款人的借贷关系解除的，借款人应当立即返还其所欠贷款的本金、利息、罚息及实现债权的费用，或委托售房人直接将上述款项归还贷款人。"该条款系建行青海分行为重复使用而提前拟定的格式条款。最高人民法院《关于审理商品房买卖合同纠纷案件适用法律若干问题的解释》已经明确规定，商品房买卖合同和商品房担保贷款合同解除后，出卖人将收取的购房贷款的本金及利息直接返还给贷款人而非购房人（借款人）的情况下，建行青海分行拟定该条内容，意味着要求王某等三人在既未取得所购房屋亦未实际占有购房贷款的情况下归还贷款，明显不合理地加重了王某等三人的责任，根据《合同法》第 40 条〔2〕"……提供格式条款一方免除其责任、加重对方责任、排除对方主要权利的，该条款无效"之规定，该条款对王某等三人不具有拘束力。

最后，关于商品房按揭贷款商业模式下各方当事人权利义务关系问题。该案涉及商品房买卖合同和商品房担保贷款合同双重法律关系。从合同内容来看，在商品房买卖合同中，王某等三人支付房款，越州公司交付房屋；在商品房担保贷款合同中，建

---

〔1〕 现为最高人民法院《关于审理商品房买卖合同纠纷案件适用法律若干问题的解释》（2020 年修正）第 21 条第 2 款。

〔2〕 现为《民法典》第 497 条第 2 项。

行青海分行将王某等三人所贷款项直接支付给越州公司，越州公司实际用款。王某等三人并不支配购房贷款，但需偿付贷款本息。如果案涉合同正常履行，王某等三人取得房屋，各方权利义务亦可保持平衡。但该案中，因越州公司不能交付房屋而致使合同解除，导致合同约定的各方权利义务严重失衡。具体表现为：越州公司违约不能交房导致各方合同解除，但却实际占有使用王某等三人支付的首付款及建行青海分行的按揭贷款；建行青海分行依据合同约定既享有抵押权，又同时享有对越州公司、王某等三人的债权；王某等三人未取得房屋，既支付了首付款，又需偿还按揭贷款。若按合同约定的权利义务关系处理，则在王某等三人对合同解除无过错的情况下，仍要求其对剩余贷款承担还款责任，明显不合理地加重了其负担，各方权利义务失衡，有违公平原则。因此，审理案件时，必须充分考虑商品房按揭贷款商业模式下各合同之间的密切联系和各方权利义务关系的平衡问题，避免因强调单个合同的相对性而造成三方权利义务的失衡。

综上，法院最后判决解除前述《商品房预售合同》《借款合同》《抵押合同》；越州公司返还王某已支付的购房首付款本息和已归还的银行贷款本息；越州公司返还建行青海分行剩余银行贷款本息。

最高人民法院就该案的处理对于司法实务而言还是十分具有参考价值的，上述观点笔者亦表示认同，理由是银行将购房人所贷款项直接支付给开发商，购房人除应按约偿还贷款本息外，自始至终未实际支配购房贷款，反之，该款项系开发商实际支配。如果案涉合同得以正常履行，购房人取得房屋，那么各方的权利义务对等且平衡。但开发商因逾期交房导致购房合同被解除，通常情况下开发商依旧实际占有并支配着购房人支付的首付款及银行的按揭贷款。对于合同的解除，购房人并不存在过错，若单纯考虑合同相对性并按照合同的约定要求购房人对剩余贷款继续承担还款责任的话，属于明显不合理地加重了购房人的责任与负担。简而言之就是，购房人既支付了首付款，在未按照合同约定的时间节点取得房屋的情况下，被迫选择解除合同，合同解除后，购房人仍需继续偿还按揭贷款的本息，即便该按揭款项自始从未被购房人实际支配占有过。此类情况如果出现，笔者认为有违公平原则和立法初衷，从微观角度来看，会直接导致各方权利义务的失衡，从宏观角度来看，恐将对社会的和谐、稳定产生负面的影响或是威胁。

浅析《民法典》施行后城镇住宅小区停车位的权属问题

申恕丞

　　住宅小区是城镇居民的主要生活环境，近年来随着经济的快速发展及人民生活水平的日益提高，家用汽车的保有量呈现出爆炸式增长。参考公安部给出的 2020 年统计数据，新登记在册的机动车共计 3328 万辆，机动车的保有数量为 3.72 亿辆，其中包括 2.81 亿辆汽车，同比 2019 年，汽车数量共增加 114 万辆[1]。停车位作为机动车的配套基础设施，机动车数量的激增直接导致了停车位供求关系的失衡，小区业主对停车位的需求愈发紧迫，"停车难"的问题因此也日益突出，为解决上述问题，许多业主选择向开发商购买停车位。

　　然而，随之而来的另一个问题是，业主与开发商因车位所有权的归属问题而产生的纠纷数量亦呈现上升趋势。尽管我国法律明确了部分类型车位所有权的归属及认定规则，但因相关法条在内容设置上存在一定的概括性及原则性，进而也直接导致了人民法院对相关争议进行裁判时，在相关条款的适用上无法形成统一。

　　"停车位纠纷"问题的关键在于厘清其所有权的归属问题，只有减少停车位所有权归属上的不确定因素，明确停车位所有权归属以及业主与开发商行为的界限，方可减少纠纷的出现，促进停车位的分配与交易。

一、如何就"城镇住宅小区停车位"进行界定？

　　城镇住宅小区作为我国城镇的有机组成部分，是指在我国城镇规划下，某一特定区域内的人口、资源、环境相互联系而建立的人群聚集地或社会、经济和自然的复合体，是能够满足特定区域内居民物质与文化生活需求的生活聚集地，一般由住宅、道路、公共设施以及公共绿地等若干部分组成[2]。而本文所称"城镇住宅小区"仅指城镇中建立在国有土地性质区域内的住宅小区，不包含建立在城镇、城郊中被确定为

---

　　[1]　郭梦媛：《全国机动车驾驶人达 4.56 亿 70 个城市保有量超百万辆》，载中国新闻网，https://www.chinanews.com/gn/2021/01-07/9381305.shtml，2024 年 7 月 16 日访问。

　　[2]　参见周伊利等：《多层高密度小城镇的住宅类型及典型街区形态——以浙江龙港市为例》，载《住宅科技》2020 年第 10 期，第 57~64 页。

农民集体所有土地上的住宅小区。而停车位则是指在不同类型的机动车停放场所中，能够满足一辆机动车合法停留的空间区域。

依照上述概念，所谓的城镇住宅小区停车位，则是指在开发商投资建设的城镇住宅小区中，业主用于合法停放其机动车辆的区域。

根据其区位属性，分为建设于地面之上的停车位以及建设于地面之下的停车位。建设于地面之上的停车位，主要有内部道路的路面停车位、建筑物首层架空车位、独立建设的多层停车位[1]以及屋顶平台车位几类。而非人防性质的地下停车位以及由人防工程改造的车位均属建设于地面之下的停车位。

二、城镇住宅小区停车位权属在实践中的分歧

笔者通过对裁判文书网进行检索发现，停车位纠纷自 2003 年起开始呈现出上升趋势，在 2010 年至 2020 年中，停车位纠纷一审案件的占比大约为 81%，其中关于权属争议的占比高达七成，在此当中，业主与开发商之间的纠纷尤其突出，买卖及租赁合同纠纷所占比例达到近八成，其余为确权、赠与纠纷。

在城镇住宅小区不同类型停车位的权属争议案件中，地下停车位纠纷占比最高，达到 67%，裁判案件中具体体现为当事人因开发商无证、车位无法过户等问题而与开发商产生纠纷。如前所述，基于目前法律中有关城镇住宅小区停车位的规定过于原则性，类案不同判的情况时有发生。

笔者通过对相关案例进行对比，总结出城镇住宅小区停车位的利益各方对停车位归属问题的不同观点，具体如下表所示：

	地面停车位	地下停车位	人防车位
观点一	《民法典》物权编规定："占用业主共有的道路或者其他场地用于停放汽车的车位，归业主所有。"据此，双方就该车位类型的分歧较小。	因购房时已经分摊建筑成本且开发商未取得产权证明，故停车位应当归全体业主所有，开发商无权转让停车位。	因人防停车位与国防安全、群众生命安全紧密相关，属于国防资产的组成部分，故人防停车位应当归国家所有，开发商无权对其进行处分。
观点二		地下停车位的面积未纳入业主公摊面积，且由开发商投资建设，成本是由开发商所支付的，故地下停车位理应归开发商所有。	人防停车位由开发商投资建设，根据《人民防空法》第5条之规定，依照"谁投资，谁使用，谁收益"的原则，开发商应就人防停车位的使用、收益享有权利。

---

[1] 建筑物首层架空车位是指开发商利用建筑物地面上第一层空间建成的停车场所；独立建设的多层停车位是指住宅小区内独立建设的具有建筑物结构的多层经营性停车场所，具备结构和利用上的独立性。

三、《民法典》第275条、第276条关于停车位、车库权属划分的基本原则

《民法典》第275条、第276条、最高人民法院《关于审理建筑物区分所有权纠纷案件适用法律若干问题的解释》在司法实务中为处理城镇住宅小区停车位纠纷提供了基本的法律意见。《民法典》第275条规定："建筑区划内，规划用于停放汽车的车位、车库的归属，由当事人通过出售、附赠或者出租等方式约定。占用业主共有的道路或者其他场地用于停放汽车的车位，属于业主共有。"第276条规定："建筑区划内，规划用于停放汽车的车位、车库应当首先满足业主的需要。"

根据法条表述可知，停车位的权属划分原则上应当优先尊重当事人意思自治，即以当事人自主约定进行划分，具体形式可以为买卖、附赠或是出租。同时，由于地面停车位、建筑物首层架空车位等系占用业主共有的道路及其他共有土地建设而成，一般而言其由全体业主共同所有，据此，从《民法典》第275条、第276条规定的内容来看，仅上述类型停车位的权属是相对明确的，而无约定的地下停车位在权属划分上则是未明确的。

四、结合《民法典》第275条、第276条，笔者就城镇住宅小区地下停车位权属问题的两点思考

2007年出台的《物权法》作为规范物权确认、转移的基础性法律，由于在实践当中仍存在争议且尚未达成一致，故仅在第74条[1]中触及了"业主优先权""约定优先"等内容。但遗憾的是，《民法典》正式施行后，其第275条及第276条依旧沿袭了2007年《物权法》第74条的设定，且未作出任何实质性的改动。上述两个法条的规定依旧强调了停车位的划分应当优先满足业主之需求。然而，所谓的"首先满足业主需求"在司法实务中依然存在着不同的理解。

（一）"首先"＝"业主享有优先购买权/优先承租权"？

部分学者主张业主对地下停车位享有优先购买权或优先承租权，其观点认为，开发商欲将地下停车位销售给非业主的第三人时，应当通知全体业主，并在同等条件下优先销售或出租给业主。然而大部分地区的停车位经常出现供不应求的情况，业主也往往无法同外部人员竞争，因此，最终或导致业主无停车位可用的情况出现。

笔者认为，司法机关应当就"首先满足业主需求"进行更为细化的解释，"首先"一词应当理解为保证本住宅小区内的业主实质上拥有先于非业主第三人的权利，此种"优先"应当是一种"全方位的、结果上的"优先，而非赋予业主某种程序上或实体上的优先。因此，在司法实践中，应当否认"首要"等于"优先购买权/优先承租权

---

[1] 2007年《物权法》第74条规定：建筑区划内，规划用于停放汽车的车位、车库应当首先满足业主的需要。建筑区划内，规划用于停放汽车的车位、车库的归属，由当事人通过出售、附赠或者出租等方式约定。占用业主共有的道路或者其他场地用于停放汽车的车位，属于业主共有。

的"解释,否定"有钱"高于"业主需求"的交易潜规则。

(二) 是否应当对"满足业主需求"进行时间上的限制?

实践中,大多数业主在购房时并无购买停车位的需求,而在小区生活一段时间且经济条件相对宽裕以后,才会产生相应的购买需求,但正当其准备购买时却被开发商告知停车位已售罄。另外,若小区停车位已被闲置了相当一段时间,那么,这是否意味着开发商可以将该停车位出售或出租给非业主的第三人?

笔者认为应当将"满足业主需求"确认为一项结果,而非一种手段。理由是在实践中,部分业主购房时因自身经济条件有限而未在第一时间购买停车位,若对其购买车位的时间加以限制,显然是忽略了此部分业主未来的需求,故不应对"满足业主需求"进行时间上的限制。

房屋买卖合同被确认无效后，
不动产登记如何处理

田宪鹏

案例：英杰房地产开发有限公司（以下简称"英杰公司"）将其开发建设的一套房屋出售给王某，与王某签订了买卖合同，并于2015年将房屋交付给王某，王某取得该房屋后对房屋进行装修后对外出租收取租金，但一直未办理房产证。2016年，英杰公司又将上述房屋出卖给了李某，双方签订了买卖合同，并办理了不动产登记。但李某从未就上述房屋主张过权利。且李某将上述房屋抵押给银行办理了抵押贷款，因无法偿还借款，银行起诉李某并申请法院查封了上述房屋。王某得知该情况后，将英杰公司和李某诉至法院，请求确认其买卖合同无效。法院经审理查明，李某并未向英杰公司支付过任何购房款，也从未就案涉房屋主张过任何权利，双方签订的买卖合同系恶意串通损害了王某的合法权益，判决确认英杰公司与李某签订的买卖合同无效。确认合同无效的判决生效后，案涉房屋仍登记在李某名下，王某应如何就登记机构为李某办理的不动产登记主张权利？

一、房屋买卖合同无效的法律后果

《民法典》第155条规定："无效的或者被撤销的民事法律行为自始没有法律约束力。"第157条规定："民事法律行为无效、被撤销或者确定不发生效力后，行为人因该行为取得的财产，应当予以返还；不能返还或者没有必要返还的，应当折价补偿。有过错的一方应当赔偿对方由此所受到的损失；各方都有过错的，应当各自承担相应的责任。法律另有规定的，依照其规定。"具体到房屋买卖合同关系中，房屋出卖人与买受人签订买卖合同并办理转移登记后，所有权发生转移，签订房屋买卖合同是房屋所有权转移的原因行为，若房屋买卖合同被确认无效，无效合同自始至终不发生法律效力，房屋所有权转移即丧失其合法性基础，若房屋仍登记在"买受人"名下，则会出现不动产登记簿记载的权利人与真实权利人不符的情况。

二、不动产登记簿错误的救济途径

（一）不动产登记簿错误是否可以申请更正

《民法典》第 220 条规定："权利人、利害关系人认为不动产登记簿记载的事项错误的，可以申请更正登记。不动产登记簿记载的权利人书面同意更正或者有证据证明登记确有错误的，登记机构应当予以更正。不动产登记簿记载的权利人不同意更正的，利害关系人可以申请异议登记。登记机构予以异议登记，申请人自异议登记之日起十五日内不提起诉讼的，异议登记失效。异议登记不当，造成权利人损害的，权利人可以向申请人请求损害赔偿。"

根据上述规定，权利人或利害关系人申请更正登记后存在两种结果，一种是权利人同意更正或有充分证据证明不动产登记簿确有错误，如案例中的王某向不动产登记机构提供确认英杰公司与李某签订的买卖合同无效的生效判决，在这种情况下，登记机构应当依职权予以更正；另一种是权利人不同意更正，利害关系人提供的证据不足以证明不动产登记簿确有错误，登记机构不予以更正，利害关系人只能申请异议登记并在异议登记之日起 15 日内提起诉讼。

（二）权利人或利害关系人应当提起民事诉讼还是行政诉讼

《民法典》第 220 条并未对此进行规定。笔者认为，权利人或利害关系人应当提起确权的民事诉讼，请求确认其为该不动产的真实权利人。不动产登记簿记载确有错误，权利人或利害关系人取得胜诉的生效判决后，登记机构即可根据生效判决进行变更登记。若提起行政诉讼，登记机构只是行使登记的行政职权，无权进行所有权的确认，因此即使登记机构败诉，若无充分证据证明权利人或利害关系人为真实权利人，登记机构仍无法进行变更登记。

但是，根据《不动产登记暂行条例实施细则》第 80 条[1]的规定，在错误登记之后已经办理了涉及不动产权利处分的登记、预告登记和查封登记的，即使不动产权利人或者利害关系人证明不动产登记簿记载确有错误，登记机构也不会办理变更登记。案例中，案涉房屋在登记在李某名下时被人民法院查封，根据上述规定，王某取得确认合同无效的生效判决后，仍然无法办理变更登记。

那么，王某能否申请注销或撤销错误的不动产登记呢？

---

[1] 《不动产登记暂行条例实施细则》第 80 条规定："不动产权利人或者利害关系人申请更正登记，不动产登记机构认为不动产登记簿记载确有错误的，应当予以更正；但在错误登记之后已经办理了涉及不动产权利处分的登记、预告登记和查封登记的除外。不动产权属证书或者不动产登记证明填制错误以及不动产登记机构在办理更正登记中，需要更正不动产权属证书或者不动产登记证明内容的，应当书面通知权利人换发，并把换发不动产权属证书或者不动产登记证明的事项记载于登记簿。不动产登记簿记载无误的，不动产登记机构不予更正，并书面通知申请人。"

三、合同被确认无效后，能否申请不动产登记部门注销或撤销已经办理的不动产登记

（一）注销的主体为权利人

根据《不动产登记暂行条例实施细则》第28条第1款的规定，可以办理注销登记的情形包括："（一）不动产灭失的；（二）权利人放弃不动产权利的；（三）不动产被依法没收、征收或者收回的；（四）人民法院、仲裁委员会的生效法律文书导致不动产权利消灭的；（五）法律、行政法规规定的其他情形。"案例中，王某能否根据确认合同无效的生效判决，申请注销李某基于无效合同办理的不动产登记呢？

自然资源部2021年修订的《不动产登记操作规范（试行）》第8.4条注销登记中8.4.2申请主体明确"国有建设用地使用权注销登记的申请主体应当是不动产登记簿记载的权利人"。可见，本案只有李某才能申请注销登记，若李某拒绝配合王某申请注销登记，则王某自行申请注销的主体不适格。

（二）利害关系人王某能否申请撤销不动产登记

已经废止的《房屋登记办法》第81条规定："司法机关、行政机关、仲裁委员会发生法律效力的文件证明当事人以隐瞒真实情况、提交虚假材料等非法手段获取房屋登记的，房屋登记机构可以撤销原房屋登记，收回房屋权属证书、登记证明或者公告作废，但房屋权利为他人善意取得的除外。"取而代之的《不动产登记暂行条例》和《不动产登记暂行条例实施细则》均未规定房屋登记可以撤销。

但在一些地方性法规中仍保留了此类规定，如《重庆市土地房屋权属登记条例》（重庆市人民代表大会常务委员会公告［2012］第15号）第30条沿用了已经废止的《房屋登记办法》第81条的规定。

此外，最高人民法院《关于审理房屋登记案件若干问题的规定》（法释［2010］15号）多次出现了"撤销"的用语，若被诉房屋登记行为违法，可以判决撤销该登记行为，其中第8条规定"当事人以作为房屋登记行为基础的买卖、共有、赠与、抵押、婚姻、继承等民事法律关系无效或者应当撤销为由，对房屋登记行为提起行政诉讼的，人民法院应当告知当事人先行解决民事争议，民事争议处理期间不计算在行政诉讼起诉期限内……"根据上述规定，若作为房屋登记行为基础的买卖合同无效，当事人可以提起行政诉讼，请求撤销不动产登记。

实践中，部分法院根据《行政诉讼法》第70条："行政行为有下列情形之一的，人民法院判决撤销或者部分撤销，并可以判决被告重新作出行政行为：……（三）违反法定程序的……"之规定，判决撤销了不动产登记。如梅河口市人民法院在［2018］吉0581行初38号行政判决书的裁判观点为："本案被告在办理土地变更登记过程中，未严格依照《不动产登记暂行条例》相关规定，申请书未签名，不动产界址不是原告本人确认签字，该土地权属部分争议未明确情况下，便作出土地使用权证系程序违法，

原告主张撤销土地使用权登记于法有据，本院予以支持。依照《行政诉讼法》第七十条'行政行为有下列情形之一的，人民法院判决撤销或者部分撤销，并可以判决被告重新作出行政行为：（三）违反法定程序的'的规定，判决撤销被告梅河口市不动产登记中心于 2017 年 12 月 29 日作出的吉［2017］梅河口市不动产权第 XXXX 号国有建设用地使用权证。"

据此，案例中的王某在已经取得了确认合同无效的生效判决，且案涉房屋已经被查封无法办理变更登记的情况下，可以以该登记行为违法为由申请登记机构撤销该登记，登记机构不予撤销的，可以提起行政诉讼，请求判令不动产登记机构予以撤销。

综上，房屋买卖合同被确认无效的情况下，无效合同自始至终不发生法律效力，房屋所有权转移即丧失其合法性基础。权利人、利害关系人认为不动产登记簿错误的，可以申请登记机关更正。登记机关因不动产登记簿记载的权利人不同意更正或无证据证明登记错误不予更正的，利害关系人可以申请异议登记并在异议登记之日起 15 日内提起确权的民事诉讼。在权利人不申请注销登记的情况下，利害关系人可以请求登记机构撤销该登记，登记机构不予撤销的，可以提起行政诉讼请求判令不动产登记机构予以撤销。

购房人以房屋质量问题主张空置费的
实务探析

田宪鹏

最高人民法院《关于审理商品房买卖合同纠纷案件适用法律若干问题的解释》第10条第2款规定："交付使用的房屋存在质量问题，在保修期内，出卖人应当承担修复责任；出卖人拒绝修复或者在合理期限内拖延修复的，买受人可以自行或者委托他人修复。修复费用及修复期间造成的其他损失由出卖人承担。"

若购买的房屋存在质量问题，购房人在向房地产开发商主张履行质量修复责任的同时，可能会同时主张其他损失，而因质量问题导致其无法正常使用房屋产生的房屋空置费就是购房人主张的损失之一。那么，司法实践中是如何对是否存在房屋空置费、房屋空置费的计算标准及房屋空置费的承担主体进行认定的呢？本文通过检索相关司法判例，对于房屋空置费相关的几个实务问题进行了归纳和总结。

一、购房人主张房屋空置费应当以房屋存在质量问题为前提，且该质量问题应严重到影响房屋的正常居住使用

根据"谁主张，谁举证"的基本原则，购房人主张房屋空置费的，应举证证明其所购房屋存在质量问题且该质量问题已经严重到影响房屋正常居住使用。司法实践中，购房人与房地产开发商无法就房屋是否存在质量问题、质量问题的成因等达成一致意见的，通常在人民法院的组织下选择第三方鉴定机构对上述问题进行司法鉴定，即使房屋确实存在质量问题且该质量问题并非购房人原因导致，购房人仍需举证证明该质量问题严重到导致其无法正常居住使用，如果房屋只是存在外观、墙面、漏水等质量问题，不存在主体结构、地基基础等影响房屋的安全问题或者其他严重影响正常使用的质量问题，购房人关于空置费的主张不应予以支持。

如在［2019］浙0206民初2388号案件中，宁波市北仑区人民法院的裁判观点为：根据法律和司法解释的相关规定，商品房买卖中，若出卖人的房屋存在主体结构质量问题，或存在其他质量问题严重影响买受人居住使用，买受人有权拒绝收房并要求解除合同，若不存在上述问题，仅是一般质量瑕疵，买受人应当先收房，再由出卖人在

房屋保修期内承担保修责任，因房屋维修导致买受人实际损失的，买受人可另行向出卖人主张。本案中，原告若要使其诉请所依据的理由成立，需就涉案房屋存在主体结构质量问题或在被告通知原告方交房时房屋存在质量问题严重影响原告居住使用承担证明责任。原告诉称的房屋部分外墙色差度等问题不属于严重影响买受人使用的质量问题，其也未就涉案房屋是否存在主体结构质量问题申请司法鉴定，亦未提出充分证据证明在2018年6月29日被告通知原告交房时存在前述问题，举证不能的不利后果应由原告方自行承担，原告方诉请被告赔偿涉案房屋因色差度维修所致的物业费、空置费以及购房款利息等损失，依据不足，本院不予支持。

在〔2017〕苏0113民初1395号案件中，南京市栖霞区人民法院的裁判观点为：关于原告主张的案涉房屋空置费的请求。根据苏交科公司出具的鉴定意见书，案涉房屋的客厅、东卧、西卧及北卧的顶部楼板存在开裂、空鼓及混凝土剥落现象，属于质量缺陷。这些质量缺陷的存在影响到对案涉房屋的正常使用，故在案涉房屋质量缺陷修复前及修复时的相应期间内，因案涉房屋不能正常使用造成案涉房屋空置，由此产生的房屋空置损失，被告应当予以合理赔偿。

在房屋本身确实存在质量问题的情况下，但根据相关证据无法判断该质量问题是否影响房屋正常居住使用的，也可以在人民法院组织下由专业的第三方鉴定机构进行司法鉴定，对质量问题及空置之间的因果关系作出专业判断。

二、房屋空置费一般参考当地的租金标准，根据空置时间、质量修复时间等综合确定

在查明购房人购买的房屋确实存在质量问题且该质量问题影响房屋正常居住使用的情况下，人民法院一般参考房屋所在地同类型、同地段的房屋租赁标准计算房屋空置费，房屋空置时间根据质量问题产生的时间及质量问题修复完成的时间进行确定，购房人应就此承担举证责任，确实无法查明准确的空置时间的，人民法院一般在综合判断购房人提供的证据的基础上行使自由裁量权确定空置时间。

如在〔2017〕苏0113民初1395号案件中，南京市栖霞区人民法院的裁判观点为：对于被告赔偿损失的空置时间，本院综合考虑被告履行维修义务情况、本案中鉴定评估进行情况以及原被告的相应过错大小，酌定修复前被告赔偿损失的空置时间为1年；对于修复时房屋的空置时间，原被告一致确认为50天，本院予以确认。关于房屋空置损失的标准，可以参考案涉房屋当时的市场租赁价格，根据本院向房地产专业中介机构所作的市场租赁价格询价情况，本院酌定按每月3900元计算。因此，本院确定被告应当赔偿原告案涉房屋的空置损失为53 300元。

在〔2017〕京02民终8154号案件中，北京市第二中级人民法院的裁判观点为：同时谢某师无法证明其曾向金泰嘉业公司报修且曾在一审庭审中表示涉案房屋仍在出租中，因此，一审法院仅能根据修缮涉案房屋时可能造成的房屋空置时间酌情确定其

房屋空置损失。

三、购房人对于损失扩大的部分也应承担相应责任

根据最高人民法院《关于审理商品房买卖合同纠纷案件适用法律若干问题的解释》第 10 条的规定，出卖人拒绝修复或者在合理期限内拖延修复的，买受人可以自行或者委托他人修复。修复费用及修复期间造成的其他损失由出卖人承担。房地产开发商在与购房人签订买卖合同时，通常也会在合同中对此进行约定，若房屋出现质量问题后，房地产开发商拒绝或怠于修复，购房人负有自行修复避免损失进一步扩大的义务，购房人放任该质量问题的产生导致房屋长期空置的，购房人也应对空置损失根据其过错程度承担部分责任。

如在［2014］沪一中民二（民）终字第 1422 号案件中，上海市第一中级人民法院的裁判观点为：金某在发现涉案房屋存在质量问题后，亦理应及时采取积极、有效的方式督促加来公司对涉案房屋的质量问题予以整改，以免房屋空置损失进一步扩大，因此，金某对其在上述时间段无法使用涉案房屋所造成的损失负有次要责任。

在［2013］朝民初字第 00872 号案件中，北京市朝阳区人民法院的裁判观点为：关于 203 号房屋空置损失，203 号房屋墙体受损后，李某诉至法院并申请对房屋墙体功能与安全性能进行鉴定，保留 203 号房屋施工现状并无不当，此期间的房屋空置损失应由违约方某某装饰公司予以赔偿。就 203 号房屋墙体功能与安全性能鉴定及修复方案出具后，李某未能及时恢复房屋使用状态，对于房屋空置损失的扩大亦存在一定过错，故亦应分担此期间的房屋空置损失。本院结合 203 号房屋经济损失评估结论对于上述损失酌情判处。

卖方未领取产权证签订二手房
买卖合同的效力分析

田宪鹏

二手房市场在我国起步较晚但发展迅速，近几年，进入市场交易的二手房数量不断增加，二手房交易规模不断扩大。但由于二手房交易手续复杂，各地政府的政策也不尽相同，相对于新建商品房交易，二手房交易的风险较大。随着房地产市场的快速发展，全国各城市尤其是一线城市的新建商品房价格呈现持续上涨态势，甚至出现一日一价的现象，二手房的价格也随之一路飙升，为了追逐更高的利益，卖方在签订二手房买卖合同后毁约的情况屡有发生。

一、有关《城市房地产管理法》第38条第6项规定性质的司法观点

笔者在查阅了大量的二手房买卖合同纠纷案件后发现，卖方在此类案件中常常以合同签订时未办理产权证，违反了《城市房地产管理法》第38条第6项的强制性规定为由主张合同无效，且该主张得到了部分法院的支持。

支持该主张的法院认为，根据《民法典》第153条的规定，违反法律、行政法规的强制性规定的民事法律行为无效。《城市房地产管理法》第38条规定："下列房地产，不得转让：……（六）未依法登记领取权属证书的……"因此，买卖双方就未办理领取房产权属证书签订的二手房买卖合同，违反了法律的强制性规定，应属无效合同。

笔者认为，上述裁判观点并未对《城市房地产管理法》第38条第6项强制性规定的性质进行区分，其结论值得商榷。

二、《城市房地产管理法》第38条第6项规定应属于管理性的强制性规定

《民法典》第153条第1款规定"……该强制性规定不导致该民事法律行为无效的除外"，因此，并非违反强制性规定的民事法律行为一律无效，导致合同无效的强制性规定应当为效力性的强制性规定。与效力性的强制性规定相对应的是管理性的强制性规定。根据《民法典》第153条的规定，只有违反了效力性的强制性规定签订的合同才属无效合同，违反管理性的强制性规定的情况下则不应对合同的效力作否

定性的评价。但我国现行的法律法规并未对效力性的强制性规定和管理性的强制性规定进行明确区分，实践中，需要结合立法者的立法目标对相关强制性规定的性质加以判断。

《城市房地产管理法》的立法目的是加强政府主管部门对城市房地产的管理，维护房地产市场秩序，保障房地产权利人的合法权益，促进房地产业的健康发展。具体到该法第38条第6项而言，该条规定应当理解为城市房地产管理部门不得就未依法登记领取权属证书的房屋进行转移登记。因此，该条规定应当定性为管理性的强制性规定，而不属于影响合同效力的效力性强制性规定。最高人民法院在〔2006〕民一终字第26号民事判决书中明确阐述了这一观点，同时，结合一般的交易惯例，买卖双方对房屋尚未办理房产证的事实应当是明知的，那么双方仍继续签订买卖合同应当视为对该事实的认可，并不影响合同的继续履行。

此外，《民法典》第215条规定："当事人之间订立有关设立、变更、转让和消灭不动产物权的合同，除法律另有规定或者当事人另有约定外，自合同成立时生效；未办理物权登记的，不影响合同效力。"依据该规定，依法登记领取权属证书并不是合同的生效要件，在尚未取得产权的情况下，买卖双方签订的房屋买卖合同只要符合《民法典》规定的合同成立要件，除非当事人另有约定，否则就应当认定合同自成立时即生效。

在司法实践中，大部分法院均认可《城市房地产管理法》第38条第6项属管理性的强制性规定，违反该条并不影响合同效力。以笔者所在地的法院为例，贵阳市中级人民法院在〔2017〕黔01民终2436号民事判决书中认为："《城市房地产管理法》的主要规范对象是行政管理行为，第38条第6项规定旨在规范房屋交易的行政管理，而非禁止交易关系，所涉及事项亦不损害国家利益和社会公共利益，故在性质上应属于管理性强制性规定，根据最高人民法院《关于适用〈中华人民共和国合同法〉若干问题的解释（二）》[1]第14条'合同法[2]第五十二条第（五）项规定的'强制性规定'，是指效力性强制性规定'之规定，不能据此认定上诉人与被上诉人双方以及案外人签订的《房屋买卖三方合同》无效，本案中双方并未举证证明上述合同存在其他应归为无效的情形，故本案中涉及的《房屋买卖三方合同》为有效合同，各方均应依约履行。"

三、买方购买未办理房产证的二手房的交易风险

综上所述，在合同不存在其他无效情形的情况下，卖方未取得房屋所有权证，仅影响办理房屋过户手续的时间，并不影响合同的法律效力。《民法典》第209条第1款规定："不动产物权的设立、变更、转让和消灭，经依法登记，发生效力；未经登记，

---

〔1〕 最高人民法院《关于适用〈中华人民共和国合同法〉若干问题的解释（二）》已经被最高人民法院《关于废止部分司法解释及相关规范性文件的决定》废止。

〔2〕《合同法》已于2021年1月1日起废止。

不发生效力，但是法律另有规定的除外。"根据上述规定，虽然卖方未办理房产证签订的二手房买卖合同并非当然无效，但未办理房产证转移登记并不能发生物权的变动，在买卖双方就房屋办理转移登记之前，存在房屋因卖方原因被抵押或被司法查封等的法律风险。

公租房承租权能否继承

田宪鹏

近年来，随着廉租住房、经济适用住房建设和棚户区改造力度的逐步加大，城市低收入家庭的住房条件得到较大改善。但由于有的地区住房保障政策覆盖范围比较小，部分大中城市商品住房价格较高、上涨过快、可供出租的小户型住房供应不足等原因，一些中等偏下收入家庭住房困难的问题仍然存在。随着城镇化快速推进，新职工的阶段性住房支付能力不足矛盾日益显现，外来务工人员居住条件也亟须改善。鉴于此，政府大力发展公共租赁住房以满足城市中等偏下收入家庭的基本住房需求。实践中，因公租房导致的争议和纠纷也比较多，本文就承租人死亡后公租房承租权能否继承进行探讨。

一、什么是公租房

（一）公租房的含义及特点

公租房全称为"公共租赁住房"，《公共租赁住房管理办法》第3条规定："本办法所称公共租赁住房，是指限定建设标准和租金水平，面向符合规定条件的城镇中等偏下收入住房困难家庭、新就业无房职工和在城镇稳定就业的外来务工人员出租的保障性住房。公共租赁住房通过新建、改建、收购、长期租赁等多种方式筹集，可以由政府投资，也可以由政府提供政策支持、社会力量投资。公共租赁住房可以是成套住房，也可以是宿舍型住房。"与商品房相比，公租房具有保障性、所有权和使用权相分离等特点。根据上述规定，公租房面向的主体是城镇中等偏下收入住房困难家庭、新就业无房职工和在城镇稳定就业的外来务工人员。符合条件的主体应当依申请取得公租房承租权。租赁期限一般不超过5年，租赁期限届满可以申请续租。租金标准由市县级人民政府确定，符合条件的可以进行补贴或减免。承租人对公租房仅享有承租权，不享有所有权。

（二）公租房的主要分类

实践中，根据所有权主体的不同可以将公租房分为政府所有的公租房和企事业单位所有的公租房。其中，政府所有的公租房是指地方政府投资建设，由住房保障主管部门负责管理，纳入城镇住房保障规划和年度计划，向符合条件的保障对象提供的住房，包括公租房项目中的住宅，以及配套的非住宅资产（公共用房、经营性用房、车位、设施设备用房等房屋建筑物）。企事业单位所有的公租房是指企事业单位投资建设的，主要是为本单位职工提供的保障性住房。

二、司法实践中关于公租房承租权能否继承的观点

因公租房承租人仅享有承租权，不享有所有权，因此，公租房承租人死亡时，其继承人不能依据所有权继承该公租房。那么，其继承人能否继承公租房承租权呢？对于该问题，司法实践中存在不同的看法。

一种观点认为：公租房承租权是一种物化的债权，具备独立的财产性质，公租房的承租人对该承租权具有实际上的处分权，应当纳入继承范围。

如沈阳市中级人民法院于 2004 年 12 月 2 日发布的《关于审理房地产案件若干问题的处理意见（之二）》明确："根据公有住房使用权的性质，可以作为遗产进行继承。无论是基于单位分配而获得的公房使用权还是通过市场交易而取得的使用权，均应允许对其所体现的财产权益继承。"

另一种观点认为：公租房承租权不属于原《继承法》第 3 条规定的公民死亡时遗留的个人合法财产，公租房承租人死亡后，其继承人不能继承公租房承租权。

如北京市高级人民法院《关于审理继承纠纷案件若干疑难问题的解答》明确："当事人请求继承被继承人生前的公房承租权，人民法院应告知当事人向公房所有权所在的行政机关或单位申请办理公房承租人变更手续，当事人坚持继承请求的，人民法院裁定驳回起诉。"

三、公租房承租权能否继承的观点辨析

笔者赞同上述第二种观点，公租房不能继承，理由如下：

首先，公租房不是个人遗产，不属于可继承财产。根据《民法典》第 1122 条[1]的规定，遗产是自然人死亡时遗留的个人合法财产。一般包括收入、房屋、储蓄等。其中的房屋是指公民享有所有权的房屋，公租房承租人仅就公租房享有使用权，不享有所有权，不属于公民死亡时的个人遗产。

其次，公租房作为保障性住房，具有极强的人身属性，不能转让或继承。根据《公共租赁住房管理办法》第 7 条、第 9 条和第 16 条的规定，"申请公租房应当符合以下条件：（1）在本地无住房或者住房面积低于规定标准；（2）收入、财产低于规定标准；（3）申请人为外来务工人员的，在本地稳定就业达到规定年限。具体条件由直辖市和市、县级人民政府住房保障主管部门根据本地区实际情况确定，报本级人民政府批准后实施并向社会公布。市、县级人民政府住房保障主管部门会同有关部门对申请

---

〔1〕《民法典》第 1122 条规定，遗产是自然人死亡时遗留的个人合法财产。依照法律规定或者根据其性质不得继承的遗产，不得继承。

人是否符合条件进行审核。经审核，对符合申请条件的申请人，由公共租赁住房所有权人或者其委托的运营单位与配租对象签订书面租赁合同。承租人死亡的，双方之间建立的租赁关系即归于消灭，继承的前提则不复存在。若公租房承租权可以继承，则会出现不具备公租房承租权的继承人通过继承的方式取得公租房承租权的情况，显然违背了政府发展公租房的初衷。

最后，与公租房承租人共同居住的其他人，符合公租房申请条件的，可以通过变更承租人、办理过户或重新申请等途径获取公租房，无需通过继承解决居住问题。根据《民法典》第732条的规定，"承租人在房屋租赁期限内死亡的，与其生前共同居住的人或者共同经营人可以按照原租赁合同租赁该房屋"。具体到公租房而言，部分地方政府就公租房承租人死亡后变更承租人作了明确规定，如《天津市公有住房变更承租人管理办法》第5条规定："公有住房承租人死亡或者户籍迁出本市的，承租人的配偶、子女、父母等亲属，可以申请办理变更承租人过户手续。公有住房使用权过户只能由一人提出申请，符合过户条件的人员有两人以上（含两人）的，应当达成一致意见后方可申请过户。符合过户条件人员达不成一致意见的，可以向人民法院起诉……"类似规定在一定程度上达到了与继承同样的法律效果。对于未出台相关规定的地区，公租房承租人死亡后，其配偶、子女、父母或者其他同户籍亲属符合条件的，仍然可以根据《公共租赁住房管理办法》的相关规定申请公租房，以获得住房保障。

综上，为保障符合条件的承租人租赁公租房，避免出现不符合条件的继承人通过继承的方式取得公租房的情况，在目前并无相关法律法规明确规定的情况下，不应将公租房承租权纳入遗产范围。符合条件的公租房承租人死亡后，其配偶、子女、父母或者其他同户籍亲属符合条件的，可以通过申请变更承租人或重新申请公租房的方式取得公租房承租权，其住房需求同样可以得到保障。

承租人长期拖欠租金时出租人
如何自行收回房屋

王松子

房屋租赁合同履行过程中，如发生承租人长期拖欠租金的情况，出租人为维护自身合法权益，可对房屋租赁合同进行解除，收回租赁房屋。在承租人拒绝搬离的情况下，出租人可向人民法院提起诉讼，要求其进行搬离。在实践中，部分出租人因采取诉讼方式收回房屋所需花费的时间过长，而不愿意采取该种方式。但若自行收回房屋，在此过程中存在不当行为的情况下，则可能会造成一些不必要的损失。本文就承租人长期拖欠租金时出租人如何自行收回房屋提出建议，以供实务参考。

一、收回租赁房屋方式利弊分析

若采取诉讼方式收回租赁房屋，在出租人取得胜诉承租方仍拒绝履行的情况下，通过申请法院强制执行，将更有利于在收回租赁房屋过程中保障出租人的合法权益，避免因收回房屋造成不必要的损失（如造成承租方财物损坏而被要求赔偿）。但除在向法院起诉后经申请法院裁定先予执行的特殊情况外，该方式所需花费的时间较长［立案7日内+一审6个月内（简易程序3个月内）+二审（如有）3个月内+执行原则上6个月，此外还可能因过程中的程序及实际情况进一步延长］，可能会导致在此期间租赁房屋无法使用而造成损失。

若自行收回，相较诉讼方式而言，能够更高效地达到收回房屋的目的，使房屋尽快再次投入使用、带来收益。但由于没有法院作为执行主体，在对方不配合的情况下，如在自行搬离过程中造成损害，出租方可能因此被要求承担赔偿责任。另如果承租人对房屋进行了装修，而双方未就装修残值进行评估确认，后期双方也可能因装修残值补偿发生争议，对出租人造成损失，甚至在搬离过程中也可能引发双方间的冲突，从而造成更多不必要的损失。在司法实践中，也有法院支持了上述类似情形下出租人自行搬离对承租人造成损失赔偿的主张。如在重庆市高级人民法院［2017］渝民申1933号重庆宏路实业有限公司（以下简称"宏路公司"）与凌某祥租赁合同纠纷申请再审民事裁定书中，重庆市高级人民法院认为："在双方因搬迁问题发生纠纷后，宏路公司应当通过正常的法律程序寻求解决途径，但宏路公司却擅自将凌某祥的财产搬离，并将涉案房屋毁损，给凌某祥造成了损失，一、二审法院认定宏路公司应对此承担侵权赔偿责任并无不当。"

二、自行收回租赁房屋的步骤建议

从上述分析来看，自行收回房屋对于出租人而言存在一定风险。如非必要，条件允许的情况下，建议采取诉讼方式解决争议。确需采取自行收回方式收回的，建议事先谨慎评估可能存在的风险（如是否会与承租人发生冲突、自行搬离是否会导致承租人物品损坏等），在第三方全程记录下（建议可考虑采取公证的方式）函告承租人解除合同、对装修残值进行评估后，再将承租人物品搬离房屋并妥善保管，以尽可能避免造成不必要的损失。具体建议如下：

（一）函告解除合同

根据《民法典》第563条第2款、第565条的规定，当事人一方迟延履行主要债务，经催告后在合理期限内仍未履行，当事人可以解除合同。当事人一方依照上述规定主张解除合同的，应当通知对方。合同自通知到达对方时解除。在承租人长期未缴纳租金的情况下，其已构成严重违约，出租人可按照《民法典》的上述规定函告对方通知其解除合同。

该函件建议可由出租人签章后通过EMS邮寄及自行送达两种方式分别寄送。其中EMS邮寄后应将寄送单据和送达记录妥善留存，自行送达则应由出租人的授权代表（应出具授权委托书）在第三人的全程记录下（建议可考虑采取公证的方式）送往承租人并由承租人盖章签收（或由承租人的法定代表人/授权代表签收）。

需要注意的是，鉴于双方可能就房屋租赁合同的履行、解除发生争议并诉至法院，建议出租人在采取上述措施后妥善保留解除房屋租赁合同的相关证据材料原件，如催告函件、解除函件、EMS寄送单据、EMS送达记录、承租人签收记录等，否则对于房屋租赁合同是否已解除的问题将可能在诉讼过程中发生争议，可能对出租人造成不利。

（二）装修残值评估

根据最高人民法院《关于审理城镇房屋租赁合同纠纷案件具体应用法律若干问题的解释》第9条第2项的规定，因承租人违约导致合同解除，承租人请求出租人赔偿剩余租赁期内装饰装修残值损失的，不予支持。但出租人同意利用的，应在利用价值范围内予以适当补偿。

需要注意的是，具体补偿金额需有相应证据作为支撑。因此，出租人在向承租人发函解除合同后，如承租人同意搬离，则应由双方共同委托评估机构对装修残值进行评估。如承租人不同意搬离或未进行回复，在函件明确的合理期限届满后，可由出租人先行聘请评估机构在第三人的全程见证下（建议可考虑采取公证的方式）对房屋装修残值进行评估，出具评估报告，并妥善保管相关证据材料原件，为可能的诉讼纠纷做好准备，避免由于证据不足对出租人造成不利。

（三）搬离房屋

在上述步骤已完成的情况下，鉴于房屋租赁合同已解除，承租人继续占有房屋的行为属于无权占有，根据《民法典》第235条的规定，无权占有不动产或者动产的，权利人可以请求返还原物。

据此，出租人有权要求承租人进行搬离。如承租人同意搬离，则双方应就房屋内的物品进行清点、对欠缴费用进行结算，并由承租人自行进行搬离。如承租人不同意搬离或未进行回复，在风险可控的情况下（如承租人实际已未使用租赁房屋，仅是将其物品放置在租赁房屋中），则可由出租人在第三人的全程见证下（建议可考虑采取公证的方式）自行收回房屋，并妥善保管房屋内的物品，及时告知承租人。

三、特别说明

需要说明的是，即使在承租人拖欠租金、严重违约的情况下，不必然意味着承租人放弃或丧失了就租赁房屋装修价值要求补偿的权利及对租赁房屋内物品的所有权。而出租人在未与承租人协商一致的情况下自行收回房屋，将可能就装修残值和搬离对承租人造成的损失产生争议，承租人可以据此向出租人主张赔偿。上述路径的设置，是为了尽量避免、减小出租人因收回房屋可能造成的损失，但由于没有法院作为执行主体，在承租人不配合的情况下，上述争议、赔偿、损失仍然可能发生，甚至可能引发双方间的冲突从而造成不必要的损失。因此，如果在承租人装修价值、放置在房屋内的物品价值较大或可能与承租人发生冲突的情况下，建议还是采取诉讼方式收回房屋。此外，除自行收回房屋外，承租人欠付租金、违约金等问题仍有待解决。建议仍需就此采取诉讼的方式主张权利，要求承租人支付其欠付的租金、违约金等款项。

十一、不动产担保

浅析不动产抵押纠纷案件的诉讼管辖问题

田宪鹏

一、问题概述

《民事诉讼法》第 24 条规定，因合同纠纷提起的诉讼，由被告住所地或者合同履行地人民法院管辖。第 34 条第 1 项规定，因不动产纠纷提起的诉讼，由不动产所在地人民法院管辖。实践中，涉及不动产抵押权的争议纠纷，往往既涉及不动产抵押合同的基础关系，也涉及基于不动产抵押合同登记设立的抵押权关系，加上现实中的具体情况不同，对于涉及不动产抵押纠纷案件的诉讼管辖问题，究竟是适用合同纠纷管辖的规定，还是适用不动产专属管辖的规定，司法实践中仍有不同的看法。本文结合笔者近期承办的一个具体案例，试着就与此相关的问题展开分析，以期提供有益参考。

二、案情简介

A 公司出地，B 公司出资，双方合作开发某房地产项目，项目建成后，A 公司与 B 公司协商一致，将其中的 10 套房屋分配给 A 公司，B 公司将 10 套房屋交付给 A 公司，并办理了房屋移交证书。

A 公司接收房屋并安装水电后开始对外出租收取租金，但一直未办理房产证。A 公司出租期间 B 公司擅自将该 10 套房屋全部出卖给 C 公司，并办理了房产证。C 公司以其中的 7 套房屋作抵押向 D 银行借款，并办理了抵押登记，以其中的 3 套房屋作抵押向 E 银行借款，并办理了抵押登记。A 公司发现该情况后，立即起诉 B 公司和 C 公司，请求确认 B 公司与 C 公司就案涉房屋签订的《商品房买卖合同》无效。确认合同无效之诉经二审法院审判作出生效判决，确认 B 公司与 C 公司就 10 套房屋签订的《商品房买卖合同》系恶意串通损害 A 公司利益，应当无效。取得上述生效判决后，A 公司以 C 公司向 E 银行借款办理的抵押登记属于无权处分，且 E 银行不构成抵押权善意取得为由，向房屋所在地人民法院提起了对 E 银行和 C 公司的诉讼，请求法院确认 E 银行取得的抵押权无效。

三、涉及不动产抵押物权变动结果的纠纷应当按照不动产专属管辖的规定确定管辖法院

在上述案件的立案阶段，关于该案的管辖法院问题，存在两种不同的观点。一种观点认为，本案源于银行与抵押人之间的抵押合同关系，应适用合同纠纷管辖的规定，由合同履行地或被告住所地有管辖权的法院立案，不适用《民事诉讼法》第34条关于不动产专属管辖的规定；另一种观点则认为，本案系确认不动产权利效力、主张不动产抵押权归于消灭的纠纷，应当适用不动产物权纠纷专属管辖的规定，由不动产登记簿记载的所在地有管辖权的法院管辖。

笔者赞同第二种观点，认为本案系涉及不动产抵押物权变动结果的纠纷，应当适用《民事诉讼法》不动产专属管辖的规定，由不动产登记簿记载的不动产所在地法院管辖。理由如下：

第一，最高人民法院《关于适用〈中华人民共和国民事诉讼法〉的解释》（以下简称《民诉法司法解释》）第28条对"因不动产纠纷提起的诉讼"作了明确解释。该条规定："民事诉讼法第三十四条第一项规定的不动产纠纷是指因不动产的权利确认、分割、相邻关系等引起的物权纠纷。农村土地承包经营合同纠纷、房屋租赁合同纠纷、建设工程施工合同纠纷、政策性房屋买卖合同纠纷，按照不动产纠纷确定管辖。不动产已登记的，以不动产登记簿记载的所在地为不动产所在地；不动产未登记的，以不动产实际所在地为不动产所在地。"

本案中，A公司的诉讼请求为确认E银行和C公司就案涉房屋设立的抵押权无效。抵押权为担保物权，根据《民诉法司法解释》第28条的规定，本案应当属于因不动产权利的确认引起的物权纠纷，管辖法院应为房屋登记簿记载的不动产所在地法院。

第二，应当区分不动产债权关系纠纷和不动产物权关系纠纷。不动产债权关系纠纷一般是指与不动产相关的合同纠纷。《民诉法司法解释》第28条明确了几类不动产合同纠纷适用专属管辖的情况，即农村土地承包经营合同纠纷、房屋租赁合同纠纷、建设工程施工合同纠纷、政策性房屋买卖合同纠纷，按照不动产纠纷确定管辖。相应地，其他类型的不动产债权关系纠纷则应当按照一般的合同纠纷确定管辖法院，如商品房买卖合同纠纷。最高人民法院印发修改后的《民事案件案由规定》表明，应根据物权变动的原因与结果判断因不动产引起的纠纷是债权纠纷还是物权纠纷。最高人民法院对此说明，按照物权变动原因与结果相区分的原则，对于涉及物权变动的原因，即债权性质的合同关系引发的纠纷案件的案由，修改后《民事案件案由规定》将其放在合同纠纷项下；对于涉及物权变动的结果，即物权设立、权属、效力、使用、收益等物权关系产生的纠纷案件的案由，修改后的《民事案件案由规定》将其放在物权纠纷项下。具体适用时，人民法院应根据当事人诉争的法律关系的性质，查明该法律关系涉及的是物权变动的原因关系还是物权变动的结果关系，以正确确定案由。

本案虽然为因抵押产生的纠纷，但并不属于抵押权设立原因关系方面的抵押合同纠纷，而是因抵押权的效力问题产生的抵押权纠纷，应适用物权纠纷即不动产纠纷专属管辖的相关规定。

第三，有关抵押权消灭的纠纷属物权纠纷。中国法制出版社出版的《民事案件案由新释新解与适用指南》（第2版）一书进一步对"抵押权纠纷"这一案由作了阐释，即当事人因抵押合同产生纠纷的，如抵押合同无效、抵押合同不成立等纠纷，是债权纠纷；而抵押权纠纷是物权纠纷，当事人在就抵押权的设立、内容、变更、转让、实现、消灭等产生的纠纷，则适用抵押权纠纷。

综上，关于不动产抵押纠纷的诉讼管辖问题，应当结合案件的具体情况、当事人的诉讼请求及争议性质确定管辖法院，不能一概而论。具体到本案而言，笔者认为，A公司作为案涉房屋的权利人，与E银行之间并不存在抵押合同关系，A公司主张E银行取得的抵押权应归于消灭而产生的纠纷，应当适用不动产物权纠纷专属管辖的规定，由不动产登记簿中记载的不动产所在地有管辖权的法院管辖。笔者的观点最终得到了不动产所在地法院立案庭的赞同，本案得以在不动产所在地法院顺利立案受理。

不动产抵押权的善意取得的构成要件及认定

田宪鹏

《民法典》第 311 条规定了物权的善意取得制度，根据该条规定，无处分权人将不动产或者动产转让给受让人的，受让人的善意取得需同时满足三个条件：（1）取得该不动产或者动产时是善意；（2）以合理的价格转让；（3）转让的不动产或者动产依照法律规定应当登记的已经登记，不需要登记的已经交付给受让人。同时，该条第 3 款规定"当事人善意取得其他物权的，参照适用前两款规定"。据此，不动产抵押权作为物权的一种，同样适用善意取得制度。那么，不动产抵押权的善意取得应当满足哪些条件呢？在哪些情况下不构成善意取得呢？

一、不动产抵押权的善意取得以抵押人无权处分为前提

物权善意取得仅适用于无权处分的情形，不动产抵押权的善意取得同样应满足无权处分的前提条件。所谓无权处分，是指行为人没有处分权，却以自己的名义实施的对他人财产的法律上的处分行为。此处的处分行为包括但不限于买卖、出租、赠与或者将他人之物设定抵押、质押等。司法实践中，无权处分的情形较多，如共有人不遵守共有权处分规则实施的无权处分行为、将他人之物设定抵押或质押等。

二、不动产抵押权的善意取得的构成要件

根据《民法典》第 311 条的规定，不动产抵押权的善意取得参照所有权的善意取得，但不动产抵押权系担保物权，不同于所有权的取得，不存在以合理价格转让的情形，因此，司法实践对于不动产抵押权的善意取得的认定与不动产所有权的善意取得不同。

综合司法实践观点，在不动产抵押人系无权处分的前提下，抵押权人善意取得不动产抵押权的构成要件包括：（1）抵押人系登记的权利人，即抵押人需提供真实的不动产登记证，该不动产登记证上登记的不动产所有权人为抵押人，抵押权人有理由相信抵押人有权处分该不动产；（2）抵押权人设立抵押时为善意，此处的善意要求抵押权人在设立抵押登记时不知道抵押人系无权处分，与不知道相对立的为明知或应知，即抵押权人已经尽到了合理的注意义务，不存在过错或重大过失；（3）已办理抵押登

记，根据《民法典》第 395 条和第 402 条的规定，不动产抵押权的取得以登记作为生效条件，未登记的抵押权不发生法律效力。

虽然抵押权的设立不存在以合理价格受让的问题，但是，在贷款人向金融机构申请办理抵押贷款时，金融机构需要对抵押物的价值进行评估，抵押物所处的地段、位置及抵押物是否存在出租等情形，都会影响抵押物的评估价值，金融机构应当综合考虑上述因素，对抵押物的价值按照市场价进行评估。如果金融机构对抵押物的评估价值远远高于市场价，则应当参照以合理价格受让认定金融机构存在恶意抬高抵押物价值的情形，认为金融机构对于该抵押权不构成善意取得。

三、司法实践中，为金融机构设立的抵押权不构成不动产抵押权的善意取得的几种情形

笔者通过检索不动产抵押权善意取得的相关案例发现，此类诉讼中，抵押权人为金融机构的判例所占比重较大，法院在审理此类案件时认为，银行作为专业的金融机构，办理不动产抵押登记是其很重要的一部分业务，因此对于金融机构的不动产抵押权的善意取得的认定标准要高于一般的抵押权人。如，夫妻一方将婚姻关系存续期间购买并登记在一方名下的不动产，未经另一方同意擅自抵押给银行并办理了抵押登记，另一方主张抵押无效的，人民法院认为该不动产为夫妻共同财产，银行在办理抵押登记时，应当审查抵押人的配偶是否同意，审查该事项对于银行而言有没有超过合理限度。银行没有尽到该注意义务属于重大过失，不构成善意取得，银行不能依据不动产抵押权善意取得制度取得该不动产抵押权。

又如，在 [2019] 渝 01 行终 32 号案件中，不动产原所有权人将不动产同时出卖给两个主体，其中一个主体实际占有房屋，另一主体办理了不动产登记证并为银行办理了抵押登记，在此情况下，实际占有人诉请撤销抵押登记，重庆市中级人民法院经审理认为，银行在签订抵押贷款合同、办理抵押登记时，应采用审慎的态度对申请人提供的相关材料进行审查，尤其是设置抵押的房屋是否存在财产争议应当是进行抵押权登记时予以审查的重要事项。《房地产抵押估价指导意见》第 14 条规定："房地产估价师应当对估价对象进行实地查勘，将估价对象现状与相关权属证明材料上记载的内容逐一进行对照，全面、细致地了解估价对象，做好实地查勘记录，拍摄能够反映估价对象外观、内部状况和周围环境、景观的照片。内外部状况照片应当作为估价报告的附件。由于各种原因不能拍摄内外部状况照片的，应当在估价报告中予以披露……"本案中，评估机构出具的《初步评估意见表》和《房地产抵押估价报告》，均未完整呈现估价对象的状况，附件中缺少反映被评估房屋客厅、卧室、室内装修等情况的照片且未载明原因，不符合《房地产抵押估价指导意见》第 14 条的规定。银行在进行抵押登记时对于未完整呈现估价对象状况的成因未予审慎审查存在重大过失，故其所取得的抵押权不属于善意取得，不构成对房屋登记机构撤销抵押登记的法定阻却事由。

综上所述，不动产抵押权的善意取得在满足以下三个条件的情况下成立：（1）抵押人系登记的权利人；（2）抵押权人在设立抵押权时是善意的；（3）办理了抵押登记。即使抵押人系无权处分，抵押权人仍然可以依据不动产抵押权善意取得制度取得该不动产抵押权。司法实践中，不动产真实权利人在维护自身合法权益时，通常也只能通过证明不动产抵押权人在设立抵押权时不是善意地主张抵押权人取得的抵押权无效，即证明抵押权人明知或应知抵押人为无处分权人、抵押权人在审查时未尽到合理的注意义务，存在重大过失，如未经共有人同意、不动产登记簿存在异议登记、银行办理抵押登记未进行现场勘查等，在法律法规未对"善意"的认定进行明确规定的情况下，人民法院的自由裁量权则显得尤为重要，除非有充分的证据证明抵押权人未尽到合理注意义务或存在重大过失，否则，很难推翻抵押权人依据善意取得制度取得的抵押权。

浅谈以房屋买卖为借款担保行为的效力认定

谷砚虹

随着经济社会发展和民间金融市场的活跃，为了保障借款能够顺利得到清偿，很多当事人往往选择以签订房屋买卖合同的形式为借款合同提供担保，以求达到不能还钱则以房抵债的目的。当这类纠纷发生争议进入诉讼程序时，这样的约定能否得到法院的支持？笔者将通过对以房屋买卖为借款担保的具体不同情形进行分析梳理，与大家一同探讨以房屋买卖为借款担保行为的效力。

一、如何认定"名为房屋买卖，实为借款担保"的法律行为

在这类纠纷中，一方当事人往往主张双方存在房屋买卖法律关系，并已经实际交付部分或全部购房款，要求另一方履行房屋买卖合同、交付房屋及办理更名登记手续；而另一方则主张双方不存在真实的房屋买卖关系，而是存在借贷关系，认为房屋买卖合同是为获得对方借款而提供的担保措施，出卖房屋不是真实意思表示。那么在司法实践中，将如何认定当事人之间的"名为房屋买卖，实为借款担保"的法律行为呢？

最高人民法院《关于适用〈中华人民共和国民法典〉有关担保制度的解释》第68条第2、3款规定如下："债务人或者第三人与债权人约定将财产形式上转移至债权人名下，债务人不履行到期债务，财产归债权人所有的，人民法院应当认定该约定无效，但是不影响当事人有关提供担保的意思表示的效力。当事人已经完成财产权利变动的公示，债务人不履行到期债务，债权人请求对该财产享有所有权的，人民法院不予支持；债权人请求参照民法典关于担保物权的规定对财产折价或者以拍卖、变卖该财产所得的价款优先受偿的，人民法院应予支持；债务人履行债务后请求返还财产，或者请求对财产折价或者以拍卖、变卖所得的价款清偿债务的，人民法院应予支持。债务人与债权人约定将财产转移至债权人名下，在一定期间后再由债务人或者其指定的第三人以交易本金加上溢价款回购，债务人到期不履行回购义务，财产归债权人所有的，人民法院应当参照第二款规定处理。回购对象自始不存在的，人民法院应当依照民法典第一百四十六条第二款的规定，按照其实际构成的法律关系处理"。

"名为房屋买卖，实为借款担保"的认定，往往需要对房屋买卖合同中约定的房屋情况是否清楚、权利义务是否对等、履约方式是否有违常理、是否约定了回购条款等

多方面因素进行综合考量。

在司法实践中，人民法院在审理案件时往往结合上述因素审查当事人的真实意思表示。如果双方对买卖房屋没有符合日常交易习惯的情况描述与核认（如房屋面积、家具设施、交付使用等），缺少正常交易买卖双方应尽权利义务的约定（如限制出卖方权利、任意扩大购买方权利），存在一定时间内溢价回购房屋的约定，并明确到期不回购则房屋归另一方所有，则当事人之间的法律关系实为借贷法律关系，从而认定房屋买卖合同为当事人虚假的意思表示，应当无效，驳回出借人要求履行房屋买卖合同的诉讼请求。

二、以房屋买卖保障借款偿还的方式及其法律效力

1. 约定以房屋买卖为借款担保，到期不偿还则房屋所有权转移的法律效力

当事人以借贷为目的签订房屋买卖合同作为担保，并明确到期不偿还债务则房屋所有权转移的，属于流押条款。根据《民法典》第401条及最高人民法院《关于适用〈中华人民共和国民法典〉有关担保制度的解释》第68条的规定，该约定依法不具有法律效力，但是流押行为的无效并不影响当事人有关提供担保的意思表示的效力，当事人之间的担保法律关系仍然成立。若债务人到期无法偿还债务，债权人虽然不能取得房屋所有权，直接实现以物抵债，但可以请求折价或者以拍卖、变卖所得的价款清偿债务。不过，由于未办理房屋产权转移登记手续，债权人依法不享有优先受偿权。

2. 约定以房屋买卖为借款担保，并且已经形式上将房屋转移登记至债权人名下的法律效力

在签订房屋买卖合同后，当事人之间办理了房屋产权变更登记手续，案涉房屋已经在形式上转移登记了，在这种情况下，根据最高人民法院《关于适用〈中华人民共和国民法典〉有关担保制度的解释》第68条第2款的规定，由于当事人之间的买卖合同为虚假的意思表示，为借款担保才是真实目的，因此当事人之间的法律关系应当属于让与担保性质，若债务人到期没有清偿债务，债权人可以参照担保物权的规定对财产拍卖、变卖、折价所得价款进行优先受偿。

但是，在因案涉担保的房屋不具备办理产权转移登记的条件，当事人之间仅办理了网签备案手续的情况下，最高人民法院认为，若案涉房屋仅仅是预售备案登记在债权人名下，则并未完成法律意义上的房屋所有权变动，不构成让与担保，债权人不享有优先受偿权。具体参见最高人民法院［2021］最高法民申5772号民事裁定书的内容："本院认为，2013年8月19日，林某杰与强凌公司签订了12份《商品房买卖合同》，虽办理了商品房预售合同登记备案手续，但未办理预告登记，房屋所有权亦未过户登记到林某杰名下。《城市房地产管理法》第45条、《城市商品房预售管理办法》第10条规定的商品房预售合同登记备案，与《物权法》第20条规定的预告登记不同。在未完成财产权利变动公示的情况下，再审申请人的有关让与担保合同已经成立，其有权就案涉12份《商品房买卖合同》项下商品房的拍卖、变卖、折价款优先受偿的主

张，没有相应的法律依据，本院不予支持。"

3. 借款已届清偿期，当事人约定以房抵债的法律效力

在南阳市淯阳房地产开发有限责任公司（以下简称"淯阳房地产公司"）、徐某奇房屋买卖合同纠纷再审案中，[2020] 最高法民申 4368 号民事裁定书载明："一、关于案涉《房屋抵债买卖合同》的效力问题。本案中，根据一、二审查明的事实，在《房屋抵债买卖合同》签订之前，淯阳房地产公司与柳某伟之间存在民间借贷关系。……上述事实表明，淯阳房地产公司在借款合同到期后难以清偿债务时，双方协商通过将淯阳房地产公司所有的商品房出售给柳某伟的方式，作为实现双方权利义务平衡的一种交易安排。原审法院认定'柳某伟与淯阳房地产公司之间在消灭原债权债务关系的基础上建立了新的房屋买卖的法律关系'并无不当。虽然，该《房屋抵债买卖合同》第 9 条有'可以通过偿还本息赎回房屋，柳某伟收到回购款后，应无条件将案涉商铺予以返还'的约定。但该约定是以前述新的房屋买卖法律关系为前提的……据此，该项约定也是双方通过协商所确立的是一种以房抵债的实现方式。私法领域遵循意思自治原则，'法不明文禁止即可行'，只要当事人之间协商一致，即只要其不违反法律或公共利益，可以设定某种法律关系。当事人如果愿意，就可在合同之中设定回购权条款，法律法规并不禁止。故淯阳房地产公司关于《房屋抵债买卖合同》无效的再审申请理由不能成立"。

根据最高人民法院的上述审判意见，关于借款已届清偿期，但债务人无法清偿到期债务，当事人双方约定以房抵债，以此消灭债权债务的，根据意思自治原则，当事人约定的以房抵债协议，只要不违反法律、行政法规的效力性强制性规定，均属合法有效，并不因是否设定房屋回购条款而影响合同效力。

三、小结

综上所述，关于以房屋买卖为借款担保行为的效力，需要根据不同情形进行具体分析与评定。

首先，要根据签订房屋买卖合同时债务是否已届履行期，区别是已届履行期的以物抵债协议还是未届履行期的以物抵债协议。已届履行期的以物抵债协议，债权人一旦受领，就会产生清偿效果。而未届履行期的以物抵债协议，即便债务人已经实际受领抵债物，依法也不产生清偿债务的效果，仅为事实上的担保行为。

其次，在房屋买卖合同有效成立的情况下，需要考察其与原债权债务是何种关系，是债务更新、新债清偿还是旧债的担保。

最后，要根据债权人是否办理房屋产权转移手续来确定以物抵债协议之上的原债权债务是否消灭，或确定是否享有优先受偿权。

浅谈房屋抵押权设立后进行续租
对抵押权的影响

谷砚虹

在金融借贷中，债权人几乎都会选择抵押权作为保障债权的手段，很多债权人认为签署抵押合同、办理抵押登记，自己的债权就万无一失了。其实，抵押权在设定和实现的过程中都存在很多风险，很容易名存实亡。在现实操作中，最常见的是抵押房屋之上抵押权与租赁权并存的情况。本文作者将在房产抵押前已出租抵押后续租的视角之下，讨论抵押权人合法权益保护之法律问题。

一、是否仍属于租赁在先、抵押在后的情形

（一）续签书面租赁合同的情形

若租赁权设立在先、抵押权设立在后，但是在抵押权设立之后承租人与出租人之间续签《租赁合同》，是仍属于租赁权设立在前的情形，还是变为抵押权设立在前了呢？首先，我们需要明确一个概念，续签的行为是原租赁关系的延续，还是成立了一个新合同。

《民法典》第705条规定："租赁期限不得超过二十年。超过二十年的，超过部分无效。租赁期限届满，当事人可以续订租赁合同；但是，约定的租赁期限自续订之日起不得超过二十年。"

根据上述规定，续签租赁合同将重新起算20年的租赁期限，重新起算租赁期限意味着原租赁关系并未发生法律意义上的延续，笔者认为承租人与出租人之间续签的租赁合同是新建立一个法律关系，由于新建立的租赁关系的设立时间在抵押权之后，因此续租不再属于租赁权设立在先、抵押权设立在后的情形。

（二）虽未签署书面协议但以实际行为进行续租的情形

若在原租赁合同约定的租赁期限届满后，承租人与出租人之间并未采取书面形式进行续租，而是由承租人继续占有、使用租赁房屋，并缴纳租金，是否构成原租赁关系的延续？

《民法典》第707条规定："租赁期限六个月以上的，应当采用书面形式。当事人

未采用书面形式，无法确定租赁期限的，视为不定期租赁。"

在原租赁关系中，鉴于承租人与出租人通过签署书面租赁合同确定了租赁期限，双方成立固定期限租赁关系。但是，相对于原租赁关系来说，在续租关系中，根据《民法典》的规定，若承租人与出租人之间并未采取书面形式进行续租，则双方成立不定期租赁关系。因此，笔者认为未签署书面协议的续租关系与原租赁关系亦不属于同一个法律关系，续租属于新建立法律关系的行为，新建立的续租关系发生在抵押权设立之后，在这种情况下，续租不再属于租赁权设立在先、抵押权设立在后的情形。

二、是否能够对抗抵押权

关于抵押权与租赁权的关系，《民法典》第405条已经作出了界定："抵押权设立前，抵押财产已经出租并转移占有的，原租赁关系不受该抵押权的影响。"

判断和处理同一标的物上并存的租赁权和抵押权冲突，应以上述两种权利设立的时间先后为标准和遵循。

也就是说，同一标的物上抵押权设立前，抵押财产已经出租并交付给承租人占有使用，因抵押权人实现抵押权导致标的物所有权变动的，原租赁关系不受影响，承租人有权继续占有并使用该标的物。反之，如果租赁关系于抵押权设立后形成，或者承租人未能举证证明在抵押权设立时其已合法占有使用标的物，抵押权人行使权利导致标的物权属变动，承租人的租赁权则不能对抗该权利变动。

若续租行为发生在抵押权设立之后，则承租人的租赁权不能对抗抵押权，在抵押权实现过程中，若租赁权可能导致抵押物的价值发生减损，从而影响抵押权实现，则抵押权人有权涤除租赁权。

三、是否适用"买卖不破租赁"

关于房屋租赁，租赁权是以支配房屋的使用价值为内容，房屋本身的瑕疵直接影响租赁权的行使。租赁权本身是通过债权合同取得的，其性质应是债权，但为保护承租人的利益，法律赋予租赁权物权的特性，即债权的物权化。"买卖不破租赁"的法谚充分体现了租赁权的物权性，那法律法规又是如何具体规定的呢？

最高人民法院《关于审理城镇房屋租赁合同纠纷案件具体应用法律若干问题的解释》第14条规定："租赁房屋在承租人按照租赁合同占有期限内发生所有权变动，承租人请求房屋受让人继续履行原租赁合同的，人民法院应予支持。但租赁房屋具有下列情形或者当事人另有约定的除外：（一）房屋在出租前已设立抵押权，因抵押权人实现抵押权发生所有权变动的；（二）房屋在出租前已被人民法院依法查封的。"

鉴于续租产生的租赁权设立在抵押权之后，根据上述规定，若因抵押权人实现抵押权而导致房屋所有权发生变动，房屋受让人有权不再继续履行续租法律关系之下的法律义务，则在抵押权设立之后发生的续租关系不适用"买卖不破租赁"的法律规定。

划拨土地使用权抵押实务问题探析

王松子

一、划拨土地使用权是否能够用于抵押

根据《城镇国有土地使用权出让和转让暂行条例》第45条的规定，在符合土地使用者为公司、企业、其他经济组织和个人、领有国有土地使用证、具有地上建筑物、其他附着物合法的产权证明、签订土地使用权出让合同、向当地市、县人民政府补交土地使用权出让金或者以抵押所获收益抵交土地使用权出让金的条件下，经市、县人民政府土地管理部门和房产管理部门批准，划拨土地使用权和地上建筑物，其他附着物所有权可以进行抵押。

二、划拨土地使用权抵押应当履行什么批准程序

2003年4月18日施行的最高人民法院《关于破产企业国有划拨土地使用权应否列入破产财产等问题的批复》第2条对划拨土地使用权抵押的批准程序进行了规定，即应依法办理抵押登记手续，并经具有审批权限的人民政府或土地行政管理部门批准。否则应认定抵押无效。（该规定已被最高人民法院《关于修改〈最高人民法院关于破产企业国有划拨土地使用权应否列入破产财产等问题的批复〉等二十九件商事类司法解释的决定》修改。）

而此后，原国土资源部于2004年1月15日发布的《关于国有划拨土地使用权抵押登记有关问题的通知》规定，以国有划拨土地使用权为标的物设定抵押，土地行政管理部门依法办理抵押登记手续，即视同已经具有审批权限的土地行政管理部门批准。最高人民法院对该通知进行了转发，并明确自该通知发布之日起，人民法院尚未审结的涉及国有划拨土地使用权抵押经过有审批权限的土地行政管理部门依法办理抵押登记手续的案件，不以国有划拨土地使用权抵押未经批准而认定抵押无效。已经审结的案件不应依据该通知提起再审。

上述《关于国有划拨土地使用权抵押登记有关问题的通知》已于2016年废止，2021年1月1日实施的最高人民法院《关于修改〈最高人民法院关于破产企业国有划拨土地使用权应否列入破产财产等问题的批复〉等二十九件商事类司法解释的决定》

对最高人民法院《关于破产企业国有划拨土地使用权应否列入破产财产等问题的批复》第 2 条进行了如下修改："企业对其以划拨方式取得的国有土地使用权无处分权，以该土地使用权设定抵押，未经有审批权限的人民政府或土地行政管理部门批准的，不影响抵押合同效力；履行了法定的审批手续，并依法办理抵押登记的，抵押权自登记时设立……"从该条文修改的情况来看，目前划拨土地使用权抵押应同时履行批准程序和登记程序，未履行批准程序并不影响合同效力，但抵押权的设立需以完成批准程序和登记程序为前提。

三、谁可以将其划拨土地使用权进行抵押

根据《土地管理法》第 54 条的规定，可以通过划拨方式取得的建设用地包括国家机关用地和军事用地、城市基础设施用地和公益事业用地、国家重点扶持的能源、交通、水利等基础设施用地、法律、行政法规规定的其他用地。虽然《土地管理法》未对划拨用地的取得主体作出限制，但从上述规定来看，在实践中能够实际取得划拨土地使用权的主体，很多均为国家机关、事业单位、社会团体。虽然《城镇国有土地使用权出让和转让暂行条例》规定划拨土地使用权可以用于抵押，但该规定同时也明确了划拨土地使用权可用于抵押的前提之一是土地使用者为公司、企业、其他经济组织和个人，其中未包括国家机关、事业单位、社会团体。

另外，根据《民法典》第 399 条的规定，学校、幼儿园、医疗机构等为公益为目的成立的非营利法人的教育设施、医疗卫生设施和其他社会公益设施，不得设定抵押。根据最高人民法院《关于适用〈中华人民共和国民法典〉有关担保制度的解释》第 6 条的规定，以公益为目的的非营利性学校、幼儿园、医疗机构、养老机构等不得违反法律规定提供担保，否则将导致担保合同无效。

据此，仅有公司、企业、其他经济组织和个人在符合相关规定的前提下才可将其划拨土地使用权用于抵押，国家机关和以公益为目的的事业单位、社会团体则不能以其划拨土地使用权用于抵押。

四、划拨土地使用权抵押应当如何补缴土地出让金

根据《城镇国有土地使用权出让和转让暂行条例》第 45 条的规定，补交土地使用权出让金是划拨土地使用权抵押的前提条件之一。除直接补交外，可以抵押所获收益抵交土地使用权出让金。而在实践中，将土地使用权进行抵押往往是因为生产经营存在资金缺口、需要进行融资借贷，在抵押前直接补缴土地出让金通常情况下是无法实现的。在此情况下，如何解释"以抵押所获收益抵交土地使用权出让金"便极为关键。

根据《城市房地产管理法》第 51 条的规定，以划拨土地使用权进行抵押的，无需在设定抵押前即补交土地出让金，而是可以在设定抵押后、实现抵押权并依法拍卖房地产时，以拍卖所得价款补交土地出让金。剩余款项才可供抵押权人优先受偿。国务院办公厅于 2019 年 7 月 6 日发布的《关于完善建设用地使用权转让、出租、抵押二级

市场的指导意见》再次重申了上述程序，规定"以划拨方式取得的建设用地使用权可以依法依规设定抵押权，划拨土地抵押权实现时应优先缴纳土地出让收入"。

《城镇国有土地使用权出让和转让暂行条例》所规定的"以抵押所获收益抵交土地使用权出让金"是指，实现抵押权、依法拍卖房地产时以拍卖所得价款补交土地出让金。此种操作方式也与划拨土地使用权抵押的实际需要相符。但应当注意的是，对于抵押权人而言，相较于其他抵押财产，以划拨土地使用权进行抵押并不能以其全部价值实现抵押权，需先对应补交的土地出让金进行扣减后，才能对剩余款项优先受偿。对此，应在设置相应抵押权前，根据债权金额和划拨土地使用权价值、当地出让用地价格情况进行充分评估，避免在实现抵押权时不能完全清偿债权。

五、能否仅对划拨土地使用权之上的建筑物进行抵押

根据《民法典》第397条的规定，以建筑物抵押的，该建筑物占用范围内的建设用地使用权一并抵押。以建设用地使用权抵押的，该土地上的建筑物一并抵押。抵押人未依据前款规定一并抵押的，未抵押的财产视为一并抵押。该规定并未对出让用地和划拨用地进行区分，在具体到划拨用地情形时，由于划拨土地使用权的抵押需经批准，仅对地上建筑物进行抵押效力是否当然及于相应范围内的划拨土地使用权，或对划拨土地使用权的地上建筑物进行抵押是否也应经批准，法律法规对此无明文规定。

而参考最高人民法院所作的陕西省农牧良种场、宝鸡市云尚工贸有限公司金融借款合同纠纷再审审查与审判监督民事裁定书（案号：[2019]最高法民申5925号），在本案中，当事人即约定将划拨土地使用权的地上建筑物进行了抵押，未约定对划拨土地使用权进行抵押，也未就划拨土地使用权的抵押办理批准登记手续。而最高人民法院的裁判观点认为，"本案当事人签订合同约定仅以自有房产设定抵押并办理房屋抵押登记，并未涉及土地使用权一并抵押的情形。划拨土地使用权之上的房产抵押，法律并无禁止性规定，国有土地使用权未抵押，不影响房屋抵押的效力"。即从司法实践来看，对于划拨土地使用权地上建筑物的抵押，可与划拨土地使用权相分离，无需履行划拨土地使用权的批准登记手续，仅需按照法律相关规定签订《抵押合同》、办理抵押登记即可。

六、划拨土地使用权被收回对抵押权有什么影响

根据《城镇国有土地使用权出让和转让暂行条例》第47条的规定，无偿取得划拨地使用权的土地使用者，因迁移、解散、撤销、破产或者其他原因而停止使用土地的，市、县人民政府应当无偿收回其划拨土地使用权；根据城市建设发展需要和城市规划的要求需要收回土地的，市、县人民政府可以无偿收回。相对于出让用地而言，划拨用地并没有明确的用地年限，土地使用权存在被依法无偿收回的可能性，相应抵押权人的权益可能因此难以得到有效保障。

对于上述问题，参考最高人民法院所作的中国长城资产管理公司（以下简称"长

城公司")郑州办事处与平顶山市鹤林鹏商贸有限责任公司(以下简称"鹤林鹏公司")、河南省平顶山市中原(集团)有限公司(以下简称"中原公司")金融不良债权追偿纠纷申请再审民事裁定书(案号:〔2014〕民申字第1180号),最高人民法院的裁判观点认为,"案涉土地使用权从中原公司名下流转到鹤林鹏公司名下,系由政府行政部门的具体行政行为所致,而非本案当事人所从事的民事行为所致,因此不同于最高人民法院《关于适用〈中华人民共和国担保法〉若干问题的解释》第六十七条'抵押权存续期间,抵押人转让抵押物未通知抵押权人或者未告知受让人的,如果抵押物已经登记的,抵押权人仍可以行使抵押权'所规定的抵押物转让的情形。因中原公司对于案涉土地已不享有使用权,而收回和重新出让案涉土地使用权的政府行政部门又不是本案当事人,因此本案无法对其行为后果进行审查和处理,故对于长城公司郑州办事处要求对案涉土地使用权享有优先受偿权的诉讼请求,本案不予审理。原审判决驳回长城公司郑州办事处要求对案涉土地使用权行使优先受偿权的诉讼请求,并无不当"。据此,划拨土地使用权被抵押完全不影响政府收回相应土地并另行划拨、出让,如划拨土地使用权被收回,将导致抵押权的灭失。

根据《城镇国有土地使用权出让和转让暂行条例》第47条、《民法典》第397条和最高人民法院《关于适用〈中华人民共和国民法典〉有关担保制度的解释》第42条的规定,无偿收回划拨土地使用权时,对其地上建筑物、其他附着物,市、县人民政府应当根据实际情况给予适当补偿。担保期间,担保财产毁损、灭失或者被征收等,担保物权人可以就获得的保险金、赔偿金或者补偿金等优先受偿。被担保债权的履行期未届满的,也可以提存该保险金、赔偿金或者补偿金等。虽然从上述规定来看,抵押权人在相应划拨土地使用权被抵押的情况下,可就补偿金进行优先受偿。但一方面补偿仅及于地上建筑物、其他附着物,另一方面该种"优先受偿"实际上并不能保证原抵押权人实际获得受偿。

鉴于该情况,建议作为债权人一方谨慎考虑以划拨土地使用权设定抵押为债权进行担保,如确需以划拨土地使用权设定抵押,应当持续关注划拨土地使用权的权利状况,在发生划拨土地使用权被收回情况时,应及时主张以补偿金优先受偿。

七、对依法抵押的划拨土地使用权进行拍卖是否需要政府同意

根据《城市房地产管理法》第40条的规定,以划拨方式取得土地使用权的,转让房地产时,应当按照国务院规定,报有批准权的人民政府审批。在以划拨土地使用权进行抵押、实现抵押权时,实际上是对划拨土地使用权进行转让。在该种情形下,是否还需要对转让行为进行批准,相关法律法规未予明确。

根据原国家土地管理局《关于人民法院裁定转移土地使用权问题对最高人民法院法经(1997)18号函的复函》第4条,"对通过划拨方式取得的土地使用权,由于不属于当事人的自有财产,不能当作当事人财产进行裁定。但在裁定转移地上建筑物、附属物涉及有关土地使用权时,在与当地土地管理部门取得一致意见后,可裁定随地

上物同时转移"。从该复函来看，法院裁定转移划拨土地使用权应取得当地土地管理部门的一致意见。

但参考最高人民法院所作的中国轻骑集团有限公司与中国长城资产管理公司济南办事处合同纠纷执行案复议裁定书（案号：[2011] 执复字第 1 号），最高人民法院的裁判观点认为，"《城市房地产管理法》第三十九条及《城镇国有土地使用权出让和转让暂行条例》第四十四条、第四十五条关于国有划拨土地使用权的转让需经有批准权的人民政府审批的规定，是对企业自主转让划拨土地使用权的限制，并未限制人民法院依法强制执行。且本案划拨土地使用权是依法为本案债权设定抵押的，该抵押担保已经山东高院 [2006] 鲁民二初字第 66 号和本院 [2007] 民二终字第 141 号民事判决确认合法有效，并明确债权人对该土地使用权折价或拍卖、变卖的价款享有优先受偿权。最高人民法院《关于能否将国有土地使用权折价抵偿给抵押权人问题的批复》亦明确，在依法以国有土地使用权作抵押的担保纠纷案件中，可以通过拍卖的方式将土地使用权变现。故中国轻骑集团有限公司认为处置划拨土地使用权必须事先经政府审批同意的复议理由不能成立"。从该案例来看，最高人民法院认为对划拨土地使用权进行拍卖无需事先经政府审批同意。

虽然对划拨土地使用权进行拍卖无需事先经政府审批同意，但是在实践中，部分法院在处置相应土地使用权前，也会与相关政府部门进行提前协商。如参考最高人民法院所作的中山市国浩有限公司、程某景企业借贷纠纷执行审查类执行裁定书（案号：[2018] 最高法执监 115 号），最高人民法院的裁判观点认为，"虽然涉案土地使用权为国有划拨土地使用权，但属于被执行人的财产性利益，中山中院在处置过程中就是否准予转让以及房地产拍卖应补缴的费用等经函商中山市人民政府、中山市国土资源局，中山市国土资源局复函确定了可出让土地范围，中山中院据此复函经中山市人民政府批准处置 182 745.5 平方米土地及该面积对应房产，符合《城市房地产管理法》和《城镇国有土地使用权出让和转让暂行条例》，以及原国家土地管理局《关于人民法院裁定转移土地使用权问题对最高人民法院法经 [1997] 18 号函的复函》（[1997] 国土函字第 96 号）、最高人民法院《关于人民法院执行以划拨方式取得的土地使用权的请示的答复》（[2005] 执他字第 15 号）的相关规定，并无不当"。在实践中，由于划拨土地使用权的转让涉及的问题比出让土地使用权的转让更为复杂，虽然其处置并不当然需要取得政府的同意，建议也可在处置前与相关政府部门进行充分协商，避免在处置过程中造成实际障碍、处置工作难以推进。

八、抵押的划拨土地使用权及地上建筑物包含他人房产是否构成抵押无效

根据《民法典》第 356 条、第 357 条的规定，建筑物等设施随建设用地使用权的流转而一并处分，建设用地使用权也随建筑物等设施的流转而一并处分，此即所谓"房地一体原则"。对于出让用地而言，上述规定在实践中基本得到了适用。而对于划

拨用地而言，由于房地产转让时的相关规定不完善、实践操作不规范等历史背景原因，在实践中存在着地上建筑物转让，而土地使用权未作转让的情形。在该种情形下，从土地使用权人的权属登记上可能并不能看出其已将地上建筑物进行了转让，如土地使用权人将该划拨土地使用权即地上建筑物进行抵押，抵押权实际已经及于了属于房屋所有权人的房产，将可能使房屋所有权人的合法权益遭受侵害。

对于该问题，参考最高人民法院所作的中国信达资产管理公司西安办事处与陕西省粮油食品进出口公司西安中转冷库、陕西省粮油食品进出口公司借款担保合同纠纷案民事判决书（案号：［2007］民二终字第 222 号），最高人民法院的裁判观点认为，"陕中营抵字 022 号《抵押合同》约定了抵押物名称为'土地、房产'，中转冷库 2003年向西安市国土资源和房屋管理局报送的也为《关于同意继续用土地及地面建筑物进行贷款抵押的函》。因此，虽然抵押登记只针对西未国用［2000］字第 979 号国有土地使用权，但应视为当事人约定土地使用权与地面建筑物所有权一并抵押。然而地上建筑物中职工住宅楼的所有权已经移转给购房职工所有，中转冷库并无权利处分。根据《中华人民共和国合同法》第五十一条'无处分权的人处分他人财产，经权利人追认或者无处分权的人订立合同后取得处分权的，该合同有效'之规定，该抵押合同未经地上建筑物所有权人购房职工追认且西未国用［2000］字第 979 号土地使用权证书中已经标明该宗土地上存有地上建筑物，并标明为中转冷库的福利区，地上建筑物中职工住宅楼所有权已经登记转移至购房职工名下，而原债权银行却未查明地上建筑物实际权属即接受抵押，也存在过错，因此抵押合同无效，依据该合同设立的抵押权也相应无效。本案中职工住宅楼虽然没有占用西未国用［2000］字第 979 号全部 13 265 亩土地，但于该土地使用权上设定的抵押权无效及于该宗土地全部，西未国用［2000］字第 979 号国有土地使用权抵押无效"。即最高人民法院认可了划拨用地上的地上建筑物可与土地使用权分离转让的现实情况，并认为在该种情况下土地使用权人对划拨土地使用权和地上建筑物的抵押属于无权处分，抵押权人也负有查明地上建筑物实际权属的责任，据此判决抵押无效。最高人民法院的上述裁判观点，是在尊重划拨用地上建筑物转让历史背景的基础上，对房屋所有权人合法权益的依法保护。对于抵押人和抵押权人而言，在以划拨土地使用权及地上建筑物进行抵押时，应充分关注是否存在地上建筑物已转让第三人的情形，避免被认定抵押无效。

综上所述，虽然划拨土地使用权能够用于抵押，但相较于以出让性质的土地使用权进行抵押而言，以划拨土地使用权进行抵押有较多的特殊性。如抵押需经批准、抵押人主体要求有限制、需以拍卖所得价款先行补交土地出让金、抵押权可能因土地被收回而消灭、对抵押的划拨土地使用权进行拍卖需与政府充分协商、抵押权可能因地上建筑物包括他人房产而导致无效等。鉴于此，建议在实践中应谨慎考虑以划拨土地使用权进行抵押，如确需以划拨土地使用权进行抵押，也应对权利主体、权属状态、土地价值等进行充分评估，并持续关注权利状态，避免抵押权不能有效得以实现。